NOMOSLEHRBUCH

Prof. Dr. Dr. h.c. mult. Urs Kindhäuser,
Rheinische Friedrich-Wilhelms-Universität Bonn

PD Dr. Kay H. Schumann,
Rheinische Friedrich-Wilhelms-Universität Bonn,
Rechtsanwalt, Düsseldorf

Strafprozessrecht

5. grundlegend überarbeitete Auflage

Die Deutsche Nationalbibliothek verzeichnet diese Publikation in
der Deutschen Nationalbibliografie; detaillierte bibliografische
Daten sind im Internet über http://dnb.d-nb.de abrufbar.

ISBN 978-3-8487-3865-6 (Print)
ISBN 978-3-8452-8188-9 (ePDF)

5. grundlegend überarbeitete Auflage 2019
© Nomos Verlagsgesellschaft, Baden-Baden 2019. Gedruckt in Deutschland. Alle Rechte, auch die des Nachdrucks von Auszügen, der fotomechanischen Wiedergabe und der Übersetzung, vorbehalten.

Vorwort

Mit den Vorarbeiten zu diesem Lehrbuch habe ich zwar schon in den frühen 90er Jahren begonnen, aber bis zu seinem ersten Erscheinen verging noch mehr als ein Jahrzehnt. In der Phase seiner Entstehung, in der es die heutige Gestalt annahm, und bei den anschließenden Überarbeitungen und Aktualisierungen stand mir jeweils mein damaliger Assistent, Herr Privatdozent Dr. Kay H. Schumann, mit Rat und Tat zur Seite. Seine Beiträge sind vielfach in den Text eingeflossen. Es ist mir daher eine große Freude, die Fortführung des Lehrbuchs in seine Hand zu legen. Für die inhaltliche Sachdarstellung der jetzt 5. Auflage trägt er die alleinige Verantwortung. An dieser Stelle möchte ich auch meinen anderen früheren Mitarbeitern herzlich für ihre stets wertvolle Unterstützung danken.

Bonn, im Februar 2019 *Urs Kindhäuser*

Vorwort

Dieses Lehrbuch zum Strafprozessrecht ergänzt die Darstellungen materiellen Strafrechts dieser Lehrbuchreihe. In seiner inhaltlichen Gewichtung orientiert es sich an den Erfordernissen der Ausbildung in Studium und Referendariat: Im Vordergrund stehen die allgemeinen Verfahrensgrundsätze, das Ermittlungsverfahren und die erstinstanzliche Hauptverhandlung. Bei den Rechtsmittelverfahren liegt der Schwerpunkt auf der Revision. Dass das Strafverfahrensrecht eine zentrale Rolle in der rechtspolitischen Entwicklung spielte und weiterhin spielt, sollen die Abschnitte zur Rechtshistorie und europäischen Perspektive aufzeigen.

Mit der 5. Auflage habe ich die schöne und ehrenvolle Aufgabe übernommen, das von *Urs Kindhäuser* begründete Lehrbuch fortzuführen. Die bewährte Grundkonzeption habe ich beibehalten. Der Inhalt des Buches wurde durchgehend aktualisiert und überarbeitet; die zahlreichen Gesetzesänderungen seit der Vorauflage aus dem Sommer 2015 konnten bis Ende 2018 berücksichtigt werden. Ich habe die Übernahme des Textes zum Anlass genommen, ihn auch sprachlich und in seiner didaktischen Darstellung einmal umfassend durchzugehen. Im Zuge dessen habe ich auch den Fußnotenapparat durchgesehen und verschlankt (dies in der Hoffnung, v.a. den studentischen Leserinnen und Lesern die Vertiefung des Stoffes zu erleichtern). Den letzten Abschnitt zur „Europäischen Perspektive" habe ich deutlich gekürzt. Mittlerweile steht in der „blauen Reihe" des Verlages das diesbezüglich umfassende und lesenswerte Lehrbuch *Helmut Satzgers* zur Verfügung, so dass sich das hiesige allgemeine Lehrbuch entsprechend beschränken darf. Anregungen, Kritik (und Lob) sind weiterhin willkommen (per Email an *lehrbuch@schumann-kanzlei.de*).

Bei Korrekturen und sonstigen Fleißarbeiten haben mich tatkräftig unterstützt *Dr. Lukas Schefer, Jakob Leonardy, Chioma Helen Samuel* und *Jakob Stuff*. Ich darf ihnen an dieser Stelle herzlich für ihre Mitarbeit danken.

Bonn/Düsseldorf, im Februar 2019 *Kay H. Schumann*

Inhalt

Vorwort ... 5

Abkürzungs- und Literaturverzeichnis ... 23

1. ABSCHNITT: ÜBERBLICK

§ 1 Ziele des Strafverfahrens ... 31
  I. Die Funktion des Strafverfahrens ... 31
  II. Verfahrensziele des Strafverfahrens ... 31
    1. Wahrheit ... 32
    2. Gerechtigkeit ... 32
    3. Rechtsbeständigkeit ... 33
  III. Der strafprozessuale Zielkonflikt ... 33
    1. Wahrheit und Gerechtigkeit ... 33
    2. Wahrheit und Rechtsbeständigkeit ... 33
    3. Gerechtigkeit und Rechtsbeständigkeit ... 34
  Wiederholungs- und Vertiefungsfragen ... 35

§ 2 Rechtsquellen des Strafverfahrens ... 36
  I. Verfassungsrecht ... 36
  II. Bundesgesetze ... 36
  III. Bundeseinheitlich geltende Verwaltungsanordnungen ... 37

§ 3 Gang des Strafverfahrens ... 38
  I. Grundlagen ... 38
  II. Die verschiedenen Verfahrensstadien ... 38
    1. Das (ordentliche) Erkenntnisverfahren ... 38
    2. Das Vollstreckungsverfahren ... 40
  Wiederholungs- und Vertiefungsfragen ... 41

2. ABSCHNITT: ERMITTLUNGSVERFAHREN

§ 4 Prinzipien der Einleitung und Durchführung des Ermittlungsverfahrens ... 42
  I. Die Einleitung des Ermittlungsverfahrens ... 42
    1. Einleitung aufgrund privater Initiative ... 42
    2. Einleitung von Amts wegen ... 43
    3. Anfangsverdacht ... 44
  II. Offizialmaxime (§ 152 Abs. 1) ... 45
    1. Begriff ... 45
    2. Ausnahmen ... 45
  III. Anklagegrundsatz (§ 151) ... 45
  IV. Legalitätsprinzip (§§ 152 Abs. 2, 170 Abs. 1) ... 46
    1. Begriff ... 46
    2. Durchbrechungen ... 46

Inhalt

V.	Ermittlungsgrundsatz (§§ 155 Abs. 2, 160 Abs. 2, 244 Abs. 2)	47
	1. Begriff	47
	2. Abgrenzung	47
VI.	Durchführung des Ermittlungsverfahrens	47
	1. Vernehmung des Beschuldigten (§ 163a)	48
	2. Vernehmung von Zeugen und Sachverständigen (§§ 161a, 163 Abs. 3)	48
	3. Durchführung sonstiger Ermittlungen	49
	4. Ermittlungsrichter (§ 162)	49
	Wiederholungs- und Vertiefungsfragen	51

§ 5	**Staatsanwaltschaft und Polizei**	**52**
I.	Aufgaben der Staatsanwaltschaft	52
	1. Ermittlungsverfahren	52
	2. Zwischenverfahren, Hauptverhandlung und Rechtsmitteleinlegung	52
	3. Strafvollstreckung	53
II.	Die Organisation der Staatsanwaltschaft	53
	1. Organisatorischer Aufbau	53
	2. Zuständigkeit	53
III.	Aufgabenwahrnehmung	54
	1. Gesetzliche Vertretung durch jeden Staatsanwalt	54
	2. Devolutions- und Substitutionsrecht	54
	3. Weisungsrecht	54
IV.	Die Rolle der Staatsanwaltschaft	55
	1. Bindung an Präjudizien	55
	2. Ablehnung eines Staatsanwalts	56
V.	Unterstützung durch die Polizei	58
	1. Organisation	58
	2. Weisungsbefugnis	58
	3. Rolle der Polizei	59
	Wiederholungs- und Vertiefungsfragen	60

§ 6	**Der Beschuldigte**	**61**
I.	Die Terminologie	61
II.	Die zeitlichen Grenzen des Beschuldigtenstatus	61
	1. Der Beginn des Beschuldigtenstatus	61
	2. Das Ende des Beschuldigtenstatus	63
III.	Die Rechtsstellung des Beschuldigten	64
	1. Die Rechte des Beschuldigten	64
	2. Die Pflichten des Beschuldigten	66
IV.	Die Beschuldigtenvernehmung	66
	1. Der Vernehmungsbegriff	66
	2. Vernehmungsdurchführung und -ablauf	67
	3. Verbotene Vernehmungsmethoden	69
	4. Fehlerfolgen	72
	Wiederholungs- und Vertiefungsfragen	73

Inhalt

§ 7	Die Verteidigung	74
I.	Allgemeines	74
	1. Das Recht auf Verteidigung	74
	2. Aufgabe des Verteidigers	74
	3. Stellung des Verteidigers	74
II.	Die Rechte und Pflichten des Verteidigers	75
	1. Grundlagen	76
	2. Die wichtigsten Rechte des Verteidigers im Überblick	77
III.	Der Wahlverteidiger	79
	1. Personenkreis	79
	2. Mandatsverhältnis und Verteidigerausschluss	79
IV.	Der Pflichtverteidiger	81
	1. Notwendige Verteidigung	81
	2. Bestellung	83
	3. Rücknahme	83
	Wiederholungs- und Vertiefungsfragen	84

§ 8	Eingriffs- bzw. Zwangsmaßnahmen	85
I.	Allgemeines	85
	1. Überblick	85
	2. Zur Prüfung von Zwangsmaßnahmen im Gutachten	85
	3. Zur Eilzuständigkeit: „Gefahr in Verzug"	85
II.	Computergestützte Ermittlungsmaßnahmen	86
	1. Schleppnetzfahndung (§ 163d)	86
	2. Rasterfahndung (§§ 98a, 98b)	86
	3. Datenabgleich (§ 98c)	87
III.	Erkennungsdienstliche Maßnahmen	87
	1. Identitätsfeststellung (§§ 163b, 163c)	87
	2. Lichtbilder und Fingerabdrücke (§ 81b)	88
	3. Kontrollstellen auf Straßen und Plätzen (§ 111)	89
	4. Ausschreibung zur polizeilichen Beobachtung (§ 163e)	90
	5. Vorläufige Festnahme (§§ 127, 127b)	91
IV.	Medizinische Zwangsmaßnahmen	93
	1. Körperliche Untersuchung; Blutprobe (§ 81a)	93
	2. DNA-Analyse (§§ 81e, 81f) und DNA-Identitätsfeststellung (§ 81g)	96
	3. Untersuchung anderer Personen (§ 81c)	98
	4. Unterbringung des Beschuldigten zur Beobachtung (§ 81)	100
V.	Verdeckte Zwangs- bzw. Ermittlungsmaßnahmen	101
	1. Zum Grundrechtsschutz bei verdeckten Maßnahmen	101
	2. Längerfristige Observation (§ 163f)	101
	3. Überwachung der Telekommunikation (§§ 100a)	102
	4. Erhebung von Verkehrs-, Standort- und Bestandsdaten (§§ 100g; 100i; 100j)	106
	5. Maßnahmen bei Mobilfunkendgeräten – „IMSI-Catcher" (§ 100i)	108
	6. Bestandsdatenauskunft (§ 100j)	108
	7. Die Online-Durchsuchung (§ 100b)	109
	8. Observierungsmaßnahmen mit technischen Mitteln (§ 100h Abs. 1 Nr 1 und 2)	110

	9.	Der „kleine" Lauschangriff (§ 100f)	111
	10.	Der „große" Lauschangriff (§ 100c Abs. 1)	112
	11.	Einsatz Verdeckter Ermittler (§§ 110a ff.)	114
	12.	Sonstige „legendierte" Maßnahmen	117
VI.	**Sicherstellungen und Beschlagnahmen**		118
	1.	Sicherstellung und Beschlagnahme nach §§ 94 ff.	118
	2.	Sicherstellung und Beschlagnahme nach §§ 111b ff.	121
VII.	**Führerscheinbeschlagnahme und vorläufige Entziehung der Fahrerlaubnis nach §§ 94 Abs. 3, 111a**		122
	1.	Allgemeines	122
	2.	Voraussetzungen und Wirkung von § 111a	122
VIII.	**Durchsuchung (§§ 102 ff.)**		123
	1.	Allgemeines	123
	2.	Voraussetzungen	123
	3.	Ende der Durchsuchung und weitere Maßnahmen	126
IX.	**Verfahrenssichernde Maßnahmen**		127
	1.	Fahndung (§§ 131 ff.)	127
	2.	Sonstige Maßnahmen (§ 132)	128
	Wiederholungs- und Vertiefungsfragen		129

§ 9 Haftbefehl und Untersuchungshaft — 130

I.	**Allgemeines**		130
	1.	Begriff und Zweck der Untersuchungshaft	130
	2.	Verhältnismäßigkeit	131
	3.	Sonderformen	131
II.	**Materielle Voraussetzungen der Untersuchungshaft**		131
	1.	Dringender Tatverdacht (§ 112 Abs. 1 S. 1)	131
	2.	Haftgründe	132
		a) Flucht oder Fluchtgefahr (§ 112 Abs. 2 Nr 1 und 2)	132
		b) Verdunkelungsgefahr (§ 112 Abs. 2 Nr 3)	135
		c) Tatverdacht bezüglich eines Kapitaldelikts (§ 112 Abs. 3)	136
		d) Wiederholungsgefahr (§ 112a)	136
	3.	Verhältnismäßigkeit (§§ 112 Abs. 1 S. 2, 113)	137
	4.	Sonderkonstellationen	138
III.	**Erlass des Haftbefehls**		138
	1.	Form und Inhalt (§ 114)	138
	2.	Zuständigkeit	139
IV.	**Vollstreckung des Haftbefehls**		140
	1.	Verhaftung	140
	2.	Vorgehen nach der Verhaftung	140
	3.	Folgeentscheidungen	140
	4.	Notwendige Verteidigung	141
V.	**Überprüfung des Haftbefehls**		141
	1.	Rechtsbehelfe des Beschuldigten	141
	2.	Haftprüfung von Amts wegen	143
VI.	**Aufhebung des Haftbefehls**		143
	1.	Aufhebung nach § 120 Abs. 1	143
	2.	Aufhebung bis zur Klageerhebung nach § 120 Abs. 3	144

	3.	Aufhebung nach Haft von über sechs Monaten gem. § 121 Abs. 1 und 2	144
	4.	Aufhebung nach Haft von einem Jahr gem. § 122a	145
VII.		Aussetzung des Vollzugs (§ 116)	145
	1.	Haftverschonung	145
	2.	Einzelheiten	146
	3.	Wiederinvollzugsetzung	146
VIII.		Vollzug der Untersuchungshaft	147
IX.		Gutachten	148
		Wiederholungs- und Vertiefungsfragen	148

§ 10		**Abschluss des Ermittlungsverfahrens**	149
I.		Erhebung der öffentlichen Klage	149
	1.	Regelfall	149
	2.	Besondere Formen der Klageerhebung	149
	3.	Staatsanwaltschaftlicher Abschlussvermerk	150
II.		Einstellung des Verfahrens (§ 170 Abs. 2)	150
III.		Einstellung aus Opportunitätsgründen (§§ 153 ff.)	150
	1.	Systematik	151
	2.	Bagatellsachen (§ 153)	151
	3.	Einstellung bei Erfüllung von Auflagen und Weisungen (§ 153a)	152
	4.	Unwesentliche Nebenstraftaten und Verfolgungsbeschränkungen (§§ 154, 154a)	154
	5.	Weitere Einstellungsmöglichkeiten	155
		Wiederholungs- und Vertiefungsfragen	155

§ 11		**Das Klageerzwingungsverfahren**	157
I.		Allgemeines	157
II.		Voraussetzungen	157
	1.	Antrag	157
	2.	Verletzter	158
	3.	Einschränkungen (§ 172 Abs. 2 S. 3)	158
III.		Gang des Verfahrens	158
	1.	Einstellungsverfügung durch die StA	158
	2.	Einstellungsbeschwerde	159
	3.	Antrag auf gerichtliche Entscheidung	159
		Wiederholungs- und Vertiefungsfragen	160

3. Abschnitt: Gerichtliches Verfahren

§ 12		**Gerichtsaufbau und Zuständigkeit**	161
I.		Der Grundsatz des gesetzlichen Richters	161
II.		Die sachliche Zuständigkeit erster Instanz und die Verteilung der Strafsachen	162
	1.	Gerichtsaufbau und Besetzung der Spruchkörper	162
	2.	Die erstinstanzliche Verteilung der Strafsachen	163
	3.	Der Verstoß gegen die sachliche Zuständigkeit	168
	4.	Verbindung und Trennung zusammenhängender Sachen	169

III.	Zuständigkeit in Rechtsmittelsachen	172
	1. Berufungsgerichte	172
	2. Revisions- und Beschwerdegerichte	172
IV.	**Die örtliche Zuständigkeit**	177
	1. Allgemeines	177
	2. Der Gerichtsstand des Tatorts (§ 7)	177
	3. Der Gerichtsstand des Wohnsitzes oder Aufenthaltsorts (§ 8)	178
	4. Der Gerichtsstand des Ergreifungsortes (§ 9)	178
	5. Zuständigkeitsbestimmung durch den BGH (§ 13a)	178
	6. Zusammentreffen mehrerer Gerichtsstände (§ 12)	178
	7. Der Gerichtsstand des Zusammenhanges (§ 13)	178
	8. Verhinderung des zuständigen Gerichts (§ 15)	179
V.	**Die funktionelle Zuständigkeit**	179
	1. Begriff und Reichweite	179
	2. Die gerichtliche Prüfung der funktionellen Zuständigkeit	180
VI.	**Die Behandlung von Kompetenzkonflikten**	181
	1. Sachlicher Kompetenzkonflikt	181
	2. Örtlicher und funktioneller Kompetenzkonflikt	181
VII.	**Die Schöffen**	182
	1. Verfahrensrechtliche Stellung und Funktion	182
	2. Auswahl	182
	3. Mitwirkungsrechte	183
	Wiederholungs- und Vertiefungsfragen	184
§ 13	**Ausschließung und Ablehnung von Gerichtspersonen**	**185**
I.	**Ausschließung von Richtern**	185
	1. Eigene Verletzung durch die Straftat	185
	2. Näheverhältnis zum Beschuldigten oder Verletzten	185
	3. Vorbefassung in der Strafsache	186
II.	**Ablehnung von Richtern**	187
	1. Ablehnung wegen Ausschlusses von der Ausübung des Richteramtes kraft Gesetzes	187
	2. Ablehnung wegen Besorgnis der Befangenheit	187
	3. Ablehnungsverfahren	188
III.	**Ausschließung und Ablehnung übriger Gerichtspersonen (§ 31)**	191
	Wiederholungs- und Vertiefungsfragen	191
§ 14	**Prozessvoraussetzungen**	**192**
I.	**Begriff**	192
II.	**Einzelne wichtige Prozessvoraussetzungen**	192
	1. Zuweisung an bestimmte Gerichte	193
	2. Umstände in der Person des Beschuldigten	193
	3. Verfolgbarkeit der konkreten Sache	194
III.	**Prozessvoraussetzungen und Verfassungsrecht**	197
	1. Rechtswidriger Lockspitzeleinsatz	197
	2. Überlange Verfahrensdauer	198
	3. Kurze Lebenserwartung des Beschuldigten	198
	4. Verhältnismäßigkeitsprinzip	198

IV.	Prozessvoraussetzungen und der Grundsatz in dubio pro reo	199
V.	Das Fehlen von Prozessvoraussetzungen	200
	Wiederholungs- und Vertiefungsfragen	201

§ 15 Prozesshandlungen 202
- I. Begriff 202
- II. Wirksamkeitsvoraussetzungen 202
  1. Allgemeines 202
  2. Widerruflichkeit 203
  3. Willensmängel 204
  4. Form 205
- III. Fristen 206
  1. Begriffe 206
  2. Folgen der Fristversäumung 206
  3. Wiedereinsetzung in den vorigen Stand 206

Wiederholungs- und Vertiefungsfragen 207

§ 16 Das Zwischenverfahren 208
- I. Allgemeines 208
- II. Erlass eines Eröffnungsbeschlusses (§§ 203 ff.) 209
  1. Voraussetzungen, Inhalt und Form 209
  2. Zulassung der Klage mit Änderungen 209
  3. Bindungswirkung 210
  4. Fehlender oder mangelhafter Eröffnungsbeschluss 211
- III. Ablehnung der Eröffnung des Hauptverfahrens 213
  1. Voraussetzung und Inhalt des Nichteröffnungsbeschlusses 213
  2. Anfechtung und Rechtskraft 214
  3. Vorläufige Einstellung des Strafverfahrens 214
  4. Einstellung aus Opportunitätsgründen 215

Wiederholungs- und Vertiefungsfragen 215

§ 17 Hauptverfahren (1. Instanz) 216
- I. Die Vorbereitung der Hauptverhandlung 216
  1. Terminsbestimmung (§ 213) 216
  2. Ladungen 217
  3. Zustellung des Eröffnungsbeschlusses 217
  4. Kommissarische Beweisaufnahme 217
  5. Herbeischaffung der Beweisgegenstände 218
  6. Mitteilung der Gerichtsbesetzung 218
  7. Mitteilungen an Verletzte 219
- II. Die Hauptverhandlung 219
  1. Der Gang der Hauptverhandlung 219
  2. Die anwesenden Personen 220
  3. Die Öffentlichkeit 222
  4. Die Leitung der Hauptverhandlung 223
  5. Fragerechte 224
  6. Hinweis- und Fürsorgepflichten 225
  7. Das Hauptverhandlungsprotokoll 226

		8. Aussetzung und Unterbrechung der Hauptverhandlung	226
	III.	Rechtsbehelfe im Hauptverfahren	227
		Wiederholungs- und Vertiefungsfragen	227
§ 18		**Verfahrensprinzipien**	228
	I.	**Grundsätze, die für das gesamte Erkenntnisverfahren gelten**	228
		1. Unschuldsvermutung	228
		2. Beschleunigungsgrundsatz	229
		3. Verhältnismäßigkeitsprinzip	230
		4. Grundsatz des fairen Strafverfahrens	231
	II.	**Grundsätze, die für Richterinnen und Richter im gesamten Strafverfahren gelten**	231
		1. Richterliche Unabhängigkeit	231
		2. Grundsatz des gesetzlichen Richters	233
		3. Grundsatz des rechtlichen Gehörs	233
		4. Grundsatz der gerichtlichen Fürsorge	234
	III.	**Grundsätze, die nur in der Hauptverhandlung gelten**	234
		1. Konzentrationsmaxime	234
		2. Öffentlichkeitsgrundsatz	235
		3. Mündlichkeitsprinzip	235
		Wiederholungs- und Vertiefungsfragen	236
§ 19		**Die Verständigung im Strafverfahren**	237
	I.	**Allgemeines**	237
		1. Begriff	237
		2. Die gesetzliche Regelung	237
	II.	**Gegenstand der verfahrensbeendenden Verständigung**	239
	III.	**Zustandekommen und Fehlschlag der Verständigung**	240
		1. Formelle Verfahrensverständigung	240
		2. Voraussetzungen und Folgen eines Fehlschlags	241
		Wiederholungs- und Vertiefungsfragen	242
§ 20		**Umfang der Beweisaufnahme**	243
	I.	**Überblick über die Beweisaufnahme**	243
	II.	**Terminologie des Beweisrechts**	244
	III.	**Beweistatsachen**	244
		1. Haupttatsachen	245
		2. Indiztatsachen	245
		3. Hilfstatsachen	245
		4. Erfahrungssätze	246
		5. Ausländisches Recht und inländisches Gewohnheitsrecht	246
	IV.	**Beweisbedürftigkeit**	246
		1. Allgemeinkundige Tatsachen	246
		2. Gerichtskundige Tatsachen	247
	V.	**Untersuchungsgrundsatz**	247
		1. Inhalt	247
		2. Umfang	248

VI.	Beweisantragsrecht	248
	Wiederholungs- und Vertiefungsfragen	249

§ 21 Beweiserhebung — 250

I.	Allgemeines	250
	1. Beweismittelarten	250
	2. Streng- und Freibeweisverfahren	250
II.	Der Zeugenbeweis	251
	1. Begriff	251
	2. Zeugnisfähigkeit	251
	3. Beweisgegenstand	254
	4. Pflichten des Zeugen	255
	5. Beschränkungen der Zeugenpflichten bei staatlichen Personengruppen	256
	6. Zeugnis- und Auskunftsverweigerungsrechte	256
	7. Gang der Zeugenvernehmung	263
	8. Zeugenschutz	264
III.	Der Sachverständigenbeweis	265
	1. Begriff des Sachverständigen	265
	2. Abgrenzung zum sachverständigen Zeugen	266
	3. Begriff der Tatsachen beim Sachverständigengutachten	266
	4. Rechte und Pflichten des Sachverständigen	267
	5. Ablehnung des Sachverständigen	268
	6. Belehrungspflichten	269
	7. Der Sachverständige in der Hauptverhandlung	269
IV.	Der Urkundenbeweis	270
	1. Begriff der Urkunde und des Urkundenbeweises	270
	2. Zulässigkeit	270
	3. Beweisführung	270
V.	Der Augenscheinsbeweis	271
	1. Begriff des Augenscheins	271
	2. Abgrenzung zur Urkunde	271
	3. Beweisführung	271
VI.	Grundsätze der Beweiserhebung	272
	1. Unmittelbarkeit	272
	2. Öffentlichkeit und Mündlichkeit	276
	3. Rechtliches Gehör	276
VII.	Beweiserhebungsverbote	276
	1. Beweisthemaverbote	277
	2. Beweismittelverbote	277
	3. Beweismethodenverbote	277
	4. Relative Beweiserhebungsverbote	277
	Wiederholungs- und Vertiefungsfragen	277

§ 22 Beweisanträge — 279

I.	Beweisantragsrecht und gerichtliche Aufklärungspflicht	279
	1. Unterschiedliche Anforderungen	279
	2. Bedeutung des Beweisantragsrechts	279

	II.	**Begriffe**	280
		1. Beweisantrag	280
		2. Beweisermittlungsantrag	283
		3. Beweisanregung	283
		4. Beweiserbieten	283
		5. Prozessual bedingte Beweisanträge, Hilfs- und Eventualbeweisanträge	284
	III.	**Beweisantragsstellung**	285
		1. Antragsberechtigung	285
		2. Form	286
		3. Zeitpunkt	286
	IV.	**Ablehnung von Beweisanträgen**	286
		1. Allgemeines	286
		2. Nicht präsente Beweismittel	288
		3. Präsente Beweismittel	293
		Wiederholungs- und Vertiefungsfragen	294
§ 23		**Beweisverwertung**	295
	I.	**Beweisverwertungsverbote**	295
		1. Unselbständige Beweisverwertungsverbote	295
		2. Selbständige Beweisverwertungsverbote	303
	II.	**Beweiswürdigung**	304
		1. Gebundene und freie Beweiswürdigung	304
		2. Der Grundsatz der freien Beweiswürdigung	304
		3. Grundlage der Überzeugung	305
		4. Grundlage der Überzeugungsbildung	306
	III.	**In dubio pro reo**	306
		1. Der Grundsatz	307
		2. Der Anwendungszeitpunkt	307
		3. Der Anwendungsgegenstand	307
		4. Die Anwendungsmethode	308
		Wiederholungs- und Vertiefungsfragen	309
§ 24		**Urteil und Urteilsfindung**	310
	I.	**Terminologie**	310
		1. Überblick	310
		2. Urteile	310
		3. Beschlüsse	311
		4. Verfügungen	312
	II.	**Verfahrensablauf**	312
	III.	**Die Urteilsfindung**	312
		1. Der Gegenstand der Urteilsfindung	312
		2. Beratung	312
		3. Abstimmung	313
	IV.	**Die Urteilsverkündung**	313
		1. Das Verlesen der Urteilsformel	314
		2. Die Eröffnung der Urteilsgründe	315

	V.	Die Urteilsurkunde	315
		1. Funktion	315
		2. Aufbau und Inhalt	316
	VI.	Berichtigung des Urteils	317
		1. Berichtigung der Urteilsformel	318
		2. Berichtigung der Urteilsgründe	319
	VII.	Nichtigkeit des Urteils	319
		Wiederholungs- und Vertiefungsfragen	319
§ 25		**Prozessualer Tatbegriff und Rechtskraft**	**320**
	I.	Die Tat im prozessualen Sinne	320
		1. Der Prozessgegenstand	320
		2. Funktionen des prozessualen Tatbegriffs	320
		3. Inhalt des prozessualen Tatbegriffs	322
	II.	Die Rechtskraft	326
		1. Formelle Rechtskraft	326
		2. Materielle Rechtskraft	327
		3. Rechtskraft von Beschlüssen	327
		4. Rechtskraft und prozessualer Tatbegriff	328
	III.	Schaubild: Der Zusammenhang von prozessualer Tat und Rechtskraft	332
		Wiederholungs- und Vertiefungsfragen	332
§ 26		**Besondere Verfahrensarten**	**333**
	I.	Strafbefehlsverfahren	333
		1. Allgemeines	333
		2. Voraussetzungen	333
		3. Entscheidungsmöglichkeiten des Gerichts	334
		4. Der Einspruch	335
		5. Anhängigkeit und Rechtshängigkeit	337
		6. Rechtskraft	337
	II.	Sicherungsverfahren	338
		1. Allgemeines	338
		2. Voraussetzungen	339
		3. Verfahrensablauf	339
	III.	Beschleunigtes Verfahren	341
		1. Allgemeines	341
		2. Verfahrensablauf	341
		3. Berufungs- und Revisionsinstanz	343
	IV.	Privatklageverfahren	343
		1. Allgemeines	343
		2. Voraussetzungen	344
		3. Verfahrensablauf	345
	V.	Nebenklageverfahren	346
		1. Allgemeines	346
		2. Voraussetzungen	347
		3. Rechte und Pflichten des Nebenklägers	347
	VI.	Adhäsionsverfahren	348
		1. Allgemeines	348

	2.	Voraussetzungen	348
	3.	Verfahren	349
VII.	Verfahren bei Einziehung und Vermögensbeschlagnahme		349
	1.	Verfahren bei Einziehung (§§ 430 – 442)	349
	2.	Verfahren bei Vermögensbeschlagnahme (§ 443)	350
VIII.	**Sonstiges**		**350**
	1.	Rechte des Verletzten	350
	2.	Zeugenschutz	351
	3.	Entschädigung	351
	Wiederholungs- und Vertiefungsfragen		**351**

§ 27	**Vollstreckungsverfahren**		**352**
I.	Allgemeines		352
II.	**Zuständigkeit für die Strafvollstreckung**		**352**
III.	**Voraussetzungen der Strafvollstreckung**		**352**
IV.	**Vollstreckung von Geld- und Freiheitsstrafe**		**353**
V.	**Aufgaben der Gerichte im Rahmen der Strafvollstreckung**		**353**
	1.	Entscheidungen nach § 458	353
	2.	Entscheidungen der Strafvollstreckungskammer	354
	3.	Zurückstellung der Strafvollstreckung	354
VI.	Rechtsbehelfe		354
	1.	Gegen Entscheidungen des Rechtspflegers	354
	2.	Gegen Entscheidungen der StA	355
	3.	Gegen gerichtliche Entscheidungen	355
	4.	Gegen Entscheidungen des Generalstaatsanwalts	355
	5.	Dienstaufsichtsbeschwerde	355
VII.	Register		355
	1.	Bundeszentralregister („Strafregister")	355
	2.	Länderübergreifende staatsanwaltschaftliche Verfahrensregister	356
	3.	Fahreignungsregister	356
	Wiederholungs- und Vertiefungsfragen		**356**

4. Abschnitt: Rechtsbehelfe

§ 28	**Grundlagen**		**357**
I.	**Allgemeines**		**357**
	1.	Formlose Rechtsbehelfe	357
	2.	Förmliche Rechtsbehelfe	357
II.	**Zulässigkeit eines Rechtsmittels**		**358**
	1.	Zuständigkeit	358
	2.	Statthaftigkeit	359
	3.	Befugnis	359
	4.	Beschwer	360
	5.	Ordnungsgemäße Einlegung	362
	6.	Begründung	363
	7.	Verzicht, Rücknahme und Beschränkung	363
	8.	Rechtsmissbrauch und Verwirkung	364

III.	Begründetheit eines Rechtsmittels		365
IV.	Umfang der Anfechtung bei Berufung und Revision		365
	Wiederholungs- und Vertiefungsfragen		365

§ 29 Rechtsschutz im Ermittlungsverfahren — 366
- I. Die rechtliche Ausgangslage — 366
  1. Der Rechtsschutz gegen Ermittlungsmaßnahmen — 366
  2. Der Rechtsschutz gegen Prozesshandlungen — 366
- II. Verdeckte und offene Ermittlungsmaßnahmen — 367
  1. Rechtsgrundlagen — 367
  2. Das Verhältnis der bisher anerkannten Rechtsbehelfe zu § 101 Abs. 7 — 368
  3. Zeitliche Perspektive des Rechtsschutzes durch § 101 Abs. 7 — 368
  4. Rechtsschutz gegen die Art und Weise der Durchführung einer Zwangsmaßnahme — 369

Wiederholungs- und Vertiefungsfragen — 371

§ 30 Berufung — 372
- I. Zulässigkeit der Berufung — 372
  1. Statthaftigkeit — 372
  2. Berufungsberechtigung — 372
  3. Form und Frist der Berufungseinlegung — 373
  4. Annahmeberufung — 374
  5. Kein Rechtsmittelverzicht — 374
  6. Keine Rechtsmittelrücknahme — 374
  7. Folgen einer unzulässigen Berufung — 374
- II. Begründetheit der Berufung — 374
  1. Unzuständigkeit des erstinstanzlichen Gerichts — 374
  2. Anderes Ergebnis als die Vorinstanz — 375
  3. Folgen einer unbegründeten Berufung — 375
- III. Berufungsverfahren — 375
  1. Einlegung der Berufung — 376
  2. Berufungsbegründung — 376
  3. Vorprüfung (I) durch das AG — 377
  4. Vorprüfung (II) durch das Berufungsgericht — 377
  5. Vorbereitung der Berufungshauptverhandlung — 377
  6. Berufungshauptverhandlung — 377
  7. Ausbleiben des Angeklagten in der Hauptverhandlung — 378
  8. Berufungsentscheidung — 378
- IV. Rechtsmittel — 379

Wiederholungs- und Vertiefungsfragen — 379

§ 31 Revision — 380
- I. Allgemeines — 380
- II. Zulässigkeit — 380
  1. Statthaftigkeit und Zuständigkeit — 380
  2. Wirksame Einlegung — 381
  3. Antrag und Begründung — 382
  4. Keine Rücknahme, kein Verzicht — 382

III.	Begründetheit	382
	1. Gesetzesverletzungen	382
	2. Verfahrenshindernisse	383
	3. Verfahrensrügen (Grundlagen)	383
	4. Verfahrensrügen (relative Revisionsgründe)	386
	5. Verfahrensrügen (absolute Revisionsgründe)	388
	6. Sachrügen	392
IV.	Gerichtliche Entscheidungsmöglichkeiten	393
	1. Beschluss	394
	2. Urteil	394
V.	Nebenklägerrevision	395
VI.	Revisionserstreckung auf Mitverurteilte	395
VII.	Bindungswirkung und Verschlechterungsverbot	396
	Wiederholungs- und Vertiefungsfragen	396

§ 32	**Beschwerde**	**397**
I.	Allgemeines	397
II.	Zulässigkeit der (einfachen) Beschwerde	397
	1. Zuständigkeit	397
	2. Statthaftigkeit	398
	3. Beschwerdebefugnis	399
	4. Form und Frist	400
III.	Verfahren und Entscheidungen	400
	1. Abhilfeverfahren	400
	2. Vorlage	400
	3. Entscheidung des Beschwerdegerichts	400
IV.	Sofortige Beschwerde (§ 311)	401
V.	Weitere Beschwerde (§ 310)	401
	Wiederholungs- und Vertiefungsfragen	402

§ 33	**Wiederaufnahme**	**403**
I.	Allgemeines	403
II.	Verfahren	404
	1. Überblick	404
	2. Zulässigkeitsprüfung	404
	3. Begründetheitsprüfung	405
	4. Anordnung der Wiederaufnahme	405
	5. Erneute Hauptverhandlung	406
	6. Neue Entscheidung	406
III.	Wiederaufnahme bei Strafbefehlen (§ 373a)	407
IV.	Einzelne Wiederaufnahmegründe	407
	1. Wiederaufnahme zugunsten des Verurteilten	407
	2. Der Wiederaufnahmegrund des § 359 Nr 5	408
	3. Die Wiederaufnahme zuungunsten des Verurteilten	409
	4. Der Wiederaufnahmegrund des § 362 Nr 4	409
	Wiederholungs- und Vertiefungsfragen	410

5. Abschnitt: Geschichte, Reform

§ 34	Historischer Abriss	411
I.	Das germanische Rechtsdenken	411
II.	Die Entwicklung zum Inquisitionsprozess	412
III.	Rezeption und CCC	413
IV.	Der gemeine deutsche Strafprozess	414
V.	Der reformierte deutsche Strafprozess	415
	1. Die Abschaffung der Folter	415
	2. Die Umgestaltung von Verfahrensgang und Gerichtsverfassung	416
VI.	Einführung der RStPO und des GVG	417
VII.	Die Entwicklung bis 1933	418
VIII.	Die Zeit des Nationalsozialismus	418
IX.	Die Entwicklung des Strafprozessrechtes seit 1945	419

§ 35	Europäische Perspektive	421
I.	Ebenen der „Europäisierung"	421
II.	Einflüsse des Europarechts	423
III.	Einflüsse der PJZS	424
	1. Prinzip der gegenseitigen Anerkennung	424
	2. Europäischer Haftbefehl	425
	3. Erlangung von Beweismitteln	428
IV.	Strafverfolgungsinstitutionen auf europäischer Ebene	429
	1. Europol	429
	2. Eurojust	430
	3. OLAF	431
V.	Einflüsse des SDÜ auf das Strafverfahren	431
	1. Allgemeines	431
	2. Ne bis in idem	431
	3. Schengener Informationssystem	433

Stichwortverzeichnis — 435

Abkürzungs- und Literaturverzeichnis

Paragrafen ohne Gesetzesangaben sind solche der StPO; Absätze werden mit römischen Zahlen beziffert.

aA	anderer Ansicht
abl.	ablehnend
ABl.	Amtsblatt
Abs.	· Absatz
Abschn.	Abschnitt
abw.	abweichend
a.E.	am Ende
AEUV	Vertrag über die Arbeitsweise der EU
a.F.	alte Fassung
AG	Amtsgericht, Aktiengesellschaft
AK-Bearbeiter	Wassermann (Hrsg.), Kommentar zur Strafprozessordnung, ab 1988
allg.	allgemein
Alsberg-Bearbeiter	Alsberg, Nüse, Meyer, Der Beweisantrag im Strafprozess, 6. Aufl. 2013
Alt.	Alternative
Amelung-FS	Böse u.a. (Hrsg.), Festschrift für Knut Amelung, 2009
Anh.	Anhang
Anl.	Anlage
Anm.	Anmerkung
AO	Abgabenordnung
Art.	Artikel
AT	Allgemeiner Teil
Aufl.	Auflage
ausf.	ausführlich
Az.	Aktenzeichen
Baumann-FS	Arzt u.a. (Hrsg.), Festschrift für Jürgen Baumann, 1992
BayObLG	Bayerisches Oberstes Landesgericht
BBG	Bundesbeamtengesetz
Bd.	Band
BeamtStG	Beamtenstatusgesetz
BeckOK-Bearbeiter	Graf (Hrsg.), Beck'scher Online-Kommentar, Stand Dezember 2018
BeckRS	Beck-Rechtsprechung
Beulke/Swoboda	Beulke, Swoboda, Strafprozessrecht, 14. Aufl. 2018
Beulke-FS	Fahl u.a. (Hrsg.), Festschrift für Werner Beulke, 2015
BGB	Bürgerliches Gesetzbuch
BGBl.	Bundesgesetzblatt (Teil, Seite)
BGH	Bundesgerichtshof
BGH-FS IV	Canaris u.a. (Hrsg.), 50 Jahre Bundesgerichtshof. Festgabe aus der Wissenschaft, Bd. IV. Strafrecht, Strafprozessrecht, 2000
BGHR	Rechtsprechung des Bundesgerichtshofs in Strafsachen
BGHSt	Entscheidungen des Bundesgerichtshofs in Strafsachen
BGHZ	Entscheidungen des Bundesgerichtshofs in Zivilsachen
Blau-FS	Schwind (Hrsg.), Festschrift für Günter Blau, 1985
Böse-Bearbeiter	Böse (Hrsg.), Enzyklopädie Europarecht (Band 9), Europäisches Strafrecht, 1. Aufl. 2013
BPolG	Bundespolizeigesetz
BRJ	Bonner Rechtsjournal
BR-Drs.	Bundesratsdrucksache (Nummer/Jahr)
Bruns-FS	Frisch u.a. (Hrsg.), Festschrift für Hans-Jürgen Bruns, 1978
Bspr.	Besprechung
bspw.	beispielsweise

Abkürzungs- und Literaturverzeichnis

BT	Besonderer Teil
BT-Drs.	Bundestagsdrucksache (Wahlperiode/Nummer)
BtMG	Gesetz über den Verkehr mit Betäubungsmitteln (Betäubungsmittelgesetz)
BVerfG	Bundesverfassungsgericht
BVerfGG	Bundesverfassungsgerichtsgesetz
BVerfGE	Entscheidungen des Bundesverfassungsgerichts
BVerwG	Bundesverwaltungsgericht
BVerwGE	Entscheidungen des Bundesverwaltungsgerichts
bzgl.	bezüglich
BZR	Bundeszentralregister
BZRG	Bundeszentralregistergesetz
bzw.	beziehungsweise
Calliess/Ruffert	Calliess, Ruffert (Hrsg.), EUV/AEUV, Das Verfassungsrecht der Europäischen Union mit Europäischer Grundrechtecharta, 4. Aufl. 2011
CCC	Constitutio Criminalis Carolina (Peinliche Gerichtsordnung Kaiser Karls V. von 1532)
CMLR	Common Market Law Review (Zeitschrift)
Dahs	Dahs, Die Revision im Strafprozess, 9. Aufl. 2017
Dahs-FS	Widmaier u.a. (Hrsg.), Festschrift für Hans Dahs, 2005
DAR	Deutsches Autorecht (Zeitschrift)
Dencker	Dencker, Verwertungsverbote im Strafprozeß, 1977
Dencker-FS	Degener u.a. (Hrsg.), Festschrift für Friedrich Dencker, 2012
ders.	derselbe
dies.	dieselbe(n)
diff.	differenzierend
d.h.	das heißt
Diss.	Dissertation
Dreier	Dreier (Hrsg.), Grundgesetz Kommentar, Bd. I, 3. Aufl. 2013
DRiG	Deutsches Richtergesetz
DRiZ	Deutsche Richterzeitung
EGGVG	Einführungsgesetz zum Gerichtsverfassungsgesetz
EGMR	Europäischer Gerichtshof für Menschenrechte
EGV	Vertrag zur Gründung der Europäischen Gemeinschaft (EG-Vertrag)
Einl.	Einleitung
einschr.	einschränkend
Eisenberg	Eisenberg, Beweisrecht der StPO, 10. Aufl. 2017
Eisenberg-FS	Müller u.a. (Hrsg.), Festschrift für Ulrich Eisenberg, 2009
Eisenberg JGG	Eisenberg, Jugendgerichtsgesetz, 20. Aufl. 2018
Eisenhardt	Eisenhardt, Deutsche Rechtsgeschichte, 6. Aufl. 2013
EMRK	Europäische Konvention zum Schutze der Menschenrechte und Grundfreiheiten
endg.	endgültig
Engländer	Engländer, Examens-Repetitorium Strafprozessrecht, 9. Aufl. 2018
Eser-FS	Arnold u.a. (Hrsg.), Festschrift für Albin Eser, 2005
EU	Europäische Union
EuGH	Europäischer Gerichtshof
EuGRZ	Europäische Grundrechte-Zeitschrift
EuHbG	Europäisches Haftbefehlsgesetz
EUV	Vertrag über die Europäische Union
evtl.	eventuell
f.	folgende (Seite)
Fahl	Fahl, Rechtsmissbrauch im Strafprozess, 2004
Fezer	Fezer, Strafprozeßrecht, 2. Aufl. 1995
Fezer-FS	Weßlau (Hrsg.), Festschrift für Gerhard Fezer, 2008
ff.	folgende (Seiten)

Abkürzungs- und Literaturverzeichnis

Fischer	Fischer, Strafgesetzbuch und Nebengesetze, 65. Aufl. 2018
Fn	Fußnote
Frisch-FS	Freund u.a. (Hrsg.), Festschrift für Wolfgang Frisch, 2013
GA	Archiv für Strafrecht und Strafprozeß, begründet von Th. Goltdammer; (später:) Goltdammer's Archiv für Strafrecht
Gallas-FS	Lackner u.a. (Hrsg.), Festschrift für Wilhelm Gallas, 1973
GBA	Generalbundesanwalt
Geerds-FS	Schlüchter (Hrsg.), Kriminalistik und Strafrecht. Festschrift für Friedrich Geerds, 1995
gem.	gemäß
Geppert-FS	Geisler u.a. (Hrsg.), Festschrift für Klaus Geppert, 2011
GG	Grundgesetz für die Bundesrepublik Deutschland
ggf.	gegebenenfalls
GmbH	Gesellschaft mit beschränkter Haftung
GmbHG	Gesetz betreffend die Gesellschaften mit beschränkter Haftung
Gössel	Gössel, Strafverfahrensrecht, Bd. I, 1977
Grabitz/Hilf/Nettesheim	Grabitz, Hilf, Nettesheim (Hrsg.), Das Recht der Europäischen Union, 55. Lieferung Januar 2015
GRC	Charta der Grundrechte der Europäischen Union
grds.	grundsätzlich
Groeben/Schwarze/Hatje	Groeben, Schwarze, Hatje (Hrsg.), Kommentar zum Vertrag über die Europäische Union und zur Gründung der Europäischen Gemeinschaft, Bd. I, 7. Aufl. 2015
GrS	Großer Senat
Grünwald	Grünwald, Beweisrecht der Strafprozeßordnung, 1993
GVBl. NRW	Gesetz- und Verordnungsblatt für das Land Nordrhein-Westfalen
GVG	Gerichtsverfassungsgesetz
hA	herrschende Ansicht
Haller/Conzen	Haller, Conzen, Das Strafverfahren, 8. Aufl. 2018
Hamm	Hamm, Die Revision in Strafsachen, 7. Aufl. 2010
Hamm-FS	Michalke u.a. (Hrsg.), Festschrift für Rainer Hamm, 2008
Hassemer-FS	Neumann u.a. (Hrsg.), Festschrift für Winfried Hassemer, 2010
Hecker	Hecker, Europäisches Strafrecht, 4. Aufl. 2012
Heinze-GS	Söllner u.a. (Hrsg.), Gedächtnisschrift für Meinhard Heinze, 2005
Hellmann	Hellmann, Strafprozessrecht, 2. Aufl. 2006
Herzberg-FS	Putzke u.a. (Hrsg.), Festschrift für Rolf Dietrich Herzberg, 2008
HKGS-Bearbeiter	Dölling/Duttge/Rössner (Hrsg.), Gesamtes Strafrecht. Handkommentar, 3. Aufl. 2013
v. Hippel	v. Hippel, Der deutsche Strafprozess, 1941
His	His, Deutsches Strafrecht bis zur Karolina, 1967
HK-Bearbeiter	Julius u.a. (Hrsg.), Heidelberger Kommentar zur Strafprozessordnung, 6. Aufl. 2018
hL	herrschende Lehre
hM	herrschende Meinung
HRRS	Online-Zeitschrift HRRS und Rechtsprechungsdatenbank (http://www.hrr-strafrecht.de)
Hrsg.	Herausgeber
HS	Halbsatz
ICLQ	The International and Comparative Law Quarterly (Zeitschrift)
i.d.F.	in der Fassung
i.d.R.	in der Regel
i.e.S.	im engeren Sinne
Ignor	Ignor, Geschichte des Strafprozesses in Deutschland 1532 – 1846, 2002
insb.	insbesondere
IPBPR	Internationaler Pakt über bürgerliche und politische Rechte
IRG	Gesetz über die internationale Rechtshilfe in Strafsachen
I. Roxin-FS	Schulz u.a. (Hrsg.), Festschrift für Imme Roxin, 2012

i.S.d.	im Sinne des/der
i.S.e.	im Sinne einer/eines
i.S.v.	im Sinne von
i.V.m.	in Verbindung mit
JA	Juristische Arbeitsblätter (Zeitschrift)
Jäger	Jäger, Beweisverwertung und Beweisverwertungsverbote im Strafprozess, 2003
Jescheck-FS	Vogler u.a. (Hrsg.), Festschrift für Hans-Heinrich Jescheck, 1985
Jescheck/Weigend	Jescheck, Weigend, Lehrbuch des Strafrechts Allgemeiner Teil, 5. Aufl. 1996
Jessnitzer/Ulrich	Jessnitzer, Ulrich, Der gerichtliche Sachverständige. Ein Handbuch für die Praxis, 12. Aufl. 2007
jew.	jeweils
JGG	Jugendgerichtsgesetz
JMBlNW	Justizministerialblatt für das Land Nordrhein-Westfalen
Joecks	Joecks, Strafprozessrecht - Studienkommentar, 4. Aufl. 2015
JR	Juristische Rundschau (Zeitschrift)
Jung-FS	Müller-Dietz u.a. (Hrsg.), Festschrift für Heike Jung, 2007
Jura	Juristische Ausbildung (Zeitschrift)
JuS	Juristische Schulung (Zeitschrift)
JVA	Justizvollzugsanstalt
JZ	Juristenzeitung (Zeitschrift)
Kaiser/Schöch	Kaiser, Schöch, Strafvollzug, 5. Aufl. 2003
Katholnigg	Katholnigg, Strafgerichtsverfassungsrecht, 3. Aufl. 1999
KG	Kammergericht
Kindhäuser AT	Kindhäuser, Strafrecht Allgemeiner Teil, 8. Aufl. 2017
Kindhäuser BT I	Kindhäuser, Strafrecht Besonderer Teil I, 8. Aufl. 2017; Strafrecht Besonderer Teil II, 8. Aufl. 2014
Kindhäuser/Böse BT II	Kindhäuser; Böse, Strafrecht Besonderer Teil II, 10. Aufl. 2019
Kindhäuser LPK	Kindhäuser, Strafgesetzbuch. Lehr- und Praxiskommentar, 7. Aufl. 2017
Kingreen/Poscher	Polizei- und Ordnungsrecht, 10. Aufl. 2018
Kissel	Kissel, Mayer, Gerichtsverfassungsgesetz Kommentar, 7. Aufl. 2013
Klesczewski	Klesczewski, Strafprozessrecht, 2. Auflage 2014
KK-Bearbeiter	Hannich (Hrsg.), Karlsruher Kommentar zur Strafprozessordnung und zum Gerichtsverfassungsgesetz mit Einführungsgesetz, 7. Aufl. 2013
Kleinknecht-FS	Gössel u.a. (Hrsg.), Festschrift für Theodor Kleinknecht, 1985
Klug-FS	Kohlmann (Hrsg.), Festschrift für Ulrich Klug, 1983
KMR-Bearbeiter	von Heintschel-Heinegg, Stöckel (Hrsg.), KMR Kommentar zur Strafprozessordnung, 88. Lieferung 2018
Köbler	Deutsche Rechtsgeschichte, 6. Aufl. 2004
Köhler	Köhler, Strafrecht Allgemeiner Teil, 1997 (zitiert nach Seiten)
Kohlmann-FS	Hirsch u.a. (Hrsg.), Festschrift für Günther Kohlmann, 2003
Kramer	Kramer, Grundbegriffe des Strafverfahrensrechts, 7. Aufl. 2009
Krause	Krause, Die Revision im Strafverfahren, 5. Aufl. 2001
Krey I	Krey, Deutsches Strafverfahrensrecht, Bd. I, 2006
Krey II	Krey, Deutsches Strafverfahrensrecht, Bd. II, 2007
krit.	kritisch
Kühne	Kühne, Strafprozessrecht, 9. Aufl. 2015
Kühne-FS	Esser u.a. (Hrsg.), Festschrift für Hans-Heiner Kühne, 2013
Kühl-FS	Heger u.a. (Hrsg.), Festschrift für Kristian Kühl, 2014
KWG	Gesetz über das Kreditwesen
Lackner/Kühl-Bearbeiter	Lackner, Kühl, Strafgesetzbuch mit Erläuterungen, 28. Aufl. 2014
Laubenthal	Laubenthal, Strafvollzug, 7. Aufl. 2015
Lesch	Lesch, Strafprozessrecht, 2. Aufl. 2001
LG	Landgericht

Abkürzungs- und Literaturverzeichnis

lit.	Buchstabe
LR-Bearbeiter	Erb, Esser, Franke, Graalmann, Scheerer, Hans Hilger, Ignor (Hrsg.), Löwe-Rosenberg, Die Strafprozeßordnung und das Gerichtsverfassungsgesetz, 26. Aufl. ab 2006 bzw. 27. Auflage ab 2016 (Bd. I, II, III/1, V/2)
Lüderssen-FS	Prittwitz u.a. (Hrsg.), Festschrift für Klaus Lüderssen, 2002
m.	mit
Maiwald-FS	Bloy u.a. (Hrsg.), Gerechte Strafe und legitimes Strafrecht, Festschrift für Manfred Maiwald, 2010
Maurach-FS	Schröder, Zipf (Hrsg.), Festschrift für Reinhart Maurach, 1972
MDR	Monatsschrift für Deutsches Recht
Mehle-FS	Hiebl u.a. (Hrsg.), Festschrift für Volkmar Mehle, 2009
Meyer-Bearbeiter	Meyer (Hrsg.), Charta der Grundrechte der Europäischen Union, 4. Aufl. 2014
Meyer-Goßner/Schmitt	Meyer-Goßner, Schmitt (Hrsg.), Strafprozessordnung, Gerichtsverfassungsgesetz, Nebengesetze und ergänzende Bestimmungen, 61. Aufl. 2018
Meyer-Goßner/Appl	Meyer-Goßner, Appl, Die Urteile in Strafsachen, 29. Aufl. 2014
Meyer-Goßner-FS	Eser u.a. (Hrsg.), Strafverfahrensrecht in Theorie und Praxis: Festschrift für Lutz Meyer-Goßner, 2001
Meyer-GS	Geppert, Dehnicke (Hrsg.), Gedächtnisschrift für Karlheinz Meyer, 1990
Münchhalffen/Gatzweiler	Münchhalffen, Gatzweiler, Recht der Untersuchungshaft, 3. Aufl. 2009
v. Münch/Kunig-Bearbeiter	Kunig (Hrsg.), Grundgesetz Kommentar, Bd. I, 6. Aufl. 2012
MK-Bearbeiter	Knauer, Kudlich, Schneider (Hrsg.), Münchener Kommentar zur Strafprozessordnung, 1. Aufl. 2014-2018
mwN	mit weiteren Nachweisen
n.F.	neue Fassung
NJ	Neue Justiz (Zeitschrift)
NJW	Neue Juristische Wochenschrift (Zeitschrift)
NK-Bearbeiter	Kindhäuser, Neumann, Paeffgen (Hrsg.), Nomos-Kommentar zum Strafgesetzbuch, 5.Aufl. 2017
Nr	Nummer(n)
N/Sch/W-Bearbeiter	Niemöller, Schlothauer, Weider, Gesetz zur Verständigung im Strafverfahren, 2010
NStE	Rebmann u.a. (Hrsg.), Neue Entscheidungssammlung für Strafrecht
NStZ	Neue Zeitschrift für Strafrecht
NStZ-RR	NStZ-Rechtsprechungs-Report Strafrecht (Zeitschrift)
NVwZ	Neue Zeitschrift für Verwaltungsrecht
NZV	Neue Zeitschrift für Verkehrsrecht
NZWiSt	Neue Zeitschrift für Wirtschafts-, Steuer- und Unternehmensstrafrecht
o.Ä.	oder Ähnlich(e, es)
Oehler-FS	Herzberg (Hrsg.), Festschrift für Dietrich Oehler, 1985
OLAF	Office Européen de lutte anti-fraude (Europäisches Amt für Betrugsbekämpfung)
OLG	Oberlandesgericht
OpferRRG	Opferrechtsreformgesetz
Ostendorf	Ostendorf (Hrsg.), Untersuchungshaft und Abschiebehaft, 2012
Otto-FS	Dannecker u.a. (Hrsg.), Festschrift für Harro Otto, 2007
OWiG	Gesetz über Ordnungswidrigkeiten
Paulus-FS	Laubenthal (Hrsg.), Festschrift für Rainer Paulus, 2009
Peters Fehlerquellen III	Peters, Fehlerquellen im Strafprozess, Band III, 1974
Peters	Peters, Strafprozess. Ein Lehrbuch, 4. Aufl. 1985
Peters-FS	Baumann u.a. (Hrsg.), Einheit und Vielfalt des Strafrechts. Festschrift für Karl Peters, 1974

Abkürzungs- und Literaturverzeichnis

Pfeiffer	Pfeiffer, Strafprozessordnung und Gerichtsverfassungsgesetz, 5. Aufl. 2005
Pfeiffer-FS	Freiherr v. Gamm u.a. (Hrsg.), Strafrecht, Unternehmensrecht, Anwaltsrecht. Festschrift für Gerd Pfeiffer, 1988
PJZS	Polizeiliche und justizielle Zusammenarbeit in Strafsachen
Puppe-FS	Paeffgen u.a. (Hrsg.), Strafrechtswissenschaft als Analyse und Konstruktion: Festschrift für Ingeborg Puppe, 2011
Putzke/Scheinfeld	Putzke, Scheinfeld, Strafprozessrecht, 7. Aufl. 2017
R/H-Bearbeiter	Radtke, Hohmann, Strafprozessordnung, 1. Aufl. 2011
Ranft	Ranft, Strafprozessrecht, 3. Aufl. 2005
red.	redaktioneller
RG	Reichsgericht
RGSt	Entscheidungen des Reichsgerichts in Strafsachen
Rieß-FS	Hanack u.a. (Hrsg.), Festschrift für Peter Rieß, 2002
Rissing-van Saan-FS	Bernsmann u.a. (Hrsg.), Festschrift für Ruth Rissing-van Saan, 2011
RiStBV	Richtlinien für das Strafverfahren und das Bußgeldverfahren
Rn	Randnummer
Rosenberg/Schwab/Gottwald	Rosenberg, Schwab, Gottwald, Zivilprozessrecht, 17. Aufl. 2010
Rössner	Rössner, 30 Probleme aus dem Strafprozessrecht, 2. Aufl. 2007
Roxin/Schünemann	Roxin, Schünemann, Strafverfahrensrecht, 29. Aufl. 2018
Roxin-FS	Heinrich u.a. (Hrsg.), Strafrecht als Scientia Universalis, Festschrift für Claus Roxin, 2011
RPflG	Rechtspflegergesetz
Rspr.	Rechtsprechung
RStPO	Reichsstrafprozeßordnung
Rüßmann-FS	Stamm u.a. (Hrsg.), Festschrift für Helmut Rüßmann, 2012
Rüping	Rüping, Das Strafverfahren, 3. Aufl. 1997
Rüping-FS	Steinberg (Hrsg.), Festschrift für Hinrich Rüping, 2008
Rüping/Jerouschek	Rüping, Jerouschek, Grundriss der Strafrechtsgeschichte, 6. Aufl. 2011
RVG	Rechtsanwaltsvergütungsgesetz
S.	Satz, Seite
s.	siehe
Salger-FS	Eser u.a. (Hrsg.), Straf- und Strafverfahrensrecht, Recht und Verkehr, Recht und Medizin, Festschrift für Hannskarl Salger, 1995
Samson-FS	Joecks u.a. (Hrsg.), Recht – Wirtschaft – Strafe: Festschrift für Erich Samson, 2010
Satzger	Satzger, Internationales und Europäisches Strafrecht, 6. Aufl. 2013
Schäfer-FS	Hassenpflug (Hrsg.), Festschrift für Karl Schäfer, 1980
Schaffstein-FS	Grünwald u.a. (Hrsg.), Festschrift für Friedrich Schaffstein, 1975
Schenke-FS	Baumeister u.a. (Hrsg.), Festschrift für Wolf-Rüdiger Schenke, 2011
Schilling	Schilling, Illegale Beweise: Eine Untersuchung zum Beweisverfahren im Strafprozeßrecht, 1. Aufl. 2004
Schlothauer/Weider	Schlothauer, Weider, Untersuchungshaft, 4. Aufl. 2010
Schlüchter-GS	Duttge u.a. (Hrsg.), Gedächtnisschrift für Ellen Schlüchter, 2002
Schlüchter	Schlüchter, Das Strafverfahren, 2. Aufl. 1983
Schlüchter StPO	Schlüchter, Strafprozessrecht, 3. Aufl. 1999
Schmidt	Schmidt, Einführung in die Geschichte der Deutschen Strafrechtspflege, 3. Aufl. 1965
Schmidt-FS	Bockelmann, Gallas (Hrsg.), Festschrift für Eberhardt Schmidt, 1961
Schmoeckel	Schmoeckel, Humanität und Staatsraison, 2000
Schöch-FS	Dölling u.a. (Hrsg.), Verbrechen - Strafe - Resozialisierung, Festschrift für Heinz Schöch, 2010
Schoch/Schneider/Bier	Kommentar Verwaltungsgerichtsordnung, Stand Mai 2018

Abkürzungs- und Literaturverzeichnis

Schroeder-FS	Hoyer u.a. (Hrsg.), Festschrift für Friedrich-Christian Schroeder, 2006
Schroeder/Verrel	Schroeder, Verrel, Strafprozessrecht, 7. Aufl. 2017
SDÜ	Schengener Durchführungsübereinkommen
Seebode-FS	Schneider u.a. (Hrsg.), Festschrift für Manfred Seebode, 2008
Sellert	Sellert, Studien- und Quellenbuch zur Geschichte der deutschen Strafrechtspflege, Bd. 1, Von den Anfängen bis zur Aufklärung, 1989
Sieber-Bearbeiter	Sieber u.a. (Hrsg.), Europäisches Strafrecht, 2. Aufl. 2014
SK-Bearbeiter	Wolter (Hrsg.), Systematischer Kommentar zur Strafprozessordnung und zum Gerichtsverfassungsgesetz 5. Aufl. ab 2015 bzw. 4. Auflage ab 2012 Aufl. 2012 (Bd. VII, X))
SK-StGB-Bearbeiter	Rudolphi u.a., Systematischer Kommentar zum Strafgesetzbuch, 148. Lieferung Dezember 2014
s.o.	siehe oben
sog.	sogenannt(e, er)
Spendel-FS	Seebode (Hrsg.), Festschrift für Günter Spendel, 1992
S/S-Bearbeiter	Schönke, Schröder, Strafgesetzbuch. Kommentar, 29. Aufl. 2014
StA	Staatsanwaltschaft / Staatsanwalt /Staatsanwältin
StGB	Strafgesetzbuch
StPO	Strafprozessordnung
Stöckel-FS	Jahn u.a. (Hrsg.), Festschrift für Heinz Stöckel, 2010
StraFo	Strafverteidiger Forum (Zeitschrift)
StrEG	Gesetz über die Entschädigung für Strafverfolgungsmaßnahmen
Streinz-Bearbeiter	Streinz (Hrsg.), Vertrag über die Europäische Union und Vertrag zur Gründung der Europäischen Gemeinschaft, 2.Aufl. 2014
StRR	StrafRechtsReport (Zeitschrift)
StudZR	Studentische Zeitschrift für Rechtswissenschaft Heidelberg
StV	Strafverteidiger (Zeitschrift)
StVG	Straßenverkehrsgesetz
StVollStrO	Strafvollstreckungsordnung
StVollzG	Gesetz über den Vollzug der Freiheitsstrafe und der freiheitsentziehenden Maßregeln der Sicherung und Besserung (Strafvollzugsgesetz des Bundes)
StVRG	Gesetz zur Reform des Strafverfahrensrechts
TdL	Teil(e) der Literatur
ThürUVollzG	Thüringer Untersuchungshaftvollzugsgesetz
TKG	Telekommunikationsgesetz
u.a.	und andere; unter anderem
umf.	umfassend
umstr.	umstritten
usw.	und so weiter
u.U.	unter Umständen
UVollzG NRW	Untersuchungshaftvollzugsgesetz Nordrhein-Westfalen
v.a.	vor allem
Var.	Variante
VE	Verdeckte(r) Ermittler
VGH	Verfassungsgerichtshof
vgl.	vergleiche
VO	Verordnung
Volk/Engländer	Volk, Engländer, Grundkurs StPO, 9. Aufl. 2018
Volk-FS	Hassemer u.a. (Hrsg.), Festschrift für Klaus Volk, 2009
Vollmer/Heidrich	Vollmer, Heidrich, Die Assessorklausur im Strafprozess, 11. Aufl. 2015
Vor	Vorbemerkung
Voraufl.	Vorauflage
VRS	Verkehrsrechts-Sammlung (Zeitschrift)
VwGO	Verwaltungsgerichtsordnung
Wagner	Wagner, Strafvollstreckung, 2. Aufl. 2009

Wassermann-FS	Broda u.a. (Hrsg.), Festschrift für Rudolf Wassermann, 1985
Welzel-FS	Stratenwerth u.a. (Hrsg.), Festschrift für Hans Welzel, 1974
wistra	Zeitschrift für Wirtschafts- und Steuerstrafrecht
Wolter-FS	Zöller u.a. (Hrsg.), Festschrift für Jürgen Wolter, 2013
WStG	Wehrstrafgesetz
z.B.	zum Beispiel
ZEG	Zuständigkeitsergänzungsgesetz
ZEuS	Zeitschrift für Europarechtliche Studien
ZIS	Zeitschrift für Internationale Strafrechtsdogmatik (http://www.zis-online.com)
ZPO	Zivilprozessordnung
ZRP	Zeitschrift für Rechtspolitik
ZStW	Zeitschrift für die gesamte Strafrechtswissenschaft (zitiert nach Band)
z.T.	zum Teil
zust.	zustimmend

1. Abschnitt: Überblick

§ 1 Ziele des Strafverfahrens

I. Die Funktion des Strafverfahrens

Während das materielle Strafrecht bestimmte Rechtsgüter vor Verletzung oder Gefährdung schützt, indem es die Geltung von Normen mittels Strafe garantiert,[1] stellt das Strafverfahrensrecht Instrumente für eine geregelte Bewältigung strafrechtlicher Konflikte zur Verfügung.[2] Und schon der Verdacht, es sei gegen ein strafrechtliches Ge- oder Verbot verstoßen worden, wird hierbei als **strafrechtlicher Konflikt** verstanden.[3] Denn bereits die begründete Möglichkeit, dass jemand ein Strafgesetz gebrochen und damit dessen Geltung in Frage gestellt haben könnte, stört den **Rechtsfrieden**.[4] Der Rechtsfrieden wird wiederhergestellt, indem der strafrechtliche Konflikt gelöst wird. Dazu muss die Ursache des strafrechtlichen Konflikts beseitigt werden: Der Zweifel an der Geltung der Norm.

Der durch den Verdacht aufgekommene Zweifel an der Geltung der Norm kann dadurch ausgeräumt werden, dass der Verdacht entkräftet wird, wenn sich also bei näherer Untersuchung herausstellt, dass die Normgeltung in Wahrheit von niemandem (schuldhaft) in Frage gestellt wurde. Bestätigt sich der Verdacht jedoch, so ist die Strafe das Mittel, um zu demonstrieren, dass der Normbruch unmaßgeblich ist, die Norm also weiterhin als verbindliches Orientierungsmuster gelten soll.

Damit das Strafrecht seinen Zweck erfüllen kann, Rechtsgüterschutz durch die Normgeltungsgarantie zu gewährleisten, bedarf es also zweierlei: In einem ersten Schritt muss dem Verdacht durch Sachverhaltsermittlung nachgegangen werden, um zu klären, ob der Normwiderspruch tatsächlich stattgefunden hat. Ist dies der Fall, müssen in einem zweiten Schritt die Sanktionsnormen[5] des materiellen Strafrechts zur Anwendung kommen. Beide Schritte geschehen durch Strafverfolgung und Strafvollstreckung im Rahmen eines **Strafverfahrens**.

II. Verfahrensziele des Strafverfahrens

Als Verfahrensziele werden allgemein **Wahrheit, Gerechtigkeit** und **Rechtsbeständigkeit**[6] genannt. Diese Verfahrensziele sind für die Bewältigung des strafrechtlichen Konflikts und damit die Wiederherstellung und Erhaltung des Rechtsfriedens unerlässlich.

---

1 Zur Wiederholung s. nur *Kindhäuser* AT § 2/14 f. mwN.
2 Näher zum engen Zusammenhang von Straf- und Strafverfahrensrecht NK-*Hassemer/Neumann* Vor § 1 Rn 198 ff.
3 *Ranft* Rn 4; *Schilling*, Illegale Beweise, 2004, 43; vgl. auch KMR-*Eschelbach/Kett-Straub* Einl. Rn 25.
4 Vgl. BGHSt 18, 274 (278); KMR-*Eschelbach/Kett-Straub* Einl. Rn 25; *Hellmann* Rn 5.
5 Zur Erinnerung: Als „Sanktionsnormen" wenden sich die Strafgesetze an den Rechtsstab – StA und Gerichte –, indem sie ihm vorschreiben, dass jemand unter bestimmten Umständen zu verfolgen und zu bestafen ist.
6 In einem gleichbedeutenden Sinne ist häufig von Rechtsfrieden die Rede, vgl. z.B. BGHSt 45, 37 (38); *Volk/Engländer* § 3/1, 4; Überblick über das Meinungsbild bezüglich der Wiederherstellung des Rechtsfriedens als Ziel des Strafverfahrens und mit diesbezüglich kritischer Wertung *Dölling* FS-Beulke 679 (680 ff.).

1. Wahrheit

5 Der Verdacht einer Straftat, der den strafrechtlichen Konflikt begründet, ist für sich allein noch keine hinreichende Grundlage, um das materielle Strafrecht anwenden zu können: Auf Verdacht hin darf niemand bestraft werden.[7] Zum einen kann sich herausstellen, dass der Verdacht unbegründet ist, also keine Straftat begangen wurde. Dann hat sich der strafrechtliche Konflikt bereits durch diese Feststellung erledigt. Zum anderen kann sich der Verdacht aber auch bestätigen. Dann ist die Wahrheit die notwendige Grundlage, um den Sachverhalt unter das Strafgesetz subsumieren zu können. Ehe das materielle Strafrecht zur Anwendung kommen kann, muss deswegen die Wahrheit ermittelt werden.[8] Die Wahrheitserforschung ist mithin eine wesentliche Voraussetzung, um den strafrechtlichen Konflikt lösen zu können, und daher ein Ziel des Strafverfahrens.[9]

2. Gerechtigkeit

6 Die Lösung des strafrechtlichen Konflikts geschieht, sofern eine Straftat aufgeklärt wurde, regelmäßig im Wege der Anwendung materiellen Strafrechts.[10] Die Durchsetzung des materiellen Strafrechts ist daher nach allg. Ansicht[11] ein zentraler Aspekt des Strafverfahrens. Wird das materielle Strafrecht fehlerhaft angewendet, so droht der strafrechtliche Konflikt offen zu bleiben. Des Weiteren kann die fehlerhafte Rechtsanwendung als solche den Rechtsfrieden stören. Das Strafverfahren muss sich daher die materielle Richtigkeit des Urteils zum Ziel setzen, also **materielle Gerechtigkeit** anstreben.[12]

7 Dass dabei nicht jedes Mittel recht sein kann, dürfte selbstverständlich sein. Denn ein Strafverfahren, das zwar einerseits der durch den Straftatverdacht entstandenen strafrechtlichen Konflikt beilegt, andererseits dabei aber den Rechtsfrieden in anderer Weise stört (etwa indem die Ermittlungen Rechte verletzen,[13] weil z.B. Geständnisse gewaltsam erpresst werden), wäre mehr oder weniger sinnwidrig. Das Strafverfahrensrecht muss daher auf die **gegenläufigen Interessen** der Beteiligten Rücksicht nehmen, insbesondere die Grenzen bestimmen, die der staatlichen Strafverfolgung zugunsten der Rechte des Einzelnen gezogen sind (z.B. § 136a).[14] Ziel des Strafverfahrens ist somit nicht nur das Erreichen materieller Gerechtigkeit durch ein materiell richtiges Urteil, sondern auch die Verwirklichung **prozeduraler Gerechtigkeit** im Sinne der Verfassungs- und Rechtmäßigkeit der Verfahrensweise.[15]

---

7 Vgl. BGHSt 18, 274 (275 f.); KMR-*Eschelbach/Kett-Straub* Einl. Rn 20.
8 *Kramer* Rn 13; *Krauß* Schaffstein-FS 411; *Schmidhäuser* Schmidt-FS 511 (512).
9 BGHSt 12, 1 (6); 47, 62 (65); 49, 112 (120); *Beulke/Swoboda* Rn 3; KMR-*Eschelbach/Kett-Straub* Einl. Rn 19 ff.; *Kramer* Rn 13; *Krey* I Rn 15; R/H-*Radtke* Einl. Rn 8.
10 Das Strafverfahren kann den strafrechtlichen Konflikt in geeigneten Fällen aber auch anderweitig lösen, s. z.B. §§ 153 ff.
11 BVerfGE 20, 45 (49); 80, 367 (378); 100, 313 (389); 107, 104 (118 f.); *Beulke/Swoboda* Rn 3; KMR-*Eschelbach/Kett-Straub* Einl. Rn 9; *Joecks* Einl. Rn 4; *Krey* I Rn 2; *Schmidhäuser* Schmidt-FS 511 f.; vgl. *Peters* Welzel-FS 415 (416 f.); synonym spricht man von der Durchsetzung des staatlichen Strafanspruchs.
12 *Kramer* Rn 13; *Neumann* ZStW 101 (1989), 52; *Roxin/Schünemann* § 1/3; *Schmidhäuser* Schmidt-FS 511 (512).
13 Vgl. *Volk/Engländer* § 3/1.
14 *Roxin/Schünemann* § 1/1 ff.
15 Vgl. *Beulke/Swoboda* Rn 5; *Neumann* ZStW 101 (1989), 52 (60 ff.); *Putzke/Scheinfeld* Rn 12; *Roxin/Schünemann* § 1/3; *Volk/Engländer* § 3/5.

3. Rechtsbeständigkeit

Schließlich führt die Bewältigung des strafrechtlichen Konflikts nur dann zu dauerhaftem Rechtsfrieden, wenn der Konflikt nicht wieder neu aufleben kann.[16] Seine Beilegung muss daher Bestand haben können.[17] Dafür sorgt die **Rechtskraft** des Urteils und bestimmter anderer verfahrensabschließender Entscheidungen.[18]

III. Der strafprozessuale Zielkonflikt

Die Verfahrensziele der Wahrheit, der materiellen und prozeduralen Gerechtigkeit sowie der Rechtsbeständigkeit sind in mancher Hinsicht divergent, stehen daher in einem instabilen Verhältnis zueinander und müssen regelmäßig austariert werden. Viele strafprozessuale Probleme resultieren daraus, dass die Verfahrensziele miteinander konkurrieren. Solche Probleme lassen sich daher nur mit Blick auf das Verhältnis der Verfahrensziele zueinander verstehen:

1. Wahrheit und Gerechtigkeit

▶ **FALL 1:** In dem Strafverfahren gegen den Beschuldigten B beschlagnahmt die StA zahlreiche Briefe, die B und seine Eltern einander geschrieben hatten. Ihr Inhalt erhärtet den Tatverdacht deutlich. ◀

Die materielle Gerechtigkeit setzt Wahrheit voraus.[19] Diese beiden Verfahrensziele sind also konvergent. Prozedurale Gerechtigkeit und Wahrheit können hingegen miteinander in Konflikt geraten: So muss die Wahrheit „nicht um jeden Preis" erforscht werden; sie tritt vielmehr in den Hintergrund, wenn es vorrangige Interessen zu schützen gilt.[20] So würde es in **Fall 1** zwar der Wahrheitsfindung dienen, wenn die beschlagnahmten Briefe als Beweismittel verwertet werden würden. Jedoch ginge dies auf Kosten des von §§ 52 Abs. 1 Nr 3 geschützten innerfamiliären Vertrauensverhältnisses, weshalb § 97 Abs. 1 Nr 1 die Beschlagnahme entsprechender schriftlicher Mitteilungen verbietet. Aus dem Verstoß gegen diese Vorschrift folgt ein Beweisverwertungsverbot hinsichtlich der Briefe.[21] Umgekehrt kann aber auch die prozedurale Gerechtigkeit in den Hintergrund treten, wenn sie nur geringfügig betroffen ist und das Interesse an Wahrheit und materieller Gerechtigkeit überwiegt. So sind etwa Blutproben als Beweismittel nach allg. Ansicht auch dann verwertbar, wenn sie entgegen § 81a Abs. 1 S. 2 nicht von einem Arzt entnommen wurden.[22]

2. Wahrheit und Rechtsbeständigkeit

▶ **FALL 2:** Die Angeklagte A wird nach umfangreicher Beweisaufnahme freigesprochen. Einige Jahre nach Rechtskraft des Urteils taucht ein weiterer Zeuge, der lange Zeit im Ausland gewesen war, auf. ◀

---

16 *Beulke/Swoboda* Rn 6; *Volk/Engländer* § 3/1; vgl. ferner BGHSt 18, 274 (278).
17 *Volk/Engländer* § 3/1.
18 BGHSt 7, 283 (285); KMR-*Eschelbach/Kett-Straub* Einl. Rn 26; *Krey* I Rn 21.
19 *Krauß* Schaffstein-FS 411; *Neumann* ZStW 101 (1989), 52; *Schmidhäuser* Schmidt-FS 511 (512).
20 BGHSt 14, 358 (365); 38, 214 (220); 372 (374).
21 Vgl. nur MK-*Hauschild* § 97 Rn 61 mwN; näher unten § 23 Rn 3 ff.
22 S. BGHSt 24, 125 (130 f.); näher hierzu § 23 Rn 29 mit Fall 3.

11 Es kann sich nach Rechtskraft eines Urteils herausstellen, dass die Wahrheit noch gar nicht vollständig zu Tage getreten ist (beispielsweise wenn der freigesprochene Angeklagte die Tat doch noch glaubwürdig gesteht)[23]. Soweit die Aufrechterhaltung des Urteils hier ein „unerträgliches Zurückweichen vor dem Recht"[24] bedeuten würde, sieht das Strafverfahrensrecht in engen Grenzen die Möglichkeit der Wiederaufnahme vor.[25] Allerdings muss das Strafverfahrensrecht aber über Zweifel unterhalb einer solchen „Erträglichkeitsschwelle" hinwegsehen, um zu verhindern, dass das mit der rechtskräftigen Entscheidung gesprochene „letzte Wort" der strafrechtlichen Konfliktbeilegung allzu leicht in Frage gestellt werden kann. Ein Beispiel dafür ist **Fall 2**.

3. Gerechtigkeit und Rechtsbeständigkeit

▶ **Fall 3:** S hat versucht, sich umzubringen. StA und Gericht sind der Ansicht, dass Suizid nach § 212 StGB als Totschlag strafbar sei. Das Gericht verurteilt daher den S wegen versuchten Totschlags. ◀

12 Materielle und prozedurale Gerechtigkeit einerseits und Rechtsbeständigkeit andererseits stehen insoweit in Konflikt,[26] als auch eine in der Rechtsauslegung unrichtige, also ungerechte, Entscheidung rechtskräftig werden kann. Wie im Verhältnis von Wahrheit und Rechtsbeständigkeit zueinander gilt auch hier, dass nicht jeder Zweifel an der Gerechtigkeit der rechtskräftigen Entscheidung ausreichend sein darf, um sie angreifen zu können. Anderenfalls dürfte man mangels empirischer Beweisbarkeit richtiger Rechtsanwendung kaum zu einer letztgültigen Konfliktbeilegung gelangen. Daher kann nur in Fällen besonderer Ungerechtigkeit die strafgerichtliche Entscheidung in eigens geregelten Verfahren revidiert werden (z.B., wenn die Entscheidung auf der Verletzung von Grund- oder Menschenrechten beruht)[27]. Wird von entsprechenden Rechtsbehelfen aber kein Gebrauch gemacht, bleibt es bei der Rechtskraft des Urteils. Daher kann selbst ein Urteil wie das aus **Fall 3** rechtskräftig und vollstreckbar werden, obwohl der versuchte Suizid nach allg. Ansicht[28] straflos ist.

---

23 Vgl. § 362 Nr 4.
24 *Peters* Fehlerquellen III, 41.
25 Vgl. §§ 359 ff.
26 Dazu BGHSt 45, 37 (38 f.).
27 Vgl. §§ 95 Abs. 2 BVerfGG, 359 Nr 6.
28 Vgl. nur S/S-*Eser/Sternberg-Lieben* Vor §§ 211 StGB Rn 33 mwN.

§ 1 Ziele des Strafverfahrens

Der strafprozessuale Zielkonflikt lässt sich vereinfacht grafisch darstellen:

13

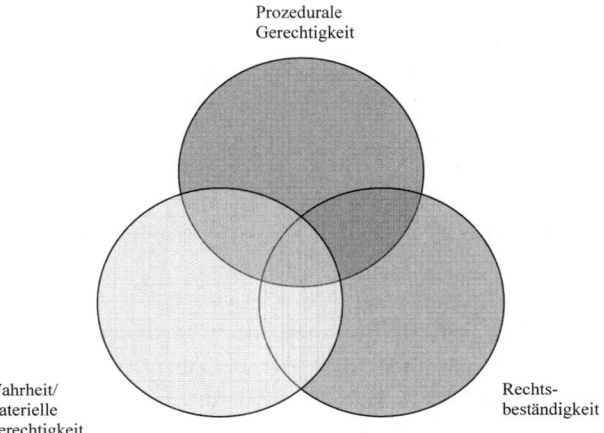

Soll das Strafverfahren den strafrechtlichen Konflikt mit angemessener Rücksicht auf die Verfahrensziele beilegen, sollte das Strafverfahren grundsätzlich so ausgestaltet sein und durchgeführt werden, dass es sich innerhalb der „Schnittmenge" aller Verfahrensziele bewegt.

Im Gutachten spielen die Verfahrensziele (nur) als Leitlinien der Auslegung und Anwendung der jeweils speziellen strafverfahrensrechtlichen Vorschriften eine Rolle, denn ihre Austarierung sollte der Gesetzgeber dort bereits vorgenommen haben. Zur Lösung rechtlicher Probleme bedarf es daher in aller Regel keines unmittelbaren Rückgriffs auf die Verfahrensziele.

14

WIEDERHOLUNGS- UND VERTIEFUNGSFRAGEN

15

> Welchem Zweck dient das Strafverfahren? (Rn 1 ff.)
> Welche Ziele des Strafverfahrens werden herkömmlich unterschieden? (Rn 4 ff.)
> Welche Zielkonflikte können im Strafverfahren auftreten? (Rn 9 ff.)
> Welche Bedeutung haben diese Zielkonflikte für die Anwendung des Strafverfahrensrechts im Gutachten? (Rn 14)

§ 2 Rechtsquellen des Strafverfahrens

1 Das Fundament des Strafverfahrensrechts wird durch die **Verfassung** gelegt. Die wesentlichen Vorschriften zur Ausgestaltung des Strafverfahrens finden sich in der **Strafprozessordnung** (StPO) und im **Gerichtsverfassungsgesetz** (GVG). Diese Vorschriften werden wiederum durch eine Vielzahl von Gesetzen und bundeseinheitlich geltenden Verwaltungsvorschriften ergänzt.

I. Verfassungsrecht

2 Die wichtigsten Bestimmungen für das Strafverfahren finden sich im **Grundgesetz**, nämlich:

- das **Rechtsstaatsprinzip** des Art. 20 Abs. 3 GG,
- die **Vorschriften über die Rechtsprechung**, Art. 92 ff. GG, insbesondere
  - der **Anspruch auf rechtliches Gehör** (Art. 103 Abs. 1 GG)
  - das **Verbot der Doppelbestrafung** (Art. 103 Abs. 3 GG)
  - die **Rechtsweggarantie bei Freiheitsentziehung** (Art. 104 GG).

II. Bundesgesetze

3 Die **Strafprozessordnung** (StPO) vom 1. 2. 1877[1] und das **Gerichtverfassungsgesetz** (GVG) vom 27. 1. 1877[2] traten – jeweils mit Einführungsgesetz – zusammen mit der zugleich erlassenen Zivilprozessordnung (ZPO) und damaligen Konkursordnung (KO) am 1. 10. 1879 in Kraft. Diese als „große Reichsjustizgesetze" bezeichneten Gesetze waren als einander ergänzende Teile einer gesamten gesetzlichen Ordnung justizförmigen Verfahrens gedacht; so verweist etwa die StPO in §§ 37, 464b auf die ZPO.

4 Im **Einführungsgesetz zum GVG** (EGGVG) ist z.B. der Rechtsschutz gegen sog. Justizverwaltungsakte[3] geregelt (§§ 23 ff. EGGVG). Das **Strafgesetzbuch** (StGB) vom 15. 5. 1871[4] enthält in §§ 77 ff. StGB Regelungen über den Strafantrag, der seinem Wesen nach Prozessvoraussetzung ist.[5] Die Besonderheiten des Strafverfahrens gegen Jugendliche und Heranwachsende regelt das **Jugendgerichtsgesetz** (JGG) vom 4. 8. 1953[6].

5 Weitere die StPO und das GVG ergänzende Gesetze sind:

- das **Gesetz über Ordnungswidrigkeiten** (OWiG),
- die **Europäische Konvention zum Schutze der Menschenrechte und Grundfreiheiten** (EMRK, durch deutsches Zustimmungsgesetz seit 1952 im Range einfachen Bundesrechts),
- das **Bundeszentralregistergesetz** (BZRG),

---

1 Heute i.d.F. der Bekanntmachung aus dem Jahre 1987.
2 Heute i.d.F. der Bekanntmachung aus dem Jahre 1975.
3 Das sind gem. § 23 Abs. 1 EGGVG „Anordnungen, Verfügungen oder sonstigen Maßnahmen, die von den Justizbehörden zur Regelung einzelner Angelegenheiten auf den Gebieten des bürgerlichen Rechts einschließlich des Handelsrechts, des Zivilprozesses, der freiwilligen Gerichtsbarkeit und der Strafrechtspflege getroffen werden" sowie „Anordnungen, Verfügungen oder sonstige Maßnahmen der Vollzugsbehörden im Vollzug der Untersuchungshaft sowie derjenigen Freiheitsstrafen und Maßregeln der Besserung und Sicherung, die außerhalb des Justizvollzuges vollzogen werden".
4 Heute i.d.F. der Bekanntmachung aus dem Jahre 1998.
5 *Fischer* Vor § 77 StGB Rn 4 mwN.
6 Heute i.d.F. der Bekanntmachung aus dem Jahre 1974.

§ 2 Rechtsquellen des Strafverfahrens

- das **Deutsche Richtergesetz** (DRiG),
- das **Gesetz über die Entschädigung für Strafverfolgungsmaßnahmen** (StrEG),
- das **Justizvergütungs- und Entschädigungsgesetz** (JVEG).
- das **Europäische Übereinkommen über die Rechtshilfe in Strafsachen** (EuRHÜ)[7],
- das **Gesetz über die internationale Rechtshilfe in Strafsachen** (IRG),
- und der **Internationale Pakt über bürgerliche und politische Rechte** (IPBPR)[8].

III. Bundeseinheitlich geltende Verwaltungsanordnungen

Die von Bund und Ländern erlassenen **Richtlinien für das Strafverfahren und das Bußgeldverfahren** (RiStBV) konkretisieren vor allem das staatsanwaltliche Ermessen, enthalten aber auch Empfehlungen[9] für die richterliche Arbeit.

Zu beachten sind ferner:

- die **Anordnung über Mitteilungen in Strafsachen** (MiStrA),
- die **Strafvollstreckungsordnung** (StrVollstrO)
- und die **Untersuchungshaftvollzugsgesetze** der Länder.

---

[7] Im Internet abrufbar unter https://rm.coe.int/CoERMPublicCommonSearchServices/DisplayDCTMContent?documentId=0900001680o656ce (http://perma.cc/7DY3-6D4Q).
[8] Abgedruckt und erläutert bei LR-*Esser*, Band 11.
[9] Tatsächlich nur i.S.e. Orientierungshilfe, denn Richterinnen und Richter sind ausschließlich dem Gesetz verpflichtet.

§ 3 Gang des Strafverfahrens

I. Grundlagen

1 Wie der Zivilprozess lässt sich nach der Konzeption der StPO auch das Strafverfahren zunächst grob in zwei Teile gliedern:[1]

- Im **Erkenntnisverfahren** wird der Frage nachgegangen, ob die Voraussetzungen für die Verhängung einer strafrechtlichen Sanktion gegeben sind und wie eine solche auszufallen hat. In Gänze setzt sich das „ordentliche" Erkenntnisverfahren zusammen aus **Ermittlungs-, Zwischen-** und **Hauptverfahren;** u.U. schließt sich hier noch ein **Rechtsmittelverfahren** an.[2]
- Den zweiten Abschnitt bildet das sog. **Vollstreckungsverfahren**, das die Durchsetzung bzw. die Verwirklichung der verhängten Sanktion zum Gegenstand hat.

2 Im Einzelfall können die Übergänge zwischen den beiden Abschnitten durchaus fließend sein. So sieht die StPO auch schon für das Erkenntnisverfahren einzelne Maßnahmen vor, die dem Grunde nach funktionell dem Vollstreckungsverfahren zugeordnet werden müssen.[3]

Grundsätzlich aber bildet die **Rechtskraft** der Entscheidung über die Strafverhängung die Schwelle zwischen den beiden Verfahrensabschnitten. Allerdings hat die neuere Rechtsentwicklung dazu geführt, dass nunmehr auch nach diesem Zeitpunkt in verstärktem Umfange in einem Nachverfahren Entscheidungen getroffen werden, die nicht zur Vollstreckung im herkömmlichen Sinne gehören, sondern die zu vollstreckende Sanktion vielmehr erst näher bestimmen, wie v.a. die nachträglichen Entscheidungen zur Bewährung (s. §§ 56e, 56f StGB).[4]

3

II. Die verschiedenen Verfahrensstadien

1. Das (ordentliche) Erkenntnisverfahren

4 a) **Ermittlungsverfahren** (§§ 158 ff.): Das Erkenntnisverfahren beginnt mit dem Ermittlungsverfahren (auch „Vorverfahren" oder „vorbereitendes Verfahren"). Es wird eingeleitet aufgrund amtlicher Wahrnehmung durch die Strafverfolgungsbehörden, durch Strafanzeigen oder durch Strafantrag. Die StA, die die „Herrin" dieses Verfahrensabschnittes ist,[5] prüft hier – i.d.R. unter Zuhilfenahme der Polizei bei der Aufklärung des Sachverhalts –, ob „genügender Anlass" zur Erhebung einer Anklage besteht. Ein solcher **hinreichender Tatverdacht** ist gegeben, wenn nach vorläufiger Bewertung der Ak-

---

1 LR-*Kühne* Einl. Abschn. G Rn 2, *Roxin/Schünemann* § 4/2; *Volk/Engländer* § 4/Vor 1. Teils wird auch auf diese Zweiteilung verzichtet und eine Unterteilung in Ermittlungs-, Zwischen-, Haupt- und Vollstreckungsverfahren vorgenommen, vgl. z.B. HK-*Gercke/Temming* Einl. Rn 82 ff.; *Meyer-Goßner/Schmitt* Einl. Rn 59; R/H-*Radtke* Einl. Rn 22 ff.; guter kurzer Überblick bei *Kröpil* JuS 2015, 213.
2 In der Praxis stellt der komplette Durchlauf dieser Verfahrensstadien allerdings eher die Ausnahme dar. Ein Großteil der einfach gelagerten Fälle oder solche mit geringer Strafferwartung werden im Wege besonderer Verfahrensarten, welche die StPO – nicht zuletzt angesichts der knappen Ressourcen in der Justiz und zur Beschleunigung der Verfahren – vorsieht, verkürzt abgewickelt (v.a. Strafbefehlsverfahren gem. §§ 407 ff., vereinfachtes Verfahren gem. §§ 417 ff., Privatklageverfahren gem. §§ 374 ff.).
3 So z.B. § 111b (Beschlagnahme von Gegenständen zur Sicherung der Einziehung oder deren Unbrauchbarmachung), § 111e (Vermögensarrest zur Sicherung der Wertersatzeinziehung).
4 LR-*Kühne* Einl. Abschn. G Rn 2.
5 HK-*Gercke/Temming* Einl. Rn 82; *Meyer-Goßner/Schmitt* Einl. Rn 60; R/H-*Radtke* Einl. Rn 22. Eingehend zur Stellung der StA im Ermittlungsverfahren *Lilie* ZStW 111 (1999), 807 ff.

tenlage die Verurteilung des Beschuldigten wahrscheinlicher ist als ein Freispruch.[6] Ist das aus Sicht der StA der Fall, erhebt sie öffentliche Klage beim zuständigen Gericht (§ 170 Abs. 1). Anderenfalls – oder wenn unüberwindbare Verfahrenshindernisse bestehen – stellt sie das Verfahren ein (§ 170 Abs. 2). Daneben bestehen durch die §§ 153 ff. weitere Möglichkeiten, das Ermittlungsverfahren aus Opportunitätsgesichtspunkten (zumindest vorläufig) zu beenden.

Bereits im Ermittlungsverfahren ist die StA zur Objektivität verpflichtet, hat also alle zur Belastung *und* Entlastung dienenden Umstände zu ermitteln (§ 160 Abs. 2).

b) Zwischenverfahren (§§ 199 ff.): Hat die StA öffentliche Klage erhoben, so kommt es mit dem Zeitpunkt des Eingangs dieser Klage bei Gericht zum Zwischenverfahren (auch „Eröffnungsverfahren")[7]. Hier nun prüft das Gericht – ohne die in einer späteren Hauptverhandlung ggf. erforderliche Mitwirkung von Laienrichtern (Schöffen) –, ob der von der StA behauptete hinreichende Tatverdacht besteht. Teilt es die Einschätzung der StA, lässt es die Anklage durch Erlass eines Eröffnungsbeschlusses zur Hauptverhandlung zu (§ 203). Anderenfalls lehnt es die Eröffnung der Hauptverhandlung ab (§ 204).

Es ist also niemals die StA allein, welche die Entscheidung für oder gegen eine Hauptverhandlung zu fällen hat. Dem Zwischenverfahren kommt somit eine nicht zu unterschätzende **Filterfunktion** zu: Im Interesse der Angeschuldigten und zur Entlastung der Gerichte vor unnötigen Hauptverhandlungen ermöglicht dieses Verfahren die Ablehnung der Verfahrenseröffnung.[8]

c) Hauptverfahren (§§ 212 ff.): Dieser Verfahrensabschnitt bildet das eigentliche Kernstück des Erkenntnisverfahrens. Es lässt sich wiederum aufteilen in **Vorbereitung** (§§ 212–225a) und **Durchführung** (§§ 226–275) **der Hauptverhandlung.** Erstere besteht vornehmlich aus der Terminansetzung sowie der Ladung etwaiger Zeugen, Sachverständigen und des Angeklagten selbst. Der Begriff der „Hauptverhandlung" steht dabei nicht für nur eine einzige zeitlich-räumlich zusammenhängende Sitzung der Beteiligten; gerade in umfangreichen Sachen kann sich die Hauptverhandlung aus mehreren Einzelterminen zusammensetzen („Mehrtagesache")[9].

Während die vorangegangenen Verfahrensabschnitte der Stoffsammlung und der Vorklärung dienen, bildet die Hauptverhandlung die **alleinige Grundlage der Entscheidungsfindung** (§ 261). Sie ist es auch, die gem. § 169 GVG öffentlich stattzufinden hat. Die Verhandlungsleitung obliegt den Vorsitzenden des Gerichts (§ 238). Der **Ablauf** ist sehr **formstreng** und findet vor allem in den §§ 243, 244, 257, 258 und 260 eine genaue Regelung: **Aufruf** der Sache; **Verlesung der Anklageschrift** durch die StA; **Äußerungsmöglichkeit des Angeklagten** zur Sache; **Beweiserhebung**; **Schlussvorträge** („Plädoyers") mit den Anträgen der StA und des Angeklagten (bzw. der Verteidigung). Stets ist dem Angeklagten abschließend das **letzte Wort** zu gewähren (§ 258 Abs. 3).

Über den Gang der Verhandlung und die wesentlichen Ergebnisse ist gem. § 271 ein **Protokoll** zu führen. Mit seiner Beweiskraft gem. § 274 dient dies v.a. als alleiniges Be-

---

6 BGHSt 15, 155 (158); BeckOK-*Gorf* § 170 Rn 2 mwN.
7 vgl. SK-*Paeffgen* Vor §§ 198 ff. Rn 2
8 KK-*Fischer* Einl. Rn 196 ff.; MK-*Wenske* § 199 Rn 3, 4.
9 MK-*Arnoldi* § 213 Rn 6.

weismittel zur Nachprüfung der Beachtung der wesentlichen Förmlichkeiten der Hauptverhandlung in der höheren Instanz.[10]

11 Legt daraufhin keiner der am Verfahren Beteiligten (und dazu berechtigten) fristgerecht ein Rechtsmittel ein, so wird die Entscheidung des Gerichts **rechtskräftig** und das Erkenntnisverfahren ist **beendet**.

12 d) **Rechtsmittelverfahren:** Wird ein Rechtsmittel gegen das ergangene Urteil eingelegt, so kann es zu einem Rechtsmittelverfahren kommen, welches aufgrund der Tatsache, dass auch dabei der Frage nach einer möglichen Sanktion gegen den Täter nachgegangen wird, noch **dem Erkenntnisverfahren zuzuordnen** ist. In Betracht kommen die Rechtsmittel der **Berufung** (§§ 312 ff.) und der **Revision** (§§ 333 ff.).

13 Ob überhaupt und welches Rechtsmittel gegen ein Urteil eingelegt werden kann, hängt entscheidend davon ab, welches Gericht das anzugreifende Urteil gefällt hat. So ist **gegen** ein **Urteil des AG** sowohl die Berufung als auch die (Sprung-)[11]Revision möglich, während **erstinstanzliche** Urteile des **LG und** des **OLG** nur mit der Revision angreifbar sind. Auch wenn die Einlegung von Rechtmitteln dazu führt, dass die Strafsache einem anderen Spruchkörper zur Entscheidung unterbreitet wird, sind Ablauf und Inhalt einer Verhandlung im Rechtsmittelverfahren **nicht identisch mit** einer **erstinstanzlichen Hauptverhandlung** und entscheidend von der Art des Rechtsmittels abhängig.[12]

14 e) **Außerordentliche Rechtsbehelfe:** Hat ein Strafverfahren alle so möglichen Instanzen durchlaufen oder wird nicht fristgerecht Rechtsmittel eingelegt, ist die Entscheidung des mit der Sache zuletzt befassten Gerichts **rechtskräftig**, das ordentliche Erkenntnisverfahren damit abgeschlossen. Aber selbst für diesen Fall stehen mit einem **Wiederaufnahmeverfahren** gem. §§ 359 ff., der **Verfassungsbeschwerde** gem. Art. 93 Abs. 1 Nr 4a GG sowie der **Menschenrechtsbeschwerde** gem. Art. 34 EMRK noch sog. außerordentliche Rechtsbehelfe zur Verfügung. Diese Verfahren sind allerdings nicht dem eigentlichen Strafverfahren i.e.S. zuzurechnen.

2. Das Vollstreckungsverfahren

15 Hat die rechtskräftige Entscheidung die Verhängung einer strafrechtlichen Sanktion zum Gegensand, beginnt als **letzter Abschnitt des Strafverfahrens** das Vollstreckungsverfahren, in dem diese Entscheidung umgesetzt wird. Das Vollstreckungsverfahren richtet sich nach den §§ 449 ff. und liegt wiederum **in der Hand der StA** (§ 451).

16 Das Vollstreckungsverfahren umfasst **bei einer Freiheitsstrafe alle Maßnahmen** von der Rechtskraft des Urteils **bis zum Strafantritt**, einschließlich der generellen **Überwachung der Durchführung** der Strafe, **nicht** aber den eigentlichen **Strafvollzug**, für den die Justizvollzugsanstalten zuständig sind. Auch die Maßnahmen zur Durchsetzung des Urteils, die sich auf den Vollzug von **Maßregeln der Besserung und Sicherung** oder auf die Durchsetzung **sonstiger Anordnungen** (z.B. Einziehung, Fahrverbot, Verfall) beziehen, sind der Strafvollstreckung zuzuordnen.[13]

---

10 KK-*Fischer* Einl. Rn 213 f.
11 Hier wird das dem AG in der Instanz eigentlich nachfolgende LG als Berufungsinstanz „übersprungen" und direkt beim OLG Revision eingelegt, § 335.
12 Vgl. hierzu auch *Roxin/Schünemann* § 54/13 ff., § 55/57 ff.
13 *Meyer-Goßner/Schmitt* Einl. Rn 66.

§ 3 Gang des Strafverfahrens

WIEDERHOLUNGS- UND VERTIEFUNGSFRAGEN

> Aus welchen zwei wesentlichen Teilen setzt sich das Strafverfahren zusammen? (Rn 1)
> Welche Verfahrensstadien durchläuft ein (ordentliches) Erkenntnisverfahren? (Rn 4 ff.)
> Was ist unter dem Vollstreckungsverfahren zu verstehen; in wessen Händen liegt es? (Rn 15 f.)

2. Abschnitt: Ermittlungsverfahren

§ 4 Prinzipien der Einleitung und Durchführung des Ermittlungsverfahrens

I. Die Einleitung des Ermittlungsverfahrens

1. Einleitung aufgrund privater Initiative

▶ **FALL 1:** A setzt die StA schriftlich davon in Kenntnis, dass der Kunde K die Verkäuferin V in seiner Lieblingsbäckerei mit nicht enden wollenden wüsten Beschimpfungen überschüttet hat. Aus Sympathie für V fordert er vehement die strafrechtliche Verfolgung und Bestrafung des K. ◀

1   a) **Allgemeines:** Die Mehrzahl der Ermittlungsverfahren in Deutschland kommt auf Veranlassung von **Privatpersonen** in Gang. Dies kann mittels der in § 158 Abs. 1, 2 genannten Institute der **Strafanzeige und** des **Strafantrags** geschehen. Beide sind Auftrag an die Strafverfolgungsbehörden, aufgrund der mit ihnen zur Kenntnis gebrachten Verdachtsmomente über die Verübung einer Straftat die Einleitung eines Ermittlungsverfahrens zu prüfen.[1] Die **Verpflichtung** der StA **zur Überprüfung** ergibt sich aus dem sog. **Legalitätsprinzip** (s. §§ 152, 160).

2   b) **Strafanzeige:** Eine Strafanzeige gem. § 158 kann entweder die Mitteilung über einen Sachverhalt sein, der aus Sicht der mitteilenden Person Anlass zur Strafverfolgung bietet und die zugleich auch gerade die **Einleitung eines Ermittlungsverfahrens zum Ziel hat oder** sie dient lediglich der **Anregung** an die Strafverfolgungsbehörde zu prüfen, ob ein Ermittlungsverfahren einzuleiten ist.[2] Auch eine **Anzeige gegen Unbekannt** oder eine **Selbstanzeige**[3] sind möglich. **Unsubstantiierte Darlegungen** begründen dagegen keinen Verfolgungszwang,[4] sofern sie nicht mit anderen bereits vorhandenen Erkenntnissen einen Anfangsverdacht begründen.

3   Die Anzeige ist **formlos** möglich, jedoch muss eine **mündliche Anzeige** ihrem wesentlichen Inhalt nach **beurkundet** werden (§ 158 Abs. 1 S. 2).[5]

4   c) **Strafantrag:** Der Strafantrag ist die ausdrückliche (oder durch Auslegung zu ermittelnde)[6] **Erklärung, dass** eine **Strafverfolgung gewünscht** wird.[7] Er enthält also über die bloße Wissensvermittlung der Anzeige hinaus erkennbar das **Begehren nach Strafverfolgung**.[8] Ein solches Begehren kann freilich von jedermann – i.d.R. verbunden mit einer Strafanzeige – geäußert werden („Strafantrag im weiteren Sinne"), doch ist nur

---

[1] Eine Pflicht von Privatpersonen zur Mitteilung solcher Verdachtsgründe besteht grundsätzlich nicht. Lediglich in den engen Grenzen des § 138 StGB – dessen ratio legis jedoch die Verhinderung bevorstehender Straftaten ist – kann sich etwas anderes dann ergeben, wenn durch die Anzeigeerstattung die Tatausführung bzw. der Erfolgseintritt noch abgewendet werden kann. Zur Wiederholung der §§ 138 f. StGB s. nur *Kindhäuser* BT/1 54/1 ff.
[2] So etwa BayObLG NJW 1986, 441 (442); zum Ganzen wie hier BeckOK-*Goers* § 158 Rn 1 mwN.
[3] Besonders relevant im Steuerstrafrecht, s. dazu v.a § 371 AO.
[4] LR-*Erb* § 158 Rn 14.
[5] Übersicht über den üblichen „formularmäßigen" Inhalt der Strafanzeige BeckOK-*Goers* § 158 Rn 7.1.
[6] Vgl. BGH NStZ 1995, 353 (354).
[7] BeckOK-*Goers* § 158 Rn 1.
[8] *Böhme/Lahmann* JuS 2016, 234; *Roxin/Schünemann* § 39/12; s.a. *Ruppert* JA 2018, 107.

der **Strafantrag im engeren Sinne** gem. § 158 Abs. 2 eine in jeder Lage des Verfahrens zu prüfende **Prozessvoraussetzung**,[9] die sich inhaltlich nach §§ 77–77d StGB richtet und daher nur von dem durch die Straftat **Verletzten** als Berechtigtem unter Einhaltung der dort und in § 158 Abs. 2 vorgeschriebenen Formalien gestellt werden kann.

Der in **Fall 1** durch A erstattete Strafantrag ist mithin nur ein Strafantrag im weiteren Sinne. Da es sich bei der Beleidigung um ein absolutes Antragsdelikt handelt,[10] wäre die StA hier nur zur näheren Überprüfung des Tatvorwurfs verpflichtet, wenn die V als verletzte Rechtsgutsinhaberin, d.h. als Berechtigte, Strafantrag stellt. Ansonsten fehlt es an einer Prozessvoraussetzung für das Ermittlungsverfahren.

d) **Einstellungsbescheid:** Die Differenzierung zwischen Strafanzeige und Strafantrag ist für das weitere Verfahren bedeutsam. Leitet die StA nach Überprüfung des vorgetragenen Sachverhalts kein Ermittlungsverfahren ein oder stellt sie es mangels hinreichenden Tatverdachts später ein (§ 170 Abs. 2), hat sie nur den Antragsteller eines Strafantrages im engeren Sinne darüber zu bescheiden (§ 171), nicht aber den Anzeigenerstatter bzw. den Antragsteller im weiteren Sinne.

2. Einleitung von Amts wegen

a) **Allgemeines:** Von Amts wegen kann ein Ermittlungsverfahren durch amtliche Wahrnehmung von solchen Behörden bzw. deren Beamten eingeleitet werden, die mit **Strafverfolgungsaufgaben** betraut sind. Dies ergibt sich für die StA aus § 160 Abs. 1 („auf anderem Wege"), für die Polizei aus § 163 Abs. 1 S. 1.

Beachte: Eine solche Verfahrenseinleitung ist **auch bei Antragsdelikten** gem. §§ 77 ff. StGB *vor* Stellung eines Strafantrags von Amts wegen **möglich**[11] und erfolgt i.d.R. primär zu Beweissicherungszwecken.

Behörden bzw. Beamte, denen **keine Strafverfolgungsaufgabe** zugewiesen ist, haben dagegen grds. **keine Anzeigepflicht**.[12] Es bestehen jedoch gesetzlich vorgeschriebene **Ausnahmen:** So verpflichtet z.B. § 183 S. 1 GVG den **Richter, in der Sitzung geschehene Straftaten** zu protokollieren und der StA mitzuteilen. Oder: Nach § 40 WStG hat der **Dienstvorgesetzte eines Soldaten** die Verfolgung jedes **Dienstvergehens**, das zugleich eine Straftat bedeutet, an die StA abzugeben.

b) **Außerdienstliche Kenntniserlangung:** Umstritten ist die Frage, ob die außerdienstliche Erlangung der Kenntnis von der Begehung einer Straftat durch Beamte von StA und Polizei eine **Strafverfolgungspflicht** begründet. Dieser – ebenso praxis- wie sehr **prüfungsrelevante** – Streit betrifft nicht nur die strafprozessualen Aufgaben der jeweiligen Amtsträger, sondern auch deren Strafbarkeit wegen Strafvereitlung im Amt (§ 258a StGB). Das Problem konzentriert sich auf die Frage, inwieweit Amtsträgern im Rahmen ihres allgemeinen Persönlichkeitsrechts aus Art. 1, 2 GG ein geschützter Bereich menschlicher Beziehungen zuzubilligen ist, der durch ihre beruflichen Pflichten nicht eingeschränkt werden sollte.

- Die **hM** gesteht den Amtsträgern einen geschützten Privatbereich nicht uneingeschränkt zu, sondern sieht vielmehr eine **Pflicht zum Einschreiten** dort, wo die je in Rede stehende strafbare Handlung **während der Dienstausübung fortwirkt** und eine

---

9 BGH NJW 1954, 1414; BeckOK StGB-*Dallmeyer* § 77 StGB Rn 1.
10 S. § 194 StGB.
11 Vgl. § 127 Abs. 3 und s. Nr 6 Abs. 1 S. 2 RiStBV.
12 BGH NStZ 1997, 597 m. Anm. *Rudolphi*.

einzelfallbezogene **Abwägung** zwischen dem öffentlichen Interesse an der Straftatverfolgung und dem privaten Interesse des Amtsträgers am Schutz seiner Privatsphäre **angesichts der Schwere der Straftat** ein Überwiegen des öffentlichen Interesses ergibt.[13] Nach welchen Kriterien dies der Fall sein soll, wird wiederum unterschiedlich beurteilt:

- Während eine starke Strömung innerhalb der hM hierzu vorschlägt, den **Straftatenkatalog des § 138 StGB** (Nichtanzeige geplanter Straftaten) heranzuziehen,[14]
- will die Rspr. auch über den Katalog des § 138 StGB hinaus im jedem Einzelfall abwägen; sie sieht den Amtsträger ggf. auch bei anderen „**schwerwiegenden Straftaten**" wie z.b. Vermögensdelikten mit hohem wirtschaftlichen Schaden bzw. besonderem Unrechtsgehalt, schweren Körperverletzungen oder erheblichen Straftaten gegen die Umwelt, verpflichtet.[15]
- In der Literatur wird vereinzelt eine Verfolgungspflicht **generell bei Verbrechen** (§ 12 StGB) angenommen.[16]

■ Dagegen wird von einer **starken Gegenmeinung** die Pflicht zum Einschreiten unter Hinweis auf die **Zubilligung der Privatsphäre** grds. abgelehnt.[17]

3. Anfangsverdacht

10 a) **Begriff:** Materielle Voraussetzung für die Einleitung eines Ermittlungsverfahrens ist – als der schwächste aller Verdachtsgrade[18]– der sog. Anfangsverdacht.[19] Er wird in § 152 Abs. 2 als das Vorliegen „zureichender tatsächlicher Anhaltspunkte" umschrieben. Darunter sind solche „**konkreten** tatsächlichen **Anhaltspunkte** zu verstehen, die **nach** der **kriminalistischen Erfahrung** die Begehung einer verfolgbaren **Straftat als möglich** erscheinen lassen".[20] Der Strafverfolgungsbehörde steht in diesem Zusammenhang ein gewisser **Beurteilungsspielraum** zu.[21] Bloße Vermutungen oder Ermittlungen „ins Blaue hinein" genügen dabei freilich – schon aus dem Gesichtspunkt der Rechtsstaatlichkeit – nicht.[22]

11 b) **Gegenstand:** Der Anfangsverdacht muss sich auf ein nach dem materiellen Strafrecht strafbares Verhalten – d.h. auf eine Straftat – richten. Wie sich aus § 160 Abs. 2 ergibt, sind stets auch entlastende Aspekte wie Irrtümer, das Vorliegen von Rechtfertigungs- oder Entschuldigungsgründen, aber auch Prozesshindernisse wie Verjährung oder das Fehlen eines notwendigen Strafantrages zu ermitteln.[23]

---

13 BeckOK-StGB/*Ruhmannseder* § 258a StGB Rn 6 mwN; *Beulke/Swoboda* Rn 91; aus der Rspr. etwa RGSt 70, 251 f.; BGHSt 5, 225 (229); BGH NStZ 1993, 383 (384).
14 MüKo-StGB/*Cramer/Pascal* § 258a StGB Rn 7; *Geppert* Jura 1982, 139 (148); *Roxin/Schünemann* § 39/3; *Satzger* Jura 2007, 754 (763). .
15 Vgl. etwa BGH NStZ 1993, 383 (384); BGH NStZ 2000, 147;
16 Insb. *Hellmann* Rn 52.
17 SK-StGB-*Hoyer* § 258a Rn 6; *Mitsch* NStZ 1993, 384 (385); *Pawlik* ZStW 111 (1999), 335 (354); *Volk/Engländer* § 8/11.
18 Zu den Verdachtsgraden und ihrer Quantifizierbarkeit: *Steinberg* JZ 2006, 1045 ff.; allgemein zum Verdacht: *Bach* Jura 2007, 12 ff.
19 Zur näheren Begründung der Notwendigkeit eines Anfangsverdachts: *Groß* Dahs-FS 249 ff., der entgegen der hM nicht auf § 152 Abs. 2 abstellt, sondern auf Art. 20 Abs. 3 GG i.V.m. §§ 161, 160.
20 BVerfG NStZ 1994, 499 (500); s.a. *Meyer-Goßner/Schmitt* § 152 Rn 4; *Roxin/Schünemann* § 39/15; ausf. *Kammann*, Der Anfangsverdacht, 2003.
21 BVerfG NJW 1984, 1451 (1452); BGHSt 37, 48 (51); zu dessen Grenzen BGH StV 1988, 441 (442 f.); aA *Störmer* ZStW 108 (1996), 516.
22 OLG Düsseldorf MDR 1991, 78 (79).
23 *Hellmann* Rn 58.

§ 4 Prinzipien der Einleitung und Durchführung des Ermittlungsverfahrens

II. Offizialmaxime (§ 152 Abs. 1)

1. Begriff

Nach der Offizialmaxime (auch „Offizialprinzip") obliegt die Einleitung von Strafverfahren grds. dem Staat, und zwar von Amts wegen (*ex officio*). Gem. § 152 Abs. 1 ist insoweit die StA zur Erhebung der öffentlichen Klage berufen. Die Offizialmaxime beschreibt damit das **Anklagemonopol des Staates**.

2. Ausnahmen

a) **Privatklagedelikte:** Eine Ausnahme von der Offizialmaxime besteht bei den in § 374 Abs. 1 aufgezählten Privatklagedelikten. Dazu gehören u.a. Hausfriedensbruch, Beleidigung, Sachbeschädigung, die einfache vorsätzliche oder fahrlässige Körperverletzung aber etwa auch Verstöße gegen patent- und markenrechtliche Vorschiften. Diesen Delikten ist gemeinsam, dass ihre Strafverfolgung typischerweise in erster Linie im Interesse des Verletzten und weniger im öffentlichen Interesse liegt. Bei den Privatklagedelikten kann **der Verletzte** die Tat **als Ankläger** ohne vorherige Anrufung der StA selbst verfolgen, indem er die Klage an der Geschäftsstelle des Gerichts zu Protokoll gibt oder eine Anklageschrift einreicht (§§ 374, 381). Bejaht dagegen die **StA** das „öffentliche Interesse",[24] so kann sie jederzeit **von Amts wegen** die Strafverfolgung übernehmen (§§ 376, 377 Abs. 2).

b) **Antragsdelikte:** Weitere Einschränkungen des Offizialprinzips bestehen bei den Antragsdelikten. Hier ist zwischen absoluten Antragsdelikten – wie z.B. Hausfriedensbruch oder Beleidigung – und relativen Antragsdelikten – wie z.B. Diebstahl geringwertiger Sachen oder Betrug – zu differenzieren. Bei den **absoluten** Antragsdelikten hängt die Strafverfolgung von der **Antragstellung** im Sinne einer **Prozessvoraussetzung** ab. Bei den **relativen** Antragsdelikten **entscheidet** dagegen die **StA** losgelöst von der strikten Bindung an das Legalitätsprinzip, ob sie bei Fehlen eines Strafantrages von der Verfolgung absieht oder ob sie das besondere Interesse an der Strafverfolgung bejaht und von Amts wegen ermittelt.

c) **Ermächtigungsdelikte:** Schließlich beschränken die Ermächtigungsdelikte das Offizialprinzip dergestalt, dass bei **bestimmten Delikten gegen Staatsorgane** oder politische Körperschaften – wie z.B. die Verunglimpfung des Bundespräsidenten oder die Beleidigung, wenn ein Gesetzgebungsorgan betroffen ist (s. 194 Abs. 4 StGB) – die Strafverfolgung nur mit Ermächtigung des bzw. der Betroffenen durchgeführt werden kann.

III. Anklagegrundsatz (§ 151)

Der Anklagegrundsatz (auch „Akkusationsprinzip") gilt als eine Errungenschaft des sog. reformierten deutschen Strafprozesses. Bis ins 19. Jahrhundert hinein war der Richter bereits mit der Sachverhaltserforschung betraut und dadurch dem (schwer zu

---

24 Begriff nach Nr 86 II RiStBV: „Ein öffentliches Interesse wird in der Regel vorliegen, wenn der Rechtsfrieden über den Lebenskreis des Verletzen hinaus gestört und die Strafverfolgung ein gegenwärtiges Anliegen der Allgemeinheit ist, z.B. wegen des Ausmaßes der Rechtsverletzung, wegen der Rohheit oder Gefährlichkeit der Tat, der rassistischen, fremdenfeindlichen oder sonstigen menschenverachtenden Beweggründe des Täters oder der Stellung des Verletzten im öffentlichen Leben. Ist der Rechtsfrieden über den Lebenskreis des Verletzten hinaus nicht gestört worden, so kann ein öffentliches Interesse auch dann vorliegen, wenn dem Verletzten wegen seiner persönlichen Beziehung zum Täter nicht zugemutet werden kann, die Privatklage zu erheben, und die Strafverfolgung ein gegenwärtiges Anliegen der Allgemeinheit ist."

entkräftenden) Vorwurf der Voreingenommenheit im anschließenden gerichtlichen Verfahren ausgesetzt. Durch Abkehr von solchen Modellen des „Inquisitionsprozesses" und die Trennung der Ankläger- von der Richterrolle soll zum einen die **Gewaltenteilung** im Verfahren gewährleistet sein, zum anderen die gerichtliche Pflicht zur Sachverhaltsaufklärung („**Kognitionspflicht**") auf einen dem Gericht bindend vorgegebenen Prozessgegenstand begrenzt werden.

Seither setzt die **Eröffnung** eines gerichtlichen Strafverfahrens notwendig die **Erhebung einer Anklage** voraus (§ 151). Zuständig hierfür ist die StA (§ 152 Abs. 1).

17 Die Anklage **bestimmt** mithin den **Verfahrensgegenstand** in persönlicher und sachlicher Hinsicht, sowohl der gerichtlichen **Untersuchung** als auch der **Entscheidung** (§§ 155 Abs. 1, 264 Abs. 1)[25]. Ihre wirksame Erhebung ist **Prozessvoraussetzung** für die richterliche Tätigkeit.

IV. Legalitätsprinzip (§§ 152 Abs. 2, 170 Abs. 1)

1. Begriff

18 Das Legalitätsprinzip[26] verpflichtet die **StA**, bei einem Anfangsverdacht die Ermittlungen **aufzunehmen** und, sofern sich dadurch ein hinreichender Tatverdacht manifestiert, Anklage zu erheben. Insoweit unterliegt die StA einem **Ermittlungs- und Anklagezwang**. Wird die Polizei in die Strafverfolgung eingeschaltet, unterliegt auch sie dem Legalitätsprinzip in Form einer Erforschungspflicht (§ 163 Abs. 1 S. 1). Das Legalitätsprinzip verliert auch **nach Anklageerhebung** nicht seine Kraft: Im **gerichtlichen Verfahren** wirkt es als Pflicht zur Sicherstellung der Durchführung des Strafverfahrens und der Vollstreckung rechtskräftig erkannter Strafen.[27]

19 Das Legalitätsprinzip ist die notwendige **Konsequenz des** aus der Offizialmaxime resultierenden **Anklagemonopols** des Staates: Da der materielle Strafanspruch und dessen Durchsetzung allein dem Staat obliegen, muss im Interesse der gesamten Rechtsgemeinschaft und zur Gewährleistung eines effektiven Rechtsgüterschutzes eine unparteiische und willkürfreie Strafverfolgung[28] gegen „jeden Verdächtigen und gegen jeden, bei dem dieselbe Verdachtslage besteht",[29] unbedingt garantiert werden, wenn das Anklagemonopol nicht leerlaufen soll.

2. Durchbrechungen

20 Der Anklagezwang wird durch eine Vielzahl von Möglichkeiten der **Verfahrensbeendigung aus Opportunitätsgründen** durchbrochen, wenn nicht sogar ausgehöhlt. Genannt seien v.a. die **Einstellungsgründe der** §§ 153 ff., die es der StA erlauben, das Ermittlungsverfahren trotz des Vorliegens der Voraussetzungen für eine Anklageerhebung aus Aspekten der Zweckmäßigkeit einzustellen. Es besteht insoweit ein Wahlrecht der StA.

---

25 Im laufenden Verfahren besteht für die StA die Möglichkeit der Nachtragsanklage, s. § 266.
26 Überblick MK-*Peters* § 152 Rn 1 ff.; mit Fällen *Pommer* Jura 2007, 662 ff.; zur Entwicklung des Legalitätsprinzips ausf. *Hanack* Gallas-FS 339.
27 BVerfGE 46, 214 (222).
28 Ein Anspruch, der sich auch schon aus dem Gleichheitsgrundrecht ableiten lässt; vgl. BGH NJW 2018, 322.
29 BVerfG NStZ 1982, 430.

V. Ermittlungsgrundsatz (§§ 155 Abs. 2, 160 Abs. 2, 244 Abs. 2)

1. Begriff

a) **Allgemeines:** Die Ermittlung des wirklichen Sachverhalts ist das zentrale Anliegen des Strafprozesses.[30] Es gilt also anders als im Zivilprozess, der durch die Dispositionsmaxime und damit von einer vom Parteivorbringen abhängigen *formellen* Wahrheit beherrscht ist, das **Prinzip der materiellen Wahrheit**. Diese materielle Wahrheit ist angesichts der umfassenden Geltung des Grundsatzes „in dubio pro reo" und der Unschuldsvermutung im Strafprozess mithilfe der Strafverfolgungsorgane durch das Gericht zu beweisen.

b) **Ermittlungsverfahren:** Der Ermittlungsgrundsatz (auch „Untersuchungsgrundsatz" oder „Instruktionsprinzip") besagt, dass im Ermittlungsverfahren StA und Polizei das tatsächliche Geschehen von Amts wegen zu erforschen, sie also den relevanten Sachverhalt umfassend aufzuklären haben.[31]

c) **Gerichtliches Verfahren:** Seine Fortschreibung für das anschließende gerichtliche Verfahren findet der Ermittlungsgrundsatz in § 244 Abs. 2: Das Gericht hat den Gegenstand der (aus dem Ermittlungsverfahren resultierenden) Anklage erschöpfend zu behandeln, ohne dabei an Anträge und Erklärungen der Verfahrensbeteiligten gebunden zu sein. Es darf hierbei aber nicht – Anklagegrundsatz – über die Anklage hinausgehen.

2. Abgrenzung

Der Ermittlungsgrundsatz sollte auch terminologisch nicht mit dem sog. **Inquisitionsprinzip**, das die Sachverhaltserforschung im Inquisitionsprozess durch die Einheit von Ermittlungsorgan und Richter[32] und die daraus resultierende vollständige Verfahrensherrschaft des Gerichts beschreibt, gleichgestellt werden. Eine solche Gleichstellung ist nach der heute bestehenden Aufteilung von Anklagebehörde und Gerichtsbarkeit nicht (mehr) sachgerecht.

VI. Durchführung des Ermittlungsverfahrens

▶ **FALL 2:** Das Amtsgericht in B lehnt es ab, den Beschuldigten, gegen den Ermittlungen wegen des Verdachts landesverräterischer Beziehungen geführt werden, richterlich zu vernehmen. Die dort zuständige Richterin hält es für zweifelhaft, dass die richterliche Vernehmung des auf freiem Fuß befindlichen Beschuldigten im Ermittlungsverfahren zulässig ist. Sie vertritt die Ansicht, dass sie jedenfalls dann nicht zulässig sei, wenn sie weder dringlich noch unvermeidbar ist; dies habe der Richter zu prüfen.[33] ◀

Angesichts der großen Anzahl von Ermittlungsmöglichkeiten für die Strafverfolgungsorgane schreibt die StPO für die Durchführung des Ermittlungsverfahrens kein verbindliches Schema vor. Man spricht in diesem Zusammenhang auch vom **Grundsatz**

---

30 BVerfGE 57, 250 (275); 63, 45 (61).
31 Diese Erforschungspflicht ergibt sich für die StA neben § 152 Abs. 2 aus § 160 und für die Polizei aus § 163. Sie beinhaltet die Ermittlung be- und entlastender Umstände im Hinblick auf den Beschuldigten sowie die Sicherung der für das Verfahren erforderlichen Beweismittel (§ 160 Abs. 2).
32 Hierzu stellt *Koch* Rüping-FS 393 (394 f.) klar, dass in der Regel *lediglich* Ermittlungsrichter und Ankläger identisch waren.
33 Vgl. KG JR 1965, 268.

der freien Gestaltung des Ermittlungsverfahrens.[34] Durch diesen wird gewährleistet, dass Kriminaltaktik und -technik möglichst effektiv eingesetzt werden können. Dass dies mit Blick auf die notwendige Rechtsstaatlichkeit des Verfahrens nicht uneingeschränkt gelten kann, dürfte selbstverständlich sein. Folgende Punkte sind dabei besonders zu beachten:

1. Vernehmung des Beschuldigten (§ 163a)

26 a) **Zeitpunkt:** Der Beschuldigte ist **spätestens vor dem Abschluss der Ermittlungen** zu vernehmen, wenn nicht das Verfahren eingestellt werden soll (§ 163a Abs. 1 S. 1). In einfach gelagerten Fällen genügt es allerdings, dass ihm Gelegenheit gegeben wird, sich schriftlich zu äußern (§ 163a Abs. 1 S. 3). Diese Verpflichtung trägt dem **Recht des Beschuldigten auf rechtliches Gehör** gem. Art. 103 Abs. 1 GG Rechnung und dient sowohl seiner Information über das gegen ihn eingeleitete Verfahren als auch der Sachverhaltsaufklärung.[35]

27 b) **Durchführung:** Die Vernehmung kann durch die StA, aber auch durch die Polizei erfolgen. Rechte und Pflichten des Beschuldigten sind hier teilweise unterschiedlich:

- Bei einer Ladung zur Vernehmung durch die **StA** hat der Beschuldigte eine **Erscheinenspflicht** (§ 163a Abs. 3 S. 1). Leistet er der Ladung nicht Folge, ist nach vorheriger Androhung ein **Vorführungsbefehl** gegen den auf freiem Fuß befindlichen Beschuldigten möglich (§ 163a Abs. 3 S. 3 i.V.m. §§ 133 Abs. 2, 134 Abs. 2).
- Bei einer Vernehmung durch die **Polizei** besteht hingegen **keine Pflicht zum Erscheinen**.
- In beiden Vernehmungskonstellationen ist der Beschuldigte u.a. auf sein **Schweigerecht** sowie sein Recht auf **Verteidigerkonsultation** hinzuweisen (durch Verweis auf § 136).

28 c) **Beweisanträge:** Den vom Beschuldigten gestellten entlastenden Beweisanträgen ist nachzukommen, „wenn sie von Bedeutung" sind (§ 163a Abs. 2). Es scheint angebracht, diese Formulierung als Gewährleistung eines grundsätzlichen **Beweiserhebungsanspruches** des Beschuldigten anzusehen, wobei der StA ein gewisser **Beurteilungsspielraum** zusteht (dies ist jedoch umstritten)[36]

2. Vernehmung von Zeugen und Sachverständigen (§§ 161a, 163 Abs. 3)

29 Auch für die Vernehmung Zeugen und Sachverständigen ist zu unterscheiden, ob es sich um eine staatsanwaltliche oder polizeiliche Vernehmung handelt:

- Die Vernehmung durch die **StA** richtet sich nach § 161a: Auch für Zeugen *und* Sachverständige[37] besteht in diesem Falle **Erscheinenspflicht**. Darüber hinaus sind sie auch **verpflichtet** zur Sache **auszusagen** bzw. ihr **Gutachten zu erstatten**.
- Lädt die **Polizei** einen **Zeugen** zur Vernehmung, ist weiter zu differenzieren:

---

34 BVerfG NStZ 1996, 45; *Hellmann* Rn 71.
35 *Rieß* Geerds-FS 501 (514); *Meyer-Goßner/Schmitt* § 163a Rn 1.
36 S. etwa AK-*Achenbach* § 163a Rn 8; LR-*Erb* § 163a Rn 110, 115; MK-*Kölbel* § 163a Rn 45; SK-*Wohlers* § 163a Rn 73, alle mwN; aA z.B. BeckOK-v.*Häfen* § 163a Rn 13; KK-*Griesbaum* § 163a Rn 8; *Meyer-Goßner/Schmitt* § 163a Rn 15: Beurteilung der Beweiserheblichkeit nach pflichtgemäßem Ermessen.
37 Die Auswahl des Sachverständigen erfolgt im Ermittlungsverfahren durch die StA (§ 161a Abs. 1 S. 2 i.V.m. § 73).

- Handelt es sich um eine **allein von der Polizei** für notwendig erachtete Vernehmung, besteht **keine Erscheinenspflicht**. Im Weigerungsfalle muss dann die Polizei auf eine staatsanwaltliche oder richterliche Vernehmung hinwirken.
- Anders steht es (seit einer Gesetzesänderung 2017)[38] bei polizeilichen Vernehmungen durch **Ermittlungspersonen**[39] **der StA auf deren Veranlassung**: Wie bei der unmittelbaren staatsanwaltlichen Vernehmung ist der Zeuge hier **erscheinens- und aussagepflichtig**.

3. Durchführung sonstiger Ermittlungen

Die Durchführung sonstiger Ermittlungen erfolgt entgegen der gesetzlich normierten Verfahrensvorherrschaft der StA im Regelfall faktisch durch die Polizei (vgl. § 161 Abs. 1 S, 1).

30

4. Ermittlungsrichter (§ 162)

a) **Erforderlichkeit:** Die Einschaltung eines Ermittlungsrichters erfolgt zur **Absicherung der Rechtsstaatlichkeit** des Verfahrens. Sie ist zum einen für die **Anordnung von Zwangsmitteln** gegen den Beschuldigten in nicht wenigen Konstellationen stets (oder doch zumindest im Regelfall) statuiert, zum anderen dient sie der **Beweissicherung**. Erachtet die StA mithin eine richterliche Untersuchungshandlung[40] **vor Erhebung der öffentlichen Klage** für erforderlich, stellt sie einen hierauf gerichteten Antrag bei dem AG, in dessen Bezirk die StA (oder deren Zweigstelle) ihren Sitz hat (§ 162 Abs. 1 S. 1). Für gerichtliche **Vernehmungen und Augenscheinnahmen** – die stets die persönliche Anwesenheit eines Richters erfordern – ist das AG zuständig, in welchem die jeweilige Untersuchungshandlung vorzunehmen ist, wenn die StA dies zur Verfahrensbeschleunigung oder zur Vermeidung von Belastungen der Betroffenen für angemessen hält (§ 162 Abs. 1 S. 3). Die Zuständigkeit des hierfür bestellten Ermittlungsrichters ergibt sich jeweils aus dem gerichtlichen Geschäftsverteilungsplan (s. § 21e Abs. 1 S. 1 GVG).

31

b) **Grundrechtschutz:** Die Strafprozessordnung hält bestimmte in speziellen Ermächtigungsgrundlagen verankerte und abschließend aufgezählte **Zwangsmittel** bereit. Diese zeichnen sich durch einen (teils einschneidenden) Eingriff in Grundrechte des Betroffenen aus und bedürfen deshalb wegen des öffentlich-rechtlichen Vorbehalts des Gesetzes[41] eben jener expliziten Gesetzesgrundlage. Als zusätzliche **Garantie** für die Rechte des Betroffenen fungiert in diesen Fällen neben dem Erfordernis des Vorliegens aller materiellen Voraussetzungen der jeweiligen Vorschrift die richterliche Anordnung zur Verfahrenssicherung in formeller Hinsicht. Es gilt mit anderen Worten ein „**Grundrechtsschutz durch Verfahren**".[42]

32

---

38 Art. 3 Nr 23 des Gesetzes zur effektiveren und praxistauglicheren Ausgestaltung des Strafverfahrens v. 24.8.2017, BGBl. 2017 I, 3202.
39 S.u. 5/28.
40 Lesenswert zum Ermittlungsrichter *Brüning/Wenske* ZIS 2008, 340.
41 Ausf. *Krebs*, Vorbehalt des Gesetzes und Grundrechte, 1975; *Ossenbühl*, Vorrang und Vorbehalt des Gesetzes, in: Isensee/Kirchhof (Hrsg.), Handbuch des Staatsrechts der Bundesrepublik Deutschland, Bd. 3, Das Handeln des Staates, 2. Aufl. 1996, 315–350.
42 Die Tendenz zur Ausweitung jener Sicherung findet sich auch in der jüngeren Rechtsprechung des BVerfG, vgl. nur BVerfGE 100, 313 (378 ff., 391 ff.); BVerfG NJW 2004, 999 ff. („Großer Lauschangriff"); dazu *Spaniol* Eser-FS 473 ff.

33 c) **Richtervorbehalt:** Je nach dem Gewicht der Grundrechte des Beschuldigten bzw. dem Grad ihrer Betroffenheit existieren verschieden ausgestaltete Richtervorbehalte:

- Zunächst finden sich **Spezialzuweisungen an bestimmte Spruchkörper.** Dies ist der Fall bei der akustischen Wohnraumüberwachung gem. § 100c (sog. „großer Lauschangriff"), bei dem eine Große Strafkammer[43] die Anordnung zu treffen hat.[44]
- Die Anordnung von Untersuchungshaft gem. §§ 112 ff., 125 oder die Unterbringung des Beschuldigten in einem psychiatrischen Krankenhaus gem. § 81 erfordern dagegen nur die Anordnung durch den **Ermittlungsrichter.**
- Häufig wird der grundsätzliche Richtervorbehalt bei der Anordnung von Zwangsmitteln durch eine **Eilkompetenz der StA bzw. ihrer Ermittlungspersonen** durchbrochen, wie etwa bei der Beschlagnahme (§§ 94, 98), der Durchsuchung (§§ 102 ff., 105) und der Telekommunikationsüberwachung (§§ 100a, 100e Abs. 1). Die häufige Durchbrechung der gerichtlichen Anordnungskompetenz durch eine Eilkompetenz der StA (und ihrer Ermittlungspersonen) ist Ausdruck ihrer exponierten Stellung als Herrin des Vorverfahrens.
- Sodann gibt es Ermittlungshandlungen, die – wie die in § 110b Abs. 2 genannten Maßnahmen verdeckter Ermittler[45] – der **Zustimmung** eines Richters bedürfen.
- Sofern kein Richtervorbehalt gesetzlich normiert ist, bleibt es bei der **allgemeinen Zuständigkeit bei der StA.**

34 Das **BVerfG** hat sich in den Fällen der Regelzuständigkeit des Richters mit Durchbrechungsmöglichkeit durch die staatsanwaltschaftliche Eilkompetenz im Zuge der Durchsuchungsanordnung ausdrücklich **für die Stärkung der richterlichen Anordnung** ausgesprochen.[46] Danach sollen „Gerichte und Strafverfolgungsbehörden (...) im Rahmen des Möglichen tatsächliche und rechtliche Vorkehrungen (...) treffen, damit die in der Verfassung vorgesehene Regelzuständigkeit in der Masse der Alltagsfälle gewahrt bleibt". Aufgrund dieser gem. § 31 BVerfGG bindenden Vorgabe[47] wurden bei vielen AGen richterliche Bereitschaftsdienste eingerichtet. Über die zuvor (z.B. nach Dienstschluss) durch die Bereitschaftsstaatsanwälte allein herbeigeführte Entscheidung über die Durchführung einer Ermittlungsmaßnahme bei „Gefahr im Verzug" ist seither zudem der zuständige Bereitschaftsrichter zu unterrichten und zur Entscheidung anzurufen.[48] Dadurch wird unterstrichen, dass die Eilkompetenz der StA nach dem Gesetz gerade als Ausnahme- und nicht als Regelfall vorgesehen ist.

35 d) **Beweissicherung:** Den Handlungen des Ermittlungsrichters wird ein **erhöhter Beweiswert** beigemessen. Daher werden von der StA richterliche Vernehmungen häufig zur Beweissicherung beantragt, so etwa, wenn der zu vernehmende Zeuge in der Hauptverhandlung auszufallen droht. Ferner können – entgegen dem Grundsatz der persönlichen Vernehmung (§ 250) – **richterliche Vernehmungen** des Angeklagten zum Zwecke der Beweisaufnahme in der Hauptverhandlung **verlesen** werden (§ 254). Gleiches gilt für Aussagen von Zeugen, Sachverständigen oder Mitbeschuldigten, wenn sie

---

43 S. dazu u. § 12 Rn 5.
44 Gem. § 100e Abs. 2 i.V.m. § 74a Abs. 4 GVG.
45 In Eilfällen genügt hier wiederum (zunächst) die Zustimmung der StA, § 110b Abs. 2 S. 2.
46 BVerfGE 103, 142 ff.
47 AA *Bittmann* wistra 2001, 451 (453 ff.): obiter dictum.
48 Zur Frage der mündlichen Entscheidung des Ermittlungsrichters ohne Akten *Beichel/Kieninger* NStZ 2003, 10 ff.; *Trück* JZ 2010, 1106.

aus bestimmten tatsächlichen Gründen auf absehbare Zeit nicht aussagen können (§ 251 Abs. 2 Nr 1 und 2.). Schließlich unterliegt die Aussage eines Zeugen, der erst in der Hauptverhandlung gem. § 252 von seinem Zeugnisverweigerungsrecht Gebrauch macht, nach umstrittener hM[49] dann keinem Verwertungsverbot, wenn der vernehmende Richter seinerseits als Verhörsperson über die damals gemachte Aussage vernommen werden darf.

e) **Richterliche Prüfungskompetenz:** Zur Frage des Umfangs der Prüfungskompetenz des Richters ist zu differenzieren:

- Bei der Anordnung von Zwangsmitteln, die einem **Richtervorbehalt** unterliegen, hat der Richter die uneingeschränkte Prüfungskompetenz.[50]
- Erfolgt dagegen seine Einschaltung – wie in **Fall 2** – zur stärkeren Beweissicherung in Fällen, in denen die StA selbst hätte tätig werden können, so hat er **nicht** über **Notwendigkeit, Angemessenheit** und **Zweckmäßigkeit** der von der StA beantragten Maßnahme zu entscheiden.[51] Denn die StA bleibt auch in diesem Fall Herrin des Vorverfahrens. Der Prüfungsrahmen des Ermittlungsrichters beschränkt sich gem. § 162 Abs. 2 darauf, ob die beantragte Handlung nach den Umständen des Einzelfalls **gesetzlich zulässig** ist.[52]

f) **Notstaatsanwalt:** Schließlich kann der Ermittlungsrichter als „Notstaatsanwalt" fungieren, wenn bei Gefahr im Verzug die **StA nicht erreichbar** ist (§ 165). Nach der Erledigung des Eilfalles trifft dann wieder die StA die weiteren Verfügungen (§ 167).

WIEDERHOLUNGS- UND VERTIEFUNGSFRAGEN

> Was versteht man unter Strafanzeige, Strafantrag im weiteren Sinne und Strafantrag im engeren Sinne und wie sind sie zu unterscheiden? (Rn 3 ff.)
> Was besagt die Offizialmaxime? Welche Ausnahmen gibt es? (Rn 12 ff.)
> Welche Bedeutung kommt dem Anklagegrundsatz in Abgrenzung zum Inquisitionsprozess zu? (Rn 16)
> Was besagt das Legalitätsprinzip? (Rn 18)
> Welcher Zusammenhang besteht zwischen dem Legalitätsprinzip und der Offizialmaxime? (Rn 19)
> Welche Aufgaben hat der Ermittlungsrichter? (Rn 31 ff.)

---

49 BGHSt 32, 25 (29); 45, 342 (345); 46, 189 (195); *Krey* Meyer-GS 239 (242 ff.); *Meyer-Goßner/Schmitt* § 252 Rn 14; aA *Geppert* Jura 1988, 306 ff.; *Welp* JR 1996, 76 (78); näher § 21 Rn 62 ff.
50 OLG Düsseldorf NStZ 1990, 145; *Geppert* DRiZ 1992, 405 (407).
51 KG JR 1965, 268; ebenso OLG Stuttgart MDR 1983, 955; *Nelles*, Kompetenzen und Ausnahmekompetenzen in der StPO, 1980, 54 ff.; vgl. auch LG Freiburg NStZ 1993, 146 (147).
52 Die Zulässigkeit fehlt insb. bei einem offensichtlichen Verstoß gegen den Verhältnismäßigkeitsgrundsatz; OLG Düsseldorf NStZ 1990, 144 (145); R/H-*J. Kretschmer* § 162 Rn 14; *Rieß* NStZ 1991, 513 (516). Ausf. zum Zulässigkeitserfordernis *Nehm* Meyer-Goßner-FS 277 (284 ff.).

§ 5 Staatsanwaltschaft und Polizei

I. Aufgaben der Staatsanwaltschaft

1 Die StA ist, trotz ihrer Eingliederung in die Justiz, **Organ der Exekutive**[1] und zugleich selbständiges **Organ der Rechtspflege**.[2] Diese besondere Stellung findet ihren Ausdruck in der Bezeichnung „Justizbehörde".[3] Abhängig vom jeweiligen Verfahrensabschnitt des Strafprozesses kommen ihr unterschiedliche Aufgaben zu: Sie ist zum einen die „**Herrin des Ermittlungsverfahrens**", weiterhin **Anklagevertreterin** im Zwischen- und Hauptverfahren und schließlich **Strafvollstreckungsbehörde** nach Abschluss des gerichtlichen Verfahrens.

1. Ermittlungsverfahren

2 Als **Herrin des Ermittlungsverfahrens** hat die StA das **Anklagemonopol** inne (§ 152 Abs. 1). Sie ist daher verpflichtet,

- wegen aller verfolgbaren Straftaten **einzuschreiten** (§ 152 Abs. 2),
- Sachverhalte (selbst oder mithilfe der Polizei) **zu erforschen** (§§ 160 Abs. 1),
- für die **Erhebung** derjenigen **Beweise** Sorge zu tragen, deren Verlust zu besorgen ist (§ 160 Abs. 2).

3 Die StA ist zur **Objektivität** verpflichtet. Ihre Stellung als „Hüterin des Gesetzes"[4] wird im Ermittlungsverfahren u.a. in der Regelung des § 160 Abs. 2 deutlich, nach der die StA neben etwaigen belastenden Umständen stets und von Beginn an in gleicher Weise die den Beschuldigten **entlastenden** Umstände zu ermitteln hat.

4 Ergeben die Ermittlungen genügenden Anlass zur **Erhebung der öffentlichen Klage**, so hat die StA sie beim zuständigen Gericht zu erheben; andernfalls **stellt sie das Verfahren ein** (§ 170). Praktisch bedeutsam ist die Einstellung aus **Opportunitätsgründen** durch die StA gem. §§ 153 ff.: hierbei kann unter bestimmten Voraussetzungen von einer Anklage abgesehen werden, obgleich ein hinreichender Tatverdacht besteht.[5]

2. Zwischenverfahren, Hauptverhandlung und Rechtsmitteleinlegung

5 Die StA initiiert als Anklagevertreterin das **Zwischenverfahren**, in dem das Gericht überprüft, welche Verfahren aufgrund einer Anklage durchgeführt werden sollen. Sie legt dem Gericht zum Zwecke der Anklageerhebung die Anklageschrift mit dem Antrag vor, das Hauptverfahren zu eröffnen, und fügt die Akten bei (§ 199 Abs. 2).[6]

6 Auch in der Hauptverhandlung hat der Staatsanwalt den Richter bei der Erforschung des wirklichen Sachverhalts und der richtigen Rechtsanwendung zu unterstützen[7] und

---

1 BVerfG NJW 2001, 1121 (1123); NJW 2002, 815; s. sonst nur KK-*Mayer* § 141 GVG Rn 3 und MK-*Brocke* Vor § 141 GVG Rn 8, je mwN; ausf. *Koller*, Die Staatsanwaltschaft – Organ der Judikative oder Exekutivbehörde, 1997, 315 ff.; krit. aber etwa *Schaefer* NJW 2001, 1396.
2 BVerfGE 32, 199 (216); BGH NJW 1971, 2082 (2083); s. sonst nur KK-*Mayer* § 141 GVG Rn 3 und MK-*Brocke* Vor § 141 GVG Rn 9, je mwN.
3 Deshalb wird die StA auch als „ein der dritten Gewalt zugeordnetes Organ der Rechtspflege" bezeichnet (so etwa *Krey* JA 1985, 62 (63); *Paeffgen* Schlüchter-GS 563 (569); *Vogel* DRiZ 1974, 236).
4 *Kühne* Rn 133; ähnlich LR-*Franke* Vor § 141 GVG Rn 21.
5 Allerdings ist grds. die Zustimmung des Gerichts erforderlich, vgl. z.B. § 153 Abs. 1 (sofern nicht S. 2 eingreift), §§ 153b, e.
6 Zum strittigen Umfang der Vorlegungspflicht vgl. *Meyer-Goßner/Schmitt* § 199 Rn 2 mwN.
7 RGSt 60, 190 f.

dabei die Rechte des Angeklagten zu wahren.⁸ Der StA obliegt hier die Pflicht, in der **Hauptverhandlung** ununterbrochen **anwesend** zu sein (§ 226 Abs. 1). Ihr Sitzungsvertreter **verliest** zunächst die **Anklageschrift** (§ 243 Abs. 3). In der Beweisaufnahme steht ihr sodann ein **Fragerecht** zu (§ 240 Abs. 2). Weiterhin steht ihr das Recht zu, **Beweisanträge** zu stellen.⁹ Nach Schluss der Beweisaufnahme hält ihr Sitzungsvertreter seinen **Schlussvortrag** (§ 258 Abs. 1).

Schließlich kann die StA – auch **zugunsten** des Beschuldigten – Rechtsmittel einlegen (§ 296) bzw. die **Wiederaufnahme** eines abgeschlossenen Verfahrens betreiben (§§ 359, 365 i.V.m. § 296).

7

3. Strafvollstreckung

Die Strafvollstreckung erfolgt durch die StA als **Vollstreckungsbehörde** (§ 451).

8

II. Die Organisation der Staatsanwaltschaft

1. Organisatorischer Aufbau

Gem. § 141 GVG soll bei jedem Gericht eine StA bestehen. Nach der in §§ 142 Abs. 1, 143 GVG geregelten sog. **Sequenzzuständigkeit** der StA gilt, dass ihre Zuständigkeit grds. an die sachliche und örtliche Zuordnung des Verfahrens an ein bestimmtes Gericht anknüpft. Gem. § 142 GVG sind dies:[10]

9

- Beim BGH die **Bundesanwaltschaft** mit **Bundesanwälten** und dem **Generalbundesanwalt** an der Spitze, während
- bei den Oberlandesgerichten eine **Generalstaatsanwaltschaft** („Landesstaatsanwaltschaft") mit Staatsanwälten eingerichtet ist; hier fungiert der **Generalstaatsanwalt**[11] als Behördenleiter.
- Den Landgerichten ist jeweils eine eigene **StA** zugeordnet, der ein **Leitender Oberstaatsanwalt**[12] vorsteht.
- Für die Amtsgerichte ist die **Amtsanwaltschaft** vorgesehen. Im Gegensatz zu den StAen müssen Amtsanwälte nicht die Befähigung zum Richteramt besitzen.[13]

2. Zuständigkeit

- Der **Bundesanwaltschaft** obliegt die Anklagevertretung bei allen Verfahren[14] vor dem BGH. Zudem besteht eine Sonderzuständigkeit für die Fälle[15] der erstinstanzlichen Zuständigkeit der Oberlandesgerichte (§ 142a GVG).

10

- Die **Generalstaatsanwaltschaft** ist

---

8 Vgl. *Meyer-Goßner/Schmitt* Vor § 141 GVG Rn 8.
9 Unstr., s. nur *Beulke/Swoboda* Rn 434 mwN.
10 S. ergänzend nur *Beulke/Swoboda* Rn 80 f.
11 Sowohl den Generalstaatsanwalt wie auch...
12 ...den Leitenden Oberstaatsanwalt bezeichnet das GVG als „ersten Beamten der Staatsanwaltschaft" (s. z.B. § 147 GVG).
13 In der Praxis nimmt daher die StA beim LG auch den größten Teil der staatsanwaltschaftlichen Aufgaben beim AG wahr, zumal den Amtsanwälten nach den in den Bundesländern weitestgehend gleichlautenden Anordnungen über Organisation und Dienstbetrieb der StA (OrgStA) lediglich Strafsachen übertragen werden, in denen der Strafrichter (§§ 24, 25 GVG) zur Entscheidung berufen ist (s. etwa V. Nr 19 AV OrgStA NW oder V. Nr 21 OrgStA BY).
14 S. §§ 135, 121 Abs. 2 GVG.
15 S. § 120 Abs. 1, 2 GVG.

- in erster Instanz zuständig für die Staatsschutzdelikte[16], soweit der Generalbundesanwalt die Sache gem. § 142a Abs. 2 GVG abgegeben hat, sowie für
- Rechtsmittelverfahren beim OLG.
- Die **StA beim LG** übernimmt alle staatsanwaltschaftlichen Tätigkeiten für Verfahren am LG in erster und zweiter Instanz (§ 142 Abs. 1 Nr 2 GVG).
- Es können zudem **Schwerpunktstaatsanwaltschaften** gebildet werden, wie z.B. zur Bekämpfung der Wirtschaftskriminalität entsprechend der Konzentration von Wirtschaftsstrafsachen bei einem LG für mehrere LG-Bezirke (§ 74c Abs. 3 GVG).[17]

III. Aufgabenwahrnehmung

1. Gesetzliche Vertretung durch jeden Staatsanwalt

11 Die Staatsanwälte der jeweiligen Behörde handeln als Vertreter ihres Leiters. Als solche sind sie zu allen Amtshandlungen befugt (§ 144 GVG). Das hat zur Folge, dass ihre Prozesshandlungen im **Außenverhältnis** stets wirksam sind, selbst wenn ihnen eine Kompetenzüberschreitung im **Innenverhältnis** zugrunde liegt.

2. Devolutions- und Substitutionsrecht

12 Den Generalstaatsanwälten und den Leitenden Oberstaatsanwälten steht zum einen das **Devolutionsrecht** zu, d.h. das Recht zur Übernahme der Amtshandlungen der StA bei allen Gerichten ihres Bezirks (§ 145 Abs. 1 Alt. 1 GVG).

Zum anderen haben sie das **Recht zur Substitution**, d.h. sie sind befugt, bei den genannten Gerichten einen anderen als den zunächst zuständigen Beamten zu beauftragen (§ 145 Abs. 1 Alt. 2 GVG).

3. Weisungsrecht

▶ **FALL 1:** X hat das Delikt der Trunkenheit im Straßenverkehr (§ 316 StGB) begangen. Die Landesjustizministerin L weist die StA an, das Verfahren gem. § 153a Abs. 1 nach Zahlung eines Geldbetrages zugunsten der Staatskasse durch X einzustellen. L weiß, dass eine solche Einstellung im fraglichen OLG-Bezirk unüblich ist, möchte aber die weitere politische Karriere des aufstrebenden Politikers X nicht gefährden. Muss der mit der Sache befasste Staatsanwalt S der Weisung folgen? ◀

13 Es besteht ein **Weisungsrecht** dergestalt, dass die Beamten der StA den dienstlichen Anweisungen ihres Vorgesetzten nachzukommen haben (§ 146 GVG). Möglich sind in diesem Rahmen sowohl Anweisungen zur Behandlung eines konkreten Einzelfalls als auch der Erlass allgemeiner Weisungen (sog. Rundverfügungen). Das Recht der Leitung und Aufsicht steht dabei zu (§ 147 GVG):
- dem **Bundesjustizministerium** für den Generalbundesanwalt und die Bundesanwälte,
- den **Landesjustizverwaltungen** für sämtliche staatsanwaltschaftlichen Beamten eines Bundeslandes,

---

16 S. § 120 GVG.
17 S. etwa V. Nr 17 OrgStA NW oder II. Nr 9 OrgStA BY.

- dem **Generalstaatsanwalt** für die Staats- und Amtsanwälte des Oberlandesgerichtsbezirks,
- dem **Leitenden Oberstaatsanwalt** für die Staats- und Amtsanwälte des Landgerichtsbezirks,
- nach § 147 GVG *analog* dem **Generalbundesanwalt** für die Bundesanwälte.[18]

Bei allen „ministeriellen" Weisungskompetenzen handelt es sich um ein **externes Weisungsrecht**, da diese Stellen außerhalb der Hierarchie der StA stehen. Bei der Weisungsbefugnis der Behördenleiter als „ersten Beamten der StA" gegenüber ihren Untergebenen spricht man von einem **internen Weisungsrecht**.

Das Weisungsrecht wird durch das Legalitätsprinzip und das Rechtsstaatsprinzip (Art. 20 Abs. 3 GG) **begrenzt**: Zwar ist ein Staatsanwalt grds. an die von seinem Vorgesetzten erteilte Weisung gebunden; diese muss jedoch **rechtmäßig** sein. Hegt der Staatsanwalt Bedenken hinsichtlich der Rechtmäßigkeit, so obliegt ihm eine **Remonstrationspflicht**, d.h. er hat die Pflicht, seinem *unmittelbaren* Vorgesetzten diese Bedenken vorzutragen. Er kann also nicht selbständig und frei über die etwaige Rechtswidrigkeit entscheiden.[19]

Stellt die auf diesem Wege bestätigte Weisung erkennbar eine **Straftat oder eine Ordnungswidrigkeit** dar, besteht für den Staatsanwalt jedoch **keine Befolgungspflicht**.[20]

Nicht einheitlich beurteilt wird die Befolgungspflicht bei reinen **Menschenwürdeverletzungen**: Während ein TdL auch hier die Befolgungspflicht ablehnt,[21] halten andere Autoren jede rechtmäßige Weisung für bindend.[22]

In **Fall 1** ist die Weisung der L rechtswidrig, da sie auf sachfremden Erwägungen beruht und als **Ermessensfehlgebrauch** einzustufen ist. Dies gilt auch – wie hier – im Bereich des Opportunitätsprinzips. S kann jedoch nicht selbst über die Nichtausführung der Weisung entscheiden, sondern muss seine Bedenken seinem unmittelbaren Vorgesetzten mitteilen.

IV. Die Rolle der Staatsanwaltschaft

1. Bindung an Präjudizien

▶ **FALL 2:** Staatsanwältin S ermittelt gegen A wegen einer Tat nach § 315b StGB. Nach Überprüfung der einschlägigen höchstrichterlichen Rechtsprechung gelangt sie zu dem Ergebnis, dass der Vorwurf begründet ist. S persönlich hält diese Judikatur für dogmatisch äußerst fragwürdig und fragt sich, ob sie das Verfahren gegen A einstellen kann. ◀

Fraglich ist, ob die StA den Standpunkt vertreten darf, dass ein bestimmtes Verhalten aus Rechtsgründen entgegen der höchstrichterlichen Rechtsprechung (nicht) strafbar ist.

Unproblematisch erscheint dabei der Fall, dass die StA das Verhalten entgegen der Judikatur für strafbar hält und Anklage erheben möchte. Denn insoweit bietet der durch

---

18 MK-*Brocke* § 142 Rn 4; *Meyer-Goßner/Schmitt* § 147 GVG Rn 2.
19 Vgl. §§ 63 Abs. 2 BBG, 36 Abs. 2 BeamtStG.
20 S. nur MK-*Brocke* § 146 GVG Rn 21; KK-*Mayer* § 146 GVG Rn 11; *Beulke/Swoboda* Rn 85; *Hellmann* Rn 94.
21 S. etwa *Beulke/Swoboda* Rn 85; *Kretschmer* Jura 2004, 452.
22 L/R-*Franke* § 146 GVG Rn 33; *Fezer* 2/17 ff.; *Kissel/Mayer* § 146 Rn 9.

das Gericht zu erlassende Eröffnungsbeschluss einen hinreichenden Schutz für den Beschuldigten.[23]

17 Umstritten ist dagegen, ob die StA zur Anklage gezwungen ist, wenn sie entgegen der Rechtsprechung die Tat nicht für strafbar hält.

- Nach **hL** besteht **keine Bindung** an die höchstrichterliche Rechtsprechung.[24] Dies ergebe sich zum einen aus der Unabhängigkeit der StA (§ 150 GVG), zum anderen aus ihrer Stellung als Herrin des Ermittlungsverfahrens.
- **Dagegen** bejahen **Rspr.**[25] und ein **TdL**[26] die Bindungswirkung jedenfalls unter der Voraussetzung einer hinreichend gefestigten Rechtsprechung. Die rechtsprechende Gewalt sei gem. Art. 92 GG ausschließlich den Gerichten übertragen, so dass sonst ein Verstoß gegen das Gewaltenteilungsprinzip vorliege. Zudem verlange § 170 Abs. 1 eine hinreichende Wahrscheinlichkeit der Verurteilung. Schließlich wäre die wegen Art. 3 Abs. 1 GG zu gewährleistende Gleichheit vor dem Gesetz gefährdet. Schließlich – ein nicht von der Hand zu weisendes Argument – könne die StA auch bei Bejahung der Bindungswirkung in der Hauptverhandlung ohne Weiteres Freispruch beantragen oder über die Rechtsmitteleinlegung versuchen, eine Rechtsprechungsänderung zu bewirken.

In **Fall 2** wäre die S jedenfalls nach Ansicht der Rspr. an die höchstrichterliche Rechtsprechung gebunden, so dass die Einstellung gem. § 170 Abs. 2 rechtswidrig wäre.

2. Ablehnung eines Staatsanwalts

18 Ihrem Wortlaut nach gelten die **Ausschließungs- und Ablehnungsgründe** der §§ 22 ff. nur für Richter und Sachverständige. Aufgrund ihrer Stellung als Prozessorgan (s.o. Rn 1) muss die StA jedoch zu einer objektiven Würdigung des Ergebnisses der Ermittlungen schon dem äußeren Anschein nach uneingeschränkt in der Lage sein.[27] Dass daher ein diesbezüglich befangener Staatsanwalt abgelehnt werden können muss, **die Ausschlussgründe** des § 22 ihrem Rechtsgedanken nach also Anwendung finden müssen, ist weitestgehend unstreitig, soweit der StA selbst **persönlich betroffen** ist (§ 22 Nr 1–3) oder er **früher sachlich** als Verteidiger des Beschuldigten oder Anwalt des Verletzten **befasst** war (§ 22 Nr 4 letzte Var.). **Umstritten** ist jedoch die Herleitung dieses Ergebnisses:[28]

- Während in der Literatur eine (eingeschränkte) **Analogie der** §§ 22 ff. befürwortet wird,[29]
- versuchen andere aus den §§ 7 ff. **AGGVG NDS**, § 11 AGGVG BW oder § 9 AGVG BLN die Ausschlussgründe für StAe beinhalten, einen **allgemeinen Grundsatz** der Ablehnbarkeit herzuleiten[30] oder

---

23 Statt vieler nur SK-*Wohlers* § 170 Rn 27 mwN.
24 LR-*Graalmann-Scheerer* § 170 Rn 25; SK-*Wohlers* Rn 32; *Hellmann* Rn 66; *Bohnert*, Die Abschlussentscheidung des Staatsanwalts, 1992, 299 ff.; *Kretschmer* Jura, 2004, 452.
25 BGHSt 15, 155 ff.; OLG Zweibrücken wistra 2007, 275 m. Bspr. *Jahn* JuS 2007, 691.
26 BeckOK-*Gorf* § 170 Rn 6.1; KK-*Moldenhauer* § 170 Rn 6; *Beulke/Swoboda* Rn 90; *Kühne* Rn 144.
27 Vgl. SK-*Wohlers* § 145 GVG Rn 11.
28 Instruktiv zum Ganzen MK-*Brocke* § 145 GVG Rn 8 ff.; kurzer schöner Überblick auch bei *Beulke/Sowoboda* Rn 93 ff.
29 *Hier* noch in der Vorauf.; *Beulke/Swoboda* Rn 93 f.; *Hellmann* Rn 103.
30 OLG Stuttgart NJW 1974, 1394 (1395); *Roxin/Schünemann* § 9/15; wohl auch KK-*Mayer* § 145 GVG Rn 8.

- sich auf die allgemeineren Regeln der Ausschließung von Verwaltungsbeamten (§ 20 VwVfG) zu berufen.[31]
- Vereinzelt werden die Vorschriften zum Verteidigerausschluss (§§ 138a f.) analog herangezogen.[32]
- Schließlich wird die Ablehnbarkeit auch auf das **Recht auf ein faires Verfahren** gestützt.[33]

Keine Befangenheit liegt dagegen vor, wenn der Staatsanwalt in der Sache bereits früher staatsanwaltschaftlich oder ermittlungspolizeilich tätig war.[34]

Eine **Ablehnung** des Staatsanwalts wegen der **Besorgnis der Befangenheit** soll hingegen nur möglich sein, wenn ein gesteigertes Maß an Befangenheit erkennbar ist,[35] insbesondere wenn die Ermittlungen den begründeten Verdacht erwecken, es ginge nicht um die Aufklärung des Sachverhaltes, sondern darum, dem Beschuldigten etwas anzuhängen.[36]

Ob und wie eine Ablehnung des Staatsanwalts im Verfahren **durchzuführen** ist, ist **umstritten:**

- Teils wird auch hinsichtlich dieses Verfahrens eine **analoge Anwendung** der §§ 22 ff. befürwortet, aus der sich ein Recht auf Ablösung des befangenen Staatsanwalts ergeben soll.[37]
- Teils wird § 23 EGGVG herangezogen, da die Ablehnung der Auswechslung des Staatsanwalts als **anfechtbarer Justizakt** angesehen werden könne.[38]
- Teils wird – als Ausprägung des *fair-trial-Prinzips* – eine **Pflicht des Gerichts**, auf die Ablösung des betroffenen Staatsanwalts gem. § 145 GVG hinzuwirken, angenommen.[39]
- Die wohl **hM** räumt den Beteiligten lediglich die Möglichkeit ein, beim **Dienstvorgesetzten** des jeweiligen Staatsanwalts dessen **Ablösung** etwa durch einen entsprechenden Antrag oder eine Dienstaufsichtsbeschwerde nach §§ 145 f. GVG zu erwirken.[40]

Wirkt der zu Recht abgelehnte Staatsanwalt weiter im Gerichtsverfahren mit, so ist nach allg. Ansicht ein (relativer) **Revisionsgrund** im Sinne von § 337 gegeben.[41]

Besondere Beachtung verdient in diesem Zusammenhang der sog. **Zeugenstaatsanwalt:** Gemeint sind hiermit Staatsanwälte, die in dem gleichen Verfahren, in dem sie auch

---

31 *Böttcher* Roxin-FS, 1335.
32 *Krey* I Rn 178.
33 *Arloth* NJW 1985, 417, 418; *E. Müller* JuS 1989, 311; wohl auch MK-*Brocke* § 145 GVG Rn 8 ff.
34 SK-*Wohlers* § 145 GVG Rn 13.
35 *Beulke/Swoboda* Rn 93.
36 So *Hellmann* Rn 103, der zugleich eine offensichtlich rechtswidrige Ermittlungstätigkeit verlangt.
37 *Frisch* Bruns-FS 385, 407; *Schairer*, Der befangene Staatsanwalt, 1983, 159 ff. Dagegen spricht jedoch, dass es an der für eine Analogie notwendigen *planwidrigen* Regelungslücke fehlt.
38 *Bottke* StV 1986, 120, 123; *Hilgendorf* StV 1996, 50; *Roxin/Schünemann* § 9/15; aA (wegen mangelnder Innerbehördlichkeit) z.B. OLG Frankfurt a.M. NStZ 1999, 81; *Pawlik* NStZ 1995, 309 (314) und MK-*Brocke* § 145 GVG Rn. 16 mwN.
39 LG Mönchengladbach StV 1987, 333.
40 Vgl. MK-*Brocke* § 145 GVG Rn 15; *Fezer* 2/30 f.; *Hellmann* Rn 105; *Pawlik* NStZ 1995, 309 (313); vgl. ferner BGH bei *Miebach* NStZ 1989, 13 (14).
41 S. nur BGHSt 14, 265 (267); MK-*Brocke* § 145 GVG Rn 16; *Pawlik* NStZ 1995, 309 (314).

die Anklage vertreten, als Zeuge vernommen werden. Zumindest dann, wenn dessen Aussage im Schlussvortrag (Plädoyer) zu würdigen ist, **muss er abgelöst werden**.[42]

24 Ein **Antrag an** den **Dienstvorgesetzten**, den Staatsanwalt gem. § 145 GVG durch einen anderen zu ersetzen, ist daneben oder stattdessen **stets statthaft**.[43]

V. Unterstützung durch die Polizei

1. Organisation

25 Die Organisation der Polizei ist grds. Ländersache (Art. 30, 70 ff. GG). Ausnahmen bilden das **Bundeskriminalamt** (BKA) zur Erfassung länderübergreifender und internationaler Kriminalität und das **Bundesamt für Verfassungsschutz** (BfV) zur Bekämpfung verfassungsfeindlicher Bestrebungen. Während das BKA nach dem BKAG[44] mit gewissen polizeilichen Strafverfolgungskompetenzen ausgestattet ist, stehen dem Bundesamt für Verfassungsschutz[45] keine polizeilichen Eingriffsbefugnisse zu. Das BKA ist zudem mit der Koordinierung der Länderpolizeien betraut. Auf Landesebene wird diese Aufgabe von den Landeskriminalämtern wahrgenommen.

26 Die gem. Art. 87 Abs. 1 S. 2 GG qua Bundeskompetenz errichtete **Bundespolizei**[46] ist eine Polizeibehörde mit begrenzten Aufgaben, die in den länderübergreifenden Belangen der Grenzsicherung (§ 2 BPolG) sowie bei der Gefahrenabwehr in den Bereichen Eisenbahn, Luftverkehr, auf See etc. (§§ 3 ff. BPolG) tätig wird. Der Begriff „Bundespolizei" steht im Einklang mit der Rechtsprechung des BVerfG[47] und trägt dem gewandelten Selbstverständnis der Behörde Rechnung: weg vom Schutz der Bundesgrenzen hin zu einer Institution der Gefahrenabwehr in speziellen Bereichen.

27 Die Polizeibeamten sind – anders als die StA, die dem Justizministerium nachgeordnet ist – dem Innenministerium unterstellt.

2. Weisungsbefugnis

28 Die **StA** ist zur Erfüllung ihrer Ermittlungsaufgaben auf die Behörden und Beamten des allgemeinen Polizeidienstes angewiesen. Daher steht ihr ein **Weisungsrecht** gegenüber allen Polizeibeamten zu (§ 161 Abs. 1). Bestimmte Polizeibeamte sind nach § 152 GVG i.V.m. landesrechtlichen Rechtsverordnungen[48] sog. Ermittlungspersonen[49] der StA. Sie haben allen Anordnungen der StA Folge zu leisten und sind mit **besonderen Ermittlungsbefugnissen** ausgestattet. Dies sind (nur bei Gefahr im Verzug!) u.a. die Anordnungen

- körperlicher Untersuchungen des Beschuldigten (§ 81a Abs. 2 S. 1),
- von Beschlagnahmen (§ 98 Abs. 1),

---

42 HM, vgl. nur BGHSt 21, 85; MK-*Brocke* § 145 GVG Rn. 12.
43 BGH bei *Miebach* NStZ 1989, 13 (14).
44 Gesetz zur Neustrukturierung des Bundeskriminalamtsgesetzes v. 01.6.2017 (BGBl I 1354), vormals Bundeskriminalamtgesetz (BGBl. I 1650).
45 Ausführlich zu den Aufgaben des Verfassungsschutzes *Poscher/Rusteberg* KJ 2014, 57 ff.
46 Zur Historie des vormaligen (bis 1.7.2005) „Bundesgrenzschutzes" (BGS) *Scheuring* NVwZ 2005, 903.
47 Vgl. BVerfGE 97, 198 (215).
48 Exemplarisch: Bayern, VO v. 21.12.1995 (GVBl. 1996, 4); Nordrhein-Westfalen, VO v. 30.4.1996 (GVBl. NW 180).
49 Der kritisierte frühere Begriff des „Hilfsbeamten" ist durch das 1. Justizmodernisierungsgesetz v. 24.8.2004, BGBl. I, 2198 (2201), geändert worden.

- von Durchsuchungen (§ 105 Abs. 1 S. 1),
- von längerfristigen Observationen (§ 163f Abs. 3).

Alle übrigen Polizeibeamten sind dagegen lediglich verpflichtet, dem **Ersuchen** der StA nachzukommen (§ 161 Abs. 1 S. 2). Zu beachten ist allerdings, dass i.d.R. in den Länderverordnungen nur solche Polizeibeamte von der Ermittlungspersoneneigenschaft ausgenommen sind, die sich in der Ausbildung oder in exponierten Leitungspositionen befinden. Sämtliche Polizeibeamte sind im Bereich der Strafverfolgung u.a. befugt

- zur vorläufigen Festnahme (§ 127),
- zur Identitätsfeststellung (§ 163b),
- zur Vernehmung von erschienenen und aussagebereiten Beschuldigten, Zeugen und Sachverständigen (§§ 163a Abs. 1, 4, 163 Abs. 3).

3. Rolle der Polizei

Die Polizei kann entsprechend dem klassischen **polizeilichen Aufgabendualismus** einerseits **präventiv**, also im Bereich der Gefahrenabwehr tätig werden. Rechtsgrundlage hierfür sind die Polizei- und Sicherheitsgesetze der Länder. Andererseits hat sie **repressive Aufgaben** im Bereich der Strafverfolgung zu erfüllen, und zwar auf Grundlage des Strafprozessrechts (sog. Doppelfunktion).

Darüber hinaus ist mittlerweile die **vorbeugende Verbrechensbekämpfung** als dritter Aufgabenbereich der Polizei etabliert. Dieser Bereich umfasst wiederum zwei unterschiedliche Zwecksetzungen: Die Polizei hat einerseits Straftaten zu verhüten. Hierbei handelt es sich um eine Aufgabe, die genuin der Gefahrenabwehr im Sinne einer ereignisbezogenen, prognostisch fundierten und effektiven Reaktion auf eine Schadenswahrscheinlichkeit zugehörig ist.[50] Denn durch die Gefahrenverhütung soll der Eintritt eines schädigenden Ereignisses und damit eine Gefahr für die öffentliche Sicherheit oder Ordnung verhindert werden.[51] Andererseits hat die Polizei Vorsorge für die Aufklärung und Verfolgung künftiger Straftaten zu treffen. Merkmal dieser Vorsorge ist die Erhebung und Speicherung von Informationen im Vorfeld von Straftaten. Diese Aufgabe ordnet das BVerfG kompetenzmäßig dem „gerichtlichen Verfahren" im Sinne des Art. 74 Abs. 1 Nr 1 GG zu, deutet sie also als genuines Strafprozessrecht. Denn es gehe – jenseits eines konkreten Anfangsverdachts – um die Beweisbeschaffung zur Verwendung in künftigen Strafverfahren und nicht um eine präventive Datenerhebung zur Verhütung von Straftaten.[52]

Doppelfunktionale Maßnahmen, die sowohl einen präventiven als auch repressiven Charakter aufweisen, werden nach hM mit Blick auf den Schwerpunkt der objektiven Zweckrichtung der Tätigkeit voneinander abgegrenzt.[53] Das Weisungsrecht der StA gem. § 161 StPO i.V.m. § 152 GVG besteht nur hinsichtlich der repressiven Tätigkeit.

Das **Recht des ersten Zugriffs** steht der Polizei zu. Vor dem Hintergrund der herrschenden Verbrechenswirklichkeit mit Massenkriminalität, aber auch den begrenzten perso-

---

50 *Ahlers,* Grenzbereich zwischen Gefahrenabwehr und Strafverfolgung, 1998, 138 f.
51 *Kniesel* ZRP 1989, 329 (330 f.); *Merten/Merten* ZRP 1991, 213 (217).
52 BVerfG NJW 2005, 2603 (2605); anders die bis dahin hM, vgl. *Kingreen/Poscher* § 5/2; *Kniesel* ZRP 1989, 329 (332) mwN.
53 S. nur BVerwG NJW 1975, 893; OVG NRW NJW 1980, 855; *Welp* NStZ 1995, 602; aA (zwei Akte) etwa *Schenke* NJW 2011, 2838 (2841 ff.); krit. zu beiden Auffassungen Schoch/Schneider/Bier-*Ehlers/Schneider* § 40 VwGO Rn 606 f.

nellen Ressourcen der StA, leitet die Polizei dabei – entgegen der Regelung des § 163 Abs. 2 – im Regelfall den Vorgang nicht unverzüglich an die StA weiter, damit diese ihre Leitungsfunktion als Herrin des Ermittlungsverfahrens wahrnehmen kann, sondern bringt eine große Anzahl von Verfahren praktisch selbst zur Anklagereife.

Wiederholungs- und Vertiefungsfragen

> Welche besondere staatsrechtliche Stellung hat die StA? (Rn 1)
> Welches sind die wesentlichen Aufgaben der StA in den verschiedenen Verfahrensabschnitten des Strafprozesses? (Rn 2 ff.)
> Warum wird die StA auch die „objektivste Behörde" genannt? (Rn 3)
> Wie sind die Staatsanwaltschaften organisiert; welche Zuständigkeiten gibt es? (Rn 9 f.)
> Was ist unter dem Devolutions-, was unter dem Substitutionsrecht zu verstehen? (Rn 12)
> Welche Arten von Weisungsrechten gibt es innerhalb der StA und im Verhältnis von StA und Polizei? (Rn 13 ff., 28)
> Haben Staatsanwälte den Weisungen ihrer (grundsätzlich weisungsbefugten) Vorgesetzten in jedem Falle Folge zu leisten? (Rn 15)
> Ist die StA an Präjudizien gebunden? (Rn 16 f.)
> Nach allgM kann ein befangener Staatsanwalt im Verfahren abgelehnt werden. (Rn 18 ff.)
>> Nennen Sie mindestens drei der verschiedenen Begründungen dafür! (Rn 18)
>> Wie ist die Ablehnung durchzuführen? (Rn 20 f.)
> Welche verschiedenen Aufgaben hat die Polizei zu erfüllen? (Rn 30 ff.)

§ 6 Der Beschuldigte

Das Strafverfahren richtet sich gegen den Beschuldigten als möglichen Straftäter.

I. Die Terminologie

Die Bezeichnung „**Beschuldigter**" ist ein Oberbegriff, der im gesamten Erkenntnisverfahren verwendet wird; in den drei Verfahrensstadien des Erkenntnisverfahrens wird weiter differenziert (vgl. § 157):

- Im Ermittlungsverfahren bleibt die Benennung als **Beschuldigter**;
- nach Erhebung der öffentlichen Klage – im Zwischenverfahren – wird der Beschuldigte als **Angeschuldigter** bezeichnet;
- im Hauptverfahren ist der Beschuldigte **Angeklagter**.

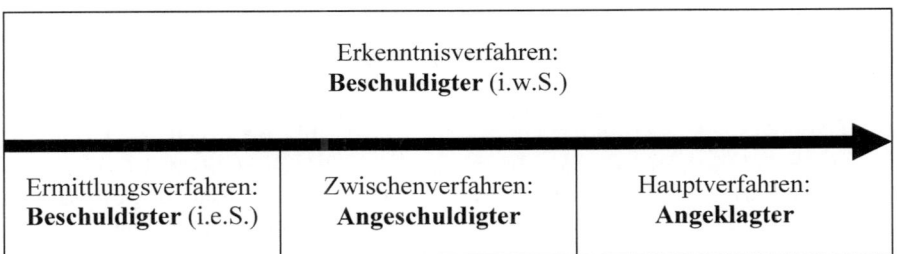

II. Die zeitlichen Grenzen des Beschuldigtenstatus

Der Beschuldigte ist am Strafverfahren mit Rechten und Pflichten beteiligt. Zur Beurteilung der Rechtmäßigkeit von Verfahrenshandlungen, die Einfluss auf den Bestand des Urteils haben können,[1] ist es daher von Bedeutung, den Zeitraum exakt bestimmen zu können, in dem jemand als Beschuldigter an dem Verfahren teilnimmt.

1. Der Beginn des Beschuldigtenstatus

▶ **FALL 1:** In dem Strafverfahren gegen A wurde der Eröffnungsbeschluss unbefugt kopiert und verbreitet (vgl. § 353d Nr 3 StGB). Die StA leitet daher ein Ermittlungsverfahren „gegen Unbekannt" ein. B ist objektiv tatverdächtig, wird aber auf Antrag der StA von der Ermittlungsrichterin als Zeuge vernommen.[2] ◀

In **Fall 1** stellt sich die Frage, ob B wirklich Zeuge war. Denn wäre er stattdessen Beschuldigter gewesen, so wäre seine Aussage wegen unterbliebener Beschuldigtenbelehrung gem. § 136 Abs. 1 unverwertbar gewesen.

Die Kriterien für die Entscheidung, ob B wirklich Zeuge und nicht in Wahrheit Beschuldigter war, sind jedoch **umstritten**. Zur Beantwortung der Frage, wodurch die Beschuldigung (sog. Inkulpation) bewirkt wird, werden objektive, subjektive und gemischt subjektiv-objektive Ansichten vertreten:

---

1 Dies wird durch das Rechtsmittel der Revision überprüft. Wird die Revision für begründet erachtet, ist das Urteil aufzuheben, §§ 353 f. i.V.m. §§ 337 f.
2 In Anlehnung an BGHSt 10, 8 ff.

- **Objektive Beschuldigtentheorie:** Nach der objektiven Beschuldigtentheorie[3] ist jemand bereits aufgrund eines objektiven **Tatverdachts** als Beschuldigter anzusehen. Demnach hätte B in **Fall 1** als Beschuldigter vernommen werden müssen.
- **Subjektive Beschuldigtentheorie:** Nach der subjektiven Beschuldigtentheorie[4] wird die Beschuldigung durch einen entsprechenden **Willensakt der zuständigen Strafverfolgungsbehörde** bewirkt. Dieser Willensakt besteht darin, das Strafverfahren gezielt gegen die dadurch beschuldigte Person zu führen. Ob gegen diese Person auch ein objektiver Tatverdacht besteht, spielt bei dieser rein subjektiven Betrachtung nur für die Ermessensentscheidung eine Rolle, ab wann ein solcher Willensakt vollzogen werden muss.[5] Dabei unterliegt das Ermessen lediglich einer Missbrauchskontrolle.[6] Für **Fall 1** müsste diese Theorie darauf abstellen, dass das Ermittlungsverfahren „gegen Unbekannt" geführt und B als Zeuge vernommen wurde. Nur dann, wenn B trotz eines hohen Verdachtsgrads als Zeuge vernommen wurde, um seine Beschuldigtenrechte missbräuchlich zu umgehen, würde die subjektive Sichtweise dennoch einen Beschuldigtenstatus anerkennen.
- **Gemischt subjektiv-objektive Beschuldigtentheorien:** Die heute **herrschenden** gemischt subjektiv-objektiven Ansätze[7] betrachten als Beschuldigten den **Tatverdächtigen, gegen den das Strafverfahren geführt wird.** Der objektive Tatverdacht ist dabei die Grundvoraussetzung, um jemanden in die Beschuldigtenrolle drängen zu können. Subjektiv ist nach diesen Auffassungen ein Willensakt der Strafverfolgungsbehörden erforderlich, eine Person als Beschuldigten zu verfolgen. Im Gegensatz zur subjektiven Beschuldigtentheorie wird dieser Willensakt in Anlehnung an § 397 Abs. 1 AO bereits dann angenommen, wenn eine Maßnahme getroffen wird, die erkennbar der Strafverfolgung einer bestimmten Person dient (was letztlich bedeutet, dass **Konkludenz** ausreicht)[8]. Das sind insbesondere Maßnahmen, die nur gegen einen Beschuldigten zulässig sind. In **Fall 1:** Es bestand zwar ein Tatverdacht gegen B, es wurde aber eine Zeugenvernehmung durchgeführt. Diese Zeugenvernehmung lässt nur dann auf einen inkulpierenden Willensakt der StA schließen, wenn die Fragen an B erkennbar strafverfolgenden, beschuldigenden Charakter aufwiesen.

5 Der Beschuldigtenstatus ist Anknüpfungspunkt einer Reihe von staatlichen Befugnissen zu schweren Grundrechtseingriffen schon im Ermittlungsverfahren (z.B. §§ 81b, 112 f.). Nach § 152 Abs. 2 sind die Strafverfolgungsbehörden zur Einleitung eines Strafverfahrens nur legitimiert, wenn ein **Tatverdacht** besteht.[9] Fehlt ein solcher Verdacht, so fehlt dementsprechend auch die Legitimation für die Verfolgung eines vermeintlichen Straftäters. Der objektive Tatverdacht im Sinne von § 152 Abs. 2 muss daher die **Grundvoraussetzung** dafür sein, dass jemand überhaupt Beschuldigter in einem

---

3 Grünwald 78; v. Heydebreck, Die Begründung der Beschuldigteneigenschaft im Strafverfahren, 1974, 72 ff.; Kohlhaas NJW 1965, 1254 (1255); Peters 200 f.
4 RGSt 32, 72 (73); BGHSt 10, 8 (10 ff.); 34, 138 (140); BGH StV 1985, 397 (398); OLG Oldenburg StV 1996, 416; LG Offenburg NStZ 1993, 506; HK-Gercke § 157 Rn 1; Lenckner Peters-FS 333 (340); Rieß JA 1980, 293 (298).
5 BGHSt 10, 8 (12); 37, 48 (51 f.).
6 BGHSt 10, 8 (12); 37, 48 (52).
7 S. etwa BGHSt 38, 214 (228); 51, 367; NStZ-RR 2004, 368 f.; NStZ 2007, 653 m. Anm. Mitsch NStZ 2008, 49 f.; BayObLG NZV 2004, 159; KK-Diemer § 136 Rn 4; LR-Erb § 163a Rn 9 f.; KK-Fischer Einl. Rn 299; KK-Griesbaum § 163a Rn 2; SK-Rogall Vor § 133 Rn 15 ff.; Meyer-Goßner/Schmitt Einl. Rn 76 f.; KK-Senge § 81b Rn 2; Beulke/Swoboda Rn 111 f.; Hellmann Rn 427 ff.; Roxin/Schünemann § 25/11; Schroeder/Verrel Rn 69, alle mwN.
8 Vgl. BGH NStZ 2015, 291; Mosbacher JuS 2015, 701.
9 Meyer-Goßner/Schmitt § 152 Rn 3 f.; R/H-Radtke § 152 Rn 1.

Strafverfahren sein kann.[10] Die Vorschriften über das Auskunftsverweigerungsrecht von *Zeugen* (§ 55), das Vereidigungsverbot von an der Tat *verdächtigen Personen* (§ 60 Nr 1) oder die Möglichkeit der Identitätsfeststellung von *Verdächtigen* (§ 163b) legen den Schluss nahe, dass die Strafprozessordnung in der Tat Verdächtige kennt, die nicht zugleich Beschuldigte sind.[11] Der Tatverdacht erweist sich damit zwar als notwendige, für sich allein **aber noch nicht hinreichende Bedingung**, um eine Inkulpation zu bewirken.[12]

Die Beschuldigung erfordert nach ihrer Wortbedeutung einen **menschlichen Zuschreibungsakt**: Begrifflich können nur Menschen andere Personen beschuldigen.[13] Es muss somit auf eine inkulpierende Zuschreibung der Beschuldigteneigenschaft seitens der Strafverfolgungsbehörden ankommen. Eine solche Zuschreibung kann als willensgesteuertes menschliches Verhalten nur durch einen **Willensakt** erfolgen.[14] Beurteilt man die Vollziehung eines solchen Willensakts aber rein subjektiv, so schafft man das übliche Beweisproblem subjektiver Tatsachen und damit Rechtsunsicherheit.[15] Zudem wird bei einer solchen Betrachtungsweise ein weiter Raum für Manipulationen durch die Strafverfolgungsbehörden eröffnet,[16] die den Beschuldigten aus eigener Opportunität um seine Rechte bringen könnten.[17]

Es bietet sich deshalb in der Tat an, mit den Vertretern der hA das **Vorliegen eines Willensakts aus objektiver Sicht** in Anlehnung an § 397 Abs. 1 AO zu bestimmen: Jede Maßnahme, die erkennbar darauf abzielt, jemanden als möglichen Straftäter zu verfolgen, lässt auf einen entsprechenden Willensakt der Strafverfolgungsbehörden schließen. Dies schafft durch Objektivierung Rechtssicherheit und schränkt die Manipulationsmöglichkeiten der Strafverfolgungsbehörden auf das Maß ein, dass der Gesetzgeber für das Steuerstrafverfahren gebilligt hat.[18] Damit ergibt sich alles in allem die **Vorzugswürdigkeit** der gemischt **subjektiv-objektiven Betrachtungsweise**.

Von dem Beginn der Beschuldigteneigenschaft ist der **Zeitpunkt** zu unterscheiden, ab dem die Strafverfolgungsbehörden **zur Inkulpation verpflichtet** sind. Dieser Zeitpunkt ist erreicht, wenn ein hinreichend konkreter individualisierter Tatverdacht vorliegt, der nach dem Legalitätsprinzip die strafrechtliche Verfolgung gebietet (§ 152 Abs. 2), wobei der Behörde ein Beurteilungsspielraum zusteht.[19]

2. Das Ende des Beschuldigtenstatus

Mit der **Einstellung** des Verfahrens, der **rechtskräftigen Entscheidung** oder dem **Tod** endet die Teilnahme am Strafverfahren als Beschuldigter.[20]

---

10 *Geerds* GA 1965, 321 (326 f.); KMR-*Pauckstadt-Maihold* Vor §§ 133ff. Rn 5.
11 BGHSt 10, 8 (10); *Geppert* Schroeder-FS 675 (679).
12 *Bringewat* JZ 1981, 289 (292); *Geppert* Schroeder-FS 675 (678).
13 *Fincke* ZStW 95 (1983), 918 (955); *Montenbruck* ZStW 89 (1977), 878 (888); SK-*Rogall* Vor § 133 Rn 30.
14 *Bringewat* JZ 1981, 289 (292); *Fincke* ZStW 95 (1983), 918 (945); *Montenbruck* ZStW 89 (1977), 878 (888).
15 LR-*Gleß* § 136 Rn 5; SK-*Rogall* Vor § 133 Rn 27.
16 *Müller-Dietz* ZStW 93 (1981), 1177 (1224).
17 SK-*Rogall* Vor § 133 Rn 27; *ders.* MDR 1977, 978.
18 *Geppert* Oehler-FS 323 (328); *ders.* Schroeder-FS 675 (679); *Klein*, Inhalt und Reichweite der Belehrungsvorschrift des § 136 StPO, 2005, 18 f.; SK-*Rogall* Vor § 133 Rn 31 ff.; krit. *Roxin* Schöch-FS 823, der auf den Zweck von Schweigerecht und Belehrungspflicht abstellt.
19 BGH NStZ-RR 2004, 368 f.; *Eisenberg* Rn 506 f.; *Rieß* JA 1980, 293 (297 f.).
20 *Meyer-Goßner/Schmitt* Einl. Rn 81.

III. Die Rechtsstellung des Beschuldigten

8 Dem Beschuldigten kommt im Strafverfahren eine **ambivalente Doppelstellung** zu: Zum einen nimmt er mit einer Vielzahl von Rechten am Verfahren teil. Diese sind vor allem in der Hauptverhandlung derart ausgeprägt, dass man den Beschuldigten als **vollwertiges Prozesssubjekt** bezeichnen muss.[21] Zum anderen muss er dulden, **zugleich materielles Beweismittel und damit auch Gegenstand des Verfahrens** zu sein.[22] Vor allem im Ermittlungsverfahren erscheint der Beschuldigte notwendigerweise nicht nur als Subjekt, sondern auch als Objekt des Verfahrens.[23]

1. Die Rechte des Beschuldigten

9 a) **Schweigerecht:** Aus dem allgemeinen Persönlichkeitsrecht[24] und dem Rechtsstaatsprinzip[25] wird der Grundsatz *nemo tenetur se ipsum accusare*[26] hergeleitet: Niemand darf gezwungen werden, sich selbst zu belasten.[27] Dementsprechend darf der Beschuldigte schweigen, ohne deswegen schon als überführt zu gelten.[28] Er kann sogar lügen, ohne eine Sanktion befürchten zu müssen, soweit nicht materiellstrafrechtliche Tatbestände (z.B. §§ 145d, 164, 185 ff. StGB) entgegenstehen.[29] Darüber hinaus dürfen weder Fragen des Verteidigers an einen Zeugen noch Beweisbehauptungen in eine Einlassung des Angeklagten umgedeutet werden, sofern sich dieser dazu nicht erklärt.[30]

10 b) **Rechtliches Gehör:** Das **Gericht** hat dem Beschuldigten rechtliches Gehör zu gewähren (Art. 103 Abs. 1 GG).[31] Es muss seine Äußerungen rechtlicher und tatsächlicher Art **zur Kenntnis nehmen** und bei der Entscheidungsfindung **berücksichtigen**.[32] Zu beachten ist, dass Art. 103 Abs. 1 GG nicht gegenüber StA und Polizei gilt.[33]

11 c) **Recht auf den gesetzlichen Richter:** Art. 101 Abs. 1 S. 2 GG räumt dem Beschuldigten ein weiteres **grundrechtsgleiches** Recht ein: Der zuständige **Richter** muss **im Vorhinein** aus Gesetzen und Geschäftsverteilungsplänen abstrakt **bestimmbar** sein, um jede sachwidrige Einflussnahme auf die Gerichtsbesetzung zu vermeiden.[34]

12 d) **Recht auf Strafverteidigung:** In allen Verfahrensstadien darf sich der Beschuldigte nach seiner Wahl verteidigen (§ 137 Abs. 1 S. 1). Er kann einen Strafverteidiger beauftragen und hat sogar einen Anspruch auf einen Verteidiger, wenn ein Fall notwendiger Verteidigung nach §§ 140 f. vorliegt.

13 e) **Recht auf Dolmetscher:** Ein Beschuldigter, der die deutsche Sprache nicht hinreichend beherrscht, hat für das gesamte Verfahren (auch für vorbereitende Gespräche

---

21 BVerfGE 63, 380 (390); BVerfG NJW 1984, 113 mwN; BGHSt 38, 372 (374); KK-*Fischer* Einl. Rn 300.
22 *Lesch* 3/36; *Roxin/Schünemann* § 25/1.
23 *Lesch* 3/32 ff.; *Roxin/Schünemann* § 25/1.
24 Art. 2 Abs. 1 GG i.V.m. Art. 1 Abs. 1 GG.
25 Art. 20 Abs. 3 GG.
26 Wörtlich „Niemand wird gehalten, sich selbst anzuklagen".
27 BVerfGE 38, 113; 56, 43; BGHSt 34, 45; 37, 343; 38, 220; 38, 305; *Lesch* 2/238; *Meyer-Goßner/Schmitt* Einl. Rn 29a; umf. *Nothelfer*, Die Freiheit vom Selbstbezichtigungszwang, 1989.
28 BVerfG StV 1995, 505 (506); BGHSt 42, 139 (152); 45, 367 (368 f.); KK-*Diemer* § 136 Rn 10; KK-*Ott* § 261 Rn 39; *Rieß* JA 1980, 293 (295).
29 BGHSt 3, 149 (152); *Beulke/Swoboda* Rn 125; zu weiteren möglichen materiellrechtlichen Lügeverboten *Gruber*, Die Lüge des Beschuldigten im Strafverfahren, 2008, 123 ff.
30 BGH StraFo 2014, 513.
31 KK-*Fischer* Einl. Rn 122; *Meyer-Goßner/Schmitt* Einl. Rn 23.
32 KK-*Fischer* Einl. Rn 122; *Meyer-Goßner/Schmitt* Einl. Rn 23.
33 *Meyer-Goßner/Schmitt* Einl. Rn 27.
34 KK-*Fischer* Einl. Rn 115.

mit einem Verteidiger)[35] das Recht auf **unentgeltliche** Zuziehung eines Dolmetschers (§ 187 Abs. 1 GVG, Art. 6 Abs. 3 lit. e EMRK).[36] Zudem hat er das Recht auf eine schriftliche Übersetzung von freiheitsentziehenden Anordnungen sowie von Anklageschriften, Strafbefehlen und nicht rechtskräftigen Urteilen.[37] Für Verhandlungen gelten im Übrigen § 185 GVG und § 259.

Im Umgang mit **hör- und sprachbehinderten** Personen kann das Gericht u.U. entweder eine schriftliche Verständigung oder die Hinzuziehung eines Dolmetschers verlangen, falls die betroffene Person dazu keine eigene Wahl trifft (§ 186 GVG Abs. 1, 2).[38]

f) **Recht auf Benachrichtigung der konsularischen Vertretung:** Nach § 114b Abs. 2 S. 4 und Art. 36 Abs. 1 lit. b S. 3 WÜK[39] ist ein ausländischer Staatsangehöriger nach seiner Festnahme darüber zu belehren, dass er das Recht auf Unterrichtung der konsularischen Vertretung seines Heimatstaates hat und dieser Mitteilungen zukommen lassen kann.[40]   **14**

g) **Beweisanträge:** Der Beschuldigte darf **während des gesamten Strafverfahrens** Beweisanträge stellen (s. §§ 166, 201, 244 f.).[41] Gegenüber den weiten Ablehnungsmöglichkeiten im Ermittlungs- und Zwischenverfahren können Beweisanträge im **Hauptverfahren** nur abgelehnt werden, wenn ein gesetzlicher Ablehnungsgrund aus §§ 244 ff. vorliegt.   **15**

h) **Informationsrecht:** Der Beschuldigte hat das Recht, über das Verfahren gegen ihn angemessen informiert zu werden bzw. sich zu informieren: **16**

- Solange der Ermittlungszweck dadurch nicht gefährdet wird, kann der (unverteidigte)[42] Beschuldigte Informationen **aus den Akten** verlangen (§ 147 Abs. 4).
- Er muss vor seiner Vernehmung **belehrt** werden (§ 136 Abs. 1).
- Die **Anklageschrift** und der **Eröffnungsbeschluss** müssen ihm **mitgeteilt** werden (§§ 201 Abs. 1, 215).

i) **Fragerecht:** In der **Hauptverhandlung** darf der Beschuldigte Fragen an Zeugen und Sachverständige stellen (§ 240 Abs. 2). Darüber hinaus ist in Art. 6 Abs. 3 lit. d EMRK das Recht auf Befragung von Belastungszeugen (Konfrontationsrecht) verankert.[43] Im **Ermittlungsverfahren** hat er bei richterlichen Zeugen- oder Sachverständigenvernehmungen ein eigenes Erklärungs- und Fragerecht (§ 168c Abs. 2).   **17**

j) **Letztes Wort:** Dem Beschuldigten gebührt als Angeklagtem nach den Schlussvorträgen das letzte Wort vor der Urteilsberatung (§ 258 Abs. 2 HS 2).   **18**

---

35 BGH NJW 2001, 309 (310).
36 BGHSt 46, 178; LR-*Esser* Art. 6 EMRK Rn 828 ff.
37 Wenngleich dies auch auszugsweise oder im Falle eines verteidigten Beschuldigten mündlich geschehen kann (§ 187 Abs. 2 GVG); vgl. OLG Hamm NStZ-RR 2014, 217; OLG Stuttgart StV 2014, 536; eine Anklageschrift muss jedoch grds. auch bei einem verteidigten Beschuldigten schriftlich übersetzt werden, BGH NStZ 2014, 725.
38 Zur Vertiefung lesenswert MK-*Oğlakcıoğlu* § 186 GVG Rn 1 ff. und *passim*.
39 Wiener Übereinkommen über konsularische Beziehungen v. 24.4.1963 (BGBl. 1969 II, 1585).
40 Ein Verstoß hiergegen kann ein Verwertungsverbot begründen, siehe BVerfG NJW 2011, 207 (210); 2014, 532 (533 f.); ausführlich hierzu *Gless/Peters* StV 2011, 369. Die vorher wohl hM verneinte dies bislang, vgl. BGH NJW 2008, 1090 und BGH NStZ-RR 2003, 375 als die vom BVerfG aufgehobene Entscheidung.
41 Vertiefend zum Beweisantragsrecht außerhalb der Hauptverhandlung *Kretschmer* StraFo 2013, 184.
42 Dem Verteidiger steht ohnehin umfassendes Akteneinsichtsrecht zu (147 Abs. 1).
43 Vertiefend zur Rechtsprechung *Weigend* Wolter-FS 1145.

19 k) **Anwesenheitsrecht:** Dem Beschuldigten stehen bereits im **Ermittlungsverfahren** Anwesenheitsrechte bei einzelnen Maßnahmen zu, z.b. bei der richterlichen Zeugen- und Sachverständigenvernehmung (§ 168c Abs. 2) oder der Durchsuchung (§ 106 Abs. 1 S. 1). Ein **grundsätzliches** Anwesenheitsrecht besteht für ihn aber erst **in der Hauptverhandlung**, wo die Anwesenheit zugleich auch eine (eingeschränkte) **Pflicht** darstellt (s. u. Rn 22).

2. Die Pflichten des Beschuldigten

20 Für die Pflichten des Beschuldigten ist im besonderen Maße der Grundsatz zu beachten, dass niemand zu seiner eigenen Überführung gezwungen werden darf (*nemo tenetur se ipsum accusare*).

21 a) **Duldungspflichten:** Der *nemo tenetur*-Grundsatz verbietet nur, den Beschuldigten zur aktiven Belastung seiner Person zu zwingen.[44] Damit ist der Zwang zur **passiven** Duldung von Verfolgungsmaßnahmen im Rahmen der Vorschriften zulässig. Insofern trifft den Beschuldigten eine Duldungspflicht hinsichtlich einer Vielzahl von eingreifenden Ermittlungsmaßnahmen (z.B. die körperliche Untersuchung und Blutentnahme nach § 81a Abs. 1 oder die Untersuchungshaft nach §§ 112 ff.).

22 b) **Mitwirkungspflichten:** Der *nemo tenetur*-Grundsatz schützt den Beschuldigten auch nicht vor *jeglicher* Mitwirkung am Strafverfahren. So ist er verpflichtet:
- zur **Beschuldigtenvernehmung** bei der StA (§ 163a Abs. 3 S. 1) oder
- dem **Ermittlungsrichter** (§§ 133 f.) zu erscheinen und
- bei der **Hauptverhandlung** anwesend zu sein (s. §§ 230 ff.; § 247).
  - Hierbei handelt es sich aber jedoch nur um eine eingeschränkte Pflicht. So kann das Gericht etwa nur dann die Vorführung des Beschuldigten anordnen oder Haftbefehl erlassen, soweit dies zur Durchführung der Verhandlung geboten ist (§ 230 Abs. 2) oder es dessen Anwesenheit nach Vernehmung zur Anklage noch für erforderlich hält (vgl. § 231 Abs. 2).

IV. Die Beschuldigtenvernehmung

23 Die Beschuldigtenvernehmung soll dem Beschuldigten Gelegenheit geben, sich vom Tatverdacht zu entlasten (**Verteidigungsfunktion**),[45] aber auch als Informationsquelle und damit materielles Beweismittel für das Strafverfahren dienen (**Inquisitionsfunktion**).[46]

1. Der Vernehmungsbegriff

▶ **FALL 2A:** An einer Verkehrsunfallstelle mit Personenschaden stehen zehn Personen. Die Polizei nimmt eine sich besonders verdächtig verhaltende Person an die Seite und fragt nach dem Unfallhergang und der eigenen Beteiligung. ◀

▶ **FALL 2B:** Als die Polizei an der Unfallstelle eintrifft, meldet sich eine der zehn Personen von sich aus und gesteht, den Unfall fahrlässig verursacht zu haben. ◀

---

44 BGHSt 45, 367 (368); *Beulke/Swoboda* Rn 127; *Rieß* JA 1980, 293 (294).
45 Vgl. § 136 Abs. 2.
46 BGHSt 28, 196 (198); BeckOK-*Monka* § 136 Rn 18; KK-*Diemer* § 136 Rn 1.

▶ **Fall 2c:** Als die Polizei an der Unfallstelle eintrifft, fragt sie die zehn Personen allgemein, ob jemand Angaben zu dem Unfall machen könne. ◀

Eine **Vernehmung** findet statt, wenn der Vernehmende dem Beschuldigten in amtlicher Funktion gegenübertritt und in dieser Eigenschaft von ihm Auskunft verlangt.[47]

So liegt es in **Fall 2a**, in dem die Polizei in ihrer Eigenschaft als zuständige Behörde Fragen an die verdächtige Person richtet, um Auskunft zu dem Unfall zu erhalten.

Äußert sich jemand unaufgefordert – wie in **Fall 2b** –, handelt es sich um eine sog. **Spontanäußerung**, die nicht als Äußerung in einer Vernehmung gilt.[48]

In **Fall 2c** sind zwar alle Personen verdächtig, an dem Unfall beteiligt gewesen zu sein, der Verdacht hat sich aber noch in keine bestimmte Richtung konkretisiert. Die Frage der Polizei hat deshalb nur Sondierungscharakter, richtet sich nicht an einen bestimmten Beschuldigten und ist aus diesem Grund keine Beschuldigtenvernehmung, sondern eine sog. **informatorische Befragung**.[49]

Rein formal bedarf es somit weder bei Spontanäußerungen wie informatorischen Befragungen einer Belehrung. Während weitestgehend Einigkeit darüber besteht, dass Spontanäußerungen mithin auch **ohne Belehrung** des Beschuldigten verwertbar sind, ist dies bei **informatorischen Befragungen umstritten:** Während entsprechende Äußerungen nach konsequenter **hM verwertet** werden dürfen,[50] zweifelt **Gegenansicht** dies mit dem (bedenkenswerten) Argument der mit der eigentlichen Vernehmung vergleichbaren Interessenlage an.[51]

2. Vernehmungsdurchführung und -ablauf

Der Beschuldigte muss spätestens vor Abschluss des Ermittlungsverfahrens vernommen werden (§ 163a Abs. 1 S. 1), wobei der genaue Zeitpunkt – der sich u.a. nach kriminalistischen Gesichtspunkten richtet – von den Strafverfolgungsbehörden bestimmt werden kann. Entbehrlich ist die Beschuldigtenvernehmung nur in einfachen Fällen, wenn der Beschuldigte die Gelegenheit hatte, sich schriftlich zu äußern (§ 163a Abs. 1 S. 3).

Die „**Erste Vernehmung**" des Beschuldigten wird insb. durch § 136 geregelt. Die Vorschrift betrifft zuerst einmal die erste **richterliche** Vernehmung vor und außerhalb der Hauptverhandlung, unabhängig von einer ggf. bereits stattgefundenen polizeilichen oder staatsanwaltlichen Vernehmung.[52]

Sonstige Vernehmungen des Beschuldigten außerhalb der Hauptverhandlung, insb. im Ermittlungsverfahren, können auch von Polizei und StA sowie von Ermittlungs- und Haftrichtern vorgenommen werden. Für diese Vernehmungen gilt § 136 ganz oder teilweise über entsprechende **Verweisungen**. So gelten **für Vernehmungen durch**

---

47 BGHSt (GS) 42, 139 (145); KK-*Diemer* § 136a Rn 6; MK-*Schuhr* Vor § 133 Rn 36; alle mwN; näher *Klein*, Inhalt und Reichweite der Belehrungsvorschrift des § 136 StPO, 2005, 21 ff.
48 BGH NJW 1990, 461; lehrreich der Fall OLG Saarbrücken NStZ 2008, 585 m. Anm. *Mitsch* NStZ 2009, 287; KK-*Diemer* § 136 Rn 4; *Lesch* 3/46; *Volk/Engländer* § 9/7.
49 Vgl. BGHSt 38, 214 (227 f.); KK-*Fischer* Einl. Rn 309; KK-*Griesbaum* § 163a Rn 2.
50 BGHSt 38, 214 (228); BGH NJW 1990, 461; 2009, 3589; *Geppert* Oehler-FS 324; SK-*Rogall* Vor § 133 Rn 47; *Rüping* Rn 100.
51 Zuvorderst *Beulke/Swoboda* Rn 118; ferner *Eisenberg* Rn 509 f.; SK-*Wohlers* § 163a Rn 49 sowie einige Instanzgerichte: LG Nürnberg StV 1994, 123; AG München StV 1990, 104; AG Delmenhorst StV 1991, 254.
52 BeckOK-*Monka* § 136 Rn 1.

- die Polizei § 163a Abs. 4 i.V.m. § 136,
- die StA § 163a Abs. 3 i.V.m. § 136 und
- durch **Ermittlungs- oder Haftrichter** §§ 115 f., 128, 136, 162.

30 Der Vernehmungsablauf gliedert sich in die **Vernehmung zur Person** und die **Vernehmung zur Sache**:
- Die Vernehmung zur Person erfolgt regelmäßig zu Anfang und dient ausschließlich der Identifizierung der Person.[53]
- Alle über die Identitätsfeststellung hinausgehenden persönlichen Angaben können sachlich-rechtliche Bedeutung erlangen, z.B. für die Strafzumessung.[54] Sie gehören daher in die spätere Vernehmung zur Sache.[55]

Vor Beginn der Vernehmung zur Sache muss dem Beschuldigten mitgeteilt werden, **welcher Tat** er verdächtig ist (136 Abs. 1 S. 1). Hierzu gehört auch, dem Beschuldigten den ihm vorgeworfenen Sachverhalt zumindest **in groben Zügen zu eröffnen**.[56] Richter und StA müssen darüber hinaus auch die einschlägigen Strafbestimmungen nennen (s. §§ 163a Abs. 3 S. 2, 136 Abs. 1 S. 1).

Sodann muss der Beschuldigte über seine Rechte **belehrt** werden,
- die **Aussage verweigern** zu können (§ 136 Abs. 1 S. 2);
- sich eines **Strafverteidigers** bedienen zu können, den er auch schon vor der Vernehmung befragen darf (§§ 136 Abs. 1 S. 2)[57]
  - bzw. er die Bestellung eines **notwendigen Verteidigers** beanspruchen kann (§ 136 Abs. 1 S. 4)
- und dass er bei allen staatsanwaltlichen und polizeilichen Vernehmungen **Anspruch auf Dolmetscher- und Übersetzungsleistungen** hat (§ 163a Abs. 5).
- **Jugendliche** Beschuldigte sind zusätzlich über das Elternkonsultationsrecht nach § 67 Abs. 1, 2 JGG zu belehren.[58]

Die Belehrung nach § 136 Abs. 1 sowie § 163a ist sodann zu **dokumentieren** (§§ 168, 168b Abs. 3).

Um die herausragende Bedeutung dieser Belehrung verstehen zu können, muss man sich die Situationen vor Augen halten, in denen Beschuldigtenvernehmungen mitunter stattfinden. So kann der Beschuldigte unmittelbar nach einer plötzlichen Ergreifung vernommen werden, dabei noch keine klaren Gedanken fassen und zudem völlig ahnungslos sein, wie er sich in einer solchen ungewohnten, aber wichtigen Situation verhalten soll. Die **Belehrungspflichten schützen die Selbstbelastungsfreiheit** als wesentliches Grundprinzip des rechtsstaatlichen Strafverfahrens. Die Entscheidungen des Beschuldigten, von seinem Schweigerecht Gebrauch zu machen oder einen Verteidiger zu konsultieren, haben die Ermittlungsbehörden grundsätzlich zu akzeptieren und dürfen gleichwohl erfolgende Spontanäußerungen des Beschuldigten deshalb auch nicht zum Anlass für „sachaufklärende Nachfragen" nehmen.[59] Ein Irrtum über das Schwei-

---

53 KMR-*Pauckstadt-Maihold* § 136 Rn 7; *Meyer-Goßner/Schmitt* § 136 Rn 5. *Roxin/Schünemann* § 25/5;
54 *Meyer-Goßner/Schmitt* § 136 Rn 16; *Volk/Engländer* § 9/8.
55 *Roxin/Schünemann* § 25/5, 8.
56 BGH NStZ 2012, 581 m. Bspr. *Jahn* JuS 2012, 658, *Neuhaus* StV 2013, 485.
57 Sowie § 163a Abs. 3 S. 2, Abs. 4 S. 2.
58 Vgl. hierzu LG Saarbrücken NStZ 2012, 167 m. Bspr. *Möller* NStZ 2012, 113.
59 BGH NJW 2013, 2769 m. Bspr. *Eisenberg* StV 2013, 779; vgl. auch Anm. *Wohlers* JR 2014, 128.

gerecht kann außerdem dazu führen, dass der Beschuldigte die Unwahrheit sagt, anstatt die Aussage zu verweigern.[60]

Die Beschuldigtenbelehrung dient freilich **auch der Wahrheitsfindung**. Sie schließt daher (u.a.) mit einem Hinweis auf die Beweisantragsrechte ab (§§ 136 Abs. 1 S. 5).

Nach der Belehrung wird der Beschuldigte **zur Sache vernommen**, wobei ihm vorab die Verdachtsgründe mitgeteilt werden müssen, damit er sich wirksam verteidigen kann.[61]

3. Verbotene Vernehmungsmethoden

▶ **FALL 3:** Der vernehmende Polizeibeamte verspricht der Beschuldigten B für den Fall, dass sie geständig sei, ein mildes Urteil mit Strafaussetzung zur Bewährung. Daraufhin gesteht B ihre Tat. ◀

Die Verteidigungsfunktion der Beschuldigtenvernehmung erfordert nicht nur, dass der Beschuldigte seine Verteidigungsmöglichkeiten kennt, sondern auch, dass er physisch und psychisch in der Lage ist, über seine Verteidigung **frei zu entscheiden**. Ohne eine solche Entscheidungsfreiheit wäre auch der Wahrheitsgehalt einer etwaigen Aussage zweifelhaft, so dass ebenfalls aus Sicht der Inquisitionsfunktion gefordert werden muss, dass der Beschuldigte unbeeinträchtigt aussagt.[62] Um eine solche Entscheidungsfreiheit abzusichern, sind Vernehmungsmethoden verboten, die die Freiheit der Willensentschließung und -betätigung in erheblicher Weise mindern oder ausschließen (sog. **Beweismethodenverbote**). Die **zentrale Vorschrift ist § 136a**, der einige verbotene Methoden exemplarisch aufzählt, die sich teilweise überschneiden. Im Einzelnen:

a) **Misshandlung:** Jede erhebliche Beeinträchtigung der körperlichen Unversehrtheit oder des körperlichen Wohlbefindens ist eine Misshandlung (wie in § 223 StGB); damit sind etwa Schläge und Tritte, blendende Beleuchtung, Hungern- und Frierenlassen verboten.[63]

b) **Ermüdung:** Ermüdung steht einer Vernehmung erst entgegen, wenn sie so erheblich ist, dass sie die Willensfreiheit des Beschuldigten ernstlich beeinträchtigt.[64] Das dürfte i.d.R. nach 30 Stunden ohne Schlaf der Fall sein.[65] Entscheidend ist dabei der **objektive Zustand**, nicht die Ursächlichkeit oder auch nur Kenntnis des Vernehmenden.[66] An Ermüdung ist gerade auch bei anstrengenden Dauervernehmungen zu denken.[67]

c) **Körperlicher Eingriff:** Körperliche Eingriffe können bereits als Misshandlung, Verabreichung von Mitteln oder Quälerei (s.u.) verboten sein. Darüber hinaus sind aber auch schmerz- und folgenlose Einwirkungen auf den Körper des Beschuldigten untersagt.[68]

---

60 Vgl. *Heldmann*, Deutsche Strafrechts-Zeitung 1916, 367; *v. Hippel* 422.
61 *Meyer-Goßner/Schmitt* § 136 Rn 13.
62 *Krack* NStZ 2002, 120 (122); *Lesch* ZStW 111 (1999), 624 (641).
63 S. nur KK-*Diemer* § 136a Rn 10-11; BeckOK-*Monka* § 136a Rn 10 m. Beispielen.
64 BGHSt 38, 291 (293); instruktiv BGH NJW 2015, 360 m. Bespr. *Jahn* JuS 2015 279.
65 BGHSt 13, 60 (61); 60, 50 m. Bspr. *Jäger* JA 2015, 312 und *Jahn* JuS 2015, 279; mwN MK-*Schuhr* § 136a Rn 36.
66 BGHSt 1, 376 (379); KK-*Diemer* § 136a Rn 13; BeckOK-*Monka* § 136a Rn 11; aA aber etwa SK-*Rogall* § 136a Rn 45 f.
67 LR-*Gleß* § 136a Rn 24.
68 LR-*Gleß* § 136a Rn 28; *Meyer-Goßner/Schmitt* § 136a Rn 9; MK-*Schuhr* § 136a Rn 30 f. mwN.

37 **d) Verabreichung von Mitteln:** Dem Beschuldigten werden Mittel verabreicht, wenn ihm feste, flüssige oder gasförmige Stoffe in den Körper eingeführt werden, wobei gleichgültig ist, auf welche Weise das geschieht, also etwa durch Spritzen, Inhalation, Hautkontakt, Essen oder Getränke.[69] Zu denken ist insbesondere an „Wahrheitsdrogen" oder andere willensbeeinträchtigende Substanzen. Nicht vom Verabreichungsverbot erfasst sind dabei **Nahrungs- oder Genussmittel**, soweit ihre Dosierung die Willensfreiheit der Befragten nicht beeinflusst,[70] z.B. Essen und alkoholfreie Getränke, Kaffee oder Tabakwaren. Entsprechendes gilt für medizinisch indizierte **Medikamentengaben**.[71]

38 **e) Quälerei:** Von Quälerei spricht man, wenn dem Beschuldigten lang andauernde oder sich wiederholende Schmerzen oder Leiden zugefügt werden, die körperlicher oder seelischer Art sein können.[72] Exemplarisch sind Scheinexekutionen, Dunkelhaft, Verängstigung oder herabsetzende Behandlung.

39 Die vorgenannten Verbote sind **Ausdruck des Folterverbots**[73] als Teil des Menschenwürdesatzes nach Art. 1 GG. Das Folterverbot ist ausdrücklich in Art. 3 EMRK geregelt und gilt **ausnahmslos**. Es umfasst nicht nur die Anwendung von Folter, um den Beschuldigten zu wahrheitsgemäßen Angaben zu zwingen, sondern auch schon die **Androhung** von Schmerzen zur Informationsgewinnung.[74]

40 **f) Täuschung:** Täuschung ist nach heute allgM nur die **bewusste Irreführung** des Beschuldigten über die Sach- und Rechtslage.[75] Nach hM erlaubt ist aber die **kriminalistische List**, soweit sie nicht zu einer bewussten Irreführung des Beschuldigten führt (üblich sind z.B. Fangfragen, Doppeldeutigkeiten oder das Vorspiegeln freundlicher Gesinnung)[76] Zulässig soll demnach auch die **Ausnutzung vorhandener Irrtümer** sein, solange diese nicht intensiviert oder gar ausgeweitet werden.[77]

41 **g) Hypnose:** Unter Hypnose ist die Einwirkung auf einen anderen zu verstehen, durch die eine Einengung dessen Bewusstseins auf die von dem Hypnotisierenden gewünschte Vorstellungsrichtung herbeigeführt wird.[78]

42 **h) Zwang:** Zwang – egal ob physischer oder psychischer – ist als Willensbeugungs- oder -brechungsmittel untersagt, wenn er nicht von einer strafprozessualen **Ermächtigungsgrundlage** gedeckt ist (§ 136a Abs. 1 S. 2). Prozessual zulässige Zwangsmittel für die Vernehmung sind etwa die **Vorführung** oder die **Untersuchungshaft**.[79]

---

69 MK-*Schuhr* § 136a Rn 33 f.; *Meyer-Goßner/Schmitt* § 136a Rn 10; *Jahn* JuS 2005, 1057 (1059).
70 BGHSt 5, 290; *Beulke/Swoboda* Rn 133; MK-*Schuhr* § 136a Rn 33 mwN.
71 MK-*Schuhr* § 136a Rn 33; *Eisenberg* Rn 649a.
72 KK-*Diemer* § 136a Rn 18; LR-*Gleß* § 136a Rn 37; KMR-*Pauckstadt-Maihold* § 136a Rn 12; *Meyer-Goßner/Schmitt* § 136a Rn 11, jew. m. weiteren Beispielen.
73 R/H-*J. Kretschmer* § 136a Rn 18.
74 EGMR NStZ 2008, 699 (700); NJW 2010, 3145 (3145 f.); ferner LG Frankfurt NStZ 2005, 276.
75 *Beulke/Swoboda* Rn 135; vgl. ferner BGHSt 31, 395 (399 f.); 35, 328 (329); KK-*Diemer* § 136a Rn 21 mwN; aA (auch fahrlässige Irreführung) OLG Bremen NJW 1967, 2022 (2023).
76 *Beulke/Swoboda* Rn 136; KK-*Diemer* § 136a Rn 20; *Meyer-Goßner/Schmitt* § 136a Rn 15; aA *Degener* GA 1992, 443 (464); *Lesch* ZStW 111 (1999), 624 (643 f.); umf. und lehrreich zur kriminalistischen List *Soiné* NStZ 2010, 596; ferner *Nowrousian* NStZ 2015, 625.
77 Ganz hM: BGH StV 1988, 419 (421); KK-*Diemer* § 136a Rn 22; *Meyer-Goßner/Schmitt* § 136a Rn 17; *Erb* Otto-FS 845 (865, 875 f.) mwN.
78 KK-*Diemer* § 136 Rn 28.
79 S. etwa für die Vernehmung von Beschuldigten §§ 112 ff.; 134; 163a Abs. 3.

i) Drohung mit einer verfahrensrechtlich unzulässigen Maßnahme: Eine Drohung ist – wie zu § 240 StGB bekannt (sein sollte)[80] – die Inaussichtstellung eines Übels, auf dessen Eintritt der Drohende Einfluss zu haben vorgibt. Für § 136a bedeutet dies entsprechend, dass der Vernehmende eine (nachteilige) Maßnahme in Aussicht stellt, auf deren Anordnung er Einfluss zu haben vorgibt.[81] Eine solche Drohung, etwa die mit der Festnahme wegen Verdunkelungsgefahr, ist verboten, wenn der Eintritt dieses Nachteils nach dem Strafprozessrecht **im konkreten Fall** unzulässig wäre.

j) Versprechen eines gesetzlich nicht vorgesehenen Vorteils: Vorteile, die dem Beschuldigten vom Vernehmenden weder gewährt werden dürfen noch gewährt werden können, dürfen ihm nicht versprochen werden. So darf z.B. die vernehmende Polizeibeamtin keine Bewährungsstrafe für den Fall eines Geständnisses versprechen, da die Strafzumessung allein Aufgabe des Gerichts ist.[82] Die dem **Fall 3** zugrunde liegende Vernehmung wurde demnach mit unzulässigen Methoden durchgeführt, so dass das Geständnis des B unverwertbar ist (§ 136a Abs. 3).

k) Sonstige Verbote: Die Aufzählung in § 136a Abs. 1 ist **nicht abschließend**, sondern nur beispielhaft.[83] Es kommen daher weitere Verbote in Betracht (vgl. § 136a Abs. 2). Besonders schwierig ist hier die Einordnung von **Lügendetektortests**[84] (= Polygraphentest). So fasste die frühere Rspr. des BGH unter Verweis auf die Menschenwürde (Art. 1 Abs. 1 GG) auch Untersuchungsergebnisse eines Polygraphen wegen Verstoßes gegen die Freiheit der Willensentschließung und -betätigung unter die Vorschrift des § 136a.[85] Diese Auffassung hat der BGH mittlerweile ausdrücklich revidiert.[86] Der Einsatz eines Lügendetektors gebe gerade keinen, gegen Art. 1 Abs. 1 GG verstoßenden, „Einblick in die Seele des Beschuldigten",[87] der über den Anwendungsbereich anerkannter Untersuchungsverfahren hinausreiche.[88] Mangels Täuschung oder Zwangslage sei § 136a **weder direkt noch analog anwendbar**.[89] Jedoch handele es sich um ein „völlig ungeeignetes Beweismittel" i.S.d. § 244 Abs. 3 S. 2 Alt. 4, da ein Zusammenhang zwischen einem kognitiven oder emotionalen Zustand und einem entsprechenden Reaktionsmuster im vegetativen Nervensystem nicht hinreichend wissenschaftlich erwiesen sei.[90]

Adressaten des § 136a sind nur **staatliche Organe**, nicht aber Privatpersonen.[91] Dies bedeutet freilich nicht, dass eine gegen die in § 136a festgeschriebenen Grundsätze verstoßende private „Vernehmung" ohne Weiteres verwertbar wäre: Lediglich ein Beweis-

---

80 Falls nicht, s. nur *Kindhäuser* BT I § 12/29 ff.
81 Wie hier schon BeckOK-*Monka* § 136a Rn 24.
82 *Volk/Engländer* § 9/15; vgl. auch OLG Köln NStZ 2014, 172: Versprechen, ein Haftbefehl werde ausbleiben.
83 BGHSt 5, 332 (334); *Beulke/Swoboda* Rn 130.
84 Zur Funktionsweise ausf. BGHSt 44, 308 (313 ff.); *Kargl/Kirsch* JuS 2000, 537 (538 f.); *Putzke/Scheinfeld/Klein/Undeutsch* ZStW 121 (2009), 607 (612 ff.); *Rill/Vossel* NStZ 1998, 481 (482 f.).
85 BGHSt 5, 332 (333 ff.); *Frister* ZStW 106 (1994), 303 (331); *Peters* ZStW 87 (1975), 661 (678).
86 BGHSt 44, 308 ff.; bestätigt in BGH NStZ 2011, 474 m. krit. Anm. *Putzke* ZJS 2011, 557; i.d.S. ferner KK-*Diemer* § 136 a Rn 34; *Kargl/Kirsch* JuS 2000, 537 (539); *Schoreit* StV 2004, 284 ff.
87 So noch ausdrücklich BGHSt 5, 332 (335).
88 BGHSt 44, 308 (315 f.); so bereits *Peters* ZStW 87 (1975), 661 (669).
89 BGHSt 44, 308 (317 ff.); BeckOK-*Monka* § 136a Rn 27.
90 BGHSt 44, 308 (319); BGH NStZ 2011, 474 f.; aA AG Bautzen NJW-Spezial 2018, 90; *Putzke/Scheinfeld/Klein/Undeutsch* ZStW 121 (2009), 607 (622 ff.); ausführlich hierzu *Seiterle* Hirnbild und „Lügendetektion", 2010, 38 ff; *ders.* StV 2014, 58 ff. und ausf. für die Zulassung des Polygraphen aber *Wagner*, Polygraphie im Strafverfahren, 2012.
91 BGH NStZ 2011, 596 m. krit. Anm. *Roxin* StV 2012, 131 und *H. Schumann* JZ 2012, 265; *Roxin/Schünemann* § 24/65; *Meyer-Goßner/Schmitt* § 136a Rn 3; aA *Rogall* ZStW 91 (1979), 40 f.

verwertungsverbot gemäß § 136a ist mangels dessen Anwendbarkeit in diesen Fällen ausgeschlossen. Ein Beweisverwertungsverbot kann sich aber auch aus **allgemeinen Grundsätzen** ergeben.[92] Nach hM ist danach jedenfalls dann ein Beweisverwertungsverbot gegeben, wenn besonders schwere Verstöße gegen die **Menschenwürde** zu verzeichnen sind.[93]

4. Fehlerfolgen

▶ **Fall 4:** Bei der Beschuldigtenvernehmung der Beschuldigten B belehrt sie der vernehmende Polizeibeamte P über ihr Aussageverweigerungsrecht und ihr Recht, jederzeit einen Verteidiger konsultieren zu dürfen. Jedoch verschweigt P der B ihr Recht, Beweisanträge stellen zu dürfen. ◀

47 Wird gegen die Belehrungspflichten verstoßen oder werden verbotene Vernehmungsmethoden eingesetzt, stellt sich die Frage, welche prozessualen Folgen an solche Fehler zu knüpfen sind.

48 a) **Verstöße gegen Belehrungspflichten:** Rechte können nur wahrgenommen werden und damit ihre Wirkung entfalten, wenn sie dem Rechtsinhaber bekannt sind. Die beiden elementaren Rechte des Beschuldigten in seiner Vernehmung sind sein **Aussageverweigerungsrecht und sein Recht, einen Verteidiger konsultieren zu dürfen.** Kennt er diese Rechte nicht, so besteht die Gefahr, dass er aus dem falschen Glauben heraus, zur Aussage verpflichtet zu sein, die **Unwahrheit** sagt. Des Weiteren besteht die Gefahr, dass die **Verteidigungsfunktion** der Beschuldigtenvernehmung, die bei der Vernehmung im Vordergrund steht (§ 136 Abs. 2), faktisch entfällt. Eine unter Verstoß gegen die Belehrungspflichten des § 136 Abs. 1 S. 2 durchgeführte Beschuldigtenvernehmung liefert somit Ergebnisse, die mit einer sachgerechten Wahrheitsermittlung und einem fairen Strafverfahren nicht mehr vereinbar sind. Verstöße gegen die Belehrungspflichten des § 136 Abs. 1 S. 2 führen daher **grds.** zu **Beweisverwertungsverboten**.[94] Von diesem Grundsatz gibt es **zwei Ausnahmen:**

- Es steht zweifelsfrei fest, dass der Beschuldigte **seine Rechte kannte**,[95] oder
- der **verteidigte** Beschuldigte wendet sich **nicht gegen** die **Verwertung** („Widerspruchslösung").[96]

---

92 LR-*Gleß* § 136a Rn 12 mwN.
93 *Erb* FS-Otto 863; LR-*Gleß* § 136 Rn 12, beide mwN.
94 Seit BGHSt 38, 214 (anders noch BGHSt 31, 395); BGH NJW 2002, 975 f.; 2013, 2769; s. ferner mwN KK-Diemer § 136 Rn 26.
95 BGHSt 47, 172 (173); BGH NJW 2002, 975 (976); HK-*Ahlbrecht* § 136 Rn 39; KK-*Diemer* § 136 Rn 27.
96 St. Rspr.: z.B. BGHSt 38, 214 (225 f.); 42, 15 (22); BGH NStZ 2008, 55; s. sonst nur ausf. MK-*Schuhr* § 136 Rn 72 ff.; abw. *Klein,* Inhalt und Reichweite der Belehrungsvorschrift des § 136 StPO, 2005, 200 ff.

- Auch besteht die Möglichkeit einer „**Heilung**"[97] dann, wenn eine neue Vernehmung mit **nachgeholter** – „qualifizierter" – Belehrung begonnen wird, wobei die frühere Aussage unverwertbar bleibt,[98] worauf der Beschuldigte hinzuweisen ist.[99]

Sonstige Verstöße gegen die Belehrungspflichten aus § 136 lösen nach hM kein Verwertungsverbot aus:[100] Kennt der Beschuldigte etwa sein Recht nicht, **Beweisanträge** stellen zu dürfen – wie in **Fall 4** –, so berührt das nicht seine Möglichkeiten, die zu seiner Entlastung dienenden Tatsachen und Beweismittel zu nennen, die von den Strafverfolgungsbehörden berücksichtigt werden müssen, auch wenn sie nicht auf einen Beweisantrag zurückgehen (§ 160 Abs. 2). Auch der Wahrheitsgehalt der Aussage wird durch die Unkenntnis, Beweisanträge stellen zu dürfen, nicht in Zweifel gestellt. Demnach beeinträchtigt die unterlassene Belehrung über das Beweisantragsrecht die Verteidigungs- und Inquisitionsfunktionen nur unwesentlich, so dass dieser Fehler kein Beweisverwertungsverbot nach sich zieht. Eine etwaige Aussage der B wäre also verwertbar.

b) **Anwendung verbotener Vernehmungsmethoden:** Sofern nicht auszuschließen ist, dass eine Aussage auf der Anwendung verbotener Vernehmungsmethoden beruht, tritt ein **Beweisverwertungsverbot** ein,[101] und zwar **selbst** dann, **wenn** der Beschuldigte seine **Zustimmung** zu den Vernehmungsmethoden oder der Verwertung erklärt hat (§ 136a Abs. 3).[102]

WIEDERHOLUNGS- UND VERTIEFUNGSFRAGEN

> Wie wird der Beschuldigte in den drei Verfahrensabschnitten des Erkenntnisverfahrens genannt? (Rn 1)
> Weshalb ist es wichtig, die zeitlichen Grenzen der Beschuldigteneigenschaft bestimmen zu können? (Rn 2)
> Welche Ansichten werden zur Bestimmung des Beginns des Beschuldigtenstatus vertreten? (Rn 4 ff.)
> Aus welchen Abschnitten besteht eine Beschuldigtenvernehmung? (Rn 28 ff.)
> Welche Fehler bei der Beschuldigtenvernehmung ziehen Beweisverwertungsverbote nach sich? (Rn 47 ff.)

---

97 MK-*Schuhr* § 136 Rn 68.
98 BGHSt 53, 112; BGH NStZ 2009, 648; *Beulke/Swoboda* Rn 119; ausführlich *Seebode* Otto-FS 999 (1002 ff.). Fragwürdig erscheint die Rspr. jedoch insoweit, als sie bei nachgeholter einfacher – nicht qualifizierter – Belehrung kein generelles Beweisverwertungsverbot für die spätere Aussage annimmt, sondern eine Abwägung im Einzelfall vornimmt: BGHSt 53, 112; m. Anm. *v. Heintschel-Heinegg* JA 2009, 471, *Jahn* JuS 2009, 468, *Kasiske* ZIS 2009, 319 und *Roxin* HRRS 2009, 186; bestätigt durch BGH NStZ 2009, 702 m. Anm. *Ellbogen* NStZ 2010, 464.
99 *Beulke/Swoboda* Rn 119; *Neuhaus* NStZ 1997, 312; vertieft zum Ganzen *Barthelme*, Die qualifizierte Belehrung bei Verfahrensverstößen im Strafprozess, 2011, 21 ff.
100 Vgl. KK-*Diemer* § 136 Rn 27 m.N. auch zu diff. Ansichten.
101 Unstr., s. nur *Beulke/Swoboda* Rn 142; *Meyer-Goßner/Schmitt* § 136a Rn 27 ff.
102 Der BGH hat offen gelassen, ob aus übergeordneten verfassungs- oder menschenrechtlichen Prinzipien eine Verwertung zu Gunsten des Beschuldigten in Betracht kommt, etwa wenn ihm eine effektive Verteidigung sonst nicht möglich ist, BGH StV 2009, 113 m. Anm. *Roxin*.

§ 7 Die Verteidigung

I. Allgemeines

1. Das Recht auf Verteidigung

1 Auch wenn bereits StA und Gericht von Amts wegen zur Ermittlung auch aller entlastenden Umstände verpflichtet sind, bedarf es als Gegenpol in einem Strafverfahren doch der Verteidigung. Sie soll den notwendigen Schutz der Beschuldigten vor den Strafverfolgungsbehörden gewährleisten und damit zugleich für eine gewisse „**Waffengleichheit**" im Verfahren sorgen.[1] Insbesondere dadurch wird gewährleistet, dass der Beschuldigte eine Subjektstellung im Strafprozess innehat und er nicht bloß als Objekt des Verfahrens behandelt wird.[2] Das Recht auf Verteidigung stellt mithin eine wesentliche Voraussetzung für die **Rechtsstaatlichkeit** des Verfahrens dar; es ist durch Art. 6 Abs. 3 lit. c EMRK wie auch als Ausdruck eines fairen Verfahrens durch das grundgesetzliche Rechtsstaatsprinzip (Art. 20 GG i.V.m. Art. 2 GG) verfassungsrechtlich garantiert.[3] Einfachgesetzlich normiert ist dieses Recht in § 137, wonach sich der Beschuldigte in jeder Lage des Verfahrens des Beistands eines Verteidigers bedienen kann.[4]

2 Der **Begriff** der Verteidigung in der StPO umfasst zwei Aspekte, nämlich den der **formellen** und den der **materiellen Verteidigung**: Während ersterer die Verteidigung durch eine andere Person (also den „Verteidiger") bezeichnet, ist unter der materiellen Verteidigung die rechtliche Gegenwehr gegen die Strafverfolgung schlechthin zu verstehen.[5] So differenziert die StPO etwa in § 258 Abs. 3 ausdrücklich zwischen beiden Aspekten, während z.B. §§ 265 Abs. 1, 338 Nr 8 beide Gesichtspunkte umfassen.

2. Aufgabe des Verteidigers

3 Der Verteidiger hat unabhängig davon, ob ein Fall von Wahl- (§§ 137, 138) oder Pflichtverteidigung (§§ 140–142) vorliegt, die **Rechte des Beschuldigten allseitig zu wahren** und ist dabei nicht zur Unparteilichkeit, sondern zur Einseitigkeit zugunsten des Beschuldigten gegenüber den Strafverfolgungsbehörden und dem Gericht verpflichtet.[6] Der Beschuldigte selber wird (als Betroffener) regelmäßig weder die Distanz, noch die Kompetenz besitzen, um den Strafverfolgungsbehörden souverän und taktisch klug zu begegnen. Es ist damit gerade die Aufgabe des Verteidigers, auf die Einhaltung der Rechte des Beschuldigten und demzufolge auch auf die Einhaltung eines rechtsstaatlichen Verfahrens zu achten.

3. Stellung des Verteidigers

4 Über die Stellung und damit auch über die Freiheiten und Bindungen des Verteidigers sowohl gegenüber den Strafverfolgungsbehörden als auch gegenüber dem Beschuldig-

---

1 *Fezer* 4/1; *Roxin/Schünemann* § 19/1.
2 S.o. § 6 Rn 8.
3 BVerfG NJW 1984, 2403.
4 Vertiefend *Geppert* Otto-FS 913 ff.
5 R/H-*Reinhart* § 137 Rn 1; vgl. auch *Schroeder* Rn 88.
6 BGHSt 38, 111 (115); *Beulke/Swoboda* Rn 150; *Meyer-Goßner/Schmitt* Vor § 137 Rn 1.

ten herrscht seit langem **Streit**.[7] Im Kern werden hierzu die folgenden Ansichten vertreten:[8]

- Die Rspr. und der überwiegende Teil des Schrifttums sehen (zutreffend) im Verteidiger ein neben dem Gericht und der StA gleichberechtigtes und **unabhängiges Organ der Rechtspflege**.[9] Nach dieser „Organtheorie" agiert der Verteidiger nur vordergründig gegen das (Verfolgungs-)Interesse des Staates; in Wirklichkeit garantiert er die rechtsstaatliche Strafrechtspflege und nimmt damit (zumindest auch) eine im Interesse der Allgemeinheit stehende Aufgabe wahr.[10] Dies hat zur Folge, dass der Verteidiger nur rechtlich erlaubte Mittel einsetzen und die staatliche Rechtsordnung nicht sabotieren darf.[11] Ein Recht zur Lüge für den Verteidiger scheidet damit aus.[12] Ferner darf der Verteidiger nicht durch **aktives Verdunkeln** oder **Verzerren des Sachverhalts** die Wahrheitserforschung erschweren oder Beweisquellen verfälschen.[13]
Die Unabhängigkeit bezieht sich aber auch auf das Verhältnis des Verteidigers zum Beschuldigten. Aufgrund der Tatsache, dass er aus **eigenem Recht** handelt, kann er im Interesse einer sachgerechten Verteidigung **auch gegen den Willen des Beschuldigten** tätig werden.

- Demgegenüber werden in Teilen des Schrifttums verschiedene **Interessen-, Vertreter- und Vertragstheorien** vertreten. Danach sei mangels „wirklicher Organeigenschaft" des Strafverteidigers die Wahrnehmung auch öffentlicher Interessen durch ihn zu verneinen und vielmehr – wenn auch in unterschiedlicher Intensität – auf die Wahrnehmung der rein subjektiven Belange des Beschuldigten abzustellen.[14] Dies führt bisweilen sogar zu der kaum tragfähigen Konsequenz, dass dem Verteidiger all das zugestanden wird, was auch der Beschuldigte ohne Risiko einer Bestrafung vornehmen darf, mithin auch ein Recht zur Lüge.

II. Die Rechte und Pflichten des Verteidigers

▶ **FALL 1:** Verteidigerin V benennt in der Hauptverhandlung den Zeugen Z, von dem sie genau weiß, dass er zugunsten des von ihr vertretenen Angeklagten A eine Falschaussage tätigen wird.[15] ◀

---

7 Ausf. *Bosch* Jura 2012, 938; *Jahn* StV 2014, 40 (43 f.).
8 Lesenswert zum Ganzen *Paulus* NStZ 1992, 305; ausf. a. *Beulke/Ruhmannseder*, Die Strafbarkeit des Verteidigers, 2010, Rn 10 ff.
9 BVerfGE 38, 105 (119); NJW 1980, 1677 (1678); BVerfG NStZ 2004, 259 (260); BGHSt 9, 20 (22); BGH NJW 1961, 614; OLG Frankfurt StV 2001, 407 (408); *Krey* I Rn 218 f.; KK-*Laufhütte/Willnow* Vor § 137 Rn 5; *Pfeiffer* Vor § 137 Rn 1; SK-*Rogall* Vor § 133 Rn 95; *Meyer-Goßner/Schmitt* Vor § 137 Rn 1; ähnlich *Beulke/Swoboda* Rn 150 und MK-StPO-*Kudlich* Einl. Rn 310 ff.
10 Dies steht seiner Verpflichtung zur einseitigen Wahrnehmung der Interessen des Beschuldigten nicht entgegen. Vgl. zur Rolle des Strafverteidigers als Garant der Einhaltung strafprozessualer Verfahrensregeln *Hamm* StV 2010, 418.
11 Umfassend hierzu *Kappelmann*, Die Strafbarkeit des Strafverteidigers, 2006.
12 Diff. *Kappelmann*, Die Strafbarkeit des Strafverteidigers, 2006, 68 ff.
13 BGHSt 38, 345 (348); *Pfeiffer* Vor § 137 Rn 1.
14 *Bernsmann* StraFo 1999, 226; LR-*Lüderssen/Jahn* Vor § 137 Rn 33 ff.; *Scholderer* StV 1993, 228 (229); *Welp* ZStW 90 (1978), 804 (817); *Wolf*, Das System des Rechts der Strafverteidigung, 2000, 426. S.a. R/H-*Reinhart* § 137 Rn 10 („Waffenhelfer") und SK- *Wohlers* Vor § 137 Rn 29 („Prozesssubjektsgehilfe").
15 Vgl. BGHSt 29, 99.

1. Grundlagen

7 **a) Grundsatz:** Soweit die **Rechte** des Verteidigers nicht schon gesetzlich normiert sind,[16] ist ihm – in den Grenzen des StGB und nach den Grundsätzen des anwaltlichen Standesrechts – all das erlaubt, was der Verteidigung seines Mandanten dient. Eine der **Hauptpflichten** des Verteidigers liegt vor allem darin, seinem Mandanten **umfassenden Rechtsrat** zu erteilen. Darüber hinaus gebietet es die Fürsorgepflicht gegenüber dem Mandanten, dass der Verteidiger, sofern dies die Sachlage erfordert, auch eigene Ermittlungen anstellt, also z.B. Zeugen befragt.[17]

8 **b) Strafvereitelung:** Probleme wirft in diesem Zusammenhang vor allem die Vorschrift des § 258 StGB auf, da sich der Verteidiger der Gefahr des Vorwurfs einer Strafvereitelung aussetzen kann.[18] Insoweit gilt jedenfalls, dass **prozessordnungsgemäßes** Verhalten als schon nicht tatbestandsmäßig zu erachten ist. Die Vorschrift des § 258 StGB ist daher „akzessorisch" zum Prozessrecht.[19] Zulässig ist es etwa, wenn der Verteidiger dem Beschuldigten den Rat erteilt zu schweigen oder einem Zeugen empfiehlt, vom Aussage- oder Zeugnisverweigerungsrecht Gebrauch zu machen.[20] Ferner kann der Verteidiger auf Freispruch plädieren, selbst wenn er den Angeklagten für schuldig hält, der Schuldnachweis im Verfahren aber nicht geführt ist.[21] Auf der Basis der Organtheorie lässt sich der Grundsatz formulieren, dass die **Wahrheitspflicht** des Verteidigers die Grenze noch zulässigen Verteidigerhandelns bildet.

9 Mit Blick auf **Fall 1** bedeutet dies, dass V die Grenzen zulässigen Verteidigerverhaltens überschritten hat und somit den Tatbestand des § 258 StGB erfüllt. V hat durch die Benennung des Zeugen aktiv (und wissentlich) dazu beigetragen, einen unwahren Sachverhalt in den Prozess einzuführen.

Zu beachten ist dabei grundsätzlich, dass ein unzulässiges Verhalten des Verteidigers im Verfahren einerseits nicht strafschärfend gegen den Beschuldigten wirken darf, andererseits aber auch nicht von einer Verurteilung des Angeklagten wegen eines Missbrauchs der Verteidigerrechte abzusehen ist.[22]

10 **c) Geldwäsche:** Auch die Vorschrift des § 261 StGB greift in den Handlungsspielraum des Strafverteidigers ein.[23] V.a. in der Literatur wird sich dafür ausgesprochen, hinsichtlich der Verteidigerstrafbarkeit den Tatbestand der Geldwäsche äußerst restriktiv zu handhaben: So wird etwa vorgeschlagen, § 261 StGB unter dem Aspekt der Sozialadäquanz[24] oder im Wege teleologischer Reduktion[25] nicht auf das Verteidigerhandeln anzuwenden; auch wird ein besonderer Rechtfertigungsgrund für den Verteidiger diskutiert.[26]

---

16 Vgl. etwa §§ 147, 148, 239, 240 Abs. 2, 249 Abs. 2 S. 2, 251 Abs. 1 Nr 1 und Abs. 2 Nr 3, 297.
17 BGHSt 10, 393 (395); *Krey* I Rn 220; *Roxin/Schünemann* § 19/63.
18 Vgl. auch *Kindhäuser* LPK § 258 Rn 7 ff.
19 So auch BGHSt 38, 345 (347) m. Anm. *Beulke* JR 1994, 116 (117); *Kappelmann*, Die Strafbarkeit des Strafverteidigers, 2006, 20; *Kempf* StraFo 2003, 79 (80); *Krey* I Rn 266.
20 BGH bei *Holtz* MDR 1982, 970 (Rat zu schweigen); BGHSt 10, 393 (Rat, von seinem Aussage- oder Zeugnisverweigerungsrecht Gebrauch zu machen); *Krey* I Rn 267.
21 RGSt 66, 316 (Plädieren auf Freispruch).
22 *Meyer-Goßner/Schmitt* Vor § 137 Rn 3 mwN.
23 Vgl. auch *Kindhäuser* LPK § 261 StGB Rn 18 f.; ausf. *Beulke/Ruhmannseder*, Die Strafbarkeit des Verteidigers, 2010, Rn 187 ff.
24 So OLG Hamburg NJW 2000, 673 ff.; *Kulisch* StraFo 1999, 337 (338); *Wohlers* StV 2001, 420 (425).
25 *Barton* StV 1993, 156 (159); SK-StGB/*Hoyer* § 261 StGB Rn 21; L/R-*Lüderssen/Jahn* Vor § 137 Rn 117.
26 Z.B. *Bernsmann* StV 2000, 40.

Nach der Rspr. des **BGH** sowie der hL hingegen kann die Annahme „bemakelten" Geldes als Honorar durchaus eine **strafbare** Geldwäsche darstellen.[27] Jedoch befürwortet das **BVerfG** unter Berücksichtigung der **Berufsausübungsfreiheit** des Strafverteidigers eine verfassungskonforme Einengung des subjektiven Tatbestandes des § 261 StGB auf **Wissentlichkeit**. Dies hat zur Konsequenz, dass Abs. 5 der Vorschrift, wonach bereits Leichtfertigkeit ausreicht, keine Anwendung finden kann.[28]

2. Die wichtigsten Rechte des Verteidigers im Überblick

a) **Anwesenheitsrecht:** Um eine effektive Verteidigung zu gewährleisten, sieht die StPO weit reichende Anwesenheitsrechte des Verteidigers vor. So hat der Verteidiger ein Recht zur Anwesenheit

- bei allen richterlichen und staatsanwaltschaftlichen **Vernehmungen des Beschuldigten** (§§ 163a Abs. 3 S. 2, 168c Abs. 1),
- bei richterlichen **Zeugenvernehmungen** (§ 168c Abs. 2),
- Augenscheinseinnahmen (§ 168d) sowie
- während der gesamten **Hauptverhandlung**.

Wird dieses Anwesenheitsrecht verletzt, so ist eine Beschuldigtenvernehmung **unverwertbar**.[29]

b) **Äußerungsrecht:** Der Verteidiger darf sich in jeder Lage des Verfahrens für den Beschuldigten äußern. Soweit dies zur Verteidigung erforderlich ist, darf er dabei auch ehrenrührige Tatsachen behaupten (etwa im Bezug auf Zeugen), selbst wenn ihm die Erbringung des Wahrheitsbeweises nicht möglich ist.[30] Seine Grenze findet dieses Recht allerdings in haltlosen Beleidigungen anderer Prozessbeteiligter.[31]

c) **Akteneinsichtsrecht:** Das Akteneinsichtsrecht nach § 147 ist **das wichtigste Recht** der Verteidigung, welches allerdings bis zum Abschluss der Ermittlungen verweigert werden kann (Abs. 2 S. 1). Insbesondere gilt:

- Wenn sich der Beschuldigte in **Untersuchungshaft** befindet oder diese im Fall der vorläufigen Festnahme beantragt wurde, sind dem Verteidiger die für die Beurteilung der Rechtmäßigkeit der Freiheitsentziehung wesentlichen Informationen in der Regel durch Akteneinsicht zugänglich zu machen (vgl. Abs. 2 S. 2).[32]
- Zu keinem Zeitpunkt verweigert werden dürfen gem. Abs. 3 die Einsicht in **Niederschriften** über die Vernehmung des Beschuldigten, über bestimmte richterliche Vernehmungen sowie die Einsicht in Gutachten von Sachverständigen.

Seine Bedeutung gewinnt das Akteneinsichtsrecht gerade dadurch, dass der **Beschuldigte** selbst lediglich ein Recht auf die Erteilung von Auskünften und Abschriften aus den Akten hat und dies auch nur, soweit der Untersuchungszweck nicht gefährdet wird

---

[27] Vgl. BGH NStZ 2001, 535; NK-StGB/*Altenhain* § 261 StGB Rn 124 ff.; *Fischer* § 261 StGB Rn 32 ff.; S/S-*Stree/Hecker* § 261 StGB Rn 24.
[28] BVerfG NStZ 2004, 259 (260) m. Anm. *Dahs/Krause/Widmaier*; BVerfG NJW 2005, 1707 (1708); zum Meinungsstand KMR-*Hiebl* Vor § 137 Rn 39 ff.
[29] BGHSt 38, 372 (373) m. zust. Anm. *Roxin* JZ 1993, 426.
[30] BVerfG NJW 2000, 199; LG Düsseldorf StV 2002, 660 m. Anm. *Fahl* JA 2003, 452; *Beulke/Swoboda* Rn 159.
[31] OLG Jena NJW 2002, 1890.
[32] *Beulke/Witzigmann* NStZ 2011, 254; *Peglau* JR 2012, 231.

und nicht überwiegende schutzwürdige Interessen Dritter dem entgegenstehen (Abs. 4).³³

14 Das uneingeschränkte Akteneinsichtsrecht ist also nur ein Recht des Verteidigers. Dieser darf aber mündlich wie auch durch die Überlassung von Fotokopien den Beschuldigten über den Akteninhalt umfassend informieren. **Umstritten** ist dabei aber, ob der Beschuldigte auch von **drohenden Zwangsmaßnahmen**, die einen Überraschungseffekt haben sollen, durch seinen Verteidiger in Kenntnis gesetzt werden darf. Sachgerecht ist es, dies zuzulassen, da es die Strafverfolgungsbehörde in der Hand hat, derartige Passagen in der Akte unkenntlich zu machen bzw. nach § 147 Abs. 2 zu verfahren.³⁴

15 Das Akteneinsichtsrecht **umfasst alle Akten und Beweismittel**, die dem Gericht vorgelegt worden sind oder vorzulegen wären (somit auch Bild- und Tonaufnahmen oder Videoaufzeichnungen).³⁵ Damit sind auch beigezogene Akten – also solche Akten, die aus einem anderen Verfahren und u.U. auch von einer anderen Behörde herangezogen worden sind – unter den Begriff zu subsumieren.³⁶ **Nicht erfasst** sind jedoch von der Polizei angelegte Spurenakten, d.h. die Ermittlungsakten, die zur Verfolgung und Aufklärung der angeklagten Tat angelegt wurden und die sich auf andere Personen als den jetzt Beschuldigten beziehen. Deren Einsichtnahme kann allenfalls über den Rechtsschutz gem. §§ 23 ff. EGGVG verlangt werden.³⁷

16 d) **Freier Kontakt:** Gem. § 148 Abs. 1 ist dem Beschuldigten während des gesamten Verfahrens freier, unüberwachter mündlicher und schriftlicher Verkehr mit seinem Verteidiger zu gewähren. Dieses Recht bezieht sich allerdings nicht auch auf die Anbahnungsgespräche zur Begründung des Mandantenverhältnisses.³⁸ Obwohl es sich bei dem Recht auf freien Kontakt dem Grunde nach um ein Recht des Beschuldigten handelt, steht es mittelbar auch dem Verteidiger zu.³⁹ **Eingeschränkt** werden kann allerdings zumindest das schriftliche Kontaktrecht, wenn der inhaftierte Beschuldigte einer Straftat nach §§ 129a f. StGB (Bildung terroristischer Vereinigungen) verdächtig ist (§ 148 Abs. 2).⁴⁰

17 In der Literatur wird § 148 darüber hinaus sogar eine „**Fernwirkung**" zugesprochen: So soll die Vorschrift ihre Wirkung auch nach Abschluss des jeweiligen Verfahrens behalten. Dies hat vor allem zur Folge, dass der ehemals Beschuldigte als Zeuge in einem Strafverfahren gegen seinen früheren Verteidiger ein umfassendes, über Fälle des § 55 hinausgehendes Zeugnisverweigerungsrecht haben soll.⁴¹

18 e) **Beweisantragsrecht:** Der Verteidiger hat das Recht, eigene Beweisanträge zu stellen.⁴²

---

33 Vgl. dazu EGMR NStZ 1998, 429 (Foucher) m. Anm. *Deumeland; Beulke/Swoboda* Rn 160.
34 So auch *Fezer* 4/15; LR-*Lüderssen/Jahn* § 147 Rn 126 ff.; aA *Beulke*, Die Strafbarkeit des Verteidigers, 1989, Rn 42 ff.
35 BayObLG NJW 1991, 1070.
36 BGHSt 42, 71 (73).
37 BVerfGE 63, 45 m. Anm. *Amelung* StV 1983, 181 ff. und *Peters* NStZ 1983, 275 f.; BGHSt 30, 131 ff. m. Anm. *Dünnebier* StV 1981, 500; aA *Beulke/Swoboda* Rn 160; *Kettner*, Der Informationsvorsprung der StA im Ermittlungsverfahren, 2002, 149 ff.
38 KG StV 1991, 524; OLG Stuttgart StV 1993, 255 m. abl. Anm. *Fezer*; OLG Hamm StV 2010, 586 m. abl. Anm. *Bung*; KK-*Laufhütte/Willnow* § 148 Rn 5; Anbahnungsgespräche sind jedoch nach den §§ 160a Abs. 1, 53 Abs. 1 S. 1 Nr 2 gegen eine Überwachung geschützt, BGH NJW 2014, 1314 m. krit. Anm. *Roggan*.
39 Vgl. R/H-*Hohmann* § 148 Rn 1; *Pfeiffer* § 148 Rn 1.
40 Vgl. auch §§ 31 ff. EGGVG: sog. Kontaktsperre.
41 Umfassend hierzu *Beulke* Fezer-FS, 3 (17 mwN), vgl. auch *Schöch* Beulke-FS, 1039.
42 BGH NJW 1953, 1314; NStZ 2009, 581 f.

III. Der Wahlverteidiger

1. Personenkreis

▶ **FALL 2:** A ist gemeinsam mit B angeklagt, einen Raubüberfall begangen zu haben. B wird von Rechtsanwältin V verteidigt. A möchte nun ebenfalls die V für die Wahrnehmung seiner Rechte in Anspruch nehmen, da V für ihre „Bissigkeit" gegenüber der StA und dem Gericht bekannt ist. ◀

Grds. steht es dem Beschuldigten – von den Fällen, in denen die Verteidigung notwendig ist, abgesehen – frei, ob er in dem gegen ihn gerichteten Strafverfahren den Beistand eines Verteidigers nutzen möchte. Diese Entscheidungsfreiheit besitzt er während des gesamten Verfahrens (§ 137). Macht der Beschuldigte von seinem Recht Gebrauch und wählt einen Verteidiger als Rechtsbeistand, so handelt es sich um einen Wahlverteidiger. 19

Der **Kreis** derer, aus denen der Beschuldigte einen Verteidiger wählen kann, bestimmt sich nach § 138. Demnach sind 20

- bei einem deutschen Gericht zugelassene **Rechtsanwälte**[43] sowie
- **Rechtslehrer** an deutschen Hochschulen im Sinne des Hochschulrahmengesetzes mit Befähigung zum Richteramt wählbar.
- **Andere Personen** kommen nur nach **richterlicher Genehmigung** und unter den weiteren Voraussetzungen des § 138 Abs. 2 in Betracht.
- Insgesamt darf der Beschuldigte **bis zu drei Verteidiger** wählen (§ 137 Abs. 1 S. 2).
- Es gilt nach § 146 das **Verbot der Mehrfachverteidigung**, d.h. ein Verteidiger kann nicht gleichzeitig mehrere derselben Tat Beschuldigte (Tatidentität, S. 1) bzw. gleichzeitig mehrere verschiedener Taten Beschuldigte (Verfahrensidentität, S. 2) verteidigen. 21

Diese Einschränkung vermeidet Interessenkollisionen und stellt keinen Verstoß gegen die Art. 2, 3 und 12 GG dar.[44] Nicht ausgeschlossen ist damit aber eine **sukzessive Mehrfachverteidigung**,[45] die jedoch voraussetzt, dass das frühere Mandat – nicht nur das Verfahren! – rechtlich beendet ist.[46] Ebenfalls nicht unter das Verbot der Mehrfachverteidigung fällt, wenn die Verteidiger von Mitbeschuldigten über eine **Anwaltssozietät** verbunden sind.[47] Im Hinblick auf **Fall 2** bedeutet dies, dass A die Verteidigerin des B nicht zur Wahrnehmung seiner prozessualen Rechte in Anspruch nehmen kann.

2. Mandatsverhältnis und Verteidigerausschluss

▶ **FALL 3:** V ist die Wahlverteidigerin der F und besucht diese in der JVA. Dabei nimmt sie ein Schriftstück der F an sich, das in verschlüsselter Form detaillierte Hinweise und Aufträge

---

43 Zu den den deutschen weitgehend gleichgestellten europäischen Rechtsanwälten s. nur MK-*Thomas/Kämpfer* § 138 Rn 9.
44 BVerfGE 39, 156 (162 ff.).
45 BGH NStZ 1994, 500 f.; OLG Karlsruhe NStZ 1988, 567. Unter Umständen kommt dann aber ein strafbarer Parteiverrat (§ 356 StGB) in Betracht, wenn bei zwei an derselben Tat Beteiligten die Verteidigung des einen den Interessen des anderen zuwiderläuft, OLG Stuttgart NStZ 1990, 542 m. zust. Anm. *Geppert*.
46 Vgl. *Volk/Engländer* § 11/38.
47 BVerfGE NJW 1977, 99; KK-*Laufhütte/Willnow* § 146 Rn 9; umstr. ist allerdings die berufsrechtliche Zulässigkeit, s. dazu BeckOK-*Wessing* § 146 Rn 4 und KK-*Laufhütte/Willnow* § 146 Rn 9 mwN.

an die restlichen, noch in Freiheit befindlichen Angehörigen der kriminellen Vereinigung, der auch F angehört, beinhaltet und gibt es an diese weiter. V wird daraufhin von der Verteidigung der F ausgeschlossen.[48] ◀

22 a) **Begründung und Beendigung:** Mit Abschluss des **Verteidigervertrages** übernimmt der gewählte Verteidiger die Verteidigerstellung. Bei dem Vertrag handelt es sich aufgrund der durch die zwingenden Regelungen des RVG vorgeschriebenen Entgeltlichkeit um einen **Geschäftsbesorgungsvertrag** gem. § 675 BGB.[49] Es gelten damit die allgemeinen Regeln des Vertragsrechts gem. §§ 145 ff. BGB. Beendet wird das Mandatsverhältnis, indem eine Vertragspartei den Verteidigervertrag kündigt, was allerdings durch den Verteidiger nicht zur Unzeit geschehen darf.

23 Ist das Mandatsverhältnis begründet, bezieht sich die Verteidigerstellung auf **alle** in dem Verfahren gegenüber dem Mandanten erhobenen **Vorwürfe** und erstreckt sich in der Regel auch auf die Verteidigung in den **Rechtsmittelinstanzen** einschließlich der Verfahren der Strafvollstreckung und des Vollzugs, der Strafverfolgungsentschädigung sowie in Wiederaufnahme- und Gnadenverfahren. Eine **Mandatsbeschränkung** auf einzelne von mehreren Vorwürfen, die Gegenstand eines Verfahrens sind, ist nicht zulässig,[50] wohl aber auf bestimmte Tätigkeiten (z.B. Akteneinsicht) oder auf bestimmte Verfahrensabschnitte (Ermittlungsverfahren, Rechtsmittelverfahren usw.).

24 b) **Ausschluss:** Der Ausschluss des Verteidigers in einem laufenden Verfahren richtet sich abschließend nach den §§ 138a bis 138d. Danach kann der Verteidiger im Wesentlichen dann ausgeschlossen werden, wenn

- er **an Straftaten** des Beschuldigten **beteiligt** ist oder – für den Fall der Verurteilung des Beschuldigten – eine Begünstigung, Strafvereitelung oder Hehlerei begangen hat (§ 138a Abs. 1 Nr 1 und 3);[51]
- er den **Verkehr** mit dem inhaftierten Beschuldigten dazu **missbraucht**, Straftaten zu begehen oder die Sicherheit der Vollzugsanstalt erheblich zu gefährden (§ 138a Abs. 1 Nr 2);
- seine Mitwirkung unter den Voraussetzungen des § 138b eine **Gefahr für die Sicherheit der Bundesrepublik** Deutschland herbeiführen würde.

Der Ausschluss gilt nicht nur für das Hauptverfahren, sondern gem. § 138a Abs. 4 S. 1 auch in anderen gesetzlich geordneten Verfahren, so z.B. Bußgeld-, Ehren-, Disziplinar- und Berufsgerichtsverfahren oder DNA-Identitätsfeststellungsverfahren.[52]

25 Im **Fall 3** konnte folglich der Ausschluss der Verteidigerin V gem. § 138a Abs. 1 Nr 2 erfolgen.

26 Das **Ausschlussverfahren** richtet sich nach § 138c. Demnach obliegt die Entscheidung über den Verteidigerausschluss grds. dem OLG; in Ausnahmefällen hat der BGH zu entscheiden.

---

48 Vgl. BVerfGE 34, 293 ff.
49 Vgl. BGH NJW 1964, 2402 (2403).
50 KMR-*Hiebl* Vor § 137 Rn 88.
51 Beispiel: BGH NJW 2006, 2421 m. krit. Anm. *Böhm* NJW 2006, 2371 ff; OLG Bamberg StV 2014, 8.
52 BVerfG NStZ 2008, 226.

IV. Der Pflichtverteidiger

1. Notwendige Verteidigung

a) Begriff: Das Gesetz sieht in bestimmten Fällen zwingend die Mitwirkung eines Verteidigers vor; man spricht dann von einer „**notwendigen Verteidigung**". Hat der Beschuldigte in diesen Fällen noch keinen Verteidiger gewählt – weil ihm z.B. die finanziellen Mittel fehlen – so wird ihm von Amts wegen ein Verteidiger beigeordnet (§ 141). Ein solcher, beigeordneter Verteidiger wird „**Pflichtverteidiger**" genannt. Die Bestellung bezieht sich der Dauer nach grds. auf die Durchführung des gesamten Strafverfahrens, u.U. bereits auf das Vorverfahren, jedenfalls aber auf das erstinstanzliche Verfahren, ein etwaiges Berufungsverfahren sowie auf die Einlegung der Revision.[53] Fehlt es in der Hauptverhandlung an der erforderlichen Verteidigermitwirkung, so ist der **absolute Revisionsgrund** des § 338 Nr 5 gegeben.

b) Zwingende Vorschriften: Fälle der notwendigen Verteidigung sind über das gesamte Strafverfahrensrecht verteilt. So sieht sie das Gesetz etwa für Wiederaufnahmeverfahren (§§ 364a f.), bei zu erwartenden Freiheitsstrafen im Strafbefehls- und beschleunigten Verfahren (§§ 408b; 418) oder Haftprüfungsterminen (§ 118a Abs. 2) vor.[54] **Wichtigste Vorschrift** zur notwendigen Verteidigung ist aber § 140. In den dort aufgeführten Fallgruppen wird ein Verteidigungsdefizit des Beschuldigten unterstellt.[55] Nach § 140 Abs. 1 Nr 1-9 ist die Verteidigung im Wesentlichen notwendig, wenn

- die Hauptverhandlung im **ersten Rechtszug** vor dem **OLG oder LG** stattfindet (Nr 1),
- dem Beschuldigten ein **Verbrechen** zur Last gelegt wird (Nr 2),
- das Verfahren für den Beschuldigten zu einem **Berufsverbot** führen kann (Nr 3),
- gegen den Beschuldigten **Untersuchungshaft** nach den §§ 112, 112a oder eine einstweilige Unterbringung nach § 126a oder § 275a Abs. 6 vollstreckt wird (Nr 4)[56],
- der Beschuldigte sich mindestens drei Monate aufgrund richterlicher Anordnung oder mit richterlicher Genehmigung in einer **Anstalt** befunden hat und nicht mindestens zwei Wochen vor Beginn der Hauptverhandlung entlassen wird (Nr 5)[57] oder
- dem **Verletzten** ein Rechtsanwalt beigeordnet worden ist (Nr 9; gilt für Beiordnungen nach §§ 397a und 406h Abs. 3 und 4).

c) Auffangtatbestand: Liegt kein Fall des § 140 Abs. 1 vor und ist die Situation auch nicht von einer Spezialvorschrift erfasst, so kann gleichwohl die Verteidigermitwirkung über die **Generalklausel** des § 140 Abs. 2, die insofern als Auffangtatbestand fungiert,[58] erforderlich sein.[59] Die dort genannten Voraussetzungen enthalten die Gründe

---

53 Nicht dagegen: auf eine u.U. stattfindende Revisionshauptverhandlung, vgl. *Fezer* 4/38; KK-*Laufhütte/Willnow* § 140 Rn 6; ebenfalls nicht auf ein ggf. anhängiges Adhäsionsverfahren, vgl. OLG Hamm NJW 2013, 325.
54 Für bestimmte Fälle im Ordnungswidrigkeitenrecht s. § 60 OWiG.
55 Vgl. auch *Beulke/Swoboda* Rn 166.
56 Dies bezieht sich nicht nur auf das Verfahren, in dem die U-Haft vollstreckt wird, sondern auch auf weitere gegen den Beschuldigten anhängige Verfahren, vgl. OLG Frankfurt NStZ-RR 2011, 19; OLG Hamm StV 2014, 274; LG Itzehoe StV 2010, 562 m. Anm. *Tachau*; BeckOK-*Krawczyk* mwN; aA LG Bonn NStZ-RR 2012, 15.
57 Dies betrifft z.B. Fälle, in denen sich der Beschuldigte wegen einer anderen Sache in Strafhaft oder in Abschiebehaft befindet.
58 Vgl. *Beulke/Swoboda* Rn 167; *Fezer* 4/33; *Molketin* AnwBl 2001, 85.
59 § 140 Abs. 2 wird im Vollstreckungsverfahren entsprechend angewandt, KG NStZ-RR 2006, 211.

der Notwendigkeit der Verteidigung, die auch hinter dem Katalog in § 140 Abs. 1 stehen. Demnach ist die Verteidigung notwendig, wenn
- es die **Schwere der Tat** (Abs. 2 S. 1 Var. 1) oder
- die **Schwierigkeit der Sach- oder Rechtslage** gebietet (Abs. 2 S. 1 Var. 2) oder
- sich der Beschuldigte **nicht selbst verteidigen** kann (Abs. 2 Var. 3).

30 Hinsichtlich der Frage, wann die **Schwere der Tat** (Var. 1) die Notwendigkeit der Verteidigermitwirkung zu begründen vermag, ist auf die **zu erwartende Strafe** abzustellen.[60] Nach inzwischen **hM** soll eine Straferwartung von **einem Jahr** Freiheitsstrafe das ausschlaggebende Kriterium sein.[61] Die i.S.d. Vorschrift vorausgesetzte „Schwere" der Tat kann sich zudem auch aus sonstigen **gravierenden Folgen** ergeben, die dem Angeklagten aufgrund seiner Verurteilung drohen.[62]

31 Die Schwierigkeit der **Sach- oder Rechtslage** (Var. 2) muss für jeden **einzelnen Fall gesondert** geprüft werden. Die Rspr. ist z.B.[63] von einer i.d.S. schwierigen Situation ausgegangen, wenn die dem Verteidiger vorbehaltene vollständige Akteneinsicht unerlässlich ist,[64] eine differente Rechtsprechung von Bedeutung sein könnte,[65] ein Beweisverwertungsverbot bezüglich einer Blutprobenentnahme fraglich ist,[66] schwierige Indizienbeweise mithilfe von Sachverständigen zu führen sind,[67] einem Sachverständigengutachten entscheidende Bedeutung für die Überführung des Beschuldigten zukommt[68] oder die Vernehmung von Zeugen in der Hauptverhandlung Vorhalte aus den Vernehmungsprotokollen erfordert[69]. Auch die Erörterung einer Verständigung kann Anlass zur Beiordnung eines Verteidigers geben.[70]

32 Die Situation, dass sich der **Beschuldigte nicht selber verteidigen kann** (Var. 3), ist z.B.[71] gegeben, wenn er ein körperliches oder geistiges Gebrechen hat[72] oder nicht lesen oder schreiben kann.[73] Ist der Beschuldigte **hör- oder sprachbehindert**, so ist ihm (**zwingend**) auf seinen Antrag hin ein Verteidiger beizuordnen (§ 140 Abs. 2 S. 2). Mit Blick auf § 187 GVG wird für Verfahren gegen ausländische Angeklagte die Erforder-

---

60 BGH NJW 1954, 1415; BeckOK-*Krawczyk* § 140 Rn 18; *Meyer-Goßner/Schmitt* § 140 Rn 23 mwN.
61 S. etwa OLG München NJW 2006, 789; KG NStZ-RR 2013, 116; OLG Naumburg StV 2018, 143: auch wenn sich dies aus der Summe von weiteren gesamtstrafefähigen Parallelverfahren ergibt; BeckOK-*Krawczyk* § 140 Rn 18; *Meyer-Goßner/Schmitt* § 140 Rn 23, jew. mwN; aA *Beulke/Swoboda* Rn 167: jede zu erwartende Freiheitsstrafe; LR-*Lüderssen/Jahn* § 140 Rn 64 ff.; ferner („deutlich mehr als 6 Monate") OLG Köln StV 1986, 238.
62 Beispielsweise ein drohender Arbeitsplatzverlust oder Bewährungswiderruf, vgl. *Meyer-Goßner/Schmitt* § 140 Rn 25; MK-*Thomas/Kämpfer* § 140 Rn 33.
63 Reiche Kasuistik bei BeckOK-*Krawczyk* § 140 Rn 19 ff.
64 OLG Hamm StraFo 2002, 397 f.; OLG Köln StV 2012, 719.
65 OLG Frankfurt NJW 1983, 1208; OLG Karlsruhe NStZ-RR 2002, 336 f.
66 OLG Köln StV 2012, 455.
67 OLG Hamm StV 1984, 66; LG Braunschweig NZV 2003, 49 f.
68 LG Braunschweig StV 2017, 725.
69 LG Berlin NStZ 2010, 536.
70 Für die Annahme einer notwendigen Verteidigung als Regelfall OLG Naumburg NStZ 2014, 116 m. abl. Anm. *Henske*; aA OLG Bamberg NStZ 2015, 175.
71 Zahlreiche Beispiele aus der Rspr. BeckOK-*Krawczyk* § 140 Rn 22 ff.
72 OLG Düsseldorf StV 2002, 236; OLG Hamm NJW 2003, 3286 f.; LG Berlin StraFo 2002, 90.
73 OLG Celle StV 1994, 8; LG Dortmund StV 2018, 155; dies soll nach der Rechtsprechung mit Blick auf Art. 6 Abs. 3 EMRK nicht nur bei echtem Analphabetismus, sondern auch bei Legasthenie gelten, vgl. LG Hildesheim NJW 2008, 454.

lichkeit eines Pflichtverteidigers **nicht allein** mit **sprachlichen Verständigungsschwierigkeiten** begründet werden können.[74]

2. Bestellung

Gem. § 141 bestellt der Vorsitzende des Gerichts, bei dem die Sache entweder anhängig zu machen ist oder bei dem sie bereits anhängig ist, den Pflichtverteidiger.[75] Im Regelfall erfolgt die Bestellung nach § 141 Abs. 1, sobald der Beschuldigte gem. § 201 zur Erklärung über die Anklageschrift aufgefordert wurde. In der Praxis weist die StA in ihrer Anklageschrift bereits auf die Notwendigkeit der Verteidigung hin. Beantragt die StA die Beiordnung eines Pflichtverteidigers, ist dessen Bestellung obligatorisch.[76]

Ergibt sich die Notwendigkeit der Verteidigermitwirkung erst im weiteren Verlauf des Verfahrens, so kann der Pflichtverteidiger gem. § 141 Abs. 2 auch noch **später** bestellt werden. Unter den Voraussetzungen des § 141 Abs. 3 kann eine Pflichtverteidigerbestellung auch schon **vor** Anklageerhebung, mithin bereits im Vorverfahren erfolgen.[77]

Der Beschuldigte soll vor der Bestellung die Gelegenheit erhalten, einen Rechtsanwalt zu benennen; der Vorsitzende des Gerichts bestellt diesen Rechtsanwalt, wenn keine wichtigen Gründe entgegenstehen (§ 142 Abs. 1).[78] Macht der Beschuldigte von seinem Benennungsrecht keinen Gebrauch oder kann ihm dieses Recht (z.B. aufgrund der Eilbedürftigkeit) nicht eingeräumt werden, so sucht der Vorsitzende den zu bestellenden Verteidiger selbst aus.[79] Neben den Rechtsanwälten können auch bestimmte **Rechtskundige** – gemeint sind: **Rechtsreferendare**[80] – mit einem Pflichtverteidigermandat in Verfahren im ersten Rechtszug vor dem AG betraut werden (§ 142 Abs. 2, in dem § 140 Abs. 1 Nr 1 nicht aufgeführt ist).

3. Rücknahme

Für den Fall, dass der Beschuldigte einen Wahlverteidiger mit seiner Verteidigung beauftragt, ist eine bis dahin erfolgte Pflichtverteidigerbestellung zurückzunehmen. Dies folgt aus der **Subsidiarität der Pflichtverteidigung** (§ 143). Eine **Ausnahme** soll nach hM zur Vermeidung einer Verzögerung des Verfahrens durch Ausscheiden des Wahlverteidigers zulässig sein, sog. **Sicherungsverteidiger**.[81] Dieser kann sogar noch bestellt werden, wenn sich die Gefahr abzeichnet, dass das Verfahren verzögert werden soll.

Eine Rücknahme der Bestellung kommt über den Fall des § 143 hinaus noch dann in Betracht, wenn der Verteidiger wegen **besonderer Umstände**, die in seiner Person liegen, seinen Auftrag nicht mehr sinnvoll zu erfüllen vermag oder nicht mehr wahr-

---

74 OLG Nürnberg NStZ-RR 2014, 183. Eine entsprechende Beiordnung dürfte aber dennoch weiterhin die Regel sein.
75 Nach hM kann im Einzelfall eine Beiordnung sogar konkludent erfolgen, vgl. BGH NStZ 1997, 299; MK-StPO-*Thomas/Kämpfer* § 141 Rn 8 mwN.
76 LG Braunschweig StV 2007, 522.
77 Vgl. hierzu *Esser* Kühne-FS 539, der im Hinblick auf die Vorgaben der EMRK ein eigenes Antragsrecht des Beschuldigten auf Pflichtverteidigung im Ermittlungsverfahren fordert.
78 Vgl. OLG Hamm NJW 2006, 2502 (2503); vgl. zur Interessenkollision als Hinderungsgrund: BGH NStZ 2006, 404 f.; zu Hochschullehrern (mit Einverständnis) KK-*Laufhütte/Willnow* § 142 Rn 3; *Meyer-Goßner/Schmitt* § 142 Rn 4.
79 BVerfG NStZ 2006, 460 f.; vgl. auch *Meyer-Goßner/Schmitt* § 142 Rn 10; krit. zur Auswahlpraxis der Gerichte: *Thielmann* StraFo 2006, 358 ff.; s. auch *Wenske* NStZ 2010, 479.
80 S. dazu MK-*Thomas/Kämpfer* § 142 Rn 20.
81 BVerfG NJW 1984, 2403 (2404); BGH NJW 1961, 740 (741); OLG Düsseldorf NStZ 2010, 231; *Beulke/Swoboda* Rn 170; *Pfeiffer* § 143 Rn 1; *Volk/Engländer* § 11/36; aA *Fezer* 4/43.

nimmt.[82] Exemplarisch: Der Beschuldigte hat sein Vertrauen zum Verteidiger völlig verloren.[83] Oder: Der Pflichtverteidiger weigert sich, die Revision zu begründen.[84]

37 WIEDERHOLUNGS- UND VERTIEFUNGSFRAGEN

> - Wozu dient das Recht auf Verteidigung und woraus lässt es sich ableiten? (Rn 1)
> - Welche Aufgabe hat der Verteidiger zu erfüllen und welche Stellung nimmt er im Strafprozess ein? (Rn 3 ff.)
> - Welches sind die wichtigsten Rechte des Verteidigers? (Rn 11 ff.)
> - Was besagt der Begriff der „notwendigen Verteidigung" und in welchen Fällen ist sie angezeigt? (Rn 27 ff.)
> - Was ist unter dem Grundsatz der „Subsidiarität der Pflichtverteidigung" zu verstehen und welche Ausnahme(n) gibt es dazu? (Rn 36)

---

82 Näher *Kett-Straub* NStZ 2006, 361 ff.; *Lam/Meyer-Mews* NJW 2012, 177.
83 OLG Hamm NJW 2006, 2502 (2503 f.); 2712 (2713); diff. *Krey* I Rn 296 f.
84 BGHSt 39, 310 (314); OLG Karlsruhe StV 2005, 77; OLG Köln StV 1994, 234 m. Anm. *Münchhalffen*.

§ 8 Eingriffs- bzw. Zwangsmaßnahmen

I. Allgemeines

1. Überblick

Zu den wichtigsten Eingriffs- und **Zwangsmaßnahmen** im Strafverfahren gehören
- die computergestützten Ermittlungsmaßnahmen (Rn 4–10);
- die erkennungsdienstlichen Maßnahmen (Rn 11–36);
- die medizinischen Zwangsmaßnahmen (Rn 37–74);
- die verdeckten Zwangs- bzw. Ermittlungsmaßnahmen (Rn 75–130);
- die Sicherstellung und Beschlagnahme (Rn 131–146);
- die Führerscheinbeschlagnahme sowie die vorläufige Entziehung der Fahrerlaubnis (Rn 147–151);
- die Durchsuchung (Rn 152–170);
- die verfahrenssichernden Maßnahmen (Rn 171–180).

2. Zur Prüfung von Zwangsmaßnahmen im Gutachten

Auch wenn die Darstellung der Eingriffs- und Zwangsmaßnahmen im Folgenden aufgrund der notwendigen Schwerpunktsetzung teilweise davon abweicht, gestaltet sich die Prüfung dieser Maßnahmen prinzipiell immer gleich. Als Maßnahmen der öffentlichen Gewalt folgt ihre Rechtmäßigkeitsprüfung dem Weg, der bereits aus dem Verwaltungsrecht bekannt sein sollte: Zuerst sind die Fragen der formellen Rechtmäßigkeit zu klären (also etwa Anordnungszuständigkeiten, Form- und Fristprobleme etc.), bevor die materielle Rechtmäßigkeit, also die sachlichen Voraussetzungen des Eingriffs (etwa notwendiger Tatverdacht, Verhältnismäßigkeit der Maßnahme usw.) untersucht werden. Gerade im Kontext der sog. verdeckten Maßnahmen ist Gesetzeskenntnis von größter Wichtigkeit, da formelle und sachliche Voraussetzungen i.d.R. nicht zentral an einer Stelle, sondern über zahlreiche Verweisungen erst einmal zusammengesucht werden müssen.

3. Zur Eilzuständigkeit: „Gefahr in Verzug"

Die meisten der gleich vorgestellten Maßnahmen erfordern die Anordnung einer grundsätzlich zuständigen Stelle: Zumeist ist die richterliche Anordnung Voraussetzung einer Maßnahme, aber auch Anordnungen durch nur bestimmte Kammern, Richter oder die StA sind möglich. In aller Regel sehen die Vorschriften hier aber eine Eilzuständigkeit (zumeist von StA und Polizei) vor. Dann nämlich, wenn Gefahr in Verzug ist, also Beweismittelverlust, die Entziehung des Beschuldigten o.Ä. zu befürchten ist. Dies muss im Einzelfall von der sich je als eilzuständig verstehenden Stelle begründet werden. Die Anordnungskompetenz ist gerichtlich voll überprüfbar.[1] Eine irrtümliche Annahme eines Beweismittelverlustes führt nicht per se zu einem

---

[1] Vgl. BVerfG NJW 2007, 1345; dazu *Brocke/Herb* NStZ 2009, 671; *Fickenscher/Dingelstadt* NStZ 2009, 124; BVerfG NJW 2010, 2864; dazu *Peglau* NJW 2010, 2850.

Beweisverwertungsverbot,[2] wohl aber eine bewusste und zielgerichtete Umgehung des Richtervorbehalts.[3]

II. Computergestützte Ermittlungsmaßnahmen

1. Schleppnetzfahndung (§ 163d)

4 a) **Allgemeines:** Die Schleppnetzfahndung ermöglicht die Errichtung von Kurzzeit-Dateien für die **automatische Speicherung und Verarbeitung** von Daten, die bei bestimmten Massenkontrollen – wie z.B. Personenkontrollen an der Grenze – anfallen, aber nicht sofort an Ort und Stelle erschöpfend ausgewertet werden können.[4] Durch die Schleppnetzfahndung soll die Aufklärung von Straftaten und das Ergreifen von Straftätern dadurch erleichtert werden,[5] dass Daten von Personen, die bestimmten Suchkriterien entsprechen, gespeichert und dann mit anderen Daten der Strafverfolgungsbehörden computergestützt abgeglichen werden.[6]

5 b) **Voraussetzungen:** Es bedarf einer **Anordnung**, für die gem. § 163d Abs. 2 S. 1 der Richter, bei Gefahr im Verzug auch die StA und ihre Ermittlungspersonen zuständig sind. Die Anordnung muss **schriftlich** ergehen, den Personenkreis so genau wie möglich nach bestimmten Merkmalen oder Eigenschaften bezeichnen (z.B. weibliche Person, 35 bis 40 Jahre alt, kurze blonde Haare, klein, meist in silbernem VW Golf IV unterwegs) und eine Festlegung über Art und Dauer der Maßnahme beinhalten (§ 163d Abs. 3). Ferner muss ein qualifizierter und konkretisierter **Anfangsverdacht** für das Vorliegen einer der **Katalogtaten** der §§ 111, 100a Abs. 2 Nr 6 bis 9 und 11 bestehen. Eine **nichtrichterliche** Anordnung schließlich ist **binnen dreier Tage** gerichtlich zu **bestätigen**; ansonsten tritt sie außer Kraft (§§ 168 Abs. 2 S. 3 i.V.m. 100e Abs. 1 S. 3).

6 c) **Beendigung und Benachrichtigung:** Die Maßnahme muss gem. § 163d Abs. 4 S. 1 beendet werden, wenn die Anordnungsvoraussetzungen entfallen sind oder die (einmal verlängerbare) **Drei-Monats-Frist** des § 163d Abs. 3 S. 4, 5 abgelaufen ist. Die gespeicherten Daten dürfen nur innerhalb des wegen einer bestimmten Tat eingeleiteten Strafverfahrens verwendet werden (sog. **Zweckbindungsgrundsatz**).[7] Werden die durch die Maßnahme gewonnenen personenbezogenen Daten nicht mehr benötigt, so sind sie zu **löschen** (§ 163d Abs. 4 S. 2). Eine **Benachrichtigungspflicht** besteht nach § 101 Abs. 4 Nr 10 gegenüber den Personen, gegen die nach Auswertung der Daten weitere Ermittlungen geführt werden, es sei denn, dass eine Gefährdung des Untersuchungszwecks oder der Sicherheit einer (beliebigen!) Person zu besorgen ist.

2. Rasterfahndung (§§ 98a, 98b)

7 a) **Allgemeines:** Bei der Rasterfahndung werden Datenbestände nach sog. Rastern automatisiert abgeglichen, die eine öffentliche oder nicht-öffentliche Stelle zu anderen Zwecken als der Strafverfolgung gespeichert hat und die auch auf den Täter zutreffen können.[8] Sie kann zum einen durchgeführt werden, um Nichtverdächtige auszuschließen (**negative Rasterfahndung**); zum anderen kann sie zur Feststellung von Personen

---

2 Vgl. OLG Stuttgart NStZ 2008, 238; OLG Bamberg NJW 2009, 2146.
3 OLG Dresden NJW 2009, 2149; OLG Köln StV 2012, 6; *Ebert* ZIS 2010, 249 ff.; *Ernst* Jura 2011, 94.
4 *Meyer-Goßner/Schmitt* § 163d Rn 2; SK-*Wolter* § 163d Rn 35.
5 Krit. *Rogall* NStZ 1986, 385; *Wittig* JuS 1997, 961 (962 f.).
6 *Beulke/Swoboda* Rn 261; SK-*Wolter* § 163d Rn 10.
7 *Rogall* NStZ 1986, 385 (392); SK-*Wolter* § 163d Rn 53.
8 *Krey/Haubrich* JR 1992, 309 (311); *Meyer-Goßner/Schmitt* § 98a Rn 2; SK-*Wohlers/Greco* § 98a Rn 2.

dienen, die weitere für die Ermittlungen bedeutsame Prüfungsmerkmale erfüllen (**positive Rasterfahndung**).[9]

b) Voraussetzungen: Die Rasterfahndung kommt nur bei **Straftaten** von **erheblicher Bedeutung** in Betracht, und zwar vorbehaltlich einer qualifizierten **Subsidiaritätsklausel**[10] (§ 98a Abs. 1). **Anordnungsbefugt** ist nur das **Gericht**, bei Gefahr im Verzug auch die StA (§ 98b Abs. 1 S. 1), deren Anordnung sie sich **binnen dreier Tage** gerichtlich **bestätigen** lassen muss (§ 98b Abs. 1 S. 2).

c) Ablauf: Der Datenabgleich erfolgt in der Weise, dass die speichernde Stelle die Datenbestände ausfiltert und an die Strafverfolgungsbehörde übermittelt (§ 98a Abs. 2), die den Abgleich selbst durchführt.[11] Nach dessen Durchführung müssen gem. § 98b Abs. 3 die übermittelten Daten unverzüglich an diejenige Stelle, die die Daten gespeichert hatte, **zurückgegeben** werden; im Falle der Übertragung auf andere Datenträger sind sie unverzüglich zu löschen.

3. Datenabgleich (§ 98c)

Im Gegensatz zur Rasterfahndung wird beim Datenabgleich **nach einer bestimmten Person** gefahndet. Da hierbei **bereits** zu Strafverfolgungszwecken **gespeicherte Daten** und damit vorhandenes Wissen genutzt wird,[12] ist der Datenabgleich an **keine besonderen Voraussetzungen** gebunden. Es werden Daten aus dem laufenden Strafverfahren mit anderen bereits zuvor zur Strafverfolgung oder Strafvollstreckung oder zur Gefahrenabwehr gespeicherten personenbezogenen Daten – wie v.a. in INPOL-neu[13] – abgeglichen (§ 98c S. 1).

III. Erkennungsdienstliche Maßnahmen

1. Identitätsfeststellung (§§ 163b, 163c)

a) Maßnahmen gegen den Tatverdächtigen: Gegen den Verdächtigen, der nicht formal Beschuldigter sein muss,[14] dürfen nach der **Generalklausel** des § 163b Abs. 1 S. 1 die zur Identitätsfeststellung erforderlichen Maßnahmen getroffen werden. Das bedeutet, dass die verdächtige Person

- **festgehalten** werden kann (Abs. 1 S. 2; Einzelheiten regelt § 163c, s.u. Rn 13);[15]
- sie selbst oder ihre mitgeführten Sachen **durchsucht** werden oder
- **erkennungsdienstliche Maßnahmen** (z.B. Lichtbilder, Fingerabdrucknahme) an ihr durchgeführt werden können (Abs. 1 S. 3).

Gemeinsame Voraussetzung o.g. Maßnahmen ist, dass ihre Durchführung zur Feststellung der Identität der verdächtigen Person **unerlässlich** ist (§ 163b Abs. 1 S. 2). Zudem ist ihr zu **eröffnen**, welcher Tat sie **verdächtig** ist (§ 163b Abs. 1 S. 1 2. HS i.V.m. § 163a Abs. 4 S. 1).

---

9 BT-Drs. 12/989, 37; KK-*Greven* § 98a Rn 2; *Hilger* NStZ 1992, 457 (460); SK-*Wohlers/Greco* § 98a Rn 2.
10 Zur Systematik und Struktur solcher Klauseln vgl. *Bernsmann/Jansen* StV 1998, 217 ff.; *Rieß* Meyer-GS 367 ff.
11 SK-*Wohlers/Greco* § 98a Rn 20.
12 *Wittig* JuS 1997, 961 (970).
13 (Neues) „Informationssystem der Polizei"; s. zu den Bestandteilen dieses über 100 Teildatenbanken umfassenden Systems KK-*Greven* § 98c Rn 2.
14 S. oben 6/5.
15 Ein „Festhalten" i.d.S. bedeutet zwar eine Freiheitsentziehung, aber noch keine vorläufige Festnahme; s. KK-*Griesbaum* § 163b Rn 15 f.; *Kurth* NJW 1979, 1377 (1380); *Meyer-Goßner/Schmitt* § 163b Rn 7.

12 b) **Maßnahmen gegen Unverdächtige (§ 163b Abs. 2):** Gegen den Unverdächtigen sind zwar ebenfalls die erforderlichen Maßnahmen im Sinne von Abs. 1 zulässig, allerdings nur in eingeschränktem Maße: So muss die Maßnahme zuerst **verhältnismäßig** sein; Durchsuchungen und erkennungsdienstliche Maßnahmen sind nur mit Zustimmung des Betroffenen möglich.

13 c) **Freiheitsentziehung zur Feststellung der Identität (§ 163c):** Eine Freiheitsentziehung ist nur erlaubt, soweit sie unerlässlich – d.h. unverzichtbar – ist.[16] Der Betroffene ist von Amts wegen unverzüglich dem **Richter vorzuführen** (§ 163c Abs. 1 S. 2). Der Richter entscheidet über **Zulässigkeit und Fortdauer** der Festhaltung, nicht aber darüber, ob die Maßnahme in der Vergangenheit zulässig war.[17] Die Festhaltung darf die Dauer von insgesamt **zwölf Stunden** nicht überschreiten (§ 163c Abs. 2).

2. Lichtbilder und Fingerabdrücke (§ 81b)

▶ **FALL 1A:** Der Beschuldigte B wird auf richterliche Anordnung zu Identifizierungszwecken dem Opfer O vorgeführt. Da er zum Tatzeitpunkt nach Angabe von O einen Schnurrbart trug, wird dem B bei der Vorführung ein künstlicher Bart angeklebt. ◀

▶ **FALL 1B:** Wie in Fall 1a, nur umgekehrt: B trägt mittlerweile einen Schnurrbart, während er zur Tatzeit glattrasiert war. Zur Vorführung soll ihm daher der Bart abrasiert werden.

14 a) **Allgemeines:** § 81b dient **einerseits repressiven** (1. Alt.), **andererseits präventiven Zwecken** (2. Alt.).[18] Im letztgenannten Fall gehört die Vorschrift zum materiellen Polizeirecht und ist insofern ein Fremdkörper in der StPO[19] (was das BVerfG aber für verfassungsrechtlich unbedenklich hält)[20]. Für uns sollen im Folgenden aber nur die repressiven Maßnahmen als originär strafprozessuale Prozesshandlungen von Bedeutung sein.

15 b) **Voraussetzungen:** § 81b selbst schreibt **kein bestimmtes Verfahren** vor. Möglich es – freilich stets unter Verhältnismäßigkeitsgesichtspunkten – eine Maßnahme nach § 81b entweder zunächst anzuordnen oder sofort unmittelbaren Zwang anzuwenden. Zuständig für die Anordnung der strafprozessualen Maßnahme sind im **Ermittlungsverfahren** die StA und die Beamten des Polizeidienstes (§ 163), **nach Anklageerhebung** das mit der Sache befasste Gericht; die **Durchführung** der Maßnahme obliegt der Polizei.[21]

16 § 81b dient als Ermächtigungsgrundlage nur für Maßnahmen **gegen den Beschuldigten**[22]. Die gegen ihn zulässigen Maßnahmen sind zunächst die Aufnahme von Lichtbildern und Fingerabdrücken sowie die Vornahme von Messungen. Darüber hinaus ermächtigt § 81b auch zur Vornahme „**ähnlicher Maßnahmen**". Unter diesen unbestimmten Rechtsbegriff fallen nur solche Maßnahmen, die der **Feststellung**

---

16 LR-*Erb* § 163c Rn 1; KK-*Griesbaum* § 163c Rn 1; *Meyer-Goßner/Schmitt* § 163c Rn 1.
17 LR-*Erb* § 163c Rn 16; *Meyer-Goßner/Schmitt* § 163c Rn 12; zum richterlichen Prüfungskatalog s. BeckOK-*von Häfen* § 163c Rn 9.1.
18 HM, BVerwG NVwZ-RR 2011, 710; BeckOK-*Goers* § 81b Einl; KK-*Senge* § 81b Rn 1 mwN.; *Meyer-Goßner/Schmitt* § 81b Rn 3; aA *Benfer* NJW 1980, 902; SK-*Rogall* § 81b Rn 8 ff.; § 81b stelle das Gegenstück zur DNA-Feststellung gem. § 81g dar; zum Rechtsschutz gegen Maßnahmen nach § 81b 2. Alt. *Wasczynski* JA 2013, 60.
19 BVerwG NJW 1961, 571 (572); LR-*Krause* § 81b Rn 3 f.; *Riegel* NJW 1979, 147.
20 BVerfG NJW 1978, 1149 (1150).
21 BeckOK-*Goers* § 81b Rn 11, 13 f.
22 S. oben § 6 Rn 5.

der **körperlichen Beschaffenheit** dienen, ohne dass es dafür einer körperlichen Untersuchung im Sinne des § 81a Abs. 1 bedarf.[23] Sie können sich auf den gesamten Körper beziehen oder auf einzelne Körperteile beschränkt sein.[24] Exemplarisch: Die Abnahme von Hand- und Fußabdrücken, Videoaufzeichnungen sowie solche Maßnahmen vorbereitende Handlungen.[25] Bei **Veränderungen des äußeren Erscheinungsbildes**, insbesondere Veränderungen der Haar- und Barttracht, ist zu differenzieren:

- Sie sind zu Identifizierungszwecken **zulässig**, soweit mit ihnen **nicht** die **Körperintegrität** des Beschuldigten beeinträchtigt wird. Das Ankleben eines falschen Bartes wie in **Fall 1a** ist also gem. § 81b jedenfalls soweit zulässig, wie sich die Maskierung ohne Schmerzen und Mühe wieder entfernen lässt. Das gleiche gilt etwa für das Aufsetzen einer Perücke, Überziehen einer Strumpfmaske oder das Auf- oder Abtragen von Schminke.[26]
- **Umstritten** ist allerdings, ob § 81b auch in Sachverhalten wie **Fall 1b**, also Erscheinungsbildanpassungen mittels **substanzverletzender Maßnahmen** wie etwa das **Abschneiden** von **Haaren** oder des **Bartes** Anwendung finden kann:
  - **Teilweise** wird § 81a herangezogen, da es sich um einen körperlichen Eingriff im Sinne der Vorschrift handele.[27]
  - Nach **anderer Ansicht** ist § 81b die richtige Rechtsgrundlage, da es um Vorbereitungsmaßnahmen für eine Identifizierung gehe.[28]

Umstritten ist ferner, ob eine **Stimmaufzeichnung** zu Vergleichszwecken als „ähnliche Maßnahme" i.S.v. § 81b zulässig ist.[29]

3. Kontrollstellen auf Straßen und Plätzen (§ 111)

a) **Allgemeines:** § 111 normiert eine repressive Maßnahme zur Verfolgung von Straftaten,[30] die typischerweise mit terroristischer Gewaltkriminalität zusammenhängen.

b) **Voraussetzungen:** Es bedarf einer **Anordnung**, für die gem. § 111 Abs. 2 der Ermittlungsrichter, bei Gefahr im Verzug auch die StA und ihre Ermittlungspersonen zuständig sind. **Inhaltlich** kann sich die Anordnung nach hM darauf beschränken, einen bestimmten Bezirk zu benennen und die Festlegung der Anzahl und genauen Lage der Kontrollstellen der Polizei zu überlassen.[31] Die Kontrollstellen dürfen **nur an öffentlich zugänglichen Orten** errichtet werden, die von jedermann ohne besondere Zulassung betreten werden können.[32] Nur der begründete Verdacht der abschließend in § 111 Abs. 1 aufgeführten **schweren Straftaten** nach §§ 89a, 89c, 129a, 129b Abs. 1, 250 Abs. 1 Nr 1 StGB rechtfertigt die Errichtung von Kontrollstellen. Ferner müssen Tatsa-

---

23 BGHSt 34, 39 (44 f.); BeckOK-*Goers* § 81b Rn 4; *Meyer-Goßner/Schmitt* § 81b Rn 8.
24 BeckOK-*Goers* § 81b Rn 4; *Meyer-Goßner/Schmitt* § 81b Rn 8.
25 Vgl. BVerfG NStZ 1983, 84; 1993, 482; BGH NStZ 1993, 47; weitere Beispiele aus der Praxis MK-*Trück* § 81b Rn 9.
26 S. nur BGH NStZ 1993, 47; BeckOK-*Goers* § 81b Rn 51; KK-*Senge* § 81b Rn 3.
27 BVerfGE 47, 239; HK-*Brauer* § 81a Rn 14, § 81b Rn 12; BeckOK-*Goers* § 81a Rn 14.1, § 81b Rn 5.1; *Odenthal* NStZ 1985, 433 (434).
28 *Geerds* Jura 1986, 7 (9); SK-*Rogall* § 81b Rn 33 f.; *Meyer-Goßner/Schmitt* § 81b Rn 10.
29 Bejahend HK-*Brauer* § 81b Rn 9; einschränkend KMR-*Bosch* § 81b Rn 13; verneinend BGH NJW 1986, 2261; SK-*Rogall* § 81b Rn 53; KK-*Senge* § 81b Rn 3 mwN.
30 Heute ganz hM, s. nur KK-*Bruns* § 111 Rn 2; *Meyer-Goßner/Schmitt* § 111 Rn 1; SK-*Wolter* § 111 Rn 1; aA aber etwa noch *Ehardt/Kunze* StV 1981, 64; *Steinke* NJW 1978, 1962.
31 BeckOK-*Huber* § 111 Rn 15; *Meyer-Goßner/Schmitt* § 111 Rn 16; aA SK-*Wolter* § 111 Rn 14 mwN.
32 KK-*Bruns* § 111 Rn 7; s. zu befriedetem priv. Besitztum BeckOK-*Huber* § 111 Rn 7.

chen die Annahme rechtfertigen, dass die Einrichtung der Kontrollstelle zur Ergreifung des Täters oder zur Sicherstellung von Beweismitteln führt, die der Aufklärung der Straftat dienen können.

19 c) **Befugnisse an den Kontrollstellen:** An den Kontrollstellen ist jedermann verpflichtet, seine **Identität feststellen** zu lassen (§ 111 Abs. 1 S. 2). Die kontrollierenden Polizeibeamten dürfen ferner die an der Kontrollstelle angehaltenen Personen sowie die von diesen mitgeführten Sachen auf Beweismittel für die Anlasstat **durchsuchen**.[33]

4. Ausschreibung zur polizeilichen Beobachtung (§ 163e)

20 a) **Allgemeines:** Unter polizeilicher Beobachtung ist die planmäßige Beobachtung einer Person oder eines Objekts zu verstehen. Ihr maßgebender Zweck ist die Erstellung eines vollständigen **Bewegungsbildes** eines Beschuldigten oder seiner Kontaktpersonen.[34]

21 b) **Beobachtung von Personen:** Die Personenbeobachtung erfolgt im Wege von polizeilichen Kontrollen, bei denen eine Personalienfeststellung erfolgt. Die Kontrollstellen werden dabei nicht speziell für die polizeiliche Beobachtung errichtet, sondern es werden bereits bestehende Kontrollstellen zu diesem Zwecke genutzt.[35] Die Maßnahme richtet sich in erster Linie gegen den **Beschuldigten** und ist nur in engen Grenzen zulässig: So muss ein auf die Begehung einer **Straftat von erheblicher Bedeutung** gerichteter Anfangsverdacht vorliegen (vgl. §§ 98a Abs. 1, 110a Abs. 1). Zudem gilt die **strenge Subsidiaritätsklausel** des § 163e Abs. 1 S. 2. Neben den Personalien können so auch Informationen über Reiseweg, Transportmittel, mitgeführte Gegenstände und Begleiter erlangt werden.[36]

Gegen **andere Personen** (sog. Kontaktpersonen) ist die Maßnahme nur unter den engeren Voraussetzungen des § 163e Abs. 1 S. 3 zulässig.

22 c) **Ausschreibung des Kennzeichens eines Fahrzeugs** (oder Containers): Die Ausschreibung etwa eines Kfz-Kennzeichens ist gestattet, wenn das Fahrzeug auf eine nach § 163e Abs. 1 ausgeschriebene Person zugelassen ist oder wenn es von ihr oder einer bisher namentlich nicht bekannten Person benutzt wird, die einer Straftat mit erheblicher Bedeutung verdächtig ist (§ 163e Abs. 2).

23 d) **Meldung personenbezogener Daten Dritter:** § 163e Abs. 3 gestattet die Meldung personenbezogener Informationen eines Begleiters der ausgeschriebenen Person oder des Führers eines ausgeschriebenen Fahrzeugs, also unbeteiligter Personen.[37]

24 e) **Zuständigkeit gem. § 163e Abs. 4:** Zuständig für die Ausschreibung zur polizeilichen Beobachtung ist grds. das **Gericht**. Bei Gefahr im Verzug liegt eine **Eilkompetenz** bei der StA, deren Anordnung jedoch **binnen dreier Tage** gerichtlich bestätigt werden muss (S. 3, 4 i.V.m. § 100e Abs. 1 S. 3). Die Geltungsdauer der Anordnung ist **auf ein Jahr begrenzt**; sie kann jeweils um nicht mehr als drei Monate verlängert werden (S. 5, 6).

---

[33] S. dazu näher KK-*Bruns* § 111 Rn 16.
[34] BT-Drs. 12/989, 43; *Meyer-Goßner/Schmitt* § 163e Rn 1; krit. („praktisch unbrauchbares Mittel) BeckOK-*von Häfen* § 163e Rn 3; ferner ausf. *Krahl* NStZ 1998, 339 ff.
[35] BeckOK-*von Häfen* § 163e Rn 2; *Meyer-Goßner/Schmitt* § 163e Rn 4.
[36] *Hilger* NStZ 1992, 523 (525 m. Fn 167); *Meyer-Goßner/Schmitt* § 163e Rn 4.
[37] SK-*Wolter* § 163e Rn 22 m. Rn 12.

5. Vorläufige Festnahme (§§ 127, 127b)

▶ **FALL 2:** Auf dem Heimweg nach einer Sportveranstaltung bemerkt A den B, der sich an der Tür eines geparkten PKW zu schaffen macht. Kurzentschlossen und beherzt hält sie den fluchenden und unkooperativen „Autodieb" fest, bis die Polizei vor Ort ist. Der wütende B erklärt wahrheitsgemäß, dass es sich um sein eigenes Auto handele, das er wegen eines verlorenen Schlüssels aufbrechen wollte. ◀

a) **Allgemeines:** Mittels der vorläufigen Festnahme soll die Person des Verdächtigen in solchen Situationen festgestellt werden können, in denen die Erwirkung eines richterlichen Haftbefehls für seine Ergreifung zu spät käme.[38]

b) **Vorläufige Festnahme nach § 127 Abs. 1: aa)** Zur vorläufigen Festnahme nach § 127 Abs. 1 ist **jedermann** befugt. Privatpersonen wird insofern eine öffentliche Aufgabe übertragen,[39] die sie nur zum Zwecke der Zuführung des Täters zur Strafverfolgung wahrnehmen dürfen. § 127 Abs. 1 setzt voraus, dass jemand,

- auf frischer Tat betroffen oder verfolgt wird (Rn 27) **und**
- der Flucht verdächtig ist **oder**
- dessen Identität nicht sofort festgestellt werden kann. (Rn 32)

bb) Auf frischer Tat betroffen ist derjenige, der bei Begehung einer rechtswidrigen Tat oder unmittelbar danach am Tatort oder in dessen unmittelbarer Nähe gestellt wird.[40] Eine **Verfolgung auf frischer Tat** liegt vor, wenn sich der Täter bereits vom Tatort entfernt hat, sichere Anhaltspunkte aber auf ihn als Täter hinweisen und seine Verfolgung zum Zweck seiner Ergreifung aufgenommen wird.[41]
Unter „Tat" ist in beiden Fällen ein Verhalten zu verstehen, dass **strafrechtliche Folgen** nach sich ziehen kann, namentlich die rechtswidrige Erfüllung eines Straftatbestandes.[42]

cc) Strafunmündige Kinder (§ 19 StGB) dürfen nach **hM** daher **nicht festgenommen** werden, auch nicht zu dem Zweck, die Feststellung ihrer Personalien oder diejenigen ihrer Aufsichtspflichtigen zu ermöglichen, da Zweck der Festnahme nach § 127 nur sei, den Täter der Strafverfolgung zuzuführen, nicht aber die Ermöglichung außerstrafrechtlicher Erziehungs- oder Fürsorgemaßnahmen.[43]

dd) Ob § 127 Abs. 1 verlangt, dass eine **Straftat tatsächlich begangen** worden ist, oder ob – wie in **Fall 2** – der dringende Tatverdacht, dass der Festzunehmende eine Straftat begangen hat, ausreicht, ist **umstritten:**[44]

- Dass (dringender) Tatverdacht genüge, wird damit begründet, dass der Festnehmende im öffentlichen Interesse tätig werde und es daher unbillig sei, ihm das Risiko eines unverschuldeten Irrtums aufzubürden.[45] Die Forderung nach dem Vorliegen einer tatsächlichen Täterschaft des Festzunehmenden käme ansonsten mehr oder

---

38 *Beulke/Swoboda* Rn 234.
39 RGSt 17, 127 (128).
40 *Kindhäuser* AT § 20/7 mwN; *Meyer-Goßner/Schmitt* § 127 Rn 5.
41 *Meyer-Goßner/Schmitt* § 127 Rn 6.
42 KK-*Schultheis* § 127 Rn 7; *Satzger* Jura 2009, 107 (108).
43 *Meyer-Goßner/Schmitt* § 127 Rn 3a; KK-*Schultheis* § 127 Rn 8; *Sickor* JuS 2012, 1074 (1076 f.); aA KG JR 1971, 30; lesenswert *Verrel* NStZ 2001, 284 (286 f.).
44 Vgl. auch *Kindhäuser* AT § 20/3 ff. mwN.
45 S. etwa BGH NJW 1981, 745; OLG Celle JuS 2015, 565 m. Bespr. *Jahn*; BeckOK-*Krauß* § 127 Rn 3; SK-*Paeffgen* § 127 Rn 10.

minder dem Rat gleich, das Festnahmerecht nie auszuüben, was wiederum dem wirksamen Schutz des ursprünglichen Opfers zuwiderliefe.

31 ▪ Demgegenüber fordert die Gegenansicht[46] das Vorliegen einer tatsächlich begangenen Straftat: Im Gegensatz zu den Amtsträgern sei ein Privatmann **nicht zur Festnahme verpflichtet**, so dass sich das für den Amtsträger erforderliche Irrtumsprivileg nicht ohne Weiteres auf Privatleute übertragen lasse.

Für diese Ansicht sprechen gute Argumente: So ist das von den Festnehmenden zu tragende (strafrechtliche) Risiko gering: Schätzen sie nämlich die Situation falsch ein und gehen irrig vom Vorliegen einer Straftat aus, so handeln sie in einem Erlaubnistatbestandsirrtum.[47] Eine Bestrafung wegen fahrlässiger Tatbegehung scheitert zudem in der Regel an der fehlenden Sorgfaltspflichtverletzung.

Im Übrigen spricht der Umstand, dass durch die Festnahme in das hochwertige Rechtsgut der persönlichen Freiheit eingegriffen wird, dafür, sie nur unter der Voraussetzung einer tatsächlich begangenen Straftat zu erlauben.[48] Denn die unschuldige Person ist für den Konflikt nicht zuständig.

Schließlich ist aus dem systematischen Vergleich mit § 127 Abs. 2, der im Rahmen der Festnahme durch die StA oder Polizeibeamte einen dringenden Tatverdacht ausreichen lässt, abzuleiten, dass im Gegensatz zu diesem in Abs. 1 das Vorliegen einer tatsächlich begangenen Straftat erforderlich ist.[49]

32 ee) Weiterhin muss ein **Festnahmegrund** vorliegen, d.h. der Täter der Flucht verdächtig oder seine Identität nicht sofort feststellbar sein. Für den **Fluchtverdacht** gelten nicht die strengen Voraussetzungen einer Fluchtgefahr im Sinne von § 112 Abs. 2 Nr 2.[50] Es genügt vielmehr, dass nach allgemeiner Erfahrung damit zu rechnen ist, der Betroffene werde sich der Verantwortung durch Flucht entziehen, wenn er nicht alsbald festgenommen wird.[51] Eine Festnahme zur **Feststellung der Identität** ist zulässig, wenn der Betroffene Angaben zur Person verweigert oder sich nicht ausweisen und daher nicht ohne Vernehmung identifiziert werden kann.[52] **Beachte** aber § 127 Abs. 1 S. 2: Dieser Festnahmegrund gilt nur für das Tätigwerden von **Privatpersonen**. Amtsträger müssen ihr Handeln auf § 163b Abs. 1 stützen .

33 Die Erlaubnis zur vorläufigen Festnahme nach § 127 Abs. 1 umfasst auch die Anwendung **körperlicher Gewalt** mit der Gefahr körperlicher Verletzungen, wenn sie für die Festnahme erforderlich und angemessen ist.[53] Aus dem **Verhältnismäßigkeitsgrundsatz** folgt, dass neben der Festnahme auch andere, weniger intensiv in die Rechte des Festgenommenen eingreifende Maßnahmen, die der Identitätsfeststellung oder der Verhinderung der Flucht dienen, möglich sind.[54] Zu denken ist an die Wegnahme des Zündschlüssels nach einem alkoholbedingten Verkehrsunfall.[55]

---

46 RGSt 12, 194 (195); OLG Hamburg NJW 1972, 1290; OLG Hamm NJW 1972, 1826 (1827); *Beulke/Swoboda* Rn 235; *Günther* Kühl-FS 885 ff.; *Krey* I Rn 533 ff.; Satzger Jura 2009, 107, (109 f.);*Meyer-Goßner/Schmitt* § 127 Rn 4.
47 *Beulke/Swoboda* Rn 235; näher *Kindhäuser* AT § 29/11 ff.
48 *Meyer-Goßner/Schmitt* § 127 Rn 4.
49 Vgl. R/H-*Tsambikakis* § 127 Rn 4.
50 BGH bei *Dallinger* MDR 1970, 197; BeckOK-*Krauß* § 127 Rn 6; zu § 112 s.u. § 9 Rn 10.
51 BGH NStZ 1992, 27; *Beulke/Swoboda* Rn 236.
52 *Meyer-Goßner/Schmitt* § 127 Rn 11 mwN.
53 BGH NJW 2000, 1348 (1349); OLG Stuttgart NJW 1984, 1694 (1695); *Mitsch* JuS 2000, 848 (850).
54 *Meyer-Goßner/Schmitt* § 127 Rn 13; KK-*Schultheis* § 127 Rn 29.
55 OLG Saarbrücken NJW 1959, 1190 (1191).

c) **Vorläufige Festnahme nach § 127 Abs. 2:** Die StA und die Beamten des Polizeidienstes sind **bei Gefahr im Verzug** zur vorläufigen Festnahme befugt, wenn die Voraussetzungen eines Haftbefehls vorliegen, also **dringender Tatverdacht und ein Haftgrund** gegeben sind. Gefahr im Verzug liegt vor, wenn die Festnahme infolge einer möglicherweise durch das Erwirken eines richterlichen Haft- oder Unterbringungsbefehls eintretenden Verzögerung gefährdet wäre.[56] Ob dies der Fall ist, hat der Beamte pflichtgemäß unter Berücksichtigung der Umstände des Einzelfalles zu prüfen.[57] Die Zulässigkeit eines mit der Festnahme verbundenen **Schusswaffeneinsatzes** richtet sich nach den Polizeigesetzen der Länder.[58]

d) **Vorläufige Festnahme nach § 127b:** Ist eine vorläufige Festnahme nach § 127 nicht möglich, so kommt die vorläufige Festnahme durch die StA und die Polizeibeamten nach § 127b in Betracht. Hierzu muss eine unverzügliche Entscheidung im beschleunigten Verfahren wahrscheinlich und aufgrund bestimmter Tatsachen zu befürchten sein, dass der Festgenommene der Hauptverhandlung fernbleiben wird. Gem. § 127b Abs. 2 kann nach der Festnahme die sog. **Hauptverhandlungshaft** angeordnet werden, um insbesondere bei einfachen Sachverhalten oder klarer Beweislage eine Verurteilung im beschleunigten Verfahren nach §§ 417 ff. zu ermöglichen.[59]

e) **Vorführung vor den Richter (§ 128):** Gem. § 128 Abs. 1 ist die **unverzügliche** – spätestens am Tage nach der Festnahme – Vorführung des Festgenommenen vor den Richter erforderlich, sofern noch keine Freilassung erfolgte. Der Richter entscheidet sodann nach Abs. 2 darüber, ob die Freilassung anzuordnen oder ob ein Haft- oder Unterbringungsbefehl zu erlassen ist.

IV. Medizinische Zwangsmaßnahmen

1. Körperliche Untersuchung; Blutprobe (§ 81a)

▶ **FALL 3:** B ist Drogendealer und hat vor seiner Festnahme mehrere Tütchen mit Heroin verschluckt. Da sich die Drogen im Magen des B befinden, ordnet das Gericht die Verabreichung eines Brechmittels (sog. Vomitivmittel) durch eine Ärztin an. B weigert sich, das gesundheitlich unbedenkliche Mittel einzunehmen. Deshalb wird die Verabreichung mittels einer Magensonde durchgeführt und durch das ausgelöste Erbrechen das verpackte Heroin zu Tage gefördert. ◀

a) **Voraussetzungen: aa) Anordnungsbefugt** ist der **Richter** (§ 81a Abs. 2), im Vorverfahren der Ermittlungsrichter (§ 162).[60] Zu diesem Richtervorbehalt sieht das Gesetz allerdings eine **Einschränkung** und eine **Ausnahme** vor:

- So darf gem. § 81a Abs. 2 S. 1 bei **Gefahr im Verzug** die StA oder eine ihrer Ermittlungspersonen über die Maßnahme entscheiden, zumindest soweit es sich nicht um die Anordnung schwerer Eingriffe handelt.[61]

---

56 *Meyer-Goßner/Schmitt* § 127 Rn 19.
57 RGSt 38, 373 (375); BGHSt 3, 241 (243).
58 BGH JR 2000, 297.
59 Krit. *Volk/Engländer* § 10/69.
60 BGHSt 8, 146.
61 BVerfG NJW 1963, 1597 (1598); HK-*Brauer* § 81a Rn 19; KK-*Senge* § 81a Rn 8.

- Zudem bedarf es gem. § 81a Abs. 2 S. 2 keiner richterlichen Anordnung für **Blutprobenentnahmen bei Verdacht** eines Delikts der **Gefährdung des Bahn-, Schiffs- und Luftverkehrs**[62] oder einer **Trunkenheitsfahrt** im Straßenverkehr.[63]

Schließlich gilt das Prinzip „**Einwilligung vor Anordnung**":[64] Bei einer (wirksamen) Einwilligung des Beschuldigten in die körperliche Untersuchung ist die Anordnung nach § 81a entbehrlich. Wirksam ist die Einwilligung, sofern der die Tragweite der Einwilligung überblickende Beschuldigte über Bedeutung und Gefährlichkeit des Eingriffs sowie über sein Weigerungsrecht aufgeklärt wurde.[65]

38 bb) **Untersuchungszweck** ist ausschließlich die Feststellung **verfahrenserheblicher Tatsachen**. Der Begriff der verfahrenserheblichen Tatsache ist sehr weit zu verstehen und nicht nur auf die körperliche Beschaffenheit des Beschuldigten beschränkt. Verfahrenserheblich sind u.a. auch die Fragen, ob überhaupt eine Straftat vorliegt, ob der Beschuldigte Täter oder Teilnehmer ist, ob er rechtswidrig und schuldhaft gehandelt hat und ob die Prozessvoraussetzungen (z.B. Reise- und Verhandlungsfähigkeit) gegeben sind.[66]

39 cc) Als **Untersuchungsgegenstand** der körperlichen Untersuchung gem. § 81a Abs. 1 kommt zunächst die **einfache körperliche Untersuchung** nach S. 1 in Betracht. Hierbei handelt es sich um Maßnahmen, die körperliche Beschaffenheiten oder Funktionen ohne körperlichen Eingriff feststellen;[67] exemplarisch sind EEG, EKG und Blutdruckmessung.[68]

Zur umstrittenen Frage der Ermächtigungsgrundlage bei Veränderungen der Haar- und Barttracht – wie in **Fall 1b** – s.o. Rn 16.

Bei körperlichen Untersuchungen, die das **Schamgefühl** verletzen ist zusätzlich § **81d** zu beachten.

40 Hauptfall des **körperlichen Eingriffs** ist die **Blutprobe**. „Andere körperliche Eingriffe" sind solche Untersuchungen, die mit Verletzungen verbunden sind, selbst wenn diese noch so gering sind.[69] Hierunter fallen dem Arzt vorbehaltene Eingriffe in das haut- und muskelumschlossene Körperinnere, einschließlich der Hinzufügung von Stoffen und der künstlichen Entnahme von Körperbestandteilen wie z.B. Entnahme von Magensaft, Urinentnahme und u.U. Röntgenaufnahmen.[70]

41 **Reihentests**, bei denen ein bestimmter Personenkreis aufgefordert wird, sich für eine **Blutprobe** zur Verfügung zu stellen, sind zulässig,[71] sofern die Teilnahme **freiwillig** erfolgt. Die nicht freiwillig erscheinende oder verweigernde Person als Beschuldigten anzusehen und die Blutentnahme nach § 81a vorzunehmen, wäre nicht zulässig.[72]

42 dd) Die Maßnahmen müssen **von approbierten Ärztinnen und Ärzten** durchgeführt werden. Besonders gefährliche Eingriffe haben durch fachärztlich qualifizierte Perso-

---

[62] Gem. § 315a Abs. 1 Nr 1, Abs. 2 und 3 StGB.
[63] Gem. § 315c Abs. 1 Nr 1a, Abs. 2 und 3 bzw. § 316 StGB.
[64] SK-*Rogall* § 81a Rn 14.
[65] KK-*Senge* § 81a Rn 3 mwN; zu den Voraussetzungen der Einwilligung SK-*Rogall* § 81a Rn 13 ff.
[66] BVerfG NJW 1970, 505 (506); OLG Düsseldorf JZ 1988, 984; HK-*Brauer* § 81a Rn 5; *Pfeiffer* § 81a Rn 2; *Ranft* Rn 713; KK-*Senge* § 81a Rn 5.
[67] KMR-*Bosch* § 81a Rn 2; *Meyer-Goßner/Schmitt* § 81a Rn 8 f.; *Volk/Engländer* § 10/22.
[68] HK-*Brauer* § 81a Rn 10.
[69] KK-*Senge* § 81a Rn 6; *Meyer-Goßner/Schmitt* § 81a Rn 15.
[70] KMR-*Bosch* § 81a Rn 7; HK-*Brauer* § 81a Rn 9; SK-*Rogall* § 81a Rn 42 ff.
[71] Vgl. BVerfG JZ 1996, 1175 m. Anm. *Gusy*; *Beulke/Swoboda* Rn 242b mwN.
[72] BVerfG NJW 1996, 3071; NStZ 2004, 392; *Benfer* StV 1999, 402 (403 f.).

nen zu erfolgen.⁷³ Die Eingriffe sind gem. § 81a Abs. 1 S. 2 **nach den Regeln der ärztlichen Kunst** vorzunehmen; ein Nachteil für die Gesundheit des Beschuldigten darf auch dabei nicht zu befürchten sein.

ee) Wie bei allen Zwangsmitteln gilt auch bei § 81a der Grundsatz, dass für den Beschuldigten **keine Pflicht** besteht, an seiner eigenen Überführung **mitzuwirken**, so dass er die Ermittlungen nicht durch aktives Verhalten fördern, wohl aber die Augenscheinsnahme als solche ermöglichen und dulden muss.⁷⁴ Aufgrund der Notwendigkeit der Mitwirkung des Beschuldigten sind z.B. das Blasen in das Prüfröhrchen beim Alkoholtest, Trinkversuche u.ä.⁷⁵ keine nach § 81a erzwingbaren Untersuchungen; der Beschuldigte kann sich diesen nur freiwillig unterziehen. Bezüglich der Freiwilligkeit ist eine **besondere Belehrung** mit dem Hinweis, dass der Beschuldigte zu dieser Maßnahme nicht verpflichtet ist, notwendig.⁷⁶

Einigkeit herrscht darüber, dass der Beschuldigte wegen des *nemo tenetur*-Grundsatzes **Brechmittel** nicht selbst zu sich nehmen muss. Doch ist **umstritten**, ob er – wie B in **Fall 3** – deren zwangsweise Verabreichung dulden muss. Teils wird dies bejaht, sofern die zwangsweise Verabreichung unter den Voraussetzungen des § 81a Abs. 1 S. 2 und insbesondere unter Beachtung der Verhältnismäßigkeit und der Menschenwürde geschehe,⁷⁷ teils wird dies generell für unzulässig erklärt.⁷⁸

ff) Zur Vorbereitung der Untersuchung oder des Eingriffs nach § 81a ist eine **vorübergehende Unterbringung** bzw. vorübergehende Festnahme aufgrund besonderer richterlicher Anordnung zulässig.⁷⁹ Weigert sich der Beschuldigte, den Arzt überhaupt aufzusuchen, kann er auch – gestützt auf § 81a – **zwangsweise** dem nächsten geeigneten Arzt oder Krankenhaus **zugeführt** werden.⁸⁰

gg) Da die Untersuchungsmaßnahmen des § 81a einen schweren Eingriff in die Rechte des Beschuldigten bedeuten, ist durch das BVerfG die Notwendigkeit einer verfassungskonformen Auslegung dieser Vorschrift dahingehend verlangt worden, dass der **Verhältnismäßigkeitsgrundsatz** besonders zu beachten sei.⁸¹

hh) § 81a gilt **nur für den Beschuldigten** als zu untersuchende Person. Körperliche Untersuchungen anderer Personen dürfen ohne deren Einwilligung nur unter den wesentlich engeren Voraussetzungen des § 81c vorgenommen werden.

b) **Abgrenzungsfragen:** Abzugrenzen ist die körperliche Untersuchung von der Durchsuchung gem. § 102: Handelt es sich um eine Maßnahme, welche die Beschaffenheit des Körpers oder einzelner Körperteile (z.B. Blut oder Magensaft) feststellen soll, liegt eine Untersuchung im Sinne des § 81a Abs. 1 vor. Eine Durchsuchung gem. § 102 ist

---

73 KK-*Senge* § 81a Rn 6a f.
74 Z.B. durch Entkleiden; vgl. HK-*Brauer* § 81a Rn 7; ferner BGHSt 34, 39 (46).
75 Vgl. KMR-*Bosch* § 81a Rn 5 f.
76 Ausf. mit zahlreichen Bsp. und Nachweisen BeckOK-*Goers* § 81a Rn 15 ff.
77 *Krey* I Rn 549; *Pfeiffer* § 81a Rn 1; *Rogall* NStZ 1998, 66 (67 f.); vgl. EGMR StV 2006, 617 ff. m. Anm. *von Heintschel-Heinegg* JA 2006, 904 ff., *Schuhr* NJW 2006, 3538 ff., *K.Schumann* StV 2006, 661 ff.; vgl. auch BGH NJW 2012, 2453 (2454).
78 OLG Frankfurt NJW 1997, 1647; *Hackethal*, Der Einsatz von Vomitivmitteln zur Beweissicherung im Strafverfahren, 2005, 147 ff., 167 ff.; *Renzikowski* Amelung-FS 669 ff.
79 BayObLG NJW 1957, 272 (273); OLG Köln NStZ 1986, 234 (236); MK-*Trück* § 81a Rn 34 mwN.
80 Vgl. *Beulke/Swoboda* Rn 241; MK-*Trück* § 81a Rn 33. Die Frage, ob § 81a eine ausreichende Ermächtigungsgrundlage für eine mit der körperlichen Untersuchung zwangsläufig verbundene Freiheitsentziehung darstellt, hat das BVerfG ausdrücklich offen gelassen, NJW 2004, 3697 (3698).
81 BVerfGE 16, 194 (202); 27, 211; BVerfG NJW 2004, 3697 f.

hingegen anzunehmen, wenn am Körper oder in natürlich zugänglichen Körperöffnungen (z.B. Mund, After) nach Gegenständen gesucht werden soll.[82] Wird aber – wie in **Fall 2** – *im* Körper nach verschluckten Gegenständen gesucht und ist dies zum Schutze des Betroffenen nur unter Hinzuziehung eines Arztes möglich, liegt eine Untersuchung i.S.v. § 81a Abs. 1 vor.[83]

49 c) **Verwertbarkeit**: Die entnommenen Blutproben, Körperzellen usw. dürfen **nur für Zwecke eines anhängigen Strafverfahrens** verwendet werden. Das entnommene Material ist unverzüglich zu vernichten, wenn es für das Strafverfahren nicht mehr benötigt wird (§ 81a Abs. 3).

2. DNA-Analyse (§§ 81e, 81f) und DNA-Identitätsfeststellung (§ 81g)

50 a) **Molekulargenetische Untersuchung nach § 81e**:[84] aa) Die DNA-Analyse nach § 81e[85] ist die molekulargenetische Untersuchung von Körperzellen im Strafverfahren mit dem Ziel der Erstellung eines molekulargenetischen Identifizierungsmusters. Sie dient zur Identifizierung bzw. dem Ausschluss von Spurenverursachern („genetischer Fingerabdruck").[86] Das Untersuchungsergebnis erlaubt aber lediglich eine statistische Wahrscheinlichkeitsaussage, so dass die Würdigung aller relevanten Umstände durch das Gericht nicht entbehrlich ist.[87] Gleichwohl ist das Gericht nicht gehindert, seine Überzeugungsbildung allein auf eine DNA-Spur zu stützen: je geringer die Wahrscheinlichkeit ist, dass zufällig eine andere Person identische Merkmale aufweist (im Milliarden- oder Billionenbereich), desto höher kann das Tatgericht den Beweiswert einer Übereinstimmung einordnen und sich so von der Täterschaft überzeugen.[88]

51 b) **Voraussetzungen einer Maßnahme nach § 81e: aa)** Die zu beachtenden **materiellen Voraussetzungen** ergeben sich aus § 81e: Die DNA-Analyse erfolgt **entweder** an durch Maßnahmen nach § 81a Abs. 1 und § 81c Abs. 1 erlangtem – also bereits **personenspezifischem** – Material (Abs. 1) **oder** an aufgefundenem, sichergestelltem oder beschlagnahmtem **Spurenmaterial** (Abs. 2), jedoch stets **nur** für die Zwecke eines bereits **anhängigen Strafverfahrens, soweit** dies zur Sachverhaltserforschung **erforderlich** ist: Die DNA-Analyse ist dann zur Feststellung bestimmter Tatsachen zulässig, nämlich des DNA-Identifizierungsmusters, der Abstammung oder des Geschlechts. Die erhaltenen Ergebnisse dürfen dann mit Vergleichsmaterial abgeglichen werden. Auf die Feststellungen anderer Tatsachen gerichtete Untersuchungen sind hingegen unzulässig (§ 81e Abs. 1 S. 3).

52 bb) **Das Verfahren** der molekulargenetischen Untersuchung regelt § 81f. Danach steht nur die **Anordnung** der Untersuchung bereits **personenspezifischen** Materials (s.o. Rn 48) unter **Richtervorbehalt**; für die Untersuchung von **Spurenmaterial** besteht der Richtervorbehalt **nicht** (Abs. 1). Eingeschränkt wird der Richtervorbehalt auch hier durch die **Eilkompetenz** der StA und ihren Ermittlungspersonen.

---

82 *Meyer-Goßner/Schmitt* § 81a Rn 15; aA *Bosch* Jura 2014, 50 (51).
83 Zur Abgrenzung HK-*Brauer* § 81a Rn 6; *Ranft* Rn 719; *Meyer-Goßner/Schmitt* § 81a Rn 9.
84 Näher zu §§ 81e ff. *Pommer* JA 2007, 621; *Senge* NJW 2005, 3028.
85 Mit der Einführung der Vorschrift im Jahre 1997 – BGBl. I, 534 – wurde der frühere Streit, ob die DNA-Analyse als molekulargenetische Untersuchung von § 81a gedeckt ist, obsolet; vgl. hierzu BVerfG NJW 1996, 3071; BGHSt 37, 157; KK-*Senge* § 81e Rn 1 mwN.
86 *Meyer-Goßner/Schmitt* § 81e Rn 1.
87 BGHSt 38, 320 ff.
88 BGH NJW 2013, 2612; NStZ 2014, 475; BeckOK-*Goers* § 81e Rn 13; zur Vertiefung (Urteilsanforderungen beim DNA-Beweis) s. BGH NStZ 2016, 490; NJW 2018, 3192.

Bei der Untersuchung von Körperzellen der betroffenen Person ist die gerichtliche Anordnung entbehrlich, wenn diese **schriftlich eingewilligt** hat. Die einwilligende Person ist dafür über die Zweckverwendung der zu erhebenden Daten zu **belehren** (Abs. 1 S. 2). Die Anordnung ergeht **schriftlich** und bestimmt den mit der Untersuchung zu beauftragenden Sachverständigen (Abs. 2 S. 1).

c) § 81h erlaubt unter engen Voraussetzungen **Reihengentests** (sog. „Massenscreening"),[89] in deren Zuge Körperzellen entnommen, zur Feststellung des DNA-Identifizierungsmusters und des Geschlechts molekulargenetisch untersucht und die festgestellten Muster mit denen von vorhandenem Spurenmaterial automatisiert abgeglichen werden. Solche Tests sind ausschließlich auf **freiwilliger** Basis möglich, d.h. sie dürfen nur nach **schriftlicher Einwilligung** der Betroffenen durchgeführt werden. Auch hier hat das Gericht – ebenfalls schriftlich – über die Einwilligungsvoraussetzung zu belehren und darauf hinzuweisen, wie die Proben verwendet werden sollen (Abs. 4). Die für die Untersuchung erforderliche schriftliche richterliche Anordnung muss die betroffene Person anhand bestimmter Prüfungsmerkmale bezeichnen[90] und mit einer Begründung versehen sein (Abs. 2 S. 3).

Materielle Voraussetzungen für die Reihengentests sind gem. Abs. 1 zudem

- das Vorliegen des Verdachts eines Verbrechens gegen das Leben, die körperliche Unversehrtheit, die persönliche Freiheit oder die sexuelle Selbstbestimmung,
- die Vermutung, dass die zu testenden Personen bestimmte auf den Täter zutreffende Prüfungsmerkmale erfüllen,
- die Erforderlichkeit des Tests zur Feststellung, ob das Spurenmaterial von diesen Personen oder von ihren Verwandten (in gerader oder Seitenlinie bis zum dritten Grad[91]) stammt,
- die Wahrung der Verhältnismäßigkeit zwischen der Anzahl der von der Untersuchung betroffenen Personen und der Schwere der Tat.

Sind die festgestellten DNA-Identifizierungsmuster zur Aufklärung des Verbrechens nicht mehr notwendig, d.h. steht also nach dem Ergebnis der Untersuchung fest, dass Personen aus dem Teilnehmerkreis als Spurenleger ausscheiden, sind sowohl die entnommenen Körperzellen als auch Aufzeichnungen über die Untersuchung unverzüglich zu vernichten bzw. zu löschen (Abs. 3).

d) **DNA-Identitätsfeststellung nach § 81g: aa)** Im Unterschied zu § 81e ist § 81g die Rechtsgrundlage für die Erhebung und Speicherung[92] molekulargenetischer Identifizierungsmuster für **Zwecke künftiger Strafverfahren**, also zu erkennungsdienstlichen Zwecken. Daraus wird teilweise gefolgert, § 81g stelle – ähnlich wie § 81b – einen Fremdkörper in der StPO dar.[93] Nach Auffassung des BVerfG dient die Vorschrift jedoch der (künftigen) Strafverfolgung und nicht der Gefahrenabwehr; es handele sich bei ihr um genuines Strafprozessrecht.[94]

---

[89] Lesenswert der prüfungsorientierte Aufsatz *Saliger/Ademi* JuS 2008, 193 ff.
[90] Z.B. Alter, Geschlecht, Haar- und Augenfarbe, die Haltereigenschaft eines bestimmten Kraftfahrzeugtyps, vgl. dazu *Graalmann-Scherer* NStZ 2004, 297 (300); *Senge* NJW 2005, 3028 (3032).
[91] Cousins und Cousinen fallen daher aus dem Anwendungsbereich der Vorschrift, vgl. *Beulke/Sowada* Rn 242b; *Niederhuber* JA 2018, 169.
[92] § 81g Abs. 5: datenmäßige Erfassung der bei der Analyse gewonnenen Befunde in der DNA-Analyse-Datei des BKA.
[93] Vgl. nur *Meyer-Goßner/Schmitt* § 81g Rn 2 mwN.
[94] BVerfGE 103, 21 (31).

55 bb) Zur Entnahme der Körperzellen bedarf es gem. § 81g Abs. 3 einer **richterlichen Anordnung** ebenfalls nur in Fällen, in denen keine schriftliche Einwilligung der betroffenen Person vorliegt.[95] Der StA und ihren Ermittlungspersonen steht die **Eilkompetenz** zu, die sich allerdings nur **auf die Entnahme von Körperzellen** erstreckt: Nur hier kann, anders als bei der dem Richter vorbehaltenen Anordnung der molekulargenetischen Untersuchung, ein Beweismittelverlust durch die zeitaufwändige Einschaltung des Gerichts zu besorgen sein. Die einwilligende Person ist über den Verwendungszweck der Daten zu **belehren**.

56 cc) Die Maßnahme darf sich – im Unterschied zu § 81e – grundsätzlich **nur gegen den Beschuldigten** richten. Die Beschuldigung muss sich auf eine Straftat von erheblicher Bedeutung[96] oder eine Straftat gegen die sexuelle Selbstbestimmung[97] beziehen.
Eine **Ausnahme** des Beschuldigtengrundsatzes bedeutet § 81g Abs. 4, der die Anwendung der Vorschrift auf bereits **verurteilte Personen** erweitert.[98]

57 dd) Voraussetzung ist ferner eine sog. **Negativprognose**, d.h. es muss wegen der Art oder der Ausführung der Tat, der Persönlichkeit des Beschuldigten oder sonstiger Erkenntnisse Grund zu der Annahme bestehen, dass gegen den Beschuldigten künftig Strafverfahren wegen einer Straftat von erheblicher Bedeutung zu führen sind (§ 81g Abs. 1 S. 1), für die das DNA-Identifizierungsmuster einen Aufklärungsansatz durch einen (künftigen) Spurenvergleich bieten kann.[99]

3. Untersuchung anderer Personen (§ 81c)

58 a) **Allgemeines:** Die verhältnismäßig umfangreiche Vorschrift des § 81c regelt die Untersuchung anderer Personen als derjenigen des Beschuldigten:

- Abs. 1, 2 und 4 legen die **materiellen** Voraussetzungen der Untersuchung fest, während
- Abs. 5 und 6 die entsprechenden **formellen** Voraussetzungen enthalten.
- Abs. 3 normiert ein **Untersuchungsverweigerungsrecht**.

59 b) **formelle Voraussetzungen:** Allgemein bedarf die Untersuchung anderer Personen einer richterlichen **Anordnung** (Abs. 5); StA und ihre Ermittlungsperson sind jedoch **eilzuständig**.
Unmittelbarer Zwang ist nur bei Gefahr im Verzuge zulässig, wobei hier eine vorherige **richterliche Anordnung** notwendig ist (Abs. 6).

60 c) **materielle Voraussetzungen nach § 81c Abs. 1: aa)** Der Kreis der Personen, die nach Abs. 1 verpflichtet sind, Maßnahmen nach § 81c zu dulden, bestimmt sich nach dem **Zeugengrundsatz**. Das bedeutet aber nicht, dass ausschließlich Personen mit der bereits entsprechenden verfahrensrechtlichen Stellung duldungspflichtig sind; auch *potenzielle* Zeugen können Gegenstand der Maßnahme sein.[100] Vernehmungsfähigkeit ist

---

[95] Zu der aus dem Verzicht auf den Richtervorbehalt bei Einwilligung des Betroffenen resultierenden Problematik, wer für die gem. § 81g Abs. 1 S. 1 aufzustellende Gefahrprognose zuständig ist, vgl. *Senge* NJW 2005, 3029 (3031).
[96] Verbrechen und schwerwiegende Vergehen; Übersicht über mögliche Anlasstaten mN bei BeckOK-*Goers* § 81g Rn 2.1.
[97] 13. Abschnitt des StGB.
[98] S. dazu BVerfG StV 2017, 497 m. Bespr. *Mosbacher* JuS 2016, 129.
[99] BVerfGE 103, 21 (37). Auch eine wiederholte Begehung von Straftaten, die für sich genommen keine erheblichen im Sinne des Gesetzes sind, steht in ihrer Addition einer erheblichen Straftat gleich.
[100] KK-*Senge* § 81c Rn 1.

§ 8 Eingriffs- bzw. Zwangsmaßnahmen

hierbei nicht notwendig. Daher können auch Menschen mit geistiger Behinderung, Kleinkinder und sogar Säuglinge auf Grundlage des § 81c untersucht werden.[101]

bb) Weiterhin gilt in Abs. 1 der **Spurengrundsatz**, d.h. Zweck der körperlichen Untersuchung darf nach § 81c Abs. 1 nur die Suche nach Spuren oder Tatfolgen sein:[102]

61

- Der Begriff der „**Spuren**" meint dabei alle unmittelbar durch die Tat verursachten Veränderungen am Körper, die **Rückschlüsse** auf den **Täter** oder die **Tatausführung** ermöglichen. Exemplarisch: Wunden, die auf die Art der verwendeten Tatwaffe schließen lassen, ferner Spermien oder Hautpartikel unter den Fingernägeln.
- Dagegen sind „**Tatfolgen**" zwar ebenfalls Veränderungen am Körper des Opfers, doch können diese sowohl mittelbar als auch unmittelbar durch die Tat verursacht worden sein und geben im Unterschied zu den Spuren **keine Hinweise auf** die **Tatausführung** oder auf den Täter, z.B. Hautabschürfungen oder Zahnlücken.

cc) Der Wortlaut des § 81c nennt als zulässige Maßnahme explizit nur die „**Untersuchung**". Im insoweit eindeutigen Zusammenhang mit § 81a ist damit aber auch hier lediglich eine „**körperliche** Untersuchung" gemeint,[103] so dass auch § 81c nicht zu körperlichen **Eingriffen**, die über eine körperliche Untersuchung hinausgehen (z.B. Magenauspumpen, Röntgenaufnahmen), ermächtigt.[104] Mangels „Körperlichkeit" der Untersuchung unterfallen psychiatrische und psychologische Untersuchungen von Zeugen zur Feststellung ihrer Glaubwürdigkeit nicht § 81c.[105]

62

dd) Die Untersuchung muss für den Betroffenen gem. Abs. 4 **zumutbar** sein. Im Allgemeinen ist die Zumutbarkeit nur zu bejahen, wenn die Untersuchung von einem Arzt durchgeführt wird und dieser die Regeln der ärztlichen Kunst beachtet.[106]

63

d) **Voraussetzungen nach § 81c Abs. 2**: Im Unterschied zu Abs. 1 gilt hier der **Aufklärungsgrundsatz**, so dass es gleichgültig ist, ob der Betroffene hier auch als Zeuge in Betracht kommt.[107] So sind hier gestattet v.a. Untersuchungen zur **Abstammungsfeststellung** (z.B. Lichtbildaufnahmen, Messungen und Fingerabdrücke zur Erstellung erbbiologischer Gutachten). Des Weiteren lässt die Vorschrift die Entnahme von **Blutproben** (als körperlicher *Eingriff* durch Ärztin oder Arzt) ohne Einwilligung des Betroffenen zu.

64

Unzulässig sind Maßnahmen nach Abs. 2, wenn **Nachteile für die Gesundheit** des Betroffenen zu erwarten sind. Dies ist bei einer ärztlich durchgeführten Blutprobe in der Regel zu verneinen[108]. Ferner muss die Maßnahme **unerlässlich** sein, was anzunehmen ist, wenn ohne sie die Ermittlung der Wahrheit ausgeschlossen erscheint.[109] Wie in Abs. 1 ist auch bei Abs. 2 weitere Voraussetzung für eine zulässige Maßnahme deren **Zumutbarkeit** für den Betroffenen (§ 81c Abs. 4).

65

---

101 KMR-*Bosch* § 81c Rn 6; KK-*Senge* § 81c Rn 1; ausf. MK-*Trück* § 81c Rn 6 ff.
102 S. zu Spuren und Tat mit weiteren Beispielen nur LR-*Krause* § 81c Rn 14; MK-*Trück* § 81c Rn 10.
103 BeckOK-*Goers* § 81c Rn 4 f.; LR-*Krause* § 81c Rn 19; *Meyer-Goßner/Schmitt* § 81c Rn 16; KK-*Senge* § 81c Rn 3; AnwK-*Walther* § 81c Rn 6.
104 KMR-*Bosch* § 81c Rn 9; LR-*Krause* § 81c Rn 19; SK-*Rogall* § 81c Rn 19; KK-*Senge* § 81c Rn 4.
105 KMR-*Bosch* § 81c Rn 12; LR-*Krause* § 81c Rn 8; KK-*Senge* § 81c Rn 9.
106 *Meyer-Goßner/Schmitt* § 81c Rn 17; KK-*Senge* § 81c Rn 7.
107 Anders ggf., wenn der Betroffene z.B. Bluter ist, vgl. nur LR-*Krause* § 81c Rn 24; zum Fall akuter Spritzenphobie OLG Koblenz NJW 1976, 379.
108 LR-*Krause* § 81c Rn 25.
109 Vgl. LR-*Krause* § 81c Rn 26; SK-*Rogall* § 81c Rn 38.

66 **e) Untersuchungsverweigerungsrecht und Belehrungspflicht nach § 81c Abs. 3:** Abs. 3 gewährt den Betroffenen ein mit dem Zeugnisverweigerungsrecht des § 52 korrespondierendes Untersuchungsverweigerungsrecht, über das sie freilich zu belehren sind. Hingegen kommen die weiteren Zeugnis- und Auskunftsverweigerungsrechte nach hM als Grundlage für ein Untersuchungsverweigerungsrecht nicht in Betracht.[110]

67 **f) Ordnungsmittel, Verwertungsverbot, Beweissicherung, § 81c Abs. 5 und 6:** Im Falle der Weigerung des Betroffenen besteht schließlich die Möglichkeit, bestimmte Ordnungsmittel zu verhängen (Abs. 6). Des Weiteren besteht ein Verwertungsverbot hinsichtlich des für andere Zwecke entnommenen Materials; wegen des Verweises auf § 81a Abs. 3 gilt hier auch dessen **Vernichtungsregelung** (Abs. 5).

4. Unterbringung des Beschuldigten zur Beobachtung (§ 81)

68 **a) Allgemeines:** Die Unterbringung in einem öffentlichen psychiatrischen Krankenhaus zur Beobachtung des Beschuldigten dient der Vorbereitung eines Gutachtens über seinen psychischen Zustand.

69 **b) Voraussetzungen: aa)** Die Unterbringung bedarf einer **Anordnung**, aus der sich ergibt, welche Zweifel an der Schuld- oder Verhandlungsfähigkeit des Beschuldigten bestehen und warum eine Klärung dieser Zweifel nur durch Beobachtung möglich ist.[111] **Zuständig** für die Anordnung ist das für das Hauptverfahren zuständige **Gericht**. Es ordnet die Unterbringung von Amts wegen an.

70 **bb) Anhörungen** sind im Rahmen der formellen Voraussetzungen vor der gerichtlichen Entscheidung in **dreifacher** Hinsicht erforderlich:

- Zu befragen ist zunächst ein **Sachverständiger** (Abs. 1), der zugleich der später für die Beobachtung zuständige Arzt sein und sich vor seiner Stellungnahme zur Notwendigkeit der Unterbringung des Beschuldigten einen persönlichen Eindruck von diesem verschaffen soll.[112]
- Notwendig ist ferner die Anhörung des **Verteidigers**, dessen Mitwirkung in § 140 Abs. 1 Nr 6 vorgeschrieben ist.
- Schließlich ist auch die Anhörung der StA notwendig (§ 33 Abs. 2).

71 **cc)** Untergebracht werden darf nur der **Beschuldigte**, gegen den ein **dringender Tatverdacht** besteht.

72 **dd) Beweisthema** kann die Feststellung der Schuldfähigkeit (§§ 20, 21 StGB) des Beschuldigten sein. Ferner kommen die Feststellungen der psychisch bedingten Verhandlungsunfähigkeit oder der Allgemeingefährlichkeit (§§ 63, 66 Abs. 1 Nr 4 StGB) in Betracht. Nicht zulässig ist die Unterbringung zur Prüfung der Glaubwürdigkeit[113] oder zur Rekonstruktion einer vorübergehenden Bewusstseinsstörung infolge Alkohol- oder Medikamentengenusses (Trinkversuch).[114]

---

110 Für §§ 53, 53a, 54 etwa HK-*Brauer* § 81c Rn 19; LR-*Krause* § 81c Rn 38; *Meyer-Goßner/Schmitt* § 81c Rn 22 f.; KK-*Senge* § 81c Rn 10; für § 55 (da als *Auskunfts*verweigerungsrecht schon vom Wortlaut ausgeschlossen) *Meyer-Goßner/Schmitt* § 81c Rn 23; KK-*Senge* § 81c Rn 10 mwN; aA *Krause* JZ 1976, 124; *Rogall* Schroeder-FS 691 (715).
111 OLG Frankfurt StV 1986, 51; LR-*Krause* § 81 Rn 36; *Meyer-Goßner/Schmitt* § 81 Rn 24.
112 *Roxin/Schünemann* § 33/4; *Meyer-Goßner/Schmitt* § 81 Rn 10 f.
113 BGH JR 1955, 472; OLG Celle StV 1987, 518; KK-*Senge* § 81 Rn 1 mwN.
114 BGH MDR 1966, 383; KK-*Senge* § 81 Rn 1.

ee) Entsprechend § 81 Abs. 2 S. 2 muss die Unterbringung in Einklang mit dem Grundsatz der **Verhältnismäßigkeit** stehen, d.h. sie darf für den Beschuldigten nicht schwerer wiegen als die für die Straftat zu erwartende Strafe oder Maßregel.[115] Sie ist nur zulässig, wenn der psychische Zustand des Beschuldigten nicht anders beurteilt werden kann.[116] Die stationäre Unterbringung des Beschuldigten darf die Dauer von **sechs Wochen** nicht überschreiten(Abs. 5).

c) Abgrenzung zu § 81a: Eine gerichtliche Anordnung auf der Grundlage des § 81 ist von einer Anordnung nach § 81a abzugrenzen. Die Untersuchung des Beschuldigten auf seinen Geisteszustand ist sowohl nach § 81 als auch nach § 81a möglich. Während jedoch § 81a zwar eine körperliche Untersuchung, aber grds. keine stationäre Unterbringung und damit keine Freiheitsentziehung des Beschuldigten gestattet,[117] erlaubt § 81 zwar eine stationäre Beobachtung, aber keine körperliche Untersuchung und damit keinen Eingriff in die körperliche Unversehrtheit.[118]

V. Verdeckte Zwangs- bzw. Ermittlungsmaßnahmen

1. Zum Grundrechtsschutz bei verdeckten Maßnahmen

Verdeckte Maßnahmen betreffen die jeweilige Zielperson in besonderem Maße: Hier wird i.d.R. massiv in grundrechtlich geschützte Lebensbereiche eingegriffen (Observationen; Abhörmaßnahmen) und es werden zahlreiche Erkenntnisse aus der Persönlichkeitssphäre der Betroffenen erlangt. Daher enthält **§ 101** grundrechtssichernde Verfahrensregelungen für zahlreiche verdeckte Maßnahmen, darunter auch für die im Folgenden behandelten.
Danach sind durch die jew. Maßnahme erlangte personenbezogene Daten zu **kennzeichnen** und zu **löschen**, sobald sie zur Strafverfolgung nicht mehr benötigt werden. Die Vorschrift sieht darüber hinaus bestimmte Benachrichtigungspflichten vor.

2. Längerfristige Observation (§ 163f)

a) Allgemeines:[119] Nach der **Legaldefinition** des § 163f ist die längerfristige Observation eine planmäßig angelegte Beobachtung des Beschuldigten, die länger als durchgehend 24 Stunden dauert oder mit Unterbrechung an mehr als zwei Tagen stattfindet (Abs. 1 S. 1).
Abzugrenzen ist die längerfristige von der **kurzfristigen** Observation. Letztere wird auf die **Ermittlungsgeneralklausel**[120] gestützt. § 163f stellt ausschließlich auf die Dauer der Observation ab und trifft keine Unterscheidung nach der **Art** der Überwachungsmethode.[121] Daher gilt die Vorschrift für jede längerfristige Observation unabhängig davon, ob sie **mit oder ohne technische Mittel** (i.S.d. § 100h Abs. 1 Nr 2) durchgeführt wird.

---

115 LR-*Krause* § 81 Rn 14; s. ferner BGH NJW 2002, 282; *Eisenberg* NStZ 2015, 433.
116 BVerfGE 17, 108 (117); BVerfG StV 2001, 657.
117 Zu den Ausnahmen HK-*Brauer* § 81a Rn 19.
118 BGHSt 8, 144; BGH NJW 1968, 2297 f.
119 Vertiefend zur Struktur verdeckter Ermittlungsmaßnahmen *Zöller* ZStW 124 (2012), 411 ff.
120 §§ 161 Abs. 1 S. 1, 163 Abs. 1 S. 2.
121 Diff. *Hohenhaus*, Die strafprozessuale Observation, 2006, 210 ff.

77 b) **Voraussetzungen: aa)** Die längerfristige Observation bedarf
- der **richterlichen Anordnung** (Abs. 3 S. 1); **StA** und deren Ermittlungspersonen kommt auch hier eine **Eilzuständigkeit** zu. In letzterem Fall muss die Anordnung binnen dreier Tage durch das Gericht bestätigt werden; ansonsten tritt sie außer Kraft (Abs. 3 S. 2).
  - Die Anordnung muss **schriftlich** ergehen, (Abs. 3 S. 3, § 100e Abs. 3 S. 1).
  - Sie ist auf höchstens **drei Monate** zu befristen, kann aber um jeweils wieder drei Monate verlängert werden, soweit die Voraussetzungen der Anordnung unter Berücksichtigung der gewonnenen Ergebnisse weiter fortbestehen (Abs. 3, § 100e Abs. 1 S. 4,5).

78 **bb)** Für die Durchführung der längerfristigen Observation ist das Vorliegen des Anfangsverdachts einer **Straftat von erheblicher Bedeutung** notwendig.[122]
Des Weiteren ist die qualifizierte **Subsidiaritätsklausel** des zu beachten:[123] Die Maßnahme darf nur durchgeführt werden, wenn andere Maßnahmen *erheblich* weniger Erfolg versprechend wären (§ 163f Abs. 1 S. 2).

79 **cc)** Die Observation kann sich
- gegen den **Beschuldigten**[124] selbst (Abs. 1 S. 1) oder
- seine **Kontaktpersonen** richten (Abs. 1 S. 3).
- Sie darf sogar **unbeteiligte** Dritte *treffen* (Abs. 2). V.a. bei Observationen im öffentlichen Raum ist dies auch unvermeidbar.

dd) Zu den **grundrechtssichernden Verfahrensregeln** des § 101 s.o. Rn. 75.

3. Überwachung der Telekommunikation (§§ 100a)

80 **a) Allgemeines:** Unter Telekommunikation ist nach hM der technische Vorgang des Aussendens, Übermittelns und Empfangens von Nachrichten jeglicher Art in Form von Zeichen, Sprache, Bildern oder Tönen mittels Telekommunikationsanlagen zu verstehen (vgl. § 3 Nr 22, 23 TKG)[125]. § 100a ermöglicht den Ermittlungsbehörden die Überwachung der Telekommunikation, sei es durch das klassische „Anzapfen" von Telekommunikationsleitungen, sei es über den Eingriff in informationstechnische Systeme der Überwachungsadressaten.
Die Vorschrift unterliegt – fast traditionell – **häufiger Veränderung**, v.a. mit Blick auf den Anlasstatenkatalog des Abs. 2. Bei der praktischen Arbeit mit der Regelung sollte man sich hier ganz besonders[126] des zum Beurteilungszeitpunkt geltenden Gesetzes vergewissern (Altfälle!).[127]
Zur Prüfung der Rechtmäßigkeit einer TKÜ-Maßnahme reicht die Konzentration auf die eigentliche Ermächtigungsgrundlage allerdings nicht aus: Die **Voraussetzungen** der Telekommunikationsüberwachung ergeben sich aus den §§ **100a** *und* 100d, 100e; zu den **grundrechtssichernden Verfahrensregeln** des § **101** s.o. Rn. 75.

---

[122] SK-*Wolter* § 163f Rn 6; näher *Hohenhaus*, Die strafprozessuale Observation, 2006, 213 ff.
[123] Näher *Hohenhaus*, Die strafprozessuale Observation, 2006, 218 ff.
[124] Der stattdessen in § 163f Abs. 1 S. 2 verwendete Begriff des *Täters* ist als Vorwegnahme eines Verfahrensergebnisses verfehlt; dazu ausf. *Hohenhaus*, Die strafprozessuale Observation, 2006, 223 ff.
[125] S. nur mwN BVerfG NJW 2016, 3508; aA etwa *Böckenförde*, Die Ermittlung im Netz, 2003, 435 f.; *Fezer*, NStZ 2003, 625 (627); *Meyer-Goßner/Schmitt* § 100a Rn 6.
[126] Man sollte dies freilich auch sonst immer tun.
[127] Schöner Abriss über die Rechtsentwicklung bei BeckOK-*Graf* § 100a Rn 9 ff.

§ 8 Eingriffs- bzw. Zwangsmaßnahmen

b) Voraussetzungen:

aa) Die **formellen** Voraussetzungen für Maßnahmen nach §§ 100a bis 100c sind gebündelt in § 100e geregelt. Die Überwachungsmaßnahme nach § 100a bedarf danach

- einer **gerichtlichen Anordnung** (Abs. 1 S. 1),
  - die **StA** (beachte: *nicht* auch deren Ermittlungspersonen!) hat entsprechende Kompetenz nur im Rahmen der üblichen **Eilzuständigkeit** (Abs. 1 S. 2);
  - hier muss die gerichtliche Bestätigung innerhalb von drei Tagen erfolgen (Abs. 1 S. 3).
- Die Anordnung hat **schriftlich** zu ergehen und
  - **bestimmte Angaben**, insb. über die dem Beschuldigten zur Last gelegte Straftat, Grund und Umfang der Überwachung und über ihre Unentbehrlichkeit enthalten (Abs. 3).

bb) Die Überwachung und Aufzeichnung der Telekommunikation ist nur bei Vorliegen eines Anfangsverdachts hinsichtlich einer der in § 100a Abs. 1 Nr 1, Abs. 2 abschließend aufgelisteten **Katalogtaten** möglich.[128]

cc) Des Weiteren ist erforderlich, dass die Tat, wegen der die Überwachung angeordnet wird, **im Einzelfall schwer wiegt** (§ 100a Abs. 1 Nr 2).[129] Der Katalog des Abs. 2 ist also lediglich Indiz für die Schwere der vermeintlichen Straftat, die auf zweiter Stufe mit Blick auf den konkret verfolgten Sachverhalt bewertet werden muss. Exemplarisch: Ob A über lange Zeit hinweg Dutzende von Banknoten fälscht oder ob er einmalig Münzen zur Bedienung eines Getränkeautomaten nachmacht, ändert nichts an der Beurteilung seines Verhaltens als tatbestandsmäßig iSv § 146 StGB. Jedoch scheint es in der Tat unangemessen, derart einschneidende Ermittlungsmaßnahmen wie die Telekommunikationsüberwachung im Falle der „kleinen" Falschmünzerei anzuordnen.

dd) Die Maßnahme darf nur dann angeordnet werden, wenn die Erforschung des Sachverhalts oder die Ermittlung des Aufenthaltsortes des Beschuldigten auf andere Weise **wesentlich erschwert oder aussichtslos** wäre (§ 100a Abs. 1 Nr 3).

ee) 100d Abs. 1 formuliert schließlich die **negative** Voraussetzung, dass keine tatsächlichen Anhaltspunkte für die Annahme vorliegen dürfen, dass durch eine Überwachungsmaßnahme allein Erkenntnisse aus dem **Kernbereich privater Lebensgestaltung** erlangt würden (**Kernbereichsschutz**).[130]

ff) Die Maßnahme richtet sich

- gegen den **Beschuldigten** (§ 100a Abs. 3), selbst wenn seine Identität noch nicht feststeht.[131]
- Sie darf aber auch **andere Personen** erfassen, von denen aufgrund bestimmter Tatsachen anzunehmen ist,
  - dass sie für den Beschuldigten bestimmte oder von ihm herrührende Mitteilungen entgegennehmen oder weitergeben (sog. **Nachrichtenmittler**) oder
  - dass der Beschuldigte ihren **Anschluss benutzt**.

---

[128] S. dazu *Eisenberg* JA 2017, 462.
[129] Mit der Einfügung dieser Voraussetzung hat der Gesetzgeber eine Vorgabe des BVerfG umgesetzt; vgl. BVerfGE 107, 299 (322).
[130] Vgl. insbesondere zur Rechtsprechung des BVerfG zum Kernbereichsschutz *Baldus* JZ 2008, 218 ff.; krit. zu Begriff und Handhabung vor allem durch die Rechtsprechung *Rogall* Fezer-FS 61.
[131] BeckOK-*Graf* § 100a Rn 139; *Wolff/Neumann* NStZ 2003, 404 (405).

– Die Überwachung dieser Personen ist **auch** dann zulässig, wenn sie nach § 52 zeugnisverweigerungsberechtigt sind.[132]

Für die Überwachung der in § 53 genannten **Berufsgeheimnisträger** gilt § 160a.[133] Der Telefonanschluss des **Verteidigers** darf wegen § 148 **grds.** nicht abgehört werden,[134] und zwar auch dann nicht, wenn er selbst dem Verdacht einer Tatbeteiligung unterliegt, es sei denn, er wurde nach § 138a Abs. 1 Nr 1 von der Mitwirkung am Verfahren ausgeschlossen.[135]

84 **gg)** Die Maßnahme darf nicht länger als **drei Monate** andauern, kann jedoch mehrmals verlängert werden (§ 100e Abs. 1 S. 4, 5).[136]

85 **c) Ablauf:** Zuständig für die Durchführung der Überwachungsmaßnahme ist gem. § 36 Abs. 2 die **StA**. Sie teilt dem (**zur Mitwirkung verpflichteten**, § 100a Abs. 4) **Telekommunikationsdienstleistenden** die Anordnung mit – in schriftlicher Form; in Eilfällen mündlich – und benachrichtigt die Polizei, welche die Abhörstelle einrichtet und die erforderlichen Geräte bereitstellt.[137] Der verpflichtete Telekommunikationsdienstleistende hat sodann die technischen Einrichtungen zur Umsetzung von Überwachungsmaßnahmen auf eigene Kosten zu gestalten und die notwendigen Schaltungen vorzunehmen.[138] Die **Kenntnisnahme** vom Inhalt der Mitteilung durch Abhören ist nur dem Gericht, der StA und ihren Ermittlungspersonen gestattet.[139]

86 Die Maßnahme ist **unverzüglich zu beenden,** wenn die Voraussetzungen des § 100a nicht mehr vorliegen (§ 100e Abs. 5 S. 1). Gem. § 101 Abs. 8 S. 1 sind die für die Strafverfolgung nicht oder nicht mehr benötigten Materialien unverzüglich zu **vernichten**. Die Betroffenen sind nachträglich von der Überwachungsmaßnahme zu **benachrichtigen** (§ 101 Abs. 4 Nr 3).[140]

87 **d) aa)** Den früheren Streit[141] um die Zulässigkeit der sog. **Quellen-TKÜ**[142] gem. § 100a, also dem Zugriff am Endgerät der Zielperson, insb. um die Überwachung der i.d.R. verschlüsselt erfolgenden Kommunikation zu einem Zeitpunkt zu ermöglichen, zu dem die Daten noch nicht bzw. nicht mehr verschlüsselt sind, hat der Gesetzgeber durch Aufnahme einer entsprechenden Regelung in § **100a Abs. 1 S. 2, 3** i.S.d. der bisherigen hM entschieden.

88 **bb) zusätzliche Voraussetzungen der Quellen-TKÜ** (§ 100a Abs. 5, 6)

Beim Einsatz technischer Mittel zur Durchführung der Quellen-TKÜ muss nach Abs. 5 **technisch sichergestellt** werden, dass

---

132 *Beulke* Jura 1986, 642 (644); *Meyer-Goßner/Schmitt* § 100a Rn 18; *Werle* JZ 1991, 482 (483).
133 Ausf. KK-*Bruns* § 100a Rn 41 ff.
134 BGHSt 33, 347 (349); *Beulke/Swoboda* Rn 254; *Roxin/Schünemann* § 36/12; *Welp* NStZ 1986, 294 (295).
135 *Beulke* Jura 1986, 642 (646); die Rechtsprechung folgt dem im Ergebnis, vgl. BVerfG NJW 2007, 2749 und 2752; JuS 2007, 953; aA *Meyer-Goßner/Schmitt* § 100a Rn 21.
136 Die Frist beginnt bereits mit dem Erlass der Anordnung, nicht erst mit deren Vollzug; s. BGHSt 44, 243; *Fezer* JZ 1999, 526.
137 *Meyer-Goßner/Schmitt* § 100a Rn 23.
138 Die entsprechenden Regelungen finden sich in der „Verordnung über die technische und organisatorische Umsetzung von Maßnahmen zur Überwachung der Telekommunikation (TKÜV) i.d.F. v. 11.7.2017, BGBl. I 3202.
139 *Joecks* JA 1983, 59 (60).
140 Zur teilweisen Verfassungswidrigkeit von § 101 im Hinblick auf Art. 19 IV GG und Art. 103 Abs. 1 GG s. BVerfG NJW 2004, 999 (1015 ff.).
141 S. dazu mit zahlreichen Nachweisen nur die Voraufl. § 8/83.
142 Schöner und umf. Überblick bei BeckOK-*Graf* § 100a Rn 105 ff.

- lediglich die **laufende** Telekommunikation (Nr 1a)
- oder **gespeicherte** Kommunikationsinhalte aufgezeichnet werden (Nr 1b), soweit
  - diese ab dem **Zeitpunkt der Anordnung** anfallen und
  - auch während des laufenden Kommunikationsvorganges hätten aufgezeichnet werden können. In der Praxis betrifft dies v.a. **Messenger-Mitteilungen**.[143]
- Weiter müssen die **Veränderungen** am überwachten System
  - zur Durchführung der Maßnahme **unerlässlich** sein (Nr 2) und
  - bei Beendigung der Maßnahme nach Möglichkeit automatisch **rückgängig** gemacht werden (Nr 3).

Schließlich ist dafür Sorge zu tragen, dass sowohl die eingesetzten technischen Mittel wie auch die erhobenen Daten frei von **Manipulationen** gehalten werden (Abs. 5 S. 2). Abs. 6 bestimmt besondere **Protokollierungspflichten**.

e) **Umfang der Verwertung und Verwertungsverbote: aa)** Die Überwachungsmaßnahme gem. § 100a umfasst nach **hM**, die ein **weites** Verständnis von „Telekommunikation" hat, jegliche Art der Nachrichtenübermittlung:[144] Neben den klassischen Formen der Telekommunikation des Telefonierens und Fernschreibens, werden daher außerdem die in einem **Mailboxsystem** gespeicherten Daten und E-Mails, sofern sie sich noch im Speicher des Providers befinden[145] oder auch Messenger-Mitteilungen erfasst. Nach Auffassung des BVerfG soll sogar die Überwachung der **Internetnutzung** überhaupt unter § 100a verfassungsgemäß sein.[146]

bb) **Zufallserkenntnisse** dürfen nur verwendet werden, wenn die dadurch ermittelte Straftat ebenfalls eine **Katalogtat** des § 100a ist (s. § 477 Abs. 2 S. 2).[147]

cc) „**Raumgespräche**" / Hintergrundgespräche

Zur eigentlichen Telekommunikation gehören nur die unmittelbar mit dem einzelnen Kommunikationsvorgang verbundenen Vorgänge.[148] Erkenntnisse aus Gesprächen, deren Abhören bei der Telefonüberwachung nur deshalb möglich war, weil **versehentlich der Hörer nicht aufgelegt** wurde (sog. Raumgespräche), sind nicht verwertbar.[149] **Anders** soll nach **der Rspr.** dann zu entscheiden sein, wenn es um die Verwertung von reinen **Hintergrundgesprächen** oder -geräuschen geht.[150]

Keine Telekommunikationsüberwachung gem. § 100a liegt vor, wenn ein Anschlussbenutzer einem Polizeibeamten das **Mithören** eines Telefongesprächs erlaubt, ohne dass

---

143 BeckOK-*Graf* § 100a Rn 123.
144 BVerfG NJW 2016, 3508 m. krit. Anm. *Eidam*; BGH NStZ 1997, 247; NStZ-RR 2011, 148; *Sankol* JuS 2006, 698 (699); *Singelstein* NStZ 2012, 593 (597 f.).
145 *Beulke/Swoboda* Rn 253a f.; *Meyer-Goßner/Schmitt* § 100a Rn 6a f., jew. mwN. Sofern sich die Daten schon auf dem Datenträger des Empfängers befinden, besteht dagegen die Möglichkeit der Beschlagnahme des Datenträgers gem. § 94, s. *Kudlich* JA 2000, 227 (229); *Sankol* JuS 2006, 698 (699); *Singelstein* NStZ 2012, 593 (597 f.).
146 BVerfG NJW 2016, 3508 m. krit. Anm. *Eidam* und *Hiéramente* HRRS 2016, 448.
147 Solche Erkenntnisse können jedoch Anlass zu weiteren Ermittlungen zum Zwecke der Erlangung neuer Beweismittel sein, BVerfG NJW 2005, 2766; BGH NStZ 1998, 426 (427); *Allgayer* NStZ 2006, 603 (605 ff.); *Sankol* JuS 2006, 698 (701); aA *Beulke/Swoboda* Rn 476, 482.
148 KK-*Bruns* § 100a Rn 54.
149 BGHSt 31, 296; aA BGH StV 2003, 483; ausf. *Sankol* MMR 2007, 692.
150 BGH NStZ 2008, 473 f. m. abl. Anm. *Prittwitz* StV 2009, 437; BeckOK-*Graf* § 100a Rn 184.

der Gesprächspartner hiervon Kenntnis hat. Eine Verwertung ist ohne Weiteres möglich.[151]

Das **Verwertungsverbot** ist nach Auffassung der Rspr. für den Angeklagten **disponibel**.[152] Daher muss der Tatrichter die Verwertbarkeit zu Beweiszwecken nur dann prüfen, wenn der Angeklagte der Verwertung rechtzeitig widerspricht („Widerspruchslösung").

92 f) **Berichtspflichten:**[153] § 101b ordnet zum Schutz der durch die Abhörmaßnahmen Betroffenen eine besondere Berichtspflicht an. Danach haben die Länder und der Generalbundesanwalt gem. dem **Bundesamt für Justiz** kalenderjährlich Bericht über die angeordneten Maßnahmen nach §§ 100a, 110b, 100c und 100g zu erstatten, und zwar u.a. über Anzahl der Verfahren, Anlass, Umfang, Dauer, Ergebnis und Kosten, die erfolgten Benachrichtigungen der Beteiligten oder die Gründe, aus denen von einer Benachrichtigung abgesehen wurde. Die Bundesregierung unterrichtet den **Bundestag** auf dieser Grundlage jährlich über die durchgeführten Maßnahmen.

4. Erhebung von Verkehrs-, Standort- und Bestandsdaten (§§ 100g; 100i; 100j)

93 a) **Allgemeines:** Die §§ 100g, 100i und 100j ermöglichen es den Strafverfolgungsorganen, auch Informationen (nur) über die Telekommunikationsverbindungen selbst zu erheben. Dies sind die bei der Nutzung von Telekommunikationsdiensten:

- **Verkehrsdaten** (s. § 96 TKG): u.a. die Nummer oder Kennung der beteiligten Anschlüsse, Beginn und Ende der jeweiligen Verbindung und bei mobilen Anschlüssen auch die Standortdaten (s.u.);
- **Bestandsdaten** (§ 3 Nr 3 TKG): Daten des Telekommunikationsteilnehmers, die für die Begründung, inhaltliche Ausgestaltung, Änderung oder Beendigung eines Vertragsverhältnisses über Telekommunikationsdienste erhoben werden;
- **Standortdaten** (§ 3 Nr 19 TKG): Daten, die in einem Telekommunikationsnetz oder von einem Telekommunikationsdienst erhoben oder verwendet werden und die den Standort des Endgeräts eines Endnutzers eines öffentlich zugänglichen Telekommunikationsdienstes angeben.

Die Erhebung dieser Daten findet grundsätzlich beim Diensteanbieter statt (s. § 96 TKG). Die Dienstanbieter sind zur Sicherstellung entsprechender Auskunftsersuchen der Ermittlungsbehörden verpflichtet, die Verkehrs- und Standortdaten für einen gewissen Zeitraum vorzuhalten (§ 113b TKG)[154] Dies ist die sog. **Vorratsdatenspeicherung**, die in ihrer früheren Fassung von BVerfG und EuGH für unzulässig erklärt wurde (s.u. Rn. 95).[155]

94 b) **Verkehrsdatenerhebung (§ 100g):** Um den Vorgaben der Rspr. zu entsprechen, hat der Gesetzgeber nun eine **nach Art der abgerufenen Daten** differenzierende Regelung

---

151 BGHSt 39, 335 (339 f.); 42, 139 (154); *Franke* JR 2000, 468 (469); *Welp* NStZ 1994, 294.
152 BVerfG NStZ 2012, 496 (499); BGH NStZ 2006, 402; knapp und nachvollziehbar krit. MK-*Günther* § 100a Rn 207.
153 Sehr guter Überblick bei BeckOK-*Bär*.
154 Lesenswert zur Regelung BeckOK-*Bär*.
155 BVerfGE 125, 260 (Verstoß des § 113a TKG a.F. gegen Art. 10 Abs. 1 GG); EuGH NJW 2014, 2169 ff. (Verstoß der dem § 113a TKG a.F. zugrundeliegenden europäischen Richtlinie 2006/24/EG vom 15.3.2006 gegen Art. 7 und 8 GRC); s.a. direkt die nächste Fußnote.

zur Verkehrsdatenerhebung geschaffen.[156] Die Verkehrsdatenerhebung kann auf **drei verschiedene Arten** erfolgen, für die jeweils eigene Voraussetzungen gelten:

- Erhebung von Verkehrsdaten i.S.v. § 96 TKG (§ 100g Abs. 1)
- Erhebung von Verkehrsdaten i.S.v § 113b TKG (§ 100g Abs. 2)
- **Funkzellenabfrage** (§ 100g Abs. 3)

aa) **Erhebung von Verkehrsdaten i.S.v § 96 TKG:**

Gem. § 96 TKG sind die Diensteanbieter **berechtigt**, bestimmte Verkehrsdaten[157] zu erheben und zu speichern, soweit dies zur Erfüllung der organisatorischen, juristischen und technischen Voraussetzungen der Erbringung ihrer Telekommunikationsdienste erforderlich ist. Auf diese Verkehrsdaten dürfen die Strafverfolgungsorgane gem. § 100g Abs. 1 zugreifen.

Voraussetzungen: Die Datenerhebung erfordert zuerst einen **Tatverdacht** hinsichtlich einer „**Straftat von** auch im Einzelfall **erheblicher Bedeutung**" (Abs. 1 Nr 1, das Gesetz verweist hierzu – nicht abschließend – auf den Katalog des § 100a Abs. 2)[158] **oder** hinsichtlich einer Straftat, die **mittels Telekommunikation begangen**[159] wurde (Abs. 1 Nr 2). Auch für Maßnahmen zur Verkehrsdatenerhebung nach § 96 TKG reicht das Vorliegen eines solchen Tatverdachtes nicht aus; vielmehr sind **besondere** Anforderungen an die **Verhältnismäßigkeit** bzw. bei **Abs. 1 Nr 2** auch eine **Subsidiaritätsklausel** zu beachten: So ist die Maßnahme nur dann zulässig, wenn „die Erhebung der Daten in einem angemessenen Verhältnis zur Bedeutung der Sache steht". Bei Ermittlungen wegen des Verdachts auf eine mittels Telekommunikation begangene Tat dürfen Verkehrsdaten darüber hinaus nur dann erhoben werden, wenn andere Ermittlungsmaßnahmen aussichtslos wären.

Die Maßnahme kann sich sowohl gegen den **Beschuldigten** als auch die sog. **Nachrichtenmittler** richten (§ 100g Abs. 2).[160]

bb) **Erhebung von Verkehrsdaten i.S.v § 113b TKG (§ 100g Abs. 2)** 95

Nach § 113b TKG sind die Diensteanbieter **verpflichtet**, einen bestimmte Verkehrsdaten für zehn Wochen zu **speichern**. Für den Zugriff auf diese Daten gelten strengere Anforderungen.

---

156 Zum verfassungsrechtlichen Hintergrund des § 100g und zur aktuellen Diskussion um die Neuregelungen zur Vorratsdatenspeicherung s. BeckOK-*Bär* § 100g Rn 1 ff. und 52 ff.; krit. bereits OVG Münster NVwZ-RR 2018, 43.
157 Der Katalog des § 96 Abs. 2 TKG ist insoweit abschließend.
158 Eine Straftat hat erhebliche Bedeutung, wenn sie mindestens dem Bereich der mittleren Kriminalität zuzurechnen ist, den Rechtsfrieden empfindlich stört und geeignet ist, das Gefühl der Rechtssicherheit der Bevölkerung erheblich zu beeinträchtigen (BVerfGE 109, 279). Eine erhebliche Bedeutung kann einer Tat auch aufgrund der besonderen Bedeutung des geschützten Rechtsguts oder des besonderen öffentlichen Interesses an der Strafverfolgung zukommen (s. etwa BGH wistra 2013, 434). Besonders Antragsdelikte und Ordnungswidrigkeiten dürften daher jedenfalls aus dem Anwendungsbereich von Abs. 1 Nr 1(!) herausfallen (vgl. etwa LG Dortmund MMR 2003, 54 zum Verdacht wegen Verstoßes gegen §§ 202a, 205 StGB); weitere Beispiele aus der Rspr. bei BeckOK-*Bär* Rn 7.
159 Im Fokus stehen hier freilich dann v.a. die typischen Internet- (§§ 202a ff.; 263a; 269 StGB) und Computerstraftaten (§§ 303a, 303b StGB); in der Praxis naheliegend dürfte die Anwendung der Vorschrift aber auch bei Pornographiedelikten oder Urheberrechtsverletzungen sein (vgl. wie hier und weiter BeckOK-*Bär* § 101g Rn 8).
160 Oben Rn 83.

Beachte: Die **Vorratsdatenspeicherung**, ist seit ihrer ersten gesetzlichen Festschreibung verfassungs- und europarechtlich **extrem umstritten**. Bei der Arbeit mit der Vorschrift sollte also unbedingt der jeweilige Gesetzesstand überprüft werden!

Voraussetzungen: Hier braucht es den Tatverdacht einer **besonders schweren Tat** aus dem **Katalog** des Abs. 2 S. 2, die auch im **Einzelfall** schwer wiegt.[161] Neben der Forderung besonderer **Verhältnismäßigkeit** enthält die Vorschrift eine **qualifizierte Subsidiaritätsklausel:** Die Maßnahme darf nur angeordnet werden, soweit ohne sie die Sachverhaltserforschung oder Aufenthaltsermittlung des Beschuldigten **wesentlich erschwert oder aussichtlos** wäre.

cc) Funkzellenabfrage (§ 100g Abs. 3)

Mobiltelefone müssen zur Sicherstellung ihrer Erreichbarkeit Verbindung zu den „Sendemasten" im Mobilfunknetz, die sog. Funkzellen, aufnehmen. Über die Maßnahme der Funkzellenabfrage können – auch ohne Kenntnis der Rufnummer des Beschuldigten – alle bei einer örtlich festgelegten Funkzelle während einer konkreten Tatzeit aufgelaufenen Verkehrsdaten von den Ermittlungsbehörden verlangt werden.[162]

Voraussetzungen:[163] Die Funkzellenabfrage setzt zuerst – durch **Verweis auf Abs. 1 Nr 1** – den Verdacht einer **Straftat** von auch im Einzelfall **erheblicher Bedeutung** voraus. Neben der besonderen **Verhältnismäßigkeit** gilt auch hier – wie für Maßnahmen des Abs. 2 – die **qualifizierte Subsidiaritätsklausel**.

dd) Zu den **grundrechtssichernden Verfahrensregeln** des § 101 s.o. Rn 75.

ee) Auch für die Verkehrdatenerhebung gelten die in § 101b festgelegten **Berichtspflichten** der Länder und der Bundesregierung (s.o. Rn 92)

5. Maßnahmen bei Mobilfunkendgeräten – „IMSI-Catcher" (§ 100i)

96 § 100i regelt die sehr weitgehende[164] Befugnis, bei Verdacht einer Straftat von auch im Einzelfall erheblicher Bedeutung durch technische Mittel („IMSI-Catcher")[165] die Gerätenummer eines Mobilfunkendgerätes, die Nummer der darin verwendeten Karte und den Standort eines Mobilfunkendgerätes zu ermitteln, soweit dies für die Erforschung des Sachverhalts oder die Ermittlung des Aufenthaltsortes des Beschuldigten erforderlich ist.

Zu den **grundrechtssichernden Verfahrensregeln** des § 101 s.o. Rn 75.

6. Bestandsdatenauskunft (§ 100j)

97 § 100j normiert die strafprozessualen Erhebungsbefugnisse der Strafverfolgungsbehörden für die bei den Telekommunikationsdienstleistern anfallenden Bestandsdaten (§ 3 Nr 3 TKG). Gegenstand der Eingriffsbefugnis können zum einen gemäß § 100j Abs. 1 S. 1 personenbezogene Daten (§§ 95, 111 TKG), wie bspw. Name und Anschrift des Anschlussinhabers, oder bei Mobilfunkverträgen auch die IMEI (*International Mobile Station Equipment Identity*) oder die IMSI sein. Zum anderen ermöglicht § 100j Abs. 1 S. 2, grundsätzlich unter Richtervorbehalt (§ 100j Abs. 3 S. 1) und i.d.R. der

---

161 S.o. Rn 82.
162 Wie hier und weiter zum technischen Hintergrund BeckOK-*Bär* § 100g Rn 40.
163 Einzelheiten BeckOK-*Bär* § 100g Rn 42 ff.
164 Krit. daher *Puschke/Singelnstein* NJW 2008, 113 (115).
165 S. *Beulke/Swoboda* Rn 254c; *Ruhmannseder* JA 2007, 47 (48 ff.); *Sankol* JuS 2006, 698 (703); *Meyer-Goßner/Schmitt* § 100i Rn 1. „IMSI" steht für *„International Mobile Subscriber Identity"*.

§ 8 Eingriffs- bzw. Zwangsmaßnahmen

Pflicht zur Benachrichtigung (§ 100j Abs. 4 S. 1), das Verlangen der Auskunft von personenbezogenen Berechtigungskennungen (§ 96 Abs. 1 Nr 1 TKG) bzw. Zugangssicherungscodes wie etwa Passwörter sowie PIN und PUK,[166] wenn zugleich die gesetzlichen Voraussetzungen für die Nutzung der Daten vorliegen.[167] Ein Auskunftsersuchen darf gem. § 100j Abs. 1 S. 1 nur zur Sachverhaltserforschung oder Ermittlung des Aufenthaltsortes eines Beschuldigten erfolgen, wobei das Bestehen eines hinreichend konkreten Anfangsverdachtes genügt.[168] Auskünfte nach § 100j Abs. 1 können nach gleichen Grundsätzen ebenfalls anhand einer zu einem bestimmten Zeitpunkt zugewiesenen IP-Adresse verlangt werden.[169]

7. Die Online-Durchsuchung (§ 100b)

a) Allgemeines

Keine Maßnahme der Telekommunikationsüberwachung im engeren Sinne stellt die 2017 in die StPO aufgenommene Online-Durchsuchung dar: Bei ihr verschaffen sich – derzeit i.d.R. über das heimliche Aufspielen entsprechend geeigneter Programme („Backdoor"-Programme)[170] – die Ermittlungsbehörden Zugang zu Computersystemen und werden so in die Lage versetzt, das jeweilige Zielsystem komplett auszuforschen.[171]

Beachte: Vorschriften zur online-Dursuchung stoßen in der Praxis i.d.R. auf großen Widerstand. So hat das BVerfG zwar die (polizeirechtliche) Variante in § 20k BKAG bisher gehalten, doch etwa die nordrhein-westfälische Regelung für verfassungswidrig erklärt.[172] Auch gegen den hier behandelten § 100b liegen bereits Verfassungsbeschwerden vor.

b) Voraussetzungen:

Auch die Online-Durchsuchung ist an enge Voraussetzungen geknüpft:

Auf formeller Ebene bedarf die Maßnahme zunächst der **Anordnung** durch die **Staatsschutzkammer** beim LG (§ 74a Abs. 4 GVG) auf Antrag der StA (§ 100e Abs. 2); **Eilzuständig** ist hier der Kammervorsitzende, dessen Anordnung jedoch binnen dreier Tage durch die Kammer bestätigt werden muss.

98

---

166 BT-Drs. 17/12879, 11.
167 Vgl. MK-*Günther* § 100j Rn 6.
168 BT-Drs. 17/12034, 10.
169 Erfasst wird neben der statischen IP-Adresse daher auch die dynamische IP-Adresse MK-*Günther* § 100j Rn 13; *Meyer-Goßner/Schmitt* § 100j Rn 1, 4; krit. *Hauck* StV 14, 360 (362).
170 Solche Programme ermöglichen den heimlichen Zugriff auf Computersysteme unter Umgehung der dies eigentlich verhindernden Sicherheitsmechanismen. Aufgespielt werden können diese Programme entweder durch den direkten lokalen Zugriff auf das Computersystem oder – was freilich aus Sicht der diesbezüglich ja verdeckt agierenden Ermittlungsbehörden vorzuziehen ist – über eine Internetverbindung. Hier kommen v.a. sog. „Trojaner" zum Einsatz. Dies sind Programme, die an eine „Wirtsdatei" angehängt werden, die harmlos oder sogar nützlich erscheint (insoweit passt der Bezug auf das Trojanische Pferd sehr gut). Greift der Nutzer auf die Wirtsdatei zu, installiert sich sich das Backdoorprogramm dann unbemerkt auf dem Nutzersystem.
171 S. dazu *Freiling/Safferling/Rückert* JR 2018, 9.
172 BVerfG 120, 274.

Darüber hinaus erfordert die Maßnahme:
- Den Verdacht auf eine besonders schwere **Katalogtat**,
  - die auch **im Einzelfall schwer** wiegt.
- Dass die Erforschung des Sachverhaltes oder die Aufenthaltsermittlung des Beschuldigten **auf andere Weise aussichtslos oder wesentlich erschwert** wäre.
- Die Beachtung des **Kernbereichsschutzes**.

Die Maßnahme darf sich grundsätzlich nur **gegen den Beschuldigten** richten. **Ausnahmsweise** kommt aber auch die Online-Durchsuchung auf Systemen **Dritter** in Betracht, wenn
- der Beschuldigte deren informationstechnische Systeme benutzt und
- die Durchführung des Eingriffs in informationstechnische Systeme des Beschuldigten allein nicht zur Erforschung des Sachverhalts oder zur Ermittlung des Aufenthaltsortes eines Mitbeschuldigten führen dürfte (§ 100b Abs. 3).

c) Zu den **grundrechtssichernden Verfahrensregeln** des § 101 s.o. Rn 75.

8. Observierungsmaßnahmen mit technischen Mitteln (§ 100h Abs. 1 Nr 1 und 2)

99 a) **Allgemeines**

§ 100h Abs. 1 Nr 1 dient als Befugnisnorm zur (verdeckten) Herstellung von **Bildaufnahmen** zu Observierungszwecken. § 100h Abs. 1 Nr 2 gestattet die Verwendung **sonstiger** besonders für Observationszwecke bestimmter **technischer Mittel** zur Erforschung des Sachverhalts oder zur Ermittlung des Aufenthaltsortes des Täters, wenn Gegenstand der Untersuchung eine Straftat von erheblicher Bedeutung ist.
Zu den **grundrechtssichernden Verfahrensregeln** des § 101 s.o. unter 1.

100 b) **Voraussetzungen**

Die Voraussetzungen beider Maßnahmen hängen davon ab, ob sich diese gegen den Beschuldigten selbst oder gegen einen Dritten richten:
- Gegen den **Beschuldigten** ist die Maßnahme zulässig, wenn die Erforschung des Sachverhalts oder die Ermittlung des Aufenthaltsortes des Täters auf andere Weise weniger Erfolg versprechend oder erschwert wäre.
- Bei Observierungen **Dritter** hingegen sind die Voraussetzungen enger gefasst. Zudem wird zwischen Maßnahmen gem. Abs. 1 Nr 1 und Abs. 1 Nr 2 differenziert.
  - Bei der **Herstellung von Bildaufnahmen** muss die Erforschung des Sachverhalts oder die Ermittlung des Aufenthaltsortes auf andere Weise *erheblich* weniger Erfolg versprechend oder *wesentlich* erschwert sein (Abs. 2 Nr 1).
  - Beim **Einsatz sonstiger technischer Mittel** müssen darüber hinaus Tatsachen vorliegen, nach denen anzunehmen ist, dass der Dritte mit einem Beschuldigten in Verbindung steht oder eine solche Verbindung hergestellt wird, die Maßnahme zur Erforschung des Sachverhalts oder zur Ermittlung des Aufenthaltsortes eines Beschuldigten führen wird und dies auf andere Weise aussichtslos oder wesentlich erschwert wäre.
- Dass ggf. auch sonstige Dritte durch die Maßnahme unvermeidbar betroffen sind, macht sie nicht unzulässig (Abs. 3).

9. Der „kleine" Lauschangriff (§ 100f)

a) **Allgemeines:** Der sog. „kleine" Lauschangriff nach § 100f ermöglicht das **Abhören** und Aufzeichnen des nichtöffentlich gesprochenen Wortes mithilfe technischer Mittel **außerhalb von Wohnungen**.[173]
Seine formellen **Verfahrensvoraussetzungen** ergeben sich durch Verweis in Abs. 4 aus § 100e.
Zu den **grundrechtssichernden Verfahrensregeln** des § 101 s.o. Rn 75.

b) **Zuständigkeit:** Der „kleine" Lauschangriff unterliegt einem **Richtervorbehalt**. Die **Eilkompetenz** liegt bei der StA, deren Anordnung innerhalb von drei Werktagen gerichtlich bestätigt werden muss (§ 100f Abs. 4 i.V.m. § 100e Abs. 1).

c) **Voraussetzungen:** Nach § 100f Abs. 1, 2 erfordert die Maßnahme

- als Zielperson grundsätzlich den **Beschuldigten**.
- Richtet sich die Maßnahme gegen andere Personen, müssen diese (jedenfalls potenzielle) **Kontaktpersonen** des Beschuldigten sein.
- Es muss ein **Anfangsverdacht** bestehen, dass der Beschuldigte als Beteiligter eine der in § 100a Abs. 2 bezeichneten **Katalogtaten**, welche auch **im Einzelfall schwer** wiegt, zumindest versucht hat.
- Es gilt eine **strenge Subsidiaritätsklausel:** Die Ermittlung von Sachverhalt oder Aufenthaltsort des Beschuldigten müsste ohne die Maßnahme aussichtslos oder wesentlich erschwert sein.

Hinsichtlich der **Dauer** der Maßnahme sowie der **Form** und des **Inhaltes** der Anordnung gelten die Bestimmungen der §§ 100e Abs. 1, Abs. 3, Abs. 5 S. 1:

- Die Maßnahme ist auf **drei Monate** zu beschränken (mit Verlängerungsoption) und
- ihre Anordnung muss **schriftlich** mit genauen **Angaben** zur Zielperson, des Tatverdachts und der Ausgestaltung der Maßnahme selbst, erfolgen.
- Die Maßnahme ist **unverzüglich zu beenden**, sobald ihre Voraussetzungen nicht mehr vorliegen.

Dass ggf. auch **sonstige Dritte** durch die Maßnahme **unvermeidbar** betroffen sind, macht sie nicht unzulässig (Abs. 3).

d) **Grundrechtssicherung (§ 101), Kernbereichsschutz**

Einen **Kernbereichsschutz** wie § 100a enthält die Regelung nicht ausdrücklich, was in Anbetracht der vergleichbaren Eingriffsintensität nur schwer verständlich ist. Die **Notwendigkeit** eines Kernbereichsschutzes ergibt sich aber bereits aus dem Grundrecht auf **informationelle Selbstbestimmung**,[174] so dass eine insoweit **entsprechende Anwendung** des § 100a im Falle einer Verletzung des Kernbereiches in der Tat diskutabel ist.[175]
Zur den grundrechtssichernden Verfahrensanforderungen des § 101 s.o. Rn 75.

e) **Umfang der Befugnis:** Von der Ermächtigung des § 100f sind **vorbereitende oder begleitende Maßnahmen** erfasst, die mit dem Abhören typischerweise verbunden sind

---

173 Ausf. KK-*Bruns* § 100f Rn 3; *Meyer-Goßner/Schmitt* § 100f Rn 1 ff.
174 *Puschke/Singelnstein* NJW 2008, 15; vgl. BVerfGE 65, 1 (41 ff.); BGHSt 53, 294 (301) hat die entsprechende Anwendung der Kernbereichsregelungen aus §§ 100a, 100c offen gelassen.
175 So dann etwa auch KMR-*Bär* § 100f Rn 23; MK-*Günther* § 100f Rn 35; *Meyer-Goßner/Schmitt* § 100f Rn 19; *Singelnstein* NStZ 2014, 305 (311); SK-*Wolter/Greco* § 100f Rn 32 f.

und nur geringfügig in die Rechte des Betroffenen eingreifen, wie z.b. das Öffnen eines Pkw, um „Wanzen" anzubringen (sog **Annexkompetenz**).[176]

10. Der „große" Lauschangriff (§ 100c Abs. 1)

106 a) **Allgemeines:** Gem. § 100c Abs. 1 darf das **innerhalb der Wohnung** nichtöffentlich gesprochene Wort des Betroffenen mit technischen Mitteln abgehört und aufgezeichnet werden. Die Ermächtigung zu dieser Regelung, die das Grundrecht auf die Unverletzlichkeit des Wohnung empfindlich berührt, findet sich in Art. 13 Abs. 3,4 GG.

107 b) **Zuständigkeit:** Der große Lauschangriff darf gem. § 100e Abs. 1 S. 1 nur durch die **Staatsschutzkammer** des LG (§ 74a Abs. 4 GVG) angeordnet werden, in dessen Bezirk die StA ihren Sitz hat. Bei **Gefahr im Verzug** kann die Anordnung auch durch den **Vorsitzenden** getroffen werden, muss jedoch **binnen dreier Werktage** von der Strafkammer **bestätigt** werden (§ 100e Abs. 2 S. 2, 3).

108 c) **Voraussetzungen** Die Anordnung der Maßnahme ist an hohe Anforderungen geknüpft. Nach § 100c Abs. 1, 2 darf sich
- die Maßnahme grundsätzlich nur gegen den **Beschuldigten** richten.
- Richtet sie sich **gegen andere Personen** ist dies nur zulässig, wenn aufgrund von Tatsachen anzunehmen ist,
  - dass sich der Beschuldigte in deren Wohnung aufhält und
  - das Abhören von dessen Wohnung allein nicht zur Sachverhalts- oder Aufenthaltsermittlung führen würde.
- Es muss ein **Anfangsverdacht** bestehen, dass der Beschuldigte als Beteiligter eine der in § 100a Abs. 2 bezeichneten **Katalogtaten**, welche auch **im Einzelfall schwer** wiegt, zumindest versucht hat.
- Es müssen weiter tatsächliche Anhaltspunkte dafür vorliegen, dass durch die Maßnahme **Äußerungen** des Beschuldigten erfasst werden, die den Ermittlungen **dienlich** sind.
- Schließlich gilt eine **sehr strenge Subsidiaritätsklausel**: So müssen Sachverhalts- oder Aufenthaltsermittlung auf **andere Weise unverhältnismäßig erschwert oder aussichtlos** sein.

Hinsichtlich der **Dauer** der Maßnahme sowie der **Form** und des **Inhaltes** der Anordnung gelten die Bestimmungen der §§ 100e Abs. 3, Abs. 4, Abs. 5:
- Die Anordnung hat **schriftlich** zu ergehen und
  - muss **bestimmte Personalien und Tatumstände** sowie die Einzelheiten der Maßnahme und ihre Bedeutung für das Verfahren angeben.
- Die Maßnahme ist auf höchstens **einen Monat** zu befristen.
  - Sie kann bei Fortbestehen der Voraussetzungen um jeweils nicht mehr als einen Monat **verlängert** werden.
  - Bei Erreichen einer Gesamtdauer von **sechs Monaten** entscheidet über die Verlängerung das OLG.
  - Die Maßnahme ist **unverzüglich zu beenden**, sobald ihre Voraussetzungen nicht mehr vorliegen.

---

[176] BGH NStZ 2001, 386 (387); MK-*Günther* § 100f Rn 33.

Dass ggf. auch **sonstige Dritte** durch die Maßnahme **unvermeidbar betroffen** sind, macht sie nicht unzulässig (Abs. 3).

d) Grundrechtssicherung (§ 101), Kernbereichsschutz; Zeugnisverweigerungsrechte

Die §§ 100e Abs. 6, 101 sehen **weitreichende Beschränkungen, Protokollierungs- und Löschungspflichten** für die bei der Überwachung anfallenden personenbezogenen Daten vor.

§ 100d Abs. 1, 2, 4 enthalten **strenge** Regeln zum **Kernbereichsschutz:**[177] So darf die Überwachung nur angeordnet werden, wenn anzunehmen ist, dass Äußerungen, die zum Kern privater Lebensgestaltung gehören, nicht erfasst werden. Das Abhören ist zu unterbrechen, sobald entsprechende Äußerungen aufgezeichnet werden. Dennoch erlangte Erkenntnisse aus dem Kernbereich privater Lebensgestaltung sind unverzüglich zu löschen.

Gegen den **Verteidiger** darf die Maßnahme bereits wegen § 148 Abs. 1 nicht gerichtet sein; darüber hinaus genießen Geheimnispflichtige, die gem. § 53 zeugnisverweigerungsberechtigt sind, Schutz vor der Wohnraumüberwachung gem. § 100d Abs. 6. Gegen diesen Personenkreis ist die Maßnahme unzulässig (s. dazu auch unten Rn 114)

e) Umfang der Befugnis

Zur sog **Annexkompetenz** gilt das zu § 100f (s.o. Rn 105) Ausgeführte entsprechend.[178]

f) Die „Wohnung"

Überwacht werden darf das innerhalb der Wohnung nichtöffentlich gesprochene Wort. Unter den **Begriff der Wohnung** fallen alle nicht allgemein zugänglichen Räume, die dem Aufenthalt oder Wirken von Menschen dienen. Für Privaträume besteht die Vermutung, dass es sich um Räume handelt, die dem Kernbereich privater Lebensgestaltung angehören. Anders verhält es sich bei Arbeits-, Betriebs- und Geschäftsräumen.[179] Hier fehlt es grds. an der Funktion als Rückzugsbereich für den Betroffenen, so dass sie bei typisierender Betrachtungsweise als weniger geschützt anzusehen sind.[180] Der Begriff der Wohnung ist aber mit Blick auf die Funktion als Rückzugsort privater Lebensgestaltung **weit auszulegen**; so fällt etwa auch das Krankenzimmer darunter, wenngleich es dem Betroffenen nur für eine bestimmte Zeit überlassen ist.[181]

g) Verwertung und Verwertungsverbote: aa) Die durch den großen Lauschangriff erlangten personenbezogenen Informationen dürfen in anderen Strafverfahren (als sog. Zufallsfunde) nur zu Beweiszwecken verwendet werden, wenn sie gem. § 100e Abs. 6 Nr 1 ebenfalls auf eine besonders schwerwiegende Katalogtat (des § 100a Abs. 2) hindeuten. Ansonsten dürfen sie gem. § 100d Abs. 6 Nr 2 nur zur Abwehr einer im Einzelfall bestehenden Lebensgefahr oder einer dringenden Gefahr für Leben oder Freiheit einer Person oder bestimmte erhebliche Sach- oder Vermögenswerte verwendet werden.

---

[177] Ausf. KK-*Bruns* § 100c Rn 19 ff.
[178] S. nur MK-*Günther* § 100c Rn 50 mwN.
[179] BGHSt 42, 372 (375); OLG Stuttgart StV 1996, 655 (656 f.).
[180] BVerfG NJW 2004, 999 (1004).
[181] BGH NStZ 2005, 700 zur Unverwertbarkeit eines in einem Krankenzimmer heimlich aufgezeichneten Selbstgesprächs.

113 **bb)** Neben der strafrechtlichen Ermächtigung zum großen Lauschangriff finden sich in den Landespolizeigesetzen häufig auch entsprechende Ermächtigungen für den **präventiven Bereich**. Werden aufgrund einer darauf gestützten Maßnahme Erkenntnisse gewonnen, so können diese gem. § 100d Abs. 6 Nr 3 in das Strafverfahren einfließen. Es muss sich dabei um nach § 100c verwertbare Daten handeln, die grds. polizeirechtlich rechtmäßig erhoben wurden.[182]

114 Ein **absolutes Beweiserhebungs- und Beweisverwertungsverbot** folgt aus § 100d Abs. 5 S. 1: Danach ist die Anordnung des großen Lauschangriffs gegenüber Personen, denen aus beruflichen Gründen ein Zeugnisverweigerungsrecht nach § 53 Abs. 1 zusteht, schlechthin unzulässig; es darf weder die Anordnung des großen Lauschangriffes erfolgen noch dürfen daraus gewonnene Erkenntnisse verwertet werden.
Gegenüber Personen, die gem. §§ 52, 53a zeugnisverweigerungsberechtigt sind, dürfen die durch die Maßnahme gewonnenen Erkenntnisse nur verwertet werden, wenn dies unter Berücksichtigung der Bedeutung des zugrunde liegenden Vertrauensverhältnisses nicht außer Verhältnis zum Interesse an der Erforschung des Sachverhaltes oder der Ermittlung des Aufenthaltsortes steht (§ 100d Abs. 5 S. 2 als **relatives Beweisverwertungsverbot**).[183]
Sind die zeugnisverweigerungsberechtigten Personen jedoch selbst der Teilnahme oder einer Begünstigung, Strafvereitelung oder Hehlerei **verdächtig**, so gelten die Beweiserhebungsverbote wegen §§ 100d Abs. 5 S. 3, 160a Abs. 4 nicht.

115 Aus den Regelungen zum **Kernbereichsschutz** ergibt sich ein weiteres **absolutes Verwertungsverbot** bezüglich von Erkenntnissen aus dem Kernbereich der privaten Lebensgestaltung. In diesen Fällen ist sogar eine **gerichtliche Entscheidung** über die Verwertbarkeit von Erkenntnissen mit ggf. den Kernbereich privater Lebensgestaltung berührendem Inhalt in § 100c Abs. 7 vorgesehen.[184]

116 **h) Berichtspflichten**
Auch für den „großen Lauschangriff" gelten die in § 101b festgelegten **Berichtspflichten** der Länder und der Bundesregierung (s.o. Rn 92)

117 **11. Einsatz Verdeckter Ermittler (§§ 110a ff.)**

▶ **FALL 3:** Mit Zustimmung der StA sendet die Polizei die Polizeibeamtin P unter einer „Legende" in die Rauschgiftszene, wo es ihr gelingt, sich in eine Gruppe von Dealern einzubinden. In einem Gespräch berichten Mitglieder der Gruppe von zahlreichen Straftaten, die sie in der letzten Zeit begangen haben. P wird innerhalb dieses Gespräches aufgefordert, eine große Menge Rauschgift im Ausland abzuholen. Sie kommt der Aufforderung nach, damit die Dealer keinen Verdacht schöpfen und sie enttarnen. ◀

118 **a) Begriff:** Der Begriff des Verdeckten Ermittlers (VE) ist in § 110a legaldefiniert: VE sind danach „Beamte des Polizeidienstes, die unter einer ihnen verliehenen, auf Dauer angelegten, veränderten Identität (Legende) ermitteln" (Abs. 2 S. 1). Diese **Legende** umfasst i.d.R. Name, Nationalität, Anschrift, familiäre und sonstige persönliche Um-

---
[182] Vgl. BVerfG NStZ 2012, 496. Bei Verstößen bei der Beweiserhebung ist eine Verwertung jedoch nach den allgemeinen Abwägungskriterien möglich, BGHSt 54, 69 (78 ff.); krit. *Wolter* Kühne-FS 379 (383).
[183] Krit. *Weißer* GA 2006, 148 (152 ff.).
[184] Hierzu *Böse* Amelung-FS 565 (572 f.).

stände, Beruf und Funktion.[185] § 110a Abs. 3 erlaubt zum Aufbau oder zur Aufrechterhaltung der Legende die Herstellung, Veränderung und den Gebrauch entsprechender unechter Urkunden („**Tarnpapiere**").[186] Der VE darf unter seiner Legende am **Rechtsverkehr** teilnehmen, d.h. Geschäfte abschließen, klagen und verklagt werden (§ 110a Abs. 2 S. 2).[187]

Zu **unterscheiden** ist der VE von anderen Bediensteten der Polizei, die nur gelegentlich und ohne Legende verdeckt tätig werden, sog. noeP (**nicht öffentlich ermittelnde Polizeibeamte**), wie z.B. Scheinaufkäufer.[188] Die Zulässigkeit ihres Einsatzes bestimmt sich nach den allgemeinen Regeln der §§ 161, 163.[189]

119

Nicht zu verwechseln ist der VE auch mit den „**V-Leuten**" (früher geläufig „V-Männer"). Dies sind Personen, die die Ermittlungsbehörden auf längere Zeit vertraulich und geheim unterstützen, ohne dass sie selbst zum Strafverfolgungsapparat gehören.[190]

b) Voraussetzungen:[191] **aa)** Das Verfahren des VE-Einsatzes regelt § 110b: Die **Zuständigkeit** zur Anordnung eines Einsatzes des VE erfordert ein **Zusammenwirken** von Polizei und StA bzw. Polizei und Ermittlungsrichter. Die StA kann also den Einsatz **nicht gegen der Willen der Polizei** anordnen,[192] andererseits bedarf der Einsatz eines VE ihrer Zustimmung.

120

Bei **Gefahr im Verzug** und wenn die Zustimmung der StA nicht mehr eingeholt werden kann, ist die **Polizei allein** zuständig. Dann ist jedoch die Entscheidung der StA unverzüglich herbeizuführen. Erfolgt die Zustimmung nicht innerhalb dreier Werktage, so ist die Maßnahme zu beenden (§ 110b Abs. 1 S. 2, 3).

Gem. § 110b Abs. 2 besteht in bestimmten Fällen ein **Richtervorbehalt**, und zwar dann, **wenn** sich die **Einsätze gegen einen bestimmten Beschuldigten** richten (Nr 1) **oder** wenn der VE eine **Wohnung** betritt, die nicht allgemein zugänglich ist (Nr 2). Bei **Gefahr im Verzug** genügt aber auch hier die Zustimmung der **StA**. Ist die Entscheidung der StA nicht rechtzeitig einholbar, so ist sie ebenfalls binnen dreier Werktage nachzuholen.

Die Zustimmung des Gerichtes und der StA muss **schriftlich** ergehen (§ 110b Abs. 1 S. 3, Abs. 2 S. 5) und alle materiellen und prozessualen Voraussetzungen der §§ 110a und 110b enthalten.[193] Die Begründung der Anordnung muss außerdem erkennen lassen, dass eine Abwägung auf der Grundlage sämtlicher im Einzelfall relevanter Erkenntnisse stattgefunden hat.[194]

bb) Eingesetzt werden darf ein VE zur Aufklärung einer der in § 110a Abs. 1 S. 1 abschließend aufgeführten Straftaten, die typischerweise der **organisierten Kriminalität**

121

---

[185] *Meyer-Goßner/Schmitt* § 110a Rn 7; SK-*Wolter/Jäger* § 110a Rn 14; ausf. *Krey*, Rechtsprobleme des strafprozessualen Einsatzes Verdeckter Ermittler, 1993, Rn 1 ff.; *ders.* Kohlmann-FS 627 (638 ff.), jew. mwN.
[186] Damit stellt nach zutreffender Ansicht der VE-Einsatz einen Rechtfertigungsgrund entsprechender Urkundendelikte dar, soweit die falschen Papiere fallbezogen eingesetzt werden (sollen); seine Grenze findet diese „Fälschungsbefugnis" bei der Veränderung bestehender Eintragungen in Registern und Büchern (z.B. Personenstandsbüchern), die nach hM auch beim VE-Einsatz nicht gestattet sind; s. im kurzen Überblick KK-*Bruns* § 110a Rn 10 mwN.
[187] BT-Drs. 12/989, 42; KK-*Bruns* § 110a Rn 10 f.; SK-*Wolter/Jäger* § 110a Rn 15.
[188] BGH NStZ 1996, 450.
[189] BGH NJW 1997, 1516 (1518).
[190] S. dazu und auch zu „Informanten" und „Augenblickshelfern" KK-*Bruns* § 110a Rn 9.
[191] Zu den Anordnungsvoraussetzungen s. auch *Ott*, Verdeckte Ermittlungen im Strafverfahren, 41 ff.
[192] *Meyer-Goßner/Schmitt* § 110b Rn 1; SK-*Wolter/Jäger* § 110b Rn 2.
[193] BeckOK-*Hegmann* § 110b Rn 6.
[194] BGHSt 42, 103 (105 f.); *Meyer-Goßner/Schmitt* § 110b Rn 6; *Weßlau* StV 1996, 579 f.; SK-*Wolter/Jäger* § 110b Rn 11.

zugeschrieben werden oder zur Aufklärung von **Verbrechen** gem. § 110a Abs. 1 S. 2, 4, wenn eine auf bestimmte Tatsachen begründete **Wiederholungsgefahr** besteht oder wenn die **besondere Bedeutung** der Tat den Einsatz gebietet und andere Maßnahmen aussichtslos wären. Beim Einsatz eines VE sind die jeweiligen **Subsidiaritätsklauseln** zu beachten: So darf ein Einsatz bei Verbrechen mit Wiederholungsgefahr nur angeordnet werden, soweit die Aufklärung auf andere Weise aussichtslos oder wesentlich erschwert wäre, bei Verbrechen mit besonderer Bedeutung sogar nur bei Aussichtslosigkeit anderer Maßnahmen. Der Einsatz des VE ist zu **befristen** (§ 110b Abs. 1 S. 3). Da **keine Höchstdauer vorgeschrieben** ist, sind die Umstände des Einzelfalles entscheidend. Eine Verlängerung ist unter strenger Berücksichtigung des Verhältnismäßigkeitsgrundsatzes möglich.[195]

122 c) **Befugnisse des VE: aa)** Die Befugnisse des VE bestimmen sich nach **§ 110c**. Danach darf er unter Verwendung seiner Legende – jedoch nicht mittels darüber hinaus gehenden Täuschungen – eine Wohnung mit dem Einverständnis des Berechtigten betreten.[196] Darüber hinaus stehen dem VE die allgemeinen strafprozessualen Befugnisse zu (§ 110c S. 3).

123 **bb)** Der VE darf nach hM keine Straftaten, auch nicht sog. **milieutypische Straftaten** begehen.[197] Die Gefahr, dass P in Fall 3 enttarnt wird, ist daher hinzunehmen. Denn es ist mit dem Gedanken des Rechtsstaats unvereinbar, dass seine Bediensteten an Straftaten beteiligt sind.[198] Freilich sind verschiedene Aspekte denkbar, aufgrund derer sich der VE trotz Beteiligung an einer Straftat nicht strafbar macht. So lassen etwa mangelnder Vollendungs- bzw. Beendigungsvorsatz hinsichtlich der Haupttat die Strafbarkeit als Teilnehmer entfallen.[199] Auch die Strafbarkeit wegen Strafvereitelung im Amt durch Unterlassen (§§ 258a, 13 StGB) kann wegen übergeordneter Strafverfolgungsaufgaben mangels Garantenstellung des VE für die Rechtspflege ausgeschlossen sein.[200]

124 **cc)** Nach der (bedenklichen) Rspr. decken die Befugnisse des VE **in engen Grenzen** auch die sog. **Tatprovokation** ab:[201] Eine solche liegt aber erst vor, wenn der VE auf eine Art und Weise so auf seine Zielperson einwirkt, die deren Tatbereitschaft weckt oder deren Tatneigung intensiviert. **Zulässig** soll dies dann sein, wenn die provozierte Person verdächtig ist, bereits Straftaten begangen zu haben bzw. zu zukünftigen Taten entschlossen zu sein.

125 d) **Pflichten des VE:** Aus dem Legalitätsprinzip ergeben sich für den VE Pflichten zur Erforschung von Straftaten. Die Maßnahmen, mit denen der VE beauftragt wurde, können allerdings aus kriminaltaktischen Erwägungen zurückgestellt werden, wenn diese Pflichten nicht ohne Gefährdung seiner gesamten Ermittlungen erfüllt werden können.[202]

---

195 BT-Drs. 12/989, 42; SK-*Wolter/Jäger* § 110b Rn 12.
196 Zu nicht allzu fernliegenden Zweifeln an der Verfassungsmäßigkeit der Vorschrift mit Blick auf Art. 13 GG s. LR-*Hauck* § 110b Rn 11 ff.
197 KK-*Bruns* § 110c Rn 6; *Eisenberg* NJW 1993, 1033 (1039); *Gropp* ZStW 105 (1993), 405 (425); *Lesch* StV 1993, 94 (97); *Ranft* Jura 1993, 449 (450); *Meyer-Goßner/Schmitt* § 110c Rn 4; SK-*Wolter/Jäger* § 110c Rn 9.
198 KK-*Bruns* § 110c Rn 6; SK-*Wolter/Jäger* § 110c Rn 9.
199 S. nur *Kindhäuser* AT § 41/25 f.; BeckOK-*Hegmann* § 110c Rn 7; *Rudolphi* Maurach-FS 51 (66 f.).
200 Vgl. hierzu und zu weiteren Aspekten *Krey* Kohlmann-FS 627 (639 ff.).
201 S. dazu KK-*Bruns* § 110c Rn 10 mwN; kategorisch ablehnend noch die Vorauf. 8/111.
202 KK-*Bruns* § 110c Rn 5; *Volk/Engländer* § 10/63; SK-*Wolter/Jäger* § 110c Rn 12.

e) Verwertbarkeit der gewonnenen Beweise: aa) Wenn der VE mit dem Beschuldigten spricht und dieser ihn belastende Aussagen macht, stellt sich die Frage, ob diese Informationen im Prozess gegen den Beschuldigten verwertet werden können. Unstreitig besteht in diesem Fall **keine Pflicht zur Belehrung** über ein Aussageverweigerungsrecht.[203] Nach hM ist die Aussage des Beschuldigten auch verwertbar.[204] Hierfür spricht, dass sich die Situation von derjenigen einer offenen Vernehmung unterscheidet: Wird der Beschuldigte offen vernommen, so kann er sich gegenüber dem Staat zur Aussage gezwungen fühlen, so dass es hier nach dem Willen des Gesetzgebers einer Belehrung bedarf. Bei einem Gespräch mit einem VE kennt der Beschuldigte dagegen den Beamtenstatus des VE nicht und fühlt sich ihm gegenüber auch nicht zur Aussage verpflichtet. Anderes gilt nach der Rspr in den Fällen, in denen der VE den Beschuldigten, der sich auf sein Schweigerecht berufen hat, unter Ausnutzung des geschaffenen Vertrauensverhältnisses zu einer Aussage drängt und ihm so in einer **vernehmungsähnlichen Situation** belastende Aussagen entlockt.[205]

126

bb) Die durch den Einsatz des VE erlangten personenbezogenen Informationen dürfen gem. § 477 Abs. 2 S. 2 grds. nur in dem Verfahren verwertet werden, in dem sie von dem VE zur **Aufklärung einer Katalogtat** gewonnen worden sind. In anderen Verfahren sind sie nur verwertbar, wenn sie eine der in § 110a Abs. 1 bezeichneten Straftaten betreffen.

127

f) Sonstiges: aa) Gegenüber der Zielperson, erheblich mitbetroffenen Personen sowie dem Inhaber einer nicht allgemein zugänglichen Wohnung, die der VE betreten hat, besteht gem. § 101 Abs. 4 Nr 9 eine **Benachrichtigungspflicht**, wenn die Benachrichtigung ohne Gefährdung des Untersuchungszwecks oder von Personen möglich ist. Dadurch soll nachträglich rechtliches Gehör und die Möglichkeit nachträglicher Rechtsschutzmaßnahmen gewährleistet werden.[206]

128

bb) Gem. § 110b Abs. 3 S. 1 kann sowohl während des Einsatzes als auch danach die (wahre) **Identität des VE** geheim gehalten werden. Nur der Staatsanwalt und der Richter, die für die Entscheidung über die Zustimmung zu dem Einsatz zuständig sind, können verlangen, dass die Identität ihnen gegenüber offenbart wird (§ 110b Abs. 3 S. 2).

129

cc) Zu den **grundrechtssichernden Verfahrensregeln** des § 101 s.o. Rn 75.

130

12. Sonstige „legendierte" Maßnahmen

Derzeit noch nicht geklärt ist die Zulässigkeit anderer legendierter Maßnahmen, insb. der „legendierten Kontrollen", die in der Praxis bereits große Bedeutung erlangt haben.[207] Insb. bei Ermittlungen im Bereich der organisierten Betäubungsmittelkriminalität greifen die Ermittlungsbehörden im Rahmen einer nur vorgetäuschten (daher: legendierten) allgemeinen Verkehrs- oder Zollkontrolle auf Drogenkuriere zu, um deren

---

203 BGH StV 1994, 58 (61); 2007, 509 (510); KK-*Bruns* § 110c Rn 15 f.; SK-*Rudolphi* (1994) § 110c Rn 13; *Meyer-Goßner/Schmitt* § 110c Rn 3; zu den Beschuldigtenrechten vgl. *Ostendorf* Roxin-FS 1329.
204 BGHSt (GrS) 42, 139 (146 f.), ausf. dazu KK-*Bruns* § 110c Rn 20 ff. mwN; einschr. KK-*Bruns* § 110c Rn 15 ff. mwN; R/H-*Pegel* § 110a Rn 28; *Schlüchter/Radbruch* NStZ 1995, 354 f.; *Meyer-Goßner/Schmitt* § 110c Rn 3.
205 BGHSt 52, 11 m. Anm. *Meyer-Mews* NJW 2007, 3142 und *Renzikowski* JR 2008, 164; BGH NStZ 2009, 343; ähnlich BGHSt 55, 138 m. Bspr. *Jahn* JuS 2010, 832 und Anm. *Kretschmer* HRRS 2010, 343; lesenswert zum Ganzen *Verrel* Puppe-FS 1629 ff.; umf. *Wang*, Einsatz verdeckter Ermittler zum Entlocken des Geständnisses des Beschuldigten, 2015.
206 SK-*Wolter/Jäger* § 101 Rn 10 ff., 38 ff.
207 Grundlegend dazu BGHSt 62, 123; *Albrecht*, HRRS 2017, 446; *Müller/Römer*, NStZ 2012, 543.

Fahrzeuge zu durchsuchen. Die so erlangten „Zufallsfunde" dienen dann für die Verfolgung der unteren Ebenen der Organisierten Kriminalität, ohne das die laufenden Ermittlungen gegen die Strukturen der Banden aufgedeckt werden müssen. Hier ergeben sich freilich zahlreiche Probleme:

- Fraglich ist bereits, welchem **Aufgabenbereich** polizeilichen Handelns die mit legendierten Kontrollen verbundene Durchsuchung zuzuordnen ist. Geht man insofern von einer **doppelfunktionalen Maßnahme** aus,[208] stellt sich im Anschluss daran die Frage, wie solche Maßnahmen mit Blick auf die anzuwenden Rechtsgrundlagen zu behandeln sind. Der **BGH** vertritt dabei – abweichend von der herrschenden **Schwerpunkttheorie** (vgl. dazu bereits oben § 5 Rn 32) – die Auffassung, dass es genüge, wenn lediglich die Voraussetzungen des Gefahrenabwehrrechts eingehalten werden.[209] Das birgt freilich den Vorteil, dass die Ermittlungsbehörden auf die Einholung eines Durchsuchungsbeschlusses nach § 105 StPO verzichten können, um so die Hintergrundermittlungen nicht zu gefährden. In der **Literatur** wird dies jedoch – naheliegend – überwiegend kritisiert, da auf diese Weise der Richtervorbehalt systematisch umgangen werde.[210]
- Daneben wird bezweifelt, ob die mit der legendierten Kontrolle verbundene Täuschung des Betroffenen auf eine taugliche Ermächtigungsgrundlage gestützt werden kann.[211] Auch die Praxis, in der Ermittlungsakte zunächst ebenfalls einen unvollständigen Sachverhalt darzustellen, stößt auf breite Kritik.[212] Insofern hat bereits der BGH auf einen möglichen Konflikt mit dem Grundsatz des fairen Verfahrens aufmerksam gemacht,[213] der nicht von der Hand zu weisen ist.
- Schließlich sind mit legendierten Kontrollen auch materiell-strafrechtliche Probleme verbunden, insb. hinsichtlich einer möglichen Strafbarkeit der beteiligten Staatsanwälte gem. § 339 StGB sowie hinsichtlich eines Rechts des Betroffenen zum Widerstand gegen die Maßnahme.[214]

VI. Sicherstellungen und Beschlagnahmen

1. Sicherstellung und Beschlagnahme nach §§ 94 ff.

131 a) **Anwendungsbereich:** Die §§ 94 ff. regeln die Sicherstellung und Beschlagnahme von Gegenständen, die **als Beweismittel** für die Strafverfolgung von Bedeutung sind.

132 b) **Grundlagen:** aa) **Sicherstellung** ist der **Oberbegriff** für die Beschlagnahme und die sonstige Herstellung staatlicher Gewalt über den als Beweismittel in Betracht kommenden Gegenstand. Sie erfasst neben der formlosen Sicherstellung nach § 94 Abs. 1 auch die förmliche Beschlagnahme nach § 94 Abs. 2.[215]

---

208 So BGHSt 62, 123 (130); zust. LR-*Tsambikakis*, § 105 Rn 24a; abl. mangels präventiver Zielrichtung *Meyer-Goßner/Schmitt*, § 105 Rn 1c; *Mosbacher*, JuS 2016, 706 (708); *ders.*, JuS 2018, 129 (130).
209 BGHSt 62, 123 (133 ff); zust. *Brodowski*, JZ 2017, 1124 (1126); BeckOK-*Hegmann*, § 105 Rn 9.
210 Vgl. *Albrecht*, HRRS 2017, 446 (451 f); *Beulke/Swoboda* Rn 103; *Lenk*, StV 2017, 692 (695 ff).
211 Abl. *Albrecht*, HRRS 2017, 446 (452 f).
212 KK-*Laufhütte/Willnow*, § 147 Rn 15; *Löffelmann*, JR 2017, 596 (602); *Meyer-Goßner/Schmitt*, § 105 Rn 1c; aA *Nowrousian*, NStZ 2018, 254 (259).
213 BGHSt 62, 123 (142).
214 S. dazu *Börner*, StraFo 2018, 1 (5 f.) sowie *ders.*, JZ 2018, 870.
215 Vgl. *Meyer-Goßner/Schmitt* § 94 Rn 11 ff.

Zu **unterscheiden** ist nach dem zu sichernden Gegenstand:

Ist der Gegenstand **gewahrsamslos** oder befindet er sich **im Gewahrsam** einer Person, die ihn **freiwillig** herausgibt, erfolgt eine **Sicherstellung** nach § 94 Abs. 1.

Befindet sich der Gegenstand hingegen im Gewahrsam einer Person, die ihn **nicht freiwillig** herausgibt, so bedarf es der förmlichen **Beschlagnahme** nach § 94 Abs. 2.

Wenn der Gewahrsamsinhaber sich weigert, den Gegenstand herauszugeben, können gegen ihn die **Ordnungs- und Zwangsmittel** des § 70, Ordnungsgeld oder -haft, festgesetzt werden, es sei denn, dem Gewahrsamsinhaber steht ein Zeugnisverweigerungsrecht zu (§ 95 Abs. 2). Gegenüber dem **Beschuldigten** ist die Festsetzung solcher Beugungsmittel wegen des *nemo-tenetur*-Grundsatzes nicht möglich.[216]

bb) Die **Sicherstellung** nach § 94 Abs. 1 ist ein **Realakt** und erfolgt durch Begründung eines amtlichen Herrschaftsverhältnisses durch eine Strafverfolgungsbehörde.[217] Dadurch entsteht ein **öffentlich-rechtliches Verwahrungsverhältnis**, das strafrechtlich durch § 133 StGB geschützt wird und auf das die Bestimmungen über den bürgerlich-rechtlichen Verwahrungsvertrag entsprechende Anwendung finden.[218]

cc) Die **Beschlagnahme** bedarf einer **gerichtlichen Anordnung**; die StA und ihre Ermittlungspersonen sind aber grundsätzlich **eilzuständig** (§ 98 Abs. 1). Deren Anordnungen sollen dann aber innerhalb von drei Tagen richterlich bestätigt werden (§ 98 Abs. 2 S. 1).

dd) Bei der Beschlagnahme wird der zu sichernde Gegenstand dem Gewahrsamsinhaber **weggenommen** oder durch andere Maßnahmen – wie z.B. durch Absperrung oder Versiegelung eines Grundstücks[219] – gesichert. Es tritt **Verstrickung** ein, so dass dieses öffentlich-rechtliche Verwahrverhältnis durch § 136 StGB strafrechtlich geschützt wird.

c) **Beschlagnahmeverbote: aa)** Aus § 96 kann sich ein Beschlagnahmeverbot bei **amtlichen Schriftstücken** ergeben. Es bedarf dazu einer sog. **Sperrerklärung** der obersten Dienstbehörde, in der ausdrücklich festgestellt und begründet[220] werden muss, dass das Bekanntwerden des Inhalts der entsprechenden Akten oder Schriftstücke dem Wohl des Bundes oder eines deutschen Landes Nachteile bereiten würde. Diese Sperrerklärung bindet die Strafverfolgungsorgane jedoch nur, wenn sie berechtigterweise und nicht willkürlich oder rechtsmissbräuchlich abgegeben wurde.[221] Eine Überlassung der geheimhaltungsbedürftigen Akten nur an das Gericht, ohne dass der Betroffene Akteneinsicht erhält (sog. *in camera*-Verfahren), ist ausgeschlossen.[222]

bb) § 97 dient dem Schutz des **Zeugnisverweigerungsrechts**.[223] Um dieses Recht nicht zu umgehen, erfasst § 97 Abs. 1 neben schriflichen Mitteilungen zwischen dem Beschuldigten und dem Zeugnisverweigerungsberechtigten auch Surrogate wie z.B. Aufzeichnungen, die eine zeugnisverweigerungsberechtigte Person angefertigt hat.[224]

---

216 *Beulke/Swoboda* Rn 247; *Meyer-Goßner/Schmitt* § 95 Rn 5.
217 BGHSt 3, 395 (400); 15, 149 (150); *Beulke/Swoboda* Rn 246; *Hoffmann/Knierim* NStZ 2000, 461.
218 LG Hamburg NStZ 2004, 512.
219 BGHSt 15, 149 (150).
220 BGHSt 29, 109 (111 f.); BGH NStZ 2000, 265 (266); BVerwG NJW 1984, 2233 (2235); LG Potsdam wistra 2007, 193.
221 BGHSt 29, 109 (112), KG NStZ 1989, 541 (542); *R/H-Joecks* § 96 Rn 24.
222 BGH NJW 2000, 1661 (1662).
223 Überblick über den betroffenen Personenkreis bei BeckOK-*Gerhold* § 97 Rn 11 ff.
224 BVerfGE 20, 162 (188); *Amelung* DNotZ 1984, 198; *Fezer* JuS 1978, 765 (767).

Das Verbot gilt gem. § 97 Abs. 2 S. 1 grds.[225] nur dann, wenn sich die Schriftstücke bzw. Gegenstände im Gewahrsam des zur Verweigerung des Zeugnisses Berechtigten befinden. Denn außerhalb des Gewahrsams dieser Personen bestand bereits zuvor für Dritte die Möglichkeit der Kenntnisnahme, so dass es in diesem Fall nur eines geringeren Schutzes bedarf.[226]

Verteidigungsunterlagen, die sich im Gewahrsam des Beschuldigten befinden, dürfen auch über den Wortlaut des § 97 Abs. 2 S. 1 hinaus nicht beschlagnahmt werden. Dies ergibt sich aus dem Rechtsgedanken des § 148, wonach dem Beschuldigten schriftlicher und mündlicher Verkehr mit dem Verteidiger gestattet ist. § 148 erweitert insoweit den Schutz des § 97 Abs. 2.[227]

139 Die Beschlagnahmeverbote gelten gem. § 97 Abs. 2 S. 2 nicht, wenn die zur Verweigerung des Zeugnisses Berechtigten

- selbst einer **Teilnahme an der verfolgten Tat** oder
- einer Datenhehlerei, Begünstigung, Strafvereitelung oder Hehlerei verdächtig sind oder
- wenn es sich um Gegenstände handelt, die durch die Straftat hervorgebracht oder zur Begehung einer Straftat gebraucht oder bestimmt sind oder die aus einer Straftat herrühren.

Das Beschlagnahmeverbot entfällt ferner, wenn der zeugnisverweigerungsberechtigte Gewahrsamsinhaber von seiner **Schweigepflicht** gem. § 53 Abs. 2 S. 1 **entbunden** wird.[228]

140 cc) Beschlagnahmeverbote können sich auch aus der Verfassung ergeben.[229] Eine Beschlagnahme, die den Beschuldigten in seinen **Grundrechten**, insbesondere dem allgemeinen Persönlichkeitsrecht aus Art. 2 Abs. 1 i.V.m. Art. 1 Abs. 1 GG verletzt, ist unwirksam.[230]

141 dd) Aus einem Beschlagnahmeverbot folgt das Verbot, den jeweiligen Gegenstand gem. § 94 Abs. 1 in Verwahrung zu nehmen oder auf andere Weise sicherzustellen.

142 **d) Postbeschlagnahme (§ 99): aa)** Bei Postsendungen und Telegrammen kommt gegenüber Postunternehmen bzw. -angehörigen eine Sicherstellung i.S.d. § 94 Abs. 1 nicht in Betracht, weil eine freiwillige Herausgabe durch diese einen Verstoß gegen Art. 10 GG (und i.d.R. damit auch § 206 StGB) bedeuten würde.[231] Für solche Sendungen[232], die

---

[225] Eine ausdrückliche Ausnahme gilt für die elektronische Gesundheitskarte i.S.v. § 291a SGB V (§ 98 Abs. 2 2. HS), die unabhängig von einem bestehenden Gewahrsam nicht beschlagnahmt werden darf.
[226] SK-*Wohlers/Greco* § 97 Rn 15.
[227] BGH NJW 1973, 2035; 1982, 2508; LG München NStZ 2001, 612 (613); *Groß* StV 1996, 559 (562 f.); zur Beschlagnahme von Unterlagen bei Rechtsanwälten s. aber *Beulke/Swoboda* Rn 248.
[228] BGHSt 38, 144 (145); OLG Nürnberg NJW 1958, 272 (273); OLG Hamburg NJW 1962, 689.
[229] SK-*Wohlers/Greco* § 94 Rn 33.
[230] BVerfGE 34, 238 (250); 113, 29 (44 ff.); BGH NJW 1988, 1037 (1038); *Roxin/Schünemann* § 34/25; *Schroeder/Verrel* Rn 119.
[231] OLG Karlsruhe NJW 1973, 208; *Meyer-Goßner/Schmitt* § 99 Rn 2: unzulässig gem. § 39 PostG und strafbar gem. § 206 Abs. 2 StGB; SK-*Wohlers/Greco* § 99 Rn 5 f.: aber keine unmittelbare Verpflichtung aus Art. 10 GG.
[232] Zu denken ist hier nicht nur an Briefe, sondern auch an Pakete. Umstr. ist hier, ob nur Paketsendungen bis 20kg (s. etwa LR-*Schäfer* § 99 Rn 25) erfasst sein sollen oder ob auch schwerere Pakete der Vorschrift unterfallen (so z.B. BeckOK-*Graf* § 99 Rn 2). Für die 20kg-Grenze spricht das PostG, nach dessen § 4 Nr 1 als „Postdienstleistungen" nur entsprechend „leichte" Pakete zu verstehen sind; nachvollziehbar ist jedoch auch die Position der Gegenansicht, wenn sie mit Blick auf die Beförderungsbedingungen der Postdienstleister auch schwerere Sendungen (bis 31,5kg) für Postsendungen i.S.v. § 99 hält.

§ 8 Eingriffs- bzw. Zwangsmaßnahmen

an den Beschuldigten gerichtet sind oder von diesem herrühren, ist gem. § 99[233] aber die Beschlagnahme möglich, wenn sie sich im Gewahrsam von Personen oder Unternehmen befinden, die geschäftsmäßig Post- oder Telekommunikationsdienste erbringen oder daran mitwirken.
Befinden sich die Sendungen im Gewahrsam anderer Personen, so richtet sich die Beschlagnahme nach §§ 94 ff.
Nach Ansicht des BVerfG fallen zwischen- oder endgespeicherte **E-Mails**[234], die sich auf dem Server des E-Mail-Providers befinden, zwar unter den Schutzbereich des Art. 10 GG, ihre offene Sicherstellung und Beschlagnahme sei jedoch von den Vorschriften zur Postbeschlagnahme (§§ 94, 99) gedeckt.[235] Eine Beschlagnahme des gesamten E-Mail-Bestandes eines Beschuldigten wird allerdings regelmäßig zu einem Verstoß gegen den Verhältnismäßigkeitsgrundsatz führen.[236] Entsprechendes soll auch für Nachrichten, die in **sozialen Netzwerken** ausgetauscht werden, gelten.[237]

bb) Im Fall der Postbeschlagnahme ergeht eine **gerichtliche Anordnung** an ein Postunternehmen, bestimmte Postsendungen auszusondern und an das Gericht auszuliefern. Die Beschlagnahme selbst erfolgt erst später durch das Gericht.[238] Zur **Öffnung** der Postsendungen ist ebenfalls nur das Gericht befugt, das aber im Einzelfall diese Befugnis auf die StA übertragen kann (§ 100 Abs. 3).

143

cc) Die Postbeschlagnahme erfordert zur Wahrung der Verhältnismäßigkeit den bereits **hinreichend konkretisierten Verdacht** einer nicht nur geringfügigen Tat.[239] Ein **Auskunftsverlangen** einer Strafverfolgungsbehörde ist gegenüber einer Beschlagnahme ein geringerer Eingriff in die Rechte des Beschuldigten und deshalb ebenfalls unter den Voraussetzungen des § 99 zulässig (*argumentum a maiore ad minus*).[240]

144

e) **Ende der Beschlagnahme:** Die Beschlagnahme endet spätestens mit Rechtskraft des Urteils, ohne dass es hierzu einer gesonderten Anordnung bedarf.[241] Ist die Beweisbedeutung bereits zuvor entfallen oder ist die Beschlagnahme unverhältnismäßig, so endet sie durch Aufhebung der ursprünglichen Anordnung.[242] Die **Herausgabe** beschlagnahmter beweglicher Sachen erfolgt dann je nach den Umständen an den letzten Gewahrsamsinhaber, den durch die verfolgte Straftat Verletzten oder an einen Dritten, der Anspruch auf die Sache hat (§ 94 Abs. 4 i.V.m. § 111n).

145

2. Sicherstellung und Beschlagnahme nach §§ 111b ff.

Während sich die Vorschriften der §§ 94 ff. auf die Sicherstellung und Beschlagnahme von Beweismitteln beziehen, regeln §§ 111b ff. die Sicherstellung von Gegenständen,

146

---

233 Diese Vorschrift betrifft nur die Sicherstellung von Beweismitteln nach §§ 94 ff. und gilt nicht für die Beschlagnahme zur Einziehung oder Unbrauchbarmachung nach §§ 111b ff., vgl. *Meyer-Goßner/Schmitt* § 99 Rn 1.
234 Zur Beschlagnahme von Emails insgesamt lesenswert BeckOK-*Graf* § 99 Rn 11 ff.
235 BVerfGE 124, 43 (53 ff.) m. Anm. *Brodowski* JR 2009, 402; *Gercke* StV 2009, 624; ebenfalls für eine Anwendung der §§ 94, 99: BGH NStZ 2009, 397 m. zust. Anm. *Bär*; krit. *Kudlich* GA 2011, 193 (201 ff.); vgl. auch *Zimmermann* JA 2014, 321 (324); berechtigte Kritik an der Passivität des Gesetzgebers übt BeckOK-*Graf* § 99 Rn 11.
236 BGH NJW 2010, 1297.
237 AG Reutlingen CR 2012, 193; BeckOK-*Graf* § 99 Rn 14.
238 *Meyer-Goßner/Schmitt* § 99 Rn 4 f.
239 *Meyer-Goßner/Schmitt* § 99 Rn 12; SK-*Wohlers/Greco* § 99 Rn 16 f.
240 *Kurth* NStZ 1983, 541; *Meyer-Goßner/Schmitt* § 99 Rn 14.
241 OLG Düsseldorf NJW 1995, 2239 m. Anm. *v. Danwitz* NStZ 1999, 262.
242 *Meyer-Goßner/Schmitt* § 98 Rn 30; SK-*Wohlers/Greco* § 98 Rn 53.

die der Einziehung nach §§ 73 ff. StGB unterliegen.[243] Diese Sicherstellung kann hier ausschließlich in Form der Beschlagnahme erfolgen[244] und soll die spätere Vollstreckung gewährleisten.

VII. Führerscheinbeschlagnahme und vorläufige Entziehung der Fahrerlaubnis nach §§ 94 Abs. 3, 111a

1. Allgemeines

147 Es ist zu differenzieren zwischen dem **Führerschein** als Dokument und der **Fahrerlaubnis** als materielle Berechtigung zum Führen von Kraftfahrzeugen:

- Der **Führerschein** wird gem. **§ 94 beschlagnahmt**,
- die **Fahrerlaubnis** gem. **§ 111a** vorläufig **entzogen**.

Zweck der vorläufigen Entziehung der Fahrerlaubnis als Präventivmaßnahme ist es, die Allgemeinheit und den Straßenverkehr vor den Gefahren durch einen ungeeigneten Kraftfahrer schon vor Erlass eines sanktionierenden Urteils zu schützen.[245] Ermittlungsverfahren, in denen die vorläufige Entziehung der Fahrerlaubnis angeordnet wurde, sind wegen des Gebots effektiven Rechtsschutzes gem. Art. 19 Abs. 4 GG innerhalb angemessener Zeit mit besonderer Beschleunigung zu führen.[246]
Eine Sicherstellung oder Beschlagnahme des Führerscheins gem. § 94 Abs. 1, 2 kommt einerseits mit dem Ziel der **Verfahrenssicherung** in Betracht, wenn der Führerschein als Beweismittel dient.[247] Andererseits kann der Führerschein – z.B. nach einer Trunkenheitsfahrt – zum Zwecke der Sicherung seiner späteren Einziehung sichergestellt und beschlagnahmt werden; auch hier gilt § 94 Abs. 1, 2 (über § 94 Abs. 3).

2. Voraussetzungen und Wirkung von § 111a

148 **a) Zuständigkeit:** Die vorläufige Entziehung der Fahrerlaubnis bedarf eines begründeten **Beschlusses**,[248] der hinsichtlich bestimmter Kraftfahrzeugarten beschränkt sein darf (§ 111a Abs. 1 S. 2).

149 **StA und Polizei dürfen** bei Gefahr im Verzug den Führerschein gem. § 94 Abs. 3 **beschlagnahmen** oder sicherstellen.[249] Eine solche Gefahr wird etwa dann angenommen, wenn anzunehmen ist, dass der Kraftfahrer weiterhin in alkoholisiertem Zustand am Straßenverkehr teilnehmen oder sonst Verkehrsvorschriften in schwerwiegender Weise verletzen wird, sofern ihm nicht der Führerschein abgenommen wird.[250] Die Sicherstellung soll zudem angezeigt sein, wenn durch die mit der Anrufung des Richters verbundene Zeitverzögerung die Gefahr der Vernichtung des Führerscheins oder die Vereitelung seiner Beschlagnahme als Beweismittel besteht.[251]

150 **b) Voraussetzung:** Die vorläufige Entziehung der Fahrerlaubnis setzt gem. § 111a Abs. 1 S. 1 das Vorliegen von dringenden Gründen voraus, die die Annahme rechtferti-

---

243 Vgl. im Überblick *Dittmann/Reichhart* JA 2011, 540.
244 *Meyer-Goßner/Schmitt* § 111b Rn 12.
245 BVerfG NJW 2001, 357.
246 BVerfG NStZ-RR 2005, 276.
247 SK-*Wohlers/Greco* § 94 Rn 49.
248 *Gollner* GA 1975, 129 (134); SK-*Rogall* § 111a Rn 4.
249 OLG Stuttgart NJW 1969, 760; SK-*Rogall* § 111a Rn 21.
250 BGHSt 22, 385 (393); OLG Stuttgart NJW 1969, 760 (761); *Meyer-Goßner/Schmitt* § 111a Rn 15.
251 OLG Köln NJW 1968, 666 (667); *Dahs* NJW 1968, 632 f.; s. ferner BeckOK-*Huber* § 111a Rn 12.

§ 8 Eingriffs- bzw. Zwangsmaßnahmen

gen, dass die Fahrerlaubnis nach § 69 StGB entzogen werden wird. Gem. § 111a Abs. 2 ist die vorläufige Entziehung der Fahrerlaubnis aufzuheben, wenn der Grund für sie weggefallen ist oder wenn das Gericht im Urteil die Fahrerlaubnis nicht entzieht.

c) **Wirkungen:** Gem. § 111a Abs. 3 S. 1 wirkt die vorläufige Entziehung der Fahrerlaubnis als Anordnung der Bestätigung der Beschlagnahme des von einer deutschen Behörde ausgestellten Führerscheins. Außerdem wird durch sie ein **Fahrverbot** i.S.d. § 21 Abs. 1 Nr 1 StVG begründet.[252] Die Fahrerlaubnis erlischt erst durch rechtskräftiges Urteil.[253]

151

VIII. Durchsuchung (§§ 102 ff.)

▶ **FALL 4:** A ist verdächtig, ihre beiden Kinder getötet zu haben. Mit Beschluss vom 25.8. ordnet der Ermittlungsrichter die Durchsuchung ihrer Wohnung zur Verfolgung bestimmter Spuren an. Zugleich wird die Beschlagnahme der vorgefundenen Beweismittel angeordnet. Am 28.8. durchsuchen Kriminalbeamte in Anwesenheit einer Staatsanwältin die Wohnung der A in deren Abwesenheit. Am 29.8. wurde die Wohnung nach Entfernung der Siegel erneut durchsucht. Hierbei wurden verschiedene Gegenstände, die auf eine Täterschaft der A hinweisen könnten, sichergestellt.[254] ◀

1. Allgemeines

Eine Durchsuchung ist das Suchen nach Personen, Beweismitteln oder Einziehungsobjekten.[255] Sie kann das Ergreifen des Verdächtigen (sog. **Ergreifungsdurchsuchung**) oder das Auffinden von Beweismitteln (sog. **Ermittlungsdurchsuchung**) zum Ziel haben.[256] **Durchsuchungsobjekt** können Wohnungen und andere Räumlichkeiten, bewegliche Sachen sowie Personen sein. Die rechtlichen Anforderungen sind davon abhängig, ob die Durchsuchung beim Beschuldigten (§ 102) oder bei anderen Personen (§ 103) stattfindet.

152

2. Voraussetzungen

a) **Formelle Voraussetzungen: aa)** Zur Durchsuchung bedarf es einer **Anordnung**, wenn der Betroffene der Maßnahme nicht ausdrücklich einwilligt.[257] Zur Anordnung befugt ist der **Richter**, die StA und ihre Ermittlungspersonen sind **eilzuständig** (§ 105 Abs. 1 S. 1). In Art. 13 Abs. 2 GG ist dieser Richtervorbehalt verfassungsrechtlich verankert, so dass hier besonders **strenge Anforderungen** an die Begründung der **Gefahr im Verzug** zu stellen sind.[258] Im Durchsuchungsbeschluss muss dargelegt werden, dass die Beamten den Versuch unternommen haben, den Ermittlungsrichter zu erreichen. Bloße Vermutungen oder Spekulationen genügen für die Annahme von Gefahr im Verzug nicht.[259] Den Strafverfolgungsbehörden steht auch kein Beurteilungs- oder Ermessens-

153

---

252 BGH NJW 1962, 2104.
253 SK-*Rogall* § 111a Rn 30.
254 Nach BGH NStZ 1989, 375, Fall „Weimar".
255 *Sommermeyer* Jura 1992, 449 (449f.); *Walther* JA 2010, 32.
256 *Beulke/Swoboda* Rn 256.
257 Stillschweigende Duldung reicht nicht aus, *Meyer-Goßner/Schmitt*; s. MK-*Hauschild* § 105 Rn 2; BeckOK-*Hegmann* § 105 Rn 2; SK-*Wohlers* § 105 Rn 4 f.
258 S. zum Ganzen BeckOK-*Hegmann* § 105 Rn 5 ff.; allgemein zu den Anforderungen i.S.d. Art. 13 Abs. 2 GG *Gusy* NStZ 2010, 353.
259 BVerfGE 103, 142 (155); BVerfG NJW 2007, 1444; *Amelung/Wirth* StV 2002, 161; *Gusy* StV 2002, 153 (156).

spielraum zu.²⁶⁰ Die bewusste Missachtung oder grobe Verkennung dieser Voraussetzungen kann nach Ansicht des BGH zu einem **Beweisverwertungsverbot** führen.²⁶¹

154 bb) In welcher **Form** die Anordnung zu erfolgen hat, ist gesetzlich **nicht festgelegt**. Sie *sollte* schriftlich sein,²⁶² kann aber in Eilfällen auch (fern-)mündlich erfolgen.²⁶³ Die richterliche Anordnung muss die eigene Bewertung des Geschehens durch den Richter erkennen lassen.²⁶⁴ **Inhaltlich** ist die **Straftat**, deren Begehung Anlass zur Durchsuchung gibt, möglichst genau zu bezeichnen.²⁶⁵ Sie kann dabei zugleich die Anordnung der Beschlagnahme bestimmter, ebenfalls genau zu bezeichnender **Gegenstände** enthalten.²⁶⁶

Vom Einzelfall ist abhängig, wie lange die konkrete Maßnahme von der Anordnung getragen wird; spätestens **nach einem halben Jahr** bedarf es aber grds. eines neuen Durchsuchungsbeschlusses, da der dann eingetretene zeitliche Abstand der Gewähr zeitnaher richterlicher Entscheidung entgegensteht.²⁶⁷

155 b) **Durchführung:** Die Durchführung der richterlichen Anordnung erfolgt gem. § 36 Abs. 2 S. 1 durch die StA, die aber auch andere Behörden damit beauftragen kann. Der Richter kann seine Anordnung auch selbst ausführen.²⁶⁸

156 c) **Durchsuchung bei Beschuldigten:** Eine Durchsuchung kann gem. § 102 bei demjenigen erfolgen, der als Täter oder Teilnehmer einer Straftat oder der Datenhehlerei, Begünstigung, Strafvereitelung oder Hehlerei verdächtig ist.

157 aa) Die Durchsuchung ist **zulässig**, wenn zu vermuten ist, dass sie zum Auffinden von beschlagnahmefähigen Beweismitteln oder Spuren führen wird oder der Verdächtige ergriffen werden kann. Die Vermutung muss auf Anhaltspunkten gründen und nach kriminalistischer Erfahrung berechtigt sein;²⁶⁹ nur vage Anhaltspunkte oder bloße Vermutungen genügen nicht.²⁷⁰

158 bb) Durchsucht werden dürfen die Wohnung und andere Räume sowie dem Verdächtigen gehörende Sachen, d.h. Gegenstände, die in seinem Gewahrsam stehen.²⁷¹ Auch die Durchsuchung von Redaktions-²⁷² oder Kanzleiräumen²⁷³ ist unter Wahrung des Verhältnismäßigkeitsprinzips zulässig. Die Durchsuchung der **Person** des Verdächtigen ist möglich, jedoch darauf beschränkt, in und unter der **Kleidung**, auf der **Körperober-**

---

260 BVerfG NStZ 2003, 319.
261 BGHSt 51, 285 m. Anm. *Ransiek* JR 2007, 436, *Roxin* NStZ 2007, 616; BGH NStZ 2012, 104 m. Bspr. *Mosbacher* JuS 2012, 134 (138 ff.); OLG Düsseldorf StraFo 2009, 280; OLG Hamm NJW 2009, 3109 (3111 ff.) m. Anm. *Jahn* JuS 2010, 83.
262 BVerfGE 20, 223 (227).
263 BGH StV 2006, 174 (175) m. abl. Anm. *S. Harms* StV 2006, 215 ff.
264 BVerfG NStZ-RR 2005, 203 (204 f.).
265 BVerfGE 20, 223 (227); 42, 220; BVerfG NJW 2009, 2516 (2517); 2011, 291 f.; 2017, 2016 (2017); *Meyer-Goßner/Schmitt* § 105 Rn 5.
266 BVerfG StV 2018, 133; *Meyer-Goßner/Schmitt* § 105 Rn 7; LR-*Tsambikakis* § 105 Rn 52; SK-*Wohlers/Jäger* § 105 Rn 20 ff.
267 S. nur BVerfG NJW 1997, 2165; weiter KK-*Bruns* § 105 Rn 9 f. mwN.
268 *Rengier* NStZ 1981, 372 (373); *Meyer-Goßner/Schmitt* § 105 Rn 8; SK-*Wohlers/Jäger* § 105 Rn 44: bei Anordnung durch das erkennende Gericht *muss* der Richter die Vollstreckung selbst leiten.
269 OLG München NJW 1972, 2275; *Meyer-Goßner/Schmitt* § 102 Rn 2; SK-*Wohlers/Jäger* § 102 Rn 18.
270 BVerfG NJW 2011, 291; NJW 2018, 1240 m. Bespr. *Muckel* JA 2018, 556.
271 KMR-*Hadamitzky* § 102 Rn 9 ff.; SK-*Wohlers/Jäger* § 102 Rn 7, 14.
272 Unter besonderer Beachtung der Pressefreiheit, näher BVerfG NJW 2005, 965; 2007, 1117 ff; 2011, 1859 (1861); 1863 (1865).
273 BVerfG NJW 2004, 1517; NJW-Spezial 2015, 56 wobei im konkreten Fall die Verhältnismäßigkeit der Maßnahme verneint wurde.

fläche oder in **natürlichen** Körperhöhlen und -öffnungen, die ohne medizinische Hilfsmittel einzusehen sind (z.B. Mundhöhle), zu suchen.[274] Die Suche im Körperinneren richtet sich nach § 81a.

d) Durchsuchung bei anderen Personen: Gem. § 103 darf eine Durchsuchung auch bei anderen Personen, also bei solchen, die nicht einer Straftat im Sinne des § 102 verdächtig sind, durchgeführt werden, wobei die hieran zu stellenden Anforderungen enger als die des § 102 sind:[275]

159

aa) Neben dem Anfangsverdacht[276] ist hier eine durch bestimmte Tatsachen **begründete Erfolgsaussicht** der Durchsuchung zu fordern.[277] § 103 gestattet nicht nur die Durchsuchung von **Räumen**, sondern auch von **Personen**. Dies ergibt ein Rückschluss aus § 81c, der sogar die körperliche Untersuchung bei anderen Personen als dem Beschuldigten erlaubt, so dass die Durchsuchung dieser Personen erst recht zulässig sein muss.[278]

160

bb) Jedoch ist der **Zweck** der Durchsuchung bei § 103 begrenzt. Im Rahmen der **Ermittlungsdurchsuchung** ist nur das Auffinden bestimmter Gegenstände oder Spuren erlaubt. Es muss nach bereits hinreichend **individualisierten Beweismitteln** für die Straftat, die den Gegenstand des Strafverfahrens bildet, gesucht werden.[279] Die heute wohl hL fordert für die **Ergreifungsdurchsuchung**, dass der Verdächtige bereits die Stellung eines Beschuldigten hat.[280]

161

cc) Gem. § 103 Abs. 1 S. 2 darf ein **Gebäude** zum Zwecke der Ergreifung des Beschuldigten (nicht zum Auffinden von Beweismitteln) durchsucht werden, wenn dieser einer **staatsgefährdenden Straftat** nach § 89a StGB oder § 129a StGB, auch i.V.m. § 129b Abs. 1 StGB, **dringend verdächtig** ist und aufgrund von Tatsachen anzunehmen ist, dass sich der Beschuldigte in dem Gebäude aufhält.[281]

162

e) Weitere Voraussetzungen und Besonderheiten: aa) Zur **Durchsicht von Papieren** ist gem. § 110 Abs. 1 in erster Linie die **StA** befugt; darüber hinaus hat der zuständige Richter stets das Recht, die Papiere durchzusehen. Daneben kann die StA ihre **Ermittlungspersonen** mit der eigenverantwortlichen Durchsicht beauftragen. Die Sachleitungsbefugnis bleibt in jedem Fall bei der StA.[282] Ist bei der Durchsuchung keine zur Durchsicht von Papieren zuständige Person zugegen und genehmigt der Inhaber die Durchsicht der Papiere nicht (§ 110 Abs. 2 S. 1), so haben die Beamten die Papiere mitzunehmen und der StA zu übergeben.[283]

163

bb) Bei der Durchsuchung, Sicherstellung und Beschlagnahme von **Datenträgern** gilt folgendes: Die StPO erlaubt die Sicherstellung und Beschlagnahme von Datenträgern und hierauf gespeicherten Daten als Beweisgegenstände im Strafverfahren, obwohl es

164

---

274 OLG Celle NStZ 1998, 87; *Meyer-Goßner/Schmitt* § 102 Rn 9; KK-*Bruns* § 102 Rn 10.
275 SK-*Wohlers/Jäger* § 103 Rn 1; zu den erhöhten Anforderungen im Rahmen der Verhältnismäßigkeit BVerfG NJW 2007, 1804; 2009, 2518.
276 BGH NStZ 2016, 370.
277 BVerfG NJW 2016, 1645; SK-*Wohlers/Jäger* § 103 Rn 15.
278 *Meyer-Goßner/Schmitt* § 103 Rn 3.
279 BeckOK-*Hegmann* § 103 Rn 8; *Meyer-Goßner/Schmitt* § 103 Rn 6.
280 *Nelles* StV 1991, 488; MK-*Hauschild* § 103 Rn 8; BeckOK-*Hegmann* § 103 Rn 7; *Meyer-Goßner/Schmitt* § 103 Rn 5.
281 *Kraatz* JA 2012, 510.
282 SK-*Wohlers/Jäger* § 110 Rn 12 ff.
283 SK-*Wohlers/Jäger* § 110 Rn 17.

sich bei letzteren nicht um körperliche Gegenstände handelt.[284] § 110 Abs. 3 erlaubt zudem, bei der **Durchsicht von Speichermedien** auf räumlich getrennte andere Speichermedien zuzugreifen, soweit dies vom durchsuchten Medium aus möglich ist und anderenfalls der Verlust der gesuchten Daten zu befürchten ist (z.b. E-Mail-Anhänge auf dem Server des Internet-Providers).[285]

cc) Zur **Online-Durchsuchung** s.o. Rn § 8 Rn 98.

165 dd) Die **nächtliche**[286] **Hausdurchsuchung** ist gem. § 104 nur unter engen Voraussetzungen zulässig: Bei Verfolgung auf frischer Tat, zur Wiederergreifung eines Gefangenen, bei Räumen, die zur Nachtzeit jedermann zugänglich sind oder die der Polizei als Herbergen oder Versammlungsorte bestrafter Personen bekannt sind, wie z.B. sog. Hehlerkneipen.

166 ee) Gem. § 105 Abs. 2 sind – **wenn möglich** – bei Raumdurchsuchungen, die ohne Beisein eines Richters oder Staatsanwalts erfolgen, bestimmte Personen als **Zeugen** hinzuzuziehen. Sinn dieser Regelung ist der Schutz des Betroffenen. Durch die Anwesenheit von Durchsuchungszeugen soll einem möglichen Fehlverhalten der Strafverfolgungsorgane vorgebeugt und dem Betroffenen die Möglichkeit gegeben werden, später mithilfe der Zeugen ein mögliches Fehlverhalten beanstanden und beweisen zu können.[287] Umgekehrt ist auch dem Schutz der Strafverfolgungsbeamten vor unberechtigten Vorwürfen gedient.[288] Wird gegen die Vorschrift des § 105 verstoßen, steht dies jedoch nach hM der **Verwertbarkeit** der erlangten Beweismittel nicht entgegen.[289]

167 ff) Der **Inhaber** der zu durchsuchenden Räume oder Gegenstände ist gem. § 106 Abs. 1 S. 1 berechtigt, der **Durchsuchung beizuwohnen**. Ist er abwesend, so ist, wenn möglich, sein Vertreter oder ein erwachsener Angehöriger, Hausgenosse oder Nachbar hinzuzuziehen (§ 106 Abs. 1 S. 2). § 106 ist lediglich eine Ordnungsvorschrift, aus deren Verletzung keine Rechtsfolgen hergeleitet werden können.[290]

168 gg) Amtsträger dürfen grundsätzlich nicht systematisch nach Beweismitteln suchen, die andere Straftaten betreffen.[291] Werden aber im Zuge einer Dursuchung Gegenstände gefunden, die in keiner Beziehung zur Untersuchung stehen, aber auf die Verübung einer anderen Straftat hindeuten (sog. **Zufallsfunde**) sind diese einstweilen in Beschlag zu nehmen; die StA ist hiervon in Kenntnis zu setzen (§ 108 Abs. 1). **Ausnahmeregelungen** ergeben sich für Ärzte in Verfahren wegen Schwangerschaftsabbrüchen und Berufsgeheimnisträger aus § 108 Abs. 2, 3.

3. Ende der Durchsuchung und weitere Maßnahmen

169 Die Durchsuchung ist zu beenden, wenn ihr Ziel erreicht ist. Zu anderen als in der Anordnung genannten Zwecken darf sie nicht fortgesetzt werden. Sie muss – anders als

---

284 BVerfG NJW 2005, 1917 (1920), auch zur Zulässigkeit der Beschlagnahme von Daten in einer Anwaltskanzlei.
285 *Obenhaus* NJW 2010, 651; *Zimmermann* JA 2014, 321 (322); guter Überblick bei BeckOK-*Hegmann* § 110 Rn 13 ff.
286 „Nachtzeit" umfasst zwischen dem 1.4. und 30.9 den Zeitraum von 21:00 Uhr bis 04:00 Uhr; zwischen dem 1.10. und 31.03. den von 21:00 Uhr bis 06:00 Uhr (§ 104 Abs. 3).
287 BGH NJW 1963, 1461; OLG Karlsruhe NStZ 1991, 50; *Born* JR 1983, 52 (55).
288 BGH NJW 1963, 1461; *Küper* JZ 1980, 633 (634); LR-*Tsambikakis* § 105 Rn 118.
289 *Amelung* NJW 1991, 2533 (2537); SK-*Wohlers/Jäger* § 105 Rn 80.
290 BGH NStZ 1983, 375; aA *Rengier* NStZ 1981, 372 (374); SK-*Wohlers/Jäger* § 106 Rn 27.
291 BVerfG NJW 2007, 1444 (Durchsuchung mit Drogenspürhunden bei Verdacht eines Verstoßes gegen das WaffG); LG Bonn NJW 1981, 292; KK-*Bruns* § 108 Rn 1; Meyer-Goßner/Schmitt § 108 Rn 1.

dies in **Fall 4** geschehen ist – **in einem Zuge** durchgeführt werden. Pausen sind jedoch gestattet.²⁹²

Nach Beendigung der Durchsuchung ist dem Betroffenen gem. § 107 auf sein Verlangen eine schriftliche **Mitteilung** zu machen, die den Grund der Durchsuchung und im Falle des § 102 die Straftat bezeichnen muss. Er kann auch ein Verzeichnis über die in Verwahrung oder in Beschlag genommenen Gegenstände verlangen.

170

IX. Verfahrenssichernde Maßnahmen

1. Fahndung (§§ 131 ff.)

a) **Allgemeines:** Zu unterscheiden ist zwischen der Ausschreibung

171

- zur **Festnahme** (§ 131),
- zur **Aufenthaltsermittlung** (§ 131a Abs. 1),
- zur **Identitätsfeststellung** und
- zu sonstigen Maßnahmen (§§ 131a Abs. 2, 131b).

Diese Ausschreibungen sind jeweils auch als **Öffentlichkeitsfahndung** (s.u. Rn 176) möglich (z.B. über Veröffentlichungen in Zeitungen, Funk und Fernsehen oder im Internet²⁹³ und den damit verbundenen sozialen Netzwerken²⁹⁴). Da eine Öffentlichkeitsfahndung den Betroffenen nachhaltig in seinen Persönlichkeitsrechten belastet, ist sie nur **unter engeren Voraussetzungen** möglich.

b) **Ausschreibung zur Festnahme (§ 131):** aa) **Zuständig** zur Anordnung sind der **Richter** und die **StA, eilzuständig** sind die **Ermittlungspersonen** der StA.

172

In der Anordnung ist der Beschuldigte möglichst genau zu **bezeichnen und zu beschreiben** (Abs. 4). Dadurch sollen Verwechslungsgefahren und damit die Beschwer eines Nicht-Beschuldigten ausgeschlossen werden.²⁹⁵ Gleichzeitig dürfen Abbildungen, Fotos oder Phantombilder beigelegt werden.

bb) Die Fahndung zur Festnahme ist **zulässig**

173

- aufgrund eines **Haftbefehls** oder eines Unterbringungsbefehls (Abs. 1) oder
- wenn die **Voraussetzungen dafür** gegeben sind, der Erlass aber ohne Gefährdung des Fahndungserfolgs nicht abgewartet werden kann (Abs. 2).

Eine diesbezügliche **Öffentlichkeitsfahndung** (Abs. 3) steht unter dem Vorbehalt einer **Subsidiaritätsklausel**.

c) **Ausschreibung zur Aufenthaltsermittlung (§ 131a Abs. 1):** aa) Beschuldigte und Zeugen können nach § 131a Abs. 1 zur Aufenthaltsermittlung ausgeschrieben werden, wenn ihr Aufenthalt sich bis zum Zeitpunkt der Ausschreibung nicht ermitteln ließ.²⁹⁶ **Zuständig** zu einer solchen Anordnung sind der Richter und die StA, bei Gefahr im Verzug auch deren Ermittlungspersonen.

174

---

292 *Fezer* StV 1989, 290 (292); *Rengier* NStZ 1981, 373 (377); *Meyer-Goßner/Schmitt* § 105 Rn 14.
293 Dazu grundlegend *Pätzel* NJW 1997, 3131; *Soiné* NStZ 1997, 166 und 321; aus aktueller(er) Sicht *Schiffbauer* NJW 2014, 1052.
294 Speziell zu den Besonderheiten und datenschutzrechtlichen Problemen einer „Facebookfahndung" vgl. *Gerhold* ZIS 2015, 156.
295 BT-Drs. 14/1484, 20; SK-*Paeffgen* § 131 Rn 8.
296 SK-*Paeffgen* § 131a Rn 3.

175 bb) Gem. § 131a Abs. 2 kann eine Ausschreibung zur Aufenthaltsermittlung des Beschuldigten auch
- zur Sicherstellung eines **Führerscheins**,
- zur **erkennungsdienstlichen** Behandlung,
- zur Anfertigung einer **DNA**-Analyse oder
- zur Feststellung seiner **Identität**

erfolgen.

176 cc) Eine **Öffentlichkeitsfahndung** ist gem. § 131a Abs. 3 möglich, wenn es sich um eine Straftat von erheblicher Bedeutung handelt, dringender Tatverdacht besteht und die Aufenthaltsermittlung auf andere Weise erheblich weniger Erfolg versprechend oder wesentlich erschwert wäre. Die Anordnung der Öffentlichkeitsfahndung steht wegen der besonderen Sensibilität des Bereichs und zum Schutz vor Stigmatisierung unter einem Richtervorbehalt; die Eilkompetenz liegt bei der StA und ihren Ermittlungspersonen (§ 131c Abs. 1).[297]

177 d) **Veröffentlichung von Abbildungen (§ 131b):** Zuständig für eine Fahndung durch Veröffentlichung von Abbildungen ist gem. § 131c Abs. 1 der **Richter, eilzuständig** sind die **StA und ihre Ermittlungspersonen.**

Die Veröffentlichung von Abbildungen ist
- bzgl. des Beschuldigten zur Aufklärungsfahndung und
- bzgl. des Beschuldigten und des Zeugen zur Identitätsfeststellung

möglich. Die Fahndung nach dem **Beschuldigten** setzt den Verdacht der Begehung einer (bestimmten) Straftat von erheblicher Bedeutung voraus und ist nur zulässig, wenn die Aufklärung der Straftat oder die Feststellung der Identität des unbekannten Täters auf andere Weise erheblich weniger Erfolg versprechend oder wesentlich erschwert wäre.

Die Fahndung nach einem **Zeugen** muss auf andere Weise als durch die Veröffentlichung seiner Abbildung aussichtslos sein. Außerdem muss die Veröffentlichung deutlich hervorheben, dass die abgebildete Person nicht als Beschuldigter angesehen wird.

2. Sonstige Maßnahmen (§ 132)

178 Gem. § 132 Abs. 1 kann gegen den Beschuldigten, der **in der Bundesrepublik keinen festen Wohnsitz oder Aufenthalt** hat, aber einer im Inland begangenen Straftat dringend verdächtig ist und gegen den – mangels gegebener Voraussetzungen – kein Haftbefehl erlassen werden kann, eine **Sicherheitsleistung und** die **Bestellung eines Zustellungsbevollmächtigten** angeordnet werden. Auf diese Weise soll die Durchführung des Strafverfahrens und der Strafvollstreckung gegen den Betreffenden sichergestellt werden.[298]

179 **Befugt** zur Anordnung von Maßnahmen nach § 132 Abs. 2 ist der Richter, bei Gefahr im Verzug die StA und ihre Ermittlungspersonen.

180 Kommt der Beschuldigte der Anordnung nach, so darf er die Bundesrepublik verlassen. Andernfalls können gem. § 132 Abs. 3 Beförderungsmittel und andere Sachen, die

---

[297] Meyer-Goßner/Schmitt § 131a Rn 3; sehr streng daher SK-*Paeffgen* § 131a Rn 7 (erdrückende Verdachtslage); für Internetfahndungen ähnlich MK-*Gerhold* § 131a Rn 8 mwN.
[298] Zum Verhältnis der Maßnahme zum Haftbefehl s. kurz BeckOK-*Niesler* § 132 Rn 5.

§ 8 Eingriffs- bzw. Zwangsmaßnahmen

der Beschuldigte mit sich führt und die ihm gehören, **beschlagnahmt** werden. Insofern gelten die §§ 94, 98. Die Beschlagnahmebefugnis des Abs. 3 beinhaltet die Befugnis zum Suchen nach Beschlagnahmegegenständen.[299]

WIEDERHOLUNGS- UND VERTIEFUNGSFRAGEN 181

> - Was sind Ziel und Methode der Schleppnetzfahndung nach § 163d? (Rn 4)
> - Worin besteht der Unterschied zwischen der Rasterfahndung nach § 98a und dem Datenabgleich nach § 98c? (Rn 10)
> - Wonach ist bei Maßnahmen nach §§ 163b, 163c zu differenzieren? (Rn 11 ff.)
> - Worin liegen die Unterschiede der Identifizierungsmaßnahme nach § 81b im Vergleich zu der nach § 163b? (Rn 11 ff., 14 ff.)
> - Welche Befugnisse haben die Polizeibeamten gegenüber den an einer Kontrollstelle im Sinne des § 111 angehaltenen Personen? (Rn 19)
> - Welchen Zweck verfolgt die Ausschreibung zur polizeilichen Beobachtung nach § 163e? (Rn 20)
> - Welchen Zweck verfolgt eine vorläufige Festnahme nach § 127 Abs. 1? (Rn 25)
> - Warum kann der dringende Tatverdacht einer Straftat für vorläufige Festnahmen nach § 127 Abs. 1 nach hM nicht ausreichen? (Rn 31)
> - Grundsätzlich müssen körperliche Untersuchungen gem. § 81a durch den Richter angeordnet werden. Allerdings kennt das Gesetz Einschränkungen bzw. Ausnahmen von diesem Grundsatz. Welche? (Rn 37)
> - Wie kann zwischen der Untersuchung nach § 81a und der Durchsuchung nach § 102 differenziert werden? (Rn 48)
> - Unter welchen Voraussetzungen sind sog. Reihengentests i.R.d. § 81h zulässig? (Rn 53)
> - Welchen Zweck darf die Unterbringung zur Beobachtung nach § 81 nur verfolgen? (Rn 72)
> - Unter welchen Voraussetzungen darf die Telekommunikation von Personen abgehört werden, die nicht Beschuldigte sind? (Rn 83)
> - Was versteht man unter einer Online-Durchsuchung und was sind ihre Voraussetzungen? (Rn 98)
> - Worin unterscheiden sich der kleine und der große Lauschangriff? (Rn 101 ff., 106 ff.)
> - Was versteht man unter einem Verdeckten Ermittler (VE) und wovon ist er zu unterscheiden? (Rn 118 f.)
> - Dürfen Aussagen, die der Beschuldigte gegenüber einem VE in Unkenntnis von dessen Beamtenstatus macht, verwertet werden? (Rn 126)
> - Welchen Zweck verfolgen §§ 94 ff., welchen die §§ 111b ff.? (Rn 132, 146)
> - Wann erfolgt die formlose Sicherstellung, wann die förmliche Beschlagnahme? (Rn 134 f.)
> - Welche Durchsuchungsarten gibt es und welche Zwecke verfolgen sie? (Rn 152)
> - Was ist unter einer Öffentlichkeitsfahndung zu verstehen und warum ist sie nur unter engen Voraussetzungen zulässig? (Rn 171)

---

299 *Geppert* GA 1979, 281 (297); *Meyer-Goßner/Schmitt* § 132 Rn 19.

§ 9 Haftbefehl und Untersuchungshaft

I. Allgemeines

1. Begriff und Zweck der Untersuchungshaft

▶ **FALL 1:** In einem gegen ihn geführten Ermittlungsverfahren wegen eines „Banküberfalls" legt der B ein umfassendes Geständnis ab. Allerdings zeigt er keinerlei Reue: Er habe im Leben viel Pech gehabt und „so einer Bank" tue ein Überfall nicht weh, schließlich sei sie gegen solche Vorfälle versichert. Der den B vernehmende Staatsanwalt ist über die Einstellung des B empört. Er beantragt bei der zuständigen Richterin den Erlass eines Haftbefehls: Es bestehe zwar keine Fluchtgefahr, aber dem B solle durch die Untersuchungshaft das Unrecht seiner Tat vor Augen geführt werden. Im Gefängnis habe der B dann genug Zeit, über seine Tat nachzudenken. ◀

▶ **FALL 2:** Gegen B läuft ein Ermittlungsverfahren wegen schweren Bandendiebstahls. B schweigt zu den gegen ihn erhobenen Vorwürfen. Der mit den Ermittlungen befasste Staatsanwalt beantragt bei der zuständigen Richterin den Erlass eines Haftbefehls mit der Begründung, dass eine Inhaftierung des B dessen „Kooperationsbereitschaft" mit den Strafverfolgungsbehörden sicher fördern werde. ◀

1   Untersuchungshaft ist die Inhaftierung eines noch nicht (oder noch nicht rechtskräftig) verurteilten Beschuldigten.[1] Ihr primärer **Zweck** ist die **Verfahrenssicherung**:[2] Die Untersuchungshaft soll die Durchführung eines geordneten Strafverfahrens dadurch gewährleisten, dass der Beschuldigte daran gehindert wird, sich dem Verfahren oder der sich möglicherweise anschließenden Vollstreckung zu entziehen oder Beweisquellen zu manipulieren.[3]

2   Da die Untersuchungshaft einen noch nicht verurteilten Beschuldigten seiner Freiheit beraubt, steht sie in einem **Spannungsverhältnis zur Unschuldsvermutung** (s. Art. 20 Abs. 3 GG; Art. 6 Abs. 2 EMRK).[4] Gleichwohl besteht Einigkeit, dass die Untersuchungshaft zur Sicherung einer effektiven Strafrechtspflege zulässig ist; auch die EMRK selbst sieht in Art. 5 Abs. 1 S. 2 lit. c die Untersuchungshaft wegen Fluchtgefahr ausdrücklich vor. Aus der für den Beschuldigten streitenden Unschuldsvermutung folgt jedoch, dass die Freiheitsentziehung sowie die in diesem Zusammenhang angeordneten Maßnahmen **keinen Sanktionscharakter** haben dürfen.[5] Die Begründung der StA in **Fall 1** ist somit mit dem Zweck der Untersuchungshaft als Mittel der Verfahrenssicherung und mit der bis zur rechtskräftigen Verurteilung bestehenden Unschuldsvermutung nicht zu vereinbaren.

3   Die Untersuchungshaft darf auch nicht dazu missbraucht werden, das Aussageverhalten des Beschuldigten zu beeinflussen, ihn insbesondere zu veranlassen, von seiner Aussagefreiheit keinen Gebrauch zu machen.[6] Die Untersuchungshaft ist **keine „Beugehaft"**. Aus diesem Grunde ist auch die Begründung der StA in **Fall 2** nicht haltbar.

---

1 *Meyer-Goßner/Schmitt* Vor § 112 Rn 1; zu den Grundlagen und Voraussetzungen s. *Graf* JA 2012, 262.
2 Ausnahme: Untersuchungshaft wegen Wiederholungsgefahr im Sinne von § 112a; dazu u. Rn 28 ff.
3 BVerfGE 19, 342 (349); 32, 87 (93); HK-*Posthoff* Vor § 112 Rn 8; *Roxin/Schünemann* § 30/1; aA bzgl. des Zwecks der Vollstreckungssicherung SK-*Paeffgen* Vor § 112 Rn 5, 11.
4 BVerfG NJW 2006, 1336 (1337); BeckOK-*Krauß* § 112 Rn 1 mwN.
5 BVerfG NJW 1966, 243 (243 f.); NJW 1974, 26 (27); OLG Oldenburg StraFo 2005, 111 (112); *Dreher* MDR 1970, 965 (967 f.); KK-*Graf* Vor § 112 Rn 12.
6 BGHSt 34, 362 (363 f.).

Die Richterinnen werden also in **Fall 1** wie auch in **Fall 2** den Antrag der StA ablehnen.⁷

2. Verhältnismäßigkeit

Da die Untersuchungshaft ein äußerst **schwerwiegender Eingriff** in die Rechte des Beschuldigten ist, hat der Gesetzgeber an ihre Verhängung **hohe Anforderungen** gestellt. Damit soll gewährleistet werden, dass die Untersuchungshaft nur in eng begrenzten Ausnahmefällen angeordnet und so dem **Grundsatz der Verhältnismäßigkeit** Rechnung getragen wird.⁸

3. Sonderformen

Neben der eigentlichen Untersuchungshaft finden sich in der StPO noch weitere, **besondere Arten** der Untersuchungshaft:

- **Hauptverhandlungs**haft (§ 127b)
- **Sicherungs**haft (§ 453c)
- **Vollstreckungs**haft (§ 457 Abs. 2)
- **Ungehorsams**haft (§§ 230 Abs. 2, 236)

II. Materielle Voraussetzungen der Untersuchungshaft

Die Untersuchungshaft darf gem. § 112 Abs. 1 unter folgenden Voraussetzungen angeordnet werden:

- Es besteht dringender **Tatverdacht**,
- es liegt ein **Haftgrund** vor,
- die Untersuchungshaft steht zu der Bedeutung der Sache und der zu erwartenden Strafe oder Maßregel nicht außer **Verhältnis**.

1. Dringender Tatverdacht (§ 112 Abs. 1 S. 1)

a) **Begriff:** Dringender Tatverdacht liegt vor, wenn nach dem bisherigen Ermittlungsstand eine **hohe Wahrscheinlichkeit** dafür besteht, dass der Beschuldigte als Täter oder Teilnehmer rechtswidrig und schuldhaft eine **Straftat** begangen hat.⁹
Umstr. ist, ob dies bedeutet, dass damit zugleich eine entsprechend hohe *Verurteilungs*wahrscheinlichkeit gegeben sein muss oder ob die bloße Möglichkeit der Verurteilung ausreicht.¹⁰ Für den dringenden Tatverdacht sollte aber die Verurteilungsmög-

---

7 Allerdings kommt es in der Praxis vor, dass aus solchen sog. „apokryphen Haftgründen" die Untersuchungshaft angeordnet wird – wenn auch nicht so krass formuliert wie in den Beispielsfällen; näher hierzu *Schlothauer/Weider* Rn 661 ff.
8 In der Realität ist von dem Ausnahmecharakter der Untersuchungshaft allerdings nicht allzu viel übrig geblieben: So stellen *Dölling/Feltes* StV 2000, 174 (175) fest, dass bei Verfahren, die in erster Instanz vor dem LG stattfinden, in über 80% der Fälle Untersuchungshaft angeordnet wird; zur Entwicklung bis 2014 s. *Kinzig* Ostendorf-FS (2017), 501 ff.
9 BVerfG NJW 1996, 1049 (1050); BGH bei *Pfeiffer* NStZ 1981, 94; *Roxin/Schünemann* § 30/5; *Meyer-Goßner/Schmitt* § 112 Rn 5. Bei (wahrscheinlicher) Begehung einer rechtswidrigen Tat im Zustand der Schuldunfähigkeit oder verminderten Schuldfähigkeit besteht die Möglichkeit einer einstweiligen Unterbringung nach § 126a.
10 S. einerseits (Verurteilungswahrscheinlichkeit) OLG Köln StV 1996, 389; OLG Koblenz StV 1994, 316; LR-*Hilger* § 112 Rn 17; HK-*Posthoff* § 112 Rn 5; R/H-*Tsambikakis* § 112 Rn 21, 23; *Lesch* 4/5; *Nelles* StV 1992, 385

lichkeit ausreichen, da in einem frühen Ermittlungsstadium i.d.r. überhaupt noch nicht absehbar ist, ob es zu einer Verurteilung kommt.

8 b) **Abgrenzung:** Im Vergleich zu anderen Verdachtsgraden ist der dringende Verdacht stärker als der sog. Anfangsverdacht im Sinne des §§ 160 Abs. 1, 152 Abs. 2 und der hinreichende Tatverdacht nach §§ 170 Abs. 1, 203. Während letzterer bereits bei einfacher Wahrscheinlichkeit der Verurteilung vorliegt, verlangt der dringende Tatverdacht eine höheres Maß an Wahrscheinlichkeit (hinsichtlich der Tatbegehung oder der späteren Verurteilung, s.o. Rn. 7). Es muss jedoch berücksichtigt werden, dass sich der hinreichende Tatverdacht auf der Basis der abgeschlossenen Ermittlungen ergeben muss, während die Beurteilung des dringenden Tatverdachts stets aufgrund des gegenwärtigen Standes der Ermittlungen erfolgt. Reine **Rechtsfragen** sind im Übrigen einer Wahrscheinlichkeitsprognose nicht zugänglich; sie müssen vor Erlass des Haftbefehls gelöst werden, soweit es auf sie ankommt.[11]

9 c) Jedoch fehlt es **normativ** an einem dringenden Tatverdacht, wenn nicht behebbare Verfahrenshindernisse bestehen, auch wenn ansonsten die Beweislage eindeutig ist.[12]

2. Haftgründe

10 Die StPO unterscheidet **vier Haftgründe:**
- **Flucht** oder Fluchtgefahr (§ 112 Abs. 2 Nr 1 und 2),
- **Verdunkelung**sgefahr (§ 112 Abs. 2 Nr 3),
- Tatverdacht bezüglich eines **Kapitaldelikts** (§ 112 Abs. 3) und
- **Wiederholungs**gefahr (§ 112a).

a) Flucht oder Fluchtgefahr (§ 112 Abs. 2 Nr 1 und 2)

▶ **FALL 3:** B ist dringend verdächtig, in mehr als 10 Fällen einen schweren Raub begangen zu haben. Der Staatsanwalt beantragt bei der Ermittlungsrichterin den Erlass eines auf Fluchtgefahr gestützten Haftbefehls, denn es sei zu erwarten, „dass B dem aus der hohen Straferwartung resultierenden Fluchtanreiz nachgeben" werde. ◀

▶ **FALL 4:** C ist dringend verdächtig, über Jahre hinweg Vermögen ihres Arbeitgebers veruntreut zu haben. Während des Ermittlungsverfahrens begeht C einen Selbstmordversuch. In einem Abschiedsbrief schreibt sie, dass ihr Leben nun sinnlos geworden sei, da ihr Ansehen völlig ruiniert sei und sie ohnehin keine Chance mehr habe, jemals wieder eine vernünftige Arbeitsstelle zu finden. Die StA beantragt beim Ermittlungsrichter den Erlass eines Haftbefehls wegen Fluchtgefahr. ◀

11 aa) Der Haftgrund der **Flucht** ist gegeben, wenn aufgrund bestimmter Tatsachen festgestellt wird, dass der Beschuldigte flüchtig ist oder sich verborgen hält.

12 (1) **Flüchtig** ist, wer sich von seinem bisherigen räumlichen Lebensmittelpunkt absetzt, um für Ermittlungsbehörden und Gerichte in dem gegen ihn laufenden Verfahren uner-

---

(386); andererseits (bloße Möglichkeit) BGH bei *Pfeiffer* NStZ 1981, 94; *Meyer-Goßner/Schmitt* § 112 Rn 5; KK-*Graf* § 112 Rn 3; BeckOK-*Krauß* § 112 Rn 9; *Beulke/Swoboda* Rn 210; *Hellmann* Rn 219.
11 KK-*Graf* § 112 Rn 5; *Haller/Conzen* Rn 1141; s.a. schon *Stratenwerth* JZ 1957, 299 (301).
12 OLG Bremen StV 1990, 25; OLG München StV 1998, 270 f.; *Joecks* § 112 Rn 3.

reichbar zu sein.[13] Der Beschuldigte muss die Verhinderung des Verfahrens dabei zumindest billigend in Kauf nehmen.[14]

(2) Verborgen hält sich der Beschuldigte, wenn er, um sich dem Strafverfahren zu entziehen, seinen Aufenthalt vor den Behörden verschleiert, also unangemeldet, unter falschem Namen oder an einem unbekannten Ort lebt oder in anderer Weise bewirkt, dass er für die Ermittlungsbehörden nicht auffindbar ist.[15]

(3) Die **innere Willensrichtung** des Beschuldigten lässt sich bei beiden Modalitäten des § 112 Abs. 2 Nr 1 zwangsläufig nur anhand äußerer Umstände erschließen. Deshalb muss es zur Feststellung des Haftgrundes ausreichen, dass bei einer Gesamtwürdigung der Umstände Flucht oder Verbergen näher liegen als eine andere Erklärung für die Unerreichbarkeit des Beschuldigten.[16]

bb) Der Haftgrund der **Fluchtgefahr** ist der praktisch bedeutsamste.

(1) Fluchtgefahr ist gegeben, wenn eine höhere Wahrscheinlichkeit für die Annahme spricht, der Beschuldigte werde sich dem Strafverfahren entziehen, als für die Erwartung, er werde sich ihm stellen.[17] Die Annahme der Fluchtgefahr muss sich auf konkrete Tatsachen stützen. Der Richter hat eine auf den jeweiligen Einzelfall bezogene Gewichtung aller erheblichen Umstände vorzunehmen: Die für und gegen Fluchtgefahr sprechenden Indizien müssen sorgfältig gegeneinander abgewogen werden.[18]

Für Fluchtgefahr können vor allem folgende Indizien sprechen:[19]

- hohe Straferwartung ggf. in Verbindung mit dem drohenden Widerruf einer bestehenden Strafaussetzung zur Bewährung,
- Flucht des Beschuldigten in einem früheren Verfahren,
- auffällig häufiger Wohnungs- und Arbeitsplatzwechsel,
- fehlende persönliche und berufliche Bindungen,
- kein fester Wohnsitz sowie
- gute Beziehungen ins Ausland und dort befindliches Vermögen.

Gegen Fluchtgefahr sprechen vor allem:

- starke persönliche oder berufliche Bindungen,
- hohes Alter und/oder schlechter Gesundheitszustand sowie
- ein fester Wohnsitz.

Nicht mit dem Gebot sorgfältiger Abwägung aller Umstände des Einzelfalles zu vereinbaren ist es, zur Begründung der Fluchtgefahr nur auf die **Höhe der Straferwartung** abzustellen. Die Erwartung einer hohen Strafe mag eine Flucht zwar in der Tat wahrscheinlicher erscheinen lassen,[20] zur Annahme von Fluchtgefahr müssen aber weitere

---

13 OLG Düsseldorf NJW 1986, 2204 (2205); KK-*Graf* § 112 Rn 11.
14 OLG Koblenz NStZ 1985, 88; KK-*Graf* § 112 Rn 11.
15 OLG Saarbrücken StV 2000, 208 (209); KK-*Graf* § 112 Rn 13; LR-*Hilger* § 112 Rn 30.
16 *Meyer-Goßner/Schmitt* § 112 Rn 15.
17 OLG Köln StV 1994, 582; *Kühne* Rn 418; strenger SK-*Paeffgen* § 112 Rn 24: hochgradige Wahrscheinlichkeit erforderlich.
18 OLG Köln StV 1995, 475.
19 Ausf. Aufzählung der Indizien, die für und wider die Fluchtgefahr streiten, bei KK-*Graf* § 112 Rn 22 ff.; KMR-*Wankel* § 112 Rn 6 f.
20 Diese auf den ersten Blick so plausibel klingende Hypothese ist empirisch keineswegs abgesichert, vgl. AK-*Deckers* § 112 Rn 21; SK-*Paeffgen* § 112 Rn 25.

Umstände hinzutreten.[21] Vor allem muss genau geprüft werden, ob nicht Umstände vorliegen, die einen etwaigen Fluchtanreiz hemmen können.[22] In der jüngeren Rspr. der Oberlandesgerichte[23] und in der Literatur[24] ist einhellig anerkannt, dass eine hohe Straferwartung für sich *allein* keine Fluchtgefahr begründen kann. Die Richterin darf sich daher in **Fall 3** durch die Begründung der StA nicht veranlasst sehen, einen Haftbefehl zu erlassen.

20 (2) Nach hM setzt das „Sich-Entziehen" i.S.d. des § 112 Abs. 2 Nr 2 **kein körperliches Entfernen** voraus.[25] Ein Sich-Entziehen ist vielmehr auch dann zu bejahen, wenn der Beschuldigte sich durch **aktive**[26] Einwirkung auf seinen Körper in einen lang anhaltenden Zustand der Verhandlungsunfähigkeit versetzt, etwa durch exzessiven Drogenkonsum.[27] Dies lässt sich damit begründen, dass ein zwar körperlich anwesender, infolge Trunkenheit oder Drogenmissbrauch jedoch verhandlungsunfähiger Angeklagter als „ausgeblieben" i.S.v. § 230 Abs. 1 behandelt wird.[28] Die hM sieht auch in dem gezielten Absetzen ärztlich verschriebener Medikamente eine aktive Verfahrenssabotage und damit ein Sich-Entziehen.[29] Zu beachten ist jedoch, dass die Untersuchungshaft in diesem Fall nicht stets geeignet ist, die Verhandlungsfähigkeit des Beschuldigten zu sichern. Das „Einsperren" allein führt noch nicht zum Verhindern des Einnehmens von Medikamenten, und eine Zwangsbehandlung ist nur unter strengen Voraussetzungen möglich.[30]

21 Nach dem oben beschriebenen weiten Verständnis von Fluchtgefahr müsste eigentlich auch der Suizid ein Sich-Entziehen i.S.v. § 112 Abs. 2 Nr 2 sein. Gleichwohl ist nach heute nahezu einhelliger Auffassung eine **Suizidgefahr** nicht als Fluchtgefahr anzusehen.[31] Zur Begründung wird u.a. darauf abgestellt, dass die in „tiefen seelischen Regionen begründete Verfügung über das eigene Sein" nicht dem „verantwortungsträgen, banal-schäbigen Verhalten" gleichgesetzt werden könne, das ein Sich-Entziehen typischerweise kennzeichne.[32] Teils wird dem Suizidenten wegen seiner „psychischen Ausnahmesituation" auch das Bewusstsein abgesprochen, sich dem Verfahren zu entziehen.[33] In **Fall 4** wird somit der Ermittlungsrichter keinen auf Fluchtgefahr gestützten Haftbefehl erlassen.

---

21 OLG Köln StV 1995, 419; 1997, 642; KG StV 1998, 207; OLG Hamm StV 1999, 37; 2001, 115 f. m. Anm. *Deckers*; OLG Hamm StV 2002, 313 (314); 2003, 509 (510); StraFo 2004, 134 (135); OLG Karlsruhe StraFo 2010, 25; LG München StV 2005, 38.
22 Zu einer solchen Abwägung OLG Hamm StV 2003, 509 f.
23 OLG Brandenburg StraFo 2013, 207; wesentlich „großzügiger" war die ältere Rechtsprechung: KG NJW 1965, 1390 (1391); OLG Karlsruhe NJW 1978, 333.
24 KK-*Graf* § 112 Rn 19; *Hellmann* Rn 225; SK-*Paeffgen* § 112 Rn 25 f. mwN.
25 *Grau* NStZ 2007, 10 (12 ff.); *Kohlhaas* JR 1974, 166; aA: *Lesch* 4/12 Fn. 30; *Kühne* Rn 417.
26 Bloß passives Verhalten oder Ungehorsam reicht mithin nicht aus; vgl. etwa BGHSt 23, 380 (383); OLG Frankfurt a.M. StV 2016, 163; BeckOK-*Krauß* § 112 Rn 23 mwN; auf ein subjektives „finales" Element abstellend hingegen HK-*Posthoff* § 112 Rn 24.
27 KG JR 1974, 165; KK-*Graf* § 112 Rn 17 f.; *Meyer-Goßner/Schmitt* § 112 Rn 18.
28 BGHSt 23, 327 (334); *Lesch* 4/16.
29 OLG Oldenburg StV 1990, 165 f. m. Anm. *Wendisch*; *Pfeiffer* § 112 Rn 6; krit. *Lesch* 4/17.
30 Im Geltungsbereich des Bundesstrafvollzugsgesetzes ergibt sich dies aus § 178 Abs. 1 i.V.m. § 101 Abs. 1 StVollzG.
31 OLG Oldenburg NJW 1961, 1984; LR-*Hilger* § 112 Rn 37; BeckOK-*Krauß* § 112 Rn 25 f.; *Paeffgen* NStZ 1995, 21; *Meyer-Goßner/Schmitt* § 112 Rn 18; aA OLG Bremen JZ 1956, 375; KK-*Graf* § 112 Rn 18; nach OLG Hamburg JR 1995, 72 (74) m. Anm. *Paeffgen* soll ein Suizidversuch auf eine charakterliche Labilität schließen lassen, die auch ein Fluchtverhalten wahrscheinlich erscheinen lasse.
32 *Bader* JZ 1956, 375.
33 *Hellmann* Rn 226.

(3) Ob Fluchtgefahr besteht, ist allein **mit Blick auf das anhängige Verfahren** zu entscheiden. Ob sich der Beschuldigte in anderer Sache in Strafhaft oder Untersuchungshaft befindet, spielt keine Rolle.³⁴

b) Verdunkelungsgefahr (§ 112 Abs. 2 Nr 3)

▶ **FALL 5:** D ist dringend verdächtig, gewerbsmäßig Betrügereien begangen zu haben. Seine Frau F, von der D mittlerweile geschieden ist, war in die Taten des D nicht eingeweiht, hatte aber einiges davon mitbekommen. Als die ermittelnde Staatsanwältin erfährt, dass D versucht, die F zu überreden, von ihrem Zeugnisverweigerungsrecht (§ 52 Abs. 1 Nr 2) Gebrauch zu machen, beantragt sie beim Ermittlungsrichter den Erlass eines Haftbefehls wegen Verdunkelungsgefahr. ◀

Der Haftgrund der **Verdunkelungsgefahr** liegt vor,

- wenn der Beschuldigte durch sein Verhalten den dringenden Verdacht (= hohe Wahrscheinlichkeit) begründet, er werde
  - **Beweismittel** vernichten, verändern, beiseiteschaffen, unterdrücken oder fälschen
  - oder auf **andere** (insb. Mitbeschuldigte, Zeugen oder Sachverständige) in unlauterer Weise **einwirken**
  - oder **andere** zu solchen Verhaltensweisen **veranlassen**,
- und wenn deshalb die Gefahr droht, dass die Ermittlung der Wahrheit erschwert wird (§ 112 Abs. 2 Nr 3 a – c).

aa) Das Verhalten des Beschuldigten muss **prozessordnungswidrig** sein, um Verdunkelungsgefahr begründen zu können.³⁵ Daher können Verhaltensweisen, mit denen der Beschuldigte lediglich seine Verfahrensrechte³⁶ wahrnimmt, etwa die Aussageverweigerung, Bestreiten der Tatbeteiligung oder der Widerruf eines Geständnisses, nicht als Verdunkelungshandlungen angesehen werden.³⁷
Vielmehr muss der Beschuldigte die Ermittlung des Sachverhalts in einer vom Gesetz nicht gebilligten – „unlauteren" – Weise stören. Dies kann sich etwa aus dem **Zweck der Einwirkung** auf andere Prozessbeteiligte (z.B. Herbeiführung einer Falschaussage) **oder** aus deren **Mittel** (z.B. Drohung, Gewalt) ergeben.³⁸ Unerheblich ist, ob der Beschuldigte dabei meint, mit der Einwirkung den Zeugen zu einer richtigen Aussage zu bewegen.³⁹ Die Grenze zur Unlauterkeit ist nicht überschritten, wenn der Beschuldigte Zeugen lediglich nach ihrem Wissen befragt⁴⁰ oder eine andere Person bittet, von ihrem Zeugnisverweigerungs- oder Schweigerecht Gebrauch zu machen.⁴¹ Für **Fall 5** bedeutet dies, dass der Versuch des D, die F hin zur Wahrnehmung ihres Rechts auf Zeugnisverweigerung zu beeinflussen, nicht als unlauter i.S.v. § 112 Abs. 2 Nr 3b anzusehen ist.

bb) Als Folge der erwarteten Verdunkelungshandlung muss die **konkrete Gefahr** drohen, dass die **Wahrheitsermittlung erschwert** wird. Dies ist dann nicht der Fall, wenn

---

34 OLG Köln NStZ 1991, 605 m. Amn. *Möller*; OLG Hamm NStZ 2004, 221.
35 SK-*Paeffgen* § 112 Rn 30c, 33 f.; *Meyer-Goßner/Schmitt* § 112 Rn 29.
36 S. dazu § 6 Rn. 9 ff.
37 S. nur KK-*Graf* § 112 Rn 37 mwN aus der Rspr.
38 *Meyer-Goßner/Schmitt* § 112 Rn 33.
39 SK-*Paeffgen* § 112 Rn 36.
40 OLG Köln NJW 1959, 544; OLG Karlsruhe StV 2001, 686.
41 OLG Bremen MDR 1951, 55 m. Anm. *Dallinger*; OLG München StV 1995, 86; OLG Frankfurt StV 2010, 583.

der Sachverhalt schon in vollem Umfang aufgeklärt ist oder wenn die Beweise derart gesichert sind, dass der Beschuldigte die Wahrheitsermittlung nicht mehr behindern kann.[42]

c) Tatverdacht bezüglich eines Kapitaldelikts (§ 112 Abs. 3)

▶ **FALL 6:** Der 75-jährige B ist wegen Mordes angeklagt. Es wird ihm zur Last gelegt, im Jahre 1944 als Marineattaché der Deutschen Botschaft in Tokio den Befehl gegeben zu haben, ein Schiff mit Untersuchungsgefangenen untergehen zu lassen. Obwohl Flucht-, Verdunkelungs- und Wiederholungsgefahr ausgeschlossen sind, beantragt der Staatsanwalt den Erlass eines Haftbefehls.[43] ◀

26 Seinem Wortlaut nach erfordert § 112 Abs. 3 lediglich, dass der Beschuldigte einer der dort abschließend aufgeführten Taten dringend verdächtig ist. Bliebe man bei diesem **Wortlaut** stehen, so fehlte es bei einem auf § 112 Abs. 3 gestützten Haftbefehl an der Grundvoraussetzung aller strafprozessualen Zwangsmaßnahmen, dem Zweck der Verfahrenssicherung. Untersuchungshaft wegen Tatverdachts eines Kapitaldeliktes liefe dann auf eine Art „Verdachtsstrafe" hinaus, die unserem Strafrecht (zu Recht) fremd ist, denn sie würde einen offensichtlichen **Verstoß gegen den Verhältnismäßigkeitsgrundsatz** bedeuten.[44] Aus diesem Grunde hat das BVerfG[45] eine **verfassungskonforme Auslegung** des § 112 Abs. 3 angemahnt: Der Erlass eines auf diese Vorschrift gestützten Haftbefehls ist danach nur zulässig, wenn nach den Umständen des Falles Flucht- oder Verdunkelungsgefahr besteht. Die Feststellung der Flucht- bzw. Verdunkelungsgefahr ist jedoch erheblich erleichtert: Sie muss nicht mit konkreten Tatsachen belegt werden. Vielmehr reicht es aus, wenn Flucht- und/oder Verdunkelungsgefahr nicht auszuschließen sind.[46] In **Fall 6** wird daher kein auf § 112 Abs. 3 gestützter Haftbefehl erlassen werden.

27 Die Vorschrift des § 112 Abs. 3 gilt im Übrigen auch für den **Versuch einer Katalogtat**,[47] für alle Formen der **Beteiligung** gem. §§ 25 ff. StGB und für den **Versuch der Teilnahme** gem. § 30 StGB.[48]
Keine Anwendung findet Abs. 3 hingegen für § 323a StGB mit einer Katalogtat als **Rauschtat** oder in Fällen der „privilegierten" **Tötung** (§§ 213 und 216 StGB).[49]

d) Wiederholungsgefahr (§ 112a)

28 Bei dringendem Verdacht der Begehung einer der in § 112a abschließend aufgezählten sog. **Anlasstaten** kann der – allerdings **subsidiäre** (§ 112a Abs. 2) – **Haftgrund der Wiederholungsgefahr** eingreifen.

29 aa) Zu differenzieren ist zwischen den **Anlasstaten** nach **Nr 1** und nach **Nr 2**:
- Bei Anlasstaten nach Nr 1 (Straftaten gegen das sexuelle Selbstbestimmungsrecht, Nachstellung) ist das Bestehen eines **dringenden Tatverdachts** ausreichend.

---

42 OLG Karlsruhe NJW 1993, 1148.
43 Nach BVerfGE 19, 342 ff.
44 *Joecks* § 112 Rn 29.
45 BVerfGE 19, 342 (350).
46 BVerfGE 19, 342 (350); ferner BGH NJW 2017, 341; OLG Köln NJW 1996, 1686.
47 BGHSt 28, 355.
48 *Meyer-Goßner/Schmitt* § 112 Rn 36; BeckOK-*Krauß* § 112 Rn 41 mwN.
49 KK-*Graf* § 112 Rn 41 mwN; aA für § 213 (da kein eigenständiger Tatbestand) OLG Hamm NJW 1982, 2786.

- Bei Anlasstaten nach Nr 2 muss sich der **dringende Tatverdacht** auf eine **wiederholte Begehung** beziehen.
  – Zudem verlangt Nr 2 darüber hinaus eine schwerwiegende Beeinträchtigung der Rechtsordnung durch die Anlasstaten sowie eine Straferwartung von mehr als einem Jahr.

bb) Zum dringenden Verdacht bezüglich der Anlasstat muss die **Gefahr** hinzukommen, dass der Beschuldigte vor der Aburteilung wegen der Anlasstat **weitere erhebliche Straftaten gleicher Art** begehen wird (§ 112a Abs. 1). Diese Gefahr darf nur aufgrund bestimmter Tatsachen angenommen werden.

cc) Die wegen Wiederholungsgefahr verhängte Untersuchungshaft dient nicht der Verfahrenssicherung. Vielmehr ist sie eine präventive Maßnahme zum Schutz der Allgemeinheit vor weiteren erheblichen Straftaten, die sich schlagwortartig als **Sicherungshaft** bezeichnen lässt. Art. 5 Abs. 1 S. 2 lit. c EMRK sieht den Haftgrund der Wiederholungsgefahr ausdrücklich vor, so dass er jedenfalls (formal) nicht gegen die Unschuldsvermutung des Art. 6 Abs. 2 EMRK verstoßen kann.[50]

dd) Die Untersuchungshaft wegen Wiederholungsgefahr ist **zeitlich absolut auf ein Jahr begrenzt** (§ 122a).

3. Verhältnismäßigkeit (§§ 112 Abs. 1 S. 2, 113)

a) **Kriterien:** § 112 Abs. 1 S. 2 gibt dem Grundsatz der Verhältnismäßigkeit, der bei Anordnung und Vollzug der Untersuchungshaft als staatlicher Zwangsmaßnahme bereits allgemein zu beachten ist, eine besondere gesetzliche Ausformung. Hiernach darf keine Untersuchungshaft angeordnet werden, wenn sie zu der Bedeutung der Sache und der Rechtsfolgenerwartung außer Verhältnis steht. Die **Bedeutung der Sache und die Rechtsfolgenerwartung** sind mit den **konkreten Nachteilen** und Gefahren des Freiheitsentzuges für den Beschuldigten (z.B. negative Auswirkungen auf seine berufliche, wirtschaftliche und soziale Existenz, seine Familie und seinen Gesundheitszustand) zu **vergleichen**.

Die **Bedeutung der Sache** ist insbesondere anhand folgender Kriterien zu beurteilen:
- abstrakte Strafandrohung,
- Art des verletzten Rechtsguts,
- konkrete Erscheinungsform der Tat (z.B. Gelegenheitsdelikt oder Serientat),
- sozialschädliche Auswirkungen der Tat.[51]

Um die **Rechtsfolgenerwartung** abschätzen zu können, muss der Richter in groben Zügen diejenigen Strafzumessungserwägungen (§§ 46 ff. StGB) anstellen, von denen sich voraussichtlich das Gericht am Ende der Hauptverhandlung leiten lassen wird. Untersuchungshaft ist nicht bereits deshalb unverhältnismäßig, weil nur eine **Geldstrafe oder eine kurze Freiheitsstrafe** zu erwarten ist. Dies lässt sich der Vorschrift des § 113 entnehmen, die ihrerseits eine Konkretisierung des Verhältnismäßigkeitsgrundsatzes darstellt, und Untersuchungshaft sogar bei Delikten zulässt, die im Höchstmaß mit sechs Monaten Freiheitsstrafe oder mit Geldstrafe bis zu 180 Tagessätzen bedroht sind, sofern die in der Vorschrift genannten Voraussetzungen vorliegen.

---

50 KK-*Graf* § 112a Rn 3; aA SK-*Paeffgen* § 112a Rn 5 f.; zur Frage, ob § 112a wegen Kompetenzwidrigkeit verfassungswidrig ist: LR-*Hilger* § 112a Rn 11; SK-*Paeffgen* § 112a Rn 4.
51 *Münchhalffen/Gatzweiler* 218; lesenswert und ausf. KK-*Graf* § 112 Rn 45 ff.

36 **b) Funktion:** Nach hM ist die Verhältnismäßigkeit **keine Haftvoraussetzung**; vielmehr soll die **Unverhältnismäßigkeit** lediglich **Haftausschließungsgrund** sein.[52] Bei dieser Sicht, für die sich die negative Gesetzesformulierung („darf nicht angeordnet werden, wenn") anführen lässt, steht die Unverhältnismäßigkeit der Anordnung von Untersuchungshaft nur entgegen, wenn sie feststeht. Es existiert danach also kein Grundsatz, wonach im Zweifel für den Beschuldigten von der Unverhältnismäßigkeit des Haftbefehls auszugehen ist.[53]

4. Sonderkonstellationen

37 **a) Privatklagedelikte:** In Privatklagesachen ist Untersuchungshaft unzulässig:[54] Wenn ein öffentliches Interesse an der Strafverfolgung nicht besteht, ist eine Entziehung der Freiheit des Beschuldigten stets unverhältnismäßig, da sie zwingend außer Verhältnis zu der Bedeutung der Sache (§ 112 Abs. 1 S. 2) steht.

38 **b) Haft bei Antragsdelikten (§ 130):** Ist bei der Verfolgung eines Antragsdeliktes ein Haftbefehl erlassen worden, ohne dass bisher ein Strafantrag gestellt wurde, so sind die Antragsberechtigten sofort von dem Haftbefehlserlass in Kenntnis zu setzen. Stellen sie nicht innerhalb einer vom Richter gesetzten Frist (maximal eine Woche) Strafantrag, muss der Haftbefehl aufgehoben werden.

39 **c) Überhaft:** Ergehen mehrere Haftbefehle gegen dieselbe Person wegen verschiedener Taten, so besteht Einigkeit, dass diese nicht gleichzeitig vollzogen werden sollten.[55] Nach hM ist eine „Doppelhaft" sogar unzulässig.[56] Vielmehr wird wegen des nicht vollzogenen Haftbefehls sog. **Überhaft** vermerkt. Diese wird dann bedeutsam, wenn der Haftbefehl, aufgrund dessen der Beschuldigte bislang inhaftiert war, aufgehoben wird. In diesem Fall kann die Untersuchungshaft wegen des fortbestehenden Haftbefehls aufrechterhalten werden. Wegen einer Tat im prozessualen Sinne[57] dürfen wegen der in Art. 103 Abs. 3 GG verbürgten Einmaligkeit der Strafverfolgung nicht mehrere Haftbefehle ergehen.[58]

III. Erlass des Haftbefehls

1. Form und Inhalt (§ 114)

40 Die Untersuchungshaft wird gem. § 114 Abs. 1 durch einen **schriftlichen** Haftbefehl angeordnet. Der notwendige **Inhalt** des Haftbefehls ergibt sich aus § 114 Abs. 2: Aufzuführen sind der Beschuldigte, die Tat, derer er dringend verdächtig ist, der Haftgrund und die Tatsachen, aus denen sich der dringende Tatverdacht und der Haftgrund ergeben.

---

52 KK-*Graf* § 112 Rn 46; *Joecks* § 112 Rn 5a; BeckOK-*Krauß* § 112 Rn 42; HK-*Posthoff* § 112 Rn 10; *Meyer-Goßner/Schmitt* § 112 Rn 8; *Kleinknecht* JZ 1965, 113 (114); aA *Neumann* I. Roxin-FS 659; SK-*Paeffgen* § 112 Rn 10.
53 OLG Düsseldorf NStZ 1993, 554; *Meyer-Goßner/Schmitt* § 112 Rn 8; aA *Hellmann* Rn 233.
54 OLG Karlsruhe GA 1974, 221 (222); *Beulke/Swoboda* Rn 217; *Roxin/Schünemann* § 30/16; *Volk/Engländer* § 10/12; KK-*Graf* § 112 Rn 59 mwN.
55 S. nur SK-*Paeffgen* Vor § 112 Rn 35.
56 KK-*Graf* Vor § 112 Rn 17; *Meyer-Goßner/Schmitt* Vor § 112 Rn 12; aA aber etwa SK-*Paeffgen* Vor § 112 Rn 35.
57 Zum Begriff s.u. § 25 Rn 1 ff.
58 BGHSt 38, 54 (55); BeckOK-*Krauß* § 112 Rn 50.

Diese inhaltlichen Anforderungen dienen der Selbstkontrolle des Richters sowie der Information des Beschuldigten und ermöglichen eine Überprüfung der Haftentscheidung.[59]

2. Zuständigkeit

Der Haftbefehl darf nur durch einen Richter erlassen werden (**Richtervorbehalt** des Art. 104 Abs. 2 S. 1 GG). 41

a) **Vor Anklageerhebung** (§ 125): Vor Erhebung der Anklage richtet sich die Zuständigkeit nach § 125 Abs. 1: Zuständig ist der nach dem Geschäftsverteilungsplan zuständige **Ermittlungsrichter** 42

- bei dem Amtsgericht, in dessen Bezirk ein Gerichtsstand (nach §§ 7 ff.) begründet ist, oder
- bei dem Amtsgericht, in dessen Bezirk sich der Beschuldigte zur Zeit des Haftbefehlserlasses aufhält.

In diesem Verfahrensstadium darf ein Haftbefehl grds. – Ausnahme: bei Gefahr im Verzug – nur **auf Antrag der StA** (als „Herrin des Vorverfahrens") erlassen werden (§ 125 Abs. 1).

b) **Nach Anklageerhebung**: Nach Erhebung der Anklage ist gem. § 125 Abs. 2 S. 1 das mit der Sache befasste **Tatgericht** zuständig: 43

- Dies ist zunächst das Gericht, bei dem **Anklage** erhoben worden ist.
- Im Falle der **Berufung** das Berufungsgericht; allerdings erst dann, wenn bei ihm die Akten gem. § 321 S. 2 eingegangen sind.
- Ist **Revision** eingelegt, so bleibt das Gericht zuständig, dessen Urteil angefochten ist.

Bei Kollegialgerichten kann in dringenden Fällen der Vorsitzende den Haftbefehl erlassen (§ 125 Abs. 2 S. 2). Nach Anklageerhebung kann das Gericht den Haftbefehl **von Amts wegen** erlassen: Ein Antrag der StA ist nicht mehr erforderlich; sie muss aber vor Erlass des Haftbefehls gehört werden (§ 33 Abs. 1 und 2).

c) **Nach Erlass des Haftbefehls** (§ 126): Die Zuständigkeit für die **weiteren Entscheidungen und Maßnahmen** nach Erlass des Haftbefehls – v.a.: Aufhebung des Haftbefehls, Haftverschonung, Haftprüfung – richtet sich nach § 126 nach dem jew. Vefahrensstadium: Vor Anklageerhebung besteht die Zuständigkeit nach § 125 Abs. 1 S. 1 fort. Sonderkonstellationen sind in Abs. 1 S. 2-4 geregelt. Nach Anklageerhebung richtet sich die Zuständigkeit nach Abs. 2: Hiernach ist grundsätzlich das mit der Sache befasste Tatgericht zuständig. 44

d) **Vollstreckungshaftbefehl** (§ 457): Im Vollstreckungsverfahren ist gem. § 457 Abs. 2 die **StA** als Vollstreckungsbehörde[60] für den Erlass eines Vollstreckungshaftbefehls zuständig. 45

---

59 OLG Hamm NStZ-RR 2002, 335; KK-*Graf* § 114 Rn 4. Deshalb kann die in der Praxis häufig anzutreffende Formulierung „dringender Tatverdacht ergibt sich aus dem Ergebnis der polizeilichen Ermittlungen" nicht genügen, vgl. KG StV 1994, 319. Ein Beispiel für einen Haftbefehl findet sich bei *Haller/Conzen* Rn 1153.
60 Vgl. § 451.

IV. Vollstreckung des Haftbefehls

1. Verhaftung

46 Der Haftbefehl wird durch Verhaftung vollstreckt. Sie ist Aufgabe der StA (§ 36 Abs. 2 S. 1), die sich hierzu ihrer Ermittlungspersonen oder der Polizei bedient.[61] Bei der Verhaftung ist dem Beschuldigten eine Abschrift des Haftbefehls **auszuhändigen** (§ 114a), und er ist unverzüglich und grds. schriftlich in einer für ihn verständlichen Sprache über seine Rechte zu **belehren** (§ 114b).

2. Vorgehen nach der Verhaftung

47 Das weitere Vorgehen nach der Verhaftung ist in den §§ 114c-e, 115, 115a geregelt:

48 **a) Benachrichtigung (§ 114 c):** Dem **Beschuldigten** ist unverzüglich **Gelegenheit** zu geben, einen Angehörigen oder eine Person seines Vertrauens zu benachrichtigen, sofern der Zweck der Untersuchung dadurch nicht erheblich gefährdet wird (Abs. 1).
Daneben ist das **Gericht** gem. § 114c Abs. 2 **verpflichtet**, nach der Vorführung[62] des verhafteten Beschuldigten die unverzügliche Benachrichtigung eines Angehörigen oder einer Vertrauensperson des Beschuldigten anzuordnen. Diese Benachrichtigungspflicht ist eine Wiederholung des Verfassungsgebots aus Art. 104 Abs. 4 GG. Sie soll in erster Linie verhindern, dass die Staatsgewalt ihre Bürgerinnen und Bürger spurlos aus der Öffentlichkeit verschwinden lässt.[63] Wegen dieses (unabweisbaren) öffentlichen Interesses an der Benachrichtigung nach § 114c Abs. 2 ist diese **zwingend** und entfällt nach ganz hM auch dann nicht, wenn der Beschuldigte auf sie verzichtet oder diese gar ablehnt.[64]
Art. 104 Abs. 4 GG und § 114c Abs. 2 gewähren zudem ein **subjektives Recht des Beschuldigten**, das mit der Verfassungsbeschwerde verfolgt werden kann.[65]

49 **b) Vorführung:** Der Verhaftete ist gem. § 115 Abs. 1 unverzüglich dem zuständigen (s.o. Rn 42 f.) Gericht vorzuführen; unter den Voraussetzungen des § 115a Abs. 1 dem nächsten AG. § 115a Abs. 1 verdeutlicht, dass eine Vorführung nur dann „unverzüglich" im Sinne des § 115 Abs. 1 ist, wenn sie **spätestens am Tage nach der Ergreifung** stattfindet.

50 **c) Vernehmung:** Nach der Vorführung ist der Beschuldigte **durch das Gericht** unverzüglich, spätestens am nächsten Tage, über den Gegenstand der Beschuldigung zu vernehmen (§ 115 Abs. 2 bzw. § 115a Abs. 2). Der Ablauf der Vernehmung ist in § 115 Abs. 3 (ggf. i.V.m. § 115a Abs. 2 S. 2) geregelt. Handelt es sich um die erste richterliche Vernehmung in der Sache, so gilt zusätzlich § 136.

3. Folgeentscheidungen

51 Der Richter muss nach der Vernehmung des Beschuldigten über das Schicksal des Haftbefehls entscheiden. Er hat folgende **Möglichkeiten**:

- **Aufrechterhaltung des Haftbefehls** (§ 115 Abs. 4);

---

61 Vgl. § 152 GVG bzw. § 161.
62 S.u. Rn 49.
63 LG Frankfurt/M. NJW 1959, 61; LR-*Hilger* § 114b Rn 1.
64 LG Frankfurt/M. NJW 1959, 61; BeckOK-*Krauß* § 114c Rn 6 mwN; aA *Wagner* JZ 1963, 689 (690).
65 BVerfGE 16, 119 (122).

- in diesem Fall muss er den Beschuldigten über die zur Verfügung stehenden Rechtsbehelfe **belehren**;
- **Aufhebung** des Haftbefehls (§ 120);
- **Außervollzugsetzung** des Haftbefehls (§ 116).
- In dem **Sonderfall**, dass der Beschuldigte dem „**nächsten AG**" statt dem eigentlich zuständigen vorgeführt wurde (§ 115a), sind die **eingeschränkten Entscheidungsmöglichkeiten** des Gerichts, die sich aus der fehlenden Aktenkenntnis des Richters erklären, zu beachten: Das „nächste Amtsgericht" darf den Beschuldigten nur dann **freilassen**, wenn
  - der Haftbefehl aufgehoben wurde oder
  - seine Aufhebung durch die StA beantragt ist oder
  - wenn eine Personenverwechslung vorliegt (§ 115a Abs. 2 S. 3).
- Das „nächste AG" darf den Haftbefehl also grds. nicht aufheben oder außer Vollzug setzen. **Ausnahmen** von diesem Grundsatz werden in Rspr. und Lehre **diskutiert** für Fälle, in denen eine Sachlage gegeben ist, die mit der in § 115a Abs. 2 S. 3 beschriebenen Situation vergleichbar ist, und eine Aufrechterhaltung des Haftbefehls mithin schlechthin unvertretbar wäre:[66] Dies ist anzunehmen, wenn zweifelsfrei feststeht, dass der Haftbefehl aufgehoben werden muss[67] und das nach § 115a zuständige AG sich vergeblich um eine fristgerechte Entscheidung des (eigentlich zuständigen) Ermittlungsrichters bemüht hat.

4. Notwendige Verteidigung

Die Vollstreckung der Untersuchungshaft begründet einen Fall der **notwendigen Verteidigung** (§ 140 Abs. 1 Nr 4).
Der Pflichtverteidiger ist unverzüglich nach Beginn der Vollstreckung von Amts wegen zu bestellen (§ 141 Abs. 3 S. 4).

52

V. Überprüfung des Haftbefehls

1. Rechtsbehelfe des Beschuldigten

Dem Beschuldigten stehen **zwei Rechtsbehelfe** zur Verfügung, um gegen den Haftbefehl vorzugehen:

53

a) Antrag auf Haftprüfung (§ 117 Abs. 1): Solange sich der Beschuldigte **in Untersuchungshaft** befindet, kann er jederzeit die gerichtliche Prüfung beantragen, ob der Haftbefehl aufzuheben oder dessen Vollzug nach § 116 auszusetzen ist (§ 117 Abs. 1). Über den Antrag entscheidet der nach § 126 zuständige Haftrichter; der Haftprüfungsantrag hat somit keinen Devolutiveffekt.

54

Zwar müssen StA und Haftrichter in jeder Lage des Verfahrens – unabhängig von einem Antrag des Beschuldigten – von Amts wegen stets prüfen, ob der Haftbefehl aufzuheben oder außer Vollzug zu setzen ist. Das Ergebnis einer solchen „informellen Haftprüfung"[68] wird aber solange nicht aktenkundig gemacht, wie die Untersuchungs-

---

66 S. dafür BeckOK-*Krauß* § 115a Rn 4 mwN; dagegen KK-*Graf* § 115a Rn 4; offen gelassen von BGHSt 42, 343 (346, 348).
67 So etwa in Fällen der Haftunfähigkeit des Beschuldigten (LG Frankfurt a.M. StV 1985, 464) oder wenn offensichtlich kein Tatverdacht besteht (*Meyer-Goßner/Schmitt* § 115a Rn 6; LR-*Hilger* § 115a Rn 12).
68 SK-*Paeffgen* § 117 Rn 2.

haft als gerechtfertigt angesehen wird. Das auf Antrag des Beschuldigten durchgeführte Haftprüfungsverfahren nach §§ 117 ff. ist dagegen ein **förmliches Haftprüfungsverfahren**, welches mit einer ausdrücklichen Entscheidung endet. Der Richter wird hierdurch gezwungen, dem Beschuldigten **rechtliches Gehör** zu schenken (§ 33 Abs. 3) und **mündlich zu verhandeln**, wenn der Beschuldigte dies beantragt (§ 118 Abs. 1). Die **Entscheidungskompetenz** des Haftrichters ist umfassend: Er kann

- den Haftbefehl aufrechterhalten oder aufheben (§ 120), ihn
- außer Vollzug setzen (§ 116) oder ihn
- inhaltlich abändern.

Die Entscheidung ergeht durch begründeten (§ 34) Beschluss. Dieser Beschluss unterliegt – wie § 117 Abs. 2 S. 2 klarstellt – der Beschwerde (§ 304) und der weiteren Beschwerde (§ 310).

55 Solange die Untersuchungshaft andauert, kann der Haftprüfungsantrag **beliebig** oft **wiederholt** werden, allerdings besteht erst zwei Monate nach der ablehnenden Entscheidung des Haftrichters wieder ein Anspruch auf mündliche Verhandlung (§ 118 Abs. 3).

56 b) „Haftbeschwerde" (§§ 304 Abs. 1, 310): Darüber hinaus hat der Beschuldigte die Möglichkeit, sich mit der Beschwerde (§ 304 Abs. 1) gegen den Haftbefehl zur Wehr zu setzen.[69] Anders als der Haftprüfungsantrag hat die Beschwerde nicht zur Voraussetzung, dass sich der Beschuldigte in Untersuchungshaft befindet: Beschwerde kann auch gegen den außer Vollzug gesetzten (§ 116) oder wegen Überhaft nicht vollzogenen Haftbefehl eingelegt werden.
Ferner unterscheidet sich die Haftbeschwerde vom Haftprüfungsantrag dadurch, dass sie einen **Devolutiveffekt** hat: Hilft der Haftrichter der Beschwerde nicht ab, so legt er die Beschwerde einer Strafkammer des LG als Beschwerdegericht (§ 73 GVG) vor (§ 306 Abs. 2 HS 2). Gegen die Entscheidung des Beschwerdegerichts ist dann die Möglichkeit der **weiteren Beschwerde** (§ 310) zum OLG (§ 121 Abs. 1 Nr 2 GVG) gegeben. Allerdings hat die Haftbeschwerde **keinen Suspensiveffekt**: Sie hemmt den Vollzug des Haftbefehls nicht (§ 307 Abs. 1).

57 Im Haftbeschwerdeverfahren besteht – ebenfalls anders als im Haftprüfungsverfahren – kein Anspruch auf Durchführung einer mündlichen Verhandlung; letztere ist lediglich fakultativ (§ 118 Abs. 2 als *lex specialis* gegenüber § 309 Abs. 1). Da es sich bei der Haftbeschwerde um ein allgemeines Rechtsmittel handelt, kann gegen denselben Haftbefehl **nur einmal Beschwerde** eingelegt werden – ein weiterer Unterschied zum Haftprüfungsverfahren.

58 Haftprüfungsantrag und Haftbeschwerde können **nicht parallel** gestellt bzw. eingelegt werden. Das **Beschwerdeverfahren** ist im Verhältnis zum Haftprüfungsverfahren **subsidiär** (§ 117 Abs. 2 S. 1). Dies gilt auch, wenn der Haftprüfungsantrag erst nach Einreichung der Beschwerde gestellt wird. Die Beschwerde wird mit Stellen des Haftprüfungsantrages unzulässig.[70]

---

69 Die „Haftbeschwerde" ist kein *spezieller* Rechtsbehelf des Untersuchungshaftrechts; vielmehr handelt es sich um eine „normale" Beschwerde, die sich (mit Ausnahme von § 118 Abs. 2) nach den allgemeinen Vorschriften über die Beschwerde (§§ 304 ff.) richtet. Der Ausdruck „Haftbeschwerde" ist lediglich die gebräuchliche Bezeichnung für eine Beschwerde, die sich gegen den Bestand bzw. den Vollzug eines Haftbefehls richtet.
70 OLG Hamm, 18.05.2017 - 4 Ws 85/17, BeckRS 2017, 117471; BeckOK-*Krauß* § 117 Rn 13 mwN.

2. Haftprüfung von Amts wegen

a) **Nach sechsmonatiger Haft** (§§ 121, 122): Soll die Untersuchungshaft länger als sechs Monate dauern, so findet **zwingend** eine **Haftprüfung** von Amts wegen durch das OLG statt. 59

b) **Eröffnung des Hauptverfahrens:** Darüber hinaus findet eine Haftprüfung von Amts wegen statt bei Erlass des Beschlusses über die Eröffnung des Hauptverfahrens (§ 207 Abs. 4). 60

c) **Urteilsfällung:** Schließlich ist bei der Urteilsfällung von Amts wegen ein Beschluss über die Fortdauer der Untersuchungshaft zu erlassen (§ 268b). 61

VI. Aufhebung des Haftbefehls

1. Aufhebung nach § 120 Abs. 1

a) **Entfallen der Haftvoraussetzungen:** Der Haftbefehl ist von Amts wegen aufzuheben, wenn die Haftvoraussetzungen nicht mehr vorliegen (§ 120 Abs. 1 S. 1 Alt. 1), wenn also der dringende Tatverdacht entfallen ist und/oder kein Haftgrund mehr besteht.[71] Zu beachten ist, dass sich die **Verdunkelungsgefahr** regelmäßig mit Fortschreiten der Ermittlungen verringert. Sie entfällt, sobald alle Beweise gesichert sind, insbesondere nach Erlass des Urteils in der letzten Tatsacheninstanz.[72] 62

b) **Unverhältnismäßigkeit:**[73] Der Haftbefehl ist ebenfalls aufzuheben, sobald der Haftausschließungsgrund der Unverhältnismäßigkeit eintritt, weil die weitere Untersuchungshaft zur Bedeutung der Sache und zu den zu erwartenden Rechtsfolgen außer Verhältnis stehen würde (§ 120 Abs. 1 S. 1 Alt. 2). Dies ist regelmäßig der Fall, wenn die vom Beschuldigten erlittene Untersuchungshaft die Dauer der zu erwartenden Freiheitsstrafe erreicht oder gar übersteigt.[74] 63

Der Verhältnismäßigkeitsgrundsatz setzt zudem der Aufrechterhaltung des Haftbefehls auch unabhängig von den zu erwartenden Rechtsfolgen Grenzen: Mit zunehmender Haftfortdauer gewinnt der Freiheitsanspruch des als unschuldig geltenden Beschuldigten gegenüber dem staatlichen Strafverfolgungsinteresse an Gewicht,[75] so dass **erhebliche Verstöße gegen das Beschleunigungsgebot** zur Aufhebung des Haftbefehls wegen Unverhältnismäßigkeit führen können[76] – und zwar selbst dann, wenn der Haftbefehl nicht vollzogen wird, denn auch der nicht vollzogene Haftbefehl stellt für den Beschuldigten wegen der mit der Haftverschonung verbundenen Auflagen (s.u. Rn 79) eine erhebliche Belastung dar.[77] 64

c) **Weitere Gründe:** Der Haftbefehl ist ferner aufzuheben im Falle des **Freispruchs**, bei **Ablehnung der Eröffnung** des Hauptverfahrens und bei nicht bloß vorläufiger **Einstel-** 65

---

71 BeckOK-*Krauß* § 120 Rn 2.
72 OLG Celle NJW 1963, 1264.
73 Ausf. und lesenswert BeckOK-*Krauß* § 120 Rn 3.
74 OLG Bamberg NJW 1996, 1222; zur umstrittenen Frage, ob eine die Dauer der zu erwartenden Freiheitsstrafe übersteigende Untersuchungshaft wegen der „Bedeutung der Sache" verhältnismäßig sein kann: SK-*Paeffgen* § 120 Rn 7.
75 BVerfGE 53, 152 (158 f.); BVerfG NJW 2006, 668 (669); 672 (673).
76 BVerfG NStZ 2004, 82 f.; NJW 2006, 668 ff.; 672 ff.; JR 2014, 488 (= BeckRS 2014, 54605); OLG Koblenz StV 2004, 329 f.: auch nach Erlass des tatrichterlichen Urteils; zur Rspr.: *Jahn* NJW 2006, 652 ff.; *Schmidt* NStZ 2006, 313 ff.
77 BVerfGE 53, 152 (159 ff.); BVerfG NJW 2006, 668 (669); OLG Dresden wistra 2014, 78 f.; s.a. BeckOK-*Krauß* § 116 Rn 2.

lung des Strafverfahrens (§ 120 Abs. 1 S. 2). In diesen Fällen spricht eine gesetzliche Vermutung dafür, dass die Haftvoraussetzungen – insbesondere der dringende Tatverdacht – weggefallen sind oder die Aufrechterhaltung des Haftbefehls unverhältnismäßig wäre.[78] Diese Vermutung greift unabhängig von der Rechtskraft oder der Richtigkeit der Entscheidung.

66 d) **Aufhebungsvollzug:** Der Aufhebungsbeschluss wird durch die Freilassung des Beschuldigten vollzogen, welche durch das Gericht zusammen mit der Aufhebung des Haftbefehls angeordnet wird, **sofern nicht Überhaft vermerkt ist.**[79]

67 e) **Rechtsmittel:** Gegen den Aufhebungsbeschluss steht der StA die Beschwerde (§ 304) und die weitere Beschwerde (§ 310) zu. Die Rechtsmittel haben allerdings **keine** die Freilassung **aufschiebende Wirkung** (§ 120 Abs. 2 sperrt die bei Beschwerden grds. gegebene Möglichkeit der Vollzugshemmung gem. § 307 Abs. 2).

2. Aufhebung bis zur Klageerhebung nach § 120 Abs. 3

68 Bis zur Erhebung der öffentlichen Klage gem. § 170 Abs. 1 **muss** der Haftrichter den Haftbefehl auch dann **aufheben**, wenn die **StA** als „Herrin des Ermittlungsverfahrens" dies **beantragt** (S. 1).
Die StA kann gleichzeitig mit dem Aufhebungsantrag – also noch vor Aufhebung des Haftbefehls durch den Richter – die **Freilassung** des Beschuldigten anordnen (S. 2). Trotz des Wortlauts („kann") ist der StA diesbezüglich jedoch **kein Ermessen** eingeräumt. Sie hat von dieser Möglichkeit vielmehr stets Gebrauch zu machen.[80]

3. Aufhebung nach Haft von über sechs Monaten gem. § 121 Abs. 1 und 2

69 a) **Grundsatz:** Der Haftbefehl ist grds. nach § 121 Abs. 1 i.V.m. Abs. 2 aufzuheben, wenn der **Vollzug** der Untersuchungshaft **wegen derselben Tat** bereits **sechs Monate andauert.** Der Begriff derselben Tat wird von der hM (mittlerweile) **weit ausgelegt:** Sie fasst darunter alle Taten des Beschuldigten von dem Zeitpunkt an, in dem er ihrer dringend verdächtig wurde und welche daher in den Haftbefehl hätten aufgenommen werden können.[81]
Mit dieser weiten Definition „derselben Tat", die allerdings mit dem **Gesetzeswortlaut** kaum in Einklang zu bringen ist, verfolgt die Rspr. das (durchaus sachgerechte) Ziel, eine **Manipulation** der Sechs-Monats-Frist des § 121 Abs. 1 durch „Reservehaltung" von Tatvorwürfen auszuschließen. Denn bei Zugrundelegung dieses Tatbegriffs kann durch Erlass eines Haftbefehls, der auf Tatvorwürfe gestützt ist, welche bereits im Zeitpunkt des Erlasses des ersten Haftbefehls bekannt waren, die Frist nicht verlängert werden.

70 Werden während des Vollzugs des Haftbefehls weitere Vorwürfe bekannt, so beginnt hinsichtlich dieser Taten die Frist des § 121 Abs. 1 mit dem Zeitpunkt, in dem ihretwegen ein neuer Haftbefehl hätte erlassen oder der erste Haftbefehl um sie hätte erweitert

---

78 OLG Karlsruhe NStZ 1981, 192; KG StV 1986, 539.
79 Vgl. nur Nr 55 Abs. 2 RiStBV und LG Berlin NStZ 2002, 497.
80 S. Nr 55 Abs. 3 S. 2 RiStBV und *Meyer-Goßner/Schmitt* § 120 Rn 7.
81 S. hier nur BGH, 16.1.2018 – AK 78/17, BeckRS 2018; zahlreiche Rspr.-Nachweise bei BeckOK-*Krauß* § 121 Rn 6; nach dem früher in der Rechtsprechung vorherrschenden Verständnis bedeutete „dieselbe Tat" im Ansatz das gleiche wie „in demselben Verfahren": OLG Celle NStZ 1987, 572; für die Anwendung des prozessualen Tatbegriffs des § 264 auch im Rahmen des § 121: OLG Karlsruhe NJW 1966, 464; noch immer lesenswerter Überblick zur Problematik bei *Summa* NStZ 2002, 69.

werden können. Somit ist es der StA verwehrt, das Erreichen der Sechs-Monats-Grenze abzuwarten und sodann Tatsachen „aus dem Hut zu zaubern", welche den Erlass eines weiteren Haftbefehls tragen würden, wenn ihr diese Tatsachen bereits länger bekannt waren.

b) Ausnahmefälle: Das Gesetz regelt allerdings auch Ausnahmefälle, in denen der Vollzug der Untersuchungshaft wegen derselben Tat die Dauer von sechs Monaten überschreiten darf: 71

aa) Ist bereits ein **auf Freiheitsentziehung lautendes Urteil** ergangen, so gelten die zeitlichen Beschränkungen nicht (§ 121 Abs. 1 Alt. 1). 72

bb) Die Sechs-Monats-Frist darf überschritten werden, wenn die **besondere Schwierigkeit** oder der **besondere Umfang** der Ermittlungen oder ein **anderer wichtiger Grund** ein Urteil noch nicht zulassen und die Fortdauer der Untersuchungshaft rechtfertigen (§ 121 Abs. 1 Alt. 2). 73

Da diese Ausnahmetatbestände das Grundrecht der Freiheit der Person empfindlich einschränken, sind die entsprechend **restriktiv** zu handhaben:

- So müssen etwa die „**anderen wichtigen Gründe**" solche sein, die nicht den Strafverfolgungsbehörden zurechenbar sind, die sich also vielmehr als **unabwendbar** darstellen.[82] 74

- Die Verlängerungsgründe der **besonderen Schwierigkeit** und des **besonderen Umfangs** überschneiden sich teilweise. Sie können sich insbesondere daraus ergeben, dass eine Vielzahl von Straftaten aufzuklären ist, dass eine große Anzahl von Zeugen vernommen werden muss oder dass aufwendige Gutachten oder Übersetzungen eingeholt werden müssen.[83] 75

- **Keine Rolle** spielt bei der Frage, ob die Sechs-Monats-Frist verlängert werden kann, die **Schwere der** dem Beschuldigten **vorgeworfenen Tat**.[84] 76

cc) Die **Anordnung** der Fortdauer der Untersuchungshaft über sechs Monate hinaus ist dem **OLG** vorbehalten (§ 121 Abs. 2). Die Einzelheiten des **Verfahrens** sind in § 122 geregelt. 77

4. Aufhebung nach Haft von einem Jahr gem. § 122a

Ist der Haftbefehl *allein* auf **Wiederholungsgefahr** (§ 112a) gestützt worden, so darf der Vollzug der Untersuchungshaft nicht länger als **ein Jahr** fortdauern (§ 122a). Bei Erreichen der Jahresfrist ist der Haftbefehl zwingend aufzuheben; eine Außervollzugsetzung genügt nicht. 78

VII. Aussetzung des Vollzugs (§ 116)

1. Haftverschonung

Der Ermittlungsrichter muss gem. § 116 den Vollzug der Untersuchungshaft aussetzen, wenn der Zweck der Untersuchungshaft **durch weniger einschneidende Maßnahmen** (sog. Haftsurrogate) erreicht werden kann. Im Fall der Außervollzugsetzung – auch 79

---

82 Mit vielen Beispielen BeckOK-*Krauß* § 121 Rn 16; s. z.B. BVerfGE 36, 264 (271): krankheitsbedingte Verhinderung wichtiger Verfahrensbeteiligter; OLG Hamm NStZ-RR 1998, 307: Verfahrensverzögerung durch den Beschuldigten.
83 S. KK-*Schultheis* § 121 Rn 14.
84 OLG Düsseldorf StV 1991, 308; OLG Köln StraFo 2002, 366.

Haftverschonung genannt – wird der Beschuldigte bei fortbestehendem Haftbefehl gewissermaßen in einer „kontrollierten Freiheit" belassen.[85] § 116 ist eine Ausprägung des Verhältnismäßigkeitsgrundsatzes. Der Haftbefehl darf *nur* unter Verhängung von **Sicherungsauflagen** außer Vollzug gesetzt werden.[86] Denn hält der Richter Sicherungsauflagen nicht für notwendig, so muss er den Haftbefehl mangels Haftgrundes gem. § 120 Abs. 1 aufheben.

2. Einzelheiten

80 Die Haftverschonung kommt bei allen Haftgründen – außer dem der Flucht – in Betracht.[87]

81 **a) Bei Fluchtgefahr:** Beim Haftgrund der Fluchtgefahr ist der Haftbefehl **zwingend** außer Vollzug zu setzen, wenn weniger einschneidende Maßnahmen es mit großer Wahrscheinlichkeit erwarten lassen, dass sie den Beschuldigten von der Flucht abhalten werden (§ 116 Abs. 1 S. 1).
§ 116 Abs. 1 S. 2 nennt – nicht abschließend („namentlich") – vier Beispiele für weniger einschneidende Maßnahmen, die auch miteinander kombiniert werden können. Die praktisch bedeutsamste ist die **Sicherheitsleistung** (Nr 4), deren Einzelheiten in § 116a geregelt sind.

82 **b) Bei Verdunkelungs- und Wiederholungsgefahr (§ 116 Abs. 2, 3):** Die Außervollzugsetzung des auf Verdunkelungsgefahr bzw. auf Wiederholungsgefahr gestützten Haftbefehls sind zwar als Kann-Vorschriften ausgestaltet, doch folgt aus dem Verhältnismäßigkeitsgrundsatz, dass der Richter den Vollzug des Haftbefehls stets aussetzen muss, wenn weniger einschneidende Maßnahmen die Verdunkelungsgefahr bzw. Wiederholungsgefahr erheblich vermindern.[88]

83 **c) Bei Tatschwere gem. § 112 Abs. 3:** Zwar sieht § 116 die Außervollzugsetzung beim Haftgrund der Tatschwere nicht vor. Der Grundsatz der **Verhältnismäßigkeit** verlangt jedoch auch hier, dass ein auf § 112 Abs. 3 gestützter Haftbefehl in entsprechender Anwendung von § 116 Abs. 1–3 ausgesetzt wird, sofern weniger einschneidende Maßnahmen den Haftgrund beseitigen können.[89]

3. Wiederinvollzugsetzung

84 Haben sich nach der Außervollzugsetzung die Umstände wesentlich verändert, ordnet der Richter die Wiederinvollzugsetzung des Haftbefehls an. Dies ist der nach § 116 Abs. 4 der Fall wenn

- der Beschuldigte den Verschonungsauflagen zuwiderhandelt (Nr 1) oder
- er Anstalten zur Flucht trifft oder sonst der Aussetzung die Vertrauensgrundlage entzieht (vgl. Nr 2) oder
- neue hervorgetretene Umstände die Verhaftung erforderlich machen (Nr 3).

---

85 BVerfGE 19, 342 (352).
86 KK-*Graf* § 116 Rn 5; *Meyer-Goßner/Schmitt* § 16 Rn 5; aA AK-*Deckers* § 116 Rn 2.
87 SK-*Paeffgen* § 116 Rn 5; aA AK-*Deckers* § 116 Rn 3.
88 BVerfGE 19, 342 (352); KK-*Graf* § 116 Rn 4; KMR-*Wankel* § 116 Rn 1.
89 BVerfGE 19, 342 (351 f.); OLG Oldenburg StV 2008, 84.

Aus Gründen der **Verhältnismäßigkeit** ist jedoch zuvor zu prüfen, ob nicht durch andere Maßnahmen, die weniger schwerwiegend sind als die Wiederinvollzugsetzung, der jeweilige Haftgrund beseitigt werden kann.[90]

VIII. Vollzug der Untersuchungshaft

Die Regelung des Vollzugs der Untersuchungshaft ist **Sache der Länder** (s. Art. 74 Abs. 1 Nr 1 GG). Sie sind mithin für die Ausgestaltung der Untersuchungshaft und die Aufrechterhaltung der Sicherheit und Ordnung in ihren Justizvollzugsanstalten zuständig (also für das „**Wie**" der Untersuchungshaft).

Der **Bund** ist weiterhin für die verfahrensrechtlichen Vorschriften zuständig (also für das „**Ob**") der Untersuchungshaft. Er kann solche Maßnahmen regeln, die der Zweck der Untersuchungshaft erfordert, die somit der Abwehr von Flucht-, Verdunkelungs- oder Wiederholungsgefahren dienen.[91]

85

Beschränkungen, die der **Zweck der Untersuchungshaft** erfordert, sind in § 119 geregelt. § 119 Abs. 1 S. 2 enthält einen nicht abschließenden Katalog der häufiger in Betracht kommenden Beschränkungen. Diese betreffen den Empfang von Besuchen und die Telekommunikation, die Überwachung der Außenkontakte, die Unterbringung des Beschuldigten sowie seine Kontakte zu anderen Inhaftierten. Die Anordnungen trifft das nach § 126 zuständige Gericht, das jede einzelne Beschränkung auf ihre konkrete Erforderlichkeit zu prüfen und einzelfallbezogen zu begründen (§ 34) hat.[92]

86

Daneben besteht eine Eilkompetenz der StA und der Vollzugsanstalt (§ 119 Abs. 1 S. 4). Nach § 119 Abs. 5 S. 1 kann der Beschuldigte gegen die nach § 119 Abs. 1, 2 ergangenen Entscheidungen oder sonstige Maßnahmen einen Antrag auf gerichtliche Entscheidung (§ 126) stellen (soweit nicht schon das Rechtsmittel der Beschwerde gem. §§ 304 ff. statthaft ist).[93]

Vorschriften zur konkreten Ausgestaltung des Untersuchungshaftvollzugs – bis 1.1.2010 bundeseinheitlich in der Untersuchungshaftvollzugsordnung (UVollzO)[94] geregelt – finden sich in den **Untersuchungshaftvollzugsgesetzen der Länder**.[95] Sie enthalten die **Grundsätze der Einzelunterbringung** und **der Trennung der Untersuchungsgefangenen von den Strafgefangenen**. Beide Grundsätze sind als Privilegierung der Untersuchungsgefangenen gegenüber den Strafgefangenen gedacht, welche eine Konsequenz aus der für Untersuchungsgefangene streitenden Unschuldsvermutung ist. Darüber hinaus dürfen – soweit die Gesetze keine besonderen Regelungen enthalten – den Untersuchungsgefangenen nur solche **Beschränkungen** auferlegt werden, die zur Aufrechterhaltung der Sicherheit und Ordnung in der Vollzugsanstalt erforderlich sind.[96] Soweit nicht im Einzelnen gesetzlich geregelt, darf sich der Untersuchungsgefangene in

87

---

90 BVerfG HRRS 2012 Nr 658; LR-*Hilger* § 116 Rn 45.
91 BGH NJW 2012, 1158; OLG Hamm StV 2010, 368; BeckOK-*Krauß* § 119 Rn 1 f.; aA OLG Celle StV 2010, 194 m. krit. Anm. *Nestler* HRRS 2010, 546 und OLG Celle StV 2012, 417: Alleinzuständigkeit der Länder; vgl. auch *König* NStZ 2010, 185.
92 BT-Drs. 16/11644, 24 f.; BVerfG NStZ-RR 2015, 79; OLG Frankfurt a.M. StV 2016, 443.
93 Der Antrag auf gerichtliche Entscheidung ist in den Fällen statthaft, in denen ein OLG oder der Ermittlungsrichter beim BGH Entscheidungen nach § 119 Abs. 1, 2 getroffen hat. In diesen Fällen ist das Rechtsmittel der Beschwerde nach §§ 304 ff. unzulässig, da der Begriff der „Verhaftung" in § 304 IV S. 2 Nr 1, V Beschränkungen über die Haftanordnung hinaus nicht erfasst, BT-Drs. 16/11644, 30; BGH StV 2012, 419.
94 UVollzO v. 12.2.1953 i.d.F. v. 15.12.1976.
95 Einen Überblick über die Regelungen der Länder geben *Brune/Müller* ZRP 2009, 143 ff.; *Köhne* JR 2011, 198; *Ostendorf* S. 37 ff.
96 Vgl. bspw. § 1 Abs. 2 UVollzG NRW, § 4 Abs. 2 ThürUVollzG.

diesem Rahmen Annehmlichkeiten auf eigene Kosten verschaffen.[97] Der gerichtliche Rechtsschutz gegen vollzugliche Maßnahmen ist in § 119a geregelt; es entscheidet das nach § 126 zuständige Gericht.[98]

88 **Weitere gesetzliche Regelungen** über den Vollzug der Untersuchungshaft finden sich neben § 119 und den Untersuchungshaftvollzugsgesetzen der Länder in §§ 116b, 148 Abs. 2 sowie im sog. Kontaktsperregesetz (§§ 31–38a EGGVG).

IX. Gutachten

89 Für die Überprüfung der Rechtmäßigkeit eines Haftbefehls – dem **wohl häufigsten Klausurfall** aus dem Recht der Untersuchungshaft – sei folgendes Grundschema empfohlen:
   I. Formelle Voraussetzungen
      1. Anordnungsbefugnis (§§ 125 Abs. 1, 2; 127b Abs. 3)
      2. Haftbefehl gem. den Anforderungen von § 114 Abs. 1–3
   II. Materielle Voraussetzungen
      1. Dringender Tatverdacht (§ 112 Abs. 1)
      2. Haftgrund
         a) Flucht oder Fluchtgefahr (§ 112 Abs. 2 Nr 1, 2)
         b) Verdunkelungsgefahr (§ 112 Abs. 2 Nr 3)
         c) Tatverdacht bzgl. eines Kapitaldelikts (§ 112 Abs. 3)
         d) Wiederholungsgefahr (§ 112a)
      3. Verhältnismäßigkeit (§§ 112 Abs. 1 S. 2; § 113)

90 **WIEDERHOLUNGS- UND VERTIEFUNGSFRAGEN**

> Was ist der primäre Zweck von Untersuchungshaft? (Rn 1)
> Welche Voraussetzungen müssen für den Erlass eines Haftbefehls immer gegeben sein? (Rn 6)
> Welche Haftgründe kennt die StPO? (Rn 10)
> Welche Kriterien können für, welche gegen Fluchtgefahr sprechen? (Rn 17 ff.)
> Wie legt das BVerfG § 112 Abs. 3 verfassungskonform aus? (Rn 26)
> Was unterscheidet den Haftgrund der Wiederholungsgefahr (112a) von den in § 112 Abs. 2 genannten Haftgründen? (Rn 31)
> Welche Rechtsschutzmöglichkeiten gegen den Haftbefehl stehen dem Beschuldigten zur Verfügung? Worin unterscheiden sich diese Rechtsbehelfe? (Rn 53 ff.)
> Was versteht die Rechtsprechung unter „derselben Tat" im Sinne von § 121 Abs. 1? (Rn 69)
> Wann muss ein Haftbefehl aufgehoben, wann muss er außer Vollzug gesetzt werden? (Rn 62, Rn 79)

---

97 Vgl. bspw. § 1 Abs. 2 UVollzG NRW, § 19 ThürUVollzG.
98 Die Gesetzgebungskompetenz liegt beim Bund, da die Frage des Rechtswegs das gerichtliche Verfahren betrifft; BT-Drs. 16/11644, 31. Vgl. *Grube* StV 2013, 534 mit einem Überblick.

§ 10 Abschluss des Ermittlungsverfahrens

Ist keine weitere Aufklärung des Tatgeschehens mehr zu erwarten, weil etwa alle zur Verfügung stehenden Beweismittel erschöpft sind und kein Ansatzpunkt zur Ermittlung neuer Tatsachen mehr ersichtlich ist, muss die StA eine Entscheidung treffen, um das Ermittlungsverfahren zu beenden. Dies kann entweder durch Erhebung der öffentlichen Klage oder durch Einstellung geschehen.

I. Erhebung der öffentlichen Klage

Die StA erhebt öffentliche Klage, wenn mit einer Eröffnung des Hauptverfahrens zu rechnen ist. Dies setzt notwendig einen **hinreichenden Tatverdacht** in Bezug auf eine Straftat voraus (§ 170 Abs. 1 i.V.m. § 203). Hierunter versteht man die Wahrscheinlichkeit, dass dem Beschuldigten in einer künftigen Hauptverhandlung die Tat nachzuweisen und seine Verurteilung zu erwarten ist.[1] Die StA hat insoweit zu prognostizieren, wie das Gericht letztlich entscheiden wird.[2]

1. Regelfall

▶ **FALL 1:** Die rechtschaffene und nicht vorbestrafte Witwe W wird von ihrer verhassten Nachbarin N wegen Hausfriedensbruchs angezeigt. Da sich der Sachverhalt wegen widersprüchlicher Aussagen der N nach Ansicht des zuständigen Staatsanwalts nicht weiter aufklären lässt, stellt er das Verfahren mangels hinreichenden Tatverdachts ein. Als er die Ermittlungsakte einige Zeit später noch einmal überprüft, gelingt es ihm jedoch mithilfe einer neuen Zeugenaussage, diese Widersprüchlichkeiten aufzulösen. Er entschließt sich zur Anklageerhebung. W ist der Ansicht, dass schon aus Gründen des Vertrauensschutzes „einmal eingestellt, immer eingestellt" bedeuten muss. ◀

Regelmäßig wird die öffentliche Klage durch Einreichung einer **Anklageschrift** bei dem zuständigen Gericht erhoben (§ 170 Abs. 1). Dies geschieht unter Vorlage der Ermittlungsakten und mit dem Antrag, das Hauptverfahren zu eröffnen (§ 199 Abs. 2).

Darüber hinaus erfolgt die Klageerhebung in der Praxis häufig durch den Antrag auf Erlass eines **Strafbefehls** (§ 407 Abs. 1 S. 4). Das Strafbefehlsverfahren als summarisches Verfahren erlaubt eine einseitige Festsetzung der Strafe ohne Hauptverhandlung und Urteil.[3] Als Rechtsfolge ist grds. lediglich die Festsetzung von Geldstrafen oder sonst wenig einschneidenden Sanktionen möglich. Hat der Angeschuldigte einen Verteidiger, so kann Freiheitsstrafe bis zu einem Jahr festgesetzt werden, sofern deren Vollstreckung zur Bewährung ausgesetzt wird (§ 407 Abs. 2 S. 2). Angesichts der äußerst geringen Straferwartung bietet sich in **Fall 1** ein Strafbefehlsverfahren gegen W an.

2. Besondere Formen der Klageerhebung

Die Klageerhebung ist auch durch einen Antrag auf Aburteilung im **beschleunigten Verfahren** möglich, wenn die Sache aufgrund des einfachen Sachverhalts oder der kla-

---

[1] BVerfG NStZ 2002, 606; BGH StV 2001, 579 m. Anm. *Thode*; LR-*Graalmann-Scheerer* § 170 Rn 24.
[2] BGHSt 15, 155 (158).
[3] Hierzu § 26 Rn 1 ff.

ren Beweislage zur sofortigen Verhandlung geeignet ist.[4] Ein solcher Antrag kann auch mündlich erfolgen (§ 417 i.V.m. § 418 Abs. 3).

6 Eine weitere besondere Form der Klageerhebung ist der Antrag im **Sicherungsverfahren** gem. § 413 bei Schuld- oder Verhandlungsunfähigkeit des Täters.[5]

3. Staatsanwaltschaftlicher Abschlussvermerk

7 Erwägt die StA, die öffentliche Klage zu erheben, so vermerkt sie den Abschluss der Ermittlungen in den Akten (§ 169a). Dieser Abschlussvermerk zieht verschiedene Konsequenzen nach sich. So kann etwa ab diesem Zeitpunkt ein Antrag der StA auf Pflichtverteidigerbestellung nicht mehr abgelehnt werden (§ 141 Abs. 3 S. 3). Ferner muss ab diesem Zeitpunkt uneingeschränkt Akteneinsicht gewährt werden (§ 147 Abs. 2).

II. Einstellung des Verfahrens (§ 170 Abs. 2)

8 Bieten die Ermittlungen keinen genügenden Anlass zur Erhebung der öffentlichen Klage, d.h. **fehlt** es am **hinreichenden Tatverdacht**, stellt die StA das Ermittlungsverfahren gem. § 170 Abs. 2 ein. Der fehlende Tatverdacht kann daraus resultieren, dass der ermittelte Sachverhalt wegen Fehlens von Tatbestandsmäßigkeit, Rechtswidrigkeit oder Schuld keine strafbare Tat darstellt. Er kann aber auch darin begründet sein, dass der Beschuldigte nicht ermittelt oder ihm die Tat nicht nachgewiesen werden kann, unbehebbare Verfahrenshindernisse (z.B. Verjährung) bestehen oder Verfahrensvoraussetzungen (z.B. Strafantrag) fehlen.
Im Falle der **Schuldunfähigkeit** des Täters hat die StA die aber Möglichkeit, das Sicherungsverfahren gem. §§ 413 ff. einzuleiten. Dies sieht die selbständige Anordnung von Maßregeln der Besserung und Sicherung vor.

9 Die staatsanwaltschaftliche Entschließung nach § 170 Abs. 2 hat **keinen Strafklageverbrauch** zur Folge. Sie erwächst also nicht in Rechtskraft bzw. entfaltet – als Akt der Exekutive – keine rechtskraftähnliche Wirkung. Die StA kann das Verfahren daher jederzeit und selbst bei unveränderter Sach- und Rechtslage – wie in **Fall 1** – wieder aufnehmen.[6]

10 Gegen eine Einstellung besteht grds. die Möglichkeit des Verletzten, das **Klageerzwingungsverfahren** gem. § 172 zu betreiben.[7]

III. Einstellung aus Opportunitätsgründen (§§ 153 ff.)

▶ **FALL 2:** Gegen A, B und C waren Strafbefehle wegen unerlaubten Betreibens von Bankgeschäften gem. § 54 Abs. 1 Nr 2 KWG ergangen. Nach ihren Einsprüchen hiergegen hatte das AG die betreffenden Verfahren gem. § 153 Abs. 2 eingestellt. Als in der Folgezeit das unseriöse Finanzunternehmen aufflog, weil die fälligen Rückzahlungen an die Anleger nicht mehr geleistet wurden, kamen 544 (bandenmäßig begangene) Betrugsfälle mit Millionenschaden ans Tageslicht. Auf eine neue Anklage hin verurteilte das LG die Angeklagten wegen Betrugs in 544 Fällen zu Gesamtfreiheitsstrafen zwischen drei und fünf Jahren. Hierge-

---

[4] Hierzu § 26 Rn 47 ff.
[5] Hierzu § 26 Rn 36 ff.
[6] RGSt 67, 315 (316); KK-*Moldenhauer* § 170 Rn 23 mwN; lesenswert zur Einstellungsverfügung *Radtke* NStZ 1999, 481.
[7] Hierzu u. § 11.

gen legten die Angeklagten Revision ein und beriefen sich auf einen Strafklageverbrauch wegen der vorausgegangenen Einstellung des Vergehens nach § 54 Abs. 1 Nr 2 KWG.[8] ◄

1. Systematik

Das Legalitätsprinzip wird insb. aus Gründen der Justizökonomie[9] in vielen Fällen durch das Opportunitätsprinzip, das der StA bei ihren Entscheidungen ein **Wahlrecht** einräumt, durchbrochen. Dieses Wahlrecht ermächtigt die StA, in bestimmten Konstellationen nach pflichtgemäßer **Ermessensausübung** von der Anklageerhebung abzusehen und das Verfahren **trotz Vorliegens eines hinreichenden Tatverdachts** einzustellen. Ausnahmsweise ermöglicht dieses Absehen von Bestrafung sogar – wie z.B. in den Fällen der §§ 153, 154 – das Absehen von weiterer Strafverfolgung, und zwar dergestalt, dass der Sachverhalt lediglich so weit aufzuklären ist, dass eine verlässliche Beurteilung über das Vorliegen der Einstellungsvoraussetzungen erfolgen kann.[10]

Ist die Anklageschrift eingereicht und damit öffentliche Klage bereits erhoben, geht die Verfahrensherrschaft auf das **Gericht** über. Dieses kann unter denselben Voraussetzungen wie zuvor die StA in jeder Lage des gerichtlichen Verfahrens, also auch in der Hauptverhandlung (oder im Fall des § 153 Abs. 2 sogar erst im Rechtsmittelverfahren), eine Einstellung aus Opportunitätsgründen vornehmen.[11]

Die **Varianten** der Verfahrenseinstellung nach Opportunitätsgrundsätzen lassen sich zum einen anhand ihrer **Rechtsfolgen**, zum anderen anhand der zugrunde liegenden **Opportunitätsaspekte** systematisieren. So existieren einerseits neben Einstellungsmöglichkeiten

- ohne belastende Maßnahmen[12] solche
- mit belastenden Rechtsfolgen.[13]

Andererseits lassen sich die betreffenden Verfahrenseinstellungen teils

- mit der Geringfügigkeit der Straftat bzw. ihrer mangelnden Schwere (§§ 153, 153a), teils mit
- dem Überwiegen anderer Straftaten (§§ 154, 154a), teils mit
- sonstigen Besonderheiten der Tat, die das staatliche Interesse an der Strafverfolgung zurücktreten lassen,[14]

begründen.

2. Bagatellsachen (§ 153)

a) Vor Erhebung der öffentlichen Klage: Eine Einstellung wegen geringer Schuld und fehlenden öffentlichen Interesses ist vor Erhebung der öffentlichen Klage durch die StA gem. § 153 Abs. 1 unter folgenden Voraussetzungen möglich:

- Es liegt ein **Vergehen** i.S.v. § 12 Abs. 2 StGB vor.
- Die **Schuld** des Täters wäre als **gering** anzusehen.

---

8 Nach BGHSt 48, 331 ff.
9 So BGHSt 16, 225 (229) zu § 153; LR-*Beulke* § 153 Rn 1.
10 Vgl. *Schulenburg* JuS 2004, 765 (770) und KK-*Diemer* § 153 Rn 4 ff.
11 *Beulke/Swoboda* Rn 335.
12 Exemplarisch: §§ 153, 154 ff.
13 Exemplarisch: § 153a.
14 Z.B. bei Auslandstaten oder Auslieferung, §§ 153c, 154b.

Es bedarf hierfür nur einer hypothetischen Schuldbeurteilung;[15] der Schuldnachweis braucht nicht erbracht zu werden. Insoweit ist die Vorschrift des § 46 Abs. 2 StGB heranzuziehen („**Strafzumessungsschuld**"): Gering ist die Schuld, wenn die Sanktion im untersten Bereich des Strafrahmens für das jeweilige Delikt anzusiedeln wäre.[16]

- Es **fehlt** ein **öffentliches Verfolgungsinteresse**. Ein solches Fehlen resultiert nicht zwangsläufig aus dem Vorliegen der geringen Schuld. In einem solchen Fall kann sich ein Verfolgungsinteresse vielmehr noch immer aus Gründen der Spezial- oder Generalprävention ergeben.[17] Zur Einschätzung dieser Aspekte steht der StA ein großzügiger **Beurteilungsspielraum** zu.
- Es bedarf grds. der **Zustimmung des Gerichts**. Nur ausnahmsweise ist diese bei Delikten mit Bagatellcharakter nach Maßgabe des § 153 Abs. 1 S. 2 entbehrlich. Die Zustimmung des Beschuldigten ist nicht erforderlich.
- Es tritt **kein Strafklageverbrauch** ein, so dass ein Wiederaufgreifen des Verfahrens jederzeit möglich ist.[18]

15 b) **Nach Erhebung der öffentlichen Klage:** Weiterhin kann die Einstellung nach Erhebung der öffentlichen Klage durch das **Gericht** unter denselben Voraussetzungen wie zuvor durch die StA erfolgen (§ 153 Abs. 2). Zu beachten ist allerdings, dass nunmehr grds.[19] die **Zustimmung der StA und des Angeschuldigten** erforderlich ist.

16 Der Beschluss des Gerichts ist grds. weder durch die StA noch den Angeschuldigten anfechtbar (§ 153 Abs. 2 S. 4).
Allerdings ist die **Beschwerde** gem. § 304 – ungeachtet einer vorherigen Zustimmung – für beide Seiten zulässig, wenn eine **prozessuale Voraussetzung** der Einstellung **fehlte**.[20] Exemplarisch: Das Verfahren hatte ein Verbrechen zum Gegenstand.

17 Nach mittlerweile hM kommt der Verfahrenseinstellung gem. § 153 Abs. 2 **beschränkte Rechtskraft** zu. Etwas anderes gilt entsprechend dem Rechtsgedanken des § 153a Abs. 1 S. 5 ausnahmsweise nur dann, wenn sich die Tat nachträglich als **Verbrechen** darstellt.[21] Dann rechtfertige ein erhöhter Schuldgehalt das erneute Aufgreifen des Verfahrens. Nach der Gegenansicht entfällt in Analogie zu §§ 174 Abs. 2, 211 der Strafklageverbrauch bereits, wenn neue Tatsachen oder Beweismittel zu einer anderen rechtlichen Bewertung der Tat führen, die Schuld als nicht mehr gering erscheinen lassen oder das öffentliche Verfolgungsinteresse begründen.[22]

3. Einstellung bei Erfüllung von Auflagen und Weisungen (§ 153a)

18 a) **Zweck:** Bei der Einstellung nach § 153a steht der **Kompensationsaspekt** im Vordergrund: Hier existiert zwar ein öffentliches Interesse an der Strafverfolgung der in Rede stehenden Tat; auch ist die Schuld des Beschuldigten gerade nicht geringfügig. Diese

---

15 BVerfGE 82, 106; SK-*Weßlau* § 153 Rn 16.
16 *Rieß* NStZ 1981, 2 (8); *Meyer-Goßner/Schmitt* § 153 Rn 4.
17 *Hanack* Gallas-FS 339 ff.; *Naucke* Maurach-FS 197 ff.; *Wagner* GA 1972, 33 (43 ff.); aA *Meyer* GA 1997, 404.
18 *Hellmann* Rn 558; *Meyer-Goßner/Schmitt* § 153 Rn 37; aA *Radtke* NStZ 1999, 481 (483).
19 S. Ausnahme des § 153 Abs. 2 S. 2.
20 BGH NJW 2002, 2401; OLG Hamm NStZ-RR 2004, 144 (mit Ausführungen zur Möglichkeit der Verwirkung einer solchen Anfechtungsmöglichkeit); KK-*Diemer* § 153 Rn 38.
21 S. nur BGHSt 48, 331 ff. m. abl. Anm. *Heghmanns* NStZ 2004, 633; KK-*Diemer* § 153 Rn 41; zum Problem *Radtke*, Zur Systematik des Strafklageverbrauchs verfahrenserledigender Entscheidungen im Strafprozess, 1994, 350 f.
22 BayObLG 1965, 350; LR-*Beulke* § 153 Rn 91; *Kühne* Rn 607; *Pfeiffer* § 153 Rn 9.

§ 10 Abschluss des Ermittlungsverfahrens

Aspekte werden aber durch die Erfüllung von Auflagen bzw. Weisungen ausgeglichen.[23]

b) Vor Erhebung der öffentlichen Klage: Eine Einstellung gem. § 153a Abs. 1 ist vor Erhebung der öffentlichen Klage durch die StA unter folgenden Voraussetzungen möglich:

- Es handelt sich bei der Straftat um ein **Vergehen**.
- Die **Schwere der Schuld** des Beschuldigten darf **nicht entgegenstehen**. Insoweit sind leichte und mittlere Kriminalität umfasst.[24] Im Gegensatz zu § 153 ist die Schuldfeststellung zwingend erforderlich. Eine bloße Schuldprognose genügt nicht. Mangels Durchführung des Strafverfahrens genügt es, dass der Beschuldigte **hinreichend tatverdächtig** ist.[25]
- Die Erfüllung der Auflagen und Weisungen muss **geeignet** sein, das **öffentliche Interesse an der Strafverfolgung zu beseitigen**. § 153a Abs. 1 nennt sieben Auflagen bzw. Weisungen. Die Aufzählung ist nicht abschließend („insbesondere"), so dass die Auferlegung anderer unbenannter Auflagen oder die Erteilung weiterer Weisungen durch StA und Gericht möglich ist.[26] Diese müssen stets einen inneren Zusammenhang mit der Tat aufweisen.[27]
Es handelt sich systematisch nicht um Kriminalstrafen, sondern um ein der strafrechtlichen Sanktion vergleichbares Übel, das den anerkannten Strafzwecken des materiellen Strafrechts Rechnung zu tragen hat.
- Die StA muss die **Zustimmung** des Beschuldigten sowie grds.[28] auch des Gerichts einholen. Der Mitwirkung des Beschuldigten in Form der Zustimmung bedarf es, weil die Erfüllung der Auflagen bzw. Weisungen nicht erzwungen werden kann, sondern sein freiwilliges Verhalten erfordert.[29]

c) Nach Erhebung der öffentlichen Klage: Nach Anklageerhebung erfolgt die Einstellung durch das **Gericht** (§ 153a Abs. 2). Es gelten die gleichen Voraussetzungen wie bei der Einstellung durch die StA. Die **Zustimmung** zur Einstellung ist vom Beschuldigten und von der StA einzuholen. Die Einstellung erfolgt durch einen grds. **unanfechtbaren Beschluss** (§ 153a Abs. 2 S. 3, 4).

d) Folgen: Sowohl das Absehen von der Anklageerhebung nach Abs. 1, als auch die Einstellung nach Abs. 2 erfolgen **vorläufig**.[30] Nach **Erfüllung** der Auflagen bzw. Weisungen tritt ein endgültiges Verfahrenshindernis ein.[31] Es besteht ein **beschränkter Strafklageverbrauch**, weil die Tat **als Vergehen** nicht mehr verfolgt werden kann

---

23 Zu den Voraussetzungen der Vorschrift *Scheinfeld* Herzberg-FS 843 ff.
24 *Meyer-Goßner/Schmitt* § 153a Rn 2; *Fezer* 1/42; *Hellmann* Rn 562; enger (nur Bereich „oberhalb der kleinen Kriminalität) KK-*Diemer* § 153a Rn 1.
25 H.M., vgl. nur HK-*Gercke* § 153a Rn 13 f.; *Meyer-Goßner/Schmitt* § 153a Rn 7; aA *Hanack* Gallas-FS 339 (349).
26 Dazu *Beulke* Dahs-FS 209 ff.
27 Vgl. LR-*Beulke* § 153a Rn 69 f.; *ders.* Dahs-FS 209 (225 f.).
28 Ausnahmsweise ist die gerichtliche Zustimmung entbehrlich, wenn das einschlägige Strafgesetz keine im Mindestmaß erhöhte Strafe androht und die Tatfolgen gering sind (§ 153a Abs. 1 S. 7 i.V.m. § 153 Abs. 1 S. 2).
29 *Schulenburg* JuS 2004, 765 (767) mwN.
30 Damit entsteht ein durch die Erfüllung der Auflage bedingtes Verfahrenshindernis, R/H-*Radtke* § 153a Rn 65; zum genauen Zeitpunkt vgl. LG Kleve StraFo 2011, 93.
31 Zur Frage, ob erbrachte Leistungen bei späterer Strafverfolgung wegen eines Verbrechens zu erstatten sind oder eine Kompensation im Rahmen der Strafzumessung zu erfolgen hat, vgl. *Krick* NStZ 2003, 68 ff.

(§ 153a Abs. 1 S. 5).³² Erfüllt der Beschuldigte bzw. Angeklagte die Auflagen oder Weisungen nicht, kann das Verfahren fortgesetzt werden.

4. Unwesentliche Nebenstraftaten und Verfolgungsbeschränkungen (§§ 154, 154a)

22 a) **Zweck:**³³ Die Vorschrift des § 154 dient der Verfahrensbeschleunigung durch einen Teilverzicht auf Strafverfolgung bei **mehreren Taten im prozessualen Sinne** (s. § 25 Rn 1 ff.).³⁴ Sie stellt damit eine weitere **Ausnahme vom Legalitätsprinzip** dar, nach dem im Grundsatz wegen jeder dieser Taten das Strafverfahren durchzuführen wäre. Fällt die für eine Tat zu erwartende Strafe nicht beträchtlich ins Gewicht, kann die StA vor bzw. das Gericht nach Klageerhebung das Verfahren bzgl. dieser Taten einstellen.

23 Handelt es sich dagegen um **ein- und dieselbe Tat im prozessualen Sinne**, so kann gem. § 154a eine Beschränkung der Strafverfolgung dahingehend erfolgen, dass einzelne abtrennbare Teile einer Tat oder einzelne von mehreren Gesetzesverletzungen aus dem Verfahrensstoff ausgeschieden werden. Eine solche Beschränkung steht – wie bei § 154 – unter einem **Unbeträchtlichkeitserfordernis** im Hinblick auf die zu erwartende Strafe. Es ist insoweit sogar möglich, die Vortat eines Verdeckungsmordes vorläufig einzustellen.³⁵

§ 154 und § 154a können je nach Konstellation auch nebeneinander Anwendung finden.

24 b) **Folgen:** Hinsichtlich der Folgen der Einstellungen nach §§ 154 und 154a ist zu unterscheiden:³⁶

- Sie führen zu **keinem Verfahrenshindernis**, solange die StA die Verfahrensherrschaft innehat. Daher kann die StA die Ermittlungen jederzeit wieder aufnehmen.³⁷
- Ein **Verfahrenshindernis** für die gesamte Tat im prozessualen Sinne liegt allerdings dann vor, wenn das Gericht die Verfolgung einer Tat nach § 154 Abs. 2 durch Gerichtsbeschluss einstellt.³⁸

Die Beseitigung eines solchen Verfahrenshindernisses ist jedoch durch **Wiederaufnahmebeschluss** gemäß § 154 Abs. 5 möglich.

25 **Umstritten** ist, ob der gem. §§ 154, 154a ausgeschiedene Verfahrensstoff **strafschärfend berücksichtigt** werden darf:

Der BGH lässt dies zunächst dann zu, wenn der Verfahrensstoff ordnungsgemäß festgestellt und der Beschuldigte ausdrücklich auf die Möglichkeit der Strafschärfung hingewiesen worden ist.³⁹ Es soll aber auch genügen, wenn keine Gefahr eines Missverständnisses über die Einbeziehung zur Strafschärfung besteht⁴⁰ bzw. der Angeklagte im

---

32 Zum Strafklageverbrauch nach dem Schengener Übereinkommen vgl. § 35 Rn 6.
33 Vgl. zu Entstehungsgeschichte und Zweck der Norm *Böttcher* Volk-FS 61 (64 f.).
34 *Schulz* StraFo 2006, 444.
35 BGH NStZ-RR 2004, 333.
36 Ausf. BeckOK-*Beukelmann* § 154 Rn 16 ff.
37 Vgl. etwa BGHSt 30, 165; BGH NStZ 2011, 651; BeckOK-*Beukelmann* § 154 Rn 16 f.
38 BGHSt 10, 88 (89); dies gilt nach der Rspr. auch, wenn das Gericht irrtümlich nach § 154 Abs. 2 anstatt nach § 154a Abs. 2 verfahren ist (s. BGH NStZ 2014, 46 (47); dazu *Mosbacher* JuS 2014, 130 f.; m. krit. Anm. *Löffelmann* JR 2015, 15).
39 BGHSt 30, 147 (148) zu § 154a; BGH NStZ 2004, 162; KK-*Diemer* § 154 Rn 38; *Meyer-Goßner/Schmitt* § 154a Rn 2.
40 BGH NStZ 2004, 277.

Laufe der Hauptverhandlung auf die beabsichtigte Heranziehung der ausgeschiedenen Tatteile aufmerksam geworden ist.[41]
Die Gegenansicht lehnt jedoch eine strafschärfende Berücksichtigung generell ab, da das Gebot der Fairness eine lückenlose Durchführung der Schuldfeststellung bedinge.[42]

c) **Wiedereinbeziehung:** Die erneute Einbeziehung eines gem. § 154a ausgeschiedenen Vorwurfs ist von Amts wegen regelmäßig geboten, wenn das Gericht den Angeklagten von dem Tatvorwurf, auf den die Strafverfolgung beschränkt worden war, **freisprechen** will.[43]

d) **Nach Revision:** Eine Verfahrenseinstellung nach § 154 Abs. 2 kommt nicht in Betracht, wenn dem neuen Tatrichter im Anschluss an eine erfolgreiche Revision eine umfassende Grundlage für die Beweiswürdigung erhalten bleiben muss.[44]

5. Weitere Einstellungsmöglichkeiten

Das Strafprozessrecht kennt noch eine Reihe weiterer Einstellungsmöglichkeiten aus Opportunitätsgründen, von denen wegen ihrer praktischen Bedeutung nur noch genannt seien die Möglichkeit der Einstellung, wenn

- das Gericht unter bestimmten Voraussetzungen[45] von Strafe absehen könnte (§ 153b);
- es sich um bestimmte Auslandstaten bzw. Taten mit Auslandsbezug handelt (§ 153c);
- die Voraussetzungen tätiger Reue bei bestimmten politischen Straftaten gegeben sind (§ 153e);
- es sich um solche Straftaten handelt, mit deren Offenbarung der Täter von einem Dritten genötigt oder erpresst wird (§ 154c);
- dies der Vermeidung eines Einsatzes der Strafverfolgung zu verfahrensfremden Zwecken dient (§ 154d);
- der Täter ein Drogendelikt in geringem Umfang mit Eigenverbrauchsabsicht begangen hat (§ 31a BtMG).

WIEDERHOLUNGS- UND VERTIEFUNGSFRAGEN

> Welches sind in der Praxis die beiden Regelfälle der Anklageerhebung? (Rn 3 f.)
> Welche besonderen Formen der Anklageerhebung gibt es? (Rn 5 f.)
> Aus welchen Gründen kann ein Ermittlungsverfahren gem. § 170 Abs. 2 eingestellt werden? (Rn 8)
> Wie unterscheiden sich die einzelnen Einstellungsmöglichkeiten aus Opportunitätsgründen? (Rn 11 ff.)
> Welche Unterschiede bestehen zwischen § 153 und § 153a? (Rn 14 ff., 18 ff.)
> Was gilt zum Strafklageverbrauch bei §§ 153, 153a? (Rn 14, 17, 21)
> Worin unterscheiden sich § 154 und § 154a wesentlich? (Rn 22 f.)

---

41 BVerfG NStZ 1995, 76.
42 LR-*Beulke* § 154 Rn 56 ff.; *Beulke/Stoffer* StV 2011, 442; *Eisenberg* Rn 417; *Haberstroh* NStZ 1984, 289 (291 f.).
43 Vgl. nur BGHR StPO § 154a Beschränkung 3 mwN; BGH NStZ 2002, 489.
44 BGH StV 2003, 542 (543).
45 z.B. §§ 113 Abs. 4, 157 II, 158 Abs. 1 StGB.

> Kann der gem. §§ 154, 154a ausgeschiedene Verfahrensstoff ggf. strafschärfend berücksichtigt werden? (Rn 25)
> Welche weiteren praktisch bedeutsamen Einstellungsmöglichkeiten kommen in Betracht? (Rn 28)

§ 11 Das Klageerzwingungsverfahren

I. Allgemeines

Stellt die StA das Ermittlungsverfahren mangels hinreichenden Tatverdachts gem. § 170 Abs. 2 S. 1 ein, so steht dem Strafantragsteller, der zugleich der durch die Straftat Verletzte ist, unter bestimmten Voraussetzungen der Weg ins Klageerzwingungsverfahren gem. **§ 172 Abs. 2** offen. Dadurch soll er in die Lage versetzt werden, die StA als Anklagebehörde mittels gerichtlicher Hilfe zu zwingen, die wegen des Anklagegrundsatzes für eine Verurteilung notwendige öffentliche Klage doch noch zu erheben. Das Klageerzwingungsverfahren durchbricht also nicht – wie die Privatklagedelikte gem. § 374[1] – das Anklagemonopol der StA. Es sichert vielmehr – neben der gerichtlichen Kontrolle der StA zum Schutze des Legalitätsprinzips – die **berechtigten Strafverfolgungsinteressen des Straftatopfers**.[2]

In der Gerichtspraxis kommen Klageerzwingungsverfahren eher selten vor. Zudem ist ihre Erfolgsquote verschwindend gering, da das OLG nur selten die Anordnung der Klageerhebung beschließt.[3] Gleichwohl ist das Klageerzwingungsverfahren eine wichtige rechtsstaatliche Absicherung der Rechte des Verletzten, da die disziplinierende Wirkung auf die StA im Vorfeld eines drohenden Klageerzwingungsverfahrens nicht zu unterschätzen ist.

Das prozessuale **Ziel** des Klageerzwingungsverfahrens ist in der Regel die Erlangung eines anordnenden gerichtlichen Beschlusses zur Erhebung der öffentlichen Klage nach § 175, dessen Durchführung in der Folge der StA obliegt.

Umstr. ist, ob darüber hinaus die StA mittels eines Klageerzwingungsverfahrens gerichtlich auch dazu verpflichtet werden, überhaupt Ermittlungen durchzuführen, sofern sie dies verweigert (sog. **Ermittlungserzwingung**).[4] Der überwiegende Teil der **Rspr.** und der Literatur **bejaht** dies:[5] Gerade in Fällen, in denen die StA aus Rechtsgründen bereits einen Anfangsverdacht verneint und daher schon gar keine Ermittlungen durchgeführt hat, müsse nämlich sonst das OLG die Ermittlungen führen. Gegen diese durchaus plausible Position meldet die **aA** allerdings **starke Bedenken** an:[6] Die Anordnung der Ermittlungen überschreite klar die Wortlautgrenze und mache die StA so systemwidrig zum Hilfsorgan des OLG.

II. Voraussetzungen

1. Antrag

Das Klageerzwingungsverfahren können nur solche Personen betreiben, die sowohl einen Antrag bei der StA auf Erhebung der öffentlichen Klage gestellt, als auch Beschwerde gegen den Einstellungsbescheid eingelegt haben (§ 172 i.V.m. § 171).[7]

---

1 S.u. § 26 Rn 63 ff.
2 LR-*Graalmann-Scheerer* § 172 Rn 1, 8; *Schlüchter* Rn 80.
3 Vgl. *Bischoff* NStZ 1988, 63 (64); MK-*Kölbel* § 172 Rn 9.
4 Übersicht zum Streit mwN BeckOK-*Gorf* § 175 Rn 6 f.
5 Vgl. OLG Hamm StV 2002, 128 m. Anm. *Lilie*; OLG Köln NStZ 2003, 682; KG Berlin NStZ-RR 2014, 14; ausf. LR-*Graalmann-Scheerer* § 175 Rn 17; enger *Meyer-Goßner/Schmitt* § 175 Rn 2.
6 OLG München StraFo 2014, 422; KK-*Moldenhauer* § 175 Rn 3; SK-*Wohlers* § 175 Rn 2.
7 Damit belegt der Antragsteller sein besonderes Strafverfolgungsinteresse, vgl. OLG Hamm JZ 1962, 171; OLG Oldenburg MDR 1987, 431. Zu Strafantrag und Strafanzeige vgl. § 4 Rn 2 ff.

2. Verletzter

5 Der Antragsteller muss zugleich **Verletzter** sein. Verletzter ist, wer ein berechtigtes Genugtuungsinteresse (Vergeltungsbedürfnis) hat.[8] Dies ist in der Regel derjenige, der durch die behauptete Tat – ihre tatsächliche Begehung unterstellt – in einem Rechtsgut beeinträchtigt ist.[9]

6 Der Begriff des Verletzten ist jedoch **weit auszulegen**, um im Rahmen des § 172 einen umfassenden Schutz des Legalitätsprinzips zu erreichen. So ist neben denjenigen, deren Rechtsgüter unmittelbar durch die Tat betroffen sind, der **Schutzbereich** des verwirklichten Tatbestandes zu berücksichtigen.[10] Als Verletzte sind daher z.B. auch die Eltern oder der Ehegatte eines Mordopfers[11] oder jemand, zu dessen Nachteil bei § 267 StGB eine gefälschte Urkunde in den Rechtsverkehr gelangt ist,[12] anzusehen. Neben natürlichen Personen sind auch **juristische Personen**, Behörden, Kirchen, Regierungen oder auch der Träger der Sozialhilfe[13] potenziell geschützt, soweit sie in ihren Rechtsgütern durch eine Straftat betroffen sind. So steht z.B. im Falle einer Untreue (§ 266 StGB) zum Nachteil einer GmbH die Antragsbefugnis nur dieser zu, nicht aber deren Gesellschaftern.[14] Nicht ausreichend ist es dagegen, wenn der Antragsteller durch die Tat lediglich wie jeder andere Staatsbürger betroffen ist, wie dies etwa bei der Verbreitung pornografischer Schriften der Fall ist.[15]

3. Einschränkungen (§ 172 Abs. 2 S. 3)

7 Bei **Privatklagedelikten** scheidet das Betreiben eines Klageerzwingungsverfahrens von vornherein aus, weil in den dort genannten Fällen der Verletzte anstelle der StA ausnahmsweise selbst zum Ankläger wird.[16]
Unzulässig ist das Klageerzwingungsverfahren zudem in den Fällen der **Verfahrenseinstellung aus Opportunitätsgründen** nach §§ 153 ff.

III. Gang des Verfahrens

1. Einstellungsverfügung durch die StA

▶ **FALL 1:** A setzt die StA schriftlich davon in Kenntnis, dass der Kunde K die Verkäuferin V in seiner Lieblingsbäckerei mit nicht enden wollenden wüsten Beschimpfungen überschüttet hat. Aus Sympathie für V fordert er vehement die strafrechtliche Verfolgung und Bestrafung des K. Nach einiger Zeit erhält A jedoch von der StA einen Bescheid ohne Rechtsmittelbelehrung darüber, dass das Ermittlungsverfahren gegen K mangels hinreichenden Tatverdachts eingestellt worden sei. A fragt sich, ob und, wenn ja, wie er gegen den Einstellungsbescheid vorgehen kann. ◀

---

8 *Frisch* JZ 1974, 7 (10 ff.); *Maiwald* GA 1970, 52.
9 OLG Köln NStZ-RR 2003, 212; *Meyer-Goßner/Schmitt* § 172 Rn 5a mwN.
10 KG JR 2001, 480 (481); LR-*Graalmann-Scheerer* § 172 Rn 52; *Roxin/Schünemann* § 41/5; schöner Überblick mit zahlreichen Beispielen bei BeckOK-*Gorf* § 172 Rn 2.1, 2.2.
11 Vgl. OLG Celle NJW 1954, 1660; OLG Frankfurt NJW 1963, 1368.
12 Vgl. OLG Karlsruhe Justiz 2003, 271.
13 OLG Hamm NStZ-RR 2003, 116.
14 OLG Celle NStZ 2007, 604.
15 OLG Hamburg NJW 1966, 1933; vgl. ferner die Beispiele bei *Meyer-Goßner/Schmitt* § 172 Rn 11 ff.
16 Vgl. §§ 374 Abs. 1, 381; näher hierzu § 26 Rn 63 ff.

Bei Einstellung des Verfahrens durch die StA mangels hinreichenden Tatverdachts gem. § 170 Abs. 2 wird der Antragsteller unter Angabe der maßgeblichen Gründe über die Einstellung beschieden (§ 171 S. 1).

Ist der Antragsteller **nicht Verletzter** im Sinne des § 172 (s.o. Rn 5 f.), erhält er keine Rechtsmittelbelehrung. Ihm steht dann – wie dem A in **Fall 1** – lediglich der Weg über eine form- und fristfreie **Dienstaufsichtsbeschwerde** offen, mit der er die vorgesetzte Behörde um Überprüfung des angeblich rechtswidrigen dienstlichen Verhaltens der StA ersuchen kann.

Ist dagegen der **Antragsteller zugleich Verletzter**, so ist er über das ihm zur Verfügung stehende Rechtsmittel der Anfechtung des Bescheids durch **Beschwerde** zu belehren (§ 171 S. 2).

2. Einstellungsbeschwerde

In diesem Fall kann der Verletzte unter Einhaltung der **Zwei-Wochen-Frist** des § 172 Abs. 1 S. 1 eine förmliche Einstellungsbeschwerde gegen den Bescheid erheben.[17] Es handelt sich hierbei um eine „**Vorschaltbeschwerde**" auf dem Weg zum OLG.[18] Hilft der Staatsanwalt, der die Einstellungsverfügung erlassen hat, der Beschwerde nicht ab, legt er sie unverzüglich dem vorgesetzten Beamten der StA, d.h. dem Generalstaatsanwalt (§ 147 Nr 3 GVG), vor.[19]

Der Generalstaatsanwalt kann den staatsanwaltschaftlichen Bescheid aufheben und die Durchführung weiterer Ermittlungen oder auch die Anklageerhebung anordnen. Verwirft er die Beschwerde als unzulässig[20] oder unbegründet, so hat er stets auch eine **Sachentscheidung** zu fällen, da selbst eine unzulässige Beschwerde zugleich eine Dienstaufsichtsbeschwerde enthält. Zudem ist eine Rechtsmittelbelehrung im Sinne des § 172 Abs. 2 anzufügen.

3. Antrag auf gerichtliche Entscheidung

Auf die Verwerfung der Einstellungsbeschwerde durch den Generalstaatsanwalt kann der Verletzte dann schließlich binnen **Monatsfrist** den **Antrag auf gerichtliche Entscheidung** beim OLG stellen und damit das eigentliche Klageerzwingungsverfahren betreiben (§ 172 Abs. 3, 4).[21]

- **Verwirft** das OLG den Antrag als unzulässig oder unbegründet gem. § 174 Abs. 1, erfolgt keine Anklage aufgrund der bisherigen Tatsachen oder Beweismittel mehr.[22]
- Ist der Antrag dagegen **zulässig und begründet**, ordnet das OLG nach Anhörung des Beschuldigten per Beschluss die Erhebung der öffentlichen Klage an (§ 175 S. 1). Das OLG bejaht die Begründetheit des Antrages, wenn sich bei sachlicher Prüfung desjenigen Lebensvorganges, der dem Gericht durch den Antrag als Prüfungsmaßstab vorgelegt wurde, der hinreichende Verdacht einer Straftat ergibt und als

---

17 Zu den Anforderungen an die Darlegungspflicht des Antragstellers bzgl. Einhaltung der Beschwerdefrist vgl. BVerfG NJW 2004, 1585 (1586); OLG Hamm NStZ-RR 2003, 177.
18 *Kleinknecht* JZ 1952, 488 (490).
19 Vgl. Nr 105 Abs. 2 RiStBV.
20 Etwa bei nicht fristgemäßer Einreichung oder bei Fällen des Opportunitätsprinzips (§ 172 Abs. 2 S. 3).
21 Allgemein zu den Anforderungen an einen Klageerzwingungsantrag BVerfG NJW 2000, 1027; OLG Celle NStZ 1997, 406; *Bischoff* NJW 1988, 1308 (1309).
22 Vgl. § 174 Abs. 2.

Rechtsfolge keine Verfahrenseinstellung nach Opportunitätsgrundsätzen gem. §§ 153 ff. angezeigt erscheint.
Der Beschluss hat zwei wesentliche **Konsequenzen:**
- Die **StA** ist an diesen Beschluss **gebunden** und hat entsprechend Klage zu erheben (§ 175 S. 2).
- Mit dem stattgebenden Beschluss wird zugleich die Befugnis des Verletzten zum Anschluss als **Nebenkläger** begründet (§ 395 Abs. 2 Nr 2).

14 Eine **Anfechtung** der Entscheidung des OLG im Klageerzwingungsverfahren ist **nicht möglich**.[23] Denn obwohl das OLG im Klageerzwingungsverfahren als erstes Gericht mit der Sache befasst ist, ist es nicht i.s.d. Vorschriften über die Beschwerde „im ersten Rechtszug" zuständig (s. § 304 Abs. 4 S. 2 HS 2). Dies wäre im Falle der Klageerhebung das zuständige AG oder LG.

15 Das OLG darf nach der herrschenden **Rspr.** bei Bejahung des hinreichenden Tatverdachts das Ermittlungsverfahren aus **Opportunitätsgründen** in analoger Anwendung von §§ 153 Abs. 2, 153a Abs. 2 selbst **einstellen**, sofern der Beschuldigte und die StA zustimmen.[24] Die **Gegenansicht** (und hL) hält dies für systemwidrig und nicht sachgerecht, da StA und Generalstaatsanwaltschaft von dieser Möglichkeit eben keinen Gebrauch gemacht hätten.[25] Dem Einwand der fehlenden Sachgerechtheit kann freilich entgegengehalten werden, dass diese Behörden mangels Bejahung des hinreichenden Tatverdachts auch keinen Anlass hatten, eine Einstellung aus Opportunitätsgründen in Betracht zu ziehen.

16 **WIEDERHOLUNGS- UND VERTIEFUNGSFRAGEN**

> Welchem Zweck dient das Klageerzwingungsverfahren? (Rn 1 f.)
> Kann mittels des Klageerzwingungsverfahrens auch erreicht werden, dass die StA gerichtlich zur Durchführung von Ermittlungen verpflichtet wird? (Rn 3)
> Welches sind die Voraussetzungen des Klageerzwingungsverfahrens? (Rn 4 ff.)
> Was ist unter dem Begriff des „Verletzten" zu verstehen? (Rn 5 f.)
> Welche drei Stadien durchläuft ein Klageerzwingungsverfahren? (Rn 8 ff.)
> Wann ist der Antrag auf gerichtliche Entscheidung begründet? (Rn 13)
> Warum steht dem Antragsteller gegen die Entscheidung des OLG im Klageerzwingungsverfahren nicht die Möglichkeit der Beschwerde offen? (Rn 14)
> Kann das OLG im Klageerzwingungsverfahren das Ermittlungsverfahren auch aus Opportunitätsgründen analog §§ 153 f. einstellen? (Rn 15)

---

23 BGH NStZ 2003, 501.
24 OLG Braunschweig NStZ 2014, 174; OLG Köln NJW 1991, 764 (765); OLG Stuttgart NJW 1997, 3103 (3104); *Hellmann* Rn 554 mwN.
25 BeckOK-*Gorf* § 174 Rn 5; LR-*Graalmann-Scheerer* § 174 Rn 10; MK-*Kölbel* § 174 Rn 2; *Meyer-Goßner/Schmitt* § 174 Rn 3; alle mwN.

3. Abschnitt: Gerichtliches Verfahren

§ 12 Gerichtsaufbau und Zuständigkeit

I. Der Grundsatz des gesetzlichen Richters

▶ **Fall 1:** Am LG ist eine Strafsache anhängig, an der besonderes Medieninteresse besteht. Das Präsidium des LG möchte sichergehen, dass ein hohes Strafmaß erreicht wird. Daher wird die Strafkammer mit Richterinnen und Richtern besetzt, die als besonders streng gelten. ◀

Der in Art. 101 Abs. 1 S. 2 GG niedergeschriebene **Verfassungsgrundsatz**, wonach niemandem sein **gesetzlichen Richter** entzogen werden darf, enthält das Gebot,

- die richterliche Zuständigkeit so eindeutig wie möglich durch abstrakt-generelle Vorschriften zu regeln
- und auf diese Weise der Gefahr vorzubeugen, dass die Justiz durch eine Manipulation der Auswahl der im Einzelfall zur Entscheidung berufenen Richter sachfremden Einflüssen ausgesetzt wird.[1]

Art. 101 Abs. 1 S. 2 GG wendet sich zunächst an den **Gesetzgeber**. Dieser muss durch seine **Verfahrensgesetze** allgemein festlegen, welche Gerichte für welche Verfahren sachlich, örtlich und funktionell zuständig und wie die Spruchkörper regelmäßig zu besetzen sind.
Ergänzt werden diese Bestimmungen durch die **Geschäftsverteilungs- und Mitwirkungspläne** der **Gerichte**, durch welche die Zuständigkeit der einzelnen Spruchkörper so genau wie möglich festgelegt und ihnen die Richter zugewiesen werden. Auch diese von der Justiz aufzustellenden Regelungen dürfen keine vermeidbare Freiheit in der Heranziehung der einzelnen Richter lassen.[2] Die Sache muss – wie es das BVerfG anschaulich ausdrückt – nahezu „blindlings" auf den Richter zukommen.[3]
Den gesetzgeberischen Hintergrund dieser grundrechtsähnlichen Garantie des Art. 101 Abs. 1 S. 2 GG bildet der Gedanke, sowohl die Unabhängigkeit der Gerichte zu wahren, als auch das Vertrauen der Rechtsuchenden und der Öffentlichkeit in Unparteilichkeit und Sachlichkeit der Gerichte zu schützen. In § 16 S. 2 GVG hat das Prinzip des gesetzlichen Richters seine einfachgesetzliche Ausprägung erfahren. Hingegen verleiht Art. 101 Abs. 1 S. 2 GG keinen subjektiven Abwehranspruch des Rechtsuchenden gegen die Über- oder Unterforderung des zuständigen Richters.[4]

Bei der Prüfung eines etwaigen Verstoßes gegen Art. 101 Abs. 1 S. 2 GG ist die sog. **Willkürformel** des BVerfG zu beachten.[5] Danach verletzt nicht bereits jeder irrtümliche Verfahrensverstoß (sog. *error in procedendo*) gleichzeitig auch die Verfassung. Die Grenze zur Verfassungswidrigkeit ist vielmehr erst überschritten, wenn die fehlerhafte

---

1 BVerfGE 17, 294 (298 f.); 40, 356 (360 f.); BVerfG StV 2005, 1; *Rüping* Rn .42 ff.; SK-*Weßlau* Vor § 1 Rn 1; ausf. *Sowada*, Der gesetzliche Richter im Strafverfahren, 2002, 136 ff., 168 ff., 466 ff. und 709 ff.
2 BVerfGE 17, 294 (300); BVerfG StV 2005, 1; BGHSt 27, 209 (210); KK-*Diemer* § 21e GVG Rn 11.
3 BVerfG NJW 1995, 2703 f.; vgl. auch *Sowada* NStZ 2001, 169 (170).
4 BVerfG NJW 2012, 2334 (2335) zur Übertragung des Vorsitzes zweier Strafsenate des BGH auf einen Richter; vgl. zum Ganzen und den vorangegangenen Entscheidungen in dieser Streitfrage übersichtlich *Mosbacher* JuS 2012, 709 f. mwN.
5 BVerfGE 87, 282 (286 f.); BGH NJW 1993, 1607; KK-*Fischer* Einl. Rn 117; MK-*Kudlich* Einl. Rn 68; Sachs/*Degenhart* Art. 101 Rn 17; krit. *Putzke/Geipel* Beulke-FS 937 (939 f.).

Auslegung oder Anwendung des Rechts auf objektiver Willkür beruht. Die Bestimmung des jeweiligen Spruchkörpers muss mithin schlechthin unvertretbar und unter keinen Umständen mehr zu rechtfertigen sein.[6] Art. 101 Abs. 1 S. 2 GG bietet also lediglich Schutz gegen Willkür, nicht jedoch gegen Irrtum.[7] **Äußere Einflüsse** auf die Gerichtsbesetzung, etwa seitens der Exekutive, sind allerdings stets beachtlich.[8] **Fall 1** ist ein Beispiel für die verbotene Entziehung des gesetzlichen Richters durch eine willkürliche Zuständigkeitsbestimmung.

II. Die sachliche Zuständigkeit erster Instanz und die Verteilung der Strafsachen

4   Die sachliche Zuständigkeit der Strafgerichte ist vor allem im **GVG** geregelt. Gerichte mit unterschiedlicher sachlicher Zuständigkeit stehen nach der Vorstellung des Gesetzes in einem **Rangverhältnis**, das die StPO mit den Begriffen „niederer" und „höherer" Ordnung ausdrückt.[9]

1. Gerichtsaufbau und Besetzung der Spruchkörper

5   Der Gerichtsaufbau in Strafsachen ist **vierstufig**: Er umfasst AG, LG, OLG sowie den BGH. Dabei wird das

- **AG** mit seinen Spruchkörpern ausschließlich als **erstinstanzliches** Gericht,
- der **BGH** wiederum lediglich als **Rechtsmittelgericht** tätig.
- **LG und OLG** kommt demgegenüber eine **Doppelfunktion** zu, da sie einerseits als erste Instanz angerufen werden können, andererseits über Rechtsmittel zu befinden haben.

Erstinstanzlich zuständig sind
- am **AG**
  - der **Strafrichter** (§ 25 GVG) und
  - das **Schöffengericht** (§§ 24, 28 GVG), auch in der Form des erweiterten Schöffengerichts (§ 29 Abs. 2 GVG),
- am **LG** die **große Strafkammer** (§ 74 Abs. 1 GVG), *auch*
  - als Schwurgericht (§ 74 Abs. 2 GVG),
  - als Wirtschafts- (§ 74c GVG) und
  - als Staatsschutzkammer (§ 74a GVG),
- sowie schließlich am **OLG** – das in Berlin „**Kammergericht**" heißt – der **Strafsenat** (§ 120 Abs. 1 und 2 GVG).

6   a) **Amtsgericht:** Der Strafrichter des AG muss stets ein **Berufsrichter** sein. Das Schöffengericht ist gem. § 29 Abs. 1 S. 1 GVG mit einem Berufsrichter und zwei ehrenamtlichen Richtern, den sog. **Schöffen**, besetzt.
Bei umfangreichen Sachen sieht § 29 Abs. 2 S. 1 GVG die Möglichkeit der Hinzuziehung eines zweiten Berufsrichters zu einem sog. **erweiterten Schöffengericht** vor. Bei Entscheidungen außerhalb der Hauptverhandlung – etwa derjenigen über die Eröff-

---

6 BVerfGE 87, 282 (285); MK-*Kudlich* Einl. Rn 68; *Rüping* Rn 44.
7 BVerfGE 15, 245 (248).
8 *Rüping* Rn 44.
9 Vgl. etwa §§ 209, 269, 270 Abs. 1, 354 Abs. 3.

nung des Hauptverfahrens nach §§ 199 ff. – wirken die Laienrichter nicht mit (§ 30 Abs. 2 GVG).

b) **Landgericht:** Am LG werden die Strafkammern nach § 76 Abs. 1 S. 1 GVG grds. in der Besetzung mit **drei Berufsrichtern und zwei Schöffen** tätig.
Sie bestimmen aber gem. § 76 Abs. 2 S. 1 GVG bei Eröffnung des Hauptverfahrens, **wenn sie nicht** als Schwurgericht im Sinne des § 74 Abs. 2 GVG entscheiden, dass sie in der Hauptverhandlung mit lediglich zwei Berufsrichtern sowie zwei Schöffen besetzt sind, es sei denn, dass aufgrund des Umfangs oder der Schwierigkeit der Sache die Mitwirkung eines dritten Richters notwendig erscheint.
Bei Entscheidungen außerhalb der Hauptverhandlung wirken die Schöffen der großen Strafkammern nicht mit (§ 76 Abs. 1 S. 2 GVG).

c) **Oberlandesgericht:** Die Spruchkörper des OLG heißen **Senate.** Gem. § 122 Abs. 2 S. 1 GVG sind sie als erstinstanzliche Gerichte grundsätzlich mit **fünf Berufsrichtern** besetzt. Auch hier eröffnet die Vorschrift des § 122 Abs. 2 S. 2 GVG die Möglichkeit, bei Eröffnung des Hauptverfahrens eine Besetzungsreduktion auf drei Berufsrichter zu beschließen.

2. Die erstinstanzliche Verteilung der Strafsachen

a) **Die Zuständigkeit des AG:** aa) Die Zuständigkeit des AG, als die einer **administrativen Einheit,** richtet sich nach § 24 GVG mit seiner hier grds. festgelegten **Allzuständigkeit.**
Nur unter den in § 24 Abs. 1 Nr 1–3 GVG genannten Voraussetzungen geht die Entscheidungskompetenz vom AG auf das LG bzw. OLG über.

- Nach § 24 Abs. 1 Nr 2 GVG ist das AG nicht zuständig, wenn im Einzelfall eine höhere Strafe als **vier Jahre** Freiheitsstrafe oder die Unterbringung des Beschuldigten in einem psychiatrischen Krankenhaus bzw. in der Sicherungsverwahrung zu erwarten ist. Die Vorschrift wird flankiert durch die in § 24 Abs. 2 GVG enthaltene **Beschränkung des Strafbanns,** die es dem AG verwehrt, auf eine höhere Strafe als vier Jahre oder aber auf eine der in Abs. 1 Nr 2 GVG genannten Maßregeln der Besserung und Sicherung zu erkennen. Bei der Beurteilung der Straferwartung von vier Jahren steht der StA bzw. dem angerufenen Gericht ein **Prognosespielraum** zu.[10] Dieser ist zwar mit einer gewissen Ungewissheit behaftet; jedoch wäre ein allein auf die weit gefassten Strafrahmen des materiellen Strafrechts abstellendes abstraktes Zuweisungsmodell zu grob, um zu praktisch befriedigenden Ergebnissen zu führen.[11]

- Unabhängig von der konkreten Straferwartung ist das AG immer dann **unzuständig,** wenn
  - eines der in §§ 74 Abs. 2 oder § 74a GVG aufgezählten Delikte verwirklicht worden und damit die **Spezialkompetenz** der Schwurgerichts- bzw. Staatsschutzkammer des **LG** begründet ist oder
  - eines der in §§ 120 oder 120b GVG genannten **Staatsschutz- bzw. Bestechungsdelikte** die Sache der Kompetenz des **OLG** zuweisen (§ 24 Abs. 1 Nr 1 GVG).

---

10 Kissel/*Mayer* § 24 Rn 7.
11 BVerfGE 9, 223 (227); *Sowada,* Der gesetzliche Richter im Strafverfahren, 2002, 516 ff. und 523 ff.

§ 12 3. Abschnitt: Gerichtliches Verfahren

12 ■ Schließlich geht die Zuständigkeit vom AG auf das LG über, wenn die StA wegen der besonderen **Schutzbedürftigkeit von Verletzten der Straftat**,[12] die als Zeugen in Betracht kommen, wegen **des besonderen Umfangs**[13] oder wegen **der besonderen Bedeutung des Falles** Anklage beim LG erhebt (**§ 24 Abs. 1 Nr 3 GVG**).

13 Bei den Kriterien der „besonderen Bedeutung des Falles", der „Schutzbedürftigkeit der Opferzeugen"[14] und des „Verfahrensumfangs" handelt es sich um **unbestimmte Rechtsbegriffe**, die verfassungsrechtlich nicht unbedenklich sind. Da jedoch § 24 Abs. 1 GVG der StA gerade kein Ermessen einräumt und die von ihr zu treffende Entscheidung zudem gerichtlich gem. § 209 voll überprüfbar ist,[15] entzieht sich diese sog. **bewegliche Zuständigkeit** – zumindest nach hM – dem Vorwurf eines Verstoßes gegen den Grundsatz des gesetzlichen Richters nach Art. 101 Abs. 1 S. 2 GG.[16]

14 **bb) Abgrenzung zwischen Strafrichter und Schöffengericht:** Die Abgrenzung zwischen Strafrichter und Schöffengericht richtet sich nach § 25 GVG. Danach ist der **Strafrichter ausschließlich** zuständig in Verfahren

■ über **Vergehenstatbestände**,
 – die im Wege der **Privatklage** (§ 374) verfolgt werden **oder**
 – bei denen eine höhere Strafe als Freiheitsstrafe von **zwei Jahren** nicht zu erwarten ist.

Zu beachten ist allerdings stets, dass auch dem Strafrichter die **volle Strafgewalt** des AG aus § 24 Abs. 2 GVG zur Verfügung steht (max. **vier Jahre** Freiheitsstrafe). Er darf also, falls ursprünglich (bei Eröffnung des Hauptverfahrens) nicht mehr als 2 Jahre Freiheitsstrafe zu erwarten gewesen sind, durchaus über diesen Rahmen hinausgehen, wenn später aufgrund der Hauptverhandlung eine abweichende Beurteilung geboten ist.[17] Die sog. **Anklagezuständigkeit** des Strafrichters muss also von der ihm zur Verfügung stehenden **Strafgewalt** streng **getrennt** werden.

15 Die Zuständigkeit des **Schöffengerichts** ist in § 28 GVG rein negativ umschrieben und umfasst diejenigen Delikte, bei denen eine Straferwartung **zwischen zwei und vier Jahren** gegeben ist. Im Unterschied zum Strafrichter darf das Schöffengericht dabei **auch** über **Verbrechen** urteilen.

16 **b) Die Zuständigkeit des LG:**

aa) Die sachliche Zuständigkeit des LG richtet sich nach den §§ 74 ff. GVG. Danach ist die **große** (allgemeine) **Strafkammer** zuständig für

---

12 Zu denken ist insbesondere an Kinder, die durch Sexualstraftaten verletzt wurden; vgl. auch BT-Drs. 15/1976, 19.
13 Z.B. bei besonderen Schwierigkeiten der Beweiswürdigung, einer großen Zahl von Angeklagten oder bei einer sonst absehbaren außergewöhnlich langen Verfahrensdauer; vgl. auch BT-Drs. 15/1976, 19; KG NStZ-RR 2005, 26 (28 f.); Kissel/*Mayer* § 24 Rn 18.
14 Aufgrund der Antizipation der Opferrolle des Zeugen sehr krit. BeckOK-GVG/*Eschelbach* § 24 Rn 12 f.; *van Galen* StV 2013, 171.
15 BGHSt 9, 367 (368 f.); OLG Hamburg NStZ 2005, 654 (655); KK-*Barthe* § 24 GVG Rn 12.
16 BVerfGE 9, 223 (228 ff.); BGHSt 9, 367 (369); *Krey* JA 1984, 288 (290); krit. zur Regelung *Arnold* ZIS 2008, 92.
17 BGHSt 16, 248 (250); BayObLG NStZ 1985, 470 f. m. abl. Anm. *Achenbach*; *Helm* JA 2006, 389 (392); MK-*Schuster* § 25 GVG Rn 5 mwN.

- Verbrechen und Vergehen,
- bei denen eine **höhere** Freiheitsstrafe als **vier Jahre** oder die Unterbringung in einem psychiatrischen Krankenhaus bzw. in der **Sicherungsverwahrung** zu erwarten ist (§ 74 Abs. 1 S. 1 und S. 2 Alt. 1 GVG) sowie für
- bei denen die StA in den **Fällen des** § **24 Abs. 1 Nr 3 GVG** Anklage beim LG erhebt (§ 74 Abs. 1 S. 2 Alt. 2 GVG).

Unabhängig von der Straferwartung ist das LG – und zwar eine große Strafkammer als sog. **Schwurgericht** – stets zuständig für die in § 74 Abs. 2 GVG aufgezählten Delikte. 17

Ebenso unabhängig von der Straferwartung begründet § 74a Abs. 1 GVG die Zuständigkeit der **Staatsschutzkammer** für die dort aufgezählten Taten. Diese geht allerdings auf das OLG über, sofern der GBA wegen der besonderen Bedeutung des Falles die Verfolgung übernimmt (§ 74a Abs. 2 GVG, s.u. Rn 22). 18
Die Staatsschutzkammer entscheidet ferner gem. § 100d Abs. 1 S. 1 über die Anordnung von Maßnahmen im Rahmen des „**großen Lauschangriffs**" nach § 100c.

Die **Wirtschaftsstrafkammer** schließlich ist für die in § 74c Abs. 1 GVG aufgeführten Wirtschaftsstrafsachen zuständig. Sofern zur Beurteilung des Falles besondere Kenntnisse des Wirtschaftslebens erforderlich sind (**sog. normatives Zuständigkeitsmerkmal**), werden auch die in § 74c Abs. 1 Nr 6a und 6b GVG genannten Delikte erfasst. Im Unterschied zu § 74 Abs. 2 GVG (Schwurgericht) und § 74a GVG (Staatsschutzkammer) handelt es sich bei § 74c Abs. 1 GVG nicht um eine direkte Zuweisungsregelung. Vielmehr greift die Vorschrift nur ein, **wenn überhaupt die Zuständigkeit des LG** nach § 74 Abs. 1 GVG begründet ist.[18] 19

bb) Die besonderen Strafkammern, die aufgrund ihrer Spezialkenntnisse optimale Voraussetzungen für ein sachgerechtes Urteil bieten sollen, werden durch die Vorschrift des § 74e GVG sowohl gegenüber der allgemeinen Strafkammer, als auch untereinander in ein bestimmtes **Rangverhältnis** gestellt, wobei in erster Linie der Schwurgerichtskammer, in zweiter Linie der Wirtschaftsstrafkammer und in dritter Linie der Staatsschutzkammer der Vorrang zukommt. 20
Mit den Regelungen der §§ 209a Nr 1, 225a Abs. 4 und 270 Abs. 1 S. 1 HS. 2, S. 2 werden diese Spruchkörper für bestimmte Verfahrensbegebenheiten wie Gerichte höherer Ordnung behandelt, ohne dass ihnen damit allerdings auch eine andere sachliche Zuständigkeit verliehen würde.[19] Denn die Prüfungspflicht bei solchen Spezialzuständigkeiten hat der Gesetzgeber in § 6a den Vorschriften zur örtlichen Zuständigkeit[20] angeglichen und damit gerade abweichend von der allgemeinen Regel des § 6 ausgestaltet.

c) Zuständigkeit des OLG: Die (erstinstanzliche) sachliche Zuständigkeit des OLG ergibt sich zunächst aus dem Katalog des § **120 Abs. 1 GVG**, der eine Vielzahl von **Staatsschutzdelikten** und (sämtliche) Straftaten nach dem **Völkerstrafgesetzbuch** erfasst. 21

Weiterhin ist das OLG gem. § **120 Abs. 2 S. 1 Nr 1 GVG** statt der Staatsschutzkammer des LG für die in § 74a Abs. 1 GVG aufgezählten Straftaten zuständig, wenn der GBA „wegen der besonderen Bedeutung des Falles" die Verfolgung übernimmt. Schließt sich 22

---

18 Gleiches gilt für die Jugendschutzkammer nach § 74b GVG.
19 OLG Karlsruhe JR 1985, 521; *Neuhaus* StV 1995, 212 (213). BGHSt 27, 99 (104) spricht von einer „gesetzlichen Geschäftsverteilung".
20 Vgl. § 16 StPO.

das OLG der Auffassung des GBA an, so geht die Entscheidungskompetenz von der Staatsschutzkammer des LG auf den Strafsenat des OLG über.

23   Schließlich eröffnen § 120 Abs. 2 S. 1 Nr 3 und 4 GVG die Möglichkeit der Anklage beim OLG. **Nr** 3 greift ein bei bestimmten Mordtaten und gemeingefährlichen Delikten, die sich gegen den Bestand, die Sicherheit oder die Verfassung der Bundesrepublik Deutschland richten, **Nr** 4 bei bestimmten Verstößen gegen das Außenwirtschafts- und Kriegswaffenkontrollgesetz, wenn diese die äußere Sicherheit oder die auswärtigen Beziehungen der Bundesrepublik gefährden oder das friedliche Zusammenleben der Völker zu stören bestimmt und geeignet sind. Voraussetzung ist auch hier, dass der GBA wegen der besonderen Bedeutung des Falles die Verfolgung übernimmt.[21]

Schaubild 1: Überblick über die sachliche Zuständigkeit in erster Instanz

Gericht / Spruchkörper	Sachliche Zuständigkeit	Strafgewalt
AG **Strafrichter**	§§ 24 Abs. 1, 25 GVG nur bei Vergehen, nur bei grundsätzlicher Zuständigkeit des AG und nur **wenn** 1) sie im Wege der Privatklage verfolgt werden (§ 25 Nr 1 GVG) oder 2) keine höhere Freiheitsstrafe als 2 Jahre zu erwarten ist (§ 25 Nr 2 GVG).	§ 24 Abs. 2 GVG ■ Geldstrafe und Freiheitsstrafe bis vier Jahre sowie ■ alle Maßregeln außer Unterbringung in einem psychiatrischen Krankenhaus oder Sicherungsverwahrung
Schöffengericht (§ 29 Abs. 1 GVG) Beachte: gem. § 29 Abs. 2 S. 1 GVG ist bei umfangreichen Sachen die Hinzuziehung eines zweiten Berufsrichters möglich (sog. erweitertes Schöffengericht)	§§ 24 Abs. 1, 28 GVG Verbrechen und Vergehen, gem. § 24 Abs. 1 Nr 1–3 GVG ausnahmsweise aber nicht, **wenn** 1) die Zuständigkeit des LG nach § 74 Abs. 2 GVG (Strafkammer als Schwurgericht) oder nach § 74a GVG (Staatsschutzkammer) oder die Zuständigkeit des OLG nach § 120 GVG begründet ist, 2) mehr als 4 Jahre Freiheitsstrafe oder Unterbringung in einem psychiatrischen Krankenhaus oder Sicherungsverwahrung zu erwarten sind oder 3) die StA wegen der besonderen Schutzbedürftigkeit von Verletzten der Straftat, die als Zeugen in Betracht kommen, des besonderen Umfangs oder der besonderen Bedeutung des Falles Anklage beim LG erhebt.	

---

21   Zu § 120 Abs. 2 GVG vgl. ausf. *Schnarr* MDR 1988, 89 ff.; *ders.* MDR 1993, 589 ff.

§ 12 Gerichtsaufbau und Zuständigkeit

Gericht / Spruchkörper	Sachliche Zuständigkeit	Strafgewalt
LG **Große Strafkammer** (§ 76 Abs. 1 GVG) Beachte: gem. § 76 Abs. 2 S. 1 GVG soll die große Strafkammer in reduzierter Besetzung (mit nur zwei Berufsrichtern) entscheiden, wenn nicht Umfang oder Schwierigkeit der Sache entgegenstehen	**§ 74 Abs. 1 GVG** Verbrechen und Vergehen, **wenn** 1) mehr als vier Jahre Freiheitsstrafe oder Unterbringung in einem psychiatrischen Krankenhaus oder Sicherungsverwahrung zu erwarten sind, es sei denn, dass die Zuständigkeit einer großen Strafkammer als Schwurgericht (§ 74 Abs. 2 GVG) oder die Zuständigkeit des OLG (§ 120 GVG) gegeben ist, oder 2) die StA trotz geringer Straferwartung in den Fällen des § 24 Abs. 1 Nr 3 GVG bei der großen Strafkammer anklagt.	Uneingeschränkt
Staatsschutzkammer Beachte: gem. § 76 Abs. 2 S. 1 GVG ist eine reduzierte Besetzung (mit nur zwei Berufsrichtern) möglich	**§ 74a Abs. 1 GVG** Staatsschutzdelikte, sofern nicht der GBA die Verfolgung übernommen hat (§ 120 Abs. 2 S. 1 Nr 1 GVG)	Uneingeschränkt
Wirtschaftsstrafkammer Beachte: gem. § 76 Abs. 2 S. 1 GVG ist eine reduzierte Besetzung (mit nur zwei Berufsrichtern) möglich	**§ 74c Abs. 1 GVG** bestimmte Wirtschaftsstrafsachen, sofern bereits grundsätzlich die Zuständigkeit des LG begründet ist	Uneingeschränkt
Strafkammer als Schwurgericht Beachte: als Schwurgericht muss die große Strafkammer gem. § 76 Abs. 1 GVG stets in der Besetzung mit drei Berufsrichtern (und zwei Schöffen) entscheiden	**§§ 74 Abs. 2 GVG** erschöpfender Zuständigkeitskatalog, insbesondere vorsätzliche Tötungsdelikte und Taten mit Todesfolge, sofern nicht ausnahmsweise ein Fall des § 120 Abs. 2 S. 1 Nr 2 oder Nr 3 GVG vorliegt	Uneingeschränkt

Gericht / Spruchkörper	Sachliche Zuständigkeit	Strafgewalt
OLG **Strafsenat** (§ 122 Abs. 1 GVG) Beachte: gem. § 122 Abs. 2 S. 2 GVG kann der Strafsenat in reduzierter Besetzung (mit nur drei Berufsrichtern) entscheiden	§ 120 Abs. 1 und 2 GVG 1) bestimmte Staatsschutzdelikte sowie sämtliche Straftaten nach dem Völkerstrafgesetzbuch (§ 120 Abs. 1 GVG) 2) Fälle des § 120 Abs. 2 GVG, wenn der GBA wegen der besonderen Bedeutung des Falles die Verfolgung übernommen hat	Uneingeschränkt

= Berufsrichter   = Laienrichter

3. Der Verstoß gegen die sachliche Zuständigkeit

24 **a) Allgemeines:** Im Gegensatz zur örtlichen und funktionellen Zuständigkeit stellt die sachliche Zuständigkeit eine **Verfahrensvoraussetzung** dar,[22] deren Fehlen einer Sachentscheidung entgegensteht. § 6 verpflichtet das Gericht, die sachliche Zuständigkeit in jeder Lage des Verfahrens **von Amts wegen** zu prüfen und die Sache ggf. vor das sachlich zuständige Gericht zu bringen.[23]

25 **b) Verweisungsmöglichkeiten:** Abweichend von den allgemeinen Regeln der §§ 206a Abs. 1, 260 Abs. 3, die beim Vorliegen eines Prozesshindernisses grds. die Einstellung des Verfahrens gebieten, enthält das Gesetz in den §§ 209 Abs. 1 und 2, 225a Abs. 1, 270, 328 Abs. 2, 355 mehrere Sondervorschriften, die das Gericht aus Gründen der Prozessökonomie zu Verweisungen verpflichten.[24]

26 **c) Ausnahmen:**

aa) Diese Verweisungsgebote werden im Hauptverfahren durch die Vorschrift des § 269 eingeschränkt, die als Ausnahmeregelung das Fehlen der sachlichen Zuständigkeit für unbeachtlich erklärt, wenn das Verfahren vor einem **höherrangigen Gericht** eröffnet worden ist. Denn die Verhandlung vor einem zwar unzuständigen, aber besser besetzten Gericht höherer Ordnung **benachteiligt den Angeklagten grds. nicht**, so dass eine Zuständigkeitsberichtigung entbehrlich ist und dem Grundsatz der Verfahrensbeschleunigung zuwiderlaufen würde.[25] Seine **Grenze** findet der grundsätzliche Vorrang des § 269 erst dort, wo das Gericht höherer Ordnung seine sachliche Zuständigkeit **willkürlich** angenommen hat.[26]

---

22 Vgl. nur BGHSt 18, 79, 81; KK-*Schneider* § 206a Rn 9; LR-*Stuckenberg* § 206a Rn 75; aA AK-*Loos* Anh. zu § 206a Rn 16; SK-*Paeffgen* Anh. zu § 206a Rn 14.
23 BGHSt 18, 79 (81); 40, 120 (122); SK-*Weßlau* Vor § 1 Rn 11.
24 Aus diesem Grund wird an der Natur der sachlichen Zuständigkeit als Verfahrensvoraussetzung gezweifelt.
25 RGSt 62, 265 (271); BGH NStZ 2012, 46; BeckOK-*Peglau* § 269 Rn 1; *Bernsmann* JZ 1998, 629 (630); krit. *Sowada* JR 1995, 257 (259).
26 BVerfGE 29, 45 (48 f.); BGH NStZ-RR 2016, 220 (221); *Meyer-Goßner* NStZ 2001, 612; vgl. *Wolff* JR 2006, 232 (236).

Als **Folgeproblem** stellt sich allerdings die – auch innerhalb des BGH **umstrittene** – Frage, ob die Rechtsmittelinstanz diese Verletzung der sachlichen Zuständigkeit von Amts wegen oder nur auf eine entsprechende Rüge des Angeklagten hin zu überprüfen hat.[27]

bb) Eine weitere Ausnahme von der Pflicht zur Zuständigkeitsberichtigung findet sich in den Fällen der §§ 24 Abs. 1 Nr 2 und 3 sowie 25 Nr 2 GVG: Hängt die sachliche Zuständigkeit von der besonderen Bedeutung des Falles, der besonderen Schutzbedürftigkeit des Verletzten, des Umfangs der Sache oder schließlich von einer bestimmten Rechtsfolgenerwartung ab, so werden diese Voraussetzungen nach Beginn des Hauptverfahrens nicht mehr geprüft. Hier lässt somit der Eröffnungsbeschluss eine **Zuständigkeitsperpetuierung** eintreten.

d) Rechtsmittelinstanzen: In der **Berufungsinstanz** verweist das Berufungsgericht[28] nicht zurück an das Gericht, dass sich zu Unrecht für zuständig erklärt hatte, sondern an das tatsächlich in der Sache zuständige Gericht (§ 328 Abs. 2).[29] Zu beachten ist, dass sich die **Strafgewalt** des Berufungsgerichts an der **des AG** orientiert und diese nicht überschreiten darf (auch wenn das AG in der Vorinstanz seine entsprechende Kompetenz überschritten hat).[30]
Stellt sich erst in der **Revisionsinstanz** die sachliche Unzuständigkeit des erstinstanzlichen Gerichts oder der Berufungskammer heraus, so hat das Revisionsgericht die Sache gem. § 355 an das zuständige Gericht zu verweisen.

4. Verbindung und Trennung zusammenhängender Sachen

▶ **FALL 2:** Gegen B wird vor dem Schöffengericht in X wegen des Vorwurfs einer schweren Körperverletzung verhandelt. Während der Hauptverhandlung stellt sich heraus, dass gleichzeitig ein weiteres Verfahren gegen B wegen Beleidigung vor dem Strafrichter des AG Y durchgeführt wird. Beide AGe gehören zum Bezirk des LG Y. Welche verfahrensrechtlichen Möglichkeiten stehen dem Schöffengericht X zur Verfügung? ◀

Zu einer (teilweisen) Verschiebung der sachlichen Zuständigkeit kommt es, wenn entweder die StA (§ 2 Abs. 1) oder das Gericht (§ 4 Abs. 1) zwei oder mehrere zusammenhängende Strafsachen aus **prozessökonomischen** Gründen miteinander verbinden.[31]

a) Strafsache: Eine Strafsache im Sinne der §§ 2 ff. ist jedes Erkenntnisverfahren, das gegen eine bestimmte Person wegen einer Tat im prozessualen Sinne gerichtet ist.[32] Die Verfahrensverbindung gegen ein- und denselben Angeklagten betrifft die Zusammenfassung von zwei oder mehreren solcher Strafsachen.[33]

b) Zusammenhang: Verbunden werden dürfen nur zusammenhängende Strafsachen. Der Begriff des Zusammenhanges ist in § 3 legaldefiniert und gilt sowohl für die §§ 2, 4 und 5 als auch für § 13.[34]

---

27 Zum Streit mwN KK-*Greger* § 269 Rn 11; BeckOK-*Peglau* § 269 Rn 11.
28 Dies ist gem. §§ 74 Abs. 3, 76 Abs. 1 S. 1 GVG die kleine Strafkammer beim LG.
29 Ausf. BeckOK-*Eschelbach* § 328 Rn 12.
30 BGHSt 31, 63 (66); 34, 204 (206); OLG Jena NStZ-RR 2003, 139 (140); KK-*Paul* § 328 Rn 12.
31 Vgl. hierzu allgemein die Regeln der Nr 17, 25 ff., 109 Abs. 2, 3, 113 Abs. 4, 114 RiStBV.
32 BGHSt 36, 175 (184); KK-*Scheuten* § 2 Rn 1; HK-*Zöller* § 2 Rn 4.
33 BGHSt 36, 175 (184); *Dünnebier* JR 1975, 1 (2).
34 KK-*Scheuten* § 3 Rn 1 f.; nicht jedoch für § 237, für den auch ein anderer, rein tatsächlicher Zusammenhang genügen kann; zu den Unterschieden zwischen §§ 2 ff. und § 237 vgl. BGH NStZ 1990, 242.

- **Ein persönlicher** (sog. subjektiver) Zusammenhang liegt vor, wenn einem Beschuldigten vorgeworfen wird, mehrere Straftaten begangen zu haben.
- **Ein sachlicher** (sog. objektiver) Zusammenhang ist gegeben, wenn bei einer Tat (im prozessualen Sinne) mehrere Personen beteiligt[35] sind oder der Begünstigung, der Strafvereitelung oder der Daten-/Hehlerei beschuldigt werden.
- Obgleich das Gesetz eine entsprechende Klarstellung vermissen lässt, berechtigt auch die **Kombination** von sachlichem und persönlichem Zusammenhang zur Verbindung nach den §§ 2, 4 und 13. Exemplarisch: Wird A des Mordes und B der Beihilfe zum Mord beschuldigt, so kann die StA nicht nur wegen des sachlichen Zusammenhanges A und B zusammen beim Schwurgericht anklagen, sondern dort zugleich eine Anklage gegen B wegen einer anderen selbständigen Tat erheben. Selbst die Anklage gegen Beteiligte an dieser anderen Tat ist möglich.[36]

33 c) **Rangordnung der Gerichte:**

aa) Die Regelungen der §§ 2 und 4 erfassen die Verbindung und Trennung von zusammenhängenden Strafsachen, die einzeln zur Zuständigkeit von Gerichten verschiedener (Rang-)Ordnung gehören.

34 bb) Die (erstinstanzliche) Rangordnung der Gerichte richtet sich nach den im GVG enthaltenen Zuständigkeitsvorschriften, die zu folgender **Stufenfolge** führen:
- Strafrichter (§ 25 GVG)
- Schöffengericht (§§ 24, 28 GVG)
- große Strafkammer (§§ 74 ff. GVG)
- Senat des OLG (§ 120 Abs. 1 und 2 GVG)

Besondere Beachtung verdienen hierzu die §§ 2 Abs. 1 S. 2 und 209a, welche die Geltung der von § 74e GVG aufgestellten Rangordnung vorschreiben und die dadurch die **Strafkammern mit besonderer Zuständigkeit** (§§ 74 Abs. 2, 74a und 74c GVG) den Gerichten höherer Ordnung gleichstellen. Damit ist z.B. eine Schwurgerichtskammer, der gem. § 74e Nr 1 GVG in erster Linie der Vorrang zukommt, sowohl gegenüber der Staatsschutzkammer, als auch gegenüber der allgemeinen (großen) Strafkammer ein „höheres Gericht" im Sinne von §§ 2 und 4 Abs. 2 S. 1.

35 d) **Verfahren bei Verbindung und Trennung:** Verbindung und Trennung zusammenhängender Strafsachen können sowohl von der StA (im Ermittlungsverfahren oder bei Anklageerhebung), als auch vom Gericht selbst (bei oder nach der Eröffnung des Hauptverfahrens) vorgenommen werden.[37] In allen Fällen handelt es sich um pflichtgemäße **Ermessensentscheidungen** aus Gründen prozessualer Zweckmäßigkeit. Ein Rechtsanspruch des Beschuldigten besteht nicht.[38]

---

35 Nach der Rechtsprechung ist hier nicht allein auf die Beteiligung im materiellen Sinne, also nach den Täterschafts- oder Teilnahmeformen der §§ 25 ff. StGB, abzustellen, sondern es reicht jede strafbare, in dieselbe Richtung zielende Mitwirkung an einem einheitlichen geschichtlichen Vorgang aus, BGH NJW 1988, 150; NStZ 2009, 221.
36 KMR-v.*Heintschel-Heinegg* § 3 Rn 8; HK-*Zöller* § 3 Rn 5.
37 Im Ermittlungsverfahren erfolgen Verbindung und Trennung durch eine interne, in die Verfahrensakte aufzunehmende Verfügung der StA. Möchte das Gericht im Falle verbunden anhängig gemachter Strafsachen die Verfahren nach § 2 Abs. 2 wieder trennen, so kann es die eine Sache bei sich, die andere gem. § 209 Abs. 1 bei dem zuständigen Gericht niederer Ordnung eröffnen (s. dazu OLG Düsseldorf NStZ 1991, 145 [146]; *Mutzbauer* NStZ 1995, 213 f.; ausf. *Rotsch/Sahan* JA 2005, 801 [803 ff.]).
38 BVerfG StV 2002, 578 (580); BGHSt 45, 342 (351); *Rogall* StV 1985, 354.

e) **Wirkung von Verbindung und Trennung:** Durch die Verbindung endet die Rechtshängigkeit bei dem Gericht niederer Ordnung; sie führt gem. § 5 zu einer verfahrensrechtlichen **Verschmelzung** beider Strafsachen und bewirkt, dass die verbundenen Verfahren fortan nach einem einheitlichen Verfahrensrecht voranzutreiben sind.[39] Demgegenüber wird mit dem **Trennungsbeschluss** die Wirkung des § 5 aufgehoben, so dass jedes Verfahren seine **prozessuale Selbständigkeit** zurückerlangt. Zu beachten ist, dass ein Verfahren *gegen denselben Angeklagten* nur dann in zwei Verfahren getrennt werden kann, wenn es sich um mehrere Taten im prozessualen Sinne handelt. Bei ein und derselben Tat liegt hingegen stets eine zwingende Prozesseinheit vor.[40]

Nach hM fällt die abgetrennte Sache nicht an das Gericht zurück, das ohne die Verfahrensverbindung für sie zuständig gewesen wäre, da die Regelung des § 269, die die Verweisung der Strafsache an ein Gericht niederer Ordnung untersagt, auch nach der Trennung anzuwenden sei. Das Verfassungsgebot des Art. 101 Abs. 1 S. 2 GG, das eine möglichst genaue Bestimmung des gesetzlichen Richters fordert und das daher auch nicht durch Ermessensakte wie dem der Verfahrenstrennung beeinträchtigt werden dürfe, finde seine Bestätigung in den Grundsätzen der Prozessökonomie und Verfahrensbeschleunigung, da sich das höhere Gericht in der Regel schon eingehend mit dem Verfahrensgegenstand befasst habe und daher – anders als das niedere Gericht – mit der Sache bereits vertraut sei.[41]

f) **Zuständigkeiten:** Den Verbindungsbeschluss erlässt in den Fällen des § 4 Abs. 2 S. 1 das **ranghöhere Gericht**, in den Fällen des S. 2 das **gemeinschaftliche obere Gericht**, dessen Zuständigkeit mithin immer dann begründet ist, wenn die verschiedenen Gerichte nicht alle in den Bezirk des ranghöheren fallen.[42] Den Trennungsbeschluss erlässt das Gericht, bei dem die verbundenen Sachen anhängig sind, das gemeinschaftliche obere Gericht nur dann, wenn es auch die Verbindung angeordnet hatte.

Zu Fall 2: Sofern das Schöffengericht X eine Verbindung beider Verfahren für zweckmäßig hält, könnte es (von Amts wegen oder auf Antrag) beim LG Y die Verbindung beantragen. Eine eigene Verbindungsentscheidung ist ihm hingegen verwehrt, da das Schöffengericht zwar gegenüber dem Einzelrichter ein Gericht höherer Ordnung ist, der Strafrichter des AG Y jedoch nicht zum Bezirk des Schöffengerichts X gehört. Zuständig für den Verbindungsbeschluss ist somit das LG Y als das gemeinschaftliche obere Gericht.

g) **Analoge Anwendung der §§ 2 und 4:**

aa) Analoge Anwendung finden die Verbindungsvorschriften in dem vom Gesetz übersehenen Fall, dass verschiedene Verfahren bei **verschiedenen gleichrangigen Abteilungen desselben Gerichts**, also etwa bei zwei verschiedenen Strafrichtern, anhängig sind.[43] In solchen Fällen handelt es sich dann um einen Eingriff in die geschäftsordnungsmäßige Zuständigkeit, der die sachliche Zuständigkeit aber unberührt lässt und der dementsprechend auch allein durch die Einigung beider beteiligten Spruchkörper

---

39 BGH NStZ 1998, 628 (629); *Meyer-Goßner* NStZ 2004, 353 (354).
40 BGH NStZ 2002, 105 (106); *Rotsch/Sahan* JA 2005, 801 (802).
41 BGHSt 47, 116 (118 f.); MK-*Moldenhauer* § 269 Rn 4; BeckOK-*Peglau* § 269 Rn 4; SK-*Weßlau* § 2 Rn 18; *Kost*, Verbindung und Trennung von Strafsachen, 1989, 108 ff., 152 f.; *Mutzbauer* NStZ 1995, 213 (214 f.); aA *Wendisch* JR 1995, 519 (521).
42 S. dazu KK-*Scheuten* § 4 Rn 10; *Rotsch/Sahan* JA 2005, 801 (806).
43 BVerfG StV 2002, 578 (580); *Meyer-Goßner* NStZ 2004, 353 (355 f.); m. zahlreichen Nachweisen MK-*Ellbogen* § 4 Rn 8.

erfolgt. Im Wege der einverständlichen Abgabe und Übernahme werden die Strafsachen miteinander verbunden und gelangen so an einen der beiden Spruchkörper, ohne dass es analog § 4 Abs. 2 S. 2 der Beteiligung des gemeinschaftlichen oberen Gerichts bedarf.[44] **Unproblematisch** ist eine solche Vorgehensweise freilich **nicht**, da sich Bedenken mit Blick auf die Garantie des gesetzlichen Richters immer dort ergeben (sollten) wo ohne gesetzliche Grundlage über konkrete Zuständigkeitsfragen entschieden wird.[45]

41 bb) **Umstritten** ist, ob in analoger Anwendung des § 4 eine Verbindung auch noch in höheren Instanzen zulässig ist, d.h. nachdem bereits in einem oder sogar in beiden Verfahren ein **Urteil im ersten Rechtszug** ergangen ist. Die Rechtsprechung verfährt dabei uneinheitlich und stützt ihre Ergebnisse auf teilweise widersprüchliche Überlegungen.[46] So etwa erlaubt der BGH in entsprechender Anwendung des § 4 Abs. 1 die Verschmelzung eines **Berufungsverfahrens** mit einem bei **demselben LG** anhängigen **erstinstanzlichen** Verfahren, mit der Folge, dass fortan insgesamt erstinstanzlich zu verhandeln ist.[47] Hingegen wird nach ganz überwiegender Meinung die Möglichkeit einer Verbindung abgelehnt, wenn sich die beiden Verfahren vor zwei **verschiedenen LG** befinden.[48]

III. Zuständigkeit in Rechtsmittelsachen

1. Berufungsgerichte

42 Die StPO sieht das Rechtsmittel der Berufung lediglich **gegen Urteile des AG** vor (§ 312). Als Berufungsinstanz kommen gem. § 74 Abs. 3 GVG i.V.m. § 312 ausschließlich die **kleinen Strafkammern** des LG in Betracht, die dabei nach § 76 Abs. 1 S. 1 HS. 2 GVG grds.[49] in der Besetzung mit einem Berufsrichter und zwei Schöffen entscheiden.

2. Revisions- und Beschwerdegerichte

43 a) **Revisionsgerichte**: Revisionsgericht ist entweder gem. § 121 Abs. 1 Nr 1 GVG das OLG oder nach § 135 Abs. 1 GVG der BGH:

44 ■ Das **OLG** entscheidet sowohl über die Revisionen gegen die Berufungsurteile des LG als auch über die sog. Sprungrevisionen (s.u. § 32 Rn 2 f.) nach § 335.[50]

45 ■ Der **BGH** wiederum ist für Revisionen gegen die erstinstanzlichen Urteile der großen Strafkammern des LG sowie für die Revisionen gegen die erstinstanzlichen Urteile des OLG zuständig (§ 135 Abs. 1 GVG).

46 b) **Beschwerdegerichte:** Sowohl LG, OLG als auch BGH werden gem. §§ 73 Abs. 1, 121 Abs. 1 Nr 2 und 3, 135 Abs. 2, 139 Abs. 2 GVG als **Beschwerdegerichte** tätig.

---

44 BGH NJW 1995, 1688 (1689); OLG Düsseldorf MDR 1980, 1041 (1042); *Meyer-Goßner* NStZ 1996, 51.
45 So a. bereits MK-*Ellbogen* § 4 Rn 8; ausdr. abl. *Steinmetz* JR 1993, 228 ff.
46 Vgl. etwa BGHSt 37, 15 (17 ff.); BGH NStZ 1998, 628 (629); OLG Stuttgart NStZ-RR 1999, 318; anders wiederum BGH NStZ 1986, 564. Ausf. zu dieser Problematik *Meyer-Goßner* NStZ 2004, 353 ff.; *Sowada*, Der gesetzliche Richter im Strafverfahren, 2002, 717 ff.
47 BGHSt 36, 348 (350 f.); BGH NStZ 1990, 242; bei *Kusch* NStZ-RR 1999, 257; zust. *Meyer* JR 1988, 386 (387); KMR-*Paulus* § 237 Rn 5; abl. *Meyer-Goßner* NStZ 2004, 353 (357); *Steinmetz* JR 1993, 228 f.
48 BGHSt 19, 177 (178); 25, 52 (53); BGH bei *Kusch* NStZ 1997, 331; KK-*Scheuten* § 4 Rn 7; aA BGHSt 4, 152 f.
49 Ausnahme: § 76 Abs. 6 S. 1 GVG.
50 Das OLG ist zudem zuständig für erstinstanzliche Urteile des LG, wenn die Revision ausschließlich auf die Verletzung einer in den Landesgesetzen enthaltenen Rechtsnorm gestützt wird, § 121 Abs. 1 Nr 1c GVG.

c) **Besetzung:** Wird das **LG** gem. § 73 Abs. 1 GVG als Beschwerdegericht tätig, so entscheidet eine große Strafkammer in der Besetzung mit drei Berufsrichtern (§§ 73, 76 Abs. 1 GVG). Da die Entscheidung außerhalb einer Hauptverhandlung ergeht (§ 309 Abs. 1), wirken keine Schöffen mit (§ 76 Abs. 1 S. 2 GVG).[51]

Beim **OLG** entscheidet sowohl in der Revisions- als auch in der Beschwerdeinstanz stets ein Senat (§ 116 Abs. 1 GVG) in der Besetzung mit drei Berufsrichtern (§ 122 Abs. 1 GVG).

Die regulären Spruchkörper des **BGH** in Strafsachen sind die fünf Strafsenate, bei denen keine Mitwirkung von Laienrichtern vorgesehen ist. Über Revisionen entscheiden die Senate in der Besetzung mit fünf Berufsrichtern (§ 139 Abs. 1 GVG), in Beschwerdesachen sind sie mit drei Berufsrichtern besetzt (§ 139 Abs. 2 GVG). Schließlich besteht beim BGH ein **Großer Senat** für Strafsachen, der sich aus dem Präsidenten und je zwei Mitgliedern der Strafsenate zusammensetzt (§ 132 Abs. 5 S. 1 GVG). Er entscheidet vor allem dann, wenn ein Strafsenat in einer Rechtsfrage von der Entscheidung eines anderen Strafsenats oder des Großen Senats für Strafsachen selbst abweichen möchte (§ 132 Abs. 2 GVG).

---

51 *Katholnigg* § 76 GVG Rn 3; *Volk/Engländer* § 5/17.

§ 12 3. Abschnitt: Gerichtliches Verfahren

Schaubild 2: Der strafrechtliche Instanzenzug
a) **Variante 1**

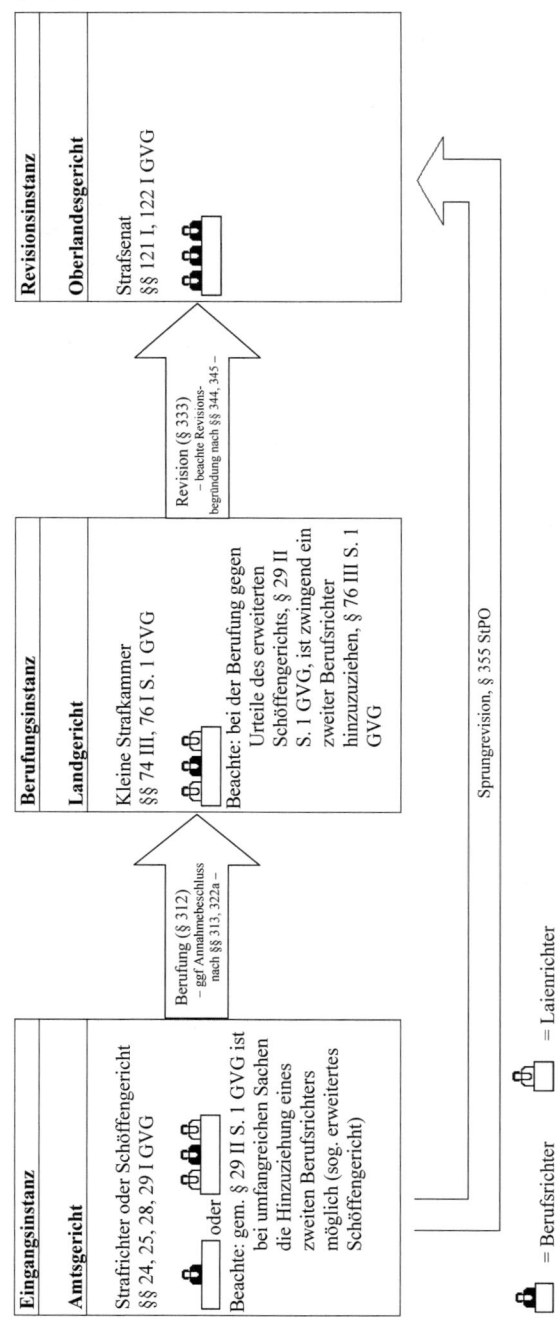

174

§ 12 Gerichtsaufbau und Zuständigkeit

b) Variante 2

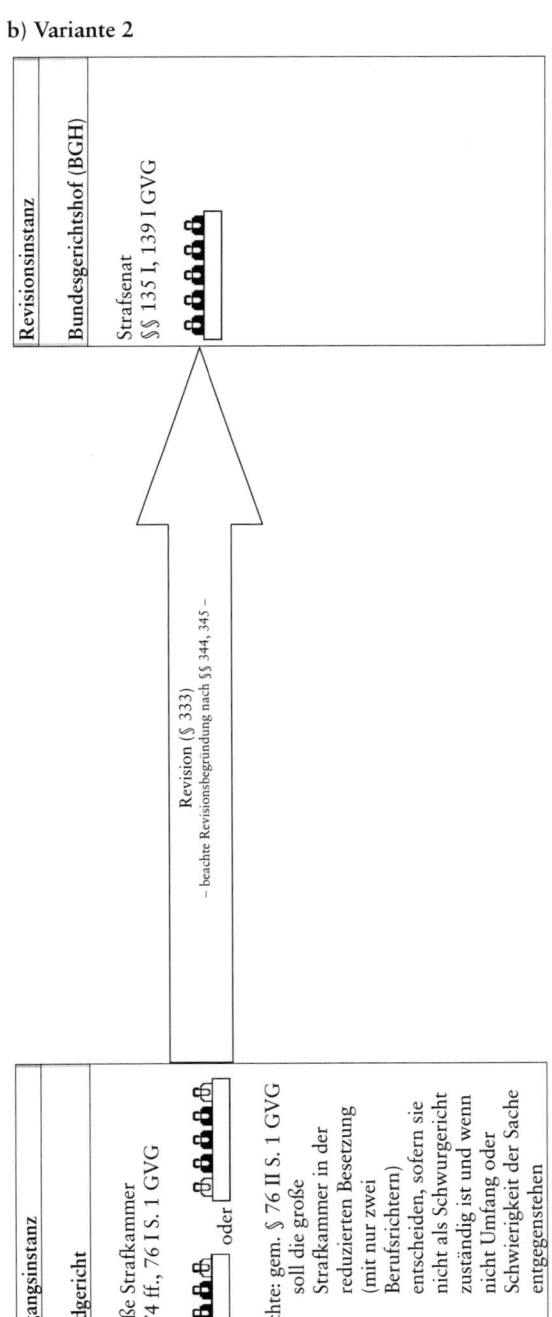

§ 12 3. Abschnitt: Gerichtliches Verfahren

c) Variante 3

Revisionsinstanz
Bundesgerichtshof (BGH)

Strafsenat
§§ 135 I, 139 I GVG

↑ Revision (§ 333)
– beachte Revisionsbegründung nach §§ 344, 345 –

Eingangsinstanz
Oberlandesgericht

Strafsenat
§§ 120, 122 GVG

oder

Beachte: gem. § 122 II S. 2 GVG soll der Strafsenat regelmäßig in der reduzierten Besetzung mit nur drei Berufsrichtern entscheiden

176

IV. Die örtliche Zuständigkeit

1. Allgemeines

Der **Gerichtsstand** entscheidet darüber, welches Gericht sich unter mehreren sachlich zuständigen Gerichten mit der Sache zu befassen hat. Die örtliche Zuständigkeit bestimmt sich zunächst nach den Regelungen der StPO. Die Gliederung in die entsprechenden Gerichtsbezirke wiederum richtet sich nach den jeweiligen landesrechtlichen Bestimmungen.[52] Die örtliche gerichtliche Zuständigkeit ist zugleich maßgeblich für die örtliche Zuständigkeit der StA.[53]

50

Das Gericht, bei dem die Anklage erhoben wurde, prüft die örtliche Zuständigkeit lediglich bis zur Eröffnung des Hauptverfahrens von Amts wegen (§ 16 S. 1). Ab diesem Zeitpunkt verlangt das Gesetz eine ausdrückliche Rüge des Angeklagten, der diesen **Unzuständigkeitseinwand** wiederum nur bis zum Beginn seiner Vernehmung zur Sache in der Hauptverhandlung geltend machen kann (§ 16 S. 2 und 3).[54] Versäumt der Angeklagte den rechtzeitigen Einwand, so ist er mit seiner Unzuständigkeitsrüge (§ 338 Nr 4) auch im Revisionsrechtszug präkludiert. Es handelt sich bei der örtlichen Zuständigkeit also nur um eine **zeitlich befristete Prozessvoraussetzung**.

51

Das Gesetz kennt vornehmlich die **drei primären Gerichtsstände** des Tatorts gem. § 7, des Wohnsitzes oder Aufenthaltsorts nach § 8 und des Ergreifungsorts gem. § 9. Als **ergänzende** (besondere) Gerichtsstände verdienen insbesondere der Gerichtsstand des Zusammenhanges (§ 13 Abs. 1), der Gerichtsstand durch gerichtliche Bestimmung (§ 13a) und der Gerichtsstand kraft Übertragung (§ 15) Beachtung.

52

Sind gem. §§ 7 ff. mehrere Gerichte örtlich zuständig, so steht der **StA** ein **Wahlrecht** zwischen den verschiedenen Gerichtsständen zu.[55] Eine bereits getroffene Wahl kann sie bis zur Eröffnung des Hauptverfahrens wieder **rückgängig** machen (§ 156).
Das Verfassungsgebot des gesetzlichen Richters aus Art. 101 Abs. 1 S. 2 GG steht der Wahlmöglichkeit der StA nicht entgegen,[56] verpflichtet diese allerdings dazu, ihre Entscheidung nach pflichtgemäßem Ermessen zu treffen, sich also nicht von unsachlichen oder gar willkürlichen Maßstäben leiten zu lassen.[57] Mit Blick auf die Verfahrensökonomie können dabei z.B. die Notwendigkeit, den Tatort in Augenschein zu nehmen, oder die zu ladende Zahl von Zeugen (und deren jeweiliger Anreiseweg) eine maßgebliche Rolle bei der Entscheidungsfindung spielen.

53

2. Der Gerichtsstand des Tatorts (§ 7)

Der Gerichtsstand des Tatorts wird für Täter und Teilnehmer durch das materielle Strafrecht nach **§ 9 StGB** bestimmt.

54

---

52 Für Nordrhein-Westfalen vgl. z.B. GVBl. NRW 1961, 331 ff.; vgl. auch *Volk/Engländer* § 5/5.
53 § 143 Abs. 1 GVG; vgl. aber auch Nr 2 Abs. 1 RiStBV, wonach grds. derjenige Staatsanwalt die Ermittlungen führt, in dessen Bezirk die Tat begangen worden ist.
54 Zum Verfahren auf den Einwand des Angeklagten s. BGH NStZ 2017, 420.
55 BGHSt 10, 391 (392); 26, 374; HK-*Zöller* § 7 Rn 6. Dementsprechend endet die Anklageschrift der StA stets mit dem Antrag, das Hauptverfahren vor einem bestimmten Spruchkörper eines *bestimmten* Gerichts – etwa dem „Schöffengericht in Bonn" – zu eröffnen; zu den Grenzen des Auswahlermessens der StA, *Park* Beulke-FS 927.
56 BGHSt 10, 391 (392); 21, 212 (215); *Meyer-Goßner/Schmitt* Vor § 7 Rn 10; krit. *Heghmanns* StV 2000, 277 (280); *Herzog* StV 1993, 609 (612).
57 BVerfGE 20, 336 (346); OLG Hamm StV 1999, 240; KK-*Scheuten* Vor § 7 Rn 3.

3. Der Gerichtsstand des Wohnsitzes oder Aufenthaltsorts (§ 8)

55 Die Bestimmung des **Wohnsitzes** erfolgt nach den §§ 7 – 11 BGB. Für den Fall, dass bei Anklageerhebung kein Wohnsitz in Deutschland existiert, greift der Gerichtsstand des gewöhnlichen **Aufenthalts** ein (§ 8 Abs. 2).[58] Maßgeblicher Zeitpunkt für die Ermittlung der Gerichtsstände nach § 8 ist stets der Zeitpunkt der Erhebung der Klage. Der Zustand zur Zeit des Ermittlungsverfahrens, sowie Änderungen nach der Klageerhebung spielen daher keine Rolle (sog. *perpetuatio fori*).

4. Der Gerichtsstand des Ergreifungsortes (§ 9)

56 Dem Gerichtsstand des Ergreifungsorts, der gleichwertig neben den Gerichtsständen der §§ 7 und 8 steht,[59] kommt praktische Bedeutung besonders dann zu, wenn eine Straftat im Ausland begangen worden ist oder aber der Tatort sich nicht (eindeutig) ermitteln lässt (so etwa bei Straftaten in einem Fahrzeug) und auch die Wohnsitzermittlung nach § 8 unergiebig ist. Darüber hinaus bietet sich das Abstellen auf den Ergreifungsort an, um einen kostspieligen und für die Wahrheitsermittlung unnötigen Transport des Inhaftierten zu vermeiden.

5. Zuständigkeitsbestimmung durch den BGH (§ 13a)

57 § 13a findet in solchen Fällen Anwendung, in denen eine Tat nach deutschem Recht strafbar und zu verfolgen ist, jedoch im Geltungsbereich der StPO ein örtlich zuständiges Gericht fehlt oder noch nicht ermittelt werden konnte. Der vom BGH einmal bestimmte Gerichtsstand entfällt selbst dann nicht, wenn später ein auf §§ 7 – 10 beruhender Gerichtsstand ermittelt wird.[60] Die Vorschrift greift z.B. ein, wenn eine im Ausland wohnende Person dort eine Straftat begeht, die Tat nach § 7 Abs. 1 oder 2 StGB dem deutschen Strafrecht unterfällt und kein Gerichtsstand nach §§ 8 Abs. 2 oder 9 begründet ist.

6. Zusammentreffen mehrerer Gerichtsstände (§ 12)

58 Die Regelungen der §§ 7 – 11 führen häufig zu einer örtlichen Zuständigkeit mehrerer Gerichte. Das dabei entstehende Konkurrenzverhältnis löst § 12 Abs. 1 im Sinne der **Priorität** des die Untersuchung zuerst eröffnenden Gerichts. Maßgebend ist dabei der **Zeitpunkt des Eröffnungsbeschlusses** nach § 203, nicht derjenige der Anklageerhebung. Die Regelung begründet die *ausschließliche* Zuständigkeit des Gerichts des Vorrangs.

7. Der Gerichtsstand des Zusammenhanges (§ 13)

59 § 13 Abs. 1 begründet für zusammenhängende Strafsachen (§ 3), die einzeln nach den §§ 7 – 11 zur örtlichen Zuständigkeit verschiedener Gerichte gehören, bei jedem dieser Gerichte einen Gerichtsstand. Die Vorschrift betrifft aber stets nur solche Strafsachen, die bei Gerichten mit zwar unterschiedlicher örtlicher, aber gleicher sachlicher Zuständigkeit zu verhandeln wären; sind hingegen Gerichte unterschiedlicher Rangordnung

---

[58] Fehlt bei Anklageerhebung ein aktueller Wohnsitz in Deutschland oder ist der gewöhnliche Aufenthalt nicht bekannt, so wird der Gerichtsstand durch den letzten Wohnsitz bestimmt, BeckOK-*Bachler* § 8 Rn .4.
[59] BT-Drs. I/3713, 46; KK-*Scheuten* § 9 Rn 1; *Meyer-Goßner/Schmitt* § 9 Rn 1; aA SK-*Weßlau* § 9 Rn 1.
[60] BGHSt 10, 255 (257 f.); 32, 159 (160); BeckOK-*Bachler* § 13a Rn 4.

betroffen, so ist allein § 4 maßgebend (etwa der Strafrichter in X und das Schöffengericht in Y).[61]

Bereits im Ermittlungsverfahren können die beiden Verfahren bei einer StA konzentriert und sodann gemeinsam bei einem der zuständigen Gerichte angeklagt werden.[62] Werden die Verfahren getrennt anhängig gemacht, so können sie unter den Voraussetzungen des § 13 Abs. 2 **nachträglich** von den Gerichten verbunden werden. Dies geschieht (auf übereinstimmende Anträge der beteiligten Staatsanwaltschaften hin)[63] durch Vereinbarung der angerufenen Gerichte in Form von förmlichen Abgabe- und Übernahmebeschlüssen. Vermögen sich die Gerichte nicht zu einigen, so entscheidet nach § 13 Abs. 2 S. 2 auf Antrag einer der Staatsanwaltschaften oder des Angeklagten das gemeinschaftliche obere Gericht.

8. Verhinderung des zuständigen Gerichts (§ 15)

§ 15 regelt den Gerichtsstand kraft Übertragung und will im Interesse der Funktionsfähigkeit der Strafrechtspflege Vorsorge treffen, dass an Stelle des an sich zuständigen, aber rechtlich oder tatsächlich verhinderten Gerichts ein anderes Gericht das Verfahren zu Ende führen kann.

Das an sich zuständige Gericht ist **rechtlich verhindert,** wenn so viele der bei ihm tätigen Richter einschließlich ihrer Vertreter kraft Gesetzes ausgeschlossen oder abgelehnt sind (§§ 22 – 24, 28 Abs. 1), dass es nicht mehr ordnungsgemäß besetzt werden kann.

Eine **tatsächliche Verhinderung** liegt insbesondere vor, wenn das Gericht infolge einer Erkrankung von Richtern beschlussunfähig geworden ist.

Eine **Gefährdung der öffentlichen Sicherheit** kann z.B. bei der Androhung terroristischer Anschläge, bei außergewöhnlichen Protestaktionen oder bei der Bedrohung von Richtern und sonstigen Prozessbeteiligten in Betracht kommen.[64]

V. Die funktionelle Zuständigkeit

1. Begriff und Reichweite

Mit dem Begriff der funktionellen – auch: geschäftlichen oder geschäftsordnungsmäßigen – Zuständigkeit werden all jene Regelungen zusammengefasst, die nicht zur sachlichen oder örtlichen Zuständigkeit gehören, die jedoch erforderlich sind, um den zur Entscheidung berufenen Spruchkörper innerhalb eines Gerichts abschließend individualisieren zu können. Zur funktionellen Zuständigkeit zählen etwa die Regelungen über die Übertragung von Aufgaben auf den **Rechtspfleger**[65] oder die Zuständigkeit des **Ermittlungsrichters** im Ermittlungsverfahren, z.B. beim Erlass eines Haftbefehls gem. § 125.

Abgesehen von solchen ausdrücklichen gesetzlichen Regelungen richtet sich die Verteilung der einzelnen Strafsachen nach dem für jedes Gericht gem. § 21e Abs. 1 S. 1 GVG aufzustellenden **Geschäftsverteilungsplan,** der die für das jeweilige Gericht als adminis-

---

61 BGHSt 37, 15 (17); BGH NStZ 2000, 435; *Rotsch/Sahan* JA 2005, 801 (807); HK-*Zöller* § 13 Rn 2.
62 *Schermer* MDR 1964, 895 (896).
63 BGHSt 21, 247 (249); BGH StraFo 2003, 235; NStZ-RR 2005, 77; ausf. *Rotsch/Sahan* JA 2005, 801 (807 f.).
64 BGH NStZ 2002, 442; HK-*Zöller* § 15 Rn 7. Zuständig für die Entscheidung ist das „zunächst obere Gericht" oder – wenn über dessen Bezirk hinausgegangen werden muss – das „gemeinschaftliche obere Gericht" (vgl. BGHSt 16, 84 [85 f.]; *Meyer-Goßner/Schmitt* § 15 Rn 5).
65 Z.B. §§ 22, 24 oder 31 RPflG.

trative Einheit bereits begründete Zuständigkeit weiter nach Spruchkörpern spezifiziert.[66]

63 Daneben erfasst die funktionelle Zuständigkeit diejenigen Vorschriften, welche die Aufgabenverteilung **innerhalb** des einzelnen Spruchkörpers betreffen, nach denen sich also bestimmt, ob der Spruchkörper die Entscheidung lediglich durch seinen Vorsitzenden oder aber als Kollegialgericht trifft.[67] Ferner ist hier die Besetzungsreduzierung der großen Strafkammer (§ 76 Abs. 2 S. 1 GVG) zu nennen. Ergänzend regelt § 21g GVG die durch Beschluss aller Berufsrichter vorzunehmende Geschäftsverteilung innerhalb des jeweiligen Spruchkörpers (sog. **Mitwirkungsplan**).[68]

64 Nach hM zählen des Weiteren sowohl die Verteilung der Strafsachen im Rahmen des Rechtsmittelzuges[69] als auch die Zuständigkeitsregelungen im Hinblick auf die besonderen Strafkammern der §§ 74 ff. GVG zum Bereich funktioneller Zuständigkeiten.[70]

2. Die gerichtliche Prüfung der funktionellen Zuständigkeit

65 **a) Grundsatz:** Das angerufene Gericht hat seine eigene funktionelle Zuständigkeit grds. in jeder Lage des Verfahrens **von Amts wegen** zu prüfen bis eine Entscheidung ergangen oder die ersuchte oder die gebotene Amtshandlung vorgenommen ist. Diese Leitregel jederzeitiger Überprüfbarkeit gilt insbesondere für die geschäftsordnungsgemäße Zuständigkeit gleichrangiger Spruchkörper. Ein nach dem Geschäftsverteilungsplan unzuständiger Spruchkörper kann die Hauptverhandlung aussetzen und die Sache durch einen formlosen Beschluss an den zuständigen Spruchkörper abgeben.[71]

66 **b) Ausnahme:**

aa) Bei der Zuständigkeit **besonderer Strafkammern** (z.B. Schwurgericht, Wirtschaftsstrafkammer) weicht das Gesetz von dem Grundsatz der jederzeitigen und von Amts wegen vorzunehmenden Zuständigkeitsprüfung ab. Mit der Ausnahmeregelung des § 6a nämlich wird das angerufene Gericht nur bis zum **Erlass des Eröffnungsbeschlusses** zu einer Prüfung *ex officio* verpflichtet. Während des **Hauptverfahrens** ist dagegen eine ausdrückliche **Rüge des Angeklagten** notwendig (§ 6a S. 2), um geltend zu machen, die Strafsache gehöre vor eine besondere Strafkammer im Sinne der §§ 74 ff. GVG. Diesen Unzuständigkeitseinwand kann der Angeklagte dabei nur bis zum Beginn seiner **Vernehmung in der Hauptverhandlung** erheben. Mit dieser zeitlichen Begrenzung soll aus Gründen der Prozessökonomie und Verfahrensvereinfachung verhindert werden, dass eine Strafsache noch im Laufe der Hauptverhandlung an eine Strafkammer mit besonderer Zuständigkeit oder an eine allgemeine Strafkammer verwiesen werden muss.[72] Der Mangel der Zuständigkeit wird somit durch den Fortgang des Verfahrens **geheilt**. Diese Heilungswirkung greift selbst dann ein, wenn die Umstände, die der Zuständigkeit der allgemeinen Strafkammer entgegen-

---

66 *Kindhäuser* JZ 1993, 478 (479).
67 Z.B. §§ 125 Abs. 2, 126 Abs. 2, 126a Abs. 2, 213, 231 Abs. 1 S. 2, 231b Abs. 2, 238, 241a Abs. 1 StPO; §§ 21a, 21f, 176, 179 GVG.
68 Zu den Formanforderungen an Geschäftsverteilungs- und Mitwirkungspläne vgl. BVerfGE 95, 322 (327 ff.); BGH NStZ 2004, 638 (639); LR-*Breidling* § 21e GVG Rn 7, 33, 62 ff.; *Peglau* wistra 2005, 92 f.
69 RGSt 48, 297 (298); BGHSt 25, 51 (53); KK-*Scheuten* § 1 Rn 6.
70 BGHSt 27, 99 (101 f.); OLG Karlsruhe JR 1985, 521; *Neuhaus* StV 1995, 212 (213); HK-*Zöller* § 1 Rn 8; abw. *Meyer* JR 1985, 522 und *Meyer-Goßner/Schmitt* Vor § 1 Rn 4: Zuständigkeit eigener Art.
71 BGHSt 27, 99 (102); SK-*Weßlau* Vor § 1 Rn 13.
72 BT-Drs. 8/976, 32 f.; MK-*Ellbogen* § 6a Rn 1.

stehen, erst nach dem in § 6a bezeichneten Zeitpunkt erkennbar werden oder eintreten.[73]

bb) Keine (entsprechende) Anwendung findet § 6a im Verhältnis zwischen Strafrichter bzw. Schöffengericht auf der einen, sowie besonderen Strafkammern auf der anderen Seite. Die Vorschrift gilt vielmehr **allein auf LG-Ebene**.

c) **Rechtsmittelverfahren:** Im Rechtsmittelverfahren ist bei der Geltendmachung eines Verstoßes gegen die Regeln der funktionellen Zuständigkeit zu differenzieren:

- Im **Berufungsverfahren** ist ein Verstoß des erstinstanzlichen Gerichts gegen den Geschäftsverteilungsplan unbeachtlich.
- Das **Revisionsgericht** prüft die funktionelle Zuständigkeit des vorinstanzlich entscheidenden Gerichts stets nur auf eine entsprechende **Rüge** hin.[74] Die Revisibilität eines Verstoßes gegen die Zuständigkeit einer Spezialstrafkammer im Sinne der §§ 74 ff. GVG setzt zudem voraus, dass der Angeklagte die Unzuständigkeit des Gerichts bereits rechtzeitig in der ersten Instanz gerügt hat.[75]

VI. Die Behandlung von Kompetenzkonflikten

Ein **Zuständigkeitsstreit** entsteht, wenn sich von mehreren Gerichten entweder jedes für zuständig (**positiver** Kompetenzkonflikt) oder jedes für unzuständig (**negativer** Kompetenzkonflikt) erklärt.

1. Sachlicher Kompetenzkonflikt

Beim sachlichen Kompetenzkonflikt gebührt, wie die in den §§ 209, 209a, 225a, 269, 270 zum Ausdruck kommende Wertung zeigt, grds. dem **höheren Spruchkörper** der **Vorrang**. Ist dieselbe Sache allerdings bei mehreren Spruchkörpern **rechtshängig** geworden, so ist das **Prioritätsprinzip** des § 12 Abs. 1 entsprechend anzuwenden: Dasjenige Gericht, dessen Eröffnungsbeschluss später ergangen ist, muss sein Verfahren infolge der anderweitigen Rechtshängigkeit auch dann einstellen (§§ 206a, 260 Abs. 3), wenn es selbst das Gericht höherer Ordnung ist.[76]
Ein **negativer sachlicher Kompetenzkonflikt** ist aufgrund der §§ 209, 209a, 225a, 269, 270 und 355 nahezu ausgeschlossen. Tritt er gleichwohl auf, so ist er in **entsprechender Anwendung der §§ 14 und 19** zu lösen.[77]

2. Örtlicher und funktioneller Kompetenzkonflikt

Bei Kompetenzkonflikten über die **örtliche** Zuständigkeit gelten die Regeln der §§ 14 und 19, welche die Entscheidungsbefugnis auf das gemeinschaftliche obere Gericht übertragen. Dessen Entscheidung ist gem. § 304 Abs. 1 und 4 **unanfechtbar**.

---

73 BGHSt 30, 187 (188 f.) m. zust. Anm. *Schlüchter* JR 1982, 511 ff.; KK-*Scheuten* § 6a Rn 8.
74 BGHSt 13, 378 (382); KMR-v.*Heintschel-Heinegg* § 1 Rn 28.
75 Zur Vertiefung: Revision im Falle des Fehlens eines nach § 21g GVG zu erstellenden – schriftlichen – Mitwirkungsplans vgl. BVerfG NJW 2004, 3482 (3483); BGH NStZ 2004, 638 (639); zur – statthaften – geschäftsplanmäßigen Viererbesetzung einer großen Strafkammer vgl. BGH NStZ 2004, 510 m. abl. Anm. *von Döllen/Meyer-Mews* StV 2005, 4 f.; *Peglau* wistra 2005, 92 f.; zur Revision bei willkürlicher Auslegung des § 76 Abs. 2 GVG vgl. BGH NStZ 2004, 56 m. Anm. *Haller/Janßen* NStZ 2004, 469 ff. und *Husheer* StV 2003, 658 f.
76 BGHSt 22, 232 (233 ff.).
77 BGHSt 45, 26 (28) m. zust. Anm. *Franke* NStZ 1999, 524 ff.; OLG Stuttgart JR 1995, 517 (518) m. insoweit zust. Anm. *Wendisch*.

72 Im Hinblick auf interne Streitigkeiten über die **funktionelle** Zuständigkeit zwischen *gleichrangigen* Spruchkörpern desselben Gerichts – mithin *nicht* solchen nach §§ 74 Abs. 2, 74a und 74c GVG – entscheidet grundsätzlich das **Präsidium** durch Klärung bzw. Auslegung des Geschäftsverteilungsplans.[78]

VII. Die Schöffen

1. Verfahrensrechtliche Stellung und Funktion

73 Das Gesetz sieht sowohl beim **Schöffengericht**, als auch bei den **Strafkammern** des LG die Mitwirkung von juristisch nicht vorgebildeten **Laienrichtern**, den sog. Schöffen, vor (§§ 29 f., 76 f. GVG).
Gem. § 45a DRiG sind die Schöffen ehrenamtliche Richter, die nach §§ 30 Abs. 1, 77 Abs. 1 GVG ihr Richteramt **in vollem Umfang und mit gleichem Stimmrecht** ausüben wie die Berufsrichter. § 45 Abs. 1 S. 1 DRiG verleiht ihnen die gleiche **sachliche Unabhängigkeit**: Auch die Schöffen sind somit **nur dem Gesetz unterworfen** und brauchen keinerlei Weisungen zu folgen.
Konsequent unterliegen sie gem. § 31 Abs. 1 denselben Regeln über die **Ausschließung und Ablehnung** von Richtern (§§ 22 ff.).

74 Im Unterschied zu den ursprünglich auch in der StPO vorgesehenen **Geschworenen**, die bis 1924 in Schwurgerichtssachen allein über die Schuldfrage entschieden,[79] verantworten die Schöffen nunmehr gemeinschaftlich mit den Berufsrichtern **das gesamte Urteil**,[80] also sowohl die Schuldfrage als auch die Strafzumessung einschließlich der Entscheidung über das Vorliegen der Prozessvoraussetzungen und die Kosten des Verfahrens.[81]

75 Die Bedeutung der Laienmitwirkung liegt vor allem in ihrer **Kontrollfunktion**, die das Vertrauen der Bevölkerung in die Gerechtigkeit stärken und das Verständnis für die Strafrechtspflege verbessern soll („Publizitäts- und Plausibilitätskontrolle").[82]

2. Auswahl

76 Zur Schöffenwahl stellt die Gemeinde Vorschlagslisten auf (§§ 36 ff. GVG). Aus dieser Vorschlagsliste wählt ein sog. Schöffenwahlausschuss beim AG alle fünf Jahre die notwendige Zahl von Schöffen und Hilfsschöffen.
Nicht zu Schöffen berufen werden dürfen Personen, deren Fähigkeit zur Bekleidung eines öffentlichen Amtes zumindest in Zweifel steht oder deren berufliche oder öffentliche Stellung einen Interessenkonflikt mit dem Schöffenamt nahelegen (s. §§ 32 ff. GVG).
Die **Berufung** zum Amt des Schöffen kann nur unter bestimmten, in § 35 GVG aufgezählten Voraussetzungen abgelehnt werden. Freilich bleibt eine nachträgliche **Entbin-**

---

[78] BGHSt 25, 242 (244); 26, 191 (200); OLG Düsseldorf MDR 1982, 689 (690); *Müller* JZ 1976, 587 (588).
[79] Hierzu § 34 Rn 21.
[80] Da infolge der Aufgabe der Trennung zwischen Tat- und Rechtsfragen auch keine Notwendigkeit mehr bestand, den Begriff des „Geschworenen" beizubehalten, wurde er 1972 aus dem Gesetz gestrichen. Gleichwohl hat die StPO den traditionellen Namen „Schwurgericht" für die große Strafkammer des § 74 Abs. 2 GVG beibehalten.
[81] KK-*Barthe* § 30 GVG Rn. 1 f.; *Roxin/Schünemann* § 6/16.
[82] *Helm* JA 2006, 302 f.; vgl. auch *Satzger* Jura 2011, 518 (519 f.).

§ 12 Gerichtsaufbau und Zuständigkeit

dung nach § 54 GVG möglich, wenn der Schöffe an bestimmten Sitzungstagen an der Dienstwahrnehmung gehindert ist.[83]
Die **Zuteilung** der Laienrichter zu den einzelnen Sitzungstagen wird durch Auslosung in öffentlicher Sitzung des AG für das jeweils kommende Geschäftsjahr im Voraus vorgenommen.
Bei unentschuldigtem **Ausbleiben** wird ein Ordnungsgeld gegen den Schöffen festgesetzt (§ 56 Abs. 1 S. 1 GVG).

3. Mitwirkungsrechte

a) **Akteneinsicht:** Aufgrund ihrer gleichen Verantwortlichkeit für die Entscheidungsfindung ist nach mittlerweile hM den Schöffen **Akteneinsicht** zu gewähren.[84] Ohne ein solches Akteneinsichtsrecht – dessen Reichweite auch innerhalb der hM unterschiedlich beurteilt und teilweise eingeschränkt wird – wäre die Urteilsgrundlage der Schöffen lückenhaft und ihre Mitwirkung lediglich formaler Natur.[85]

77

Auch der BGH hat mittlerweile seine ablehnende Rechtsprechung mit Rücksicht auf die gleichberechtigte Stellung der Laienrichter gelockert. So sei es gestattet, den Schöffen Kopien von Telefonüberwachungsprotokollen als Hilfsmittel zum besseren Verständnis der Beweisaufnahme zur Verfügung zu stellen und ihnen so die Nachvollziehbarkeit der Hauptverhandlung zu erleichtern.[86] Trotz dieser höchstrichterlichen Billigung verfährt die **Praxis** hier weiterhin eher **restriktiv**.[87]

78

b) **Beschränkungen:** Die Schöffen sollen nur bei Entscheidungen **während** der Hauptverhandlung mitwirken. Dagegen werden nach §§ 30 Abs. 2, 76 Abs. 1 S. 2 GVG Entscheidungen **außerhalb der Hauptverhandlung** allein von Berufsrichtern getroffen. V.a. mit Blick auf das Verfassungsgebot des gesetzlichen Richters bereitet die Auslegung dieser Regelungen allerdings **Probleme:** So ist insbesondere bei **Haftentscheidungen** nach Beginn und vor Ende der Hauptverhandlung umstritten, ob allein die Berufsrichter über die Haftfrage zu befinden haben oder ob die Entscheidung vielmehr zusammen mit den Schöffen, also in der sog. „Hauptverhandlungsbesetzung", zu treffen ist.[88] Im Wesentlichen stehen sich dabei drei Meinungsgruppen gegenüber:

79

- Der **BGH** spricht sich inzwischen – mit Billigung des BVerfG[89] – für die sog. „**Beschlussbesetzung**" und damit gegen eine Beteiligung der Laienrichter aus.[90] Für

---

83 Diese Entbindung durch das Gericht ist nur bei Willkür mit der Revisionsrüge des § 338 Nr 1 angreifbar, BGH NStZ 2014, 215; vgl. auch BGH bei *Becker* NStZ-RR 2004, 225 (230). Allgemein zur willkürlichen Schöffenauswahl BGHSt 27, 105 (107); BGH NJW 1982, 1655 (1656).
84 Ausf. KK-*Barthe* § 30 GVG Rn 2; ferner BeckOK-*Goers* § 30 GVG Rn 1; die vormals vorherrschende Auffassung lehnte das Akteneinsichtsrecht der Schöffen mit Hinweis auf die Grundsätze der Unmittelbarkeit und Mündlichkeit ab, vgl. zum alten Meinungsstand nur LR-*Gittermann* § 30 Rn 4 ff. sowie die Vorafl.
85 LR-*Gittermann* § 30 GVG Rn 8; *Rüping* JR 1976, 269 (272); *Schreiber* Welzel-FS 941 (953 ff.); einschr. *Imberger-Bayer* JR 1999, 299 (300 ff.) und *Katholnigg* NStZ 1997, 507 f.
86 BGH NJW 1997, 1792 (1793) m. zust. Anm. *Imberger-Bayer* JR 1999, 299 (300 ff.) und *Katholnigg* NStZ 1997, 507 f.
87 Vgl. LR-*Gittermann* § 30 GVG Rn 9; s. ferner auch noch *Spona*, Laienbeteiligung im Strafverfahren, 2000, 110.
88 Die Streitfrage lässt sich weitgehend auch auf andere gerichtliche Entscheidungen wie etwa Beschlagnahme- und Durchsuchungsanordnungen übertragen, vgl. KK-*Barthe* § 30 GVG Rn 5c; *Katholnigg* JR 1998, 170 (172).
89 BVerfG NJW 1998, 2962 (2963).
90 BGH NStZ 2011, 356; OLG Hamburg NStZ 1998, 99 (100); ThürOLG StV 1999, 101; 2009, 34; OLG Köln NStZ 2009, 589 m. Anm. *Krüger*; OLG München StraFo 2010, 383; KK-*Barthe* § 30 GVG Rn 5a ff.; *Foth* NStZ 1998, 420 (421); *Satzger* Jura 2011, 518 (524); s. aber auch KG StraFo 2016, 292.

Haftprüfungen während einer laufenden Hauptverhandlung sei (abgesehen von den Fällen der §§ 268b, 120 Abs. 1 S. 2) stets die für Entscheidungen außerhalb der Hauptverhandlung vorgesehene Besetzung maßgeblich.

- Die strikte **Gegenposition** fordert für die gesamte Dauer der Hauptverhandlung die sog. „**Hauptverhandlungsbesetzung**".[91]
- **Differenzierend** plädiert schließlich eine dritte Ansicht dafür, Schöffen nur (aber auch stets) dann an Haftentscheidungen mitwirken zu lassen, wenn diese *in* der Hauptverhandlung ergehen.[92] Eilbedürftige Entscheidungen bei einer unterbrochenen Hauptverhandlung bedürfen dann keiner Schöffenmitwirkung.

WIEDERHOLUNGS- UND VERTIEFUNGSFRAGEN

> Was ist ein „Schwurgericht", wie ist es besetzt und warum ist diese Bezeichnung (heute) missverständlich? (Rn 7, 17, 74)
> Welche Spruchkörper bestehen beim AG? (Rn 5 f.)
> Wann kommt es zu einer Verfahrensverbindung? (Rn 30 ff.)
> Welche drei primären Gerichtsstände kennt die StPO? (Rn 52)
> Zu welcher Zuständigkeit ist die Zuständigkeit besonderer Strafkammern im Sinne der §§ 74a ff. GVG zu rechnen? (Rn 64)

---

[91] OLG Koblenz StV 2010, 36 (37) m. Anm. *Sowada; Helm* JA 2006, 302 (304); *Kunisch* StV 1998, 687 (688 f.); *Schlothauer* StV 1998, 144 (145 f.); *Sowada* NStZ 2001, 169 (171 ff.); für eine abgestufte Beteiligung der Schöffen *Börner* JR 2010, 481.
[92] OLG Schleswig NStZ 1990, 198 f.; *Bertram* NJW 1998, 2934 (2936 f.); LR-*Gittermann* § 30 GVG Rn 12 ff.; ähnlich auch *Katholnigg* JR 1998, 170 (171 f.).

§ 13 Ausschließung und Ablehnung von Gerichtspersonen

Rechtsprechung ist die Entscheidungsfindung durch einen unabhängigen Dritten am Maßstab des Rechts. Dieser unabhängige Dritte ist das Gericht. Der Begriff der Unabhängigkeit umfasst dabei u.a. die persönliche **Unvoreingenommenheit und Unparteilichkeit** der Richter (vgl. Art. 6 Abs. 1 S. 1 EMRK, 14 Abs. 1 S. 2 IPBPR), die wichtige Voraussetzungen dafür sind, dass die zu treffende Entscheidung tatsächlich allein am Maßstab des Rechts bestimmt wird.

Um die Unvoreingenommenheit und Unparteilichkeit der Richter und damit das Recht auf den gesetzlichen Richter aus Art. 101 Abs. 1 S. 2 GG zu sichern, schließt das Gesetz Richter in besonderen Fällen von einer Mitwirkung an dem Strafverfahren aus (§§ 22 f.).[1] Sofern ein solcher Ausschluss nicht schon kraft Gesetzes erfolgt, ist es in Fällen der Besorgnis der Befangenheit möglich, einen Richter abzulehnen und auf diese Weise an der Mitwirkung im Strafverfahren zu hindern (§ 24).

I. Ausschließung von Richtern

Der Ausschluss eines Richters von der Ausübung seines Richteramtes tritt in den Fällen der §§ 22 f. **kraft Gesetzes** ein. Daher setzt der Ausschluss im Gegensatz zur Ablehnung keine Anregung seitens der Verfahrensbeteiligten voraus.[2] Der Ausschlussgrund braucht den Beteiligten noch nicht einmal bekannt zu sein.[3]

1. Eigene Verletzung durch die Straftat

▶ **Fall 1:** In einem Strafverfahren wird dem Angeklagten Betrug zum Nachteil der G-GmbH vorgeworfen. Der Richter am LG R ist ein Gesellschafter der G-GmbH. ◀

Niemand kann Richter **in eigener Sache** sein. § 22 Nr 1 schließt daher einen Richter aus, der selbst durch die Straftat verletzt ist. Diese Vorschrift erfasst nur eine **unmittelbare Verletzung** des Richters,[4] und zwar als Opfer genau der Straftat, die den Verfahrensgegenstand bildet.[5] Eine nur mittelbare Verletzung des Richters durch eine Straftat – wie in Fall 1[6] – oder eine Verletzung durch eine Straftat desselben Beschuldigten, die in einem anderen Strafverfahren verhandelt wird kann aber einen Ablehnungsgrund wegen der Besorgnis der Befangenheit darstellen.[7]

2. Näheverhältnis zum Beschuldigten oder Verletzten

Die Ausschlussgründe des § 22 **Nr 2 und 3** betreffen ein besonderes Näheverhältnis zwischen Richter und Beschuldigtem oder Verletztem.

---

1 BVerfG NJW 2005, 3410 (3411); BGH NJW 2005, 3436; *Roxin/Schünemann* § 8/1; *Meyer-Goßner/Schmitt* Vor § 22 Rn 1; zur Rolle von Art. 103 Abs. 1 GG vgl. *Herzog* StV 1995, 372 (374); *Kühne* Rn 733; *Ranft* Rn 174.
2 RGSt 2, 209 (211); HK-*Temming* § 22 Rn 3.
3 RGSt 33, 309 (310); BGH bei *Herlan* MDR 1954, 656; HK-*Temming* § 22 Rn 3; vgl. auch § 338 Nr 2.
4 BGHSt 1, 298; BGH wistra 2007, 136 (138); NStZ 2009, 342; BayObLG NStZ 1993, 347; *Meyer-Goßner/Schmitt* § 22 Rn 6; krit. *Roxin/Schünemann* § 8/2; KK-*Scheuten* § 22 Rn 4.
5 BGHSt 14, 219 (222); BGH wistra 2006, 392 (393); KK-*Scheuten* § 22 Rn 4.
6 Hier ist nur die G-GmbH als juristische Person unmittelbar in ihrem Vermögen verletzt; vgl. § 13 GmbHG.
7 Vgl. BGH NJW 2007, 1760; *Ranft* Rn 176; SK-*Weßlau/Deiters* § 22 Rn 3.

6 Nach § 22 Nr 2 ist ein Richter von der Ausübung des Richteramtes ausgeschlossen, wenn er Ehegatte, Lebenspartner, Vormund oder Betreuer des Beschuldigten oder Verletzten ist oder war.
Auch wenn es nicht ausdrücklich genannt ist, so folgt daraus und aus dem Grundsatz, dass niemand Richter über sich selbst sein kann, dass der Richter erst recht ausgeschlossen sein muss, **wenn er selbst Beschuldigter** in dem Strafverfahren ist.[8] Gleiches gilt, wenn er zwar nicht beschuldigt, gleichwohl aber der wahre Täter ist.[9]

7 Gem. § 22 Nr 3 tritt der Ausschluss des Richters ein, wenn er mit dem Beschuldigten oder Verletzten in gerader Linie **verwandt oder verschwägert**, in der Seitenlinie bis zum dritten Grad verwandt oder bis zum zweiten Grad verschwägert ist oder war.

3. Vorbefassung in der Strafsache

8 Die Ausschlussgründe der §§ 22 Nr 4 und 5, 23 betreffen den Fall, dass der Richter mit der Strafsache bereits anderweitig befasst war.

9 Der Ausschlussgrund des § 22 Nr 4 regelt dabei die Konstellation, dass der Richter in der Sache als Beamter der StA, als Polizeibeamter, als Anwalt des Verletzten oder als Verteidiger tätig gewesen ist. Damit ist jedes „amtliche" Handeln gemeint, das geeignet ist, den Sachverhalt zu erforschen oder den Gang des Verfahrens zu beeinflussen.[10]

§ 22 Nr 5 schließt einen Richter aus, wenn er in der Sache als Zeuge oder Sachverständiger vernommen worden ist. Der Begriff der Sache ist hier **weit zu verstehen:**[11] Gemeint ist das gesamte Erkenntnis- und Vollstreckungsverfahren sowohl über eine einheitliche prozessuale Tat als auch über mehrere prozessuale Taten, wenn sie in demselben Strafverfahren prozessgegenständlich sind.[12]

10 Die Ausschließungsgründe des § 22 Nr 4 und 5 nennen nicht die **richterliche Vorbefassung** mit der Strafsache. Diese führt grundsätzlich nicht zum Ausschluss.[13]
Ausnahmen von diesem Grundsatz finden sich aber in § 23:[14]

- Nach § 23 Abs. 1 ist ein Richter von der Mitwirkung bei der Entscheidung in einem höheren Rechtszug ausgeschlossen, wenn er bei der durch ein Rechtsmittel angefochtenen Entscheidung mitgewirkt hat.
- Ein Richter, der bei einer durch einen Antrag auf Wiederaufnahme des Verfahrens angefochtenen Entscheidung mitgewirkt hat, ist von der Mitwirkung bei Entscheidungen im Wiederaufnahmeverfahren kraft Gesetzes ausgeschlossen (§ 23 Abs. 2 S. 1).
- Ist die angefochtene Entscheidung in einem höheren Rechtszug ergangen, so ist auch der Richter ausgeschlossen, der an der ihr zugrunde liegenden Entscheidung in einem unteren Rechtszug mitgewirkt hat (§ 23 Abs. 2 S. 2).
  – Für die Mitwirkung bei Entscheidungen zur Vorbereitung eines Wiederaufnahmeverfahrens gilt Entsprechendes (§ 23 Abs. 2 S. 3).

---

8 OLG Stuttgart MDR 1971, 67 f.; *Krey* I Rn 98; KK-*Scheuten* § 22 Rn 7; *Schlüchter* Rn 38; SK-*Weßlau/Deiters* § 22 Rn 1.
9 KK-*Scheuten* § 22 Rn 7.
10 BGH wistra 2010, 450.
11 MK-*Conen/Tsambikakis* § 22 Rn 22.
12 BGH NJW 1983, 2711; s. aber auch NStZ-RR 2009, 85; *Beulke/Swoboda* Rn 67; zahlreiche Bsp. zur Sachidentität bei BeckOK-*Cirener* § 22 Rn 25.1.
13 KMR-*Bockemühl* § 23 Rn 1; *Stange/Rilinger* StV 2005, 579; SK-*Weßlau/Deiters* § 23 Rn 1.
14 KMR-*Bockemühl* § 23 Rn 1; *Pfeiffer* § 23 Rn 1; SK-*Weßlau/Deiters* § 23 Rn 1.

II. Ablehnung von Richtern

Die Ablehnung eines Richters setzt im Gegensatz zum Ausschluss kraft Gesetzes die Initiative eines ablehnungsberechtigten Verfahrensbeteiligten voraus.

Die Ablehnung kann nach § 24 Abs. 1 erfolgen

- wegen Ausschlusses von der Ausübung des Richteramtes kraft Gesetzes (§ 24 Abs. 1 Alt. 1),
- wegen Besorgnis der Befangenheit (§ 24 Abs. 1 Alt. 2).

1. Ablehnung wegen Ausschlusses von der Ausübung des Richteramtes kraft Gesetzes

Der Ausschluss von der Ausübung des Richteramtes tritt *eo ipso* kraft Gesetzes ein (§§ 22 f.). Trotzdem muss ein Verfahrensbeteiligter, der von einem Ausschließungsgrund überzeugt ist, diesen Grund vorbringen können, damit über den möglichen Ausschluss verhandelt und entschieden werden kann.[15]

2. Ablehnung wegen Besorgnis der Befangenheit

▶ **FALL 2:** Der Angeklagte A beschimpft den Richter R als „Scheißer". Dieser erwidert mit „Gangster".[16] ◀

Besteht gegen einen Richter die Besorgnis der Befangenheit, so ist er nicht kraft Gesetzes von seinem Richteramt ausgeschlossen. Stattdessen liegt es in der Hand der ablehnungsberechtigten Verfahrensbeteiligten, den Richter wegen Besorgnis der Befangenheit durch ein erfolgreiches Ablehnungsverfahren vom Prozess auszuschließen.[17] Ein abgelehnter Richter darf bis zur Erledigung des Ablehnungsgesuchs nur je nach Verfahrensstand **unaufschiebbare Amtshandlungen** vornehmen (s. § 29).[18]

Die Besorgnis der Befangenheit ist gegeben, wenn ein Grund vorliegt, der geeignet ist, **Misstrauen gegen die Unparteilichkeit** eines Richters zu rechtfertigen (§ 24 Abs. 2). Es kommt also nicht darauf an, ob der Richter tatsächlich befangen ist, es reicht vielmehr aus, dass die **gerechtfertigte Besorgnis** seitens verständiger Dritter dazu besteht.[19] Diese Besorgnis ist gerechtfertigt, wenn der ablehnende Verfahrensbeteiligte bei verständiger Beurteilung der Sachlage davon ausgehen kann, dass der abgelehnte Richter eine innere Haltung einnimmt, welche die Unvoreingenommenheit und Unparteilichkeit möglicherweise störend beeinflusst.[20] Da es demnach auf eine verständige Beurteilung ankommt, bleiben individuelle Überempfindlichkeiten oder sonstige Fehleinschätzungen des Ablehnenden unberücksichtigt (**individuell-objektivierbarer Maßstab**).[21]

Nach diesen Grundsätzen wird eine Besorgnis der Befangenheit noch nicht als gerechtfertigt anerkannt, wenn der Richter lediglich abstrakte rechtliche Hinweise gibt, und

---

15 KMR-*Bockemühl* § 24 Rn 2; KK-*Scheuten* § 24 Rn 2.
16 Nach AG Oldenburg StV 1990, 259.
17 *Roxin/Schünemann* § 8/1.
18 Etwa bei drohendem Beweismittelverlust, s. BGH NStZ 2002, 429.
19 *Roxin/Schünemann* § 8/7; *Schroeder/Verrel* Rn 148; *Tumeltshammer*, Die Ablehnung des Strafrichters wegen Besorgnis der Befangenheit, 2001, 49 ff.; *Volk/Engländer* § 19/13.
20 BVerfGE 32, 288 (290); BGHSt 1, 34 (39); BGH NStZ-RR 2007, 116 (118); *Ranft* Rn 183.
21 BGHSt 1, 34 (37); 21, 334 (341); BGH NStZ 2016, 218 m. Bespr. *Kudlich* JA 2016, 395; *Meyer-Goßner/Schmitt* § 24 Rn 8; zum Begriff der Besorgnis der Befangeheit und möglichen Fallgruppen lesenswert MK-*Conen/Tsambikakis* § 24 Rn 15 ff.; s.a. mit Beispielen aus der Rspr *Beulke/Swoboda* Rn 70.

zwar selbst dann nicht, wenn diese Hinweise irrtümlich sind.[22] Auch eine richterliche Vorbefassung mit einer Zwischenentscheidung[23] oder Verfahrensverstöße rechtfertigen keine Besorgnis der Befangenheit, sofern sie nicht zumindest dem Anschein nach aus Willkür erfolgten.[24]

Die Grenze wird allerdings überschritten, wenn sich aus dem Verhalten des Richters z.B. der Verdacht ergibt, er sei dem Verfahrensbeteiligten in unsachlicher Weise **feindlich gesinnt** oder er habe bereits eine **vorzeitig festgelegte Meinung** zur Schuld des Angeklagten.[25] Dazu reicht es aber nicht aus, dass der Beschuldigte einen Richter etwa durch Beleidigungen provoziert, solange der Richter darauf nicht unsachgemäß reagiert, da es der Beschuldigte ansonsten in der Hand hätte, den Richter auf diese Weise abzulehnen.[26] Somit konnte die Beleidigung des A gegen R in **Fall 2** für sich allein nicht hinreichen, um eine Besorgnis der Befangenheit des R zu begründen. Die Besorgnis der Befangenheit des R rechtfertigt sich daher nur aus seiner Erwiderung. Auch enge private Kontakte können die Besorgnis der Befangenheit aufkommen lassen.[27] Hingegen begründet das Verhalten Dritter – auch eine „mediale Vorverurteilung" – regelmäßig keine Befangenheit.[28]

17 Die eigenmächtige **Selbstablehnung** eines Richters ist nicht zulässig.[29] Möglich ist aber die **Selbstanzeige** eines Richters bezüglich eines Verhältnisses, das seine Ablehnung rechtfertigen könnte, über die dann das für die Erledigung eines Ablehnungsgesuchs zuständige Gericht entscheidet (§ 30). Gleiches gilt nach § 30, wenn aus anderer Veranlassung Zweifel darüber entstehen, ob ein Richter kraft Gesetzes ausgeschlossen ist.

3. Ablehnungsverfahren

18 a) **Ablehnungsgesuch:** Das Ablehnungsverfahren wird durch ein Ablehnungsgesuch eines Ablehnungsberechtigten eingeleitet. **Ablehnungsberechtigt** sind zunächst

- die **StA**, der **Privatkläger** und der **Beschuldigte** (§ 24 Abs. 3 S. 1) sowie
- der **Nebenkläger** (§ 397 Abs. 1 S. 3).
- Um der Garantie des gesetzlichen Richters (Art. 101 Abs. 1 S. 2) gerecht zu werden, bezieht die Rspr neben diesen ausdrücklich in der StPO benannten Personen auch **sonstige Dritte** in den Kreis der Ablehnungsberechtigten mit ein, wenn sie im Ermittlungsverfahren von schwerwiegenden Grundrechtseingriffen betroffen sind (z.B. bei Wohnraum- und Telekommunikationsüberwachungen oder der Durchsuchungen bei Nichtverdächtigen).[30]

---

22 BGH StV 2005, 531 (532); NStZ 2010, 342 m. Bspr. *Jahn* JuS 2010, 270; OLG Hamm NStZ-RR 2005, 349; *Gerdes*, Die Ablehnung wegen Besorgnis der Befangenheit aufgrund von Meinungsäußerungen des Richters, 1992, 56 ff.
23 BGH NStZ 2011, 44 (46); NJW 2014, 2372 (2373).
24 BGH StV 2005, 531 (532); OLG Frankfurt StV 2001, 496 (497); umf. *Semmler*, Prozeßverhalten des Richters unter dem Aspekt des § 24 Abs. 2, insbes. Verfahrensverstöße als Ablehnungsgrund, 1994.
25 Vgl. BGH MDR 1958, 741; NJW 2006, 3290 (3295); NStZ 2014, 660; NStZ 2015, 46; BayObLG NJW 1993, 2948; LG Mainz StV 2004, 531; zur Befangenheit des Gerichts aufgrund verständigungsbezogener Verfahrensweisen vgl. *Heger/Pest* ZStW 126 (2014), 446 (478 ff.).
26 BGH NJW 1952, 1425; *Rabe* NJW 1976, 172 (173); *Ranft* Rn 189; *Meyer-Goßner/Schmitt* § 24 Rn 7.
27 Vgl. BGH StV 1982, 99.
28 R/H-*Alexander* § 24 Rn 11 mwN.
29 SK-*Deiters* § 30 Rn 3; *Roxin/Schünemann* § 8/16; *Schroeder/Verrel* Rn 150; HK-*Temming* § 30 Rn 1.
30 Vgl. grundlegend zuerst BVErfG NJW 1967, 1123; zu § 24 sodann BGH NStZ 2006, 584 (585); StV 2007, 117 f.; *Meyer-Goßner/Schmitt* § 24 Rn 20; zum Ablehnungsrecht des Adhäsionsklägers s. BVerfG NJW 2007, 1670.

Das Ablehnungsgesuch muss bei dem Gericht eingereicht werden, dem der abgelehnte Richter angehört oder vor der Geschäftsstelle zu Protokoll erklärt werden. Eine besondere Form muss dabei nicht gewahrt werden,[31] es kann daher auch mündlich erklärt werden. Eine **Besonderheit** gilt für Ablehnungsgesuche, die in der **Hauptverhandlung** gestellt werden: In diesen Fällen kann das Gericht dem Antragsteller aufgeben, das Gesuch innerhalb einer angemessenen Frist **schriftlich** zu **begründen** (§ 26 Abs. 1 S. 2).

Wichtige Regelungen zum zulässigen **Zeitpunkt des Ablehnungsgesuchs** finden sich in § 25:

- Grundsätzlich ist die Ablehnung eines erkennenden Richters wegen Besorgnis der Befangenheit bis zum Beginn der Angeklagtenvernehmung möglich; in einer Hauptverhandlung über eine Berufung oder Revision bis zum Beginn des Berichterstattervortrags (Abs. 1 S. 1). Dabei sind alle Ablehnungsgründe gleichzeitig vorzubringen (Abs. 1 S. 2).
- Das setzt freilich voraus, dass die Ablehnungsgründe bereits zu diesem Zeitpunkt vorliegen und dem Antragsberechtigten auch bekannt sind. Falls dies nicht der Fall ist, kann ein Ablehnungsgesuch auch entsprechend später, dann aber unverzüglich, geltend gemacht werden (Abs. 2 S. 1 Nr 2).
- Nach dem letzten Wort des Angeklagten ist ein Ablehnungsgesuch nicht mehr zulässig (§ 25 Abs. 2 S. 2).[32]

Ist ein Ablehnungsgesuch erklärt, so muss der Ablehnungsgrund (und ggf. die Voraussetzungen des rechtzeitigen Vorbringens) **glaubhaft** gemacht werden (§ 26 Abs. 2). Im Prozessrecht sind Glaubhaftmachungen häufig dort vorgesehen, wo eine förmliche Beweisaufnahme zwar verzichtbar erscheint, zur richterlichen Überzeugungsbildung dennoch die Kenntnisverschaffung über Tatsachen erforderlich ist. Notwendig ist für eine Glaubhaftmachung, dass die behaupteten Tatsachen aufgrund der beigebrachten Beweismittel jedenfalls wahrscheinlich sind.[33] Mit welchen Mitteln das entscheidende Gericht sich Kenntnis von den notwendigen Tatsachen verschafft, liegt in seinem Ermessen.[34] Nur der Eid ist als Mittel der Glaubhaftmachung ausgeschlossen (§ 26 Abs. 2 S. 2).

b) **Zulässigkeit:** Das Gericht verwirft die Ablehnung eines Richters als unzulässig, wenn

- die Ablehnung verspätet ist (§ 26a Abs. 1 Nr 1),
- ein Grund zur Ablehnung oder ein Mittel zur Glaubhaftmachung nicht angegeben wird (§ 26a Abs. 1 Nr 2 1. Alt., s.u.) oder
- ein Grund zur Ablehnung oder ein Mittel zur Glaubhaftmachung nicht innerhalb der Frist, die für Anträge in der Hauptverhandlung gesetzt werden kann (§ 26 Abs. 1 S. 2), angegeben wird oder
- durch die Ablehnung offensichtlich das Verfahren nur verschleppt oder nur verfahrensfremde Zwecke verfolgt werden sollen (§ 26a Abs. 1 Nr 3).

19

---

31 RGSt 13, 302 (304); *Joecks* § 26 Rn 1; *Pfeiffer* § 26 Rn 1.
32 Für Verfahren ohne mündliche Verhandlung (häufig z.B. gerade bei Revisionsverfahren) fehlt eine ausdrückliche Regelung; die hM lässt das Ablehnungsgesuch bis zum Erlass der jeweiligen Entscheidung zu; vgl. BGH NStZ 2008, 55; *Pfeiffer* § 25 Rn 2; *Meyer-Goßner/Schmitt* § 25 Rn 11; im Ergebnis auch *Jahn* Fezer-FS 413 ff.) mit Vorschlägen *de lege ferenda*.
33 *MüKo-Conen/Tsambikakis* § 26 Rn 12.
34 *Beulke/Swoboda* Rn 75.

Über die Zulässigkeit entscheidet das Gericht unter Mitwirkung des abgelehnten Richters (§ 26a Abs. 2 S. 1). Dabei legt es die Verwerfungsgründe des § 26a grundsätzlich eng aus.[35] Dem Unzulässigkeitsgrund des § 26a Abs. 1 Nr 2 wird aber der Fall gleichgestellt, dass zwar ein **Ablehnungsgrund** geltend gemacht wird, er aber aus zwingenden rechtlichen Gründen **völlig ungeeignet** ist, ein Ablehnungsgesuch zu rechtfertigen.[36] Das wäre z.b. anzunehmen, wenn der Ablehnende nur die gewöhnliche, nicht von den §§ 22 Nr 4 und 5, 23, 148a Abs. 2 S. 1 erfasste Vorbefassung des Richters in der Strafsache geltend macht, etwa beim Urteil über dieselbe Tat gegen Beteiligte in einem abgetrennten Verfahren.[37] Diese analoge Anwendung von § 26a Abs. 1 Nr 2 darf aber nur erfolgen, sofern die Untauglichkeit des Ablehnungsgrundes bereits ganz formal und losgelöst vom konkreten Fall festgestellt werden kann.[38]

20 c) **Begründetheit:** Wird die Ablehnung eines Richters nicht als unzulässig verworfen, so muss sich der abgelehnte Richter über den Ablehnungsgrund dienstlich äußern (§ 26 Abs. 3).

21 Sodann entscheidet über das Ablehnungsgesuch das Gericht, dem der Abgelehnte angehört, ohne dessen Mitwirkung (§ 27 Abs. 1).
Wird ein richterliches Mitglied der erkennenden Strafkammer abgelehnt, so entscheidet die Strafkammer **ohne Mitwirkung der Schöffen** (§§ 27 Abs. 2 StPO, 76 Abs. 1 S. 2 GVG).
Für den nicht mitwirkenden Richter entscheidet dessen Vertreter (§§ 27 Abs. 3 StPO, 21e Abs. 1, 70 GVG).
Beim AG entscheidet ein anderer Richter, wenn der abgelehnte Richter das Ablehnungsgesuch nicht schon selbst für begründet hält (§ 27 Abs. 3).
Die Entscheidung wird je nur **außerhalb der Hauptverhandlung** getroffen.[39]

22 Das Ablehnungsgesuch ist begründet, wenn ein gesetzlicher Ausschlussgrund vorliegt oder die Besorgnis der Befangenheit besteht.

23 d) **Rechtsmittel (§ 28):** Wird die Ablehnung durch Beschluss für **begründet** erklärt, besteht **keine** Anfechtungsmöglichkeit, der Richter ist dann erfolgreich abgelehnt worden.

24 Wird die Ablehnung hingegen durch Beschluss als **unzulässig** verworfen oder als **unbegründet** zurückgewiesen, so ist die sofortige **Beschwerde** das statthafte Rechtsmittel. Betrifft die Entscheidung einen *erkennenden Richter*, so kann sie nur zusammen mit dem Urteil angefochten werden.
Beachte: Entscheidet ein *Revisionsgericht* über einen Befangenheitsantrag, so ist hingegen die **Anhörungsrüge** (§ 356a) statthaft.[40]

---

35 BVerfG NJW 2005, 3410 (3412).
36 BVerfG NJW 2005, 3410 (3412); s. ferner (m. angemessener Kritik an der zuvor recht großzügigen Handhabung der Rspr.) MK-*Conen/Tsambikakis* § 26a Rn 11.
37 BGHSt 50, 216 (221); BGH wistra 2006, 386 (388); 429 (430); 431 (432).
38 BVerfG NJW 2005, 3410 (3412); BGHSt 50, 216 (220); BGH wistra 2006, 386 (388); 429 (430). Wäre ein darüber hinausgehendes, näheres Eingehen auf den Verfahrensgegenstand erforderlich, so würde der abgelehnte Richter, der gem. § 26a Abs. 2 S. 1 an der Zulässigkeitsentscheidung mitwirkt, zum „Richter in eigener Sache" gemacht (BVerfG NJW 2005, 3410 [3412]; BGHSt 50, 216 [220, 222]; BGH NStZ 2015, 175).
39 BGH NStZ 1982, 188; KK-*Scheuer* § 27 Rn 12; vgl. für Amtshandlungen bis zur Unterbrechung der Hauptverhandlung § 29.
40 BGH NJW 2009, 1092; BeckOK-*Wiedner* § 365a Rn 4.

III. Ausschließung und Ablehnung übriger Gerichtspersonen (§ 31)

Die Vorschriften über die Ausschließung und Ablehnung von Richtern gelten gem. § 31 entsprechend für **Schöffen, Urkundsbeamte der Geschäftsstelle** und **andere als Protokollführer zugezogene Personen.**
Die Zuständigkeit für die Entscheidung über Ausschließung oder Ablehnung bestimmt sich nach § 31 Abs. 2.

25

WIEDERHOLUNGS- UND VERTIEFUNGSFRAGEN

26

> Worin liegt der entscheidende Unterschied zwischen Ausschließung und Ablehnung? (Rn 2 f., 11)
> Muss ein Richter tatsächlich befangen sein, um wegen Besorgnis der Befangenheit abgelehnt werden zu können? (Rn 15)
> Wirkt der abgelehnte Richter bei der Entscheidung über ein Ablehnungsgesuch mit? (Rn 21)
> Welche Rechtsmittel stehen dem Ablehnenden gegen eine Verwerfung oder Zurückweisung seines Ablehnungsgesuchs zu? (Rn 24)
> Auf welche Gerichtspersonen sind die Regeln über die Ausschließung und Ablehnung anwendbar? (Rn 25)

§ 14 Prozessvoraussetzungen

I. Begriff

▶ **FALL 1:** Dealer D, der über gute Kontakte zu Drogenlieferanten verfügt, hat sich ein Kilogramm Kokain beschafft und dieses an verschiedene Konsumenten verkauft. Die Drogengeschäfte fliegen jedoch bald auf. ◀

1 Anders als die positiven oder negativen Voraussetzungen der Strafbarkeit betreffen die Prozessvoraussetzungen oder Prozesshindernisse nicht die Schuldfrage. Steht also fest, dass D in **Fall 1** den Tatbestand des § 29 Abs. 1 S. 1 Nr 1 BtMG vorsätzlich, rechtswidrig und schuldhaft verwirklicht hat, so stellt sich nach der materiellen Prüfung der Strafbarkeit die Frage, unter welchen Voraussetzungen die Tat **verfahrensrechtlich** verfolgbar ist. Denn die StA hat nach § 152 Abs. 2 nur wegen verfolgbarer Straftaten einzuschreiten.[1]

2 Es wird zwischen positiven und negativen Prozessvoraussetzungen unterschieden, wobei letztere auch als „Verfahrens-" oder „Prozesshindernisse" bezeichnet werden:

- **Positive Prozessvoraussetzungen müssen vorliegen** und sind Bedingungen für die Zulässigkeit, in einem bestimmten Verfahren (vor einem bestimmten Gericht und mit bestimmten Verfahrensbeteiligten) zu einem Sachurteil, d.h. zu einer Verurteilung oder einem Freispruch in einer bestimmten Sache, zu gelangen.[2]

- **Negative Prozessvoraussetzungen müssen fehlen**, damit die Sache entschieden werden darf. Liegt ein Prozesshindernis vor, so ist das Verfahren insgesamt unzulässig; es kommt zu einer Einstellung, die, wenn sie in Urteilsform erfolgt, ein „Prozessurteil" ist.[3]

3 Von den Beweisverwertungsverboten unterscheidet sich das Fehlen einer Prozessvoraussetzung durch die **Unzulässigkeit des gesamten Verfahrens**. Verwertungsverbote führen nur zur Unverwertbarkeit einzelner Beweismittel; sie hindern weder die Durchführung des Verfahrens als solches noch schließen sie die Beendigung des Verfahrens durch Sachurteil aus.

4 Nach bisher hM sind die Prozessvoraussetzungen **von Amts wegen und in jeder Lage des Verfahrens** zu prüfen.[4] Eine eigenständige Bedeutung hat dies im Rechtsmittelverfahren, innerhalb dessen Rechtsverstöße ansonsten grds. zu rügen sind.[5] Die Prüfung der Prozessvoraussetzungen erfolgt in der Regel ohne Bindung an die zugelassenen Beweismittel im sog. **Freibeweisverfahren**.[6]

II. Einzelne wichtige Prozessvoraussetzungen

5 Ein Überblick über die wichtigsten Prozessvoraussetzungen wird durch eine Einteilung in verschiedene Gruppen erleichtert, nämlich in Voraussetzungen, die

---

1 Vgl. *Schroeder/Verrel* Rn 56.
2 BGHSt 10, 74 (75); *Meyer-Goßner/Schmitt* Einl. Rn 142; *Meyer-Goßner*, Prozessvoraussetzungen und Prozesshindernisse, 2011, 27 ff. (37).
3 BGHSt 15, 287 (290); *Beulke/Swoboda* Rn 273; *Kühne* Rn 662.
4 BGHSt 6, 304 (305 f.); 22, 1 (2); BGH wistra 2003, 382 (383).
5 *Meyer-Goßner* NStZ 2003, 169 ff.; zu den im Rechtsmittelverfahren zu berücksichtigenden Besonderheiten ausführlich *ders.*, Prozessvoraussetzungen und Prozesshindernisse, 2011, 41 ff.
6 BGHSt 16, 164 (166); 46, 349 (351); KK-*Fischer* Einl. Rn 415; *Beulke/Swoboda* Rn 273; krit. *Roxin/Schünemann* § 21 Rn 23.

- die **Zuweisung** einer Sache an ein bestimmtes Gericht regeln (Rn 6 f.)
- sich auf Umstände in der **Person** des Beschuldigten beziehen (Rn 8 ff.)
- die **Verfolgbarkeit** der konkreten Sache betreffen (Rn 12 ff.)

1. Zuweisung an bestimmte Gerichte

a) **Eingreifen der deutschen Gerichtsbarkeit:** Bei dem in Frage stehenden Sachverhalt muss es sich um eine Strafsache gem. § 13 GVG handeln. Nicht der deutschen Gerichtsbarkeit unterliegen die in den §§ 18–20 GVG genannten Personen, gegen die aufgrund des Prinzips der Exterritorialität kein Strafverfahren durchgeführt werden darf. Von einem Strafverfahren ist auch abzusehen, wenn das deutsche Strafrecht nach den §§ 3 ff. StGB nicht anwendbar ist.

b) **Zuständigkeit:** Das mit der Sache befasste Gericht muss örtlich, sachlich und funktionell zuständig sein. Während die **örtliche** Zuständigkeit in den §§ 7 ff. **StPO** geregelt ist, finden sich Vorschriften über die **sachliche** Zuständigkeit im **GVG**. Die **funktionelle** Zuständigkeit wird nicht im Gesetz erwähnt; ihr werden alle Zuständigkeitsfragen zugeordnet, die nicht nach den Regeln der sachlichen und örtlichen Zuständigkeit zu beantworten sind (z.B. Zuständigkeit der besonderen Strafkammern; Aufgabenverteilung innerhalb der Spruchkörper).[7]

2. Umstände in der Person des Beschuldigten

a) **Strafmündigkeit:** Gem. § 19 StGB ist schuldunfähig und damit strafunmündig, wer bei Begehung der Tat noch nicht 14 Jahre alt ist.

b) **Tod des Beschuldigten:** Stirbt der Beschuldigte, schließt sein Tod eine Sachentscheidung aus.[8] Es besteht Uneinigkeit darüber, ob eine konstitutive Einstellungsverfügung ergehen muss[9] oder ob das Verfahren automatisch von selbst endet.[10] Für die erstgenannte Ansicht spricht, dass aus dem Erfordernis einer Entscheidung über die Kosten und notwendigen Auslagen des Beschuldigten auf eine weiter bestehende Anhängigkeit des Verfahrens zu schließen ist.[11] Auch bedarf es für die Belastung der Staatskasse mit den Verfahrenskosten nach § 467 der vorherigen Einstellung des Verfahrens.

c) **Verhandlungsfähigkeit:** Verhandlungsfähigkeit bedeutet im Strafprozess die Fähigkeit des Beschuldigten, sich in verständlicher und verständiger Weise vor Gericht zu verteidigen und seine Belange vernünftig geltend zu machen. Hierzu gehört auch, dass der Beschuldigte in der Lage ist, Prozesserklärungen abzugeben und entgegenzunehmen; maßgeblich hierfür ist seine intellektuelle Einsichtsfähigkeit, nicht aber die Geschäftsfähigkeit im Sinne der bürgerlich-rechtlichen Regelungen.[12] Für diese Abweichung vom Zivilprozess spricht die strafverfahrensrechtliche Prozessmaxime des *fair trial*, zu der ein einseitiges Verfahren ohne Möglichkeit zur Verteidigung im Widerspruch stehen würde. Auch aus spezialpräventiver Sicht kann ein Verfahren gegen den Beschuldigten nur sinnvoll sein, wenn dieser die Tragweite des ihm gemachten Vor-

---

[7] S.o. § 12 Rn 62 ff.
[8] BGH NJW 1983, 463.
[9] BGHSt 45, 108 (111); zust. LG Köln MDR 1992, 598; *Laubenthal/Mitsch* NStZ 1988, 108 ff.; *Meyer-Goßner/Schmitt* § 206a Rn 8; *Ranft* Rn 1132.
[10] So noch BGHSt 34, 184 (185 f.).
[11] BGHSt 45, 108 (116).
[12] BGH NStZ 1983, 280.

wurfs erkennen kann. Grds. wird die Verhandlungsfähigkeit bei Erwachsenen vermutet.[13] Dies ist auch bei geistig oder körperlich eingeschränkten Personen der Fall, solange die Defizite z.b. durch Hinzuziehung eines Verteidigers ausgeglichen werden können.[14] Ist eine Kompensation der Einschränkung nicht möglich, so kann die StA bei dauernder Verhandlungsunfähigkeit ein Sicherungsverfahren gem. §§ 413 ff. einleiten mit dem Ziel der selbständigen Anordnung von Maßregeln der Besserung und Sicherung.[15]

11 d) **Immunität und Unverfolgbarkeit aufgrund einer Amnestie:** Zugunsten der Effektivität und Funktionsfähigkeit des Parlaments genießen die Abgeordneten des Bundestags und die Mitglieder der Länderparlamente den Schutz der Immunität. Diese ist in Art. 46 Abs. 2 und 4 GG sowie in § 152a StPO i.V.m. den einschlägigen Vorschriften der Landesverfassungen geregelt. Die Immunität bezieht sich auf die strafverfahrensrechtliche Unverfolgbarkeit des Abgeordneten; dieser kann nur zur Verantwortung gezogen werden, wenn eine Genehmigung des Parlaments vorliegt.

Eine weitere negative Prozessvoraussetzung ist die Amnestie. Darunter wird die Niederschlagung noch nicht rechtskräftig abgeschlossener Strafverfahren durch ein Straffreiheitsgesetz verstanden.[16]

3. Verfolgbarkeit der konkreten Sache

12 a) **Verjährung:** Die Strafverfolgungsverjährung ist in §§ 78 – 78c StGB geregelt. Sie stellt nach heute hA ein Prozesshindernis dar.[17] Der Sinn der Verjährungsvorschriften ist zum einen materiell darin zu erblicken, dass mit wachsendem zeitlichen Abstand zur Tat die Verwirklichung der Strafzwecke immer weniger erfolgsversprechend erscheint,[18] und andererseits prozessual darin, dass die Erforschung der „materiellen Wahrheit" mit größerem zeitlichen Abstand zunehmend schwieriger wird.[19]

13 b) **Entgegenstehende rechtskräftige Entscheidung:** Ist über die Tat bereits rechtskräftig entschieden worden, so führt das in Art. 103 Abs. 3 GG verankerte Verbot der Doppelbestrafung (*ne bis in idem*) zur Annahme eines Verfahrenshindernisses.[20] Entgegenstehende Rechtskraft ist gegeben, wenn die Tat im prozessualen Sinne bereits im Inland oder einem Schengener Vertragsstaat abgeurteilt wurde.[21] Zu beachten ist, dass das „Verbot der Doppelbestrafung" nicht nur eine wiederholte Bestrafung, sondern auch die erneute Strafverfolgung des rechtskräftig Freigesprochenen untersagt.[22]

14 c) **Anderweitige Rechtshängigkeit:** Aus prozessökonomischen Gründen darf das Verfahren noch nicht bei einem anderen Gericht rechtshängig sein. Rechtshängigkeit liegt dabei mit dem Erlass des **Eröffnungsbeschlusses** vor.[23] Erst ab diesem Zeitpunkt kann die Klage gem. § 156 nicht mehr durch die StA zurückgenommen werden.[24]

---

13 *Haller/Conzen* Rn 958.
14 BGH NStZ 1995, 391 f.
15 *Beulke/Swoboda* Rn 277.
16 *Ranft* Rn 1122.
17 BVerfGE 25, 269 (287); BGHSt 8, 269 (270); 11, 394 (395); *Kindhäuser* LPK Vor §§ 78-78c Rn 2; *Roxin/Schünemann* § 21/9, jew. mwN auch zu abw. Ansichten.
18 Vgl. *Satzger* Jura 2012, 433 (434, 441).
19 Näher *Bock* JuS 2006, 12 f.
20 BGHSt 5, 323 (328); *Beulke/Swoboda* Rn 280.
21 Näher hierzu § 35 Rn 38 ff.; vgl. auch BGH NJW 1999, 1270 f. (Fall Transactie).
22 BVerfGE 12, 62 (66); *Ranft* Rn 1125.
23 AA *Roxin/Schünemann* § 40/10: bereits mit Einreichen der Anklageschrift.
24 BGHSt 29, 341 (343); *Beulke/Swoboda* Rn 279.

d) **Strafantrag, behördliches Strafverlangen, behördliche Ermächtigung, besonderes öffentliches Interesse:** Die Verwirklichung einiger Deliktstatbestände – wie z.B. §§ 247 und 248a StGB – zieht nach dem Gesetz nur dann ein Strafverfahren nach sich, wenn ein Strafantrag, eine Ermächtigung oder ein behördliches Strafverlangen vorliegen. In bestimmten Fällen – wie z.B. bei § 230 StGB – kann das Erfordernis eines Strafantrags entfallen, wenn die StA ein besonderes öffentliches Interesse an der Verfolgung bejaht. Diese Entscheidung trifft die StA eigenverantwortlich, ohne dass das Gericht das Vorliegen eines besonderen öffentlichen Interesses seinerseits nachzuprüfen hat.[25] Bedeutsam ist das besondere öffentliche Interesse vor allem bei den Privatklagedelikten nach § 374, da dort ein öffentliches Interesse zur Durchführung des Offizialverfahrens erforderlich ist (§ 376). Ist diese Voraussetzung nicht erfüllt, so ist das Verfahren einzustellen und der Antragsteller auf den Privatklageweg zu verweisen.[26]

e) **Wirksamer Eröffnungsbeschluss:** Der Eröffnungsbeschluss gem. § 203 beinhaltet gem. § 207 Abs. 1 die Zulassung der Anklage zur Hauptverhandlung und die Bezeichnung des Gerichts, vor dem die Hauptverhandlung stattfindet. Ferner ergibt sich aus dem Eröffnungsbeschluss, mit welchem Inhalt die Anklage zugelassen wird und worüber noch entschieden werden soll.[27] Fehlt ein Eröffnungsbeschluss oder leidet er an schweren Mängeln, die seine Unwirksamkeit zur Folge haben, so stellt dies grds. ein Prozesshindernis dar.[28] Vor Beginn der Hauptverhandlung ist ein **fehlerhafter Eröffnungsbeschluss** heilbar.[29] Nach hM[30] ist es bei entsprechender Protokollierung möglich, auch nach Beginn der Hauptverhandlung den Mangel des Eröffnungsbeschlusses noch zu **heilen** bzw. den Beschluss noch nachzuholen.[31] Dies soll allerdings nicht mehr in der Berufungs- und in der Revisionsinstanz der Fall sein.[32]

Ein TdL[33] lehnt dagegen die Nachholbarkeit des Eröffnungsbeschlusses während der Hauptverhandlung ab, da ansonsten eine vom Gesetz ausdrücklich vorgesehene rechtsstaatliche Sicherung missachtet werde. Ferner stelle es eine Umgehung der §§ 30 Abs. 2, 76 Abs. 1 S. 2 GVG dar, die Hauptverhandlung zu unterbrechen und ohne Schöffenmitwirkung zu entscheiden.[34] Gegen diese Ansicht sprechen jedoch prozessökonomische Erwägungen. Der fehlerhafte Eröffnungsbeschluss ist ein behebbarer Mangel, so dass es selbst bei Annahme eines Prozesshindernisses mit der Mindermeinung zu keinem Strafklageverbrauch kommen würde. Die StA wäre daher nicht gehindert, erneut Klage zu erheben, was unnötige Wiederholungen in der Strafsache zur Folge hätte. Unnötig ist die Mehrbelastung der StA vor allem, weil grds. nicht von einer Verringerung der Beschuldigtenrechte ausgegangen werden kann. Es darf vorausgesetzt werden, dass der zuständige Richter nicht oberflächlich einer gewissen Eigendynamik

---

25 BVerfGE 51, 176 (182); BGHSt 16, 225 (230 f.); *Beulke/Swoboda* Rn 283; aA *Kröpil* NJW 1992, 654 (655 f.).
26 Vgl. *Ranft* Rn 1124.
27 Vgl. § 207 Abs. 2 und 4.
28 *Beulke/Swoboda* Rn 284; *Haller/Conzen* Rn 955 ff., die allerdings dann nicht von einem Prozesshindernis ausgehen wollen, wenn der Eröffnungsbeschluss lediglich verloren gegangen ist. Dann dürfe sein Inhalt rekonstruiert und ein neuer Beschluss erlassen werden.
29 HM, vgl. nur *Beulke/Swoboda* Rn 284 mwN.
30 Vgl. § 16 Rn 16.
31 BGHSt 29, 224 (228 ff.); *Pfeiffer* § 207 Rn 11.
32 BGHSt 33, 167 (168); *Haller/Conzen* Rn 956.
33 *SK-Paeffgen* § 207 Rn 27; R/H-*Reinhart* § 207 Rn 16; vgl. auch § 16 Rn 17.
34 *Beulke/Swoboda* Rn 284.

des Prozesses folgt, sondern unbeeinflusst und sachbezogen über die Eröffnung entscheidet.[35]

18 f) **Wirksame Anklage:** Es bedarf einer Anklageschrift im Sinne des § 200 Abs. 1. Sie bestimmt den Prozessgegenstand und erfüllt damit eine **Umgrenzungsfunktion,** die dem in Art. 103 Abs. 3 GG verankerten Grundsatz *ne bis in idem* entspricht. Es ist Klarheit darüber zu schaffen, auf welche Person und welchen konkreten Sachverhalt sich die Anklage bezieht und welches Ausmaß die Rechtskraft einer Verurteilung oder eines Freispruchs hat.[36] Die Anklageschrift hat neben der Umgrenzungsfunktion auch eine **Informationsfunktion,** die dem Beschuldigten sein Recht aus Art. 103 Abs. 1 GG auf rechtliches Gehör gewährleisten soll. Eine sinnvolle Verteidigung wird dem Beschuldigten nur ermöglicht, wenn ihm bekannt ist, welche konkrete Tat ihm vorgeworfen wird und welche rechtlichen Konsequenzen er daraus zu erwarten hat. Dementsprechend muss einem der deutschen Sprache nicht mächtigen Angeklagten, auch wenn ihm in der Hauptverhandlung ein Verteidiger zur Seite steht, die Anklageschrift in eine ihm verständliche Sprache schriftlich übersetzt werden.[37]
In der Praxis ergeben sich häufig Probleme, wenn dem Beschuldigten eine ganze Serie gleichartiger Delikte vorgeworfen wird. Hier wurde es in der Rechtsprechung z.T. für ausreichend gehalten, wenn z.B. in Wirtschaftsstrafsachen im Anklagesatz die Zahl der Taten, der Gesamtschaden und der Tatzeitraum angegeben und die gleichartigen Delikte entsprechend gruppiert werden; eine Einzelaufführung der Taten kann dann erst im Ermittlungsergebnis erfolgen.[38] Nach einer Entscheidung des Großen Senats ist eine Beschränkung des Anklagesatzes mit § 200 Abs. 1 S. 1 nicht vereinbar, allerdings sei bei einer Vielzahl von gleichartig begangenen Taten eine nur eingeschränkte Verlesung des Anklagesatzes (§ 243 Abs. 3 S. 1) in der Hauptverhandlung zulässig.[39] Mängel hinsichtlich der Umgrenzungsfunktion können nicht im Eröffnungsbeschluss oder in der Hauptverhandlung geheilt werden.[40] Die Heilung von Mängeln hinsichtlich der Informationsfunktion ist hingegen durch richterlichen Hinweis (§ 265) in der Hauptverhandlung möglich.[41] Allerdings kann das Gericht die Anklageschrift schon vor der Eröffnung zurückgeben, wenn die Tat nicht hinreichend klar identifiziert ist und sich der Mangel auch nicht unter Heranziehung des in der Anklageschrift niedergelegten Ermittlungsergebnisses beheben lässt; lehnt die StA eine solche „Nachbesserung" ab, ist die Eröffnung des Hauptverfahrens abzulehnen.[42]

19 g) **Zu Fall 1:** Eine gerichtliche Verhandlung setzt bezogen auf die in **Fall 1** vorliegende Strafsache zunächst voraus, dass bei Eingreifen der deutschen Gerichtsbarkeit der D als strafmündige und verhandlungsfähige Person vor dem zuständigen Gericht angeklagt wird. Die Anklageschrift enthält nach § 199 Abs. 2 den Antrag, das Hauptverfahren zu eröffnen. Mit einem wirksamen Eröffnungsbeschluss gelangt die Anklage dann zur Hauptverhandlung. Weitere Prozessvoraussetzungen sind in **Fall 1** die fehlen-

---

35 Vgl. zur Problematik auch *Schäpe*, Die Mangelhaftigkeit von Anklage und Eröffnungsbeschluß und ihre Heilung im späteren Verfahren, 1997.
36 BGHSt 46, 130 (134); BGH wistra 2007, 72; NJW 2010, 308; NJW 2018, 878.
37 BGH NStZ 2014, 725.
38 BGH NStZ 2008, 525.
39 BGHSt 56, 109 m. Anm. *Börner* NStZ 2011, 436 ff.; vgl. auch BGHSt 56, 183 (189).
40 Vgl. OLG Düsseldorf NStZ-RR 1997, 109; OLG Oldenburg StV 2010, 511; KK-*Schneider* § 200 Rn 32 f. mwN; aA OLG Karlsruhe NStZ 1993, 147; *Meyer-Goßner/Schmitt* § 200 Rn 26.
41 Vgl. BGHSt 40, 390 (392); 57, 88; *Beulke/Swoboda* Rn 285; *Meyer-Goßner/Schmitt* § 200 Rn 27; KMR-*Seidl* § 200 Rn 53, 56 ff.
42 *Meyer-Goßner/Schmitt* § 200 Rn 26 mwN.

de Verjährung der Tat, keine anderweitige Rechtshängigkeit sowie mangelnde entgegenstehende Rechtskraft.

III. Prozessvoraussetzungen und Verfassungsrecht

1. Rechtswidriger Lockspitzeleinsatz

▶ **FALL 2:** Wie Fall 1, aber: D ist durch eine von einem Amtsträger geführte Vertrauensperson unter Überschreitung der Grenzen des zulässigen Lockspitzeleinsatzes zum Rauschgifthandel verleitet worden.[43] ◀

Insbesondere beim rechtsstaatswidrigen Einsatz eines *agent provocateur*[44] stellt sich die Frage, welche Konsequenzen daran zu knüpfen sind.[45]

20

- Die **heute hM** nimmt ein von Amts wegen zu beachtendes **Prozesshindernis** an:
  - Nach einer weit verbreiteten **Lehre**,[46] soll sich das Prozesshindernis wegen eines Verstoßes gegen die Art. 1 und 2 GG unmittelbar **aus der Verfassung** ergeben. [47]
  - Der **BGH** hat sich in Orientierung an der Rechtsprechung des **EGMR** (Beweisverwertungsverbot)[48] nunmehr von seiner Strafzumessungslösung (s.u.) verabschiedet und erkennt in dem Prozesshindernis einen angemessenen Ausgleich der **rechtsstaatswidrigen Behandlung (Art. 6 EMRK)** des Beschuldigten.[49]
  - Teilweise wird von einem Prozesshindernis wegen **Verwirkung des Strafanspruchs** und Beeinträchtigung des Vertrauens in die Strafrechtspflege ausgegangen.[50]
- Andere wiederum ziehen den Gedanken des widersprüchlichen Verhaltens der Strafverfolgungsbehörde (*venire contra factum proprium*) heran, aus dem sich ein revisibler Verfahrensmangel ergebe.[51]
- Teils wird sogar ein **materieller Strafaufhebungs-** bzw. **Schuldaufhebungsgrund** angenommen, weil das rechtsstaatswidrige Verhalten des Staates schon die Entstehung des Strafanspruchs hindere.[52]

Die bis zu den o.g. Entscheidungen von EGMR und BGH hM befürwortete ebenfalls eine materiellrechtliche Lösung, wollte aber eine unzulässige Tatprovokation durch einen polizeilichen Lockspitzel bei der **Strafzumessung** berücksichtigen.[53]

---

43 Vgl. BGHSt 45, 321 ff.
44 Vgl. auch *Kindhäuser* AT § 41/25 f. mwN.
45 Vgl. zur gesamten Problematik auch *Rössner*, Problem 13; vgl. auch *Hillenkamp* NJW 1989, 2841 ff.
46 Aus dem Schriftum neben den sogleich Benannten etwa *Herzog* StV 2003, 410 (412); *Lüderssen* Peters-FS 349 (362); *Taschke* StV 1984, 178 (179).
47 *Fischer/Maul* NStZ 1992, 7 (13).
48 EGMR NJW 2015, 3631; aus der Liste zahlreicher Anmerkungen s. etwa *Meyer/Wohlers*, JZ 2015, 761; *Sinn/Maly*, NStZ 2015, 379.
49 (sehr lesenswert:) BGH NJW 2016, 91 m. Anm. *Eisenberg*; m. Anm. *Mitsch* NStZ 2015, 52.
50 *Meyer* ZStW 95 (1983), 834 (853).
51 *Bruns* StV 1984, 388 (393); *Katzorke*, Die Verwirkung des staatlichen Strafanspruchs, 1989, 77 ff.
52 HK-*Julius* § 206a Rn 10; *Roxin* JZ 2000, 369 f.; *El Ghazi/Zerbes* HRRS 2014, 209 (215).
53 BGHSt 32, 345 (355); 33, 283 f.; 33, 356 (362); BGH NStZ 1984, 519 (520); 2014, 277 (280) m. Anm. *Jahn* JuS 2014, 371 f.; *Lesch* 2/208 f. sowie die Vorauf. Rn 21; diff. BGHSt 45, 321 ff.; *Krey* II Rn 656; *Meyer-Goßner/Schmitt* Einl. Rn 148a; SK-*Paeffgen* Anh. zu § 206a Rn 28 f.

2. Überlange Verfahrensdauer

21 Wie beim unzulässigen Lockspitzeleinsatz sind auch die prozessrechtlichen Konsequenzen einer überlangen rechtsstaatswidrigen Verfahrensdauer **umstritten:**[54]

- Während eine **Mindermeinung** stets vom Vorliegen eines **Prozesshindernisses** ausgeht,[55]
- vertritt der BGH die sogenannte **Vollstreckungslösung**, nach der zur Entschädigung für die überlange Verfahrensdauer ein bezifferter Teil der verhängten Strafe als vollstreckt gilt[56] Lediglich **in Extremfällen**, in denen bei einer Gesamtwürdigung der prozessualen Umstände die Erforschung der Wahrheit und Feststellung der Schuld nicht mehr sachgerecht erreicht werden können, erkennt die Rspr. die überlange Verfahrensdauer als **Prozesshindernis** an.[57]

3. Kurze Lebenserwartung des Beschuldigten

22 Mit der Begründung, dass eine Fortsetzung des Verfahrens wegen der nur noch kurzen Lebenserwartung gegen die Menschenwürde verstoße, hat der Berliner VGH dem LG Berlin die Fortführung des Verfahrens gegen den ehemaligen Staatsratsvorsitzenden der DDR, Erich Honecker, untersagt[58] und damit ein Prozesshindernis bejaht. Indessen besteht um der notwendigen gesellschaftlichen Orientierung willen ein schützenswertes Allgemeininteresse an der Beantwortung der Frage, ob das Verhalten des Beschuldigten Unrecht war oder nicht.[59] Es darf daher mit Blick auf eine nur noch kurze Lebenserwartung nicht allein der zeitliche Aspekt bedacht werden. Vielmehr ist von einem Verfahrenshindernis wegen nur noch geringer Lebensdauer allenfalls dann auszugehen, wenn zwischen dem Verfahren und dem Tod des Beschuldigten ein Kausalzusammenhang besteht (etwa durch die körperlichen Belastungen des Verfahrens) und dadurch eine Verletzung des Grundrechts aus Art. 2 Abs. 2 S. 1 GG vorliegt.[60]

4. Verhältnismäßigkeitsprinzip

23 a) **Grundsatz:** Die Möglichkeit, ein Prozesshindernis unter Heranziehung des Verhältnismäßigkeitsgrundsatzes zu begründen, wird von der hM in der Konsequenz ihrer grds. ablehnenden Haltung gegenüber verfassungsrechtlich abgeleiteten Verfahrenshindernissen verneint.[61] Dies ergebe sich aus der **Abwägungsfeindlichkeit** der Prozesshindernisse, die an Tatsachen anknüpften und ohne Wertung feststellbar sein müssten.[62]

---

54 Vgl. BVerfG NJW 1984, 967; NStZ 1995, 49 (50); *Scheffler*, Die überlange Dauer von Strafverfahren, 1991, 155 ff.; *Weiler* GA 1994, 561 ff. Unabhängig von dem Problem rechtsstaatswidriger Verfahrensverzögerung ist die Dauer des Strafverfahrens grundsätzlich auch ein **Strafzumessungsgesichtspunkt**, BGH NStZ 2012, 470; *Fischer* § 46 StGB Rn 61; R/H-*Radtke* Einl. 63.
55 *Roxin*, Die Rechtsfolgen schwerwiegender Rechtsverstöße in der Strafrechtspflege, 2. Aufl. 1995; *Schroth* NJW 1990, 29 (31).
56 BGH NJW 2008, 860. Zuvor löste der BGH das Problem auf Strafzumessungsebene, BGHSt 24, 239; BGH StV 1992, 154 (155).
57 BGHSt 35, 137 (140); ebenso OLG Düsseldorf StV 1995, 400 (401); OLG Koblenz BeckRS 2017, 134080; LG Bremen StV 2014, 334; zur Entwicklung der Rechtsprechung: SK-*Paeffgen* Anh. zu § 206a Rn 30 ff.
58 Berliner VerfGH NJW 1993, 515 (517).
59 *Beulke/Swoboda* Rn 289; *Ranft* Rn 1110; vgl. auch *Schoreit* NJW 1993, 881 (885); aA *Paeffgen* NJ 1993, 152 (153 ff.).
60 BVerfG NJW 2002, 51 (52).
61 *Hillenkamp* JZ 1996, 179 (180); *Schlüchter/Duttge* NStZ 1996, 457 (458 f.); *Volk* NStZ 1995, 367.
62 BGHSt 24, 239 (240); *Volk/Engländer* § 14/25, 29.

Ansonsten wäre der Weg frei für Willkür und Rechtsunsicherheit, da eine Strafverfolgung im Belieben des Gerichts stehen würde.[63]

b) Ausnahmen: Eine Entscheidung des BVerfG über die Verfolgbarkeit von Spionagehandlungen für die ehemalige DDR[64] könnte jedoch dahin gehend auszulegen sein, dass unter bestimmten Voraussetzungen ein Verfahrenshindernis aus dem verfassungsrechtlich verankerten Verhältnismäßigkeitsprinzip abzuleiten sei.[65] Die Angeklagten hatten – als Abteilungsleiter der „Hauptverwaltung Aufklärung" auf dem Boden der ehemaligen DDR – wichtige militärische Geheimnisse ausspioniert, politische Parteien bespitzelt und Amtsträger der BRD für Ausforschungstätigkeiten „gekauft". Nach Ansicht des BVerfG verlange der sich aus dem Rechtsstaatsprinzip ergebende Grundsatz der Verhältnismäßigkeit eine Abwägung dahin gehend, ob eine Strafverfolgung nicht zu einer unangemessenen Beeinträchtigung der Rechte des Betroffenen führe.[66] Eine Rolle spiele dabei, dass es sich bei der Ausforschung durch ehemalige DDR-Bürger um einen vergangenen, sich nicht mehr wiederholenden Einzelfall gehandelt habe. Die Spione und Agenten, die von der ehemaligen DDR aus ermittelt hatten, hätten sich auf deren Schutz verlassen, zumal eine Spionagetätigkeit nach ihrem Selbstverständnis nicht mit einem sozialethischen Unwerturteil behaftet gewesen sei. Für die Annahme eines Verfahrenshindernisses wegen Unverhältnismäßigkeit spreche im Übrigen auch, dass das angestrebte Ziel der staatlichen Einheit das Interesse an einer Verwirklichung des bestehenden Strafanspruchs überwiege.[67]

Die Gegenansicht sieht in der rechtsschöpferischen Ableitung eines generellen Verfolgungshindernisses aus der Verfassung eine verfassungsgerichtliche Grenzüberschreitung in das Gebiet der Politik.[68] Teils wird insofern auch von der Schaffung einer eigentlich dem Gesetzgeber vorbehaltenen verdeckten Amnestie oder Abolition gesprochen, welche dem Gewaltenteilungsprinzip grob zuwider laufe.[69] Die Nichtverwirklichung eines derartigen Amnestievorhabens durch den Gesetzgeber zeige gerade, dass dieses nicht gewollt war. Vielmehr sei im Strafverfahren – wie in den Fällen des *agent provocateur* und der überlangen Verfahrensdauer – bei einem Verstoß gegen den Verhältnismäßigkeitsgrundsatz der Weg über die Strafzumessungslösung zu beschreiten.[70]

IV. Prozessvoraussetzungen und der Grundsatz in dubio pro reo

▶ **FALL 3:** Wie Fall 1, aber: Der Zeitpunkt, zu dem D die Taten vorgenommen haben soll, lässt sich von der StA nicht genau ermitteln, so dass nicht geklärt werden kann, ob Verjährung vorliegt oder nicht. ◀

In **Fall 3** stellt sich die Frage nach der Geltung des *in dubio pro reo*-Prinzips für Prozessvoraussetzungen:[71]

---

63 *Beulke/Swoboda* Rn 289a.
64 BVerfGE 92, 277 ff.
65 So BayObLG JR 1996, 427 ff.
66 BVerfGE 92, 277 (325 f.).
67 BVerfGE 92, 277 (335 f.).
68 Vgl. die abw. Stellungnahme zum Beschluss des zweiten Senats vom 15. Mai 1995 BVerfGE 92, 341 (343).
69 *Hillenkamp* JZ 1996, 179 (180); *Huber* Jura 1996, 301 (307); zust. *Schlüchter/Duttge* NStZ 1996, 457 (458 f.); vgl. ferner zu einem grds. nicht vorgesehenen Eingreifen in die Kompetenzen der Fachgerichte BVerfG NStZ 2004, 335 (337).
70 BGHSt 32, 345 (350 f.); BGH StV 1994, 15; *Schlüchter/Duttge* NStZ 1996, 457 (458 f.).
71 Vgl. auch *Verrel* JR 2002, 212 (213) zu BGHSt 46, 349 ff.

- Die **hM** lehnt eine „schablonenhafte Anwendung" dieses Prinzips zugunsten einer **differenzierenden** Betrachtung ab.[72] Bejaht wurde die Anwendbarkeit des *in dubio pro reo*-Grundsatzes auf die Strafmündigkeit,[73] die Frage entgegenstehender Rechtshängigkeit oder Rechtskraft[74] und die Verjährung,[75] so dass das Verfahren in **Fall 3** einzustellen wäre.
- Hingegen spricht sich ein **TdL** wegen der zentralen Bedeutung der Prozessvoraussetzungen als Prinzipien von Gerechtigkeit und Rechtsstaatlichkeit für eine **generelle Anwendbarkeit** des Zweifelssatzes aus.[76]

V. Das Fehlen von Prozessvoraussetzungen

▶ **FALL 4:** Wie Fall 1, aber: D fällt infolge der Einnahme einer Überdosis Kokain ins Koma. ◀

27 Das Gesetz knüpft je nach Verfahrensstadium verschiedene Folgen an das Fehlen von Prozessvoraussetzungen. Maßgebend ist auch, ob ein **endgültiges oder nur vorübergehendes** Prozesshindernis vorliegt.[77]

28 - **Ermittlungsverfahren:** Bei
  - einem endgültigen Prozesshindernis erfolgt eine Einstellung nach § 170 Abs. 2, während
  - bei vorübergehenden Verfahrenshindernissen nach § 154f nur vorläufig eingestellt wird.

29 - **Zwischenverfahren:** Bei
  - einem vorübergehenden Verfahrenshindernis kommt es zur vorläufigen Einstellung nach § 205.
  - Bei endgültigem Verfahrenshindernis wird die Eröffnung des Hauptverfahrens durch Beschluss des Gerichts gem. § 204 abgelehnt, sofern die StA nicht schon gem. § 170 Abs. 2 unter Rücknahme der Anklage eingestellt hat.

30 - **Hauptverfahren:**
  - **Während der Hauptverhandlung** kommt es bei
    - einem endgültigen Verfahrenshindernis zu einer Einstellung durch Prozessurteil nach § 260 Abs. 3;
    - besteht das Verfahrenshindernis nur vorübergehend, wird das Verfahren durch Beschluss analog § 205 vorläufig eingestellt.
  - **Außerhalb der Hauptverhandlung** erfolgt
    - bei endgültigem Verfahrenshindernis eine Einstellung durch Beschluss nach § 206a.
    - Ein vorübergehendes Verfahrenshindernis führt wiederum nur zu einer vorläufigen Einstellung durch Beschluss analog § 205.

---

72 BGHSt 18, 274 (278 f.); übersichtlich *Meyer-Goßner*, Prozessvoraussetzungen und Prozesshindernisse, 2011, 60 ff.
73 BGHSt 5, 366 f.
74 BGH NStZ 2002, 328 (329); 2010, 160 (161) m. Anm. *Schwabenbauer* HRRS 2011, 26.
75 BGHSt 18, 274 (277); zust. *Beulke/Swoboda* Rn 273.
76 SK-*Paeffgen* § 206a Rn 19 mwN; *Schwabenbauer*, Der Zweifelssatz im Strafprozessrecht, 2012, S. 117 ff. (127 ff.); vgl. auch die krit. Auseinandersetzung bei *Paulus* Seebode-FS 277 (279 ff.).
77 *Beulke/Swoboda* Rn 290 ff.; *Lesch* 1/70.

Für die Lösung von **Fall 4** ist demnach maßgebend, in welchem Stadium des Verfahrens es zur Verhandlungsunfähigkeit des D durch den komatösen Zustand kommt und ob sich D gesundheitlich wieder erholen kann oder wegen dauernder Verhandlungsunfähigkeit ein endgültiges Verfahrenshindernis vorliegt.

WIEDERHOLUNGS- UND VERTIEFUNGSFRAGEN

> Welches sind die wichtigsten Prozessvoraussetzungen und wie lassen sie sich unterteilen? (Rn 2, 5 ff.)
> Ist die rechtsstaatswidrige Tatprovokation ein Prozesshindernis? (Rn 20 f.)
> Lassen sich aus dem Verfassungsrecht Prozesshindernisse ableiten? (Rn 20 ff.)
> Welche Folgen hat das Fehlen von Prozessvoraussetzungen in den verschiedenen Verfahrensstadien? (Rn 27 ff.)

§ 15 Prozesshandlungen

I. Begriff

1 Unter einer Prozesshandlung[1] ist jede Betätigung des Gerichts, der StA oder eines anderen Verfahrensbeteiligten zu verstehen, der vom Verfahrensrecht eine rechtliche Wirkung auf den Beginn oder den Verlauf des Prozesses zuerkannt wird. Dies können Entscheidungen, Erklärungen, Anträge oder Realakte sein.[2] Auch die Einwirkung eines Dritten, die den Prozess erst ermöglicht (z.b. ein Strafantrag) oder ganz oder teilweise zu einer Beendigung des Verfahrens zwingt (z.b. Rücknahme eines Strafantrags), fällt unter diesen Begriff.[3] Keine Prozesshandlungen sind jedoch Aussagen von Beschuldigten, Zeugen und Sachverständigen; sie sind reine Wissenserklärungen.[4] Nach einem engeren Verständnis sollen nur solche Erklärungen als Prozesshandlungen anzusehen sein, die eine Rechtsfolge im Prozess willensgemäß auslösen.[5] Eine solche Differenzierung ist für den Prozess jedoch nicht bedeutsam.

2 Praktisch relevant wird die Rechtsfigur der Prozesshandlung vor allem im Bereich der Beweisanträge, Rechtsmittel und Prozessabsprachen, insbesondere unter dem Aspekt von Form, Frist, Widerruf und Anfechtung. Bestimmte Prozesshandlungen wirken sich dabei nicht nur verfahrensrechtlich, sondern auch materiellrechtlich aus[6] und werden deshalb als **doppelfunktionelle** Prozesshandlungen bezeichnet.[7]

II. Wirksamkeitsvoraussetzungen

1. Allgemeines

▶ **FALL 1:** Der Verteidiger beantragt für den Fall, dass der Angeklagte nicht freigesprochen wird, die Vernehmung eines weiteren Zeugen Z.[8] ◀

3 a) **Verhandlungsfähigkeit:** Für die Wirksamkeit der vom Beschuldigten und von anderen nicht-amtlichen Prozesssubjekten vorgenommenen Handlungen ist die Verhandlungsfähigkeit des Betreffenden erforderlich. Ein Beschuldigter[9] etwa ist verhandlungsfähig, wenn er die Fähigkeit besitzt, in und außerhalb der Verhandlung seine Interessen vernünftig wahrzunehmen, die Verteidigung in verständiger und verständlicher Weise zu führen, Prozesserklärungen abzugeben und entgegenzunehmen.[10] Dass ein Beschuldigter geschäftsunfähig ist, steht der Wirksamkeit einer Prozesshandlung nicht entgegen, sofern er nur einen genügenden Reifegrad sowie die Freiheit der Willensentschließung und Willensbetätigung aufweist.[11] Der Rechtsmittelverzicht eines

---

1 In der StPO selbst wird der Begriff weder definiert noch verwendet; vgl. zum Begriff auch *Grunst*, Prozesshandlungen, 2002, 117 ff.
2 BGHSt 26, 384 (386); BayObLG MDR 1976, 165; *Meyer-Goßner/Schmitt* Einl. Rn 95; KK-*Pfeiffer/Hannich* Einl. Rn 125.
3 BGHSt 26, 384 (386); KK-*Fischer* Einl. Rn 398; *Meyer-Goßner/Schmitt* Einl. Rn 95.
4 KK-*Fischer* Einl. Rn 398; *Meyer-Goßner/Schmitt* Einl. Rn 95.
5 *Roxin/Schünemann* § 22/1.
6 Z.B. Verhängung von Untersuchungshaft als Rechtfertigungsgrund für §§ 239, 240 StGB.
7 Näher *Grunst*, Prozesshandlungen, 2002, 91 ff.; *Niese*, Doppelfunktionelle Prozesshandlungen, 1950.
8 Vgl. BGHSt 32, 10 (13); BGH NStZ 1995, 98.
9 Zur Prozesshandlungsfähigkeit verschiedener Beteiligter s. MK-*Kudlich* Einl. Rn 333 ff.
10 BVerfG NJW 1995, 1951; BGHSt 41, 16 (18); BGH NStZ 1996, 242; OLG Düsseldorf NJW 1998, 395 (396).
11 BGH NStZ-RR 2016, 180; vgl. auch schon *Siegert* DRiZ 1953, 98 (100).

Angeklagten etwa kann unwirksam sein, wenn er bei der Erklärung dieses Verzichts unter dem Eindruck der Urteilsverkündung seelisch stark erschüttert war.

b) **Inhalt:** Die prozessuale Handlung muss inhaltlich sinnvoll sein. Der Inhalt kann durch Auslegung ermittelt werden, wobei es insbesondere auf das erkennbar Gemeinte ankommt und nicht nur auf den Wortlaut.[12] Dies wird im Rahmen der Rechtsmitteleinlegung durch § 300 ausdrücklich bestätigt.[13]

c) **Bedingungsfeindlichkeit:** Im Rahmen eines Prozesses gilt der Grundsatz der Bedingungsfeindlichkeit von Prozesshandlungen, weil die öffentlich-rechtliche Natur des Verfahrens den zweifelsfreien Bestand der Erklärung und damit Sicherheit über das Verfahrensstadium verlangt.[14] Dies gilt insbesondere für Klageerhebung und Rechtsmitteleinlegung.[15] Eine unzulässige Bedingung führt zur Unwirksamkeit der Prozesshandlung.[16]

Eine **Ausnahme** vom Grundsatz der Bedingungsfeindlichkeit von Prozesshandlungen ist zu machen, wenn dies mit der besonderen Zweckbestimmung der Bedingung vereinbar ist und das mit der Sache befasste Gericht die durch die Bedingung hervorgerufene Ungewissheit selbst beseitigen kann (sog. **innerprozessuale Bedingungen**).[17] Wird nämlich im Laufe des Rechtsstreits verbindlich geklärt, ob die gesetzte Bedingung eingetreten ist, so ist auch keine Rechtsunsicherheit zu befürchten. Daher ist der Eventualbeweisantrag des Verteidigers in **Fall 1** wirksam.

2. Widerruflichkeit

Ob eine Prozesshandlung widerrufen werden kann, hängt von ihrer Rolle im Prozess ab. Nur vereinzelt existieren insoweit gesetzliche Regelungen.[18]

- Unwiderruflich sind grds. **prozesstragende Erklärungen**, die unmittelbare Voraussetzungen für den Fortgang, die Beschränkung oder die Beendigung des Prozesses schaffen, wie beispielsweise die Rücknahme oder der Verzicht eines Rechtsmittels.[19] Auf den Bestand dieser Erklärungen muss aus Gründen der Rechtssicherheit und des Vertrauensschutzes Verlass sein. Das gleiche gilt für Urteile und urteilsähnliche Entscheidungen wie den Strafbefehl. Auch der Eröffnungsbeschluss wird nach seinem Erlass unwiderruflich.

- Hingegen können **einfache Prozesserklärungen** ohne prozesstragende Wirkung, wie etwa Anträge und Behauptungen, widerrufen werden. Widerruflich sind auch gerichtliche Beschlüsse, wenn gegen sie nicht die sofortige Beschwerde zulässig ist (vgl. § 311 Abs. 3 S. 1).[20]

---

12 BGHSt 46, 130 (134); BGH StV 1982, 356 (357); *Roxin/Schünemann* § 22/6.
13 Vgl. OLG Bamberg NStZ-RR 2018, 56.
14 BGHSt 5, 183 (184); BGH MDR 1976, 413 (414).
15 BVerfGE 40, 272 (274); BGHSt 5, 183 (184).
16 RGSt 66, 265 (268); BGHSt 5, 183 (184); 25, 187 (188); OLG Hamm NJW 1973, 257.
17 BGHSt 29, 396; KK-*Fischer* Einl. Rn 405.
18 Insb. Zurücknahme des Strafantrags (§ 77d StGB) oder von Anklage oder Einspruch im Strafbefehlsverfahren (§§ 156, 411 Abs. 3), der Privatklage (§ 391) und den Rechtsmitteln (§ 302 S. 1).
19 BGHSt 10, 245 (247); 45, 51 (53); BGH NStZ 1995, 356 f.; 1999, 258 (259); StV 2000, 542 (543).
20 *Meyer-Goßner/Schmitt* Einl. Rn 112 f.

3. Willensmängel

▶ **FALL 2:** Das Gericht eröffnet das Hauptverfahren gegen den Beschuldigten gem. § 207. Nach Erlass des Eröffnungsbeschlusses erlangt es jedoch Kenntnis von neuen Tatsachen, die einen hinreichenden Tatverdacht nicht mehr begründen.[21] ◀

▶ **FALL 3:** Das Gericht geht in der Hauptverhandlung – ebenso wie die übrigen Verfahrensbeteiligten – irrtümlich davon aus, dass der Status des Angeklagten als Beamter nicht tangiert wird, wenn er wegen versuchter Erpressung zu einer Freiheitsstrafe von nicht mehr als einem Jahr verurteilt wird. Lediglich aufgrund dieser Umstände erklärt der Angeklagte im Anschluss an die Urteilsverkündung nach Rücksprache mit seinem Verteidiger, er verzichte auf Rechtsmittel und nehme das Urteil an. Tatsächlich endet das Beamtenverhältnis jedoch mit Rechtskraft der Verurteilung wegen eine vorsätzlichen Tat zu einer Freiheitsstrafe von mindestens einem Jahr.[22] ◀

8   Willensmängel – insb. Inhalts- oder Motivirrtümer, Täuschungen und Drohungen – haben grds. **keinen Einfluss** auf die Wirksamkeit einer Prozesshandlung.[23] Auch finden nach allgemeiner Ansicht die bürgerlich-rechtlichen Vorschriften der Anfechtungsmöglichkeiten (§§ 119, 123 BGB) keine Anwendung, was sich aus der öffentlich-rechtlichen Natur des Prozesses und der im öffentlich-rechtlichen Interesse zu fordernden Sicherstellung eines geordneten Verfahrens ergibt.[24] Dem Bestand von Prozesshandlungen ist aus Gründen der Rechtssicherheit eine größere Bedeutung beizumessen als den Erklärungen unter Privaten, die nach den §§ 119 ff. BGB anfechtbar sind.[25]

9   Das Gebot der Gerechtigkeit zwingt in einigen wenigen Einzelfällen dazu, **Ausnahmen** von der grundsätzlichen Unbeachtlichkeit erwiesener Willensmängel zuzulassen.[26] Diese wurden insbesondere mit Blick auf die Wirksamkeit eines erklärten Rechtsmittelverzichts entwickelt:

10 ■ Ein Rechtsmittelverzicht ist unwirksam, wenn er lediglich aufgrund einer objektiv unrichtigen Erklärung oder Auskunft des Gerichts zustande gekommen ist, wenn also das Gericht die ihm aufgrund des Gebots des *fair trial* zukommende **prozessuale Fürsorgepflicht** verletzt hat.[27] Fällt der Irrtum hingegen, etwa bei falscher Belehrung durch den Verteidiger, in die **Risikosphäre des Angeklagten**, so ist der Rechtsmittelverzicht wirksam.[28]

11 ■ Ein Rechtsmittelverzicht kann **aufgrund der Art und Weise** seines Zustandekommens – insb. durch Drohung – unwirksam sein, etwa durch eine unzulässige Einwirkung auf den Erklärenden.[29] Dabei findet die Vorschrift des § 136a keine (direkte oder analoge) Anwendung. Lediglich auf ihren Grundgedanken kann zurückgegrif-

---

21 Vgl. OLG Frankfurt JR 1986, 470.
22 Vgl. BGH NStZ 2001, 493 m. Anm. *Hamm*.
23 RGSt 57, 83; BGHSt 5, 338 (341); 17, 14 (18); BGH NStZ 1984, 181; 1986, 277 (278); KK-*Fischer* Einl. Rn 405; LR-*Kühne* Einl. Abschn. K Rn 30; *Meyer-Goßner/Schmitt* Einl. Rn 101.
24 RGSt 66, 265 (267); KK-*Fischer* Einl. Rn 405.
25 RGSt 57, 83; BGHSt 5, 338 (341); 17, 14 (18); BGH StV 1999, 411 (412); *Kühne* Rn 679.
26 Vgl. BGHSt 17, 14 (18).
27 BGHSt 45, 51 (53, 55); 46, 257 (258); OLG Koblenz NStZ-RR 1996, 306 (307); OLG Köln StV 2014, 207 f; SK-*Frisch* § 302 Rn 30.
28 *Volk/Engländer* § 15/7; abw. *Kleinbauer*, Rechtsmittelverzicht und Rechtsmittelzurücknahme des Beschuldigten im Strafprozeß, 2006, 237 ff., 254 ff.
29 BGHSt 19, 101 (104); 45, 51 (53); BGH wistra 1994, 197.

fen werden.[30] Im Übrigen ist aber hauptsächlich die Art des Willensmangels und seiner Entstehung entscheidend dafür, ob überwiegende Gründe der Gerechtigkeit den Vorrang vor dem Gesichtspunkt der Rechtssicherheit beanspruchen.[31]

In **Fall 2** greift keine der oben genannten Ausnahmen vom Grundsatz der Unbeachtlichkeit von Willensmängeln ein. Daher kann das Gericht seinen Eröffnungsbeschluss weder widerrufen noch wegen Inhaltsirrtums anfechten. Wenn der hinreichende Tatverdacht im Sinne von § 203 später verneint wird, ist der Angeklagte freizusprechen.

Dagegen ist der in **Fall 3** erklärte Rechtsmittelverzicht unwirksam, da er lediglich aufgrund einer – sei es auch irrtümlich – objektiv unrichtigen Erklärung oder Auskunft des Gerichts zustande gekommen ist und dieses dadurch seine prozessuale Fürsorgepflicht verletzt hat.

4. Form

a) **Zeitpunkt:** Die Form von Prozesshandlungen ist, sofern es an einer gesetzlichen Regelung fehlt, insbesondere davon abhängig, ob die Handlung innerhalb oder außerhalb der Hauptverhandlung vorgenommen wird:[32]

- Für Prozesshandlungen, die **innerhalb** der **Hauptverhandlung** erfolgen, gilt der **Mündlichkeitsgrundsatz**. Hier können Prozesshandlungen auch durch schlüssiges Verhalten abgegeben werden, etwa im Falle des Verzichts auf ein Recht, das dem Erklärenden bekannt sein muss.[33]
- Prozesshandlungen **außerhalb** der **Hauptverhandlung** müssen **schriftlich** oder zu Protokoll der Geschäftsstelle der jeweils zuständigen Justizbehörde erklärt werden.

Die **Schriftform** setzt voraus, dass dem jeweiligen Schriftstück der Inhalt der abzugebenden Erklärung sowie die Person, von der sie ausgeht, zuverlässig entnommen werden kann.[34] Entgegen der Regelung des § 126 BGB ist unter diesen Voraussetzungen eine **eigenhändige Unterschrift nicht erforderlich**.[35] Der Schriftform genügt regelmäßig auch ein Telefax oder u.U. (§ 31a) die Übermittlung in elektronischer Form. Eine **telefonische Erklärung** reicht dagegen auch dann nicht aus, wenn auf der Empfängerseite schriftliche Aufzeichnungen angefertigt werden.[36]

b) **Qualifizierte Form:** In drei Fällen verlangt die Strafprozessordnung wegen der rechtlichen Schwierigkeit der Sache und zur Vermeidung unnötigen Vorbringens für eine Prozesshandlung eine qualifizierte Form:

- Die **Revisionsbegründung** (§ 345 Abs. 2) und
- der **Antrag auf Wiederaufnahme** des Verfahrens (§ 366 Abs. 2)

können nur **zu Protokoll** der Geschäftsstelle des Gerichts oder durch einen **rechtsanwaltlich unterzeichneten** Schriftsatz eingereicht werden.

---

30 BGHSt 17, 14 (18); LR-*Kühne* Einl. Abschn. K Rn 32; aA *Roxin/Schünemann* § 22/7.
31 BGHSt 17, 14 (18).
32 MK-*Kudlich* Einl. Rn 337.
33 BGH GA 1976, 115; OLG Koblenz StV 1992, 263; OLG Köln NStZ-RR 1997, 366.
34 BGHSt 2, 77 (78); 12, 317; 30, 182 (183); BGH NJW 1984, 1974.
35 BVerfGE 15, 288 (291); BGHSt 2, 77 (78); *Meyer-Goßner/Schmitt* Einl. Rn 128.
36 BVerfGE 74, 228 (235); BGHSt 30, 64 (66 f.); 31, 7; aA aber LG Münster NJW 2005, 166 m. Anm. *Kudlich* JuS 2005, 660.

- Auch ein Antrag auf Einleitung des **Klageerzwingungsverfahrens** kann nur durch einen **rechtsanwaltlich unterzeichneten** Schriftsatz wirksam eingereicht werden (§ 172 Abs. 3 S. 2).

III. Fristen

1. Begriffe

17 In zeitlicher Hinsicht unterliegen Prozesshandlungen den Bestimmungen über Fristen und Termine:
- Ein **Termin** ist der Zeitpunkt für den Beginn einer Prozesshandlung;
- eine **Frist** ist der Zeitraum, innerhalb dessen etwas geschehen muss bzw. nicht geschehen darf.
- Die **Fristberechnung** erfolgt grds. nach den §§ 42, 43.

2. Folgen der Fristversäumung

18 Hinsichtlich der Folgen einer Fristversäumung ist zu unterscheiden zwischen den unterschiedlichen Arten von Fristen:

19 a) **Absolute Ausschlussfrist:** Wenn eine sog. absolute Ausschlussfrist versäumt wird, dann wird die betreffende Prozesshandlung unzulässig und kann nicht mehr nachgeholt werden. In diesem Fall greift auch das Instrument der Wiedereinsetzung in den vorigen Stand nicht mehr ein. Versäumt etwa das Opfer einer nur auf Antrag zu verfolgenden Straftat, rechtzeitig gem. § 77b Abs. 1 S. 1 StGB Strafantrag zu stellen, so ist dies irreversibel.[37]

20 b) **Einfache gesetzliche Frist:** Demgegenüber kann der Versäumung einer einfachen gesetzlichen Frist mit dem Antrag auf **Wiedereinsetzung** in den vorigen Stand nach §§ 44 ff. begegnet werden. Wichtige Beispiele sind die Versäumung einer Rechtsmittelfrist[38] oder der Einspruchsfrist gegen einen Strafbefehl[39].

21 c) **Richterliche Frist:** Sog. richterliche Fristen – wie z.B. die Fristen der §§ 123 Abs. 3, 201 Abs. 1, 217 Abs. 1 – werden von dem Gericht aufgrund einer gesetzlichen Ermächtigung festgesetzt und können durch den Richter verlängert werden. Auch hier ist eine Wiedereinsetzung in den vorigen Stand möglich.

3. Wiedereinsetzung in den vorigen Stand

22 Der **außerordentliche Rechtsbehelf** der Wiedereinsetzung in den vorigen Stand, der **kein Rechtsmittel**[40] darstellt, ist in den §§ 44 ff. geregelt. Wenn die betreffende Frist von dem Prozessbeteiligten **ohne Verschulden** nicht eingehalten wurde, kann die Fristversäumung auf diesem Wege **rückwirkend geheilt** werden.
Das Verfahren wird dann in den Stand zurückversetzt, in dem es sich befinden würde, wenn die Prozesshandlung rechtzeitig vorgenommen worden wäre. **Voraussetzung** für den Eintritt dieser Rechtsfolge ist, dass

---

[37] Weitere Beispiele für absolute Ausschlussfristen finden sich in den §§ 6a S. 3, 16 S. 3, 25, 222b Abs. 1 S. 1, 388 Abs. 1.
[38] §§ 314, 317, 341, 345, 346.
[39] § 410.
[40] BeckOK-*Cirener* § 44 Rn 3, zum Begriff vgl. § 28 Rn 6 ff.

- der Prozessbeteiligte **innerhalb einer Woche** nach Wegfall des Verhinderungsgrundes einen **Antrag** auf Wiedereinsetzung stellt und
- die **versäumte Handlung nachholt** (§ 45).

Der Antrag muss nicht nur Angaben über die versäumte Frist und den Hinderungsgrund, sondern auch über den Zeitpunkt des Wegfalls des Hindernisses enthalten, wobei diese Tatsachen glaubhaft zu machen sind (§ 45 Abs. 2 S. 1).

Der Prozessbeteiligte darf die Fristversäumung **nicht zu vertreten** haben. Unverschuldet sind u.a. Verzögerungen bei der Post.[41] Das Verschulden des **Verteidigers** wird dem Angeklagten grds. nicht zugerechnet, sofern diesem die fragliche Unzuverlässigkeit nicht bekannt war,[42] denn eine der Vorschrift des § 85 Abs. 2 ZPO entsprechende Regelung fehlt in der StPO. Auch ein Verschulden von Angestellten des Verteidigers hat der Angeklagte grds. nicht zu vertreten.[43] Gleiches gilt für eingesetzte Privatpersonen, sofern der Antragsteller sie sorgfältig ausgewählt und überwacht hat.[44]

WIEDERHOLUNGS- UND VERTIEFUNGSFRAGEN

> Können Prozesshandlungen unter einer Bedingung erklärt werden? (Rn 5 f.)
> Wann sind Prozesshandlungen widerruf- oder sogar anfechtbar? (Rn 9 ff.)
> Was versteht man unter einer absoluten Ausschlussfrist? Beispiele? (Rn 19)
> Wie ist die Wiedereinsetzung in den vorigen Stand geregelt? (Rn 22 f.)

---

41 BVerfGE 62, 334 (336); BGH GA 1994, 75; weitere Bsp. bei BeckOK-*Cirener* § 44 Rn 16 ff.
42 BGHSt 14, 306 (308); BGH NStZ 1997, 560 f.; OLG Köln JuS 2012, 1044 m. Bspr. *Jahn*; vgl. auch *Kudlich* Beulke-FS 831 (836 f.).
43 BGHSt 14, 306 (308).
44 OLG Zweibrücken StV 1992, 360.

§ 16 Das Zwischenverfahren

I. Allgemeines

1 Das Zwischen- bzw. Eröffnungsverfahren (§§ 199–211) stellt einen eigenen Verfahrensabschnitt dar und beginnt mit **Einreichung einer Anklageschrift** durch die StA nach Maßgabe der §§ 199 f.
Wird die öffentliche Klage in Form eines Antrags auf Erlass eines Strafbefehls (§§ 407 ff.) erhoben, findet ebenso wenig ein Zwischenverfahren statt wie im beschleunigten Verfahren (§§ 417–420).[1] Es entspräche dem Akkusationsprinzip, wenn die Erhebung der Klage dazu führte, dass sich das Gericht sogleich mit dem Ziel einer Urteilsfindung in der Sache mit dem Verfahren befasste. Jedoch prüft das für die Hauptverhandlung zuständige Gericht (§ 199 Abs. 1) zunächst als ein von der Anklagebehörde unabhängiges Organ, ob tatsächlich hinreichende Verdachtsgründe vorliegen.[2]

2 Das Zwischenverfahren hat somit eine **Filterfunktion**.[3] Vor allem der Angeschuldigte (§ 157), aber auch der Staat soll nicht mit einer überflüssigen Hauptverhandlung belastet werden. Dem Angeschuldigten eröffnet sich die zusätzliche Verteidigungsmöglichkeit, durch Beweisanträge und Einwendungen (§ 201) auf den weiteren Verlauf des Verfahrens Einfluss zu nehmen; doch entscheidet das Gericht hierüber – wie auch über die Eröffnung des Hauptverfahrens – nichtöffentlich.[4]
Obgleich der sog. Eröffnungsbeschluss gem. § 207 Abs. 1 lediglich die Zulassung der Anklage zur Hauptverhandlung zum Inhalt hat, ist er wegen der Bejahung des hinreichenden Tatverdachts einerseits dem generellen Einwand ausgesetzt, dass das Gericht voreingenommen sei.[5] Andererseits würde mit der Abschaffung des Zwischenverfahrens, wie zum Teil gefordert wird, der Schutz des Beschuldigten vor einer ungerechtfertigten Hauptverhandlung preisgegeben.[6]

3 Während § 200 regelt, welchen Inhalt die bei Erhebung der öffentlichen Klage einzureichende Anklageschrift haben soll, enthalten die §§ 201 und 202 die weiteren Verfahrensschritte: Die Mitteilung der Anklageschrift mit der Aufforderung zur Erklärung gem. § 201 Abs. 1 dient der **Gewährung rechtlichen Gehörs**.[7] Nach § 202 kann das Gericht einzelne, ergänzende **Beweiserhebungen** anordnen (auch die Vernehmung des Beschuldigten zu einer bestimmten Beweisfrage kann so angeordnet werden)[8]. Das Gericht kann die StA bitten, selbst oder durch ihre Ermittlungspersonen die erforderlichen Maßnahmen zu ergreifen.[9] Ergeben sich im Zuge dieser Nachermittlungen neue Tatsachen oder Beweismittel, ist § 33 Abs. 3 zu beachten und rechtliches Gehör zu gewähren.

---

1 SK-*Paeffgen* § 203 Rn 3 mwN.
2 Zum Prüfungsmaßstab vgl. § 170 Abs. 1.
3 BeckOK-*Ritscher* § 199 Rn 2; *Meyer-Goßner/Schmitt* Vor § 198 ff. Rn 1; *Paeffgen* NStZ 2002, 281 (282) mwN.
4 Vgl. §§ 201 Abs. 2, 203, 204.
5 *Roxin*, Probleme der Strafprozessreform, 1975, 54.
6 Zu Reformvorschlägen vgl. *Loritz*, Kritische Betrachtungen zum Wert des strafprozessualen Zwischenverfahrens, 1996, 133 ff.; abl. im Hinblick auf einen „Eröffnungsrichter" *Meyer-Goßner* ZRP 2000, 345 (347).
7 *Meyer-Goßner/Schmitt* § 201 Rn 1.
8 AA *Koch* StV 2002, 222 (223 f.); hiergegen *Meyer-Goßner* StV 2002, 394.
9 Ob die StA hierzu verpflichtet ist, ist umstritten: abl. KG JR 1966, 230 (231); *Meyer-Goßner/Schmitt* § 202 Rn 3; befürwortend LG Münster JR 1979, 40 f.; SK-*Paeffgen* § 202 Rn 7; LR-*Stuckenberg* § 202 Rn 16.

Eine Nachholung wesentlicher Teile des Ermittlungsverfahrens kommt aber nicht in Betracht.[10]

Der Eröffnungsbeschluss ist **Prozessvoraussetzung** für das weitere Verfahren;[11] sein Inhalt ist Grundlage der Hauptverhandlung. Mit seinem Erlass wird die Sache vor dem im Beschluss bezeichneten Gericht, vor dem die Hauptverhandlung stattfinden wird, rechtshängig.[12]

II. Erlass eines Eröffnungsbeschlusses (§§ 203 ff.)

1. Voraussetzungen, Inhalt und Form

Zuständig ist grds. das Gericht, das auch für die Durchführung der Hauptverhandlung zuständig ist;[13] Laienrichter wirken nicht mit.[14] Das Gericht beschließt (zwingend) die Eröffnung des Hauptverfahrens, wenn bei vorläufiger Tatbewertung ein **hinreichender Tatverdacht** besteht (§§ 203, 207).[15] Entscheidungsgrundlage bilden die vorangegangenen Ermittlungen und damit **nicht nur die Anklageschrift**, sondern die gesamten, mit der Anklage vorzulegenden Akten (§ 199 Abs. 2). Hinzu kommen die Ergebnisse der – z.B. nach § 202 vorgenommenen – eigenen Ermittlungen des Gerichts sowie eine etwaige Stellungnahme des Angeschuldigten.[16]

§ 206 stellt klar, dass das Gericht den angeklagten Lebenssachverhalt selbständig zu beurteilen hat[17] und folglich zu einer **abweichenden rechtlichen Würdigung** befugt ist. Im Eröffnungsbeschluss wird das **Gericht bezeichnet**, vor dem die Hauptverhandlung stattfinden soll (§ 207 Abs. 1), bei mehreren Spruchkörpern auch der zur Entscheidung berufene.

Obgleich die StPO keine ausdrückliche gesetzliche Formvorschrift vorsieht, ist der Eröffnungsbeschluss wegen seiner Bedeutung als Grundlage des Hauptverfahrens und mit Rücksicht auf die Erweislichkeit der Beschlussfassung in weiteren Verfahrensstadien regelmäßig **in schriftlicher Form** abzufassen.[18] Ist der Eröffnungsbeschluss nicht ausdrücklich ergangen, kann er zwar auch in einer anderen schriftlichen Entscheidung miterklärt worden sein. Das fragliche Schriftstück muss dann aber mit Sicherheit erkennen lassen, dass der zuständige Richter die Eröffnung des Hauptverfahrens tatsächlich beschlossen hat.[19] Insoweit hindert auch die fehlende Unterschrift des Richters die Wirksamkeit des Eröffnungsbeschlusses nicht.[20]

2. Zulassung der Klage mit Änderungen

▶ **FALL 1:** Die StA erhebt öffentliche Klage beim zuständigen Landgericht wegen Betrugs. Im Zwischenverfahren gelangt das Gericht zu der Auffassung, dass der Straftatbestand der

---

10 LG Berlin NStZ 2003, 504 m. zust. Anm. *Lilie* NStZ 2003, 568; vgl. auch *Paeffgen* NStZ 2002, 281 (282 ff.).
11 BGHSt 10, 278 (279); 29, 341 (342); *Meyer-Goßner/Schmitt* § 203 Rn 1.
12 BGHSt 29, 341 (343).
13 Vgl. § 199 Abs. 1; zu beachten sind die Ausnahmen in den §§ 209, 209a.
14 §§ 30 Abs. 2, 76 Abs. 1 S. 2 GVG.
15 Zum Beurteilungsspielraum dieser Prognoseentscheidung OLG Nürnberg NJW 2010, 3895.
16 Vgl. § 201.
17 Vgl. auch § 155 Abs. 2, ferner den Wortlaut des § 203.
18 BGHSt 34, 248; BGH NStZ-RR 2011, 150 (151); NStZ 2018, 155; SK-*Paeffgen* § 203 Rn 8; *Wendisch* JR 1992, 350; lesenswert zum Ganzen OLG Saarbrücken BeckRS 2016, 111417 Rn 6.
19 BGH NStZ 2016, 747; LR-*Stuckenberg* § 207 Rn 33, 54.
20 OLG Stuttgart NStZ-RR 2010, 343.

Untreue verwirklicht wurde und beschließt die Eröffnung eines entsprechenden Hauptverfahrens. ◄

8 Lässt das Gericht die Klage nur mit Änderungen zu, so legt es dies nach Maßgabe des § 207 Abs. 2 im Eröffnungsbeschluss dar.
Soweit der Eröffnungsbeschluss am sachlichen Gegenstand des Verfahrens etwas ändert – also in den Fällen des § 207 Abs. 2 Nr 1 und 2 –, muss die StA gem. § 207 Abs. 3 eine **neue Anklageschrift** einreichen, die dem Beschluss entspricht und somit die zugelassene Anklage enthält.[21] Der neue Anklagesatz wird in der Hauptverhandlung verlesen (§ 243 Abs. 3 S. 2).

9 ■ Eine nur teilweise Eröffnung des Hauptverfahrens im Sinne des § **207 Abs. 2 Nr 1** kommt z.B. in Betracht, wenn mehrere Strafsachen zu einem Verfahren verbunden sind und die Eröffnung hinsichtlich einzelner Taten abgelehnt wird oder einzelne Taten gem. § 154 Abs. 2 eingestellt werden.

■ Ein Änderungsbeschluss nach § **207 Abs. 2 Nr 2** ist nur erforderlich, wenn nicht schon die StA eine Beschränkung gem. § 154a angeordnet hat, die dann vom Gericht übernommen wird. Die Wiedereinbeziehung kann das Gericht von sich aus beschließen.[22]

■ Bei § **207 Abs. 2 Nr 3** ist darzulegen, welches andere Strafgesetz angewendet wird. Darzulegen ist hierbei auch, welche Tatsachen die gesetzlichen Merkmale des anderen Tatbestands erfüllen.[23] In **Fall 1** wäre dem aber schon Genüge getan, wenn klar ist, dass sich etwa die Worte „statt Betrugs" auf denselben geschichtlichen Vorgang bezögen, der zuvor als Betrug angeklagt worden war. Darüber hinaus erscheint eine entsprechende Anwendung von § 207 Abs. 2 Nr 3 geboten, wenn das Gericht ohne Änderung der rechtlichen Würdigung eine wesentliche Änderung des Schuldumfangs annimmt.[24] Hält das Gericht eine abweichende rechtliche Bewertung nur für möglich, kann es im Eröffnungsbeschluss auch die Belehrung nach § 265 Abs. 1 vorwegnehmen und auf die Möglichkeit einer anderen rechtlichen Bewertung hinweisen.[25]

■ Einzelne Gesetzesverletzungen im Sinne von § **207 Abs. 2 Nr 4** können mit der Zulassung der Anklage nach § 154a auf Antrag der StA ausgeschieden bzw. mit oder ohne deren Zustimmung wieder einbezogen werden.[26]

3. Bindungswirkung

▶ **FALL 2:** Nach Erlass des Eröffnungsbeschlusses, aber noch vor Anberaumung der Hauptverhandlung kommt das Amtsgericht aufgrund neuen Verteidigungsvorbringens des Angeschuldigten zu dem Schluss, dass sich ein hinreichender Tatverdacht gegen diesen nicht aufrechterhalten lässt. ◄

10 a) **Unwiderruflichkeit:** Dem Angeklagten steht gegen den Eröffnungsbeschluss kein Rechtsbehelf zur Verfügung (§ 210 Abs. 1). Nach ganz hM kann der Eröffnungsbeschluss deshalb auch nicht zurückgenommen oder abgeändert werden, sondern ist un-

---

21 Diese Anklageschrift hat nur deklaratorische Bedeutung und wird daher nicht mehr nach § 201 behandelt.
22 Meyer-Goßner/Schmitt § 207 Rn 4.
23 BGHSt 23, 304 (305).
24 LR-*Stuckenberg* § 207 Rn 17.
25 BGHSt 23, 304 (306).
26 Meyer-Goßner/Schmitt § 207 Rn 7.

widerruflich. Selbst dass der hinreichende Tatverdacht bereits bei Erlass des Eröffnungsbeschlusses fehlt oder – wie in **Fall 2** – nach Eröffnung des Hauptverfahrens entfällt, berechtigt danach nicht zur Aufhebung des Eröffnungsbeschlusses; der Angeklagte hat in jedem Fall **Anspruch auf ein freisprechendes Urteil**.[27]

Hiergegen wendet sich eine im Vordringen befindliche Ansicht, die unter Berufung auf die Verfahrensökonomie sowie auf Sinn und Zweck des Zwischenverfahrens, unnötige Hauptverhandlungen zu vermeiden, eine Aufhebung des Eröffnungsbeschlusses in **Ausnahmefällen** für zulässig erachtet.[28] Danach käme in **Fall 2** die Aufhebung des Eröffnungsbeschlusses in Betracht. Die Anerkennung der gesetzlich nicht vorgesehenen Rücknahmemöglichkeit hätte jedoch praktisch zur Folge, dass nicht mehr der Eröffnungsbeschluss Voraussetzung für das weitere Verfahren wäre, sondern der fortbestehende Tatverdacht. Dies widerspricht der gesetzlichen Grundvorstellung.[29]

b) **Verfahrenshindernis:** Die §§ 206a und 206b ermöglichen bei Vorliegen eines Verfahrenshindernisses oder einer Gesetzesänderung die Einstellung des Verfahrens außerhalb der Hauptverhandlung, wobei § 206a trotz der Stellung im 4. Abschnitt (Entscheidung über die Eröffnung des Hauptverfahrens) in jedem Verfahrensstadium – einschließlich Revisions- und Wiederaufnahmeverfahren – gilt.[30] Im Rechtsmittelverfahren ist die Einschränkung zu machen, dass das Verfahrenshindernis – etwa infolge von Verjährung, Rücknahme des Strafantrags oder durch ein neues Gesetz – erst dort eintritt.[31]

Das Verfahrenshindernis im Sinne des § 206a muss dem Verfahren schlechthin entgegenstehen und darf nicht nur „für längere Zeit" bestehen; sonst kommt § 205 in Betracht. Exemplarisch: Verhandlungsunfähigkeit oder übermäßige Gefahr für Leib oder Leben des Beschuldigten; ebenso nicht aufgehobene Immunität.

Mit der Einstellung des Verfahrens durch Beschluss verliert ein angefochtenes Urteil seine Wirkung, ohne dass es aufgehoben wird; entgegenstehende Urteile werden gegenstandslos.[32]

4. Fehlender oder mangelhafter Eröffnungsbeschluss

▶ **FALL 3:** Die Richterin am AG R trug in das vollständig und ordnungsgemäß ausgefüllte Eröffnungsbeschlussformular zwar handschriftlich das Datum ein, setzte jedoch versehentlich nicht ihre Unterschrift in den dafür freigelassenen Raum; Name und Bezeichnung der Richterin waren aufgeführt. Ferner fügte sie in den auf der nächsten Seite des Formulars befindlichen Ladungsvordruck unter dem gleichen Datum Aktenzeichen und den vorgesehe-

---

27 LG Lüneburg NStZ 1985, 41 (42); R/H-*Reinhart* § 207 Rn 17; *Rieß* Lüderssen-FS 749 ff.; BeckOK-*Ritscher* § 207 Rn 10; KK-*Schneider* § 207 Rn 19.
28 LG Konstanz JR 2000, 306 f.; *Hecker* JR 1997, 4 ff.; *Hohendorf* NStZ 1985, 399 (402 f.); HK-*Julius/Schmidt* § 207 Rn 8; SK-*Paeffgen* § 207 Rn 21b, § 206a Rn 14; *Ulsenheimer* NStZ 1984, 440 ff.; s. ferner MK-*Wenske* Rn 89 ff.
29 KK-*Schneider* § 207 Rn 19; eingehend *Rieß* Lüderssen-FS 749 ff.
30 BGHSt 24, 208 (212); OLG Frankfurt NJW 1983, 2398 (2399).
31 *Meyer-Goßner/Schmitt* § 206a Rn 6. Rechtsprechung und hL wenden § 206a auch in den Fällen an, in denen der Erstrichter das Vorliegen eines Verfahrenshindernisses übersehen hat (BGHSt 24, 208 [213]; 32, 275 [290]; OLG Frankfurt NJW 1991, 2849 [2850]; LR-*Stuckenberg* § 206a Rn 15). Nach der Gegenansicht ist das eingelegte Rechtsmittel begründet und keine Erstentscheidung nach § 206a; vielmehr sei unter Aufhebung des angefochtenen Urteils eine Sachmittelentscheidung zu treffen (*Meyer-Goßner/Schmitt* § 206a Rn 6a; SK-*Paeffgen* § 206a Rn 8; KK-*Schneider* § 206a Rn 4; *Volk/Engländer* § 35/11).
32 In der Hauptverhandlung muss (auch bei Unterbrechung gem. § 229) ein Einstellungsurteil nach § 260 Abs. 3 ergehen; vgl. auch BGHSt 23, 365 (368).

nen Hauptverhandlungstermin ein und verfügte zudem die Ladung von Angeklagtem und Zeugen.[33] ◄

▶ **FALL 4:** Bei der Beschlussfassung zur Eröffnung des Hauptverfahrens wirkt Richter R mit, obwohl die Verletzte im Verfahren seine Ehefrau ist. ◄

15 a) **Fehlen des Eröffnungsbeschlusses:** Fehlt ein Eröffnungsbeschluss, liegt ein Prozesshindernis vor.[34] Umstritten ist, ob ein fehlender Eröffnungsbeschluss (nach Beginn der Hauptverhandlung)[35] nachgeholt werden kann oder ob ein Einstellungsurteil gem. § 260 Abs. 3 ergehen muss und es ggf. einer Neuanklage bedarf.[36]

16 ■ Nach inzwischen gefestigter Rspr. und einem TdL ist die Nachholung des fehlenden Eröffnungsbeschlusses auch noch **während der erstinstanzlichen Hauptverhandlung möglich**.[37] Den schutzwürdigen Belangen des Angeklagten werde dadurch Rechnung getragen, dass er und der Verteidiger – hierüber ist zu belehren – nach den §§ 217, 218 die Aussetzung des Verfahrens verlangen können. Verzichten sie auf die Einhaltung der Ladungsfrist gem. § 217 Abs. 3, soll die Verhandlung sogleich weitergeführt werden können.[38] Da die Hauptverhandlung eine *zugelassene* Anklage voraussetzt, ist dann derjenige Teil, der vor ihrer Zulassung liegt, zu wiederholen.[39]

17 ■ Dagegen lehnt die hL die Nachholung in der Hauptverhandlung als generell unzulässig ab.[40] Begründet wird dies mit der nachhaltigen Entwertung des Eröffnungsbeschlusses als Verfahrensvoraussetzung und der Schutzfunktion der Form, die unterlaufen werde. Bedenklich sei auch, dass das Gericht bei schon begonnener Hauptverhandlung mehr als sonst geneigt sein werde zu eröffnen.[41]

18 Bei der **Entscheidung über die Revision** zwingt das Fehlen des Eröffnungsbeschlusses zur Einstellung des Verfahrens; eine Zurückverweisung kommt nicht in Betracht.[42]

19 b) **Mangelhaftigkeit des Eröffnungsbeschlusses:** Ist ein Eröffnungsbeschluss lediglich mangelhaft, entscheidet der Grad der Fehlerhaftigkeit.[43] Es ist zwischen gravierenden und weniger **gravierenden Mängeln** zu unterscheiden. Maßgebliches Abgrenzungskriterium ist, inwieweit aufgrund des Eröffnungsbeschlusses mit den darin enthaltenen Informationen eine **sachgerechte Verteidigung möglich** ist.[44] Während schwere Mängel zur Unwirksamkeit des Eröffnungsbeschlusses[45] und damit zum Fehlen einer Prozess-

---

33 OLG Zweibrücken NStZ-RR 1998, 75.
34 BGHSt 5, 225 (227); 10, 278 (279); vgl. auch § 14 Rn 16 f.
35 Die Nachholung nach Ladung zur Hauptverhandlung *vor* deren Beginn wird als unproblematisch eingestuft, vgl. OLG Düsseldorf MDR 1970, 783 f.; SK-*Paeffgen* § 203 Rn 4.
36 Vgl. hierzu *Rössner/Safferling* Problem 11; ferner § 14 Rn 16 f.
37 BGHSt 29, 224 (228); BGH NStZ-RR 2011, 150 (151); *Pfeiffer* § 207 Rn 11; BeckOK-*Ritscher* § 207 Rn 16; KMR-*Seidl* § 207 Rn 23; LR-*Stuckenberg* § 207 Rn 59; in der Berufungsverhandlung scheidet eine Nachholung aus: BGHSt 33, 167 (168).
38 BGHSt 29, 224 (230).
39 Näher LR-*Stuckenberg* § 207 Rn 61 mwN; aA OLG Hamburg NJW 1962, 1360 (1361).
40 *Beulke/Swoboda* Rn 284, 361; HK-*Julius/Schmidt* § 207 Rn 17; *Krey* I Rn 378 f.; *Meyer-Goßner* JR 1981, 214 (216 ff.); *Nelles* NStZ 1982, 96 (100 ff.); SK-*Paeffgen* § 203 Rn 4; R/H-*Reinhart* § 207 Rn 16; vgl. auch § 14 Rn 17.
41 *Krey* I Rn 378; SK-*Paeffgen* § 203 Rn 4; insoweit zust. auch *Roxin/Schünemann* § 42/13.
42 BGHSt 10, 278 (279); OLG Hamm StV 2001, 331; aA BGHSt 29, 224 (228).
43 Zur revisionsrechtlichen Kontrolle vgl. *Kuckein* StraFo 1997, 33 ff.
44 Vgl. auch BGH StV 1996, 362.
45 BGH GA 1980, 108; NStZ 1984, 133.

voraussetzung führen, können weniger gravierende Mängel in der Hauptverhandlung geheilt werden.[46] Im Einzelnen ist diese Einordnung jedoch **umstritten**.[47]

aa) So kann nach überwiegender Ansicht etwa ein Eröffnungsbeschluss des AG[48] trotz **fehlender Unterschrift** gültig sein, wenn er tatsächlich gefasst wurde und nicht bloß als Entwurf vorlag.[49] In dem unseren **Fall 3** zugrunde liegenden Sachverhalt hatte die Richterin handschriftlich in den auf der nächsten Seite befindlichen Ladungsvordruck unter dem gleichen Datum Aktenzeichen und vorgesehenen Hauptverhandlungstermin eingefügt, außerdem die Ladung von Angeklagtem und Zeugen verfügt. Die Möglichkeit, dass es sich lediglich um einen Entwurf handelt, scheidet damit aus. Der Beschluss ist in **Fall 3** wirksam.

Die **Gegenansicht** setzt „Schriftlichkeit" mit der Unterzeichnung des Beschlusses durch seinen Urheber gleich, so dass der Eröffnungsbeschluss bei Fehlen der Unterschrift unwirksam ist.[50] Begründet wird dies u.a. damit, dass erst mit der Unterschrift, mit der die Verantwortung für den Eröffnungsbeschluss übernommen werde, feststehe, dass der Inhalt vom Aussteller autorisiert sei.

bb) Auch die Bedeutung der **Mitwirkung** eines nach den §§ 22, 23 **ausgeschlossenen Richters** wird **uneinheitlich** beurteilt. Während sie nach BGH und wohl hL nicht zur Unwirksamkeit führt,[51] sieht die Gegenansicht Art. 101 Abs. 1 S. 2 GG verletzt.[52] Die hM beruft sich auf eine im Vergleich zum Urteil „geringere Bedeutung" des Eröffnungsbeschlusses für das Verfahren und darauf, dass es in der Regel an der Offenkundigkeit des Mangels fehle.[53] Hingegen wiegen die mit Blick auf Sinn und Zweck der Ausschlussgründe bestehenden Bedenken so schwer, dass es richtig erscheint, einen solchen Eröffnungsbeschluss nicht bloß als fehlerhaft anzusehen, sondern ihm tatsächlich auch die Wirksamkeit abzusprechen. In **Fall 4** läge danach kein wirksamer Beschluss vor.

c) Verlust des Eröffnungsbeschlusses: Ist der Eröffnungsbeschluss verloren gegangen, so wird er durch einen seinen Inhalt feststellenden neuen Gerichtsbeschluss ersetzt.[54]

III. Ablehnung der Eröffnung des Hauptverfahrens

1. Voraussetzung und Inhalt des Nichteröffnungsbeschlusses

Das Gericht beschließt die Ablehnung der Eröffnung des Hauptverfahrens nach § 204 Abs. 1 i.V.m. § 203, wenn es den hinreichenden Tatverdacht verneint, also insbesondere wenn

---

46 BGH GA 1980, 108 (109); OLG Karlsruhe JR 1991, 36 (37).
47 Vgl. KK-*Schneider* § 207 Rn 27 ff.
48 Zur Strafkammer BGHSt 10, 278 (279); BGH StV 1986, 329: maßgeblich für die Wirksamkeit ist ausschließlich die tatsächliche Beschlussfassung der an der Entscheidung mitwirkenden Richter.
49 BayObLG NStZ 1989, 489; OLG Düsseldorf NStZ-RR 2000, 114; KK-*Schneider* § 207 Rn 29 mwN; vgl. auch OLG Karlsruhe StraFo 2003, 273.
50 OLG Frankfurt NJW 1991, 2849 (2850); *Meyer-Goßner* JR 1982, 390 (391); *Naucke* StV 1990, 397 f.; SK-*Paeffgen* § 203 Rn 8; *Roxin/Schünemann* § 42/12; so auch noch BGH bei *Holtz* MDR 1977, 639.
51 BGHSt 29, 351 (354 f.); BGH NStZ 1985, 464 (465); *Pfeiffer* § 207 Rn 10; *Meyer-Goßner/Schmitt* § 207 Rn 11; KMR-*Seidl* § 207 Rn 33.
52 *Nelles* NStZ 1982, 96 (102); LR-*Stuckenberg* § 207 Rn 67 f.; HK/*Julius/Schmidt* § 207 Rn 20; weitergehend OLG Frankfurt StV 2001, 496 f.; KK-*Schneider* § 207 Rn 30: Unwirksamkeit auch bei erfolgreicher Ablehnung wegen Besorgnis der Befangenheit.
53 Dagegen LR-*Stuckenberg* § 207 Rn 67.
54 RGSt 55, 159 (160); 65, 250 (251 f.).

- die tatsächlichen Voraussetzungen der materiellrechtlichen Strafbarkeit nicht mit ausreichender Wahrscheinlichkeit erfüllt sind,
- das nachweisbare Verhalten aus Rechtsgründen nicht strafbar ist,
- nicht zu erwarten ist, dass das strafbare Verhalten in einer Hauptverhandlung mit den Mitteln des Strengbeweises bewiesen werden kann oder
- die Prozessvoraussetzungen nicht vorliegen.[55]

25 Gem. § 204 Abs. 1 muss der Beschluss, was mit Blick auf die mögliche Wiederaufnahme (§ 211) von großer Bedeutung ist, erkennen lassen, ob die Ablehnung auf **tatsächlichen oder rechtlichen Gründen** beruht. Eine Doppelbegründung – Ablehnung sowohl aus tatsächlichen als auch aus rechtlichen Gründen – ist nach hM unzulässig.[56]

2. Anfechtung und Rechtskraft

26 Der StA steht gegen den die Eröffnung des Hauptverfahrens ablehnenden Beschluss die **sofortige Beschwerde** nach § 311 zu (§ 210 Abs. 2 Alt. 1).

27 Lehnt auch das Beschwerdegericht die Eröffnung des Hauptverfahrens ab, ist der Beschluss nicht weiter anfechtbar. Die Klage kann dann gem. § 211 nur aufgrund neuer Tatsachen oder Beweismittel – also nicht bei einer neuen Rechtsansicht – wieder aufgenommen werden. Liegen auch die Voraussetzungen für eine Wiederaufnahme nach § 211 nicht vor, tritt **Strafklageverbrauch** wie bei einem freisprechenden Urteil ein.[57] Der nicht mehr anfechtbare Beschluss über die Ablehnung der Eröffnung des Hauptverfahrens hat also eine **beschränkte materielle Rechtskraft**.[58]

3. Vorläufige Einstellung des Strafverfahrens

▶ **FALL 5:** Der ausländische Angeschuldigte hat nach rechtskräftiger Ablehnung seines Asylantrags das Bundesgebiet verlassen. Sein Verteidiger ist der Ansicht, das Verfahren sei nun endgültig einzustellen. ◀

28 a) **Personenbezogenes Hindernis:** Gem. § 205 S. 1 kann das Gericht bei Vorliegen eines in der Person des Angeschuldigten liegenden Hindernisses das Verfahren durch Beschluss vorläufig einstellen. Der Vorschrift liegt der Gedanke zugrunde, dass das Verfahren bei vorübergehenden Prozesshindernissen ungeachtet des Beschleunigungsgrundsatzes vorläufig eingestellt werden muss, dies aber durch eine förmliche Entscheidung zu dokumentieren ist. Es handelt sich hierbei nicht um Verfahrenshindernisse im technischen Sinn; die vorläufige Einstellung nach § 205 steht z.B. dem Erlass eines Haftbefehls nicht entgegen.[59] Auch kann ein Strafbefehl beantragt und erlassen werden.

---

55 *Meyer-Goßner/Schmitt* § 204 Rn 2 ff.; *Volk/Engländer* § 16/18.
56 S. nur *Meyer-Goßner/Schmitt* § 204 Rn 4; aA (mit beachtlichen Argumenten) *Martin* NStZ 1995, 528 (531).
57 BGHSt 18, 225 ff.; OLG Jena NStZ-RR 1998, 20 (21).
58 In der Praxis wird die Ablehnung der Eröffnung des Hauptverfahrens nach § 204 dadurch umgangen, dass das Gericht der StA seine Bedenken mitteilt und eine Rücknahme der Anklage anregt. Aus § 156 ergibt sich, dass die StA die Anklage auch noch während des Zwischenverfahrens zurücknehmen kann. Nach der Rücknahme stellt die StA dann das Verfahren nach § 170 Abs. 2 ein. Ein solches Verfahren wird mit der Erwägung, dass das umständliche Beschwerdeverfahren nach § 210 Abs. 2 vermieden wird, für zulässig erachtet, vgl. *Schroeder/Verrel* Rn 174.
59 *Hanack* JR 1977, 434 (435); *Meyer-Goßner/Schmitt* § 205 Rn 1.

Das Hindernis muss **für längere Zeit** bestehen, weil ansonsten – unter Berücksichtigung des Beschleunigungsgebots – bloßes Zuwarten oder eine Entscheidung nach den §§ 228, 229 (Aussetzung und Unterbrechung) genügt.[60] Die Fortsetzung des Verfahrens muss jederzeit möglich sein, sei es von Amts wegen, auf Antrag der Staatsanwaltschaft oder stillschweigend durch Vornahme neuer Ermittlungen – eines besonderen Aufhebungsbeschlusses bedarf es nicht.[61]

29

Die vorläufige Einstellung des Verfahrens gem. § 205 S. 1 ist etwa bei **vorübergehender Verhandlungsunfähigkeit** des Angeschuldigten angebracht,[62] wohingegen bei endgültiger Verhandlungsunfähigkeit § 206a einschlägig ist.[63] In **Fall 5** kommt die Einstellung nach § 205 S. 1 in Betracht, da die Möglichkeit besteht, dass der Angeschuldigte – eventuell auch nur kurzfristig – in die BRD zurückkehrt.

30

b) **Zeitpunkt:** § 205 gilt in jeder Lage des Verfahrens.[64] Im vorbereitenden Verfahren gilt für die StA § 154f.[65] Ferner kommt eine Einstellung nach **§ 205 analog** bei allen anderen nur vorübergehenden Verfahrenshindernissen und Hindernissen tatsächlicher und rechtlicher Art in Betracht, z.B. beim Fehlen eines erforderlichen, aber noch nachholbaren Strafantrags.[66] Die **Rechtsprechung verneint** eine analoge Anwendung von § 205, wenn das Hindernis nicht in der Person des Angeschuldigten liegt, sondern **persönliche Beweismittel** betrifft. Exemplarisch: Unauffindbarkeit, Verhinderung oder Vernehmungsunfähigkeit eines wesentlichen Zeugen.[67] Denn mit der Eröffnung des Hauptverfahrens habe der Angeklagte das Recht erlangt, dass sein Verfahren durchgeführt und beendet wird.[68]

31

4. Einstellung aus Opportunitätsgründen

Wenn das Hauptverfahren nicht eröffnet wird, kommen auch andere Entscheidungen in Betracht, insbesondere die Einstellung des Verfahrens nach §§ 153 Abs. 2, 153a Abs. 2, 153b Abs. 2 oder die vorläufige Einstellung nach §§ 154 Abs. 2, 154b Abs. 4, 154e Abs. 2.

32

WIEDERHOLUNGS- UND VERTIEFUNGSFRAGEN

33

> Wie und durch wen ergeht die Entscheidung über die Eröffnung des Hauptverfahrens? (Rn 5 ff.)
> Kann der Eröffnungsbeschluss aufgehoben werden, weil sich die Beurteilung des hinreichenden Tatverdachts durch das Gericht nach der Eröffnung des Hauptverfahrens geändert hat, d.h. das Gericht den hinreichenden Tatverdacht nun verneint? (Rn 10 f.)
> Welche Rechtswirkung hat der Beschluss, mit dem das Gericht die Eröffnung des Hauptverfahrens ablehnt? (Rn 27)

---

60 *Meyer-Goßner/Schmitt* § 205 Rn 3 mwN.
61 *Meyer-Goßner/Schmitt* § 205 Rn 5; LR-*Stuckenberg* § 205 Rn 41. Zu beachten ist auch die Möglichkeit der Fortsetzung des Verfahrens nach §§ 231a Abs. 1 S. 1, 232 Abs. 1, 233, 350, 412.
62 Vgl. auch BGHSt 37, 145 (146); OLG Koblenz VRS 68, 364 zu der Fall 5 zugrunde liegenden Konstellation.
63 BGH NJW 1970, 1981; OLG Nürnberg MDR 1968, 516; *Meyer-Goßner/Schmitt* § 205 Rn 1; *Volk/Engländer* § 16/22.
64 *Beulke/Swoboda* Rn 364; *Meyer-Goßner/Schmitt* § 205 Rn 3; *Pfeiffer* § 205 Rn 1; KK-*Schneider* § 205 Rn 1.
65 BT-Drs. 16/12098, 21 f.
66 *Roxin/Schünemann* § 42/15; vgl. auch *Volk/Engländer* § 16/23.
67 LG Braunschweig NdsRpfl 2017, 352; BeckOK-*Ritscher* § 205 Rn 3; zur Gegenansicht s. *Meyer-Goßner/Schmitt* § 205 Rn 8.
68 Vgl. LR-*Stuckenberg* § 205 Rn 32 ff.

§ 17 Hauptverfahren (1. Instanz)

1 Nach dem Eröffnungsbeschluss folgt das **Hauptverfahren**. Das Hauptverfahren unterteilt sich in die **Vorbereitung der Hauptverhandlung** (§§ 212 – 225a) und die **Hauptverhandlung** (§§ 226 – 275).

I. Die Vorbereitung der Hauptverhandlung

2 Das Hauptverfahren beginnt mit der Vorbereitung der Hauptverhandlung. Im Einzelnen:

1. Terminsbestimmung (§ 213)

▶ **FALL 1:** Die Vorsitzende bestimmt den Termin zur Hauptverhandlung auf den ersten Tag des Laubhüttenfestes, einem hohen jüdischen Feiertag. Dem jüdischen Angeklagten ist es an diesem Tag aus religiösen Gründen verwehrt, vor Gericht aufzutreten und sich zur Sache zu äußern.[1] ◀

3 Für die Hauptverhandlung muss ein Termin nach Datum, Uhrzeit und Ort anberaumt werden.[2] Die Festlegungen trifft der Vorsitzende des zuständigen Spruchkörpers nach seinem pflichtgemäßen Ermessen:[3] Zu beachten hat er aber, dass zwischen der Ladungszustellung an den Angeklagten und dem Tag der Hauptverhandlung mindestens eine Woche liegen muss (§ 217 Abs. 1), sofern nicht der Angeklagte auf diese Frist verzichtet hat (§ 217 Abs. 3). Hauptverhandlungen finden in der Regel werktags zur gewöhnlichen Dienstzeit in Gerichtssälen statt. Unter besonderen Umständen können Hauptverhandlungen aber auch außerhalb von Gerichtsgebäuden stattfinden.[4] Bei zwingenden Gründen kann der Termin ausnahmsweise auch in die Nachtzeit oder auf einen Sonn- oder Feiertag fallen, wobei die Rechte des Angeklagten zu beachten sind.[5]

In **umfangreichen** erstinstanzlichen landes- bzw. oberlandesgerichtlichen Verfahren, die voraussichtlich länger als zehn Tage dauern werden, ist der Vorsitzende angehalten, mit Verteidiger, StA und ggf. Nebenklagevertreter den Termin abzustimmen (§ 213 Abs. 2).

In **Fall 1** führt die Terminierung dazu, dass sich der Angeklagte nicht zumutbar äußern kann. Sein Recht auf rechtliches Gehör (Art. 103 Abs. 1 GG) wird damit verletzt.[6] Die Vorsitzende hat ihr Ermessen daher nicht mehr rechtmäßig ausgeübt. Ihre Terminsverfügung kann nach hM[7] mit der **Beschwerde** nach § 304 angegriffen werden, wobei nur die Recht- und nicht die Zweckmäßigkeit der Terminsbestimmung überprüft wird. Die Verletzung von Art. 103 Abs. 1 GG kann aber auch in der Revision beachtlich sein und zur Aufhebung des Urteils führen.[8]

---

1 Nach BGHSt 13, 123 ff.
2 OLG Köln VRS 69, 451 (452); OLG Karlsruhe NStZ-RR 2015, 385; *Meyer-Goßner/Schmitt* § 213 Rn 1.
3 BGH NStZ-RR 2006, 271 (272); NStZ 2007, 163 (164); OLG Bamberg NJW 2006, 2341 (2342); ausf. BeckOK-*Ritscher* § 213 Rn 3 ff.
4 OLG Hamm NJW 1974, 1780; LR-*Jäger* § 213 Rn 2 f.; *Meyer-Goßner/Schmitt* § 213 Rn 2; *Ranft* Rn 1401.
5 BGHSt 12, 332 (333); SK-*Deiters* § 213 Rn 12; KMR-*Eschelbach* § 213 Rn 11; LR-*Jäger* § 213 Rn 6.
6 Vgl. BGHSt 13, 123 (124).
7 OLG Hamburg StV 1995, 11; OLG Frankfurt StV 1995, 9; 2001, 157; umf. KK-*Gmel* § 213 Rn 6; *Meyer-Goßner/Schmitt* § 213 Rn 8; aA OLG Hamm NStZ 1989, 133; OLG Düsseldorf VRS 90, 127; diff. SK-*Deiters* § 213 Rn 15; schöne Zusammenfassung des Streits bei MK-*Arnoldi* § 213 Rn 15 ff.
8 BGHSt 13, 123 (124 ff.), vgl. a. MK-*Arnoldi* § 213 Rn 18.

2. Ladungen

Ist der Termin bestimmt, müssen die Prozessbeteiligten, Zeugen und Sachverständigen zur Hauptverhandlung geladen werden. Ladungen werden in erster Linie durch das Gericht, aber auch seitens der StA und des Angeklagten bewirkt.

a) **Ladungen durch das Gericht:** Das Gericht lädt den Angeklagten (§ 216), seinen Verteidiger (§ 218) sowie etwaige Nebenkläger (§ 397 Abs. 1 S. 2), Nebenbeteiligte und Dolmetscher.[9] Des Weiteren lädt es die erforderlichen Zeugen und Sachverständigen.[10] Die Ladungen gehen auf entsprechende Anordnungen des Vorsitzenden zurück (§ 214 Abs. 1 S. 1), die von der Geschäftsstelle vollzogen werden (§ 214 Abs. 1 S. 3).

b) **Ladungen durch die StA:** Die StA darf weitere Zeugen und Sachverständige unmittelbar selbst zur Hauptverhandlung laden (§ 214 Abs. 3).

c) **Ladungen durch den Angeklagten:** Der Angeklagte kann Zeugen und Sachverständige **mittelbar** durch das Gericht laden lassen, indem er beim Gericht einen erfolgreichen Beweisantrag stellt (§ 219 Abs. 1 S. 1).

Sofern er auf einen Beweisantrag verzichtet oder ein solcher Antrag abgelehnt wurde, darf er Zeugen und Sachverständige gem. § 220 Abs. 1 unmittelbar selbst laden.

d) **Namhaftmachung:** Zur allseitigen Information über die geladenen Zeugen und Sachverständigen müssen das Gericht, die StA und der Angeklagte die jeweils von ihnen geladenen Personen unter Nennung des Namens sowie des Wohn- oder Aufenthaltsorts mitteilen (§ 222).

3. Zustellung des Eröffnungsbeschlusses

Spätestens mit der Ladung muss dem Angeklagten der Beschluss über die Eröffnung des Hauptverfahrens **zugestellt** werden (§ 215 S. 1).
Gleiches gilt, wenn die StA eine Anklageschrift nachgereicht hat (§§ 215 S. 2, 207 Abs. 3).

4. Kommissarische Beweisaufnahme

Die Beweisaufnahme ist Teil der Hauptverhandlung (§ 244 Abs. 1). Eine Beweisaufnahme in der Hauptverhandlung setzt voraus, dass die Beweise zur Zeit und am Ort der Hauptverhandlung verfügbar sind.
Ist diese Verfügbarkeit unverhältnismäßig schwierig oder gar nicht herzustellen, so können **Zeugen und Sachverständige** vor der Hauptverhandlung kommissarisch vernommen werden, d.h. durch einen beauftragten oder ersuchten Richter (vgl. § 223).
Bereits aus Überlegungen der Zweckmäßigkeit kann ein kommissarischer richterlicher **Augenschein** eingenommen werden (§ 225).[11]
Vor der kommissarischen Beweisaufnahme muss das Gericht den Angeklagten, seinen Verteidiger und die StA benachrichtigen, wenn der Untersuchungserfolg dadurch nicht gefährdet wird (§ 225 i.V.m. § 224). Sie sind unabhängig von der Benachrichtigung **anwesenheitsberechtigt** (Ausnahme: § 224 Abs. 2 für den verteidigten, inhaftierten Ange-

---

9 R/H-*Britz* § 214 Rn 4; KK-*Gmel* § 214 Rn 1.
10 *Meyer-Goßner/Schmitt* § 214 Rn 3; *Schroeder/Verrel* Rn 188.
11 LR-*Jäger* § 225 Rn 1 f., 5; AK-*Keller* § 225 Rn 2; krit. KMR-*Eschelbach* § 225 Rn 9 f.

klagten, wenn die kommissarische Beweisaufnahme außerhalb des Haftortes stattfindet).[12]

5. Herbeischaffung der Beweisgegenstände

12 Für die Beweisaufnahme in der Hauptverhandlung müssen die Beweisgegenstände bereitstehen. Grds. werden die Beweisgegenstände von der StA zur Hauptverhandlung gebracht (§ 214 Abs. 4 S. 1). Daneben kann aber auch das Gericht dafür sorgen, dass Beweisgegenstände beschafft werden, etwa durch Anordnung des Vorsitzenden an die StA oder eigene Herbeischaffung der Gegenstände (§§ 214 Abs. 4 S. 2, 221).[13]

13 Auf die Vorbereitungen der Beweisaufnahme kann der Angeklagte durch Beweisanträge an den Vorsitzenden Einfluss nehmen (§ 219 Abs. 1 S. 1). Über diese Beweisanträge muss der Vorsitzende entscheiden und dem Angeklagten die entsprechende Verfügung bekanntmachen (§ 219 Abs. 1 S. 2). Soweit den Beweisanträgen stattgegeben wird, erfolgt eine Mitteilung an die StA (§ 219 Abs. 2).

6. Mitteilung der Gerichtsbesetzung

▶ **FALL 2:** Gegen die Angeklagte A ist das Hauptverfahren vor dem Landgericht in erster Instanz eröffnet. Zur Vorbereitung der Hauptverhandlung wurde ihr die Besetzung des Spruchkörpers ordnungsgemäß mitgeteilt. A ist der Überzeugung, dass der Geschäftsverteilungsplan des Landgerichts und damit auch die Spruchkörperbesetzung fehlerhaft sind. Dennoch möchte A das Urteil abwarten. Nur wenn es besonders streng ausfällt, will sie es anfechten. ◀

14 Der Spruchkörper des Gerichts muss in Einklang mit Art. 101 Abs. 1 S. 2 GG mit den gesetzlich zuständigen Richtern besetzt sein. Ein Verstoß gegen diese Vorschrift stellt einen absoluten Revisionsgrund nach § 338 Nr 1 dar, der das Urteil im Zuge einer zulässigen Revision zu Fall bringt (§ 353). Um zu vermeiden, dass ein solcher Verfahrensfehler, der bereits zu Anfang des erstinstanzlichen Hauptverfahrens behoben werden kann, eine derart drastische Folge und damit Verzögerung des Prozesses auslöst, begrenzen die §§ 222a f., 338 Nr 1 HS 2 die Möglichkeiten, einen **Besetzungsfehler beanstanden** zu können.[14] Eine Besetzungsrüge kann demnach **nur bis zum Beginn der Vernehmung des ersten Angeklagten** zur Sache in der Hauptverhandlung geltend gemacht werden (§ 222b Abs. 1 S. 1) und nur in der Form, die § 222b Abs. 1 vorschreibt (vgl. § 338 Nr 1).
Diese Begrenzung hat aber zur **Voraussetzung**, dass das Gericht seiner **Mitteilungspflicht** aus § 222a Abs. 1 nachgekommen ist (vgl. § 338 Nr 1 HS 2 lit. a). Demnach muss es den Prozessbeteiligten die Besetzung des Spruchkörpers spätestens bis zum Beginn der Hauptverhandlung mitgeteilt haben, sofern es sich um ein erstinstanzliches Verfahren vor dem **LG oder OLG** handelt (§ 222a Abs. 1 S. 1).

Fall 2: Will A ihr Recht auf den gesetzlichen Richter aus Art. 101 Abs. 1 S. 2 GG durchsetzen, so muss sie die Spruchkörperbesetzung bis zum Beginn ihrer Vernehmung zur Sache rügen. Wartet sie stattdessen das Urteil ab, so verliert sie die Rügemöglichkeit (sog. **Rügepräklusion**), muss also die Spruchkörperbesetzung akzeptieren.

---

12 BGHSt 32, 115 (129 f.); LR-*Jäger* § 224 Rn 5; *Pfeiffer* § 224 Rn 3; *Volk/Engländer* § 17/11.
13 MK-*Arnoldi* § 214 Rn 15.
14 BT-Drs. 8/1844, 31; BGH StraFo 2007, 59 (60); LR-*Jäger* § 222a Rn 1; *Meyer-Goßner/Schmitt* § 222a Rn 1; vgl. auch BVerfG NStZ 1984, 370 f.

7. Mitteilungen an Verletzte

Verletzte, die – etwa als Nebenkläger (§ 395) – zur Anwesenheit in der Hauptverhandlung berechtigt sind, erhalten vom Vorsitzenden über die Geschäftsstelle Mitteilung von der Terminierung der Hauptverhandlung, wenn aktenkundig ist, dass sie einen entsprechenden Antrag gestellt haben (§§ 214 Abs. 1).

II. Die Hauptverhandlung

Wenn es zur Hauptverhandlung kommt, haben StA und Gericht mit Anklage und Eröffnungsbeschluss lediglich festgestellt, dass der Angeklagte hinreichend tatverdächtig ist (§§ 170 Abs. 1, 203). Der Verdacht ist nur eine Prognose. Die Antwort auf die verbleibende Frage, ob der Angeklagte tatsächlich ein Straftäter ist, soll die Hauptverhandlung liefern, die mit dem Urteil abschließt.

1. Der Gang der Hauptverhandlung

Die StPO sieht für die Hauptverhandlung folgenden chronologischen Ablauf vor:

a) Aufruf der Sache (§ 243 Abs. 1 S. 1)
b) Präsenzfeststellung des Angeklagten, des Verteidigers sowie der Beweispersonen und -mittel (§ 243 Abs. 1 S. 2), s.u. Rn 18
c) Entfernung der Zeugen aus dem Sitzungssaal (§ 243 Abs. 2 S. 1), s.u. Rn 19
d) Vernehmung des Angeklagten zur Person (§ 243 Abs. 2 S. 2), s.u. Rn 20
e) Verlesung des Anklagesatzes durch die StA (§ 243 Abs. 3 S. 1)
f) Mitteilung, ob Erörterungen nach §§ 202a, 212 stattgefunden haben (§ 243 Abs. 4), s.u. Rn 21
g) Belehrung des Angeklagten über sein Aussageverweigerungsrecht (§ 243 Abs. 5 S. 1)
h) Vernehmung des Angeklagten zur Sache (§ 243 Abs. 5 S. 2)[15], s.u. Rn 22
i) Beweisaufnahme (§ 244 Abs. 1)
j) Schlussplädoyers[16] (§ 258 Abs. 1, 2 HS 1)
k) Letztes Wort des Angeklagten (§ 258 Abs. 2 HS 2, Abs. 3), s.u. Rn 23
l) Geheime Beratung, Abstimmung und öffentliche Verkündung des Urteils (§ 260 Abs. 1), s.u. Rn 24

■ Zu b): Die Anwesenheit eines Sitzungsvertreters der StA wird als selbstverständlich vorausgesetzt (vgl. § 226 Abs. 1).[17]

■ Zu c): Die Zeugen und Sachverständigen werden in der Regel gemeinsam nach den §§ 55 Abs. 2, 57, 72 belehrt. Sodann werden die Zeugen samt etwaiger Beistände aus dem Sitzungssaal entfernt und betreten ihn erst wieder, wenn sie einzeln in der Beweisaufnahme vernommen werden (§ 58 Abs. 1). Damit soll sichergestellt werden, dass die Zeugen unbeeinflusst vom Inhalt der Hauptverhandlung aussagen.[18]

■ Zu d): Die Vernehmung des Angeklagten zur Person beschränkt sich auf die Identitätsfeststellung und die Überprüfung der Verhandlungs- und Verteidigungsfähig-

---

15 In besonders umfangreichen Verfahren kann der Verteidiger auf seinen Antrag hin vor der Vernehmung des Angeklagten für diesen eine Erklärung zur Anklage abgeben (§ 243 Abs. 5 S. 3 und 4).
16 Umfassend zum Schlussplädoyer des Verteidigers *Kudlich/Oberhof* JA 2006, 463 ff.
17 *Joecks* § 243 Rn 4; *Volk/Engländer* § 17/14.
18 BGHSt 3, 387 (388); LR-*Becker* § 243 Rn 22; *Pfeiffer* § 58 Rn 1; *Schroeder/Verrel* Rn 193.

keit.[19] Alle weiteren Angaben können sachlich-rechtliche Bedeutung erlangen und gehören daher in die Vernehmung zur Sache.[20]

21 ■ **Zu f):** Haben vor Beginn oder auch außerhalb der Hauptverhandlung **Urteilsabsprachen** (§ 257c) betreffende Erörterungen stattgefunden, sind sie durch Mitteilung gegenüber der Öffentlichkeit und den Verfahrensbeteiligten transparent zu machen (**Transparenzpflicht**).[21] Dabei bedarf es der Darlegung, von welcher Seite die Frage einer Verständigung aufgeworfen wurde, welche Standpunkte gegebenenfalls vertreten wurden und auf welche Resonanz dies bei den anderen am Gespräch Beteiligten jeweils gestoßen ist.[22] Auch wenn keine auf eine Verständigung hinzielenden Gespräche stattgefunden haben, muss das Gericht dies in Form einer sog. **Negativmitteilung** offenlegen.[23]

22 ■ **Zu h):** Mit dem Beginn der Vernehmung des Angeklagten zur Sache läuft die **Frist einiger Beanstandungen** ab:
– Der Einwand der **örtlichen Unzuständigkeit** des Gerichts (§ 16 S. 3),
– die Rüge der **Zuständigkeit besonderer Strafkammern** (§ 6a S. 3),
– die Rüge der ungesetzlichen **Besetzung** des Spruchkörpers (§ 222b) und
– die Rüge der zu kurzfristigen **Ladung** (§ 217 Abs. 2)

werden präkludiert – d.h. von einer späteren Berücksichtigung ausgeschlossen –, wenn sie nicht bis zum Beginn der Vernehmung zur Sache geltend gemacht werden.[24]

23 ■ **Zu k):** Das letzte Wort des Angeklagten ist sein höchstpersönliches und nicht übertragbares Recht (§ 258 Abs. 3).

24 ■ **Zu l):** Das Urteil wird regelmäßig **im unmittelbaren Anschluss** an die Verhandlung beraten und verkündet, **spätestens** aber am **elften Tag** nach Verhandlungsschluss (§ 268 Abs. 3), damit die Einzelheiten der Hauptverhandlung nicht in Vergessenheit geraten.

Die **Beratung** ist ebenso wie die darauf folgende Abstimmung geheim (§§ 43, 45 Abs. 1 S. 2 DRiG, § 193 GVG).

Das Urteil wird „im Namen des Volkes" durch Verlesung der Urteilsformel und Eröffnung der Urteilsgründe verkündet (§§ 260 Abs. 1, 268 Abs. 1).

2. Die anwesenden Personen

25 **a) Die Richter:** Die zur Urteilsfindung berufenen Personen – Berufsrichter und Schöffen – müssen **ausnahmslos** während der gesamten Hauptverhandlung anwesend sein (§ 226 Abs. 1). Die körperliche Anwesenheit reicht allein nicht aus. Vielmehr müssen

---

19 BeckOK-*Gorf* § 243 Rn 14; *Meyer-Goßner/Schmitt* § 243 Rn 11; *Schroeder/Verrel* Rn 193.
20 BayObLGSt 1983, 153; BeckOK-*Gorf* § 243 Rn 16; KK-*Schneider* § 243 Rn 18 f.; aA BGH bei *Dallinger* MDR 1975, 368.
21 BVerfG NJW 2013, 1058 (1067): In der Revision wird ein Beruhen des Urteils auf einem Verstoß gegen die Transparenz- und Dokumentationspflichten grundsätzlich nicht auszuschließen sein, es sei denn, es steht zweifelsfrei fest, dass keinerlei Gespräche stattgefunden haben; vgl. auch BGH StV 2014, 67; 2014, 274; NJW 2015, 645; 1260; ausführlich zur revisionsgerichtlichen Prüfung eines Verstoßes gegen § 243 Abs. 4 *Allgayer* NStZ 2015, 185 (187 ff.); gute Übersicht zum Ganzen bei BeckOK-*Gorf* § 243 Rn 27 ff.
22 BVerfGE 133, 168 (215); BGH NJW 2015, 645.
23 BVerfG NJW 2014, 3504; NStZ 2014, 592 m. Anm. *Hunsmann*; krit. *Klotz* StV 2015, 1 ff; aA noch BGH NJW 2013, 3045 f, dem das BVerfG nun einen Verstoß gegen das verfassungsrechtliche Willkürverbot attestiert, vgl. zum Ganzen *Niemöller* JR 2015, 145 ff.
24 S. nur *Roxin/Schünemann* § 44/2; *Schroeder/Verrel* Rn 193.

die Richter die Hauptverhandlung auch **geistig** verfolgen, dürfen also z.B. nicht einschlafen oder prozessfremde Literatur lesen.[25] Dies folgt auch aus § 261, wonach die Richter ihre Überzeugung aus dem Inbegriff der Verhandlung schöpfen müssen.[26]

b) Die StA: Die StA muss während der gesamten Hauptverhandlung durch einen Staatsanwalt, den sog. Sitzungsvertreter der StA, vertreten sein (§ 226 Abs. 1). Die StA kann auch mehrere Sitzungsvertreter einsetzen, die die StA gleichzeitig vertreten oder sich abwechseln (§ 227).[27]

c) Der Urkundsbeamte der Geschäftsstelle: Nach § 226 Abs. 1 muss ein Urkundsbeamter der Geschäftsstelle während der Hauptverhandlung zugegen sein. Der Urkundsbeamte der Geschäftsstelle führt das Hauptverhandlungsprotokoll; die Anwesenheitspflicht soll sicherstellen, dass das Protokoll fortwährend geführt wird.[28]
Demnach kommt es nicht darauf an, dass immer derselbe Beamte anwesend ist, vielmehr können sich die Urkundsbeamten der Geschäftsstelle **abwechseln**.[29]
Der **Strafrichter** des Amtsgerichts **kann** in der Hauptverhandlung unanfechtbar entscheiden, auf die Anwesenheit eines Urkundsbeamten zu **verzichten** (§ 226 Abs. 2).[30]

d) Der Angeklagte: Seine Anwesenheit ermöglicht dem Angeklagten, rechtliches Gehör zu erlangen sowie sich persönlich zu verteidigen und sie liefert dem Gericht einen persönlichen Eindruck.[31] Aus diesen Gründen ist der Angeklagte grds. berechtigt und zugleich verpflichtet, bei der Hauptverhandlung in verhandlungsfähigem Zustand anwesend zu sein (§§ 230 Abs. 1, 231 Abs. 1, 231a Abs. 1).[32]
Dieser Grundsatz ist von zahlreichen gesetzlichen Ausnahmen[33] durchbrochen.
Ungeachtet dieser Ausnahmen ist das Gericht immer berechtigt, das persönliche Erscheinen des Angeklagten anzuordnen und mittels Vorführungs- oder Haftbefehl zu erzwingen (§§ 230 Abs. 2; 236).

e) Der Verteidiger: Im Falle **notwendiger Verteidigung** muss der Verteidiger bei der Hauptverhandlung anwesend sein.[34] Mehrere Verteidiger können zusammen auftreten oder sich abwechseln (§ 227).
Wahlverteidiger sind anwesenheitsberechtigt, aber nicht verpflichtet.

f) Der Nebenkläger: Der Nebenkläger hat ein Anwesenheitsrecht zur Hauptverhandlung (§ 397 Abs. 1 S. 1), aber keine Anwesenheitspflicht.[35]

g) Gesetzliche Vertreter, Bevollmächtigte, Beistände: Gesetzliche Vertreter, Bevollmächtigte und Beistände sind anwesenheitsberechtigt.

h) Die Zeugen: Zeugen dürfen bis zu ihrer Vernehmung nicht in der Hauptverhandlung anwesend sein (§§ 58 Abs. 1, 243 Abs. 2 S. 1). Ist der Zeuge vernommen, so er-

---

25 BGHSt 2, 14 (15 f.); BGH NStZ 1982, 41; KK-*Gmel* § 226 Rn 3; *Laubenthal* JZ 1996, 335 (343).
26 LR-*Becker* § 226 Rn 1.
27 BeckOK-*Gorf* § 226 Rn 6.
28 SK-*Deiters* § 226 Rn 11.
29 BGHSt 21, 85 (89); KMR-*Eschelbach* § 226 Rn 58; KK-*Gmel* § 226 Rn 6.
30 Es steht ihm jedoch frei, diese Entscheidung im Laufe der Hauptverhandlung zu revidieren R/H-*Britz* § 226 Rn 17.
31 BGHSt 26, 84 (90); OLG Hamburg JR 1987, 78 m. Anm. *Foth*; *Meyer-Goßner/Schmitt* § 230 Rn 3.
32 BGHSt 23, 331 (334); *Meyer-Goßner/Schmitt* § 230 Rn 4, 8; näher *T. Jäger*, Die Anwesenheit des Angeklagten in der Hauptverhandlung, 2005; zu den Ausnahmen s. *Laue* JA 2010, 294.
33 §§ 231 Abs. 2, 231a, 231b, 231c, 232, 233, 247, 329 Abs. 2, 350 Abs. 2, 387 Abs. 1, 411 Abs. 2 S. 1.
34 BGHSt 15, 306 (307); SK-*Deiters* § 226 Rn 13; KK-*Gmel* § 226 Rn 7.
35 RGSt 31, 37 (38); *Meyer-Goßner/Schmitt* § 397 Rn 3.

lischt sein Anwesenheitsverbot, das Gericht darf ihn dennoch nach pflichtgemäßem Ermessen entfernen.[36]
Eine Besonderheit sind Zeugen, die aufgrund ihrer Prozessbeteiligung anwesenheitsberechtigt sind, z.B. als Nebenkläger (§ 397 Abs. 1 S. 1). Für sie gilt das Anwesenheitsverbot nicht.[37]

33 **i) Die Sachverständigen:** Die Sachverständigen dürfen während der Hauptverhandlung anwesend sein, selbst wenn sie zugleich Zeugen sind.[38]

34 **j) Dolmetscher:** Dolmetscher werden hinzugezogen, wenn fremdsprachige Personen an der Hauptverhandlung teilnehmen (§ 185 Abs. 1 S. 1 GVG).

3. Die Öffentlichkeit

▶ **FALL 3:** Der Strafrichter des Amtsgerichts führt eine Hauptverhandlung in seinem Dienstzimmer durch, weil an dem betreffenden Tag bereits alle Gerichtssäle besetzt sind. Das Zimmer bietet nur den Prozessbeteiligten Platz. Die Angeklagte legt gegen das Urteil Sprungrevision ein. Zur Begründung führt sie an, dass der Strafprozess nicht öffentlich gewesen sei.[39] ◀

35 **a) Beschränkungen:** Die Hauptverhandlung ist eine Gerichtsverhandlung und insoweit öffentlich (§ 169 S. 1 GVG). Grds. muss daher jedermann Zutritt zur Hauptverhandlung haben. Dieser Grundsatz ist in persönlicher, tatsächlicher und rechtlicher Hinsicht beschränkt:

36 **aa) Persönliche Beschränkungen der Öffentlichkeit:** Unerwachsene Personen und solche, die in einer der Würde des Gerichts nicht entsprechenden Weise erscheinen, können als Zuhörer von der Hauptverhandlung ausgeschlossen werden (§ 175 Abs. 1 GVG).
Gleiches gilt für Personen, die sich gegen Anordnungen zur Aufrechterhaltung der **Ordnung** widersetzen (§ 177 S. 1 GVG).
Unerwachsene Personen sind nicht bereits aufgrund von Minderjährigkeit unerwachsen, sondern erst dann, wenn ihnen nach ihrem äußeren Auftreten zusätzlich zur Minderjährigkeit die nötige Reife zur Teilnahme an einer Hauptverhandlung fehlt.[40]
Personen, die als **Zeugen** in Betracht kommen, können wegen § 58 Abs. 1 entfernt werden.[41]

37 **bb) Rechtliche Beschränkungen der Öffentlichkeit:** Die Öffentlichkeit kann aus rechtlichen Gründen vollständig für einen Teil oder sogar für die ganze Hauptverhandlung ausgeschlossen werden, wenn ein Ausschluss der Öffentlichkeit nach §§ 171a ff. GVG erfolgt. Bei diesen Ausschlussgründen geht es um

- **Unterbringungssachen** (§ 171a GVG),
- den Schutz der **Privatsphäre** (§ 171b GVG) und
- den Schutz vor **Gefahren** (§ 172 GVG).

---

36 RGSt 48, 211; BGH NJW 1962, 260 (261); *Meyer-Goßner/Schmitt* § 58 Rn 6.
37 KK-*Senge* § 58 Rn 2.
38 BeckOK-*Gorf* § 243 Rn 12; KK-*Schneider* § 243 Rn 16 mwN.
39 Nach OLG Köln NStZ 1984, 282.
40 RGSt 47, 374 (376); *Beulke/Swoboda* Rn 377; vgl. aber BGH NStZ 2006, 652.
41 BGH NStZ 2001, 163; StV 2003, 659; *Beulke/Swoboda* Rn 377; *Pfeiffer* § 243 Rn 4.

Hier stehen Interessen in Rede, die im Einzelfall schwerer wiegen als der Öffentlichkeitsgrundsatz.

cc) **Tatsächliche Beschränkungen der Öffentlichkeit:** Die Öffentlichkeit einer Hauptverhandlung findet ihre Schranke in der Kapazität des Sitzungsraums.[42] Allerdings muss der Sitzungssaal jedenfalls so beschaffen sein, dass Zuschauer in einer Anzahl Platz finden können, in der sie noch als Repräsentanten einer nicht durch besondere Auswahl erlesenen Öffentlichkeit angesehen werden können.[43] In **Fall 3** ist die Kapazität des richterlichen Dienstzimmers als Sitzungsraum bereits durch die Anwesenheit der Prozessbeteiligten erschöpft, so dass ein faktischer Ausschluss der Öffentlichkeit vorliegt. Daher wird der Angeklagte seine Revision erfolgreich auf den absoluten Revisionsgrund des § 338 Nr 6 stützen können.

38

Zu den tatsächlichen Beschränkungen gehören auch **Zugangskontrollen**, etwa in Gestalt von Ausweiskontrollen oder Durchsuchungen nach gefährlichen Gegenständen. Sie bewirken eine mittelbare Beschränkung der Öffentlichkeit durch Abschreckung.[44] Daher muss für solche Sicherheitsmaßnahmen eine Notwendigkeit bestehen.[45]

39

b) **Verkündung:** Die Verkündung des **Urteilstenors** erfolgt immer **öffentlich**, während die Verkündung der Urteilsgründe u.U. nichtöffentlich erfolgen darf (§ 173 GVG).

40

c) **Medienöffentlichkeit:** War es früher stets unzulässig, **Ton- oder Bildaufnahmen** während der Hauptverhandlung zu machen (§ 169 GVG a.F.), ist dies heute **in begrenztem Umfang zulässig:**[46]

41

- So kann das Gericht die **Tonübertragung** in einen Arbeitsraum für Medienvertreter zulassen. Die Übertragung dient dabei nur der Erleichterung bei der Berichterstattung; Mitschnitte zur öffentlichen Vorführung oder Veröffentlichung ihres Inhaltes sind grundsätzlich unzulässig (§ 169 Abs. 1 GVG).
- Zu **wissenschaftlichen und historischen Zwecken** dürfen Ton*aufnahmen* zugelassen werden (§ 169 Abs. 2 GVG).
- Eine **Ausnahme** vom Veröffentlichungs- und Vorführungsverbot gilt für die Verkündung von Entscheidungen des **BGH** (§ 163 Abs. 3). Hier kann das Gericht „in besonderen Fällen" Aufnahmen in Ton und Bild auch für ihre direkte Publikation zulassen.

Für alle drei Varianten gilt, dass das Gericht bei der Zulassung schutzwürdige Interessen der Beteiligten und Dritten zu beachten und den Vorrang einzuräumen hat. Auch darf der ordnungsgemäße Ablauf des Verfahrens nicht gestört werden.

4. Die Leitung der Hauptverhandlung

Die Hauptverhandlung wird von den **Vorsitzenden** der jew. Spruchkörper geleitet (§ 238 Abs. 1). Zur Verhandlungsleitung gehören grds. alle Maßnahmen, mit denen die Hauptverhandlung durchgeführt wird, insbesondere Eröffnung, kürzere Unterbre-

42

---

42 BGHSt 21, 72 (73); 27, 13 (14); KK-*Gericke* § 338 Rn 85; BeckOK-*Wiedner* § 338 Rn 143.
43 BGH NJW 194, 281 (283); OLG Köln NStZ 1984, 282; BeckOK-*Wiedner* § 338 Rn 144 mwN.
44 *Volk/Engländer* § 18/31.
45 BGHSt 27, 13 (15); 29, 258 (260); BGH NJW 1995, 3196 (3197).
46 Gesetz zur Erweiterung der Medienöffentlichkeit in Gerichtsverfahren und zur Verbesserung der Kommunikationshilfen für Menschen mit Sprach- und Hörbehinderungen (Gesetz über die Erweiterung der Medienöffentlichkeit in Gerichtsverfahren – EMöGG) vom 08.10.2017 (BGBl. I S. 3546), in Kraft getreten am 18.04.2018.

chungen, Urteilsverkündung, Beendigung und Festlegungen über den Ablauf im Rahmen der gesetzlichen Vorgaben.[47] Die Vorsitzenden erteilen und entziehen das Wort.[48] Sie sorgen für Ordnung im Sitzungssaal (§ 176 GVG).[49]
Einige spezielle Vorschriften konkretisieren die allgemeine Verhandlungsleitung nach § 238 Abs. 1, etwa §§ 239 ff., 243.
Die Verhandlungsleitung ist für die Vorsitzenden zugleich Recht und Pflicht: Sie dürfen den Vorsitz nicht übertragen, sofern nicht ein Vertretungsfall gegeben ist (vgl. § 21 f Abs. 2 GVG).[50] Einzelne Maßnahmen der Verhandlungsführung der Vorsitzenden können von den Verhandlungsteilnehmern mit dem Einwand der Unzulässigkeit angegriffen werden (§ 238 Abs. 2). Wird eine solche **Beanstandung** geäußert, so entscheidet das Gericht als Kollegium über die Zulässigkeit der beanstandeten Maßnahme des Vorsitzenden (§ 238 Abs. 2). Dem **Kollegium** sind von vornherein einzelne gesetzlich bezeichnete Maßnahmen der Verhandlungsleitung vorbehalten, z.B. §§ 247 f.

5. Fragerechte

43 Der Angeklagte, die Zeugen und die Sachverständigen haben die Gelegenheit, sich zusammenhängend zu äußern. Zur umfassenden und erschöpfenden Erörterung ist es dennoch notwendig, die genannten Personen näher zu befragen. Das geschieht in erster Linie durch den Vorsitzenden (vgl. § 238 Abs. 1). Er muss aber auch anderen Prozessbeteiligten die unmittelbare Befragung gestatten, wenn sie das verlangen (§ 240). Die frageberechtigten Personen sind in erster Linie die beisitzenden Berufsrichter, die Schöffen, der Sitzungsvertreter der StA, der Angeklagte und sein Verteidiger (§ 240), aber auch weitere Prozessbeteiligte. Die Befragung ist folgenden **Beschränkungen** unterworfen:

- Zeugen unter **18 Jahren** werden grds.[51] nur durch den Vorsitzenden vernommen (§ 241a Abs. 1);
- **Mitangeklagte** dürfen sich nicht unmittelbar befragen (§ 240 Abs. 2 S. 2);
- ungeeignete oder nicht zur Sache gehörende **Fragen** kann der Vorsitzende **zurückweisen**, sofern sie nicht von den Berufsrichtern gestellt wurden (§ 241 Abs. 2). Dazu zählen beispielsweise entehrende Fragen (vgl. § 68a),[52] Fragen, die sich auf eine andere Tat beziehen oder Fragen, die bereits erschöpfend beantwortet wurden.[53] Die Zurückweisung darf sich nur auf einzelne Fragen beziehen und grundsätzlich nicht den Entzug des gesamten Fragerechts bewirken.[54] Letzteres ist nur in extremen Missbrauchsfällen denkbar.[55]

44 Steht die Zulässigkeit einer Frage in Zweifel, so entscheidet das Gericht als Kollegium (§ 242).

45 Ungeachtet dieser Beschränkungen ist es für die Prozessbeteiligten stets möglich, den Vorsitzenden zu Fragen anzuregen und damit eine mittelbare Befragung zu erreichen.

---

47 *Meyer-Goßner/Schmitt* § 238 Rn 5; KK-*Schneider* § 238 Rn 3.
48 *Meyer-Goßner/Schmitt* § 238 Rn 5.
49 Näher *Milger* NStZ 2006, 121 ff.
50 BeckOK-*Gorf* § 238 Rn 1; *Meyer-Goßner/Schmitt* § 238 Rn 8; KK-*Schneider* § 238 Rn 5.
51 Ausnahme: § 241a Abs. 2 S. 2.
52 BGHSt 13, 252; 21, 334 (360); KK-*Schneider* § 241 Rn 9.
53 BGHSt 2, 284 f.; *Pfeiffer* § 241 Rn 4.
54 RGSt 38, 57 (58); *Meyer-Goßner/Schmitt* § 241 Rn 6.
55 S. BGH NStZ 1982, 158 (159); ferner BeckOK-*Gorf* § 241 Rn 19 f. mwN.

Das **Kreuzverhör** von Zeugen und Sachverständigen allein durch StA und Verteidiger wird durch § 239 ermöglicht, ist aber in der Praxis bedeutungslos.[56]

6. Hinweis- und Fürsorgepflichten

▶ **FALL 4:** Der juristisch nicht vorgebildete und unverteidigte Angeklagte will in der Hauptverhandlung einen Beweisantrag stellen, hat aber Schwierigkeiten mit einer exakten Formulierung. ◀

a) **Allgemeine gerichtliche Fürsorgepflicht:** Das Rechtsstaatsprinzip aus Art. 20 Abs. 3 GG verlangt, dass das Strafverfahren fair abläuft. Der rechtsunkundige Angeklagte ist im Vergleich zu den übrigen Prozessbeteiligten unbeholfener, besonders, wenn er keinen Verteidiger hat.[57] Die allgemeine Fürsorgepflicht verlangt daher eine Rücksichtnahme des Gerichts auf die Schwächen des Angeklagten, beispielsweise durch Hinweise. So muss das Gericht dem Angeklagten in **Fall 4** Hilfestellung bei der ordnungsgemäßen Formulierung des Beweisantrags geben (dies ergibt sich hier auch aus dem Aufklärungsgrundsatz, § 244 Abs. 2).

b) **Gesetzliche Hinweispflichten nach § 265:** Grundlage der Hauptverhandlung ist die Anklage, wie sie vom Gericht im Eröffnungsbeschluss zugelassen wurde. Aus der Anklage ergibt sich die prozessuale Tat; die verletzten Straftatbestände sind benannt (§ 200 Abs. 1 S. 1). Stellt sich im Verlauf der Hauptverhandlung heraus, dass im Rahmen derselben prozessualen Tat weitere oder andere Strafbestimmungen in Betracht kommen, die nicht in der Anklage genannt waren, so muss das Gericht den Angeklagten auf die veränderten rechtlichen Gesichtspunkte hinweisen und ihm Gelegenheit zur Verteidigung bieten (§ 265 Abs. 1).[58]

Weitere Hinweispflichten ergeben sich aus § 265 Abs. 2:[59]

- Stellt sich im Verlauf der Hauptverhandlung heraus, dass sich innerhalb des Rahmens des in der Anklage genannten Strafgesetzes die Verhängung **nachteiligerer Rechtsfolgen** abzeichnet, so muss das Gericht den Angeklagten darauf hinweisen und Verteidigungsgelegenheit bieten (Nr 1). Dies gilt für neu zu erwartende
  - **Maßregeln** der Besserung und Sicherung,
  - **Strafschärfungsgründe** oder
  - **Nebenstrafen** bzw. -folgen.
- Das Gleiche gilt bei der beabsichtigten Abweichung einer vorläufig mitgeteilten Bewertung der Sach- oder Rechtslage durch das Gericht (Nr 2)
- Schließlich hat das Gericht auf Änderungen der **Sachlage** in einem **für die Verteidigung wesentlichen** Punkt hinzuweisen (Nr 3).

---

56 Zu den Gründen kurz KK-*Schneider* § 239 Rn 1.
57 *Beulke/Swoboda* Rn 383.
58 Ergeben sich hingegen weitere prozessuale Taten, so besteht für die StA die Möglichkeit einer **Nachtragsanklage** (§ 266).
59 Ausf. und lesenswert BeckOK-*Eschelbach* § 265 Rn 26 ff.

7. Das Hauptverhandlungsprotokoll

50 Die Hauptverhandlung wird schriftlich protokolliert (§ 271 Abs. 1 S. 1).[60] Das geschieht in der Regel durch den Urkundsbeamten der Geschäftsstelle.[61] Das Protokoll dokumentiert den Gang des Strafverfahrens mit seinen **wesentlichen Ergebnissen und Förmlichkeiten** (§§ 272 f.). Wird der Prozess in der Revision mit der Verfahrensrüge beanstandet, so soll das Hauptverhandlungsprotokoll als **alleiniges Beweismittel** dienen, um das Rechtsmittelverfahren von einer umfangreichen Beweisaufnahme freizuhalten.[62] Das ordnungsgemäße Protokoll ist für das Rechtsmittelverfahren in positiver wie negativer Hinsicht beweiskräftig (§ 274 S. 1): Protokollierte Tatsachen gelten – unabhängig von der Wirklichkeit – als geschehen (**positive Beweiskraft**).[63] Nicht protokollierte Tatsachen gelten – unabhängig von der Wirklichkeit – als ungeschehen (**negative Beweiskraft**).[64] Der **Nachweis der Fälschung** des Protokolls durchbricht die Beweiskraft (§ 274 S. 2).[65] Die Beweiskraft kann auch entfallen, wenn das Protokoll **offensichtlich lückenhaft, widersprüchlich oder unklar** ist.[66] Entfällt die Beweiskraft, so ist die entscheidungserhebliche Tatsache im Freibeweis zu ermitteln.[67] Mit einer Entscheidung des GrS für Strafsachen hat der BGH die Wirkung des § 274 allerdings nahezu aufgehoben, indem er entgegen der bisherigen ständigen Rechtsprechung eine (nachträgliche) **Protokollberichtigung** auch für den Fall für zulässig erachtet, in welchem dem Revisionsführer durch die Berichtigung die Tatsachengrundlage für seine Verfahrensrüge entzogen wird (sog. **Rügeverkümmerung**).[68]

8. Aussetzung und Unterbrechung der Hauptverhandlung

51 Die Richter müssen vor ihrem Urteil einen gegenwärtigen Eindruck von der Hauptverhandlung haben (Konzentrationsmaxime), denn Verzögerungen führen i.d.R. zu Erinnerungsverlust. Sie widersprechen auch dem Beschleunigungsgebot. Bei umfangreichen Hauptverhandlungen können verhandlungsfreie Zeiträume aber unvermeidbar und z.B. aus Gründen der weiteren Beweisbeschaffung oder Überlegungszeit sogar geboten sein (vgl. z.B. §§ 217 Abs. 2, 265 Abs. 3).[69] Verhandlungsfreie Zeiträume sind die Unterbrechung und die Aussetzung.
Der je zu verwendende Begriff richtet sich nach der Länge des Zeitraums:

---

60 Historische Betrachtung des Hauptverhandlungsprotokolls bei *Leitner* Hamm-FS 405.
61 KK-*Greger* § 271 Rn 5; *Pfeiffer* § 271 Rn 3.
62 BGH NJW 1976, 977 (978); *Meyer-Goßner/Schmitt* § 274 Rn 2 f.
63 BGH JR 1961, 508; *Meyer-Goßner/Schmitt* § 274 Rn 13; *Roxin/Schünemann* § 51/7.
64 BGHSt 22, 278 (280); BGH NStZ 1993, 51 f.; *Roxin/Schünemann* § 51/7.
65 Kritische Erörterung zum Gesetzesmodell der Beweiskraft bis zum Fälschungsnachweis bei *Stuckenberg* Rüßmann-FS 639.
66 BGHSt 16, 306 (308); 17, 220; 31, 39; BGH NJW 1984, 2172; *Meyer-Goßner/Schmitt* § 274 Rn 17.
67 BVerfG StV 2002, 521; BGHSt 16, 306 (308); 17, 220; 31, 39 (41); *Meyer-Goßner/Schmitt* § 274 Rn 18; für den Fall, dass die Urkundsperson sich nachträglich zugunsten des Beschuldigten vom Protokollinhalt distanziert, wobei die Erklärung, dass die Urkundsperson von dem protokollierten Protokollinhalt nicht mehr überzeugt ist, bereits ausreicht, BGH NStZ 2014, 668.
68 BGHSt 51, 298 (GrS) m. zust. Anm. *Fahl* JR 2007, 953 und m. abl. Bspr. *K.Schumann* JZ 2007, 927; *Hamm* NJW 2007, 3166; diese sehr bedenkliche Rechtsprechung wurde vom BVerfG als verfassungskonform bestätigt, BVerfG JZ 2009, 675 m. Anm. *Möllers* 668; *Jahn* JuS 2009, 564; *Schünemann* StV 2010, 538; zum Ganzen *Dehne-Niemann* ZStW 121 (2009), 32 und BeckOK-*Peglau* § 271 Rn 32 f. mwN.
69 KK-*Gmel* § 229 Rn 1.

Von einer **Unterbrechung** spricht man, wenn

- bis zu drei Wochen lang nicht verhandelt wurde (§ 229 Abs. 1)[70] bzw.
- wenn einen Monat lang nicht verhandelt wurde, die Hauptverhandlung zuvor aber an mindestens zehn Tagen stattfand (§ 229 Abs. 2).

Der Lauf der Frist kann durch Krankheit gehemmt werden (§ 229 Abs. 3). Nach einer Unterbrechung wird die Hauptverhandlung an der Stelle fortgesetzt, an der sie unterbrochen wurde.

Werden diese Fristen überschritten, so handelt es sich um eine **Aussetzung**, die zur Folge hat, dass die Hauptverhandlung von neuem beginnen muss (§ 229 Abs. 4 S. 1). Zur Beurteilung, ob die Unterbrechungsfristen des § 229 eingehalten wurden oder nicht, muss auf den Zweck der Anberaumung eines Hauptverhandlungstermins geachtet werden: Eine Sachverhandlung im Sinne der Unterbrechungsvorschriften liegt vor, wenn die Verhandlung[71] den Fortgang der zur Urteilsfindung führenden Sachverhaltsaufklärung betrifft oder wenn prozessuale Fragen darüber erörtert werden, welcher Prozessstoff dem Urteil zugrunde zu legen ist.[72] Dient der einzelne Termin hingegen in keiner Weise der Prozessförderung, so ist er nicht geeignet, neue Fristen zur Unterbrechung in Gang zu setzen (sog. **Schiebetermin**).[73]

Ein Neubeginn nach Aussetzung verzögert zwar die Gesamtdauer des Verfahrens, stellt aber sicher, dass das Gericht auf der Grundlage frischer Erinnerungen urteilt.

Mit der Einführung des elektronischen Rechtsverkehrs bei den Gerichten führt eine Fristüberschreitung dann nicht mehr in jedem Falle zur Aussetzung, wenn die Verzögerung auf einer vorübergehenden **technischen Störung** beruht (§ 229 Abs. 5)

III. Rechtsbehelfe im Hauptverfahren

§ 305 S. 1 bewirkt im Interesse eines zügigen Verfahrens, dass die gerichtlichen Entscheidungen, die dem Urteil vorausgehen, grundsätzlich nicht selbständig anfechtbar sind, sondern erst in der Revision überprüft werden können (§ 336).

52

WIEDERHOLUNGS- UND VERTIEFUNGSFRAGEN

> Aus welchen Abschnitten besteht das Hauptverfahren? (Rn 1)
> Wie sieht der chronologische Ablauf der Hauptverhandlung aus? (Rn 17)
> Welchen Zweck hat das Hauptverhandlungsprotokoll? (Rn 50)
> Was ist der Unterschied zwischen der Unterbrechung und der Aussetzung einer Hauptverhandlung? (Rn 51)
> Wie können gerichtliche Entscheidungen im Hauptverfahren angegriffen werden? (Rn 52)

---

70 Krit. zur Ausnutzung der Unterbrechungsfrist in der Praxis: *Behm/Wesemann* StraFo 2006, 354 ff. Ausführlich zur Regelung des § 229 *Mandla* NStZ 2011, 1.
71 Der Charakter einer (fristwahrenden) Verhandlung entfällt nicht schon allein dadurch, dass der Angeklagte nicht erschienen ist und die Verhandlung daher in dessen Abwesenheit stattfindet, BGH NStZ 2014, 220 f.
72 BGH NStZ 2009, 225; nach BGHSt 58, 59 (m. Anm. *Arnoldi* NStZ 2013, 474) genügt beispielsweise die Anordnung und den Vollzug des Selbstleseverfahrens (§ 249 Abs. 2) durch den Vorsitzenden. Zum Ganzen ausführlich *Mandla* NStZ 2011, 1.
73 Vgl. BGH NStZ 2008, 115; StV 2014, 1 (2).

§ 18 Verfahrensprinzipien

1 Der Strafprozess ist ein Verfahren, das durch eine Vielzahl von Vorschriften formalisiert ist. Die Vorschriften gehen ihrerseits auf Prinzipien zurück, die das Fundament eines rechtsstaatlichen Strafprozesses bilden. Neben den Grundsätzen, die die Einleitung des Strafverfahrens betreffen und denjenigen, auf denen das Beweisrecht beruht, sind folgende Verfahrensprinzipien von Bedeutung:

- Grundsätze, die **für das gesamte Erkenntnisverfahren** gelten:
    - **Unschulds**vermutung
    - **Beschleunigungs**grundsatz
    - **Verhältnismäßigkeits**prinzip
    - **Fairness**prinzip
- Grundsätze, die für die Richterinnen und Richter **im gesamten Strafverfahren** gelten:
    - Richterliche **Unabhängigkeit**
    - Grundsatz des **gesetzlichen Richters**
    - Grundsatz des **rechtlichen Gehörs**
    - Grundsatz gerichtlicher **Fürsorge**
- Grundsätze, die **nur in der Hauptverhandlung** gelten:
    - **Konzentrations**maxime
    - **Öffentlichkeits**grundsatz
    - **Mündlichkeits**prinzip

2 Soweit diese Grundsätze verfassungsrechtlicher Natur sind, muss sich der Gesetzgeber von ihnen leiten lassen. Sie beeinflussen auch die Rechtsanwendung bei der Auslegung strafprozessualer Vorschriften und bei der pflichtgemäßen Ausübung gesetzlich eingeräumten Ermessens. So muss sich beispielsweise die Terminbestimmung zur Hauptverhandlung (§ 213), die eine Ermessensentscheidung des Vorsitzenden ist,[1] u.a. am Beschleunigungsgrundsatz orientieren.[2]

I. Grundsätze, die für das gesamte Erkenntnisverfahren gelten

1. Unschuldsvermutung

▶ **FALL 1:** Die Beschuldigte B wird in Untersuchungshaft genommen. Da man von der Schuld der B überzeugt ist, inhaftiert man sie unter denselben Bedingungen, unter denen auch Verurteilte ihre Strafe verbüßen müssen. ◀

3 Die Unschuldsvermutung[3] ist in Art. 6 Abs. 2 EMRK und Art. 14 Abs. 2 IPBPR niedergelegt und folgt verfassungsrechtlich aus dem Rechtsstaatsprinzip (Art. 20 Abs. 3, 28 Abs. 1 S. 1 GG).[4] Demnach gilt jede Person solange als unschuldig, wie ihre Schuld nicht durch eine rechtskräftige Entscheidung nachgewiesen ist.[5] Gegen einen Beschul-

---

1 BGHSt 15, 390 (393); BeckOK-*Ritscher* § 213 Rn 5.
2 BGH NStZ 2007, 163 (164); OLG Braunschweig NStZ-RR 1996, 172 f.; SK-*Deiters* § 213 Rn 3.
3 Näher *Stuckenberg*, Untersuchungen zur Unschuldsvermutung, 1997.
4 BVerfGE 35, 311 (320); 82, 106 (114); KK-*Fischer* Einl. Rn 167; *Stuckenberg* ZStW 111 (1999), 422 (423 f.).
5 BVerfGE 82, 106 (114 f.); BVerfG NJW 2004, 3030 (3031); HK-*Gercke/Temming* Einl. Rn 25; LR-*Kühne* Einl. J Rn 74.

digten dürfen daher keine Maßnahmen getroffen werden, die Schuld voraussetzen,[6] wohl aber solche Maßnahmen, die auf einem Tatverdacht beruhen und der Tataufklärung dienen.[7] Denn dürfte der Staat keinem Tatverdacht nachgehen, so könnte auch niemals der Nachweis der Schuld gelingen.

Die **Untersuchungshaft**, die Gegenstand von **Fall 1** ist, ist als Maßnahme, die einen Tatverdacht voraussetzt und der Tataufklärung durch das Strafverfahren dient, unter Beachtung der Verhältnismäßigkeit grds. zulässig.[8]

Die **Strafhaft** setzt hingegen ein rechtskräftiges Strafurteil voraus (§ 449), also den Nachweis der Schuld. Wird ein Beschuldigter unter Strafbedingungen in Untersuchungshaft genommen, weil man von seiner Schuld bereits vor dem Urteil überzeugt ist, wird also seine zu erwartende Strafe gewissermaßen vorweggenommen, liegt darin ein Verstoß gegen die Unschuldsvermutung.[9]

Zu beachten ist ferner, dass auch **Verfahrenseinstellungen** gegen die Unschuldsvermutung verstoßen können, wenn sie Schuld voraussetzen, das Gericht aber keine Feststellungen bis zur „Schuldspruchreife" getroffen hat (etwa bei § 383 Abs. 2, der die Einstellung des Verfahrens bei geringer Schuld ermöglicht).[10]

2. Beschleunigungsgrundsatz

▶ **FALL 2:** Richterin am AG R steht bereits ein knappes Jahr vor der Pension. Ihr besonders unliebsame Strafsachen legt sie für ein Jahr später auf Wiedervorlage, um sich selbst nicht mehr damit befassen zu müssen. ◀

Das Gebot der beschleunigten Durchführung des Strafverfahrens ergibt sich aus Art. 5 Abs. 3 S. 1 HS 2, 6 Abs. 1 S. 1 EMRK, Art. 14 Abs. 3 lit. c IPBPR, aber auch aus dem Rechtsstaatsprinzip (Art. 20 Abs. 3, 28 Abs. 1 S. 1 GG).[11] Es liegt auch einigen strafprozessualen Vorschriften zu Grunde, z.B. §§ 115, 121 f., 128 f., 163 Abs. 2 S. 1.

Eine angemessen zügige Verfahrensweise ist aus mehreren Gründen sinnvoll: Das Strafverfahren stellt wegen der staatlichen Eingriffsbefugnisse und des ungewissen Ausgangs eine **erhebliche Belastung** für den Beschuldigten dar.[12] Das Beschleunigungsgebot ist daher ein **Menschenrecht** des Beschuldigten.[13] Es dient aber auch dem **öffentlichen Interesse**.[14]

Die **Wahrheitsfindung** als Voraussetzung einer gerechten Entscheidung wird umso gründlicher gelingen, je frischer die Beweismittel sind, beispielsweise die Erinnerungen

---

6 BGH NJW 1975, 1829 (1831); KK-*Fischer* Einl. Rn 167; *Meyer-Goßner/Schmitt* Art. 6 EMRK Rn 12.
7 BVerfGE 74, 358 (370 ff.); BVerfG NJW 1990, 2741; KK-*Fischer* Einl. Rn 167; HK-*Gercke/Temming* Einl. Rn 26.
8 S.u. Rn 10.
9 Vgl. BVerfGE 35, 311 (320); KK-*Graf* Vor § 112 Rn 8.
10 Vgl. BVerfGE 74, 358 (370 ff.); KK-*Senge* § 338. Rn 10.
11 HK-*Gercke/Temming* Einl. Rn 30; *Momsen/Willumat* NStZ 2018, 369; umf. *Waßmer* ZStW 118 (2006), 159 (161 ff.); einen Überblick über die Rechtsprechung bieten *Maier/Percic* NStZ-RR 2009, 297 (329).
12 BVerfG NJW 2003, 2225; BGHSt 26, 228 (232 f.); *Krehl/Eidam* NStZ 2006, 1; *Schroeder/Verrel* Rn 350; *Waßmer* ZStW 118 (2006), 159 (160).
13 Vgl. Art. 5 Abs. 3 S. 1 HS 2, 6 Abs. 1 S. 1 EMRK, Art. 14 Abs. 3 lit. c IPBPR.
14 BGHSt 26, 228 (232 f.); 35, 137 (139); BGH NStZ 1992, 229 (230); OLG Braunschweig NStZ-RR 1996, 172 (173); *Waßmer* ZStW 118 (2006), 159 (160 f.); zu den Funktionen und Ausprägungen des Beschleunigungsgrundsatzes *Landau* Hassemer-FS 1073 (1074 ff.).

der Zeugen. Auch die etwaige **Strafe** ist umso zweckmäßiger, je weniger Zeit seit der Straftat vergangen ist.[15]

8 Die **angemessene Verfahrensdauer** bemisst sich nach den Besonderheiten des konkreten Strafverfahrens.[16] Eine komplexe Wirtschaftsstrafsache mit umfangreicher Beweisaufnahme ist anders zu beurteilen als ein einfaches Straßenverkehrsdelikt. Das Beschleunigungsgebot stellt also **keine abstrakten Zeitgrenzen** auf, sondern verbietet unangemessene Verzögerungen seitens der staatlichen Strafverfolgungsorgane und wirkt auf Ermessensentscheidungen ein.[17] In **Fall 2** handelt es sich um eine Verzögerung, für die kein sachlicher Grund besteht. Daher stellt sie einen Verstoß gegen das Beschleunigungsprinzip dar.

9 Dauert der Strafprozess wegen unnötiger Verzögerungen überlang, so wird dieser Umstand heute bei der **Vollstreckung** der Strafe berücksichtigt.[18]
Für Extremfälle wird diskutiert, den Verstoß gegen den Beschleunigungsgrundsatz als **Verfahrenshindernis** zu behandeln.[19] Soweit der Angeklagte nach unangemessener Verfahrensdauer freigesprochen wurde oder bei Verurteilung keine Kompensation im Rahmen der Vollstreckungslösung erfolgte, kommt gemäß ein **Entschädigungsanspruch** in Betracht, wenn die Verfahrensdauer zuvor gerügt wurde (§§ 198 Abs. 1 S. 1, Abs. 3, 199 Abs. 1, 3 GVG).

3. Verhältnismäßigkeitsprinzip

▶ **FALL 3:** A ist Angeklagter in einer Bagatellsache, bei der allenfalls eine milde Strafe oder die Einstellung nach § 153 Abs. 2 zu erwarten ist. In der Hauptverhandlung ordnet die Amtsrichterin die körperliche Untersuchung des A an, um seine Zurechnungsfähigkeit zu überprüfen. Dabei kommt der Verdacht einer Nervenkrankheit auf. Zur Feststellung ordnet das AG eine Untersuchung der Gehirn- und Rückenmarksflüssigkeit (Liquor) an. Dieser Eingriff gilt als schmerzhaft und nicht ungefährlich.[20] ◀

10 Auch im Strafverfahren gilt das allgemeine verfassungsrechtliche Verhältnismäßigkeitsprinzip.[21] Eingriffe der Strafverfolgungsorgane in die Rechte von Privatpersonen sind nur insoweit zulässig, als sie einen legitimen Zweck mit einem legitimen Mittel verfolgen und das Mittel zur Erreichung des Zwecks geeignet, erforderlich und angemessen ist. Für die Beurteilung der Angemessenheit sind die Schwere des Tatvorwurfs und die Stärke des Tatverdachts von Bedeutung.[22] Bezogen auf **Fall 3** bedeutet dies: Ungeachtet des Tatverdachts ist der Tatvorwurf hier eine Bagatelle. Er kann daher auch nur leichte

---

15 OLG Braunschweig NStZ-RR 1996, 172 (173); *Volk/Engländer* § 18/11; *Waßmer* ZStW 118 (2006), 159 (160 f.); krit. *Degener* Dencker-FS 23 (43 ff.).
16 EGMR EuGRZ 2001, 299 (301); BVerfGE 122, 248 (279 f.); BVerfG NJW 1992, 2472 (2473); BGH NStZ 2003, 384; StV 2008, 633; KK-*Fischer* Einl. Rn 40; *Waßmer* ZStW 118 (2006), 159 (168 ff.).
17 BGH NStZ-RR 2006, 271 (272); OLG Braunschweig NStZ-RR 1996, 172 (173); zur Kollision des Beschleunigungsgebotes mit der freien Verteidigerwahl BGH NStZ-RR 2007, 149; *Beukelmann* NJW-Spezial 2007, 279.
18 BGHSt 52, 124 (128 ff.); *Bußmann* NStZ 2008, 236; *Kraatz* JR 2008, 189; *Meyer-Goßner/Schmitt* Art. 6 EMRK Rn 9a; kritisch: *Gaede* JZ 2008, 422; *Ignor/Bertheau* NJW 2008, 2209; *Ziegert* StraFo 2008, 321. Überblick über die Rechtsprechung bei *Pohlit* Rissing-van Saan-FS 453 ff.
19 BVerfG NJW 2003, 2225 (2226); BGHSt 46, 159 (168 ff.) m. Anm. *Kempf* StV 2001, 134 ff.; *Ostendorf/Radke* JZ 2001, 1094 (1096); *I. Roxin* StraFo 2001, 51; OLG Rostock StV 2011, 220 (221); *Krehl/Eidam* NStZ 2006, 1 (9 f.); *Meyer-Goßner/Schmitt* Art. 6 EMRK Rn 9; *Waßmer* ZStW 118 (2006), 159 (187 ff.).
20 Nach BVerfGE 16, 194 ff.
21 BVerfGE 16, 194 (202); BVerfG NJW 2003, 2897 (2899); KK-*Fischer* Einl. Rn 161.
22 BVerfG NJW 1977, 1489 f.; 1985, 121 (122 ff.); HK-*Gercke/Temming* Einl. Rn 35; *Meyer-Goßner/Schmitt* Einl. Rn 20 ff.

Eingriffe rechtfertigen. Die Liquorentnahme ist hingegen ein schwerer körperlicher Eingriff. Dieser Eingriff steht zu dem Tatvorwurf außer Verhältnis.[23]

4. Grundsatz des fairen Strafverfahrens

▶ **FALL 4:** Die Vorsitzende R unterbricht kurz die Hauptverhandlung, um dem Verteidiger V Gelegenheit zu geben, über Beweisanträge nachzudenken. Während der Unterbrechung erfährt V vom Staatsanwalt, welche Strafe dieser beantragen wird. Auf Nachfrage des V erklärt R, dass ihre Kammer den Antrag des Staatsanwalts nicht überschreiten werde. V sieht daher davon ab, weitere Beweisanträge zu stellen. Das Gericht verurteilt daraufhin zu einer höheren Strafe, als sie der Staatsanwalt beantragt hatte.[24] ◀

Das Strafverfahren muss fair und rechtsstaatlich betrieben werden.[25] Daher gilt das Fairnessprinzip (ausdrücklich: Art. 6 Abs. 1 S. 1 EMRK, Art. 14 Abs. 1 S. 2 IPBPR). Seine konkreten gesetzlichen Ausprägungen zeigen sich am Verteidigungsrecht, dem Anwesenheitsrecht, dem Recht auf Gehör und vielen anderen strafprozessualen Regelungen. Aus dem abstrakten Prinzip der Fairness lassen sich jedoch kaum konkrete Rechtsfolgen ableiten, gleichwohl müssen sich gesetzgeberische Entscheidungen und die Ermessensentscheidungen der staatlichen Strafverfolgungsorgane am Fairnessgrundsatz messen lassen.[26]

11

In **Fall 4** war das Gericht zwar an den Antrag der StA nicht gebunden,[27] dennoch ist durch die Äußerung der R ein Vertrauen bei V und seinem Mandanten geschaffen worden, das mit dem Urteil überraschend enttäuscht wurde. Diese Verhaltensweise des Gerichts wäre erst fair gewesen, wenn R dem V und seinem Mandanten vor dem Urteil einen Hinweis gegeben hätte, dass auf seine vorherige Äußerung nicht mehr vertraut werden dürfe, so dass V noch entsprechend hätte reagieren können, z.B. durch weitere Beweisanträge.

II. Grundsätze, die für Richterinnen und Richter im gesamten Strafverfahren gelten

1. Richterliche Unabhängigkeit

▶ **FALL 5A:** Die Richterin am AG R bearbeitet als Strafrichter eine Strafsache. Ihre Entscheidung hängt in dem konkreten Fall von einer Auslegungsfrage ab, die in der Rechtsliteratur umstritten ist. Der BGH hat seine Rechtsansicht in einem anderen Fall zwar bereits dargelegt, R hält die Meinung des BGH aber für falsch und will von ihr abweichen. ◀

▶ **FALL 5B:** Der Richter am LG R gilt unter Kollegen als Person mit besonders eigensinnigen Rechtsauffassungen und einer zweifelhaften juristischen Befähigung. Damit bei den Urteilsberatungen keine Schwierigkeiten mehr entstehen, wird R durch das Präsidium des LG mittels Geschäftsverteilungsplan aus der Großen Strafkammer entfernt und stattdessen mit Verwaltungsaufgaben betraut.[28] ◀

---

23 BVerfGE 16, 194 (203).
24 Nach BGHSt 36, 210 ff.
25 BVerfGE 63, 380 (390); 66, 313 (318); KK-*Fischer* Einl. Rn 134; *Meyer-Goßner/Schmitt* Einl. Rn 19; ebenso wichtige und lesenswerte Entscheidung zum Prinzip (heimliches Abhören im Besuchsraum einer Justizvollzugsanstalt) BGHSt 53, 294 m. Anm. *Jahn* JuS 2009, 861; *Hauck* NStZ 2010, 17; *Klesczewski* StV 2010, 462; vgl. auch *Roxin* Geppert-FS 549.
26 Für ein Grundrecht auf ein faires Verfahren in der strafprozessualen Praxis vgl. *Brunhöber* ZIS 2010, 761.
27 § 155 Abs. 2 HS 2.
28 Nach BVerfGE 17, 252 ff.

12 Rechtsprechung ist eine Entscheidung, die nach einem formalisierten Verfahren von einem unabhängigen Dritten am Maßstab des Rechts getroffen wurde.[29] Dieser Dritte ist im Strafverfahren das Strafgericht in Gestalt der Richterinnen und Richter. Sie dürfen nur an Recht und Gesetz gebunden sein (Art. 20 Abs. 3, 97 Abs. 1 GG, §§ 25, 45 Abs. 1 DRiG, § 1 GVG). Jegliche weitere Bindung stellt die Qualität einer Gerichtsentscheidung als Rechtsentscheidung in Frage. Daraus folgt, dass die Berufsrichter und Schöffen in ihrer Tätigkeit unabhängig sein müssen.[30] Man unterscheidet die **organisatorische**, die **sachliche** und die **persönliche Unabhängigkeit**.

13 a) **Organisatorische Unabhängigkeit:** Die organisatorische Unabhängigkeit der Richter wird durch Art. 20 Abs. 2 S. 2 GG garantiert.[31] Demnach gehören die Richter einer eigenständigen dritten Staatsgewalt an, die sich als Judikative von der Exekutive und der Legislative trennen lässt.

14 b) **Sachliche Unabhängigkeit:** Von einer gerechten Entscheidung kann nur gesprochen werden, wenn sie allein nach rechtlichen Grundsätzen getroffen wurde. Die Bindung des Richters an Gesetz und Recht hat daher zur Konsequenz, dass diese Bindung zugleich auch nur seine einzige sein darf. Gegenüber allen weiteren Einflüssen ist der Richter sachlich unabhängig.[32] Er ist nicht nur gegenüber der Exekutive und Legislative weisungsfrei, sondern auch gerichts- und spruchkörperintern.[33] Die sachliche Unabhängigkeit wird durch Art. 97 Abs. 1 GG verfassungsrechtlich vorgeschrieben und findet sich einfachgesetzlich in §§ 25 DRiG, 1 GVG.

15 Daraus folgt für **Fall 5a**, dass R von der Rechtsprechung des BGH nur abweichen dürfte, wenn sie nicht „Recht und Gesetz" im Sinne von Art. 20 Abs. 3, 97 Abs. 1 GG wäre. Die Rechtsansicht des BGH ist als solche keine Rechtsquelle. Die Rechtsauffassung eines Gerichts kann für andere Gerichte daher nur verbindlich werden, wenn eine solche Wirkung gesetzlich in abstrakt-genereller Weise angeordnet ist (exemplarisch: §§ 31 BVerfGG, 358 Abs. 1 StPO). Denn an dieses Gesetz ist der Richter gebunden. In **Fall 5a** gibt es keine gesetzliche Vorschrift, die der R die Beachtung von Meinungen des BGH aus anderen Fällen vorschreibt. Sie darf daher ihrem Urteil kraft sachlicher Unabhängigkeit die eigene Rechtsüberzeugung zu Grunde legen.[34]

16 c) **Persönliche Unabhängigkeit:** Der Richter muss sachfremden Einflüssen widerstehen können, ohne dadurch persönliche Nachteile befürchten zu müssen, etwa Absetzung oder Versetzung.[35] Um die sachliche Unabhängigkeit zu schützen, versieht Art. 97 Abs. 2 GG den Richter mit persönlicher Unabhängigkeit.[36] Daher unterliegt ein Richter nur insoweit der Dienstaufsicht, als seine Unabhängigkeit dadurch nicht berührt wird (§ 26 Abs. 1 DRiG). Die Dienstaufsicht erstreckt sich in erster Linie auf die Ordnungsmäßigkeit des Dienstbetriebs.[37] In **Fall 5b** wurde R zwar nicht entlassen oder an ein anderes Gericht versetzt, jedoch wird er von rechtsprechender Tätigkeit ferngehalten und damit *de facto* aus dem Amt gedrängt, was nur unter engen gesetzlichen Vor-

---

[29] *Ipsen* Staatsrecht I, 23. Aufl. 2011, Rn 758.
[30] Vgl. auch Art. 6 Abs. 1 S. 1 EMRK.
[31] Maunz/Dürig-*Hillgruber* Art. 97 GG Rn 111.
[32] KK-*Fischer* Einl. Rn 104.
[33] BVerfG NJW 1996, 2149 (2150); Sachs/*Detterbeck* Art. 97 Rn 16; *Pfeiffer* Einl. Rn 18.
[34] Vgl. BVerfGE 87, 273 (278); 98, 17 (48).
[35] LR-*Kühne* Einl. J Rn 14.
[36] Sachs/*Detterbeck* Art. 97 Rn 22; KK-*Fischer* Einl. Rn 107.
[37] BGH DRiZ 1992, 24 f.; KK-*Fischer* Einl. Rn 109.

aussetzungen möglich ist.[38] Dadurch wurde er in seiner persönlichen Unabhängigkeit verletzt.

2. Grundsatz des gesetzlichen Richters

Das Recht auf den gesetzlichen Richter ist ein **grundrechtsgleiches Recht des Beschuldigten**, das aus Art. 101 Abs. 1 S. 2 GG und Art. 6 Abs. 1 S. 1 EMRK folgt. Wird eine Straftat begangen, so muss bereits im Vorhinein nach abstrakt-generellen Kriterien festgelegt sein, wer für das Urteil zuständig sein wird.[39] Dadurch soll verhindert werden, dass über eine Richterauswahl sachwidriger Einfluss auf das Verfahren ausgeübt wird.[40]

17

3. Grundsatz des rechtlichen Gehörs

▶ **FALL 6:** Auf das letzte Wort des Angeklagten A erwidert der Sitzungsvertreter der StA (§ 258 Abs. 2 HS 1). Als A erneut ansetzt, schließt der Vorsitzende die Hauptverhandlung mit dem Hinweis, dass sich A bereits ausreichend geäußert habe. ◀

Aus Art. 103 Abs. 1 GG folgt ein **grundrechtsgleiches Recht** auf rechtliches Gehör vor Gericht. Dieses Recht wird **allen nichtstaatlichen Verfahrensbeteiligten** eingeräumt, die von einer gerichtlichen Entscheidung betroffen werden, in erster Linie dem Beschuldigten.[41] Das Recht auf rechtliches Gehör bietet die Gelegenheit, vor Gericht Ausführungen zur Sach- und Rechtslage zu machen.[42] Diese Gelegenheit muss das Gericht grds. vor jeder Entscheidung bieten.[43] Es liegt an den Berechtigten, ob und wie sie die gebotene Möglichkeit zur Anhörung nutzen.[44] Sie können sich zu Tatsachen und Beweisergebnissen äußern, Anträge stellen oder ihre Rechtsauffassung erläutern.[45] Tun sie das, so muss das Gericht die Ausführungen **zur Kenntnis nehmen und** bei der Entscheidungsfindung **berücksichtigen**.[46] Solche Umstände, zu denen den Berechtigten kein rechtliches Gehör gewährt wurde, dürfen nicht nachteilig in die Entscheidung eingehen.[47] Die Berechtigten müssen sich vielmehr zu allen Umständen geäußert haben *können*.[48] Für den Angeklagten bedeutet das, dass er vor der Urteilsberatung die Gelegenheit gehabt haben muss, sich zu dem gesamten Verfahrensinhalt zu äußern.

18

In **Fall 6** hatte A nach § 258 Abs. 2 HS 2 das Recht, nach der Erwiderung des Sitzungsvertreters der StA das endgültig letzte Wort vor der Urteilsberatung zu sprechen. Der Entzug des letzten Worts durch den Vorsitzenden ist dabei nicht nur eine Verletzung von § 258 Abs. 2 HS 2, sondern auch von Art. 103 Abs. 1 GG, wenn das Gericht die Erwiderung der StA zum Nachteil von A verwertet.

19

---

38 Vgl. Maunz/Dürig-*Hillgruber* Art. 97 GG Rn 104 ff.
39 BVerfG NJW 1971, 1029.
40 Näher § 12 Rn 1 ff.
41 Sachs-*Degenhart* Art. 103 Rn 9; LR-*Kühne* Einl. I Rn 82.
42 BVerfG NJW 1974, 133; *Meyer-Goßner/Schmitt* Einl. Rn 23; *Roxin/Schünemann* § 18/11.
43 LR-*Kühne* Einl. I Rn 81; KMR-*Ziegler* § 33 Rn 1.
44 LR-*Kühne* Einl. I Rn 88; *Roxin/Schünemann* § 18/12.
45 KK-*Fischer* Einl. Rn 123.
46 BVerfGE 81, 97 (107); 86, 133 (145); BGHSt 28, 44 (46); HK-*Gercke/Temming* Einl. Rn 22; LR-*Kühne* Einl. I Rn 89.
47 *Roxin/Schünemann* § 18/4.
48 *Roxin/Schünemann* § 18/4, 11.

20 Das Recht auf rechtliches Gehör wird durch zahlreiche Vorschriften der StPO konkretisiert und ausgedehnt, z.B. §§ 33 f., 163a, 201, 243 Abs. 5, 257 Abs. 1, 258, 308 Abs. 1, 311 Abs. 3, 311a, 324 Abs. 2, 326, 350 Abs. 2, 356a Abs. 1.[49] Dem rechtlichen Gehör dienen dabei nicht nur Vorschriften, die eine Anhörung bestimmen, sondern auch solche, die Informations- und Hinweispflichten der Strafverfolgungsorgane begründen und damit die Voraussetzungen schaffen, dass die zu hörende Person von ihrem Recht effektiven Gebrauch machen kann, z.B. das Recht auf Akteneinsicht aus § 147.[50]

21 Im Ermittlungsverfahren kann das rechtliche Gehör vor einer richterlichen Entscheidung **ausnahmsweise entfallen**, wenn dadurch der Untersuchungszweck gefährdet würde (§ 33 Abs. 4 S. 1). Das kann namentlich der Fall sein, wenn der Beschuldigte durch die Anhörung vorzeitig Kenntnis von einer Maßnahme erhält und daraufhin ihren Zweck vereiteln könnte. Ist vor einer Maßnahme kein rechtliches Gehör gewährt worden, so muss es aber **unverzüglich nachgeholt** werden (§ 33a).

4. Grundsatz der gerichtlichen Fürsorge

▶ **FALL 7:** Der Angeklagte A ist mit der Arbeit seines Pflichtverteidigers V unzufrieden. V ist daher wiederholt wilden Beschimpfungen durch A ausgesetzt und möchte aus diesem Grund sein Mandat niederlegen.[51] ◀

22 Das Sozialstaatsprinzip aus Art. 20 Abs. 1, 28 Abs. 1 S. 1 GG findet seinen Niederschlag in der gerichtlichen Fürsorgepflicht, die Grundlage einiger strafprozessualer Vorschriften geworden ist,[52] aber auch unmittelbare Bedeutung hat. Die gerichtliche Fürsorge soll besonders dem Beschuldigten zu Gute kommen, weil er den professionellen staatlichen Strafverfolgungsorganen gewöhnlich unterlegen ist.
Das Gericht ist aber auch gegenüber den übrigen Prozessbeteiligten fürsorgepflichtig.

23 In **Fall 7** hat es das Gericht in der Hand, den V von seiner Verpflichtung zu entbinden oder Ordnungsmittel gegenüber A zu ergreifen (§§ 176 ff. GVG). Die gerichtliche Fürsorgepflicht verlangt es, diese – nur dem Gericht gegebenen – Mittel im Interesse der Beteiligten anzuwenden.[53]

III. Grundsätze, die nur in der Hauptverhandlung gelten

1. Konzentrationsmaxime

24 Die Konzentrationsmaxime ist eine spezielle Ausprägung des **Beschleunigungsgrundsatzes in der Hauptverhandlung**.[54] Sie hat hier den Sinn, sicherzustellen, dass die Richter ihr Urteil auf der Grundlage frischer Eindrücke und unverblasster Erinnerungen fällen.[55]

---

49 Vgl. weiterführend zum Grundsatz des rechtlichen Gehörs als verfassungsrechtliche Grundlage des Beweisantragsrechts der Verteidigung *Jahn* Hassemer-FS, 1029 (1034 ff.).
50 Sachs/*Degenhart* Art. 103 Rn 18; ausführlich zu den verschiedenen Ausprägungen des Grundsatzes des rechtlichen Gehörs *Krehl* Hassemer-FS 1055 ff.
51 Nach OLG Köln MDR 1977, 598 m. Anm. *Terhorst* MDR 1977, 598 f.
52 Etwa §§ 145 Abs. 3, 265.
53 Vgl. *Terhorst* MDR 1977, 598 (599).
54 *Krey* I Rn 465; *Volk/Engländer* § 18/13.
55 BGHSt 23, 224 (225 f.); KK-*Fischer* Einl. Rn 28; HK-*Gercke/Temming* Einl. Rn 62; aA *Kramer* Rn 284a.

Zu diesem Zweck wird der Zeitplan der Hauptverhandlung „konzentriert". Das bedeutet, dass die Hauptverhandlung nicht über einen bestimmten Zeitraum hinaus unterbrochen werden darf (§ 229). Zu **Unterbrechung und Aussetzung** s.o. § 17 Rn 51.

2. Öffentlichkeitsgrundsatz

Im 19. Jahrhundert setzte sich in Deutschland ein Bewusstsein von Rechtsstaatlichkeit durch, das die Öffentlichkeit von Gerichtsverfahren durchsetzte, um Transparenz des staatlichen Handelns zu ermöglichen.[56] Diese Transparenz sollte der Kontrolle staatlicher Gewalt dienen und findet ihren Zweck in der heutigen Zeit auch im Informationsinteresse der Medienöffentlichkeit.[57] Der Öffentlichkeitsgrundsatz gilt nur in der **Hauptverhandlung**. Er ist neben § 169 GVG auch in Art. 6 Abs. 1 S. 1 EMRK verankert. Die Öffentlichkeit i.S.d. § 169 GVG besteht darin, dass jedermann aus dem Publikum sich ohne besondere Schwierigkeit Kenntnis von Ort und Zeit der Verhandlung verschaffen kann und dass ihm im Rahmen der tatsächlichen Gegebenheiten der Zugang eröffnet wird.[58] Näheres dazu s.o. § 17 Rn 35 ff.

3. Mündlichkeitsprinzip

▶ **FALL 8:** Der Zeuge Z ist nicht zur Hauptverhandlung erschienen. Daher legt das Gericht seinem Urteil das polizeiliche Vernehmungsprotokoll über die Zeugenvernehmung des Z zu Grunde. ◀

Die Öffentlichkeit des Verfahrens kann nur von Bedeutung sein, wenn die Öffentlichkeit den Inhalt der Hauptverhandlung aufnehmen kann.[59] Der Wandel vom geheimen zum öffentlichen Strafprozess bedingte daher auch einen Wandel von der Schriftlichkeit[60] zur Mündlichkeit. Das bedeutet, dass das Urteil nur auf dem **mündlichen Inhalt der Hauptverhandlung** beruhen darf.[61] Nur das, was mündlich erörtert worden ist, ist Inbegriff und Ergebnis der Hauptverhandlung im Sinne des §§ 261, 264 Abs. 1.

In **Fall 8** ist es zwingend ausgeschlossen, das Vernehmungsprotokoll als Aktenbestandteil zu verwerten. An eine Verwertung des Protokolls ist nur zu denken, wenn es durch Verlesung – also mündlich – in die Hauptverhandlung eingeführt wird (§ 251). Wegen des Vorrangs des Personalbeweises vor dem Sachbeweis ist eine solche Verlesung eines Vernehmungsprotokolls anstelle der Zeugenvernehmung nur in Ausnahmefällen zulässig (§§ 250 ff.).

---

56 Vgl. § 34 Rn 17.
57 *Beulke/Swoboda* Rn 376; *Volk/Engländer* § 18/27; zur Begründung des Öffentlichkeitsgrundsatzes vgl. auch *Gierhake* JZ 2013, 1030.
58 *Meyer-Goßner/Schmitt* § 169 GVG Rn 3 mwN.
59 BGH NJW 1969, 756 (757 f.); *Schroeder/Verrel* Rn 198.
60 „*Quod non est in actis, non est in mundo*" = „Was nicht in den Akten ist, ist nicht in der Welt".
61 HK-*Gercke/Temming* Einl. Rn 58 f.; *Rüping* Rn 409; *Schlüchter* Rn 438.

§ 18 3. Abschnitt: Gerichtliches Verfahren

29 Wiederholungs- und Vertiefungsfragen

> In welchem Zusammenhang stehen der Beschleunigungsgrundsatz und die Konzentrationsmaxime? (Rn 24)
> Welche Verbindung besteht zwischen dem Öffentlichkeitsgrundsatz und dem Mündlichkeitsprinzip? (Rn 27)
> Wieso dürfen nur unabhängige und gesetzliche Richter im Strafverfahren eingesetzt werden? (Rn 12 ff., 17)

§ 19 Die Verständigung im Strafverfahren

I. Allgemeines

1. Begriff

„Verständigungen" im Strafverfahren haben in den letzten Jahren eine erhebliche Bedeutung erlangt.[1] Waren sie zunächst vor allem in den umfangreichen Fällen der Wirtschafts- und Steuerkriminalität sowie bei Betäubungsmittelstrafsachen vorzufinden, so gehören sie nunmehr bereits seit langem zum Alltag der Strafrechtspraxis.[2] Mit „Verständigungen" sind Vereinbarungen gemeint, die die Verfahrensbeteiligten im Verlaufe eines Strafverfahrens treffen und sich hierbei entweder – vor allem im Ermittlungsverfahren[3] – über die Art und Weise der Verfahrens*gestaltung* (**verfahrensfördernde Verständigung**) oder – vor allem im Hauptverfahren – über das Verfahrens*ergebnis* (**verfahrensbeendende Verständigung**) einigen. Da eine solche Verständigung davon abhängt, dass sich **alle Beteiligten** aufeinander zubewegen und Zugeständnisse machen, die sie bei „normalem" Gang der Dinge so möglicherweise nicht vornähmen, ist die Bezeichnung dieser Praxis als strafprozessualer „Deal" durchaus treffend.

Die hinter solchen Absprachen stehende Motivation liegt auf der Hand: Für den Beschuldigten bietet der Deal die Möglichkeit, eine vielleicht höchst öffentlichkeitswirksame Hauptverhandlung zu vermeiden oder zu verkürzen bzw. das gegen ihn gerichtete Strafverfahren nebst Strafmaß „berechenbarer" zu machen. Die Strafverfolgungsbehörden können eventuell den Vorteil für sich verbuchen, keine lange Beweisaufnahme führen zu müssen und das Verfahren schneller zu erledigen. Selbst Dritte können von einem Deal profitieren, wenn ihre Aussage ggf. nicht mehr benötigt wird. So können Fürsprecher dieser umstrittenen Praxis auch Argumente des Zeugenschutzes für sich in Anspruch nehmen.

Von Kritikern[4] werden strafprozessuale Absprachen besonders im Hauptverfahren vielfach als „Handel mit der Gerechtigkeit"[5] bezeichnet. Zumeist wird auf die überwiegend vergleichsfeindliche Ausgestaltung der deutschen Strafprozessordnung verwiesen.

2. Die gesetzliche Regelung

Die StPO enthielt früher zwar schon einige wenige konsensuale Elemente,[6] aber keine gesetzliche Grundlage für einen „Deal". Auch wenn die Einfügung einer entsprechenden Regelung im Zuge einer Ausgestaltung des Strafverfahrens mit partizipatorischen

---

1 Ausf. *Beulke/Swoboda* Rn 394 ff.
2 Vgl. LR-*Kühne* Einl. Abschn. G Rn 58; *Pfeiffer* Einl. Rn 16; vgl. auch *Dahs* NStZ 1988, 154 ff.
3 Vgl. BGHSt 43, 195 (205); *Altenhain/Haimerl* DRiZ 2005, 56.
4 So z.B. *Beulke*, Die Strafbarkeit des Verteidigers, 1989, Rn 116; LR-*Kühne* Einl. Abschn. G Rn 63 ff.; *Lüderssen* StV 1990, 415 ff.; SK-*Schlüchter* (Stand: 64. EL 2009) Vor § 213 Rn 23 ff.; *Schünemann* ZStW 114 (2002), 26; *Siolek*, Verständigung in der Hauptverhandlung, 1993, S. 201 ff.
5 So schon *H. Schumann*, Handel mit der Gerechtigkeit, 1977; vgl. aber auch BVerfG NJW 1987, 2662 (2663).
6 Vgl. z.B. §§ 153 ff., 265a, 391, 405, 470 S. 2.

Elementen vor allem im Ermittlungsverfahren schon häufig diskutiert wurde,[7] war eine Ergänzung der StPO lange unterblieben.[8]

4 Beginnend mit einer Grundsatzentscheidung im Jahre 1997 war der BGH dazu übergegangen, die Praxis der Verfahrensabsprache ausdrücklich zu billigen.[9] Gleichzeitig hatte er aber auch mehrere Direktiven aufgestellt, bei deren Einhaltung durch den Tatrichter die Verständigung mit der geltenden Rechtsordnung (noch) in Einklang zu bringen sei (allerdings mit dem ausdrücklich formulierten Appell an den Gesetzgeber, die Zulässigkeit und bejahendenfalls die wesentlichen rechtlichen Voraussetzungen und Begrenzungen von Absprachen zu regeln).[10]

5 Der Deutsche Bundestag hat hierzu – nach heftiger Diskussion in Wissenschaft und Praxis – im Jahre 2009 Regelungen der Verfahrensabsprache in die StPO eingefügt.[11] Die Zentralvorschrift für die Verständigung im Strafverfahren ist § 257c, in welchem die **verfahrensbeendende Verständigung** geregelt wird. § 257b enthält eine knappe Festschreibung der bisher bereits unbestritten zulässigen **verfahrensfördernden „Erörterung"**.

6 Das BVerfG hat die gesetzliche Regelung der Verständigung im Grundsatz gebilligt.[12] Es betont aber, dass es grundsätzlich aufgrund des Schuldprinzips und der mit ihm verbundenen Pflicht zur Erforschung der materiellen Wahrheit sowie des Grundsatzes des fairen Verfahrens, der Unschuldsvermutung und der Neutralitätspflicht des Gerichts ausgeschlossen sei, die Handhabung der Wahrheitserforschung, die rechtliche Subsumtion und die Grundsätze der Strafzumessung zur freien Disposition der Verfahrensbeteiligten und des Gerichts zu stellen. Diese verfassungsrechtlichen Vorgaben sichere das Verständigungsgesetz in ausreichender Weise. Die Wirksamkeit der vom Gesetzgeber vorgesehenen Schutzmechanismen (insbesondere Transparenz und Dokumentation) seien im Falle des defizitären Vollzugs des Gesetzes noch ausreichend. Der Gesetzgeber sei jedoch gehalten, die Wirksamkeit der Schutzmechanismen fortwährend zu prüfen und sie gegebenenfalls nachzubessern oder seine Entscheidung über die Zulässigkeit von Verfahrensabsprachen zu revidieren.[13] Das BVerfG betont zudem, dass die Vor-

---

7 Vgl. schon das Diskussionspapier der Koalitionsfraktionen zur Reform des Strafverfahrens, StV 2001, 314 (316); ferner auch der Diskussionsentwurf für eine Reform des Strafverfahrens der *Fraktionen der SPD* und *Bündnis 90/Die Grünen* des Deutschen Bundestages sowie des *Bundesministeriums der Justiz*, StV 2004, 228 (237), der in § 257b StPO-DE eine gesetzliche Normierung vorsieht.

8 Als weitere Stellungnahmen seien genannt: *Gerlach*, Absprachen im Strafverfahren, 1992; *Heller*, Die gescheiterte Urteilsabsprache, 2004; *Schünemann*, Absprachen im Strafverfahren?, Gutachten B zum 58. Deutschen Juristentag München, 1990; *Tscherwinka*, Absprachen im Strafprozess, 1995.

9 BGHSt 43, 195; ferner BGHSt 49, 84 (88); BGH NJW 2004, 2536 (2537); abl. *Duttge* ZStW 115 (2003), 539; *Noak* StV 2002, 445; *Pfeiffer* Einl. Rn 16b; *Schünemann* Rieß-FS 525 (536); *Weigend* NStZ 1999, 57 f. Umfassend hierzu BGHSt 50, 40 ff. m. Bspr. *Saliger* JuS 2006, 8 ff.

10 BGHSt 50, 40 (64); zust. *Pfister* StraFo 2006, 349 (353 f.); *Saliger* JuS 2006, 8 (12); vgl. zur alten Rechtslage *Kindhäuser*, Strafprozessrecht, 2. Aufl. (2010), § 19.

11 „Gesetz zur Regelung der Verständigung im Strafverfahren", v. 29.7.2009, BGBl. I, 2353; s. *Fezer* NStZ 2010, 177 ff.; *Jahn/Müller* NJW 2009, 2625 ff.; *Schlothauer/Weider* StV 2009, 600 ff.; krit. *Altenhain/Haimerl* JZ 2010, 327 ff.; *Hettinger* JZ 2011, 292 ff.; ausführlich zur Entstehung des Gesetzes N/Sch/W-*Niemöller* Teil A Rn 18 ff.; lesenswert auch *Weigend* Maiwald-FS 829 ff.

12 BVerfG NJW 2013, 1058 ff. m. Anm. *Beulke/Stoffer* JZ 2013, 662, *Kudlich* NStZ 2013, 379, *Meyer* NJW 2013, 1850, *Spaniol* StraFo 2014, 366; krit. *Fezer* HRRS 2013, 117, *Niemöller* StV 2013, 420, *Stuckenberg* ZIS 2013, 212 und *Weigend* StV 2013, 424; Überblick zur Anschlussrechtsprechung des BGH bei *Schneider* NStZ 2014, 192, 252.

13 BVerfG NJW 2013, 1058 (1061 ff).

schriften des Verständigungsgesetzes abschließend seien. Außerhalb des gesetzlichen Regelungskonzeptes erfolgende „informelle Absprachen" sind daher unzulässig.[14]

II. Gegenstand der verfahrensbeendenden Verständigung

Was zulässiger Gegenstand der Verständigung sein kann, ist in § 257c Abs. 2 beschrieben:

Danach darf die Verständigung zunächst **nur die Rechtsfolgen** (die Inhalt des Urteils und der dazugehörigen Beschlüsse[15] sein können), **nicht aber den Schuldspruch** betreffen. Dies bedeutet vor allem, dass die Frage, nach welchen Tatbeständen sich der Beschuldigte strafbar gemacht hat, keinesfalls verhandelbar ist.[16] Die Vereinbarung einer **bestimmten Strafe** (sog. Punktstrafe) ist **unzulässig**.[17] Dies ergibt sich aus einem Umkehrschluss aus § 257c Abs. 3 S. 2, nach dem lediglich Unter- und Obergrenze der Strafe vereinbart werden können. Die jüngere Rechtsprechung neigt dazu, dass im Rahmen einer Verständigung ein konkreter Strafrahmen mit Ober- und Untergrenze durch das Gericht anzugeben ist.[18] Auch die Frage, ob die Strafe zur Bewährung ausgesetzt werden soll, ist im Rahmen der durch § 56 StGB gesetzten Grenzen verhandelbar.[19] Wenngleich es sich dabei ebenfalls um Rechtsfolgen handelt, dürfen die **Maßregeln der Besserung und Sicherung nicht** zum Gegenstand der Verständigung gemacht werden (§ 257c Abs. 2 S. 3). Dies erklärt sich aus dem Umstand, dass diese Rechtsfolgen nicht an das Unrecht der Tat, sondern an die Gefährlichkeit des Täters anknüpfen. Richtigerweise ist damit eine Verständigung auch über andere Maßnahmen, die sich an der Gefährlichkeit des Täters zu orientieren haben (z.B. §§ 63, 68 StGB), ausgeschlossen.[20] Zulässig soll dagegen die Einbeziehung von Nebenstrafen und Nebenfolgen, wie Fahrverbot (§ 44 StGB) oder Verfall (§§ 73 ff. StGB) sein.[21]

Weiterhin kann die Verständigung gem. § 257c Abs. 2 **sonstige verfahrensbezogene Maßnahmen im zugrundeliegenden Erkenntnisverfahren** betreffen. Welche Maßnahmen genau hierunter fallen können, ist noch nicht abschließend geklärt.[22] Gegen eine (unter dieser Regelung naheliegenden) Einbeziehung des Verzichts auf Beweiserhebungen durch das Gericht spricht jedoch § 257c Abs. 1 S. 2, nach welchem § 244 Abs. 2 (Wahrheitserforschungspflicht des Gerichts) durch die Regeln zur Verständigung im Strafverfahren unberührt bleiben soll. Eine Vereinbarung über eine Einstellung anderer

---

14 BVerfG NJW 2013, 1058 (1069); dies gilt auch für „konkludente" Urteilsabsprachen, vgl. BGH NStZ 2014, 113 (114f) m. Anm. *Knauer* NStZ 2014, 113f, *Kudlich* JZ 2014, 471, *Norouzi* NJW 2014, 874; zust. *Landau* NStZ 2014, 425 (429); krit. *Niemöller* JR 2014, 216; zu den möglichen strafrechtlichen Folgen für die Beteiligten einer informellen Absprache *Globke* JR 2014, 9 (16 ff); dagegen *Heger/Pest* ZStW 2014, 446 (482 ff.).
15 Beispielsweise über die Fortdauer der Untersuchungshaft, BGH NStZ 2014, 219.
16 Ebensowenig entbindet § 257c das Gericht von der Hinweispflicht nach § 265, BGHSt 56, 235 (237 f.).
17 BVerfG NJW 2013, 1058 (1068). Das Gericht ist nicht gehindert, die angegebene Obergrenze als Strafe zu verhängen, s. BGH NStZ 2010, 650 m. abl. Anm. *Bockemühl/Staudinger* StraFo 2010, 424.
18 BGH NStZ 2011, 170 f., 648; wistra 2011, 75 f.; *R/H-Ambos/Ziehn* § 257c Rn 31. Dennoch soll sich die Revision mangels Beschwer nicht auf eine fehlende Strafuntergrenze stützen lassen (vgl. BGH wistra 2011, 75 f., krit. dazu *Leipold* NJW-Spezial 2010, 760 f.).
19 *N/Sch/W-Niemöller* § 257c Rn 57; weitergehend *Meyer-Goßner/Schmitt* § 257c Rn 12; der Grundsatz des fairen Verfahrens gebiete es dabei, den Angeklagten auf konkret in Betracht kommende Bewährungsauflagen hinzuweisen, BGHSt 59, 172; NStZ 2014, 665; mangels sanktionsähnlichem Charakter soll dies jedoch nicht für Bewährungsweisungen (§ 56 c) gelten, BGH StV 2015, 151.
20 *Meyer-Goßner/Schmitt* § 257c Rn 9.
21 Kritisch *Meyer-Goßner/Schmitt* § 257c Rn 10; ob dagegen sogar eine formlose Einziehung von Vermögensgegenständen vereinbart werden kann, ist umstritten, dafür: *Meyer-Goßner/Schmitt* § 257c Rn 10; dagegen: *Hüls/Reichling* StraFo 2009, 199.
22 Vgl. hierzu *Meyer-Goßner/Schmitt* § 257c Rn 13; BeckOK-*Eschelbach* § 257c Rn 15 f.

Verfahren (z.B. nach § 154) als sog. „Gesamtlösung" darf nicht Gegenstand einer Verständigung sein, da sie sich nicht mehr auf das zugrundeliegende Erkenntnisverfahren bezieht und eine Bindungswirkung nach § 257c Abs. 1, 2 nicht entstehen kann.[23]

9   Auch soll das **Prozessverhalten der Verfahrensbeteiligten** einbezogen werden können. Hier geht es freilich nicht um das „Benehmen" einzelner Beteiligter, sondern um deren prozessuale Handlungsoptionen (z.b. Verzicht auf weitere Beweisanträge).[24] Dieser Teil der (ohnehin stark umstrittenen) Vorschrift ist sicher der heikelste, da die Verknüpfung des Verhaltens des Beteiligten mit der Bemessung von Rechtsfolgen einen prozessual sachfremden, im Einzelfall schon **nötigungsähnlichen Charakter** haben kann.[25]

10 Schließlich soll (!) auf Seiten des Beschuldigten ein **Geständnis** Gegenstand jeder Verständigung sein. Entgegen der früher üblichen Praxis des Deals „Geständnis gegen Strafobergrenze" scheint der Gesetzgeber also auch anderen Möglichkeiten zur Erreichung einer Verständigung gegenüber offen zu sein. Worin diese aber bestehen können, bleibt im Dunkeln.
Es wäre nicht zu rechtfertigen, dem Angeklagten, der weiterhin die Tat abstreitet, im Prozess einen bestimmten Strafrahmen zuzusagen, falls er auf weitere Verteidigungsmöglichkeiten verzichtet. Daher wird mit Rücksicht auf die in § 244 Abs. 2 enthaltene Aufklärungspflicht nur das **glaubwürdige** Geständnis des Angeklagten weiterhin den zentralen Gegenstand einer Verständigung ausmachen müssen.[26] Die Verständigung entbindet das Gericht mithin nicht davon, das Geständnis auf seine Richtigkeit zu überprüfen und anderen, sich aufdrängenden Zweifeln nachzugehen.[27]

11 Ein **Rechtsmittelverzicht** im Wege einer Verständigung ist ebenso ausgeschlossen wie die Erklärung eines Rechtsmittelverzichts im Nachgang an eine Verständigung, vgl. § 302 Abs. 1 S. 2.[28] Dem Betroffenen soll es grds. freistehen, Rechtsmittel nach einem Urteil einzulegen, das auf einer Verständigung beruht.[29] Hierüber ist er im Urteil auch entsprechend zu belehren, § 35a. Ebensowenig ist die Möglichkeit sonstiger Verfahrensbeteiligter, Rechtsmittel einzulegen, durch eine vorangegangene Urteilsabsprache beschränkt.[30]

III. Zustandekommen und Fehlschlag der Verständigung

1. Formelle Verfahrensverständigung

12 Die **Initiative** zu einer Verständigung kann sowohl vom Gericht als auch von den anderen Verfahrensbeteiligten ausgehen.

---

23 BVerfG NJW 2013, 1058 (1064); vgl. dazu auch *Beulke/Stoffer* JZ 2013, 662 (666 f.); krit. *Niemöller* StV 2013, 420 f.; abw. a. OLG Hamburg NStZ 2017, 307.
24 N/Sch/W-*Niemöller* § 257c Rn 36 ff.
25 Kritisch zur Vorschrift *Meyer-Goßner/Schmitt* § 257c Rn 14 ff.; s. sonst BeckOK-*Eschelbach* § 257c Rn 17 ff.
26 BeckOK-*Eschelbach* § 257c Rn 21; *Meyer-Goßner/Schmitt* § 257c Rn 16 ff. Ein Geständnis kann vielerlei Ursachen haben: Es kann dem Beschuldigten z.B. nur darum gehen, das Strafverfahren zu einem schnellen Ende zu bringen. Oder der Beschuldigte könnte geneigt sein, lediglich den Akteninhalt wiederzugeben, um die Strafverfolgungsbehörden zufrieden zu stellen und in den Genuss des angestrebten Vorteils zu kommen.
27 BVerfG NJW 2013, 1058 (1063, 1069); vgl. auch BGHSt 48, 161; BGH StV 2012, 133; BGH NStZ 2014, 170 m. krit. Anm. *Jahn*; zu dem hierbei bestehenden Spannungsverhältnis zwischen Aufklärungspflicht und Verständigung *Deiters* GA 2014, 701.
28 Vgl. u. § 28 Rn 31.
29 BVerfG NJW 2013, 1058 (1066); BGHSt 57, 3 (4 f.); BGH StV 2009, 680.
30 BGH NStZ-RR 2010, 383.

Erörterungen nach §§ 160b, 202a, 212, die vor der Hauptverhandlung stattgefunden haben, sind jedoch noch keine Verständigung i.S.d. § 257c.³¹
Das **Gericht** gibt gem. § 257c Abs. 3 den Beteiligten zunächst **bekannt**, welchen Inhalt eine Verständigung haben könnte. Dazu sind die **Verfahrensbeteiligten zu hören**. Das Gericht hat den Angeklagten vor dessen Zustimmung³² darüber zu belehren, unter welchen Voraussetzungen und mit welchen Folgen es sich von der anstehenden Verständigung lösen kann, § 257c Abs. 5.³³ Stimmt der Angeklagte (ausdrücklich)³⁴ und die StA dem Vorschlag des Gerichts zu, kommt die Verständigung zustande. Dabei sind der wesentliche Ablauf, Inhalt und Ergebnis der diesbezüglichen Erörterungen und Belehrungen im Hauptverhandlungsprotokoll festzuhalten (**Dokumentationspflicht**).³⁵

Sind die Verständigungsgespräche nicht innerhalb der Hauptverhandlung erfolgt, so hat das Gericht zudem eine Mitteilungspflicht nach § 243 Abs. 4 (**Transparenzpflicht**).³⁶

2. Voraussetzungen und Folgen eines Fehlschlags

a) Die Bindung des Gerichts an die Verständigung entfällt gem. § 257c Abs. 4 S. 1, wenn das Gericht aufgrund rechtlich oder tatsächlich **bedeutsamer Umstände**, die übersehen wurden oder sich neu ergeben haben, zu der Überzeugung gelangt, dass der vereinbarte Strafrahmen nicht mehr tat- oder schuldangemessen ist.³⁷ Die Beurteilung dieser Frage obliegt dem Gericht, weshalb die Wirkungen des § 257c Abs. 4 S. 1 nicht kraft Gesetzes, sondern durch gerichtliche Entscheidung eintreten.³⁸

b) Weiterhin soll sich das Gericht von der getroffenen Absprache lösen können, wenn das „**weitere Prozessverhalten des Angeklagten nicht dem Verhalten entspricht, das der Prognose des Gerichts zugrunde gelegt worden ist**" (§ 257c Abs. 4 S. 2). Ob eine solche allein zulasten des Angeklagten wirkende und in ihrem genauen Umfang unklare Regelung überhaupt noch verfassungsgemäß ist, darf zumindest bezweifelt werden. Hinzu kommt, dass das Gericht damit in die Lage versetzt wird, gezielt auf das gewünschte Prozessverhalten (was in der Regel nichts anderes bedeutet als die Verteidigung) des Angeklagten direkt Einfluss nehmen zu können.³⁹

c) Für den Fall, dass das Gericht sich von der Verständigung löst, schreibt § 257c Abs. 4 S. 3 ein **Verwertungsverbot** hinsichtlich des im Rahmen der Verständigung abgegebenen **Geständnisses** vor.

---

31 *Meyer-Goßner/Schmitt* § 257c Rn 23.
32 BVerfG NJW 2014, 3506 (3507); entgegen BGH NStZ 2013, 728 (729), der eine verspätete Belehrung nach erfolgter Zustimmung, jedoch vor dem Geständis, für einen Beruhensausschluss hat ausreichen lassen.
33 Ein Verstoß hiergegen begründet die Revision, da das Urteil regelmäßig hierauf beruht, BVerfG NStZ-RR 2013, 315; BGH NStZ 2013, 350; wistra 2014, 322; vgl. auch *Jahn* StV 2011, 497 (501 f.); Ausnahme nach BGHSt 59, 130 (m. Anm. *Kudlich* in NStZ 2014, 285): kein Beruhen bei bloßer Protokollrüge; aA BGH NJW 2013, 3046; StV 2014, 67; dem unter Berufung auf eine normative Betrachtungsweise des Beruhensbegriffes zust. *Lam* StraFo 2014, 407f.
34 BGH NStZ-RR 2017, 87 (88)
35 § 273 Abs. 1 S. 2, Abs. 1a.
36 Vgl. hierzu § 17 Rn 21; eine (reduzierte) Dokumentations- und Mitteilungspflicht des Gerichts bleibt auch dann bestehen, wenn die Verständigungsgespräche letztlich ergebnislos geblieben sind, BGH NStZ 2014, 416 (417); NJW 2014, 2514 (2515); HRRS 2015 Nr 232.
37 BGH NStZ 2013, 417; NStZ-RR 2013, 184.
38 BGHSt 57, 273.
39 Mit denselben verfassungsrechtlichen Bedenken wie hier *Meyer-Goßner/Schmitt* § 257c Rn 27.

16 d) Schließlich geht eine erstinstanzliche Verständigung auch dann fehl, wenn einer der Verfahrensbeteiligten, namentlich der Angeklagte oder die Staatsanwaltschaft, **Rechtsmittel** einlegt. Wird ein verständigungsbasiertes Urteil mit der Berufung angegriffen, so stellt sich u.a. die verfahrenserhebliche Frage, ob das vom Angeklagten in erster Instanz abgelegte Geständnis für das Berufungsgericht mittels Einführung durch Sekundärbeweismittel (z.B. Verlesung nach § 254 Abs. 1) **verwertbar** bleibt.[40] Hier ist eine differenzierende Betrachtung geboten:

17 ■ Legt (allein) der Angeklagte Berufung ein, so ist er ohnehin nicht schutzbedürftig, da ihm aufgrund des Verbots der *reformatio in peius* (§ 331 Abs. 1) keine strafprozessuale Benachteiligung droht.[41] Sein Geständnis aus erster Instanz ist auch im Berufungsverfahren verwertbar.

18 ■ Aus Gründen des Fairnessgebots sowie des Vertrauensschutzes kann das erstinstanzliche Geständnis jedoch dann einem Beweisverwertungsverbot unterliegen, wenn (auch) die Staatsanwaltschaft zu Lasten des Angeklagten Berufung einlegt. Entscheidend ist dann, ob das Berufungsgericht den erstinstanzlich vereinbarten Strafrahmen überschreiten will. Liegt eine solche Verfahrenskonstellation vor, so unterliegt das erstinstanzliche Geständnis einem aus Art. 6 Abs. 1 EMRK, Art. 20 Abs. 3 GG hergeleiteten Verwertungsverbot.[42] Zudem ist in diesem Fall in entsprechender Anwendung des § 257c Abs. 4 S. 4 eine qualifizierte Belehrung des Angeklagten dahingehend erforderlich, dass das erstinstanzliche Geständnis unverwertbar ist.[43]

19 WIEDERHOLUNGS- UND VERTIEFUNGSFRAGEN

> Was ist unter einer strafprozessualen Verständigung zu verstehen? (Rn 1 f.)
> Was ist zulässiger Gegenstand einer verfahrensbeendenden Verständigung? (Rn 7 ff.)
> Unter welchen Voraussetzungen kann das Gericht sich von der getroffenen Absprache lösen? (Rn 13 f.)
> Kann im Rahmen einer Absprache ein Rechtsmittelverzicht wirksam vereinbart werden? (Rn 11)

---

40 Zu den Auswirkungen einer verständigungsbasierten Verfahrensbeendigung auf das Berufungsverfahren KK-*Moldenhauer/Wenske* § 257c Rn 37 ff.
41 KK-*Moldenhauer/Wenske* § 257c Rn 38; *Schneider* NZWiSt 2015, 1 (2).
42 OLG Karlsruhe NStZ 2014, 294 (295); KK-*Moldenhauer/Wenske* § 257c Rn 42; *Schneider* NZWiSt 2015, 1 (5).
43 OLG Düsseldorf StV 2011, 80; hierzu *El-Ghazi* JR 2012, 406 (412) und *Mosbacher* JuS 2011, 708 ff; eine unterbliebene qualifizierte Belehrung soll dabei nicht zwangsläufig zu einem Beweisverwertungsverbot hinsichtlich der Einlassung des Angeklagten in der Berufungsinstanz führen, vgl. OLG Karlsruhe NStZ 2014, 294 (295 f.) zust. *Moldenhauer* NStZ 2014, 493 (495); vgl. hierzu auch *Schneider* NZWiSt 2015, 1 (5).

§ 20 Umfang der Beweisaufnahme

Das Strafverfahren wird durch das Bekanntwerden von Tatsachen angestoßen, die den Anfangsverdacht einer Straftat aufkommen lassen. Bis zur Hauptverhandlung sammeln und verwerten die Strafverfolgungsorgane Beweismittel, um dem Verdacht der Straftat nachzugehen. Hat sich der Verdacht gegen einen Beschuldigten als hinreichender Tatverdacht so sehr erhärtet, dass es zur Hauptverhandlung kommt, muss sich das Gericht für sein Urteil einen eigenen und unmittelbaren Eindruck von der angeklagten Tat verschaffen.[1] Es darf seine Überzeugung nur aus dem Inbegriff der Hauptverhandlung schöpfen (§ 261). Daraus folgt, dass **Beweismittel aus dem Ermittlungs- und Zwischenverfahren bedeutungslos sind, wenn sie nicht in die Hauptverhandlung eingeführt werden.**[2] Exemplarisch: Hat der Zeuge Z im Ermittlungsverfahren vor der Polizei bereits ausgesagt, so muss seine Vernehmung grds. dennoch in der Hauptverhandlung wiederholt werden, um sie für die Urteilsfindung verwerten zu können.

1

Derjenige Teil der Hauptverhandlung, welcher der Aufklärung der angeklagten Tat mittels Beweisen dient, ist die **Beweisaufnahme** im formellen Sinne.[3] Sie muss auf alle entscheidungserheblichen Tatsachen und Beweismittel erstreckt werden (§ 244 Abs. 2). Wegen ihrer entscheidenden Bedeutung für die Tataufklärung – und damit für das Urteil – kann sie als das **Kernstück der Hauptverhandlung** bezeichnet werden.[4]

2

I. Überblick über die Beweisaufnahme

In der Hauptverhandlung erfolgt die Beweisaufnahme im Anschluss an die **Vernehmung des Angeklagten** (§ 244 Abs. 1). Diese gesetzlich angeordnete Reihenfolge stellt sicher, dass sich der Angeklagte vor der **Beweisaufnahme** umfassend äußern und das Gericht sein Vorbringen in der Beweisaufnahme berücksichtigen kann.[5] **Nach** der Beweisaufnahme folgen die **Schlussvorträge** (§ 258).

3

Der **innere Aufbau der Beweisaufnahme**, etwa die Reihenfolge der einzelnen Beweiserhebungen, unterliegt keinen zwingenden Regeln.[6] Das Gericht hat allerdings auch für die Gestaltung der Beweisaufnahme die **allgemeinen Prozessgrundsätze** zu beachten,[7] insbesondere die Beweisaufnahme so zu gestalten, dass sie ohne unnötige Verzögerungen vonstatten gehen kann.

4

---

1 Vgl. §§ 226 Abs. 1, 244 Abs. 2.
2 *Beulke/Swoboda* Rn 402; *Schroeder/Verrel* Rn 233.
3 Beweisaufnahme im materiellen Sinne ist jede Beweiserhebung, unabhängig vom Stadium des Strafverfahrens.
4 *Kühne* Rn 751; *Schroeder/Verrel* Rn 232; ähnlich *Lesch* 1/19.
5 Eine Abweichung von dieser Reihenfolge ist daher nur zulässig, sofern der Angeklagte und sein Verteidiger nicht widersprechen. Eine solche Abweichung muss aus sachlichen Gründen geboten sein und den Aufbau der Hauptverhandlung im Ganzen wahren; s. zum Ganzen LR-*Becker* § 244 Rn 4; KK-*Krehl* § 244 Rn 1.
6 LR-*Becker* § 244 Rn 38.
7 LR-*Becker* § 244 Rn 38.

II. Terminologie des Beweisrechts

5 Einige grundlegende Begriffe des Beweisrechts seien im Zusammenhang genannt:
- Die **Beweisführung** verfolgt ein **Beweisziel**.
  - Das Beweisziel besteht in der Überzeugung, dass es eine **beweisbedürftige Tatsache** gibt.
  - Diese Überzeugung ist der eigentliche **Beweis**.
- Als **Beweismittel** bezeichnet man das Medium der Beweisführung.
- Das Beweismittel wird durch **Beweiserhebung** nach einem bestimmten **Beweisverfahren** in die Hauptverhandlung eingeführt.
- Für die einzelne Beweiserhebung kann eine **Beweismethode** vorgeschrieben sein.
- Nach der Beweiserhebung folgt die **Beweisverwertung** durch
  - **Beweiswürdigung** des **Beweisergebnisses**.
  - Sie kann zu der Überzeugung von der Existenz der **Beweistatsache** führen. Die Beweistatsache ist die unmittelbar aus dem Beweisergebnis nach Beweiswürdigung gewonnene Tatsache. Sie muss mit der beweisbedürftigen Tatsache nicht notwendigerweise identisch sein. Die Beweistatsache kann z.B. ein Indiz sein, aus dem seinerseits auf die beweisbedürftige Tatsache gefolgert werden kann (Rn 9 ff.). Die Beweistatsache nennt man auch das **Beweisthema** einer konkreten Beweiserhebung.

III. Beweistatsachen

▶ **FALL 1A:** Die Zeugin Z berichtet, sie habe gesehen, wie A den B erstach. ◀

▶ **FALL 1B:** Z berichtet, sie habe gesehen, wie A mit einem blutverschmierten Messer aus dem Haus des B ging. ◀

6 Nur Tatsachen können bewiesen werden. Tatsachen sind vergangene oder gegenwärtige Vorgänge, Geschehnisse oder Zustände, die verifiziert oder falsifiziert werden können.[8] Sie finden sich als **objektive Tatsachen**[9] in der Außenwelt,[10] aber auch als **subjektive Tatsachen**[11] in der Psyche.[12]
Wertungen, Meinungen, Vorhersagen etc. sind hingegen keiner Klärung zugänglich und daher keine Tatsachen.[13]

7 Als Beweistatsachen unterscheidet man
- **Haupt**tatsachen
- **Indiz**tatsachen
- **Hilfs**tatsachen
- Erfahrungssätze
- Ausländisches Recht und inländisches Gewohnheitsrecht

---

[8] *Graul*, Systematische Untersuchungen zur Offenkundigkeit im Strafprozeß, 1996, 2; SK-*Rogall* Vor § 48 Rn 15.
[9] Synonym: äußere Tatsachen.
[10] *Graul*, Systematische Untersuchungen zur Offenkundigkeit im Strafprozeß, 1996, 2; *Pfeiffer* § 244 Rn 2.
[11] Synonym: innere Tatsachen.
[12] RGSt 55, 129 (131); BGHSt 12, 287 (290 f.); LR-*Becker* § 244 Rn 5.
[13] BGHSt 6, 357 (358 f.); AK-*Schöch* § 244 Rn 14.

§ 20 Umfang der Beweisaufnahme

1. Haupttatsachen

Haupttatsachen sind diejenigen Tatsachen, die der unmittelbaren strafrechtlichen Subsumtion in Schuld-, Rechtsfolgen- oder Verfahrensfragen zugänglich sind.[14]

Von einer solchen Haupttatsache berichtet die Z in **Fall 1a**: Der tödliche Stich kann unmittelbar unter die Tatbestandsmerkmale des § 212 Abs. 1 StGB subsumiert werden.

2. Indiztatsachen

Indiztatsachen (Indizien) sind Tatsachen, die den **Schluss auf eine Haupttatsache** mittels eines Erfahrungssatzes (Rn 13) erlauben.[15]

In **Fall 1b** berichtet Z nichts, was *unmittelbar* rechtserheblich wäre: Dass A mit einem blutverschmierten Messer aus dem Haus des B ging, kann als solches nicht unter § 212 Abs. 1 StGB subsumiert werden. Aus der Tatsache aber, dass A das Haus des B mit einem solchen Messer verließ, kann man schließen, dass A den B erstochen haben *könnte*. Daher rechtfertigt diese Indiztatsache für sich allein keine Überzeugung von der Täterschaft des A.

Von einer **Indizienreihe** spricht man, wenn mehrere Indizien **unabhängig** voneinander auf eine Haupttatsache schließen lassen.[16] Exemplarisch: Findet sich in **Fall 1b** noch ein weiterer Zeuge, der über einen unmittelbar vorangegangenen Streit zwischen A und B erzählt, so lassen die Wahrnehmungen der beiden Zeugen unabhängig voneinander auf die Täterschaft des A schließen.

Von einer **Indizienkette** spricht man, wenn mehrere Indizien **abhängig** voneinander auf eine Haupttatsache schließen lassen.[17] So läge es in **Fall 1b**, wenn jemand über das berichten würde, was er von Z erfahren habe (sog. „Zeuge vom Hörensagen"). Das Hörensagen, über das er dann aussagen würde, wäre ein Indiz dafür, dass A das Haus des B mit einem blutverschmierten Messer verließ, was seinerseits ein Indiz für die Täterschaft des A wäre. Hier stünden also zwei Indizien nicht neben-, sondern „hintereinander".

3. Hilfstatsachen

Hilfstatsachen sind Tatsachen, die der **Beurteilung des Beweiswerts eines Beweismittels** dienen.[18] Sie sind ein Unterfall der Indizien,[19] da auch sie nur den Schluss auf andere Tatsachen betreffen.

Wäre in **Fall 1a** und **Fall 1b** bekannt, dass die Z unter Wahnvorstellungen leidet, so wäre diese Information eine Hilfstatsache, da sie die Glaubwürdigkeit der Z betrifft, also ihren Wert als Beweismittel.[20]

---

14 *Eisenberg* Rn 8; synonym: unmittelbar erhebliche Tatsachen, so *Grünwald* 86.
15 BayObLG JR 2003, 294; *Dedes*, Beweisverfahren und Beweisrecht, 1992, 45, 71; *Grünwald* 86; *Roxin/Schünemann* § 24/7.
16 *Meyer-Goßner/Schmitt* § 261 Rn 25; vgl. BGH NStZ 1998, 265 (266).
17 *Meyer-Goßner/Schmitt* § 261 Rn 25; *Volk/Engländer* § 23/3.
18 BGHSt 13, 252 (255); *Beulke/Swoboda* Rn 405; *Roxin/Schünemann* § 24/7; *Volk/Engländer* § 23/5.
19 *Eisenberg* Rn 9.
20 Vgl. § 68a Abs. 2.

4. Erfahrungssätze

13 Erfahrungssätze sind **allgemeine Regeln, die auf Tatsachen schließen lassen.**[21] Man unterscheidet

- **deterministische** Erfahrungssätze, die zwingend auf eine Tatsache schließen lassen, und
- **stochastische** Erfahrungssätze, nach denen nur mit einer gewissen Wahrscheinlichkeit auf eine Tatsache geschlossen werden kann.[22]

In **Fall 1b** ist ein Erfahrungssatz notwendig, um von der Indiztatsache, dass A das Haus des B mit einem blutverschmierten Messer verließ, auf die Haupttatsache schließen zu können, dass A den B erstochen hat. Dieser Schluss ist aber nicht zwingend, sondern nur wahrscheinlich: Es ist ein stochastischer Erfahrungssatz, der von der Indiz- auf die Haupttatsache schließen lässt.

5. Ausländisches Recht und inländisches Gewohnheitsrecht

14 Rechtsnormen des ausländischen Rechts und des inländischen Gewohnheitsrechts können zum Gegenstand der Beweisaufnahme gemacht werden.[23] Ansonsten gilt der Grundsatz *iura novit curia*: Das Gericht kennt das Recht. Soweit das Gericht über keine entsprechenden Rechtskenntnisse verfügt, muss es sich selbst informieren, ohne Beweis darüber erheben zu dürfen.[24]

IV. Beweisbedürftigkeit

15 Alle Tatsachen, auf denen das Urteil beruht, müssen grds. bewiesen werden;[25] sie sind mithin beweisbedürftig. Es gibt allerdings Tatsachen, die bereits ohne Beweisführung zweifelsfrei feststehen, so dass eine Beweiserhebung unnötig wäre. Dies sind sog. **offenkundige Tatsachen,** die daher ausnahmsweise nicht beweisbedürftig sind.[26]

16 Offenkundige Tatsachen können sein:

- allgemeinkundige Tatsachen
- gerichtskundige Tatsachen

1. Allgemeinkundige Tatsachen

17 Tatsachen sind allgemeinkundig, wenn sie dem verständigen Menschen regelmäßig bekannt sind oder er sich ohne Fachkenntnisse aus zuverlässigen Quellen sicher informieren kann.[27] Beispiele: Ortsnamen, Straßennamen, Entfernungen zwischen Ortschaften.[28]

---

21 *Eisenberg* Rn 7; *Kühne* Rn 754.
22 BGHSt 10, 208 (211); AK-*Schöch* § 244 Rn 19.
23 BGH NJW 1994, 3364 (3366); KK-*Krehl* § 244 Rn 3; *Meyer-Goßner/Schmitt* § 244 Rn 4.
24 LR-*Becker* § 244 Rn 8; KK-*Krehl* § 244 Rn 3; *Volk/Engländer* § 23/1.
25 Vgl. Art. 6 Abs. 2 EMRK, 14 Abs. 2 IPBPR, § 244 Abs. 2 StPO.
26 BVerfG NJW 2007, 207 (208); BGHSt 6, 292; LR-*Becker* § 244 Rn 202 ff.; *Keller* ZStW 101 (1989), 381 (381, 416).
27 BVerfGE 10, 177 (183); BGHSt 26, 56 (59); LR-*Becker* § 244 Rn 204; vertiefend *Graul*, Systematische Untersuchungen zur Offenkundigkeit im Strafprozeß, 1996, 13 ff.
28 BGH DAR 1971, 122.

2. Gerichtskundige Tatsachen

Bei gerichtskundigen Tatsachen muss zwischen solchen Tatsachen differenziert werden, die das Gericht aus seiner amtlichen Tätigkeit kennt und solchen, die den Richtern privat bekannt wurden. Nur das **zulässig erworbene amtliche Wissen** gilt als nicht beweisbedürftig.[29] Beispiel: Wissen des Gerichts aus einem anderen Verfahren.[30]

V. Untersuchungsgrundsatz

▶ **FALL 2:** Der Angeklagte ist in der Hauptverhandlung gemäß den Anklagevorwürfen geständig. Daher sieht das Gericht von einer Beweisaufnahme ab. ◀

1. Inhalt

Bezüglich der beweisbedürftigen Tatsachen stellt sich die Frage, wer den Beweis im Strafverfahren zu erbringen hat. Im Strafverfahren gilt der **Untersuchungsgrundsatz**.[31]

Nach dem **Verhandlungsgrundsatz**, der im Zivilverfahren gilt, gestalten die Prozessparteien den Sachverhalt, der die Entscheidungsgrundlage für das Zivilgericht bildet.[32] Unstreitige Sachverhaltsangaben der Prozessparteien hat das Zivilgericht demnach hinzunehmen (§§ 138 Abs. 3, 288 Abs. 1 ZPO), wenngleich sich die Prozessparteien wahrheitsgemäß äußern müssen (§ 138 Abs. 1 ZPO). Bei streitigen Sachverhaltsangaben ist es Sache der Prozessparteien, einen Beweis anzutreten (§ 282 ZPO). Tun sie das nicht, wird der Sachverhalt durch Beweislastregeln gestaltet. Der auf diese Weise festgestellte Sachverhalt muss vom Zivilgericht **als Wahrheit** akzeptiert werden, auch wenn die Wirklichkeit anders aussehen könnte. Im Zivilprozess wird also eine **formelle Wahrheit** ermittelt.[33]

Im **Strafverfahren** kann wegen des Legalitätsprinzips (immerhin geht um die Feststellung und Durchsetzung des staatlichen Strafanspruchs im öffentlichen Interesse)[34] der entscheidungsrelevante Sachverhalt nicht „ausgehandelt" werden. Vielmehr muss mit dem Anspruch einer größtmöglichen Übereinstimmung mit der Wirklichkeit die **materielle Wahrheit** zum Vorschein kommen.[35] Insoweit obliegt es der StA und dem Gericht, den Sachverhalt **von Amts wegen** zu ermitteln und die etwaige Straftat unter Ausschöpfung aller relevanten Tatsachen und Beweismittel aufzuklären.[36] Deshalb kann das Gericht in **Fall 2** je nach den Umständen trotz eines Geständnisses gehalten sein, weiteren Beweis zu erheben,[37] etwa wenn sich der Angeklagte bei seinem Geständnis in Widersprüche verstrickt.

---

29 BVerfGE 10, 177 (183); BGHSt 26, 56 (59); BGH NStZ-RR 2007, 116 (117); LR-*Becker* § 244 Rn 208; *Kühne* Rn 773; aA *Keller* ZStW 101 (1989), 381 (405 ff., 416), der gerichtskundige Tatsachen immer als beweisbedürftig ansieht.
30 BGHSt 26, 56 (59); BGH NStZ 1998, 98; differenzierend LR-*Becker* § 244 Rn 209 f.
31 Synonyme: Amtsaufklärungsgrundsatz, Amtsmaxime, Aufklärungsgrundsatz, Ermittlungsgrundsatz, Instruktionsprinzip, Untersuchungsmaxime, Wahrheitsermittlungspflicht.
32 BVerfGE 67, 39 (42); BGH NJW 1998, 159; *Brehm*, Die Bindung des Richters an den Parteivortrag und Grenzen freier Verhandlungswürdigung, 1982, 216 f.; *Jauernig*, Zivilprozessrecht, 30. Aufl. 2011, § 25 Rn 11 ff.
33 *Beulke/Swoboda* Rn 21; *Eisenberg* Rn 1 mit Fn 1.
34 BVerfGE 20, 45 (49); VerfGH Berlin NJW 1993, 515 (517); *Eisenberg* Rn 2.
35 BVerfGE 57, 250 (275); 63, 45 (61); BGHSt 43, 195 (204); *Eisenberg* Rn 2; LR-*Kühne* Einl. I Rn 30; krit. aber *K.Schumann* JZ 2007, 927, 933.
36 BGHSt 1, 94 (96); 32, 115 (122).
37 Vgl. BGH StV 2006, 400; BGH NStZ 2014, 170 m. krit. Anm. *Jahn*; *Eisenberg* Rn 15a, 727 ff.; *Krey* I Rn 463; *Roxin/Schünemann* § 15/4.

22 Dabei ist nicht nur eine umfassende, sondern auch eine effektive Aufklärung erforderlich, indem die der Sache am nächsten stehenden Beweismittel herangezogen werden.[38] „Von Amts wegen" bedeutet dabei, dass die Strafverfolgungsorgane „von sich aus" tätig werden, also nicht erst auf Antrag eines Beteiligten.[39]

23 Die zentrale Vorschrift des Untersuchungsgrundsatzes ist § 244 **Abs. 2**. Diese Vorschrift gilt zunächst nur für das Gericht im Rahmen der Beweisaufnahme in der Hauptverhandlung.
§ 155 Abs. 2 HS 1 erstreckt jedoch den Untersuchungsgrundsatz für das Gericht auf das übrige Hauptverfahren und das Zwischenverfahren.
Für die StA gilt der Untersuchungsgrundsatz gem. §§ 152 Abs. 2, 160, für die Polizei nach § 163 Abs. 1.
Da Gerechtigkeit Wahrheit voraussetzt, ist die Wahrheitsermittlung ein rechtsstaatliches Postulat: Die **Aufklärungspflicht** lässt sich daher verfassungsrechtlich aus dem Rechtsstaatsprinzip des Art. 20 Abs. 3, 28 Abs. 1 S. 1 GG herleiten.[40]

2. Umfang

24 Der Untersuchungsgrundsatz ist in seiner Reichweite und seinen Anforderungen eingeschränkt: Seine **Reichweite** wird durch §§ 155 Abs. 1, 264 Abs. 1 begrenzt. Demnach erstreckt sich das Strafverfahren nur auf diejenige **prozessuale Tat**, die Prozessgegenstand ist. Die Aufklärungspflicht ist daher auf diese (prozessuale) Tat beschränkt.[41] Tatsachen, die keinen Bezug zum Prozessgegenstand haben, bedürfen keiner Aufklärung.

25 Hinsichtlich der **Aufklärungsintensität** besteht der Grundsatz, dass keine zur Verfügung stehenden Beweismittel ungenutzt bleiben dürfen, wenn auch nur die entfernte Möglichkeit besteht, dass durch sie eine Veränderung der durch die erfolgte Beweisaufnahme begründeten Vorstellung von dem Sachverhalt in Betracht kommt.[42] Bestehen aber überwiegende Gründe dafür, dass eine Beweiserhebung zu **keinen nutzbaren Tatsachenerkenntnissen** führen wird, kann von einer entsprechenden Beweisaufnahme abgesehen werden.[43] Auch das Gesetz selbst schränkt die Aufklärungsintensität ein.[44] Zur Reichweite der Aufklärungspflicht hat sich eine umfangreiche und in der Praxis sehr bedeutsame kasuistische Rechtsprechung entwickelt.[45]

VI. Beweisantragsrecht

26 Obwohl das Gericht die Straftat von Amts wegen ohne Bindung an das Vorbringen der Prozessbeteiligten aufklärt, besteht für die Prozessbeteiligten die Möglichkeit, den Umfang der Beweisaufnahme zu beeinflussen. Sie können das Gericht zu einzelnen Beweiserhebungen anregen, aber auch verbindliche **Beweisanträge** stellen.

---

[38] BVerfG StV 1981, 381 (387); BGH NStZ 2004, 50; HK-*Julius* § 244 Rn 10; AK-*Schöch* § 244 Rn 31.
[39] BGH StV 1981, 164; NStZ 1984, 210; *Eisenberg* Rn 4.
[40] BVerfG StV 2003, 593 (594): wegen Freiheitsentziehung i.V.m. Art. 2 Abs. 2 S. 2 GG; zu der (grundsätzlich zu verneinenden) Frage, ob damit auch ein Anspruch Dritter auf Strafverfolgung besteht s. BVerfG NJW 2015, 150 m. Bspr. *Sachs* JuS 2015, 376; NStZ-RR 2015, 117.
[41] *Eisenberg* Rn 10; *Pfeiffer* § 244 Rn 2; *Volk/Engländer* § 24/2.
[42] BGHSt 23, 176 (188); 30, 131 (142 f.).
[43] *Eisenberg* Rn 11; KK-*Krehl* § 244 Rn 33.
[44] Vgl. § 244 Abs. 3-5.
[45] Auf diese wird in § 22 noch eingegangen.

§ 20 Umfang der Beweisaufnahme

Wiederholungs- und Vertiefungsfragen

27

> Wie unterscheidet sich die Beweisaufnahme im formellen Sinne von der Beweisaufnahme im materiellen Sinne? (Rn 2 mit Fn. 3)
> Zwischen welchen Hauptverhandlungsabschnitten findet die Beweisaufnahme in der Hauptverhandlung statt? (Rn 3)
> Welche Beweistatsachen unterscheidet man? (Rn 6 ff.)
> Können auch Rechtsnormen bewiesen werden? (Rn 14 f.)
> Welche Tatsachen sind nicht beweisbedürftig? (Rn 15 ff.)
> Wie unterscheidet sich der Untersuchungsgrundsatz des Strafverfahrens vom Verhandlungsgrundsatz des Zivilprozesses? (Rn 19 ff.)
> Können die Prozessbeteiligten die Beweisaufnahme beeinflussen? (Rn 26)

§ 21 Beweiserhebung

I. Allgemeines

1. Beweismittelarten

1   Die StPO sieht nur bestimmte Beweismittel vor (sog. *numerus clausus* der Beweismittel). Dies sind

- die **persönlichen Beweismittel** (Personalbeweis) des Zeugen und des Sachverständigen sowie
- die **sachlichen Beweismittel** (Sachbeweis) des Augenscheins und der Urkunde.

2   Da der **Beschuldigte** schweigen darf, gehört er in einem engeren Begriffsverständnis nicht zu den Beweismitteln. Formal differenziert die StPO daher in § 244 Abs. 1 zwischen der Vernehmung des Angeklagten und der nachfolgenden Beweisaufnahme. Sofern sich der Beschuldigte jedoch äußert, kann seine **Einlassung** als Beweismittel im weiteren Sinne angesehen werden.[1]

2. Streng- und Freibeweisverfahren

▶ **FALL 1:** Die ermittelnde Polizeibeamtin P ruft den Wirt W an, um sich das Alibi eines angeblichen Gastes bestätigen zu lassen. ◀

▶ **FALL 2:** In der Hauptverhandlung gegen A wegen räuberischer Erpressung hält Verteidiger V die Angaben, die seine Mandantin während einer polizeilichen Vernehmung gemacht hat, für unverwertbar; A sei körperlich misshandelt worden. Das Gericht sieht davon ab, den Polizeibeamten P, der die Vernehmung geleitet hat, als Zeugen zu laden, da es aufgrund der Aktenlage von einer ordnungsgemäß durchgeführten Vernehmung ausgeht. ◀

3   Wie ein Sachverhalt mithilfe der prozessualen Beweismittel im Rahmen einer Hauptverhandlung aufzuklären ist, wird v.a. in den §§ 244 ff. detailliert geregelt. Dieses förmliche Verfahren des Umgangs mit den gesetzlich zugelassenen Beweismitteln wird als **Strengbeweisverfahren** bezeichnet. Es betrifft alle Tatsachen, die zur vollen Überzeugung des Gerichts feststehen müssen, um eine Entscheidung über Unrecht und Schuld sowie die Rechtsfolgen in einer Strafsache treffen zu können.[2]

4   Hiervon ist das sog. **Freibeweisverfahren** zu unterscheiden, bei dem keine Bindung an die gesetzlichen Beweismittel und die in den §§ 244 ff. vorgeschriebenen Formen der Beweiserlangung besteht.[3] Das Freibeweisverfahren gilt für die Schuld- und Rechtsfolgenfrage vom Ermittlungsverfahren – wie in **Fall 1** – bis zur Eröffnung des Hauptverfahrens.
Anschließend – also im Hauptverfahren – gilt es weiterhin für alle Fragen, die nicht für die Schuld- und Rechtsfolgenentscheidung von Belang sind, namentlich bei der Klärung prozessualer Fragen.[4] Zudem genügt hier für viele Entscheidungssituationen ein geringerer Überzeugungsgrad des Gerichts in dem Sinne, dass Tatsachen nur „glaub-

---

[1] BGHSt 32, 140 (145); 45, 367 (369 f.); näher *Rogall*, Der Beschuldigte als Beweismittel gegen sich selbst, 1977, 20 ff.; vgl. aber auch BGH NStZ 2008, 527.
[2] *Eisenberg* Rn 35; *Lesch* 1/23; *Roxin/Schünemann* § 24/2.
[3] *Eisenberg* Rn 36 f.; *Lesch* 1/24; *Roxin/Schünemann* § 24/3.
[4] Etwa über das Bestehen einer Verfahrensvoraussetzung oder eines Verfahrenshindernisses; instruktiv zur Abgrenzung BGHSt 46, 349 (351 ff.).

haft" gemacht worden sein müssen.⁵ Insoweit steht es im pflichtgemäßen Ermessen des Gerichts, wie es sich die Überzeugung von den tatsächlichen Voraussetzungen seiner prozessualen Entscheidung verschaffen will.⁶

Ob ein Gericht an die Voraussetzungen des Strengbeweises gebunden ist oder im Wege des Freibeweises vorgehen kann, ist in mehrfacher Hinsicht **umstritten**. Bei Sachverhalten wie dem von **Fall 2** vertreten

- die **Rspr. und ein TdL** die Auffassung, dass es nicht um den Inhalt des für die Schuldfeststellung bedeutsamen Geständnisses, sondern um dessen Zustandekommen und damit um eine Verfahrensfrage gehe, die sich nach den Regeln des **Freibeweises** beantworten lasse.⁷ Demnach ist das Gericht in zulässiger Weise vorgegangen.

- Im **Schrifttum** wird dagegen verbreitet ein Eingreifen der Regeln des **Strengbeweises** befürwortet,⁸ da die fragliche Tatsache einen **doppelrelevanten** – die Sachentscheidung und das Verfahren betreffenden – Charakter habe.⁹ Außerdem gehöre die Beachtung von § 136a zu den für das ganze Verfahren konstitutiven rechtsstaatlichen Elementarregeln.¹⁰

II. Der Zeugenbeweis

1. Begriff

Der Zeuge ist eine Person, die in einer nicht gegen sie selbst gerichteten Strafsache **persönliche Wahrnehmungen** von Tatsachen durch eine Aussage bekunden soll.¹¹

2. Zeugnisfähigkeit

a) **Allgemeine Zeugnisfähigkeit:** Eine Person kann nur Zeuge sein, wenn sie in der Lage ist, Tatsachen persönlich wahrzunehmen und darüber zu berichten.¹² Daher kann grds. jedermann Zeuge sein.¹³ **Zweifelhafte Glaubwürdigkeit** steht der Zeugnisfähigkeit nicht entgegen;¹⁴ sie ist in der **Beweiswürdigung** zu berücksichtigen.¹⁵ Dementsprechend können z.B. auch kleine Kinder und Geisteskranke als Zeugen vernommen werden.¹⁶

b) **Zeugnisfähigkeit von Verfahrensbeteiligten:** Eine Person kann unproblematisch als Zeuge vernommen werden, wenn sie an dem Strafverfahren in keiner Weise beteiligt ist. Kommt hingegen ein Verfahrensbeteiligter als Zeuge in Betracht, so führt seine Vernehmung als Zeuge zu einem **Rollenkonflikt**.

---

5 Vgl. z.B. §§ 26 Abs. 2, 45 Abs. 2 S. 1, 56.
6 BGHSt 16, 164 (166); 44, 129 (132).
7 BGH NJW 1994, 2905; KK-*Diemer* § 136a Rn 43; BeckOK-*Monka* § 136a Rn 34; MK-*Schuhr* § 136a Rn 99.
8 *Eisenberg* Rn 707; *Peters* 339; *Schlüchter* Rn 474; L/R-*Gleß* § 136a Rn 77; AK-*Schöch* § 244 Rn 13; s. auch R/H-*Kretschmer* § 136a Rn 51 ff.
9 LR-*Gleß* § 136a Rn 77; vgl. auch OLG Hamm StV 1999, 360.
10 *Eisenberg* Rn 707; AK-*Schöch* § 244 Rn 13.
11 RGSt 52, 289; BGHSt 22, 347 (348); *Kudlich/Roy* JA 2003, 565; *Roxin/Schünemann* § 26/1.
12 *Eisenberg* Rn 1000; *Geppert* Jura 1991, 80 (81); KK-*Senge* Vor § 48 Rn 5.
13 *Eisenberg* Rn 1000; KK-*Senge* Vor § 48 Rn 5.
14 Vgl. *Roxin/Schünemann* § 26/2.
15 KK-*Ott* § 261 Rn 29.
16 RGSt 58, 396; BGHSt 43, 62 ff.; KK-*Senge* Vor § 48 Rn 5.

9 **aa) Der Richter als Zeuge:** Wird ein Richter als Zeuge vernommen, so ist er in dieser Sache von einer weiteren Ausübung des Richteramtes kraft Gesetzes **ausgeschlossen** (§ 22 Nr 5).[17]

10 **bb) Der Sitzungsvertreter der StA als Zeuge:** Der als Zeuge geladene Staatsanwalt darf bis zu seiner eigenen Vernehmung als Sitzungsvertreter an der Hauptverhandlung mitsamt den vorherigen Zeugenvernehmungen teilnehmen.[18]

11 Während der Sitzungsvertreter der StA als Zeuge vernommen wird, muss ein anderer Staatsanwalt die Sitzungsvertretung übernehmen.[19] Denn ein Staatsanwalt kann nicht zeitgleich Zeuge und Sitzungsvertreter sein.[20] Die StA muss in der Hauptverhandlung aber **ununterbrochen** vertreten sein (§ 226 Abs. 1). Dass der Sitzungsvertreter dabei wechselt, ist nach § 227 zulässig.[21]

12 Ist der Sitzungsvertreter der StA als **Zeuge** vernommen worden, so leidet darunter seine von § 160 Abs. 2 geforderte Objektivität, weil er seine Zeugenaussage nicht selbst neutral beurteilen kann.[22] Diesen Konflikt zwischen der Sitzungsvertretung und der Zeugeneigenschaft kann man nur durch einen Ausschluss des „Zeugenstaatsanwalts" von der weiteren Sitzungsvertretung lösen.[23]
Eine Ausnahme ist statthaft, wenn die Zeugenaussage nur unwesentliche Nebenfragen betrifft und vom eigentlichen Tatnachweis abtrennbar ist.[24] Das ist namentlich bei rein technischen Vorgängen des Strafverfahrens der Fall, die mit der Tätigkeit als Sachbearbeiter der StA notwendig verbunden sind.[25]

13 **cc) Der Verteidiger als Zeuge:** Der Verteidiger des Beschuldigten darf als Zeuge vernommen werden (*argumentum ex* § 53 Abs. 1 S. 1 Nr 2).[26]

14 Liegt ein Fall **notwendiger Verteidigung** (§ 140) vor, so muss dem Beschuldigten während der Vernehmung seines Verteidigers als Zeuge ein anderer Verteidiger beigeordnet werden, weil dieselbe Person nicht gleichzeitig als Zeuge und Verteidiger fungieren kann.[27]

15 **Vor der Zeugenvernehmung** braucht nach hM der Verteidiger den Sitzungssaal nicht zu verlassen, wie es für gewöhnliche Zeugen nach §§ 58 Abs. 1, 243 Abs. 2 S. 1 Vorschrift ist.[28] Denn die Gründe für einen Verteidigerausschluss sind **abschließend** in

---

17 Über § 31 Abs. 1 ist § 22 Nr 5 auch auf Schöffen sowie Urkundsbeamte der Geschäftsstelle und andere als Protokollführer zugezogene Personen anwendbar.
18 BGHSt 21, 85 (89 f.); BGH StraFo 2008, 72; *Meyer-Goßner/Schmitt* § 243 Rn 8; KK-*Schneider* § 243 Rn 15.
19 RGSt 29, 236; BGHSt 14, 265 f.; 21, 85 (89); BGH NStZ 1989, 583; 1994, 194.
20 BGHSt 14, 265 f.; 21, 85 (89); *Eisenberg* Rn 1018; LR-*Ignor/Bertheau* Vor § 48 Rn 41.
21 BGHSt 21, 85 (90); KK-*Gmel* § 227 Rn 1.
22 RGSt 29, 236 (237); BGHSt 21, 85 (90); *Beulke/Swoboda* Rn 95.
23 RGSt 29, 236; BGHSt 14, 265 (267); 21, 85 (89); zweifelnd jedoch die neuere Rechtsprechung, vgl. BGH StV 2008, 337 m. Anm. *Kelker* 381; ferner *Kühne* Rn 806.; *Meyer-Goßner/Schmitt* Vor § 22 Rn 3 ff; KK-*Senge* Vor § 48 Rn 11; LR-*Siolek* Vor § 22 Rn 8 ff., 15; HK-*Temming* Vor § 22 Rn 6; SK-*Wohlers* § 145 GVG Rn 16.
24 BGHSt 14, 265 (267); BGH bei *Dallinger* MDR 1957, 13 (16 f.); *Schneider* NStZ 1994, 457 (462).
25 BGHSt 14, 265 (267); exemplarisch BGH NStZ-RR 2001, 107: Zeugenvernehmung über die unbestrittene Übergabe zweier angeblicher Beweisstücke im Ermittlungsverfahren durch den Verteidiger an den Sachbearbeiter der StA. Jedenfalls muss derjenige Staatsanwalt, der während der Zeugenvernehmung die Sitzungsvertretung übernahm, im Schlussplädoyer die Zeugenaussage des vernommenen Staatsanwalts würdigen, sofern eine Aussagewürdigung überhaupt notwendig ist (BGHSt 14, 265 [267]; BGH NStZ 1989, 583; NStZ-RR 2001, 107).
26 BGH StV 1984, 499; LR-*Ignor/Bertheau* Vor § 48 Rn 45.
27 BGH StV 1996, 469; *Eisenberg* Rn 1015; *Meyer-Goßner/Schmitt* Vor § 48 Rn 18; KK-*Senge* Vor § 48 Rn 12.
28 LR-*Becker* § 243 Rn 23; LR-*Ignor/Bertheau* Vor § 48 Rn 46; KK-*Schneider* § 243 Rn 15; aA RGSt 59, 353 (354); KMR-*Eschelbach* § 243 Rn 57.

§§ 138a, 138b genannt, ohne dass der Zeugenstatus eines Verteidigers dort aufgeführt wäre.[29] Daher darf der Verteidiger auch **nach seiner Vernehmung** weiterhin als Verteidiger in der Strafsache auftreten.[30]

▶ **FALL 3:** Die Tatverdächtigen A und B sind Mitbeschuldigte in einer Strafsache wegen gefährlicher Körperverletzung an O. In demselben Verfahren werden dem B weitere Taten zur Last gelegt, bezüglich derer A aber unverdächtig ist. ◀

dd) Der Beschuldigte als Zeuge: Ein Beschuldigter kann in der gegen ihn gerichteten Strafsache nicht zugleich Zeuge sein.[31] Sein Aussageverweigerungsrecht und seine Möglichkeit, sanktionslos die Unwahrheit zu sagen, stehen in unlösbarem Widerspruch zur Aussage- und Wahrheitspflicht des Zeugen.[32]

Dasselbe gilt unter **Mitbeschuldigten**.[33] Entscheidend ist daher, wann mehrere Beschuldigte zueinander als Mitbeschuldigte anzusehen sind. Das ist eindeutig der Fall, wenn mehrere Beschuldigte wegen derselben prozessualen Tat in einem verbundenen Strafverfahren verfolgt werden.[34] Unklar ist die Einordnung aber in zwei Fällen: Zum einen kann eine verbundene Strafsache jederzeit wieder getrennt werden (§ 4 Abs. 1). Dann stellt sich die Frage, ob die Trennung bewirkt, dass die Beschuldigten keine Mitbeschuldigten mehr sind, also wechselseitig als Zeugen in den jeweils abgetrennten Verfahren vernommen werden dürfen. Zum anderen können – wie in **Fall 3** – innerhalb einer verbundenen Strafsache mehrere prozessuale Taten Prozessgegenstand sein. Dann ist fraglich, ob ein Beschuldigter zu solchen prozessualen Taten der anderen Beschuldigten, hinsichtlich derer er selbst unverdächtig ist, als Zeuge vernommen werden darf.

■ Nach dem **formellen Mitbeschuldigtenbegriff**[35] sind mehrere Beschuldigte Mitbeschuldigte, wenn ihre jeweiligen Strafverfahren zu einem identischen Verfahren verbunden sind. Entscheidend sei demnach nur das formelle Kriterium der Verfahrenseinheit, die als „Klammer" für die Mitbeschuldigten wirke. Entsprechend werde die Mitbeschuldigteneigenschaft mit der Verfahrenstrennung aufgehoben. Das habe zur Folge, dass ein Beschuldigter in dem abgetrennten Verfahren eines früheren Mitbeschuldigten als Zeuge vernommen werden dürfe.
Eine Ausnahme soll nur für den Fall eines Missbrauchs dieser Möglichkeit gelten, um die Beschuldigtenrechte zu unterlaufen. Innerhalb des jeweiligen Verfahrens bewirke die Verfahrenseinheit, dass die Beschuldigten auch hinsichtlich derjenigen prozessualen Taten Mitbeschuldigte seien, an denen sie unverdächtig sind. In **Fall 3** wäre es demnach allein wegen der Verfahrenseinheit nicht möglich, A als Zeugen zu den weiteren Taten des B zu vernehmen.

■ Für den **materiellen Mitbeschuldigtenbegriff**[36] ist das formelle Kriterium der Verfahrenseinheit unerheblich. Er stellt stattdessen darauf ab, ob mehrere Beschuldigte der Sache nach, also materiell, Mitbeschuldigte sind. Das soll bei allen Beschuldig-

---

29 *Dahs* NJW 1975, 1385 (1390); *Krause* StV 1984, 169 (171); *Meyer-Goßner/Schmitt* Vor § 48 Rn 18.
30 BT-Drs. 7/2989, 4 f.; LR-*Ignor/Bertheau* Vor § 48 Rn 46; *Ulsenheimer* GA 1975, 103 (116 f.).
31 RGSt 52, 138; BGHSt 10, 8 ff.; *Geppert* Jura 1991, 80 (82); *Lenckner* Peters-FS 333; *Prittwitz* NStZ 1981, 463.
32 BGHSt 10, 8 (10); *Eisenberg* Rn 1005; *Kühne* Rn 803; SK-*Rogall* Vor § 48 Rn 52.
33 BGHSt 10, 8 (10 f.); *Hillenkamp* JuS 2001, 159 (166); *Lenckner* Peters-FS 333; *Roxin/Schünemann* § 26/5.
34 Vgl. §§ 2 ff.
35 RGSt 46, 88 (89); BGHSt 3, 149 (151 f.); 38, 306; 43, 300 (304); *Dahs/Langkit* NStZ 1993, 213 f.; *Fischer* StV 1981, 85 ff.; *Geppert* Jura 1991, 80 (85); HK-*Gercke* Vor § 48 Rn 8; *Grünwald* Klug-FS II 494 ff.; *Montenbruck* JZ 1985, 976 f.; SK-*Rogall* Vor § 48 Rn 43; KK-*Senge* Vor § 48 Rn 7.
36 *Dünnebier* JR 1975, 1 (3); *Kühne* Rn 803; *Lenckner* Peters-FS 333 ff.; *Müller-Dietz* ZStW 93 (1981), 1177 (1227); *Peters* 346; *Rengier* StV 1988, 465; *Rüping* Rn 154.

ten der Fall sein, die derselben prozessualen Tat verdächtig sind. Die Abtrennung eines Verfahrens ändere nichts am Tatverdacht und deswegen auch nichts an der Mitbeschuldigteneigenschaft. Zeugenvernehmungen eines Beschuldigten seien daher nach Verfahrenstrennung weiterhin unzulässig. Für **Fall 3** führt dieser Mitbeschuldigtenbegriff zu dem Ergebnis, dass A zu den weiteren Taten des B als Zeuge vernommen werden darf, an denen er unverdächtig ist.

20 ■ Der **formell-materielle Mitbeschuldigtenbegriff**[37] geht ebenfalls von der prozessualen Tat aus, stellt aber nicht allein auf den Tatverdacht, sondern auf die tatsächliche Strafverfolgung wegen der betreffenden Tat ab: Alle Tatverdächtigen, die einer Strafverfolgung wegen derselben prozessualen Tat ausgesetzt sind, seien dann unabhängig von der Verfahrenseinheit, einer Verfahrenstrennung oder dem Verfahrensstadium Mitbeschuldigte. Zeugenvernehmungen eines Beschuldigten seien somit auch nach Verfahrenstrennung unstatthaft, soweit sie dieselbe prozessuale Tat betreffen. Innerhalb eines verbundenen Verfahrens sollen Zeugenvernehmungen solange zulässig sein, wie sie sich auf prozessuale Taten beziehen, wegen derer die Auskunftsperson nicht verfolgt wird. Demnach wäre es in **Fall 3** zulässig, den A als Zeugen zu den weiteren Taten des B zu vernehmen, wegen derer er selbst nicht verfolgt wird.

3. Beweisgegenstand

▶ **FALL 4:** Der inzwischen verstorbene A hat dem B erzählt, wie er den tödlichen Schuss des T auf O beobachtet hat. B wird zur Hauptverhandlung gegen T als Zeuge geladen. ◀

21 Beweisgegenstand der Zeugenaussage sind vom Zeugen **höchstpersönlich wahrgenommene Tatsachen**.[38] Dementsprechend gehört es nicht mehr zum Gegenstand einer Zeugenaussage, wenn der Zeuge Werturteile, Meinungen, Schlussfolgerungen und Prognosen darlegt oder die Rechtslage erörtert.[39]

22 Eine **Ausnahme** besteht nur für solche Beurteilungen des Zeugen, die auf Tatsachen beruhen und nach allgemeingültigen Maßstäben erfolgen.[40] So ist es dem Zeugen gestattet, sich zum Trunkenheitsgrad[41] oder zur Glaubwürdigkeit[42] einer Person zu äußern.

23 In **Fall 4** war es nur der verstorbene A, der den Schuss des T auf O höchstpersönlich wahrgenommen hat. Also kann B über den Schuss kein Zeugnis ablegen. Wohl aber kann er bezeugen, was ihm von A erzählt wurde: Die Erzählung als solche hat B höchstpersönlich wahrgenommen. Sie ist ein Indiz, von dem man auf die Haupttatsache des tödlichen Schusses schließen kann. Über dieses Indiz darf er als Zeuge vernommen werden.[43]

---

37 *Beulke/Swoboda* Rn 185; *Eisenberg* Rn 930 f.; *Hillenkamp* JuS 2001, 159 (167); *Lesch* JA 1995, 157 (163); *Lüderssen* wistra 1983, 231 ff.; *Prittwitz* NStZ 1981, 463 (464); *Schlüchter* Rn 478 f.
38 BGHSt 43, 321 (329); *Eisenberg* Rn 1003; KK-*Senge* Vor § 48 Rn 1.
39 *Eisenberg* Rn 1003; *Geppert* Jura 1991, 80 (81); *Meyer-Goßner/Schmitt* Vor § 48 Rn 2 f.
40 *Eisenberg* Rn 1003; KK-*Senge* Vor § 48 Rn 1.
41 BGH bei *Holtz* MDR 1979, 807; *Beulke/Swoboda* Rn 181.
42 RGSt 26, 70 (71); LR-*Ignor/Bertheau* Vor § 48 Rn 12.
43 Allerdings umstr., vgl. u. Rn 114 ff.

4. Pflichten des Zeugen

Der Zeuge unterliegt **drei Hauptpflichten**: 24
- **Erscheinens**pflicht
- Pflicht zur **wahrheits**gemäßen Aussage
- **Eides**pflicht

a) **Die Erscheinenspflicht:** Wird ein Zeuge ordnungsgemäß zur Vernehmung vor dem 25
Richter oder der StA geladen, ist er verpflichtet, dort pünktlich zu erscheinen (§§ 48,
51, 161a). Diese Pflicht besteht unabhängig von etwaigen Zeugnis- oder Aussageverweigerungsrechten.[44]

Ausnahmen bestehen für den Bundespräsidenten (§ 49), Parlaments- und Regierungsmitglieder 26
(§ 50) sowie Personen, die nicht der deutschen Gerichtsbarkeit unterliegen.[45]

Kommt der Zeuge seiner Erscheinenspflicht nicht nach, so drohen ihm: 27
- Zwangsweise **Vorführung**[46]
- **Ordnungsmittel:** Ordnungsgeld/Ordnungshaft[47]
- Auferlegung der verursachten **Kosten**[48]

Die Erscheinenspflicht besteht für Zeugen nur für die Vernehmung vor einem Richter 28
oder der StA (§§ 48, 51, 161a), **nicht** aber bei der **Polizei**.

b) **Die Pflicht zur wahrheitsgemäßen Aussage:** Der vor dem Richter oder der StA erschienene 29
Zeuge ist zur wahrheitsgemäßen Aussage verpflichtet. Diese Pflicht enthält
zwei Komponenten:

Die **Pflicht zur Aussage** umfasst die Pflicht, sich zu allen erheblichen Tatsachen umfassend 30
zu äußern.[49] Kommt der Zeuge dieser Pflicht nicht nach, so kann die Aussage mit
Ordnungsmitteln und Beugehaft erzwungen werden.[50]
Eine **Strafbewehrung** der Aussagepflicht besteht insoweit, als die verweigerte Aussage
des Zeugen sich je nach Lage des konkreten Falles als Strafvereitelung gem. §§ 258 f.
StGB darstellen kann.[51] Die Aussagepflicht des Zeugen kann durch Zeugnis- und Aussageverweigerungsrechte
eingeschränkt sein.

Die **Pflicht zur Wahrheit** (§§ 57 S. 1, 161a Abs. 1 S. 2) bedeutet, dass die Angaben des 31
Zeugen sowohl zur Person als auch zur Sache vollständig sein und der Wahrheit entsprechen
müssen. Diese Pflicht ist nicht mit Ordnungsmitteln und Beugehaft bewehrt,
dafür sind aber Verstöße gegen sie **in mehrfacher Hinsicht strafrechtlich sanktioniert:**
Die **Falschaussage** vor dem Richter ist schon als solche nach §§ 153 ff. StGB strafbar.
Je nach ihrem Inhalt und den Umständen kann sie zudem als **Begünstigung** (§ 257

---

44 *Eisenberg* Rn 1055; *Roxin/Schünemann* § 26/11.
45 *Eisenberg* Rn 1055a.
46 §§ 51 Abs. 1 S. 3, 161a Abs. 2 S. 1.
47 §§ 51 Abs. 1 S. 2, 4; 161a Abs. 2 S. 1; Ordnungshaft darf die StA nicht selbst festsetzen, sondern muss sie bei dem zuständigen Richter beantragen (§ 161a Abs. 2 S. 2, vgl. Art. 104 GG).
48 §§ 51 Abs. 1 S. 1, 161a Abs. 2 S. 1. Vgl. zur Aufklärungspflicht des Gerichts in diesem Fall BGH StV 2013, 4.
49 *Lesch* 3/37; vgl. auch RGSt 76, 320; BGHSt 2, 90.
50 §§ 70, 161a Abs. 2; die StA darf die Haft nicht selbst festsetzen, sondern muss sie bei dem zuständigen Richter beantragen.
51 Vgl. OLG Köln NStZ-RR 2010, 146; eine Strafbarkeit ablehnend LG Itzehoe NStZ-RR 2010, 10; *Popp* JR 2014, 418 ff.

StGB), **Strafvereitelung** (§§ 258 f. StGB) oder **Vortäuschen einer Straftat** (§ 145d StGB) zu bewerten sein.[52]

32 c) **Die Eidespflicht:** Der Zeuge ist verpflichtet, seine Aussage auf Verlangen des Gerichts zu beeiden. Im Regelfall sieht das Gericht von einer Vereidigung des Zeugen ab (§ 59 Abs. 1 S. 1). Hält das Gericht aber die Vereidigung wegen der ausschlaggebenden Bedeutung der Aussage oder zur Herbeiführung einer wahren Aussage nach seinem Ermessen für notwendig (§ 59 Abs. 1 S. 1), so ist der Zeuge zum Eid nur verpflichtet, wenn kein **Vereidigungsverbot** nach § 60 besteht und er kein bestehendes **Eidesverweigerungsrecht** geltend macht (§ 61).
Ein Vereidigungsverbot besteht für die Eidesunmündigen (§ 60 Nr 1) und die nach § 60 Nr 2 wegen bestimmter Verdachtsmomente oder Verurteilungen Eidesunfähigen. Das Eidesverweigerungsrecht kommt den in § 52 Abs. 1 bezeichneten Angehörigen des Beschuldigten zu. Die Eidespflicht kann durch Ordnungsmittel durchgesetzt werden (§ 70 Abs. 1 S. 2).

5. Beschränkungen der Zeugenpflichten bei staatlichen Personengruppen

33 a) **Richter:** Richterliche Beratungen und Abstimmungen sind nach §§ 43, 45 Abs. 1 S. 2 DRiG geheim. Demgemäß sind Richter weder verpflichtet noch berechtigt, über solche Beratungen und Abstimmungen auszusagen.[53]

34 b) **Öffentlicher Dienst:** Angehörige des öffentlichen Dienstes benötigen von ihrem Dienstherrn eine **Aussagegenehmigung**, um als Zeuge über Tatsachen aussagen zu dürfen, die unter die Amtsverschwiegenheit fallen (§ 54 Abs. 1).
Für die Aussagegenehmigung gelten besondere Vorschriften im öffentlichen Dienstrecht (z.B. §§ 37 Abs. 3 BeamtStG, 67 Abs. 3 BBG).[54]

35 c) **Parlaments- und Regierungsangehörige:** Parlaments- und Regierungsangehörige des Bundes oder eines Bundeslandes sind nach besonderen Vorschriften in ihrer Aussagepflicht eingeschränkt (§ 54 Abs. 2). Das gilt auch für die Angestellten einer Parlamentsfraktion (§ 54 Abs. 2).

36 d) **Bundespräsident:** Der Bundespräsident ist in seiner Aussagepflicht beschränkt, wenn seine Zeugenaussage dem Wohl des Bundes oder eines Bundeslandes Nachteile bereiten würde (§ 54 Abs. 3).

6. Zeugnis- und Auskunftsverweigerungsrechte

▶ **FALL 5:** Die ehemalige Rechtsanwältin S, die den Angeklagten A früher anwaltlich beraten und vertreten hatte, ist in einem gegen diesen durchgeführten Strafverfahren als Zeuge vernommen worden; desgleichen die damalige Kanzleiangestellte der S. A hatte die Zeugen nicht von ihrer Verschwiegenheitspflicht entbunden, vielmehr ihrer Vernehmung widersprochen.[55] ◀

37 Unter bestimmten Voraussetzungen kann ein Zeuge berechtigt sein, zu schweigen. Solche Berechtigungen sind Zeugnis- und Auskunftsverweigerungsrechte. Der Unterschied zwischen beiden Rechten besteht darin, dass das Zeugnisverweigerungsrecht den Zeu-

---

52 *Eisenberg* Rn 1084.
53 *Beulke/Swoboda* Rn 190; *Meyer-Goßner/Schmitt* Vor § 48 Rn 9.
54 Vgl. BVerfGE 57, 250 (283 ff.); BGHSt 32, 115 (124); 33, 178 (179 f.); BVerwGE 66, 39 ff.
55 Nach BGHSt 9, 59.

gen berechtigt, sein Zeugnis zur Sache insgesamt zu verweigern, während das Auskunftsverweigerungsrecht nur einzelne Themen von der ansonsten bestehenden Aussagepflicht ausnimmt.[56]

a) Zeugnisverweigerungsrechte: Das Zeugnisverweigerungsrecht entbindet den Zeugen von der Pflicht, überhaupt zur Sache aussagen und einen Eid leisten zu müssen, lässt aber seine Erscheinenspflicht und die Pflicht, Angaben zur eigenen Person zu machen, unberührt.[57]

Nach den Voraussetzungen, die ein Zeugnisverweigerungsrecht begründen, unterscheidet man:

- Zeugnisverweigerungsrechte aus **persönlichen** Gründen (§ 52)
- Zeugnisverweigerungsrechte aus **beruflichen** Gründen (§§ 53 f.)

aa) Zeugnisverweigerungsrechte aus persönlichen Gründen: Die Zeugnisverweigerungsrechte aus persönlichen Gründen sollen den Konflikt zwischen der Pflicht des Zeugen zur wahrheitsgemäßen Aussage und seinen Familienbindungen zugunsten letzterer lösen.[58] Die Betroffenen sind gem. § 52 Abs. 3 vor jeder Vernehmung über ihr Zeugnisverweigerungsrecht zu **belehren**. Die persönlichen Gründe sind in § 52 Abs. 1 enumerativ aufgeführt:

(1) § 52 Abs. 1 Nr 1 betrifft den **Verlobten** des Beschuldigten.

Verlöbnis ist das ernsthafte Eheversprechen.[59] Auf die zivilrechtliche Wirksamkeit kommt es nicht an (**strafrechtlicher Verlöbnisbegriff**),[60] doch darf es nicht gegen das Gesetz oder die guten Sitten verstoßen.[61]
Die Voraussetzungen sind durch den Tatrichter festzustellen, dem dabei ein Beurteilungsspielraum zukommt.[62] Die Feststellung, ob ein im strafrechtlichen Sinne erhebliches Verlöbnis vorliegt und auch zu welchem Zeitpunkt es erfolgt, kann für den Ausgang eines Strafverfahrens entscheidend sein. Es ergeben sich jedoch nicht zuletzt aufgrund der mangelnden formalen Voraussetzungen unterschiedliche Fragestellungen.[63] **Umstritten** ist beispielsweise, ob ein Verlöbnis beachtlich ist, bei dem ein Partner zwar noch verheiratet, ein **Ehescheidungsverfahren aber bereits anhängig** ist:

- Nach einer **Ansicht**[64] wird solcherart Verlobten kein Zeugnisverweigerungsrecht zuerkannt, da ein solches Verlöbnis gegen die guten Sitten verstoße:[65] Solange noch keine Ehescheidung beantragt sei, dürfe man an der Ernsthaftigkeit des Verlöbnisses zweifeln, da es widersprüchlich sei, zwar eine neue Ehe zu versprechen, aber die bestehende nicht zu beenden. Sei die Ehescheidung hingegen beantragt, stelle sich al-

---

56 BGHSt 27, 374 (377); *Bosch* Jura 2012, 33; *Kudlich/Roy* JA 2003, 565 (570); *Lesch* 3/144.
57 S. nur *Eisenberg* Rn 1086; MK-*Percic* § 52 Rn 3 mwN.
58 RGSt 68, 275 (277); BGHSt 2, 351 (354); 27, 231 (232); 38, 96 (99); *Meyer-Goßner/Schmitt* § 52 Rn 1; näher zum Schutzzweck *B. Neumann*, Zeugnisverweigerungsrechte und strafprozessuale Ermittlungsmaßnahmen, 2005, 31 ff. S.a. zum Zeugnisverweigerungsrecht der Angehörigen von Mitbeschuldigten BGH StV 2010, 609; NStZ 2012, 340; *Satzger* Schöch-FS 913.
59 RGSt 24, 155 (156); BGHSt 3, 215 (216).
60 RGSt 10, 117 (119); lesenswert MK-*Percic* § 52 Rn 5 f. mwN.
61 Etwa bei noch bestehendem Verlöbnis mit einem anderen Partner (RGSt 71, 152, 154) oder bei noch bestehender Ehe (BGH VRS 36, 22; BGH NStZ 1983, 564 m. Anm. *Pelchen*); kurz zum Ganzen KK-*Senge* § 52 Rn 10.
62 BGHSt 55, 65 (68) m. Bspr. *Mosbacher* JuS 2010, 689 ff. Da die Feststellung somit nach § 238 Abs. 2 angegriffen werden kann, ist die Möglichkeit der Rügepräklusion zu beachten, vgl. hierzu *Ladiges* JuS 2011, 226.
63 Überblick bei *Herold* JA 2014, 374, 454.
64 BayObLG NJW 1983, 831; *Meyer-Goßner/Schmitt* § 52 Rn 4; KMR-*Neubeck* § 52 Rn 5.
65 *Kindhäuser*, Voraufl. Rn 46.

lein die Frage nach einem Gesetzes- oder Sittenverstoß. Ein Gesetz, wonach ein Verlöbnis vor rechtskräftiger Scheidung verboten sei, gebe es nicht (§ 172 StGB ist in der Tat erst einschlägig, wenn die versprochene Ehe tatsächlich geschlossen wird, während die erste Ehe noch besteht). Für die Frage eines Sittenverstoßes sei der Wertmaßstab des Art. 6 Abs. 1 GG bedeutsam.[66] Demnach stehe die Ehe unter dem besonderen Schutz des Staates. Er dürfe daher mit Ausnahme des Ehescheidungsverfahrens keine Verhaltensweisen anerkennen, die der Ehe zuwiderlaufen und einer rechtskräftigen Scheidung vorgreifen.[67] Ein Verlöbnis eines noch Verheirateten setze durch das Versprechen, eine neue Ehe einzugehen, voraus, dass die noch bestehende Ehe rechtskräftig geschieden wird. Es greife daher einer rechtskräftigen Scheidung vor.

44 ■ Die **Gegenauffassung**[68] räumt ein Zeugnisverweigerungsrecht ein und begründet es damit, dass die psychische Konfliktsituation des verlobten Zeugen unabhängig von einer noch bestehenden, gescheiterten Ehe sei.

45 (2) **§ 52 Abs. 1 Nr 2 und 2a** bezieht sich auf den **Ehegatten** oder **Lebenspartner** des Beschuldigten, auch wenn die Ehe oder Lebenspartnerschaft nicht mehr besteht.

46 Diskutiert wird, ob diese Vorschrift auf **nichteheliche Lebensgemeinschaften** angewendet werden sollte.[69] Eine solche Anwendung ist nur im Wege der Analogie denkbar. Diese setzt eine planwidrige Regelungslücke voraus. Eine Regelungslücke besteht insofern, als das Gesetz zu den nichtehelichen Lebensgemeinschaften schweigt. Die in § 52 Abs. 1 aufgeführten persönlichen Verhältnisse sind jedoch ausschließlich familienrechtlich institutionalisierter Art. Es liegt also der Schluss nahe, dass andere Beziehungsformen bewusst nicht in die Regelung aufgenommen wurden.[70] Das entspricht auch dem Wesen der nichtehelichen Lebensgemeinschaft, die sich gegenüber Ehe und Lebenspartnerschaft gerade durch einen Verzicht auf die rechtliche Institutionalisierung auszeichnet.[71] Eine analoge Anwendung der Vorschrift auf nichteheliche Lebensgemeinschaften ist daher nicht möglich. Auch der EGMR hat in diesem Sinne entschieden und die Ablehnung eines Zeugnisverweigerungsrechtes für die langjährige Lebensgefährtin eines Beschuldigten mangels Verletzung der EMRK als rechtmäßig erachtet.[72]

47 (3) **§ 52 Abs. 1 Nr 3** räumt demjenigen ein Zeugnisverweigerungsrecht ein, der mit dem Beschuldigten in gerader Linie **verwandt** oder **verschwägert**, in der Seitenlinie bis zum dritten Grad verwandt oder bis zum zweiten Grad verschwägert ist oder war.[73]

---

66 BayObLG NJW 1983, 831 (832); vgl. BVerfG NStZ 1999, 255.
67 BayObLG NJW 1983, 831 (832); vgl. BVerfG NStZ 1999, 255.
68 LG Duisburg NJW 1950, 714; LG Heidelberg StV 1981, 616; *Beulke/Swoboda* Rn 191; *Volk/Engländer* § 21/9; diff. *Füllkrug* StV 1986, 37 (38).
69 Dafür: *Joecks* § 52 Rn 6; *Skwirblies*, Nichteheliche Lebensgemeinschaft und Angehörigenbegriff im Straf- und Strafprozeßrecht, 1990, 200 f.; dagegen: *Eisenberg* Rn 1214; BeckOK-*Huber* § 52 Rn 6; ausf. *Jansen*, Das Zeugnisverweigerungsrecht aus § 52 für besondere persönliche Nähe- und Vertrauensverhältnisse, 2004, 246 f.; *Kudlich/Roy* JA 2003, 565 (567); *Pelchen* Pfeiffer-FS 287 (293 ff.); SK-*Rogall* § 52 Rn 20; *Meyer-Goßner/Schmitt* § 52 Rn 5; KK-*Senge* § 52 Rn 11; vgl. auch EGMR NJW 2014, 39 ff. m. Anm. *Meyer-Ladewig/Petzold*.
70 *Eisenberg* Rn 1214.
71 *Kudlich/Roy* JA 2003, 565 (567); *Pelchen* Pfeiffer-FS 287 (295).
72 EGMR NJW 2014, 39 ff. m. Anm. *Meyer-Ladewig/Petzold*; s. ferner BVerfG NStZ 1999, 255.
73 Vgl. §§ 1589 f. BGB.

bb) **Zeugnisverweigerungsrechte aus beruflichen Gründen:** Die beruflichen Gründe, die zu einem Zeugnisverweigerungsrecht führen, sind in § 53 Abs. 1 S. 1 und § 53a Abs. 1 (abschließend!)[74] aufgezählt:

- **Uneingeschränkt** zeugnisverweigerungsberechtigt sind Angehörige von Berufsgruppen, die einer besonderen gesetzlichen Verschwiegenheitspflicht unterliegen.[75] Die Zeugnisverweigerungsrechte aus beruflichen Gründen tragen dem Konflikt des Zeugen zwischen seiner Pflicht zur wahrheitsgemäßen Aussage (§ 57 S. 1) und seiner beruflichen Verschwiegenheitspflicht Rechnung.[76]
- Der Ausschluss des Zeugniszwangs für **Presse- und Rundfunkmitarbeiter** (§ 53 Abs. 1 S. 1 Nr 5) gilt **nicht einschränkungslos:** Gem. § 53 Abs. 2 S. 2 kann das Zeugnisverweigerungsrecht entfallen, wenn die Aussage des Zeugen zur Aufklärung eines Verbrechens (§ 12 Abs. 1 StGB) oder eines der abschließend aufgezählten Vergehen (bestimmte Staatsschutz- und Sexualdelikte, Geldwäsche) zur Erreichung des Verfahrensziels unbedingt erforderlich ist.

Das Zeugnisverweigerungsrecht der **Berufshelfer** nach § 53a soll eine Umgehung des Zeugnisverweigerungsrechts der in § 53 Abs. 1 S. 1 Nr 1 bis 4 Genannten verhindern.[77]

Für die in §§ 53 Abs. 1, 53a genannten Personen besteht grundsätzlich **keine Belehrungspflicht,** denn es kann davon ausgegangen werden, dass diese Zeugen ausreichend über ihre Rechte und Pflichten informiert sind.[78]

In **Fall 5** besteht für S ein Zeugnisverweigerungsrecht aus § 53 Abs. 1 S. 1 Nr 3, weil sie den Angeklagten früher als Rechtsanwältin beraten und vertreten hat. Dass sie den Beruf der Rechtsanwältin zwischenzeitlich aufgegeben hat, ändert nichts an ihrer fortwirkenden Schweigepflicht und lässt daher auch ihr Zeugnisverweigerungsrecht unberührt.[79] Die frühere Kanzleiangestellte ist nach § 53a Abs. 1 zeugnisverweigerungsberechtigt.

b) **Auskunftsverweigerungsrecht:** Das Auskunftsverweigerungsrecht ergibt sich aus § 55 Abs. 1. Demnach darf ein Zeuge die Auskunft auf solche Fragen verweigern, deren Beantwortung ihn selbst oder einen seiner Angehörigen gem. § 52 Abs. 1 der Gefahr aussetzen würde, wegen einer Straftat[80] oder Ordnungswidrigkeit verfolgt zu werden. Dies kann in extremen Fällen sogar soweit gehen, dass sich dieses *Auskunfts*verweigerungsrecht zu einem umfassenden *Aussage*verweigerungsrecht ver-

---

74 Eine erweiternde Auslegung der Vorschrift ist unzulässig; in eng begrenzten Ausnahmefällen hält das BVerfG jedoch eine Herleitung von beruflichen Zeugnisverweigerungsrechten direkt aus der Verfassung – also *nicht* nach „§ 53 analog" – für möglich; s. BVerfG NJW 1972, 2214; ferner mwN BeckOK-*Huber* § 53 Rn 2f.
75 Vgl. § 203 StGB.
76 BGHSt 9, 59 (61); ausf. *Huber-Lotterschmid,* Verschwiegenheitspflichten, Zeugnisverweigerungsrechte und Beschlagnahmeverbote zugunsten juristischer Personen, 2006, 35 ff.; zum Begriff der Geistlichen i.S.d. § 53 Abs. 1 S. 1 Nr 1: BGH JuS 2010, 932 m. Bspr. *Jahn;* speziell zu Gefängnisseelsorgern (ohne Weihe) BVerfG NJW 2007, 1865 m. Bspr. v. *Heintschel-Heinegg/Muckel* JA 2007, 470; krit. *Rogall* Eisenberg-FS 582 ff.; ferner OLG Hamm NStZ 2010, 164 (Krankenschwester); zur Anwendung von § 53 auf ausländische Strafverteidiger *Wessing* wistra 2007, 171.
77 *Meyer-Goßner/Schmitt* § 53a Rn 1; ausf. *Tsambikakis,* Strafprozessuale Zeugnisverweigerungsrechte aus beruflichen Gründen, 2011.
78 BGH NJW 1991, 2844 (2846); NStZ 2010, 178. Unzulässig ist eine entsprechende Belehrung freilich nicht und sie kann sich ggf. aus der Fürsorgepflicht des Gerichtes ergeben, wenn der Zeuge offensichtlich nicht ausreichend orientiert ist (s. BGH MDR 1980, 815).
79 Vgl. *Meyer-Goßner/Schmitt* § 53 Rn 10.
80 Dies betrifft aber nicht solche Straftaten, die dem Zeugen wegen des Inhalts der Aussage selbst drohen, BGH JA 2012, 634.

dichtet. Der Zeuge muss die Auskunft ausdrücklich verweigern. Alles bis dahin Ausgesagte bleibt verwertbar.[81]

51 c) **Nachträgliche Ausübung eines Zeugnisverweigerungsrechts:** Beruft sich ein Zeuge, der bereits vor der Hauptverhandlung vernommen wurde, erst in der Hauptverhandlung auf ein Zeugnisverweigerungsrecht, so ist es nach § 252[82] ausgeschlossen, das Protokoll der früheren Vernehmung zu verlesen. Die Vorschrift soll die Entscheidungsfreiheit des Zeugen bis zur Hauptverhandlung sicherstellen, ihn also vor vorherigen, möglicherweise voreiligen Aussagen schützen.[83] Damit werden die von §§ 52 ff. verfolgten Zwecke gestützt.[84] Deshalb ist der Zeuge auch bei Geltendmachung eines Zeugnisverweigerungsrechts nicht gehindert, nach ordnungsgemäßer („qualifizierter") Belehrung auf das Verwertungsverbot des § 252 zu verzichten.[85]

52 § 252 setzt voraus, dass eine Person vor der Hauptverhandlung vernommen wurde und ausgesagt hat. Diese Person muss in der Hauptverhandlung Zeuge sein und ein in der Hauptverhandlung bestehendes Zeugnisverweigerungsrecht geltend machen.

53 aa) **Vernehmung vor der Hauptverhandlung:** Die frühere Aussage, die der Zeuge durch die nachträgliche Ausübung des Zeugnisverweigerungsrechts von einer Verwertung ausschließen möchte, muss eine solche sein, die im Rahmen einer Vernehmung vor der Hauptverhandlung geäußert wurde. Dieses Erfordernis ist weit zu verstehen. Es kommt nicht darauf an, ob es sich um dasselbe Verfahren handelte.[86] Es ist auch nicht notwendig, dass die Person als Zeuge ausgesagt hat.[87] Ferner sind nicht nur förmliche Vernehmungen gemeint, sondern auch sonstige mündliche oder schriftliche Angaben, die in vernehmungsähnlicher Situation, also auf staatliche Befragung hin, gemacht wurden.[88] Bestandteil der früheren Aussage sind auch Schriftstücke oder Tonbandaufzeichnungen über mitgehörte Gespräche, die der aussageverweigerungsberechtigte Zeuge bei seiner Vernehmung übergeben und auf die er sich bezogen hat.[89]
Nicht unter § 252 fallen hingegen Erklärungen gegenüber Privatpersonen sowie spontane Äußerungen gegenüber Amtspersonen.[90]

54 bb) **Zeuge in der Hauptverhandlung:** In der Hauptverhandlung selbst muss die Person in ihrer Eigenschaft als Zeuge auftreten.[91]

55 cc) **Gebrauch eines Zeugnisverweigerungsrechts:** Der Zeuge muss ein zum Zeitpunkt seiner Vernehmung in der Hauptverhandlung bestehendes Zeugnisverweigerungsrecht in Anspruch nehmen.[92] Unumstritten ist § 252 anwendbar, wenn sich der Zeuge in der

---

81 BGH NStZ 1998, 46 m. Anm. *Rengier*; BeckOK-*Huber* § 55 Rn 10.
82 Überblick zur Anwendung der Vorschrift und ihren Problemen: *Bosch* Jura 2012, 34 ff.; *Eh-Ghazi/Merold* JA 2012, 44 ff.; *Geppert* Jura 1988, 305 ff., 363 ff.; *Kraatz* Jura 2011, 170 ff.
83 *Lesch* 2/143; *Rengier* NStZ 1998, 47 (48); LR-*Sander/Cirener* § 252 Rn 7; SK-*Velten* § 252 Rn 2.
84 KK-*Diemer* § 252 Rn 1.
85 BGHSt 45, 203; 57, 254 m. Bspr. *Mosbacher* JuS 2013, 131; krit. *Meyer-Goßner/Schmitt* § 252 Rn 16a im Hinblick auf einen Verstoß gegen das Konfrontationsrecht (Art. 6 Abs. 3 lit. d EMRK) bei Opferzeugen; vgl. auch *Kraatz* JA 2014, 773 (774 ff.).
86 BGHSt 20, 384; für den Zivilprozess BGHSt 17, 324; aA BGH JR 1951, 349; *Geppert* Jura 1988, 363 (367).
87 BGH StV 2018, 479; KK-*Diemer* § 252 Rn 9 ff.
88 OLG Thüringen StV 2006, 517 (518); KK-*Diemer* § 252 Rn 14; *Joecks* § 252 Rn 6; *Meyer-Goßner/Schmitt* § 252 Rn 7.
89 BGHSt 22, 219; BGH NStZ 2013, 247; eine Ausdehnung des Verwertungsverbotes nach § 252 ablehnend *Böse* GA 2014, 266 (269 ff.).
90 Anschaulich hierzu OLG Hamm NStZ 2012, 53 m. Bspr. *Mosbacher* JuS 2012, 134 f.
91 KK-*Diemer* § 252 Rn 9f.
92 LR-*Sander/Cirener* § 252 Rn 14; SK-*Velten* § 252 Rn 23 f.

Hauptverhandlung auf ein Zeugnisverweigerungsrecht aus §§ 52–53a beruft.[93] **Problematisch** ist aber, ob § 252 auch dann anwendbar ist, wenn der Zeuge nachträglich ein **Auskunftsverweigerungsrecht** aus § 55 geltend macht.[94]

- Die **Rechtsprechung**[95] erstreckt § 252 nur auf die Zeugnisverweigerungsrechte aus §§ 52–53a und nicht auch auf § 55. Sie begründet dies damit, dass § 55 ausschließlich Belange des Zeugen schützen würde und daher keine Gleichwertigkeit mit §§ 52–53a bestünde. 56

- Die **Gegenmeinung**[96] legt § 252 weit aus, so dass auch das Auskunftsverweigerungsrecht aus § 55 erfasst wird. 57

- **Stellungnahme:** Die StPO differenziert in §§ 52 ff. terminologisch zwischen der Zeugnis- und der Auskunftsverweigerung. Wenn § 252 in seinem Wortlaut nur das Zeugnisverweigerungsrecht nennt, so muss man angesichts der gesetzlichen Differenzierung davon ausgehen, dass ausschließlich Zeugnisverweigerungsrechte gemeint sind und nicht auch das Auskunftsverweigerungsrecht. Demnach kann § 252 nicht direkt, sondern ggf. nur entsprechend auf das Auskunftsverweigerungsrecht angewendet werden. Abgesehen davon, dass es aufgrund der im Gesetz vorhandenen terminologischen Differenzierung zwischen Zeugnis- und Auskunftsverweigerung fraglich ist, ob hier überhaupt eine planwidrige Regelungslücke als Voraussetzung der Analogie besteht, **fehlt es jedenfalls an der Vergleichbarkeit von Zeugnis- und Auskunftsverweigerungsrechten**. Das Hauptargument der Rechtsprechung, wonach § 55 wegen seines nur auf den Zeugen bezogenen Schutzzwecks nicht mit §§ 52–53a vergleichbar sei, hat vor dem Hintergrund, dass auch die §§ 52–53a in erster Linie den Zeugen in seiner Konfliktlage schützen, für sich allein wenig Überzeugungskraft. Der entscheidende Unterschied besteht vielmehr darin, dass der Schutzzweck des § 55 durch eine nachträgliche Ausübung des Auskunftsverweigerungsrechts nicht mehr verwirklicht werden kann. Denn die einmal gemachte selbst- oder angehörigenbelastende Aussage ist bereits nach § 152 Abs. 2 Anknüpfungspunkt für eine Strafverfolgung des Zeugen oder dessen Angehörigen und darf in diesem gegen den Zeugen oder dessen Angehörigen gerichteten Strafverfahren verwertet werden. Da die Aussage aber in dem gegen den Zeugen oder dessen Angehörigen gerichteten Strafverfahren verwertet werden darf, muss sie erst recht auch in Strafverfahren gegen andere Angeklagte verwertet werden dürfen.[97] 58

Ob das Zeugnisverweigerungsrecht auch schon zum Zeitpunkt der früheren Vernehmung bestanden haben muss, richtet sich nach dem **Schutzzweck des jeweiligen Zeugnisverweigerungsrechts**. Die hM geht davon aus, dass das Zeugnisverweigerungsrecht aus § 52 im Gegensatz zu den Zeugnisverweigerungsrechten aus §§ 53 f. nicht bereits bei der früheren Vernehmung bestanden haben muss.[98] 59

---

93 BGHSt 6, 209 (211); BGH NJW 1962, 1259.
94 Ebenfalls umstr. ist die Anwendbarkeit im Falle von § 54; dagegen: KK-*Diemer* § 252 Rn 7; *Eisenberg* Rn 1284; LR-*Sander/Cirener* § 252 Rn 5; befürwortend: LR-*Gollwitzer*, 25. Aufl., § 252 Rn 1.
95 BGHSt 6, 209 (211); 17, 245 (246); BGH NStZ 1998, 46; bei *Pfeiffer/Miebach* NStZ 1985, 492 (493); BayObLGSt 1984, 1; zust. *Bosch* Jura 2012, 33 (38); MK-*Ellbogen* § 252 Rn 16 ff.; BeckOK-*Ganter* § 252 Rn 8; *Gössel* NJW 1981, 2217 (2220); *Grünwald* JZ 1966, 489 (499); *Otto* GA 1970, 289 (301).
96 *Geppert* Jura 1988, 305 (312); *Hanack* JZ 1972, 236 (238); *Niese* JZ 1953, 219 (223); *Rogall* NJW 1978, 2535 (2538); SK-*Velten* § 252 Rn 10.
97 Wie hier MK-*Ellbogen* § 252 Rn 18; s.a. *Beulke* Jura 2008, 653 (658); *Rengier* NStZ 1998, 47 (48).
98 BGHSt 27, 231; 45, 342 (347); KK-*Diemer* § 252 Rn 5 f.; *Meyer-Goßner/Schmitt* § 252 Rn 2 f. Zur Verwertbarkeit der von einem Arzt nach Entbindung von seiner ärztlichen Schweigepflicht im Rahmen einer polizeili-

▶ **Fall 6:** Der Zeuge Z, Ehegatte der Beschuldigten B, wurde im Ermittlungsverfahren durch die Richterin R als Zeuge vernommen. Dabei wurde er über sein Zeugnisverweigerungsrecht aus § 52 Abs. 1 Nr 2 belehrt. Er äußerte sich zur Sache. In der Hauptverhandlung entscheidet er nun, von seinem Zeugnisverweigerungsrecht Gebrauch zu machen, um seine Beziehung zu B nicht weiter zu belasten. ◀

60 **dd) Reichweite des § 252:** Das Verlesungsverbot allein würde nicht verhindern, dass die Verhörperson – in Fall 6: S – mündlich berichten könnte, was sie bei der Zeugenvernehmung erfahren hat.[99] Damit würde man aber den Zweck des Verlesungsverbots umgehen, weil der Zeuge angesichts der möglichen Verwertung seiner früheren Aussage nicht mehr entscheidungsfrei wäre.

61 ■ Dennoch hat das **RG**[100] die Bestimmung des § 252 in enger Anlehnung an den Wortlaut als reines Verlesungsverbot angewendet, so dass zwar nicht das Protokoll über die frühere Vernehmung verlesen werden durfte, der Inhalt der Vernehmung gleichwohl über die Zeugenvernehmung der Verhörpersonen verwertet werden konnte. In **Fall 6** könnte S nach dieser Ansicht als Zeuge darüber vernommen werden, was Z ihm gegenüber im Ermittlungsverfahren äußerte.

62 ■ Der **BGH**[101] hat die Umgehung des § 252 insoweit eingeschränkt, als er nur noch **richterliche Verhörpersonen** als Zeugen über den Inhalt der früheren Vernehmung zugelassen hat, nicht mehr aber polizeiliche oder staatsanwaltschaftliche Vernehmungsbeamte. Dies auch nur, wenn der vernehmende Richter den Zeugen über sein Zeugnisverweigerungsrecht belehrt habe.[102] Dann müsse der Zeuge seinen „partiellen Verzicht auf § 252 gegen sich gelten lassen.[103] **Fall 6:** Da R als Ermittlungsrichter eine richterliche Verhörperson ist, wäre es nach Meinung des BGH zulässig, ihn über die Zeugenaussage des Z zu vernehmen, sofern er Z vor der Vernehmung über sein Zeugnisverweigerungsrecht belehrt hat.

63 ■ In der **Literatur**[104] wird § 252 überwiegend als vollständiges Beweisverbot betrachtet, also auch die Vernehmung richterlicher Verhörpersonen abgelehnt. In **Fall 6** gäbe es gemäß dieser Auffassung keine Möglichkeit, die Aussage des Z in irgendeiner Art und Weise zu verwerten:[105] Denn verstünde man § 252 als reines *Verlesungs*verbot, so käme ihm neben § 250 S. 2 keine eigene Bedeutung mehr zu.[106] Die Ansicht des RG sei deswegen als Umgehung des § 252 abzulehnen. Der Absiche-

---

chen Vernehmung gemachten Angaben auch nach Widerruf der Entbindungserklärung BGH NStZ 2012, 281 m. abl. Anm. *Geppert* und *Mitsch* JR 2012, 432.
99 Und zwar als „Zeuge vom Hörensagen".
100 RGSt 5, 143; 70, 6; 72, 221 (222); ebenso OLG Stuttgart NJW 1951, 932; *Kohlhaas* NJW 1965, 1254 (1255); *Nüse* JR 1966, 281 (283); in diese Richtung auch *Rogall* Otto-FS 973 ff.
101 BGHSt 2, 99 (106 ff.); 21, 218 (219); 36, 384 (385); 46, 189 (195); 48, 294 (297); BGH JuS 2007, 485 m. Bspr. *Jahn*; NStZ 2012, 521; ebenso KK-*Diemer* § 252 Rn 22; MK-*Ellbogen* § 252 Rn 47 ff.; HK-*Julius/Bär* § 252 Rn 9 ff.; *Kudlich/Roy* JA 2003, 565 (572); *Meyer-Goßner/Schmitt* § 252 Rn 13 f.
102 Einer „erweiterten" qualifizierten Belehrung dahingehend, dass die Bekundungen des Zeugen ungeachtet seines späteren Aussageverhaltens in Durchbrechung eines möglichen Verwertungsverbots nach § 252 StPO gegen den Angeklagten verwertet werden können, bedarf des nach einer Entscheidung des GrS nicht; s. GrS BGH NStZ-RR 2017, 21 (Frage vorgelegt vom 2 Strafsenat, BGH JuS 2014, 1138 m. zust. Bspr. *Jahn*; dagegen die übrigen Strafsenate BGH NStZ-RR 2015, 48; NStZ-RR 2015, 118; NJW-Spezial 2015, 153).
103 MK-*Ellbogen* § 252 Rn 49.
104 *Beulke/Swoboda* Rn 418 ff.; *Degener* StV 2006, 509 (512 f.); *El-Ghazi* JR 2015, 343; *Fezer* JZ 1990, 875 (876); *Frister* Fezer-FS 211 (223); *Geerds* Blau-FS 67 (72); *Geppert* Jura 1988, 305 (306 ff.); *Grünwald* 130; *Hanack* JZ 1972, 236 (238); *Heinitz* JR 1960, 226 ff.; *Welp* JR 1996, 76 (78).
105 *Kindhäuser* Voraufl. Rn 66.
106 *Geppert* Jura 1988, 305 (307); *Schlüchter* Rn 497.3.

rung des Zeugnisverweigerungsrechts werde nur eine Auslegung gerecht, die § 252 über ein Verlesungsverbot hinaus als Verwertungsverbot verstehe. Es frage sich lediglich, ob eine Ausnahme für richterliche Verhörspersonen anzuerkennen sei. Ursprünglich begründete man diese Ausnahme damit, dass gegenüber Zeugen nur Richter belehrungspflichtig waren, man also nicht davon ausgehen konnte, dass von sonstigen Verhörspersonen vernommene Zeugen ihre Rechte in vollem Umfange kannten.[107] Nach einer Gesetzesänderung wurde die Belehrungspflicht sogar auf die Polizei und StA ausgedehnt (§§ 161a Abs. 1 S. 2, 163 Abs. 3). Dennoch gehe das Gesetz in § 251 Abs. 2 von einer höheren Qualität der richterlichen Vernehmung aus, indem es die Verlesungsmöglichkeiten für richterliche Vernehmungsprotokolle erweitert.[108] Für den Zweck des § 252 könne die „Qualität" der Vernehmung aber keinen Unterschied machen: Wenn die Entscheidungsfreiheit des Zeugen über seine Zeugnisverweigerung bis zur Hauptverhandlung als dem Kernstück des Prozesses gesichert werden soll,[109] sei es ohne Belang, ob der Zeuge vor der Hauptverhandlung von einem Richter oder einer anderen Verhörsperson vernommen wurde.[110] Die Konfliktsituation, die durch die frühere Vernehmung entstanden sei, resultiere daraus, dass der Zeuge befürchten müsse, von ihm bereits ausgesagte Tatsachen könnten verwertet werden. Wem gegenüber sie geäußert wurden, sei dafür unmaßgeblich. Wäre es relevant, so müsste § 252 konsequenterweise zwischen richterlichen und nichtrichterlichen Protokollen differenzieren, was aber nicht der Fall sei. § 252 müsse deswegen als **umfassendes Verwertungsverbot** verstanden werden. Für **Fall 6** hat das zur Konsequenz, dass die Aussage des Z unverwertbar ist.

7. Gang der Zeugenvernehmung

Die Zeugenvernehmung hat folgenden chronologischen Ablauf:

- Zeugenbelehrung
- Vernehmung zur **Person**
- Vernehmung zur **Sache**
- ggf. Eid

a) **Zeugenbelehrung:** Die zur Hauptverhandlung erschienenen Zeugen werden in der Regel gemeinsam nach § 57 belehrt (ggf auch nach §§ 52 Abs. 3, 55 Abs. 2), bevor sie den Sitzungssaal gem. § 243 Abs. 2 S. 1 verlassen müssen.[111]

b) **Vernehmung zur Person:** Die eigentliche Zeugenvernehmung beginnt mit der Vernehmung zur Person (§ 68 Abs. 1 S. 1). Dabei muss der Zeuge seinen Vor- und Nachnamen, sein Alter, seinen Beruf und seinen Wohnort angeben (§ 68 Abs. 1 S. 1).[112] Zeugen, die Wahrnehmungen in amtlicher Eigenschaft gemacht haben, können statt des Wohnortes den Dienstort nennen (§ 68 Abs. 1 S. 2).

Besteht Anlass zu Zweifeln an der Glaubwürdigkeit des Zeugen, so ist dieser über solche Umstände zu vernehmen, die seine Glaubwürdigkeit in der vorliegenden Sache be-

---

107 BGHSt 2, 99 (106).
108 BGHSt 21, 218 (219); 36, 384 (386); 49, 72 (77).
109 BGHSt 48, 294 (298).
110 Degener StV 2006, 509 (512 f.).
111 Meyer-Goßner/Schmitt § 243 Rn 6; KK-Schneider § 243 Rn 14.
112 Ausnahmen aus Sicherheitsgründen finden sich in § 68 Abs. 2-5.

treffen, insbesondere über seine Beziehungen zu dem Beschuldigten oder dem Verletzten (§ 68a Abs. 2 S. 1, sog. **Generalfragen**).[113]

68 c) **Vernehmung zur Sache:** Die Vernehmung zur Sache beginnt damit, dass dem Zeugen der Untersuchungsgegenstand und die Person des Beschuldigten bezeichnet wird, sofern nach dem Verfahrensstand ein Beschuldigter vorhanden ist (§ 69 Abs. 1 S. 2).

69 Sodann gliedert sich die Vernehmung zur Sache gewöhnlich in zwei Abschnitte:
- **Bericht** (§ 69 Abs. 1 S. 1)
- **Verhör** (§ 69 Abs. 2)

70 aa) Der Zeuge muss veranlasst werden, im Zusammenhang anzugeben, was ihm von dem Gegenstand seiner Vernehmung bekannt ist (§ 69 Abs. 1 S. 1, sog. **Bericht**).

71 bb) Hat der Zeuge seinen Bericht vorgetragen oder ist er dazu nicht in der Lage, schreitet die Zeugenvernehmung mit dem **Verhör** fort (§ 69 Abs. 2). Das Verhör ergänzt den Bericht, indem es Fragen aufgreift, zu denen sich der Zeuge im Bericht nicht äußerte, Unklarheiten beseitigt und Widersprüchen auf den Grund geht.[114] Es dient auch der Ermittlung dessen, woher der Zeuge sein Wissen erlangt hat (§ 69 Abs. 2).

72 d) **Eid:** Eine Vereidigung findet nur statt, wenn es das Gericht wegen der ausschlaggebenden Bedeutung der Aussage oder zur Herbeiführung einer wahren Aussage nach seinem Ermessen für notwendig hält (§ 59 Abs. 1 S. 1). Der Eid ist im Strafprozess ein sog. **Nacheid**, wird also nicht vor, sondern erst nach der Vernehmung für jeden Zeugen einzeln in der Hauptverhandlung abgenommen (§ 59 Abs. 2).

73 Dazu wird vom Vorsitzenden die sog. **Eidesnorm**[115] gesprochen, die vom Zeugen mit der sog. **Eidesformel**[116] beantwortet wird (§ 64 Abs. 1, 2). Die Eidesformel kann nach Wahl des Zeugen mit oder ohne religiöse Beteuerung („so wahr mir Gott helfe") gesprochen werden (§ 64 Abs. 1, 2).

74 Für Zeugen, die aus Glaubens- oder Gewissensgründen keinen Eid leisten wollen, gibt es die Möglichkeit der **eidesgleichen Bekräftigung** nach § 65, die dieselben rechtlichen Wirkungen eines Eides hat (§ 65 Abs. 1 S. 2 HS 1).
Für **hör- oder sprachbehinderte Personen** wird die Eidesleistung nach § 66 angepasst. Unter den Voraussetzungen des § 67 ist es dem Zeugen gestattet, sich auf einen bereits früher schon geleisteten Eid zu berufen, ohne erneut vereidigt werden zu müssen.

8. Zeugenschutz

75 Der Zeuge wird im Strafverfahren für staatliche Zwecke in die Pflicht genommen. Diese Pflicht darf nicht zu unzumutbaren Nachteilen für den Zeugen führen. Daher hat er ein Recht auf **Zeugenentschädigung** (§ 71), aber auch auf **Zeugenschutz**.

76 Der Zeugenschutz umfasst im Wesentlichen die folgenden Aspekte:
- § 136a gilt auch für die Zeugenvernehmung (§ 69 Abs. 3).
- Fragen nach entehrenden Tatsachen und Vorstrafen dürfen nur nach Maßgabe des § 68a gestellt werden.

---

113 BGH NStZ 2004, 345 (346); *Meyer-Goßner/Schmitt* § 68a Rn 6a ff.
114 BGHSt 3, 281 (284); AK-*Lemke* § 69 Rn 6; KMR-*Neubeck* § 69 Rn 7; *Meyer-Goßner/Schmitt* § 69 Rn 6.
115 KMR-*Neubeck* § 64 Rn 2; *Meyer-Goßner/Schmitt* § 64 Rn 2.
116 KMR-*Neubeck* § 64 Rn 2.

§ 21 Beweiserhebung

- Zeugen können sich eines anwaltlichen Beistands bedienen (§ 68b Abs. 1 S. 1).[117] Unter den Voraussetzungen des § 68b Abs. 2 wird dem Zeugen ein Rechtsanwalt auf Staatskosten beigeordnet.
- Unter den Voraussetzungen des § 68 kann der Zeuge Wohnort und Identität geheim halten.
- Gem. §§ 171b, 172 GVG kann die Zeugenvernehmung unter Ausschluss der Öffentlichkeit erfolgen. Nach § 247 kann der Angeklagte während der Zeugenvernehmung von der Hauptverhandlung ausgeschlossen werden, nicht jedoch während der anschließenden Verhandlung über die Entlassung des Zeugen.[118]
- Nach §§ 58a, 58b, 168e, 247a, 255a darf Ton- und Videotechnik eingesetzt werden.[119]
- Ist der Zeuge zugleich der Verletzte sind
  – ggf. Maßnahmen zum Opferschutz gem. § 48 Abs. 3 zu treffen (wie z.B. Ausschluss der Öffentlichkeit oder Ausschluss von Fragen zum persönlichen Lebensbereich) oder
  – Möglichkeiten psychosozialer Prozessbegleitung gegeben (§ 406g).
- Bei gefährdeten Zeugen können Maßnahmen nach dem Zeugenschutz-Harmonisierungsgesetz (ZSHG) getroffen werden.[120]

III. Der Sachverständigenbeweis

1. Begriff des Sachverständigen

Der Sachverständige ist eine Person, die bezüglich der zu beweisenden Einzeltatsachen eine dem Richter fehlende **besondere Sachkunde** besitzt.[121] Besonderes Expertenwissen kann u.a. erforderlich sein bei der Feststellung bestimmter Tatsachen (z.B. Ermittlung der Blutalkoholkonzentration), bei der Rekonstruktion von Sachverhalten (z.B. Bremsweg und Aufprallgeschwindigkeit bei Verkehrsunfall) oder bei der Analyse von Kausalzusammenhängen (z.B. gesundheitliche Auswirkungen einer Chemikalie).

77

Ob überhaupt und wie viele Sachverständige hinzuzuziehen sind, regelt § 73 nicht. Deshalb entscheidet das Gericht grds. nach **pflichtgemäßem Ermessen** über die Einschaltung eines Sachverständigen,[122] kann hierzu in bestimmten Fällen[123] aber auch verpflichtet sein.[124]

78

Im gerichtlichen Verfahren kann die **Auswahl** des Sachverständigen gem. § 73 nur durch das Gericht vorgenommen werden, während im Ermittlungsverfahren auch die StA oder die Polizei einen Sachverständigen hinzuziehen kann.[125] Bei der Auswahl des Sachverständigen besteht für das Gericht ein Beurteilungsspielraum.[126]

79

---

117 Vgl. auch BVerfGE 38, 105 (112).
118 BGHSt 55, 87; BGH StV 2012, 519; NStZ 2014, 532.
119 Dazu näher *Kretschmer* JR 2006, 453 ff.
120 BGBl. I 2001, 3510; dazu näher *Roggan* GA 2012, 434.
121 *Beulke/Swoboda* Rn 197; grundlegend zur prozessualen Funktion des Sachverständigen *Toepel*, Grundstrukturen des Sachverständigenbeweises, 2002, 257 ff.
122 Vgl. den Wortlaut des § 93.
123 Vgl. §§ 80a, 81, 87–90, 91, 92, 231a Abs. 3 S. 1, 246a, 415 Abs. 2, 5.
124 BGHSt 2, 164; 3, 173 ff.; *Eisenberg* Rn 1523; *Ranft* Rn 546 ff.; *Schlüchter* 137 mit Fn 765.
125 RiStBV Nr 70 Abs. 1; HK-*Brauer* § 73 Rn 1; LR-*Krause* § 73 Rn 2; *Pfeiffer* § 73 Rn 1.
126 BGHSt 34, 355; BGH NStZ 1990, 400; *Pfeiffer* § 73 Rn 1.

80 **Öffentlich bestellte Sachverständige** gem. § 73 Abs. 2 sind Personen, aber auch Behörden, die durch Verwaltungsakt für ein bestimmtes Sachgebiet und für eine bestimmte Zeit bestellt sind.[127] Sie können gem. § 79 Abs. 3 allgemein vereidigt sein.[128] Besondere Umstände, welche die Bestellung anderer Personen im Sinne von § 73 Abs. 2 StGB rechtfertigen, liegen z.B. vor, wenn der öffentlich bestellte Sachverständige verhindert ist oder wenn die Notwendigkeit besteht, einen Sachverständigen mit noch größerer Sachkunde heranzuziehen.[129]

2. Abgrenzung zum sachverständigen Zeugen

▶ **FALL 7:** Arzt A, der am Unfallort Notmaßnahmen ergriffen hat, wird in der Hauptverhandlung zum Ausmaß der Verletzungen des Opfers vernommen. ◀

81 Der Sachverständige ist vom sachverständigen Zeugen (§ 85) abzugrenzen. Gemeinsam ist beiden, dass sie persönliche Beweismittel im Sinne der StPO sind[130] und dass ihre Bekundungen jeweils auf besonderer Sachkunde beruhen. Ein wesentlicher Unterschied zwischen beiden besteht darin, dass der sachverständige Zeuge geladen (§ 48 Abs. 2), der Sachverständige aber durch das Gericht beauftragt (§ 73) wird. Zwar berichtet auch der sachverständige Zeuge über Tatsachen oder Umstände, zu deren Wahrnehmung eine besondere Sachkunde erforderlich ist, aber es handelt sich hier um eine Form des Zeugenbeweises. Dies ergibt sich aus

- § 85, wonach auf den sachverständigen Zeugen die **Vorschriften über den Zeugenbeweis** anwendbar sind,
- dem fehlenden speziellen Gutachtenauftrag des sachverständigen Zeugen
- und dem Umstand, dass er – anders als der Sachverständige (vgl. § 74) – **nicht auswechselbar** ist, da er über eigene Beobachtungen berichtet.[131] Deshalb ist A in **Fall 7** sachverständiger Zeuge.

3. Begriff der Tatsachen beim Sachverständigengutachten

▶ **FALL 8:** Während einer ärztlichen Untersuchung berichtet das sechsjährige Kind K ungefragt von Misshandlungen durch seine Eltern. ◀

82 Tatsachen sind Umstände oder Geschehnisse der Vergangenheit oder Gegenwart, die dem Beweis zugänglich sind. Hierauf aufbauend unterscheidet die StPO zwischen Anknüpfungstatsachen, Befundtatsachen und Zusatztatsachen.

83 **Anknüpfungstatsachen** sind solche, die der Gutachter seinem Gutachten zugrunde legt.[132] Zur Vorbereitung des Gutachtens muss das Gericht im Rahmen seiner gerichtlichen Leitungspflicht nach § 78 und aufgrund seiner Aufklärungspflicht gem. § 244 Abs. 2 dem Sachverständigen den Auftrag klar und unmissverständlich beschreiben.[133] Hierbei hat es dem Sachverständigen die bereits bekannten Anknüpfungstatsachen[134]

---

[127] Z.B. Gerichtsärzte oder staatliche Gesundheitsämter, vgl. *Pfeiffer* § 73 Rn 2.
[128] LR-*Krause* § 73 Rn 34; KMR-*Neubeck* § 73 Rn 15.
[129] HK-*Brauer* § 73 Rn 16; LR-*Krause* § 73 Rn 35; *Meyer-Goßner/Schmitt* § 73 Rn 17.
[130] Vgl. nur KMR-*Neubeck* Vor § 72 Rn 2.
[131] *Ranft* Rn 561; vgl. auch HK-*Brauer* Vor §§ 72 ff. Rn 8.
[132] BGHSt 45, 164 (182); LR-*Krause* Vor § 72 Rn 11; *Rüping* Rn 186.
[133] Ausf. HK-*Brauer* § 78 Rn 1 ff.; *Jessnitzer/Ulrich* Rn 304; KMR-*Neubeck* § 78 Rn 2.
[134] BGHSt 45, 164 (182); HK-*Brauer* Vor §§ 72 ff. Rn 4; KMR-*Neubeck* § 78 Rn 2.

schon im Zeitpunkt der Auftragserteilung zur Verfügung zu stellen.[135] Der Sachverständige darf die Anknüpfungstatsachen auch in dem von § 80 vorgegebenen Umfang selbst ermitteln.[136]

Die Tatsachen, die der Sachverständige ermittelt, können weiter in Befund- und Zusatztatsachen unterteilt werden:[137]

- **Befundtatsachen** sind solche Tatsachen, die der Sachverständige nur aufgrund seiner besonderen Sachkunde erkennen kann.[138] Sie werden im Wege der gutachterlichen Stellungnahme in den Prozess eingeführt.[139] Die Befundtatsachen bilden ebenso wie die bereits vorher bekannten Anknüpfungstatsachen die Grundlage des Gutachtens.

84

- **Zusatztatsachen** sind solche Tatsachen, die der Sachverständige – wie in **Fall 8** – während seiner gutachterlichen Tätigkeit festgestellt hat, ohne hierfür besonderer Sachkunde zu bedürfen.[140] Daher sind die Zusatztatsachen **nicht Bestandteil** des Sachverständigengutachtens. Vielmehr muss der Sachverständige zu den Zusatztatsachen ggf. auch als sachverständiger Zeuge vernommen werden.[141]

85

4. Rechte und Pflichten des Sachverständigen

Der Sachverständige ist als Prozesssubjekt Träger von Rechten und Pflichten. Nach § 72 gelten die Regelungen über Zeugen nur, soweit das Gesetz nicht eine abweichende Regelung getroffen hat:

86

- Die **Pflicht**, das **Gutachten zu erstellen**, ist keine allgemeine Pflicht, sondern besteht lediglich unter den Voraussetzungen des § 75.
- Der beauftragte Sachverständige wird vernommen; er hat zu erscheinen[142] und auszusagen.[143]
- § 77 regelt die Folgen des **Nichterscheinens** oder des **Verweigerns der Gutachtenerstattung**. Diese Vorschrift geht §§ 51 Abs. 1, 70 Abs. 1, 2 vor und sieht mildere Ordnungsmittel als beim Zeugen vor, da beim Sachverständigen keine Ordnungshaft festgesetzt werden kann. Dies ist damit zu begründen, dass der Sachverständige anders als der Zeuge austauschbar ist.[144]
- Die Voraussetzungen für ein **entschuldigtes Ausbleiben** des Zeugen gelten für Sachverständige entsprechend (§ 51 Abs. 2).
- Ihm steht ein **Gutachtenverweigerungsrecht** nach § 76 i.V.m. §§ 52 ff. zu.[145]
- Besonderheiten gegenüber Zeugen gelten nach § 79 für die Eidespflicht des Sachverständigen.

---

135 BGHSt 45, 164 (182); HK-*Brauer* § 80 Rn 1; *Meyer-Goßner/Schmitt* § 78 Rn 4.
136 Umstr. ist nur die Begründung: BGHSt 9, 292; BGH JR 1962, 111: Rechtmäßigkeit; aA KMR-*Neubeck* Vor § 72 Rn 8: aus Zweckmäßigkeitserwägungen.
137 Vgl. hierzu auch *Beulke/Swoboda* Rn 198; *Pfeiffer* Vor § 72 Rn 1; *Ranft* Rn 553.
138 BGHSt 9, 292 (293); 18, 107 (108); 20, 164 (166); LR-*Krause* Vor § 72 Rn 11; *Lesch* 2/130.
139 BGHSt 9, 292 (293); 20, 164 (166); HK-*Brauer* Vor §§ 72 ff. Rn 4; LR-*Krause* Vor § 72 Rn 11.
140 BGHSt 18, 107 (108); BGH NStZ 2002, 44 f.; LR-*Krause* Vor § 72 Rn 11; *Kühne* Rn 858; *Lesch* 2/130.
141 BGHSt 13, 1 (3 f.); BGH NStZ 1993, 245 (246); *Beulke/Swoboda* Rn 198; *Roxin/Schünemann* § 27/23.
142 Vgl. § 51 Abs. 1.
143 Vgl. §§ 52 ff. *e contrario*.
144 KMR-*Neubeck* § 77 Rn 1.
145 Auch § 57 gilt, vgl. BGH VRS 22, 144 (147). Dagegen wird § 54 durch den vorrangigen § 76 Abs. 2 ersetzt.

- § 80 räumt dem Sachverständigen **eigene Rechte** ein, die dem Zeugen[146] nicht zustehen, namentlich das Recht auf **Akteneinsicht**, das Recht auf **Teilnahme** an Zeugen- und Beschuldigtenvernehmungen und ein **Fragerecht** zur eigenen Information.

5. Ablehnung des Sachverständigen

87 Inhaltlich verweist § 74 nur auf die Ablehnungsgründe, nicht aber auf das Ablehnungsverfahren (§§ 25 ff.) und Anfechtungsbeschränkungen (§ 28).[147]

88 a) **Formelle Voraussetzungen:** Das Verfahren zur Ablehnung eines Sachverständigen ist zunächst an bestimmte formelle Voraussetzungen geknüpft:

- Erforderlich ist ein **Antrag**, da § 22 Nr 1–4 bezüglich eines Sachverständigen nur Ablehnungsgründe formuliert. Das Gericht wird hier grds. nicht von Amts wegen tätig (Ausnahme: § 87 Abs. 2 S. 3).
- Die **Ablehnungsberechtigung** ergibt sich aus § 74 Abs. 2 S. 1. Über dessen Wortlaut hinaus sind auch der Nebenkläger (§ 397 Abs. 1 S. 3), die Verfalls- und Einziehungsbeteiligten (§ 433), Privatkläger (§ 385) und Antragsteller im Adhäsionsverfahren (§§ 403 ff.) antragsberechtigt.
- Die **Namhaftmachung** gem. § 74 Abs. 2 S. 2 hat grds. unmittelbar nach der Ernennung des Sachverständigen zu erfolgen (Ausnahmen z.B. bei Gefahr im Verzug oder der Gefahr des Beweismittelverlusts).[148]
- Eine besondere **Form** ist für das Ablehnungsgesuch nicht vorgeschrieben.[149]
- Die **zeitliche Zulässigkeit** des Ablehnungsgesuchs ergibt sich aus § 83 Abs. 2.
- Inhaltlich müssen im Ablehnungsgesuch die **Ablehnungsgründe glaubhaft gemacht** werden (§ 74 Abs. 3).

89 b) **Materielle Voraussetzungen:** Das Strafprozessrecht kennt beim Sachverständigen lediglich den **Ausschlussgrund** des § 87 Abs. 2 S. 3 (dem behandelnden Arzt des Verstorbenen darf nicht die Aufgabe der Leichenöffnung übertragen werden). Hingegen sind die Gründe, die beim Richter teils Ausschluss- (§§ 22, 23) und teils Ablehnungsgründe (§ 24) darstellen, bezüglich des Sachverständigen immer nur **Ablehnungsgründe**.[150] Die Ablehnungsgründe nach § 22 Nr 1–4 sind zwingender Natur.[151] Die sonstigen Ablehnungsgründe sind solche, die wie bei der Richterablehnung die „Besorgnis der Befangenheit" rechtfertigen.[152]

90 **Kein Ablehnungsgrund** liegt vor, wenn der Sachverständige als Zeuge vernommen wurde (§ 74 Abs. 1 S. 2). Ferner ist eine Ablehnung wegen mangelnder Sachkunde nicht möglich.[153]

91 c) **Entscheidung im Ablehnungsverfahren:** Folge des gerichtlichen Ablehnungsbeschlusses des Sachverständigen ist, dass dieser weder weiter als Sachverständiger vernommen noch sein Gutachten verwertet werden darf.[154] Doch steht dem Gericht eine Verneh-

---

[146] Vgl. § 58 Abs. 1.
[147] KMR-*Neubeck* § 74 Rn 2.
[148] HK-*Brauer* § 74 Rn 10; LR-*Krause* § 74 Rn 18; KK-*Senge* § 74 Rn 11.
[149] KMR-*Neubeck* § 74 Rn 18; *Pfeiffer* § 74 Rn 4; *Meyer-Goßner/Schmitt* § 74 Rn 11.
[150] *Eisenberg* NStZ 2006, 368 (370).
[151] BGHSt 18, 214; LR-*Krause* § 74 Rn 4; KMR-*Neubeck* § 74 Rn 5; *Meyer-Goßner/Schmitt* § 74 Rn 3.
[152] Ausf. *Eisenberg* NStZ 2006, 368 (369 ff.).
[153] BGH NStZ 2000, 544 (545); HK-*Brauer* § 74 Rn 2; KK-*Senge* § 74 Rn 5.
[154] OLG Düsseldorf MDR 1984, 72; *Eisenberg* Rn 1560; KMR-*Neubeck* § 74 Rn 23; KK-*Senge* § 74 Rn 14.

mung des Sachverständigen als Zeuge zu Zufallserkenntnissen und als sachverständiger Zeuge zu den zur Vorbereitung des Gutachtens ermittelten Befundtatsachen weiterhin offen.[155]

6. Belehrungspflichten

▶ **FALL 9:** Das LG hat den A wegen sexueller Nötigung in Tateinheit mit sexuellem Missbrauch eines Kindes und einer Schutzbefohlenen zu einer Freiheitsstrafe von drei Jahren verurteilt. Das LG stützt die Verurteilung auch auf ein Sachverständigengutachten der Psychologin V, die das Tatopfer, die Tochter des A, auf seine Glaubwürdigkeit untersucht hat. Die Tochter wurde nicht über ihr Recht, ihre Mitwirkung an der Glaubwürdigkeitsuntersuchung zu verweigern, belehrt.[156] ◀

Bei der Begutachtung durch den Sachverständigen bestehen gewisse **Belehrungspflichten**: 92

- Gegenüber zeugnisverweigerungsberechtigten **Zeugen** folgt eine Belehrungspflicht über das Zeugnisverweigerungsrecht aus § 81c Abs. 3 S. 2 i.V.m. § 52 Abs. 3. Die Belehrung ist aber von demjenigen vorzunehmen, der die Untersuchung angeordnet hat und darf dem Sachverständigen selbst nicht übertragen werden.[157] In **Fall 9** ist eine solche Belehrung weder vom anordnenden Richter noch seitens des Sachverständigen erfolgt, so dass die Aussage wegen unterbliebener Belehrung unverwertbar ist.

- Die Rechtsprechung lehnt eine Pflicht des Sachverständigen zu einer Belehrung des **Beschuldigten** analog § 136 Abs. 1 S. 2 ab.[158] Überzeugender ist jedoch die Annahme einer solchen Pflicht, da der Sachverständige Gehilfe des Gerichts ist und insoweit auch für ihn gelten muss, was für Gericht, StA und Polizei gilt.[159]

- Nach allgemeiner (richtiger) Ansicht unterliegt der Sachverständige analog § 136a dem Verbot des Einsatzes **unzulässiger Vernehmungsmethoden**.[160]

7. Der Sachverständige in der Hauptverhandlung

a) **Vereidigung:** Im Regelfall wird der Sachverständige nicht vereidigt. Ausnahmen von der Regel der Nichtvereidigung kommen jedoch z.B. in Betracht, wenn Zweifel an der Sachkunde und der Gewissenhaftigkeit des Sachverständigen bestehen oder wenn er gleichzeitig Zeuge und deshalb evtl. nicht unbefangen ist.[161] 93

b) **Vortrag:** In der Hauptverhandlung ist das Gutachten mündlich vorzutragen; Ausnahmen finden sich in § 256. 94

c) **Auswertung:** Der Sachverständige unterstützt zwar den Richter in dessen eigener Tätigkeit der Aufklärung und hebt sich dadurch vom Zeugen ab;[162] der Richter bleibt aber nach der gesetzlichen Vorstellung die alleinige Sachentscheidungsinstanz.[163] Er 95

---

155 BGH NStZ 2002, 44 f.; 215; *Fezer* JR 1990, 397 ff.; *Meyer-Goßner/Schmitt* § 74 Rn 19; KK-*Senge* § 74 Rn 15.
156 BGH StV 1993, 563.
157 BGH NJW 1996, 206 m. Anm. *Wohlers* StV 1996, 192; BGH StV 1997, 231.
158 Vgl. nur BGH JZ 1969, 437.
159 *Beulke/Swoboda* Rn 201; *Roxin/Schünemann* § 27/16.
160 S. nur BGHSt 11, 211 (212); *Beulke/Swoboda* Rn 201.
161 Ausf. HK-*Brauer* § 79 Rn 1 f.
162 Vgl. *Schlüchter* StPO, 200.
163 KMR-*Neubeck* Vor § 72 Rn 7; *Roxin/Schünemann* § 27/2; KK-*Senge* Vor § 72 Rn 1.

hat über das Ergebnis des Sachverständigengutachtens nach eigener Überzeugung zu befinden. Deshalb wird das Gutachten im Rahmen der freien richterlichen Beweiswürdigung gem. § 261 ausgewertet.[164] Es muss sich auch aus den Urteilsgründen ergeben, dass das Gericht entsprechende Überlegungen angestellt und nicht die Ergebnisse des Gutachtens „blind" übernommen hat.[165]

IV. Der Urkundenbeweis

▶ **Fall 10:** In der Beweisaufnahme soll ein anonymer Drohbrief in die Hauptverhandlung eingeführt werden. ◀

1. Begriff der Urkunde und des Urkundenbeweises

96 Die **Urkunde** im beweisrechtlichen Sinne ist jeder **schriftlich fixierte**, aus sich heraus verständliche **Gedankeninhalt**, der geeignet ist, Beweis über Tatsachen zu erbringen und dessen Inhalt sich allein durch **Lesen** erschließen lässt.[166]

97 Der **Urkundenbeweis** ist das Erfassen des gedanklichen Inhalts eines solchen Schriftstücks durch Verlesen (§ 249 Abs. 1). Soweit es nur um die äußere Beschaffenheit der Urkunde geht, ist sie Augenscheinsobjekt.[167]

98 Mit dem Urkundenbegriff der Urkundenfälschung (§ 267 StGB) besteht kein Zusammenhang.[168] Der beweisrechtliche Urkundenbegriff hebt ausschließlich auf die Verlesbarkeit ab. Daher ist der Drohbrief in **Fall 10** bereits aufgrund der Möglichkeit, verlesen zu werden, eine Urkunde im beweisrechtlichen Sinne. Dass er als anonymer Brief mangels Erkennbarkeit eines Ausstellers keine Urkunde im Sinne des § 267 StGB ist,[169] spielt dabei keine Rolle.

2. Zulässigkeit

99 Der Urkundenbeweis ist zulässig, sofern er nicht ausnahmsweise ausdrücklich verboten ist.[170] Eine solche Ausnahme besteht, wenn es für die Beweistatsache neben der Urkunde auch einen Zeugen gibt. Dann kommt dem Zeugen nach § 250 der Vorrang vor dem Urkundenbeweis zu, mit der Folge, dass der Urkundenbeweis unzulässig ist (sog. **Unmittelbarkeitsprinzip**).

3. Beweisführung

100 Der Urkundenbeweis kann auf zweierlei Arten geführt werden:
- Der Regelfall ist die **Verlesung** der Urkunde (§ 249 Abs. 1).
- Der Urkundenbeweis kann unter den Voraussetzungen des § 249 Abs. 2 auch durch das sog. **Selbstleseverfahren** geführt werden.[171] Dabei müssen Richter und Schöffen

---

164 BGHSt 7, 238 (239); BGH NStZ 2007, 114.
165 BGHSt 12, 311 f.; *Ranft* Rn 556;
166 BGHSt 27, 135 (136); KK-*Diemer* § 249 Rn 8; *Eisenberg* Rn 2003; *Meyer-Goßner/Schmitt* § 249 Rn 3.
167 *Roxin/Schünemann* § 28/6; *Schlüchter* Rn 531.
168 *Beulke/Swoboda* Rn 203; KK-*Diemer* § 249 Rn 9; *Eisenberg* Rn 2001.
169 *Fischer* § 267 StGB Rn 11; NK-*Puppe/K.Schumann* § 267 Rn 77; *Kindhäuser* BT I § 55/15.
170 BGHSt 20, 160 (162); BGH NStZ 1994, 184 (185); umf. KK-*Diemer* § 249 Rn 5 ff.
171 Vgl. BGH NStZ 2005, 160.

die Urkunde selbst tatsächlich zur Kenntnis nehmen, während die anderen Verfahrensbeteiligten hierzu jedenfalls Gelegenheit dazu erhalten müssen.[172]
Eine solche Beweisführung steht mit dem Mündlichkeitsprinzip in Konflikt und sollte daher nur ausnahmsweise erfolgen, etwa aus Gründen der Beschleunigung.[173]

V. Der Augenscheinsbeweis

▶ **FALL 11:** In einer Strafsache wegen Urkundenfälschung muss geklärt werden, ob aus dem fraglichen Schriftstück nachträglich einige Passagen ausradiert wurden. ◀

1. Begriff des Augenscheins

Augenschein ist jede sinnliche Wahrnehmung durch Sehen, Hören, Riechen, Schmecken und Fühlen, soweit sie nicht einem anderen Beweismittel zuzuordnen ist.[174] Beispiel für ein Augenscheinsobjekt ist etwa das Tatwerkzeug.

101

2. Abgrenzung zur Urkunde

Bei der Urkunde sind die Schriftzeichen zwar sichtbar und daher sinnlich feststellbar, der Gegenstand des Urkundenbeweises ist aber der durch Schriftzeichen verschlüsselte Gedankeninhalt, der als solcher nicht sinnlich wahrnehmbar, sondern nur intellektuell verstehbar ist.[175] Dementsprechend wird ein Schriftstück als Augenscheinsobjekt verwertet, soweit es um dessen sinnlich wahrnehmbare äußere Beschaffenheit geht, beispielsweise in **Fall 11**, wo das Papier auf sichtbare Radierungen hin überprüft werden muss. Geht es aber darum, den gedanklichen Inhalt des Schriftstücks in den Prozess einzuführen, so muss es grundsätzlich[176] beweisrechtlich als Urkunde behandelt werden. Das wäre in **Fall 11** insoweit angezeigt, als neben den Radierspuren auch überprüft werden muss, ob aus dem Inhalt deutlich wird, dass bestimmte Passagen entfernt wurden.
Die neuere (bedenkliche) Rspr.[177] weicht von diesem Grundsatz allerdings dann ab, wenn sich der Inhalt einer Urkunde bereits aus einem flüchtigen Betrachten erschließt; dann soll dieser auch durch Augenscheinnahme in den Prozess eingeführt werden können.

102

3. Beweisführung

Beim richterlichen Augenschein ist zu unterscheiden, ob der Augenschein innerhalb oder außerhalb der Hauptverhandlung eingenommen wird.

103

a) **Innerhalb der Hauptverhandlung:** Der innerhalb der Hauptverhandlung eingenommene richterliche Augenschein ist Bestandteil der Beweisaufnahme und damit unmittelbar verwertbar.

104

b) **Außerhalb der Hauptverhandlung:** Der nach §§ 86 oder 225 außerhalb der Hauptverhandlung eingenommene richterliche Augenschein wird zum Gegenstand der Be-

105

---

172 BeckOK-*Ganter* § 249 Rn 24.
173 Zu den Zulässigkeitsgrenzen des Selbstleseverfahrens: *Knierim/Rettenmaier* StV 2006, 155 ff.
174 BGHSt 18, 51 (53); *Eisenberg* Rn 2220; BeckOK-*Goers* § 86 Rn 1.
175 *Schlüchter* Rn 531.
176 Vgl. BGH NStZ 1999, 424.
177 BGH NStZ 2014, 606 (m. krit. Anm. *Mosbacher* JuS 2014, 702; zust. MK-*Kreicker* § 249 Rn 6).

weisaufnahme gemacht, indem das Protokoll über die Augenscheinseinnahme in der Beweisaufnahme verlesen wird.[178]

106 c) **Der Augenscheinsgehilfe:** Der Augenschein wird regelmäßig durch den Richter eingenommen. Es sind aber Fälle denkbar, in denen es dem Gericht rechtlich[179] oder tatsächlich unmöglich ist, den Augenschein einzunehmen. Exemplarisch ist ein Augenscheinsobjekt in Gestalt eines versunkenen Gegenstands. Dann besteht für das Gericht die Möglichkeit, einen sog. Augenscheinsgehilfen zu beauftragen, sofern diesem die Hindernisse nicht entgegenstehen. Er ist eine nicht sachverständige Person, die aber analog den Vorschriften über den Sachverständigenbeweis beauftragt wird,[180] den Augenschein einnimmt und darüber in der Hauptverhandlung als Zeuge berichtet.[181] Hinsichtlich des versunkenen Gegenstands wäre tauglicher Augenscheinsgehilfe ein Taucher.

VI. Grundsätze der Beweiserhebung

107 Neben den allgemeinen Verfahrensprinzipien sind bei der Erhebung von Beweisen insbesondere die Grundsätze der Unmittelbarkeit, Mündlichkeit, Öffentlichkeit und des rechtlichen Gehörs von Bedeutung.

1. Unmittelbarkeit

108 Der Unmittelbarkeitsgrundsatz[182] umfasst die **formelle** und die **materielle** Unmittelbarkeit.

109 a) **Formelle Unmittelbarkeit:** Das Prinzip der formellen Unmittelbarkeit erfordert, dass das erkennende Gericht die Beweisaufnahme unmittelbar selbst wahrnimmt.[183] Nur dann ist sichergestellt, dass das Gericht über das Ergebnis der Beweisaufnahme gem. § 261 nach seiner freien, aus dem Inbegriff der Verhandlung geschöpften Überzeugung entscheiden kann. Dazu zählt auch, dass Schöffen die Gerichtssprache Deutsch (§ 184 GVG) ausreichend beherrschen und keines Dolmetschers bedürfen.[184] Die **kommissarische Beweisaufnahme** nach §§ 223–225 bildet eine **Ausnahme** vom Grundsatz formeller Unmittelbarkeit.[185]

110 b) **Materielle Unmittelbarkeit:** Nach dem Prinzip der materiellen Unmittelbarkeit darf ein verfügbares Beweismittel nicht durch sog. **Beweissurrogate** ersetzt werden.[186] Beweissurrogate sind Beweismittel, deren Beweisgegenstand lediglich das Beweisergebnis eines anderen Beweismittels ist (vgl. **Fall 4**). Die materielle Unmittelbarkeit ergibt sich für das Verhältnis vom Personal- zum Urkundenbeweis aus § 250, ansonsten aus der Pflicht zur optimalen Sachaufklärung nach § 244 Abs. 2.

---

178 Dazu und zu anderen Augenscheinsprotokollen BeckOK-*Ganter* § 249 Rn 19 ff.
179 Beispiel: § 81d.
180 LR-*Krause* § 86 Rn 7; *Meyer-Goßner/Schmitt* § 86 Rn 4; aA *Eisenberg* Rn 2273 ff.
181 RGSt 47, 100 (106); OLG Frankfurt/M. VRS 58, 368 (369 f.); LR-*Krause* § 86 Rn 7; KK-*Senge* § 86 Rn 3.
182 Näher zu diesem Grundsatz *Weigend* Eisenberg-FS 657 ff.
183 *Gubitz/Bock* JuS 2007, 130; *Krey* I Rn 471; *Lesch* 2/111, 112; *Roxin/Schünemann* § 46/3; vgl. auch § 226 Abs. 1.
184 BGH StV 2011, 526; s.a. § 33 Nr 5 GVG.
185 *Roxin/Schünemann* § 46/3.
186 Vgl. z.B. OLG Düsseldorf NStZ-RR 2008, 180; *Beulke/Swoboda* Rn 410; *Gubitz/Bock* JuS 2007, 130; *Krey* I Rn 471; *Lesch* 2/111, 112; *Roxin/Schünemann* § 46/4.

aa) Protokollverlesungen: Die Grundsatznorm für Protokollverlesungen ist § 250 S. 2. Demnach darf eine **Vernehmung nicht ersetzt** werden, indem das Protokoll über eine frühere Vernehmung derselben Person verlesen wird.[187] Dem **Personalbeweis** kommt insoweit – also nur in Bezug auf denselben Beweisgegenstand – **Vorrang** vor dem Sachbeweis zu. Dieser Grundsatz wird von §§ 251, 253 ff. durchbrochen.

Den Protokollen sind **Videoaufzeichnungen** von Vernehmungen gleichgestellt (§ 255a).

Durch auszugsweise Verlesung eines früheren Vernehmungsprotokolls kann dem Angeklagten oder einer Beweisperson ein sog. **Vorhalt** gemacht werden.[188] Dabei ist zu beachten, dass alleiniges Beweismittel die Aussage der jeweiligen Person bleibt. Nur ihre Aussage, insbesondere die Reaktion auf den Vorhalt, darf als Beweisergebnis verwertet werden, nicht aber der für den Vorhalt verlesene Teil des Protokolls.[189]

bb) Der Zeuge vom Hörensagen: Der Zeuge vom Hörensagen weiß von dem Tatgeschehen nur „vom Hörensagen" zu berichten, also aus den Erzählungen anderer (vgl. **Fall 4**).[190] Ein solcher Zeuge vom Hörensagen ist demnach insbesondere die Vernehmungsperson.[191]

Da der Zeuge vom Hörensagen nur das Hörensagen als solches unmittelbar selbst wahrgenommen hat, nicht aber das dem Hörensagen zugrunde liegende Geschehen, stellt sich die Frage, ob eine solche Zeugenvernehmung mit dem Unmittelbarkeitsgrundsatz vereinbar ist:

- Eine **Ansicht**[192] entnimmt § 250 S. 1 ein generelles Verbot, Zeugen zu vernehmen, die nur über die Wahrnehmungen anderer aussagen können. Daher betrachtet sie die Vernehmung eines Zeugen vom Hörensagen für unzulässig. In **Fall 4** wäre es nach dieser Ansicht nicht möglich, den B als Zeugen zu vernehmen.

- Die **ganz hM**[193] liest § 250 S. 1 in Zusammenhang mit § 250 S. 2, wonach § 250 nur das Verhältnis von Zeugen- zu Urkundenbeweis regelt, aber darüber hinaus keine Aussagen trifft, so dass der Zeuge vom Hörensagen als zulässige Beweisperson angesehen wird. Ist der „unmittelbare" Zeuge aber nicht verfügbar, so wäre es ein Widerspruch zur Aufklärungspflicht, die auch das Berücksichtigen von Indizien umfasst, den Zeugen vom Hörensagen nicht zu vernehmen. Beweisgegenstand sind dann aber nicht die Tatsachen, die der „unmittelbare" Zeuge wahrgenommen hat. Diese hat der Zeuge vom Hörensagen nicht selbst wahrgenommen, so dass seine Vernehmung darüber unzulässig wäre. Vielmehr ist das Hörensagen als solches Beweisgegenstand und seinerseits Indiz für die von dem „unmittelbaren" Zeugen wahrgenommenen Tatsachen.[194] Bezüglich des Hörensagens ist dieser Zeuge also sogar selbst „unmittelbar".[195] Da aber ein Hörensagen als solches niemals von zweifelsfreiem Wert ist, ist auch der Zeuge vom Hörensagen in seinem Beweiswert

---

187 Zur Zulässigkeit vernehmungs*ergänzender* Verlesungen von Protokollen und Schriftstücken vgl. *Mosbacher* NStZ 2013, 1 ff.
188 BGHSt 14, 310 (312); 34, 231 (235).
189 BGHSt 3, 281 (283); BGH NStZ 2010, 406 (407) m. Bspr. *Mosbacher* JuS 2010, 689 (691 f.); krit. *Beulke/Swoboda* Rn 421.
190 *Beulke/Swoboda* Rn 422; *Eisenberg* Rn 1027.
191 *Beulke/Swoboda* Rn 422; *Eisenberg* Rn 1028.
192 *Peters* 317; vgl. auch *Seebode* JZ 1980, 506 (515); diff. *Grünwald* 119 f.
193 BVerfGE 57, 250 (277 f.); BVerfG StV 1997, 1; RGSt 5, 142 (144); BGHSt 36, 159 (162) BGH NJW 2000, 1661; *Beulke/Swoboda* Rn 422; KK-*Diemer* § 250 Rn 10; BeckOK-*Ganter* § 250 Rn 9; *Kindhäuser* Voraufl. Rn 121; *Meyer-Goßner/Schmitt* § 250 Rn 3 f.; R/H-*Pauly* § 250 Rn 22 ff.; KK-*Senge* Vor § 48 Rn 77.
194 *Eisenberg* Rn 1027.
195 BGHSt 17, 382 (383); *Eisenberg* Rn 1030; KK-*Senge* Vor § 48 Rn 77.

gering und bedarf gründlicher Beweiswürdigung.¹⁹⁶ Unter Beachtung dieses geringen Beweiswerts wäre es in **Fall 4** zulässig, den B als Zeugen zu vernehmen.

118 cc) **Geheime Ermittlungsgehilfen:** (1) Zu unterscheiden ist zwischen Informanten, Vertrauensleuten („V-Leuten"), verdeckten Ermittlern („VE") und nichtöffentlich ermittelnden Polizeibeamten („NOEP").

119 ▪ **Informanten** sind Personen, die im Einzelfall bereit sind, gegen Zusicherung der Vertraulichkeit den Strafverfolgungsbehörden Informationen mitzuteilen.¹⁹⁷

120 ▪ **V-Leute** sind Personen, die ohne einer Strafverfolgungsbehörde anzugehören, bereit sind, diese bei der Aufklärung von Straftaten auf längere Zeit vertraulich zu unterstützen, und deren Identität grundsätzlich geheim gehalten wird.¹⁹⁸ Sie sind in der Regel Personen aus dem jeweiligen „Milieu".

121 ▪ **Verdeckte Ermittler** sind Beamtinnen und Beamte des Polizeidienstes, die unter einer ihnen verliehenen, auf Dauer angelegten, veränderten Identität (Legende) ermitteln (§ 110a Abs. 2 S. 1).¹⁹⁹ Sie werden in die betreffende Szene eingeschleust.

122 ▪ **Nichtöffentlich ermittelnde Polizeibeamte** sind solche, die kurzfristig verdeckt ermitteln.²⁰⁰ Beispielhaft sind Scheinaufkäufer von Betäubungsmitteln.

123 (2) Problematisch sind diese Ermittlungsgehilfen im Strafprozess, weil sie einerseits als Beweispersonen herangezogen werden sollen, andererseits aber eine Geheimhaltung erforderlich ist, um sie weiter in dem jeweiligen Milieu einsetzen zu können und vor Racheakten zu schützen.

124 Für V-Leute, VE und NOEP gibt es die Möglichkeit, dass sie durch den zuständigen Innenminister für das Strafverfahren **gesperrt** werden. Aufgrund der Sperrung hält die Behörde Aufenthaltsort und Identität des Beamten bzw. der Vertrauensleute geheim. Die nach § 54 Abs. 1 für eine Vernehmung notwendige Aussagegenehmigung besteht im Falle der Sperrung nicht. Die Sperrung ist die wirksamste Form des Schutzes, beeinträchtigt die gerichtliche Aufklärung aber auch am stärksten. Sie darf nur in **Ausnahmefällen** erfolgen, wenn anderenfalls eine Gefahr für Leib, Leben oder Freiheit des Beamten oder einer anderen Person bestehen würde oder die weitere Verwendung des Beamten in seiner Funktion als VE nicht mehr möglich wäre.²⁰¹ Auch angesichts der Weiterentwicklung des Strafprozessrechtes und der Kommunikationstechnik wird eine Sperrerklärung daher als unwirksam erachtet, soweit sie sich auf eine gerichtlich für erforderlich gehaltene Zeugenvernehmung bezieht und durch eine audiovisuelle Vernehmung der Person unter Nutzung strafprozessualer Möglichkeiten des Zeugenschutzes eine Enttarnung verhindert werden kann.²⁰²

125 (3) Die Geheimhaltungsinteressen können unterschiedlich schwer wiegen. Sofern sie nicht derart stark sind, dass eine Sperrung erfolgt, sind mehrere Stufen der Geheimhaltung denkbar und anerkannt (sog. „**Stufentheorie**").²⁰³ Die einzelnen Stufen sollen einen verhältnismäßigen Ausgleich zwischen den Geheimhaltungsinteressen und dem Strafverfolgungsinteresse schaffen.

---

196 BVerfG NStZ 1995, 600; BGHSt 36, 159 (166); 49, 112 (119); *Miebach* NStZ-RR 2014, 233 (236).
197 RiStBV Anl. D Teil I Nr 2.1.
198 RiStBV Anl. D Teil I Nr 2.2.
199 *Beulke/Swoboda* Rn 423; vgl. auch § 8 Rn 117 ff.
200 *Beulke/Swoboda* Rn 423.
201 BGHSt 35, 82 (85); BGH NStZ 2005, 43.
202 Hessischer VGH NJW 2014, 240; StV 2013, 684 m. Anm. *Mahler* in HRRS 2013, 334.
203 Dazu BGHSt 33, 83 ff.; 34, 15 ff.; 36, 159 ff.; *Detter* StV 2006, 544 (545 f.).

§ 21 Beweiserhebung

- Auf der **ersten Stufe**[204] der Geheimhaltung wird der Ermittlungsgehilfe vor dem erkennenden Gericht vernommen. Dabei wird aber von Schutzmöglichkeiten im erforderlichen Umfang Gebrauch gemacht, etwa dem Verschweigen des Wohnortes und der Identität nach § 68 Abs. 2-5 oder dem Ausschluss der Öffentlichkeit nach § 172 GVG. **126**

- Die **zweite Stufe**[205] sperrt den Ermittlungsgehilfen für eine Vernehmung vor dem erkennenden Gericht. Stattdessen kann er kommissarisch vernommen werden, weil die Sperrung als nicht zu beseitigendes Hindernis im Sinne von § 223 Abs. 1 anzusehen ist. **127**

- Auf der **dritten Stufe**[206] wird von einer gerichtlichen Vernehmung des Ermittlungsgehilfen abgesehen. Möglich bleiben nur die Verlesung früherer Vernehmungsprotokolle, das Abspielen von Videoaufnahmen früherer Vernehmungen und die Vernehmung der Verhörsperson als Zeugen vom Hörensagen. **128**

Die Behörde darf bei der Entscheidung für eine Geheimhaltung nur so weit gehen, wie sie unbedingt erforderlich ist und die gerichtliche Aufklärung dabei möglichst gering beeinträchtigt.[207] Sie muss ihre Entscheidung begründen, um die gerichtliche Überprüfbarkeit zu ermöglichen.[208] **129**

dd) Einsatz von Videotechnik bei Zeugen- und Sachverständigenvernehmungen: Im Zusammenhang mit Zeugen- und Sachverständigenvernehmungen kann Videotechnik auf dreierlei Weise genutzt werden:[209] **130**

- Aufzeichnung von Zeugenvernehmungen auf Video
- Simultane Videoübertragung einer Zeugen- oder Sachverständigenvernehmung außerhalb der Hauptverhandlung
- Simultane Videoübertragung einer Zeugen- oder Sachverständigenvernehmung in der Hauptverhandlung

(1) Die **Aufzeichnung von Zeugenvernehmungen** auf Videobänder ist zusätzlich zur Protokollierung immer möglich (§ 58a Abs. 1 S. 1). Die Videoaufzeichnungen können entsprechend den Vorschriften über die Protokollverlesung[210] in der Beweisaufnahme vorgeführt werden (§ 255a Abs. 1), aber auch in den in § 255a Abs. 2 bezeichneten Fällen. **131**

(2) Die **simultane Videoübertragung einer** polizeilichen, staatsanwaltlichen oder richterlichen **Zeugen- oder**, über § 72, **Sachverständigenvernehmung**, wobei sich der Zeuge oder Sachverständige an einem anderen Ort als der Vernehmende befindet und die Vernehmung zeitgleich in das Vernehmungszimmer übertragen wird, ist im **Ermittlungsverfahren** möglich (§ 58b). Ihre Anordnung steht im Ermessen des Vernehmungsbeamten, und da es sich nach wie vor um eine Zeugenvernehmung handelt, gelten für **132**

---

204 BGHSt 32, 115 (125); *Lesch* 2/169 ff.
205 BGHSt 32, 115 (126 f.); *Beulke/Swoboda* Rn 427; *Lesch* 2/172 ff.
206 BGHSt 33, 83 (86 ff.); 36, 159 (160 ff.); *Lesch* 2/177 ff.
207 BVerfGE 57, 250 (285).
208 BVerfGE 57, 250 (288); BGHSt 32, 115 (125); BGH NStZ 2005, 43 (44).
209 Näher: *Beulke* ZStW 113 (2001), 709; ausf. jew. *Rieck*, „Substitut oder Komplement?", 2003; *Swoboda*, Videotechnik im Strafverfahren, 2002.
210 §§ 251, 252, 253, 255.

die audiovisuelle Zeugenvernehmung alle Regelungen, die auch sonst auf eine außerhalb der Hauptverhandlung stattfindende Zeugenvernehmung Anwendung finden.[211]

133 (3) Ebenso ist die **simultane Videoübertragung einer Zeugen- oder Sachverständigenvernehmung** in der **Hauptverhandlung** möglich (§ 247a Abs. 1 und 2). Dabei findet die Zeugenvernehmung an einem anderen Ort statt und wird zeitgleich in das Sitzungszimmer übertragen. Das ist in erster Linie dann zulässig, wenn die dringende Gefahr eines schwerwiegenden Nachteils für das Wohl des Zeugen besteht, wenn er in Gegenwart der in der Hauptverhandlung Anwesenden vernommen wird, aber auch unter den Voraussetzungen des § 251 Abs. 2, wenn es zur Erforschung der Wahrheit erforderlich ist.
Die Vernehmung eines Sachverständigen in gleicher Art kommt dann in Betracht, wenn kein Fall des § 246a vorliegt (§ 247a Abs. 2 S. 2 i.V.m. § 246a), also dann, wenn eine mögliche Unterbringung nach §§ 63, 64, 66 StGB zu beurteilen ist, und es sich um ein leicht abgrenzbares, isoliertes Beweisthema handelt, für dessen Beurteilung der Sachverständige keine in der Hauptverhandlung erst oder zusätzlich festzustellenden Anknüpfungstatsachen benötigt.[212]

2. Öffentlichkeit und Mündlichkeit

134 Da die Hauptverhandlung öffentlich ist, muss auch die Beweisaufnahme als Teil der Hauptverhandlung öffentlich erfolgen. Die Öffentlichkeit bedingt zugleich die Mündlichkeit der Beweisaufnahme.

3. Rechtliches Gehör

135 Der Grundsatz rechtlichen Gehörs aus Art. 103 Abs. 1 GG findet im Beweisrecht eine spezielle Ausprägung in **§ 257**, wonach im Anschluss an die Vernehmung eines jeden Mitangeklagten und nach jeder einzelnen Beweiserhebung jeder Angeklagte befragt werden soll, ob er dazu etwas zu erklären habe (Abs. 1).[213]
Auf Verlangen ist auch dem Staatsanwalt und dem Verteidiger nach jeder Angeklagtenvernehmung und jeder einzelnen Beweiserhebung Gelegenheit zu geben, sich dazu zu erklären (Abs. 2), wobei die Erklärungen den Schlussvortrag (§ 258) nicht vorwegnehmen dürfen (Abs. 3).[214]

VII. Beweiserhebungsverbote

136 Unter den zahlreichen Vorschriften, die die Beweisaufnahme regeln, finden sich einige Bestimmungen, die es verbieten, bestimmte Beweise oder Beweise in bestimmter Art und Weise zu erheben. Man nennt sie Beweiserhebungsverbote.

---

211 Insoweit sind bspw. Anwesenheits- und Benachrichtigungspflichten zu beachten (§§ 168c und 224), sowie die Möglichkeit sich eines Zeugenbeistandes zu bedienen (§§ 68b, 163 Abs. 3 S. 1-3). Auch hier besteht die Verpflichtung des Zeugen, bei richterlichen oder staatsanwaltlichen Ladungen zur audiovisuellen Vernehmung, dieser Folge zu leisten (vgl. §§ 58b, 48 Abs. 1 S. 1; §§ 161a Abs. 1 S. 1, 2 i.V.m. § 58b).
212 So BT-Drucks 17/12418 S. 20.
213 *Meyer-Goßner/Schmitt* § 257 Rn 1.
214 Krit. zu dieser Regelung mit guten Gründen *Müller* Fezer-FS 153 ff.

§ 21 Beweiserhebung

Man unterscheidet die folgenden Beweiserhebungsverbote:

1. Beweisthemaverbote

Das Beweisthemaverbot **untersagt, über bestimmte Tatsachen Beweis zu erheben.**[215] Ein verbotenes Beweisthema ist beispielsweise die richterliche Beratung, die durch das Beratungsgeheimnis von einer Beweiserhebung ausgenommen ist (§§ 43, 45 DRiG). Auch Vorstrafen, die aus dem Bundeszentralregister getilgt wurden, sind ein unzulässiges Beweisthema (§ 51 Abs. 1 BZRG).

137

2. Beweismittelverbote

Das Beweismittelverbot verwehrt, **sich eines bestimmten Beweismittels zu bedienen.**[216] So ist der Zeuge, der ein Zeugnisverweigerungsrecht geltend macht, als Beweismittel ausgeschlossen (§§ 52 ff.).

138

3. Beweismethodenverbote

Das Beweismethodenverbot schließt **bestimmte Vorgehensweisen zur Beweiserhebung** aus.[217] Ein besonders bedeutsames Exempel ist § 136a (Verbot von Zwangsausübung bei Vernehmungen).

139

4. Relative Beweiserhebungsverbote

Relative Beweiserhebungsverbote schränken die Beweiserhebung ein, indem **nur bestimmte Personen befugt** sind, die Beweiserhebung anzuordnen oder durchzuführen.[218] Ein Beispiel hierfür ist § 81a (Körperliche Eingriffe nur durch den Arzt).

140

Die Unterscheidung der verschiedenen Beweiserhebungsverbote dient nur der Systematisierung, hat aber keine prozessuale Bedeutung.[219]

141

Wurde gegen ein Beweiserhebungsverbot verstoßen, stellt sich im Anschluss die i.d.R. höchst strittige Frage, ob das illegal gewonnene Beweisergebnis dennoch zur Urteilsfindung verwertet werden darf.[220]

142

WIEDERHOLUNGS- UND VERTIEFUNGSFRAGEN

> Welche beiden Beweisverfahren unterscheidet man? (Rn 3 ff.)
> Was versteht man unter dem numerus clausus der Beweismittel? (Rn 1)
> Ist auch der Beschuldigte ein Beweismittel? (Rn 2)
> Wer ist Mitbeschuldigter? (Rn 17 ff.)
> Worin unterscheiden sich Zeugnis- und Auskunftsverweigerungsrechte? (Rn 37)
> Welche Reichweite hat das Verbot des § 252? (Rn 51 f.)
> Wie grenzt man Sachverständige und sachverständige Zeugen voneinander ab? (Rn 81)
> Wie grenzt man Urkunden- und Augenscheinsbeweis voneinander ab? (Rn 102)

---

215 *Eisenberg* Rn 338; KK-*Fischer* Einl. Rn 386.
216 *Beulke/Swoboda* Rn 455; KK-*Fischer* Einl. Rn 386; *Lesch* 3/150; *Volk/Engländer* § 28/2.
217 *Eisenberg* Rn 347; KK-*Fischer* Einl. Rn 386; *Lesch* 3/151; *Roxin/Schünemann* § 24/15; *Volk/Engländer* § 28/3.
218 *Eisenberg* Rn 355; *Roxin/Schünemann* § 24/15.
219 *Finger* JA 2006, 529 (530); LR-*Gössel* Einl. L Rn 142; *Volk/Engländer* § 28/3.
220 Hierzu § 23 Rn 3 ff., 29 f.

§ 21 3. Abschnitt: Gerichtliches Verfahren

> Welche Grundsätze beherrschen die Beweisaufnahme? (Rn 107 ff.)
> Ist der Zeuge vom Hörensagen ein zulässiges Beweismittel? (Rn 114 ff.)
> Welche Beweiserhebungsverbote unterscheidet man? (Rn 136 ff.)

§ 22 Beweisanträge

Das Recht, Beweisanträge zu stellen, eröffnet den Verfahrensbeteiligten die Möglichkeit, Einfluss auf die Beweisaufnahme zu nehmen und die dominierende Rolle des Gerichts zu kontrollieren und auszubalancieren.[1] In der StPO findet es in seiner „negativen" Perspektive, nämlich über Regelungen der Unzulässigkeit bzw. der Möglichkeit der Ablehnung von Beweisanträgen seinen Niederschlag.

I. Beweisantragsrecht und gerichtliche Aufklärungspflicht

1. Unterschiedliche Anforderungen

Je nachdem, ob das Gericht im Rahmen der Sachaufklärungspflicht nach § 244 Abs. 2 oder auf einen Beweisantrag hin tätig wird, sind nach hM an den Umfang der gerichtlichen Aufklärungsbemühungen unterschiedliche Anforderungen zu stellen.

Die Regelungen des § 244 Abs. 2 einerseits und der Abs. 3 und 4 andererseits stimmen lediglich in ihrem Kernbereich überein.[2] Die gerichtliche Aufklärungspflicht geht dabei nicht so weit wie die Pflicht, Beweise auf Antrag zu erheben. Das Beweisantragsrecht ist gerade dazu bestimmt, das Gericht zu veranlassen, über das von ihm zur Klärung des Sachverhalts für erforderlich Gehaltene hinauszugehen. Das Gericht muss etwa im Rahmen des § 244 Abs. 2 nicht alle möglichen in Betracht kommenden Beweismittel schon immer dann beiziehen, wenn keiner der Ablehnungsgründe der Abs. 3 und 4 eingreift. Und auch das Verbot der Beweisantizipation gilt hier nicht in gleichem Maße. Wenn der Sachverhalt so eindeutig geklärt ist, dass bei verständiger Würdigung der Sachlage die weitere Beweiserhebung an der Überzeugung des Gerichts nichts mehr ändern kann, ist das Gericht daher befugt, unter Berufung auf eine schon gewonnene Überzeugung auf die Erhebung weiterer Beweise zu verzichten.[3]

2. Bedeutung des Beweisantragsrechts

Beweisantragsrecht und Aufklärungspflicht sind zwar nicht identisch, doch stehen sie auch nicht beziehungslos nebeneinander. So lässt sich sagen, dass Beweisanträge die Aufklärungspflicht „aktualisieren", wenn auch das Aufklärungsgebot die Beweiserhebung verlangt.[4] Andererseits zwingt bei Vorliegen einer der Ablehnungsgründe der Abs. 3, 4 in der Regel auch die Aufklärungspflicht nicht zur Beweiserhebung bzw. kann das Gericht auch im Rahmen des § 244 Abs. 2 unter den Voraussetzungen, unter denen ein Beweisantrag abgelehnt werden kann, auf weitere Beweiserhebungen verzichten.[5] Insoweit wird die Aufklärungspflicht durch § 244 Abs. 3, 4 **begrenzt** und geben die § 244 Abs. 3–5 Anhaltspunkte für die **Konkretisierung** der Generalklausel des § 244 Abs. 2.[6] Ausnahmsweise kann die Aufklärungspflicht aber auch eine weiterge-

---

1 *Hamm/Hassemer/Pauly* Beweisantragsrecht, 2. Aufl. 2007, Rn 1 ff.; HK-*Julius* § 244 Rn 2; zu Funktion und Legitimation des Beweisantragsrechts vgl. auch *Deckers*, Der strafprozessuale Beweisantrag, 2002, 7 f.; *Frister* ZStW 105 (1993), 340 (362); *Huber* JuS 2017, 634; *Perron* ZStW 108 (1996), 128 (131 ff.); *Schulz* StV 1991, 354 (358); *Werle* JZ 1991, 789 (792).
2 BGHSt 21, 118 (124); BGH NJW 1997, 2762 (2763); *Julius* NStZ 1986, 61 (63); zur Geschichte des Beweisantragsrechts *Köhler*, Inquisitionsprinzip und autonome Beweisvorführung, 1979, 14 ff.
3 Vgl. BGHSt 36, 159 (164 f.); *Herdegen* NStZ 1984, 97 (98); *Liemersdorf* StV 1987, 175 (176); *Schlüchter* JR 1984, 517 (521); diff. *Grünwald* 106 f.
4 KK-*Krehl* § 244 Rn 35; *Roxin/Schünemann* § 45/4.
5 BGH NStZ 1991, 399 f; BeckOK-*Bachler* § 244 Rn 11.
6 BGH NStZ 1991, 399 (400); *Engels* GA 1981, 21 (22).

hende Sachverhaltserforschung gebieten.[7] So kann unter außergewöhnlichen Umständen und bei komplexen Sachverhalten die Aufklärungspflicht die Heranziehung eines weiteren Sachverständigen erfordern, obgleich weitere Anhörungen nach § 244 Abs. 4 S. 2 abgelehnt werden könnten.

5 Darüber hinaus liegt die Bedeutung der Beweisanträge im Verhältnis zur richterlichen Aufklärungspflicht nicht nur darin, dass sie dem Gericht die Kenntnis vom Vorhandensein eines Beweismittels und seiner möglichen Relevanz verschaffen. Dass das Gericht im Falle der Ablehnung der Beweiserhebungen zum Erlass eines Beschlusses (§ 244 Abs. 6) und seiner Begründung (§ 34) gezwungen wird, stellt zugleich die **Nachprüfbarkeit** durch das Revisionsgericht sicher und hält damit die Revisionsrüge offen. Sind die Ablehnungsgründe falsch angewendet worden, so stellt dies stets einen Verfahrensfehler im Sinne des § 337 dar, der in den meisten Sachverhalten das Urteil zu Fall bringt.

Demgegenüber ist die sog. **Aufklärungsrüge** – d.h. die Rüge der Verletzung der Aufklärungspflicht gem. § 244 Abs. 2 – nicht nur schwieriger zu begründen, sondern auch nur selten erfolgreich. Oft wird sie daran scheitern, dass es dem Revisionsgericht wegen seiner begrenzten Erkenntnisgrundlagen nicht möglich ist festzustellen, ob das Gericht die Existenz eines Beweismittels und seine Relevanz hätte erkennen müssen.[8]

II. Begriffe

6 Da nur der **Beweisantrag** unter den strengeren Voraussetzungen der §§ 244 Abs. 3–5, 245 Abs. 2 S. 2, 3 abgelehnt werden kann, ist es erforderlich, ihn von anderen Anträgen und Anregungen, die die Beweisaufnahme betreffen, abzugrenzen. Zu nennen sind insbesondere:

- Beweisermittlungsanträge
- Beweisanregungen
- Beweiserbieten

Die größte praktische Bedeutung kommt der Abgrenzung des Beweisantrags zum **Beweisermittlungsantrag** zu. Letzterem ist daher als **Komplementär- und Abgrenzungsbegriff** besondere Beachtung zu schenken.

1. Beweisantrag

▶ **FALL 1:** Der Angeklagte A beantragt, seine Freundin F zum Beweis „seiner Unschuld" zu vernehmen. ◀

▶ **FALL 2:** Die wegen Betruges zum Nachteil der Bundesagentur für Arbeit angeklagte B verlangt die Auskunft einer nach Sitz und Namen genau bezeichneten „Firma" zum Beweis dafür, dass sie dort kein Einkommen erzielt. ◀

7 a) **Definition:** Ein Beweisantrag im Sinne von § 244 ist das von einem Prozessbeteiligten vorgebrachte **ernsthafte Verlangen**, dass Beweis über eine **bestimmt bezeichnete**

---

7 BGHSt 23, 176 (187 f.); BGH NJW 1978, 113 (114); KK-*Krehl* § 244 Rn 32 ff.
8 Vgl. KK-*Krehl* § 244 Rn 215 („Die Aufklärungsrüge wird häufig erhoben, hat aber selten Erfolg."); BeckOK-*Bachler* § 244 Rn 119.

Tatsache durch den Gebrauch eines **bestimmt bezeichneten** und zulässigen **Beweismittels** erhoben werde.[9]

b) **Beweistatsache:** Der Beweisantrag muss sich auf eine **bestimmte** Beweistatsache beziehen.[10] Diese muss wenigstens in ihren allgemeinen Umrissen erkennbar sein[11] und die Grundlage der Schuld- und Rechtsfolgenfrage betreffen. Denn für die Feststellung nur prozessual erheblicher Tatsachen gilt das Strengbeweisrecht der Abs. 3 bis 6 nicht.[12]

Die Beweistatsache muss **in dem Beweisantrag enthalten** sein. Die Angabe des Beweiszieles genügt nicht.[13] Jedoch kann sich die Beweistatsache aus den Umständen, unter denen der Antrag gestellt ist, ergeben.[14] Der konkrete Tatsachenkern muss zumindest in seinen Umrissen hinreichend deutlich werden, sich mithin jedenfalls durch Auslegung ermitteln lassen.[15] Dabei können schlagwortartige Verkürzungen und einfache Rechtsbegriffe wie Kauf, Miete, Leihe zur Kennzeichnung eines unter Beweis gestellten Vorgangs ausreichen.

An einer hinreichend konkreten Beweisbehauptung fehlt es, wenn der Beweisantrag lediglich Wertungen enthält und allgemeine Themenkreise bezeichnet, zu denen Beweis erhoben werden soll.[16] Eine **bloße Wertung** liegt etwa vor, wenn ein Zeuge die „Unglaubwürdigkeit" eines anderen Zeugen beweisen soll.[17] Denn bei einem Zeugen ist Beweisgegenstand immer nur, was er von einem tatsächlichen Geschehen wahrgenommen hat.[18] Da in **Fall 1** keine zu beweisende Tatsache erkennbar ist, wurde hier auch kein Beweisantrag gestellt.

Die **Negation einer Tatsache** – wie in **Fall 2** – kann nur dann Gegenstand eines Beweisantrags sein, wenn aus den Umständen ersichtlich ist, dass der Zeuge gerade bekunden soll, dass bei einem von ihm wahrgenommenen Vorgang das fragliche Geschehen nicht stattfand.[19] Jedenfalls ist beim Bestreiten von Ereignissen darauf zu achten, dass auf Tatsachen abgestellt wird und nicht ausschließlich Wertungen vorgetragen werden.[20]

c) **Tatsachenbehauptung:** Der Antragsteller muss eine bestimmte Behauptung über eine Tatsache aufstellen. Dabei braucht er nicht von deren Wahrheit überzeugt zu sein. Der Antragsteller soll dem, was er nur annimmt, vermutet oder für möglich hält, nicht selbst nachgehen müssen. Es ist dem Antragsteller daher nicht verwehrt, eine Tatsache unter Beweis zu stellen, deren Vorliegen er **nur vermutet** oder für möglich hält, selbst wenn er lediglich eine geringe Hoffnung auf Erfolg hegt.[21] Allerdings darf es sich nicht um eine Tatsache handeln, die gleichsam „**ins Blaue hinein**" behauptet wird.[22]

---

9 RGSt 64, 432; BGHSt 6, 128 (129); KK-*Krehl* § 244 Rn 67.
10 BGHSt 37, 162 (164); LR-*Becker* § 244 Rn 96.
11 Vgl. BGH bei *Holtz* MDR 1976, 815; *Meyer-Goßner/Schmitt* § 244 Rn 20.
12 KK-*Krehl* § 244 Rn 8; vgl. auch BGHSt 6, 128.
13 Beispiele zu reinen Beweiszielbescheibungen aus der Rspr. bei BeckOK-*Bachler* § 244 Rn 17.1.
14 BGH StV 1982, 55 (56); OLG Köln StV 1995, 293 (294); LR-*Becker* § 244 Rn 96.
15 BGH NJW 1993, 2881; KK-*Krehl* § 244 Rn 71, 74; *Meyer-Goßner/Schmitt* § 244 Rn 20.
16 BGH NStZ 2003, 381 (382).
17 BGHSt 37, 162 (165); *Beulke/Swoboda* Rn 436.
18 BGHSt 39, 251 (253); LR-*Becker* § 244 Rn 99.
19 BGHSt 39, 251 (254); 43, 321 (329); BeckOK-*Bachler* § 244 Rn 18 f.; *Meyer-Goßner/Schmitt* § 244 Rn 20b.
20 BGHSt 39, 251 (254).
21 BGHSt 21, 118 (125); BGH NJW 1987, 2384 (2385); NStZ 2006, 405; 2013, 536 (537); OLG Köln NStZ 2008, 584; LR-*Becker* § 244 Rn 103; KK-*Krehl* § 244 Rn 72 f.
22 BGH StV 2018, 779; lesenswert BeckOK-*Bachler* § 244 Rn 20 ff.; *Meyer-Goßner/Schmitt* § 244 Rn 20a; abl. *Herdegen* Meyer-GS 187 (206).

Werden in einem Antrag für das gleiche Beweisziel mehrere **sich gegenseitig ausschließende Tatsachen** unter Beweis gestellt, so fehlt es an der Behauptung einer bestimmten Tatsache.[23]

13 Fehlt es an solchen Anhaltspunkten und werden Vermutungen lediglich in die Form einer bestimmten Tatsachenbehauptung gekleidet, handelt es sich um einen nach Maßgabe des § 244 Abs. 2 zu beurteilenden Beweisermittlungsantrag.[24] Teils werden Beweisbehauptungen, die aufs Geratewohl gemacht werden, lediglich als **Schein-Beweisanträge** angesehen, denen nachzugehen die Aufklärungspflicht nicht gebiete.[25]

14 d) **Bezeichnung:** Des Weiteren muss das Beweismittel so bezeichnet sein, dass das Gericht erkennen kann, welches individuelle, von anderen Beweismitteln unterscheidbare Beweismittel zur Hauptverhandlung zugezogen werden soll:[26]

- **Augenscheinsobjekte** sind so konkret zu benennen, dass sie auch auffindbar sind.
- **Urkunden** müssen ebenfalls individualisierbar sein.
- Ein bestimmter **Sachverständiger** braucht hingegen schon deshalb vom Antragsteller nicht benannt zu werden, weil dessen Auswahl dem Gericht obliegt.[27]
- Bei der Nennung von **Zeugen** stellt die Rspr. in den letzten Jahren recht strenge Anforderungen. Hat sie es früher grundsätzlich ausreichen lassen, wenn der Antragsteller den Zeugen dadurch individualisierte, dass er konkrete Tatsachen aufzeigte, auf welchem Weg das Gericht die Personalien und den Aufenthalt dieses Zeugen feststellen und ihn laden konnte,[28] zeigt sich mittlerweile gerade beim BGH die (bedenkliche) Tendenz, die Angabe der genauen ladungsfähigen Anschrift zu fordern.[29] Für ausreichend eindeutig dürfte aber weiterhin erachtet werden können, wenn etwa der zuständige Sachbearbeiter einer bestimmten Behörde oder eines bestimmten Unternehmens vernommen werden soll, da dieser durch einfache Nachfrage festgestellt werden kann.[30]

15 e) **Konnexität:** Es muss erkennbar sein, welcher Zusammenhang zwischen der Beweistatsache und dem Beweismittel bestehen soll.[31] Die Angabe des bloßen Beweiszieles reicht insoweit nicht aus. Lässt sich nach dem bisherigen Beweisergebnis, der Aktenlage und dem Antrag keinerlei Verknüpfung des Beweisthemas mit dem benannten Beweismittel erkennen, so dass jeder Anhalt dafür fehlt, dass das Beweismittel überhaupt etwas zur Klärung der Beweisbehauptung beitragen kann, liegt trotz bestimmter Tatsachenbehauptung und Benennung eines konkreten Beweismittels kein Beweisantrag vor.

16 f) **Auslegung:** Beweisanträge sind ggf. auszulegen. Es kommt stets auf ihren **erkennbaren Sinn und Zweck** an. Bei mehreren Interpretationsmöglichkeiten ist diejenige zu wählen, bei der der Antrag Erfolg hat.[32] In **Fall 2** ergibt die Auslegung, dass das Zeug-

---

23 BGH NStZ 1998, 209 (210); LR-*Becker* § 244 Rn 103.
24 BGH NStZ 2009, 226 (227); 2011, 169 (170) m. krit. Anm. *Habetha* StV 2011, 239; BeckOK-*Bachler* § 244 Rn 21.
25 Vgl. BGH NJW 1997, 2762 (2764); *Herdegen* StV 1990, 518 (519); krit. KK-*Krehl* § 244 Rn 72; vgl. auch BGH StV 2008, 9 (10).
26 BGH MDR 1960, 329; ausf. mwN MK-*Trüg/Habetha* § 244 Rn 114.
27 Vgl. auch BGHSt 6, 128 f.
28 BGHSt 40, 3 (6 f.); BGH NStZ 1995, 246; 2009, 649; LR-*Becker* § 244 Rn 105.
29 BGH NStZ 2009, 649; NStZ 2011, 231; s.a. MK-*Trüg/Habetha* § 244 Rn 114
30 Vgl. BGHSt 40, 3 (6 f.); OLG Köln NStZ-RR 2007, 150.
31 BGH NJW 1998, 1723 (1726); NStZ 2013, 476 (477); krit. KK-*Krehl* § 244 Rn 83 f.; *Krell* Jura 2012, 355 (357); ausf. zur Entwicklung und zum Diskussionsstand *Rose* NStZ 2014, 128 ff.
32 Vgl. etwa BGH NStZ 2015, 354; s. ferner SK-*Frister* § 244 Rn 59; KK-*Krehl* § 244 Rn 78.

nis einer mit der Lohnbuchhaltung betrauten Person des fraglichen Unternehmens angeboten wird.[33]

Mehr als sachgerechte Auslegung von Beweisanträgen wird vom Gericht in der Tat nicht zu verlangen sein, insb. besteht keine umfassende Pflicht zur Heilung von Beweisanträgen.[34]

2. Beweisermittlungsantrag

Beweisermittlungsanträge sind – unabhängig von der Bezeichnung als Bitte, Antrag oder Verlangen – echte Anträge, welche die Nachforschungen des Gerichts in eine bestimmte Richtung lenken sollen.[35] Oft dienen sie der Vorbereitung von Beweisanträgen, die der Antragsteller noch nicht stellen kann, weil er die Beweistatsache nicht kennt oder das Beweismittel nicht bestimmt bezeichnen kann.[36] Von einem Beweisermittlungsantrag kann insbesondere dann ausgegangen werden, wenn die Behauptungen des Antragstellers noch nicht so substantiiert sind, dass er sich – wie ein Beweisantrag – mit den in § 244 Abs. 3 genannten Gründen ablehnen ließe.[37]

17

Exemplarisch ist der Antrag auf Einholung eines Sachverständigengutachtens mit unbekanntem Ausgang oder auf Augenscheinseinnahmen, deren Ausgang ungewiss ist.[38] Um einen Beweisermittlungsantrag handelt es sich auch, wenn Zeugen nur unbestimmt bezeichnet werden. Ferner geht es um einen Beweisermittlungsantrag, wenn erst aus einer Vielzahl gleichartiger Beweismittel dasjenige ermittelt werden soll, das die Beweisbehauptung bestätigen kann; so bei der Benennung eines Kreises von Zeugen[39] oder einer Urkundensammlung.[40]

18

3. Beweisanregung

▶ **FALL 3:** Staatsanwältin S beantragt, den bereits gehörten Zeugen Z noch einmal zu derselben Beweisfrage zu vernehmen. ◀

Beweisanregungen im engeren Sinne betreffen nicht den Umfang, sondern nur die Art und Weise der Beweisaufnahme und zielen im Regelfall darauf ab, ein vorhandenes Beweismittel zusätzlich in besonderer Weise zu verwenden. Ein bereits vernommener Zeuge etwa soll – wie in **Fall 3** – noch einmal gehört werden, um die Aussage auf ihre Verlässlichkeit hin zu überprüfen oder um Ergänzungen zu erreichen.[41] Ferner gehören hierher Anträge auf Gegenüberstellungen, auf Vornahme von Versuchen und Experimenten sowie auf Unterbringung zur Beobachtung nach § 81.[42]

19

4. Beweiserbieten

Unter einem Beweiserbieten versteht man den Hinweis auf die Möglichkeit einer Beweiserhebung, die der Prozessbeteiligte dem Gericht für den Fall anheim stellt, dass die

20

---

33 Vgl. OLG Koblenz DAR 1974, 132 (133); KMR-*Paulus* § 244 Rn 387.
34 BeckOK-*Bachler* § 244 Rn 34; *Pfeiffer* § 244 Rn 19.
35 BGHSt 30, 131 (142); BGH StV 1983, 185; LR-*Becker* § 244 Rn 162; Alsberg-*Dallmeyer* Rn 198 ff.
36 BGH NStZ 2008, 52; *Meyer-Goßner/Schmitt* § 244 Rn 25.
37 BGHSt 37, 162 (165) m. Anm. *Gollwitzer* JR 1991, 472 und *Schulz* NStZ 1991, 449.
38 Vgl. BGH NStZ 1985, 205; OLG Koblenz VRS 49, 40 (41).
39 BGH bei *Pfeiffer/Miebach* NStZ 1983, 208 (210); *Bergmann* MDR 1976, 888 (889).
40 BGHSt 6, 128; 30, 131 (142).
41 LR-*Becker* § 244 Rn 168, 171 (Aufklärungsantrag); *Meyer-Goßner/Schmitt* § 244 Rn 26.
42 *Meyer-Goßner/Schmitt* § 244 Rn 26 mwN.

Aufklärungspflicht zu ihr zwingt.⁴³ Anders als bei Beweis- und Beweisermittlungsanträgen wird damit kein bestimmtes Verhalten des Gerichts verlangt. Allerdings ist stets durch Auslegung zu ermitteln, ob nicht in Wirklichkeit ein Beweisantrag oder ein Eventualbeweisantrag (s.u. Rn 26) gestellt werden sollte; hierfür spricht eine gewisse Wahrscheinlichkeit.⁴⁴

5. Prozessual bedingte Beweisanträge, Hilfs- und Eventualbeweisanträge

▶ **FALL 4:** Verteidiger V beantragt für den Fall, dass der Angeklagte C nicht schon aufgrund des bisherigen Ergebnisses der Beweisaufnahme freigesprochen wird, hilfsweise die Vernehmung des P als Zeugen zum Beweis der Tatsache, dass er den C zur Tatzeit in dessen Wohnung beim Kartenspielen mit den bereits vernommenen Zeugen X und Y antraf. ◀

21 a) **Allgemeines:** Ein Beweisantrag kann von einem **künftigen, ungewissen Umstand** abhängig gemacht werden, sofern es sich bei diesem Umstand um einen innerprozessualen Vorgang bzw. ein innerprozessuales Ereignis handelt.⁴⁵ Die Pflicht des Gerichts zur Prüfung und Bescheidung des Antrags hängt dann vom Eintritt dieser Bedingung ab. Bleibt sie aus, ist über den Beweisantrag nicht zu entscheiden.

22 Es werden drei Arten bedingter Beweisanträge unterschieden, wobei die Differenzierung allein der Kennzeichnung der verschiedenen Bedingungen dient; sachliche Unterschiede bestehen nicht:⁴⁶

- prozessual bedingte Beweisanträge
- Hilfsbeweisanträge
- Eventualbeweisanträge

23 b) **Prozessual bedingte Anträge:** Bedingung kann zunächst sein, dass eine bestimmte Prozesslage bzw. ein bestimmtes innerprozessuales Ereignis eintritt, etwa dass ein anderer Verfahrensbeteiligter bestimmte Anträge stellt oder nicht stellt oder ein Zeuge vereidigt wird. In einem solchen Fall spricht man von einem prozessual bedingten Antrag.⁴⁷

24 c) **Hilfsbeweisanträge:** Von einem Hilfsbeweisantrag spricht man, wenn ein Beweisbegehren **mit einem Hauptantrag verknüpft** wird, der den nach vorläufiger Beratung beabsichtigten Urteilstenor oder den Inhalt des Schuld- oder Rechtsfolgenausspruchs betrifft (etwa für den Fall, dass das Gericht auf Verurteilung statt Freispruch, auf Vollendung statt Versuch, auf Vorsatz statt Fahrlässigkeit, auf Freiheits- statt Geldstrafe erkennen will).⁴⁸ Exemplarisch hierfür ist der Antrag in **Fall 4**.

25 **Unzulässig** sind Hilfsbeweisanträge, die sich hinsichtlich der zu beweisenden Behauptung gegen den Schuldspruch richten, hinsichtlich der vom Antragsteller gewählten Bedingung aber nur für den Fall einer bestimmten Rechtsfolgeentscheidung als gestellt gelten sollen (z.B.: Die Beweistatsache betrifft die Voraussetzungen der angeklagten Bestechlichkeit, der Antrag auf ihren Beweis wird aber nur für den Fall gestellt, dass zu

---

43 *Hamm/Hassemer/Pauly* Rn 45; MK-*Trüg/Habetha* § 244 Rn 175.
44 LR-*Becker* § 244 Rn 169; *Meyer-Goßner/Schmitt* § 244 Rn 24.
45 LR-*Becker* § 244 Rn 150; KK-*Krehl* § 244 Rn 88; *Meyer-Goßner/Schmitt* § 244 Rn 22.
46 Vgl. *Kühne* Rn 768; *Ranft* Rn 1556.
47 KK-*Krehl* § 244 Rn 91; *Schlothauer* StV 1988, 542 (548).
48 MK-*Trüg/Habetha* § 244 Rn 164; *Schlothauer* StV 1988, 542 f.

einer Freiheitsstrafe ohne Bewährung verurteilt wird)[49].[50] Ein solches Beweisbegehren zielt letztlich darauf ab, dem Gericht eine unzulässige Absprache anzubieten, bei der die „Leistung" des Antragstellers im Verzicht auf einen Beweisantrag zur Schuldfrage, die vom Gericht dafür erwartete „Gegenleistung" im Verzicht auf die Anordnung der mit der Antragsbedingung bezeichneten Rechtsfolge besteht.[51]

d) **Eventualbeweisanträge:** Eventualbeweisanträge sind bedingte Beweisanträge, die im **Schlussvortrag** als Hilfsantrag gestellt werden.[52] Das Beweisbegehren wird mit einem aus Sicht des Antragstellers relevanten Begründungselement des Sachurteils verknüpft, indem es etwa für den Fall geltend gemacht wird, dass ein bestimmtes Tatmotiv angenommen, volle oder verminderte Schuldfähigkeit des Angeklagten bejaht, ein minder schwerer Fall verneint oder ein Zeuge für glaubwürdig gehalten werden sollte.[53]

e) **Zeitpunkt:** Hilfs- und Eventualbeweisanträge werden grundsätzlich **erst im Urteil beschieden.**[54] Dies folgt aus der Abhängigkeit des Hilfs- vom Hauptantrag.[55] Der Antragsteller kann nicht verlangen, dass gleich entschieden werde, weil er sonst Einblick in die vorläufige Überzeugungsbildung des Gerichts bekäme und auf diese Weise besser stünde, als wenn er einen unbedingten Antrag gestellt hätte.[56]

III. Beweisantragsstellung

1. Antragsberechtigung

Zur Stellung eines Beweisantrages ist zunächst der **Angeklagte** berechtigt; er kann Beweisanträge selbst bei Geschäftsunfähigkeit und im Widerspruch zu seiner bisherigen Einlassung stellen.[57] Macht der Angeklagte allerdings in der Hauptverhandlung von seinem Recht, Beweisanträge zu stellen, exzessiv Gebrauch, darf das Gericht anordnen, dass er fortan Beweisanträge nur noch über seinen Verteidiger stellen darf.[58]

Der **Verteidiger** hat ein vom Willen des Angeklagten unabhängiges, selbständiges Antragsrecht.[59] Ein etwaiger Widerspruch zur Einlassung des Angeklagten oder sogar dessen Geständnis begründen deshalb nicht die Annahme einer Verschleppungsabsicht.[60]

Der **Staatsanwalt** kann Anträge zur Be- und Entlastung sowie, unabhängig davon, zur Sachaufklärung stellen.[61]

Das Recht des **Nebenklägers** zur Stellung von Beweisanträgen im Rahmen seiner Anschlussberechtigung ergibt sich aus § 397 Abs. 1 S. 3.

---

49 BGH NJW 1995, 603.
50 BeckOK-*Bachler* § 244 Rn 46.1.
51 BGHSt 40, 287 (289).
52 BGH StV 1990, 149; *Meyer-Goßner/Schmitt* § 244 Rn 22b.
53 R/H-*Kelnhofer* § 244 Rn 82; KK-*Krehl* § 244 Rn 90.
54 BGHSt 40, 287 (289); BGHR § 244 Abs. 6 Hilfsbeweisantrag 6; LR-*Becker* § 244 Rn 160 f.
55 BGH StV 1990, 149; *Brause* NJW 1992, 2865 (2868); *Widmaier* Salger-FS 421 (431).
56 Die früher hM begründete dies mit der Fiktion, der Antragsteller habe darauf verzichtet, dass gleich entschieden werde; vgl. BGHSt 32, 10 (13); BGH NStZ 1991, 547 (548); LR-*Becker* § 244 Rn 161: Angeklagter soll aber auch Entscheidung in der Verhandlung verlangen können; vgl. auch R/H-*Kelnhofer* § 244 Rn 86.
57 BGH bei *Holtz* MDR 1977, 458 (461).
58 BGHSt 38, 111 (114); BayObLG NStZ 2004, 647; *Fahl*, 495 ff.; abl. *Beulke/Swoboda* Rn 150.
59 BGH NJW 1953, 1314; BeckOK-*Bachler* § 244 Rn 28.
60 BGHSt 21, 118 (124); BGH bei *Holtz* MDR 1977, 458 (461); KMR-*Paulus* § 244 Rn 374.
61 BGH NJW 1952, 273 f.; *Meyer-Goßner/Schmitt* § 244 Rn 30.

2. Form

29 Der Beweisantrag ist **in der Hauptverhandlung mündlich** vorzutragen, wenn nicht das Gericht nach § 257a die schriftliche Antragstellung angeordnet hat.[62] Üblich ist es aber, den Antrag schriftlich zu fassen, vorzulesen und zu den Akten zu geben. Der Beweisantrag ist nur wirksam, wenn er in der Hauptverhandlung für alle Verfahrensbeteiligten ersichtlich gestellt wird. Gem. § 273 Abs. 1 ist der Antrag in das **Sitzungsprotokoll** aufzunehmen.[63]

3. Zeitpunkt

30 Beweisanträge können grundsätzlich **bis zum Beginn der Urteilsverkündung** gestellt werden (vgl. § 246).[64] Nach Abschluss der Beweisaufnahme kann der Vorsitzende uU jedoch eine angemessene Frist zur Stellung von Beweisanträgen setzen (§ 244 Abs. 6).[65] Da das Gericht durch Beweisanträge zu Beweisaufnahmen gezwungen werden kann, zu denen es sich nach der bisherigen Prozesslage auch unter Beachtung des Amtsermittlungsgrundsatzes nicht veranlasst sieht, können Beweisanträge auch zurückgenommen werden.[66]

IV. Ablehnung von Beweisanträgen

1. Allgemeines

31 Anders als Beweisermittlungsanträge und Beweisanregungen, über die der Vorsitzende (§ 238 Abs. 1) entscheidet und die er ablehnt, wenn die Aufklärungspflicht des § 244 Abs. 2 ihr Aufgreifen nicht gebietet, können **Beweisanträge** nur unter bestimmten, genau umrissenen Voraussetzungen abgelehnt werden.

32 a) **Ablehnungsentscheidung durch Beschluss:** Wird einem Beweisantrag stattgegeben, so kann dies formlos geschehen, etwa dadurch, dass der Vorsitzende die Beweisaufnahme anordnet. Dagegen hat das Gericht über die Ablehnung von Beweisanträgen durch Beschluss zu entscheiden (§ 244 Abs. 6). In den Gründen[67] legt es dar, welche rechtlichen oder tatsächlichen Erwägungen hierfür entscheidend waren. Der Beschluss ist nicht isoliert anfechtbar, sondern muss mit der Revision gerügt werden (§§ 305 S. 1, 336 S. 1).

33 b) **Systematik der Ablehnungsgründe:** Systematisch stellen sich die in § 244 Abs. 3–5 genannten Ablehnungsgründe als Ausnahmen von dem Grundsatz dar, dass Beweisanträgen stattzugeben ist. Die Verpflichtung zur Durchführung von Beweiserhebungen aufgrund von Beweisanträgen ergibt sich gerade aus der abschließenden Aufzählung der Fälle, in denen eine Ablehnung zulässig ist.[68]

34 Bei Beweisanträgen ist danach zu unterscheiden, ob sie präsente Beweismittel betreffen oder nicht:

---

62 OLG Frankfurt NStZ-RR 1998, 210; LR-*Becker* § 244 Rn 122, 126; *Ranft* Rn 1548.
63 BGH bei *Dallinger* MDR 1968, 552; *Meyer-Goßner/Schmitt* § 244 Rn 39; *Ranft* Rn 1548.
64 BGHSt 16, 389 (391); 21, 118 (123 f.); BGH NStZ 1992, 346; StV 2006, 113 (114); 2007, 16 (17).
65 Zu Frist und Fristversäumnis *Mosbacher* NStZ 2018, 9.
66 *Ranft* Rn 1549.
67 Vgl. § 34; BGH NStZ-RR 2007, 149.
68 Vgl. BGHSt 29, 149 (151); BGH StV 1993, 621 (622); OLG Hamm VRS 42, 208 (209).

- Für **noch herbeizuschaffende Beweismittel** stellt § 244 Abs. 3 einen Katalog der Ablehnungsgründe auf, der in § 244 Abs. 4 und 5 auf Beweisanträge erweitert wird, die auf Vernehmung eines Sachverständigen, die Einnahme eines Augenscheins oder die Vernehmung eines Auslandszeugen abzielen.
- Für **präsente Beweismittel** gilt § 245. Hier wird weiter nach der Art des Beweismittels und danach, von welchem Beteiligten sie beigebracht worden sind, unterschieden (§ 245 Abs. 1 und 2).

c) **Verbot der Beweisantizipation:** Für die Ablehnung von Beweisanträgen gilt – mit Ausnahmen (s.u.) – das Verbot der Beweisantizipation. Die Beweiswürdigung darf nicht vorweggenommen werden. Das heißt: Das Gericht kann nicht von vornherein davon ausgehen, eine Beweistatsache sei nicht beweisbar oder bereits widerlegt.[69] Es darf also nicht annehmen, dass das Beweismittel nicht zu dem gewünschten Beweisergebnis führen werde, etwa weil die Angaben des Zeugen nur auf Schätzungen beruhten[70] oder das Beweismittel wertlos sei.[71] Ebenso ist es dem Gericht grds. verwehrt, einen Beweisantrag mit der Begründung abzulehnen, das Gegenteil der Beweistatsache sei schon erwiesen.[72]

35

d) **Austausch des benannten Beweismittels:** In gewissem Umfang ist das Gericht befugt, das im Antrag benannte Beweismittel gegen ein Beweismittel eigener Wahl „auszutauschen".[73] Bei Sachverständigenbeweis und Augenschein wird dies jedenfalls allgemein für zulässig gehalten. Dass nicht der im Antrag genannte Sachverständige bestellt werden muss, sondern ein anderer herangezogen werden kann, ergibt sich aus der Austauschbarkeit von Sachverständigen und der Befugnis des Gerichts zu ihrer Bestellung, § 73 Abs. 1 S. 1.[74] Auch beim Augenscheinsbeweis kann das Gericht nach Ermessen verfahren.[75] Bei Auskunft von Beamten ist § 256 (Verlesung von Erklärungen von Behörden und Sachverständigen) zu beachten.

36

Im Übrigen gilt nach der Rspr. der Grundsatz, dass das Gericht stets ein **besseres oder gleichwertiges Beweismittel benutzen darf**, beim Zeugenbeweis aber nur, wenn der Zeuge über kein eigenes Erlebnis, sondern über Feststellungen Auskunft geben soll, die von subjektiven Vorstellungen und der eigenen Beobachtungsgabe unabhängig sind.[76] Dass sich der benannte Zeuge über innere Vorgänge eines anderen (!) äußern soll, macht ihn nicht *per se* zu einem ungeeigneten Beweismittel, soweit es um die Bekundung von äußeren Umständen geht, die auf innere Tatsachen schließen lassen.[77] Denkbar ist hiernach ebenso, dass anstatt der Urkunde, deren Verlesung beantragt worden ist, eine andere verlesen wird.

37

---

69 BGH StV 2001, 95; OLG Düsseldorf VRS 84, 453; *Frister* ZStW 105 (1993), 340 (347 ff.).
70 BGH NStZ 1983, 468.
71 BGH NJW 1966, 1524; NStZ 1984, 42 (43); 2010, 52; anderes gilt nur im Fall völliger Ungeeignetheit.
72 BGH StV 1994, 62 (63); 1997, 567 (568) m. Anm. *Herdegen* NStZ 1997, 505; Alsberg-*Güntge* Rn 773.
73 Zur Problematik vgl. *Meyer-Goßner/Schmitt* § 244 Rn 47; grds. abl. *Schulz* StV 1983, 341.
74 Mit abw. Begründung auch *Schulz* StV 1983, 341 f.
75 Vgl. BGHSt 27, 135 zur Ersetzung des Augenscheins durch Urkundenbeweis.
76 BGHSt 22, 347; BGH NJW 1983, 126; OLG Köln NStZ 1987, 341; aA *Schulz* StV 1983, 341.
77 BGH StV 2008, 449.

2. Nicht präsente Beweismittel

▶ **FALL 5:** Polizistin P hat im Ermittlungsverfahren den Beschuldigten B unter Verstoß gegen die Belehrungspflichten vernommen. Staatsanwalt S beantragt nun, die P zu der Frage zu vernehmen, was der B ihr gesagt habe. ◀

▶ **FALL 6:** Der Angeklagte A beantragt die Vernehmung eines weiteren Zeugen zu der Frage, dass er am Tatabend keinen Alkohol zu sich genommen habe, nachdem drei in der Hauptverhandlung anwesende Zeugen den erheblichen Alkoholkonsum bekundeten. ◀

▶ **FALL 7:** Verteidigerin V stellt zum Beweis dafür, dass ihr Mandant M am Tatabend (vor einem halben Jahr) im Kino gewesen sei, den Antrag, den Kassierer K des Kinos, der ihn dort gesehen habe, als Zeugen zu vernehmen. ◀

38 a) **Überblick:** Bei nicht präsenten Beweismitteln darf ein Beweisantrag nur abgelehnt werden, wenn

- die Erhebung des Beweises **unzulässig** ist,
- die Erhebung des Beweises **wegen Offenkundigkeit überflüssig** ist,
- die Tatsache, die bewiesen werden soll, für die Entscheidung **ohne Bedeutung** ist,
- die Tatsache, die bewiesen werden soll, für die Entscheidung **schon erwiesen** ist,
- das Beweismittel **völlig ungeeignet** ist,
- das Beweismittel **unerreichbar** ist,
- der Antrag zum Zweck der **Prozessverschleppung** gestellt ist,
- eine erhebliche Behauptung, die zur Entlastung des Angeklagten bewiesen werden soll, so behandelt werden kann, **als wäre die behauptete Tatsache wahr**.

39 b) **Unzulässig:** Unzulässig im Sinne von § 244 Abs. 3 S. 1 ist die Erhebung des Beweises vor allem dann, wenn das beantragte Beweismittel – wie in **Fall 5** – unter ein Beweiserhebungs- oder Beweisverwertungsverbot fällt,[78] aber auch dann, wenn die Beweiserhebung mit in der StPO nicht zugelassenen Beweismitteln (z.B. Mitangeklagte, Privatkläger) beantragt wird.[79] Bei rechtskräftigem Schuldspruch sind auch Beweisanträge, die auf Feststellung der Unschuld oder der Schuldunfähigkeit des Angeklagten gerichtet sind, unzulässig.[80]

Anders als bei den Ablehnungsgründen des § 244 Abs. 3 S. 2 **muss** das Gericht bei Vorliegen dieses Ablehnungsgrundes den Beweisantrag ablehnen.

40 Die hM subsumiert auch zu **verfahrensfremden Zwecken** gestellte Beweisanträge unter § 244 Abs. 3 S. 1.[81] Hiergegen wird eingewandt, dass in diesem Fall die Beweiserhebung nicht verboten und deshalb auch nicht unzulässig sei. Vielmehr sei die Beweiserhebung nur nicht sachdienlich; ihre Ablehnung unterfalle deshalb § 244 Abs. 3 S. 2. Dort ist der spezielle Fall der Verschleppungsabsicht als fakultativer Ablehnungsgrund normiert. Für eine ungeschriebene allgemeine Missbrauchserwägung sei daneben kein Raum.[82]

---

78 Alsberg-*Güntge* Rn 795 ff.; *Meyer-Goßner/Schmitt* § 244 Rn 49; *Ranft* Rn 1558; AK-*Schöch* § 244 Rn 77 ff.
79 Alsberg-*Güntge* Rn 791.
80 BGHSt 44, 119 (120).
81 BGHSt 38, 111 (112 ff.); BGH StV 2004, 355 (356); LR-*Becker* § 244 Rn 199; KK-*Krehl* § 244 Rn 108.
82 So Alsberg-*Güntge* Rn 789; *Meyer-Goßner/Schmitt* § 244 Rn 49; *Roxin/Schünemann* § 45/33.

c) **Wegen Offenkundigkeit überflüssig:** Nach § 244 Abs. 3 S. 2 darf ein Beweisantrag, der sich auf eine zulässige Beweiserhebung bezieht, abgelehnt werden, wenn eine Beweiserhebung wegen Offenkundigkeit – d.h. Allgemein- oder Gerichtskundigkeit – überflüssig ist. Die Offenkundigkeit kann sich auf die Beweistatsache oder auf deren Gegenteil beziehen.[83] Privates Wissen des Richters – etwa in seiner Eigenschaft als Zeuge eines Verkehrsunfalls – genügt dazu nicht.[84] Bei Kollegialgerichten erfordert die Offenkundigkeit nicht die Kenntnis aller Richter.[85] Zu beachten ist, dass sich die zur Ablehnung eines Beweisantrages ausreichende Offenkundigkeit nur auf **mittelbar beweiserhebliche Tatsachen** beschränkt, also keine Haupttatsachen[86] betreffen darf.[87] Es kann deshalb nicht als offenkundig unterstellt werden, dass der Angeklagte ein Merkmal des objektiven oder subjektiven Tatbestands erfüllt hat.

41

d) **Ohne Bedeutung:** Ohne Bedeutung für die Entscheidung ist eine Tatsache, wenn zwischen ihr und dem abzuurteilenden Vorgang kein Zusammenhang erkennbar ist oder die Tatsache trotz eines solchen Zusammenhangs selbst für den Fall ihres Erwiesenseins die Entscheidung in keiner Weise – weder aus Rechtsgründen noch aus tatsächlichen Gründen –[88] zu beeinflussen vermag.[89]
Sofern sich das Gericht bei der Ablehnung auf **tatsächliche Umstände** stützt, muss es seine maßgeblichen Erwägungen zumindest in ihrem Kern konkret mitteilen.[90]
Aus **Rechtsgründen** ist eine Tatsache vor allem dann ohne Bedeutung, wenn eine Verurteilung bereits aus anderen, schon erwiesenen Gründen nicht möglich ist.

42

aa) Ist ein Beweisantrag wegen Bedeutungslosigkeit abgelehnt worden, darf die betreffende Tatsache nur dann zum Nachteil des Angeklagten verwertet werden, wenn das Gericht zuvor auf den Wechsel in der Beurteilung hingewiesen hat.[91] Im Urteil darf sich das Gericht nicht in Widerspruch zu der Ablehnungsbegründung setzen[92] oder mittels einer als bedeutungslos eingestuften Tatsache die Beweiswürdigung im Urteil in Frage stellen.[93] Auch darf es nicht aus einer vom Angeklagten beantragten Beweiserhebung, die wegen tatsächlicher Bedeutungslosigkeit der Beweistatsache abgelehnt wurde, im Urteil den Angeklagten belastende Schlüsse ziehen.[94] Die Urteilsgründe dürfen schließlich nicht auf das Gegenteil der unter Beweis gestellten Tatsache gestützt werden.[95]

43

bb) Kein Fall der Bedeutungslosigkeit, sondern eine **unzulässige Beweisantizipation** ist die Ablehnung eines Beweisantrages mit der Begründung, das Tatgericht erwarte, dass der Zeuge die Beweisbehauptung nicht bestätigen und die Beweislage deshalb unverändert bleiben werde.[96]

44

---

83 BGHSt 6, 292 (296); OLG Düsseldorf MDR 1980, 868 (869); NStE § 244 Nr 115; abw. *Grünwald* 93 f.
84 BGHSt 6, 292 (293); 26, 56 (59).
85 *Meyer-Goßner/Schmitt* § 244 Rn 53; *Ranft* Rn 1561.
86 Zur Unterscheidung von Haupttatsachen und mittelbar beweiserheblichen Tatsachen vgl. § 20 Rn 7 ff.
87 Alsberg-*Güntge* Rn 1067 ff., 1081 ff.; *Meyer-Goßner/Schmitt* § 244 Rn 52; *Ranft* Rn 1562.
88 Näher BGH StV 1992, 259 (260); 1994, 62; *Schweckendieck* NStZ 1997, 257 (259 f.).
89 BGH NStZ 2000, 436; *Meyer-Goßner/Schmitt* § 244 Rn 54.
90 BGH StV 1990, 246; 1993, 3 (4); 2014, 263.
91 BGH StV 1992, 147 m. Anm. *Deckers*.
92 BGH StV 1992, 147; NStZ 1994, 195; StV 1997, 338; NStZ 2013, 611.
93 BGH NStZ 2013, 478.
94 BGH NStZ 2015, 179.
95 BGH StV 1996, 648 (649); NStZ 2000, 267 (268); NStZ-RR 2000, 210.
96 BGH StV 2001, 95; vgl. hierzu R/H-*Kelnhofer* § 244 Rn 115 ff.

45 **e) Schon erwiesen:** Eine – für den Angeklagten günstige oder ungünstige – Tatsache ist schon erwiesen, wenn sich das Gericht aus dem bisherigen Beweisergebnis bereits eine feste Überzeugung von der Tatsache gebildet hat; insofern ist hier eine gewisse Vorwegnahme der Beweiswürdigung erlaubt.[97] Das Gericht darf aber **nicht** mit der Begründung ablehnen, das **Gegenteil** sei bereits erwiesen.[98] Denn dies verstieße gegen das Verbot der Beweisantizipation; § 244 Abs. 3 S. 2 enthält gerade keinen Ablehnungsgrund für den Fall, dass das Gegenteil der Beweistatsache erwiesen ist. In **Fall 6** ist dem Beweisantrag deshalb stattzugeben.

46 **f) Völlig ungeeignet:** Ein Beweismittel ist völlig ungeeignet, wenn sich ohne Rücksicht auf den bisherigen Verlauf der Beweisaufnahme sicher sagen lässt, dass aus dem angebotenen Beweismittel das angestrebte Ergebnis nicht abzuleiten ist.[99] Wenn das Beweismittel von geringem oder zweifelhaftem Wert ist, muss es dennoch benutzt werden; andernfalls würde die Beweiswürdigung unzulässig vorweggenommen.[100] Die „relative" Ungeeignetheit des Beweismittels genügt nicht.[101] In **Fall 7** ist daher dem Beweisantrag stattzugeben.

47 **g) Unerreichbar:** Ein Beweismittel ist unerreichbar, wenn zum einen alle seiner Bedeutung entsprechenden Bemühungen des Gerichts, es herbeizuschaffen, erfolglos geblieben sind und zum anderen keine begründete Aussicht besteht, dass es in absehbarer Zeit als Beweismittel herangezogen werden kann.[102] Für die Zumutbarkeit ist die Bedeutung der Sache und des Beweismittels dem Interesse an einem schnellen Verfahren gegenüberzustellen.[103]

48 Exemplarisch: Die Unerreichbarkeit eines Zeugen darf **nicht** bejaht werden, wenn die Möglichkeit der Vernehmung per Videokonferenz nach § 247a besteht.[104] Hingegen darf der – nicht offensichtlich fehlerhaft – gesperrte V-Mann als ein unerreichbares Beweismittel im Sinne des § 244 Abs. 3 S. 2 angesehen werden.[105]

49 **h) Zum Zweck der Prozessverschleppung:** Die Zurückweisung eines Beweisantrags wegen Verschleppungsabsicht[106] ist nur zulässig, wenn

- die Beweisaufnahme nach Ansicht des Gerichts **nichts Sachdienliches** zugunsten des Angeklagten erbringen kann,
- die begehrte Beweisaufnahme den **Verfahrensabschluss wesentlich erschweren** würde und

---

97 RGSt 61, 359 (360); BGH StV 1983, 319; LR-*Becker* § 244 Rn 228; *Meyer-Goßner/Schmitt* § 244 Rn 57.
98 Anders ist dies nur bei § 244 IV S. 2 für den Sachverständigenbeweis.
99 BGHSt 14, 339 (342 f.); BGH NStZ-RR 2013, 185; *Meyer-Goßner/Schmitt* ausf. BeckOK-*Bachler* § 244 Rn 67 ff.; speziell zu Lügendetektoren vgl. oben § 6 Rn 45.
100 BGH NStZ-RR 1997, 302 (303 f.); *Meyer-Goßner/Schmitt* § 244 Rn 58 ff.
101 BGH StV 1983, 7; 1984, 231 (232); KG StV 1993, 120; OLG Düsseldorf NStZ 1990, 506.
102 BGHSt 29, 390 (391 f.); BGH NStZ 1983, 180 (181); NJW 1990, 398 f.; KG StV 2005, 13 f.; OLG München NStZ-RR 2007, 50 (51).
103 BGHSt 22, 118 (120); 29, 390; 32, 68 (73); OLG Frankfurt StV 1984, 147; OLG München NStZ-RR 2007, 50 (51); Alsberg-*Güntge* Rn 1214.
104 BGH StV 2000, 345; BGH StV 2009, 454 (455) erwägt das Erfordernis eines ausdrücklichen Begehrens des Beweisantragstellers.
105 BGHSt 32, 115 (126); *Beulke/Swoboda* Rn 429, 445; Alsberg-*Güntge* Rn 1216; *Rebmann* NStZ 1982, 315 (317).
106 Näher zum Begriff der Verschleppungsabsicht *Fahl*, 467 ff.; *Meyer-Goßner/Schmitt* § 244 Rn 67 ff. mwN.

- der Antragsteller mit seinem Verlangen **im Bewusstsein dieser Umstände** ausschließlich eine Verzögerung des Verfahrens bezweckt.[107]

Die Annahme von Verschleppungsabsicht liegt nahe, wenn der Angeklagte die Einlassung auf die mehrfache und eindringliche Frage des Gerichts verweigert, inwiefern das Beweismittel für das Beweisthema ergiebig sein könnte.[108] Exemplarisch sind ferner Anträge, mit denen der Antragsteller sein Antragsrecht zu dem Zweck missbraucht, Zeugen bloßzustellen, Propaganda zu machen oder Richter dadurch „auszuschalten", dass er sie als Zeugen benennt.[109]

i) **Als wäre die behauptete Tatsache wahr:** Die Möglichkeit der Wahrunterstellung berechtigt zur Ablehnung eines Antrags, wenn eine beweiserhebliche[110] entlastende[111] Behauptung nicht erwiesen ist aber durch weitere Beweiserhebung wahrscheinlich auch nicht widerlegt werden kann.[112] Eine Wahrunterstellung setzt voraus, dass das Gericht seine Aufklärungspflicht erfüllt hat. Nur dann darf es ausnahmsweise die Beweiswürdigung vorwegnehmen und eine Tatsache als wahr behandeln. Aufgrund der umfassenden Aufklärungspflicht des Gerichts ist dies lediglich zulässig, wenn eine weitere Klärung des Sachverhalts nicht mehr möglich ist.[113]

Im Gegensatz zum Ablehnungsgrund des Erwiesenseins handelt es sich bei dem der Wahrunterstellung um eine **Willenserklärung** des Gerichts und nicht um eine Wissenserklärung.[114] Diese Willenserklärung enthält die **Zusage**, die unter Beweis gestellte Tatsache werde bei der Urteilsfindung so berücksichtigt, als sei sie erwiesen.

Die Wahrunterstellung bezieht sich auf die Beweistatsache selbst. Entlastende Tatsachen im Sinne der Vorschrift können **auch Indiztatsachen** sein, Schlüsse zu Ungunsten des Angeklagten sind verboten. Ansonsten werden wahr unterstellte Indiztatsachen im Rahmen der Beweiswürdigung behandelt wie andere Tatsachen auch.[115] Das heißt: Solange aus den wahr unterstellten Indiztatsachen keine Schlüsse zuungunsten des Angeklagten gezogen werden, ist das Gericht bei der Wertung der als wahr unterstellten Indiztatsachen frei.[116]

Eine die **Glaubwürdigkeit eines Zeugen** in Frage stellende Tatsache darf **nicht** als wahr unterstellt werden. Das Gericht muss sich selbst einen unmittelbaren Eindruck verschaffen.[117] Entsprechend scheidet eine Wahrunterstellung aus, wenn die unter Beweis gestellte Tatsache die Glaubwürdigkeit eines Belastungszeugen in Frage stellen soll, d.h. das Gericht muss (auch in diesem Fall) über diese Tatsache Beweis erheben. Dies gebietet der Vorrang der Aufklärungspflicht. Kein Fall der zulässigen Wahrunterstellung ist daher der Verzicht auf die Vernehmung des Zeugen mit der Begründung, dieser

---

[107] BGHSt 29, 149 (151); OLG Köln StV 2002, 238 (239); in obiter dicta haben sich der 1. und der 3. Senat für eine restriktivere Auslegung unter Verzicht auf die Wesentlichkeit der Verfahrensverzögerung ausgesprochen, vgl. BGHSt 31, 333 (342 ff.); BGH StV 2008, 9; offen gelassen in NStZ 2011, 646 f.; näher zur Rechtsprechung *Niemöller* NStZ 2008, 181.
[108] BGH StV 1989, 234 (235) m. Anm. *Michalke* und *Frister* StV 1989, 380.
[109] RGSt 65, 304 (306); BGH NStZ 2003, 558; *Köhler* NJW 1979, 348 (350); AK-*Schöch* § 244 Rn 78.
[110] Wahrunterstellung und Bedeutungslosigkeit schließen sich aus, BGH StV 2007, 18 (19).
[111] Belastende Umstände müssen stets erwiesen sein, sofern sie der Urteilsfindung zugrunde gelegt werden sollen.
[112] *Meyer-Goßner/Schmitt* § 244 Rn 70 f. mwN.
[113] BGH NJW 1961, 2069 (2070); StV 1990, 291 (292); *Beulke/Swoboda* Rn 447; einschr. KK-*Krehl* § 244 Rn 184.
[114] *Ranft* Rn 1570.
[115] BGH NStZ 1985, 206; 2013, 538 (539); *Volk/Engländer* § 25/26.
[116] *Meyer-Goßner/Schmitt* § 244 Rn 71a; abl. *Frister* ZStW 105 (1993), 340 (356).
[117] BGH StV 1990, 293; 1996, 647; *Ranft* Rn 1570.

werde zwar die unter Beweis gestellte Tatsache bekunden, die Bekundung werde aber unglaubhaft sein.[118]

55 **j) Besondere Ablehnungsgründe beim Sachverständigenbeweis:** Die Vorschrift des § 244 Abs. 4 enthält zusätzliche besondere Ablehnungsgründe für Anträge auf Sachverständigenbeweis. Nach § 244 Abs. 4 S. 1 kann die erstmalige Vernehmung eines Sachverständigen abgelehnt werden, wenn das Gericht selbst die erforderliche Sachkunde besitzt. Bei Kollegialgerichten ist insoweit die Sachkunde eines Gerichtsmitglieds ausreichend.[119] Dem Gericht ist es dabei nicht gestattet, durch vorherige Befragung eines Sachverständigen im Freibeweisverfahren die eigene Sachkunde zu verschaffen, und so unter Umgehung des Strengbeweisverfahrens einen Ablehnungsgrund nach § 244 Abs. 4 S. 1 herbeizuführen.[120]

56 Gem. § 244 Abs. 4 S. 2 kann der Antrag auf Vernehmung eines **weiteren Sachverständigen** zurückgewiesen werden, wenn durch das frühere Gutachten – nicht durch sonstige Beweismittel – bereits das Gegenteil der behaupteten Tatsache erwiesen ist.[121] Hierbei handelt es sich um eine Ausnahme vom grundsätzlichen Verbot der vorweggenommenen Beweiswürdigung. Hiervon normiert § 244 Abs. 4 S. 2 HS 2 wiederum Ausnahmen.

Die Ablehnung eines weiteren Sachverständigen ist dem Gericht unter Berufung auf die eigene Sachkunde auch dann möglich, wenn es diese erst durch den zunächst vernommenen Sachverständigen gewonnen hat (selbst dann, wenn es dem Gutachter nicht folgen will).[122]

57 **k) Augenschein:** Die Ablehnung eines Beweisantrags auf Einnahme eines Augenscheins steht nach § 244 Abs. 5 S. 1 im pflichtgemäßen Ermessen des Gerichts. Das Gericht muss also prüfen, ob es die Aufklärungspflicht gebietet, ihm nachzukommen.[123] Drängen die Umstände nicht hierzu, kann das Gericht den Antrag ablehnen und andere Beweismittel benutzen (z.B. Zeugen oder Fotos statt eines Lokaltermins). Das Gericht erwägt, welche Ergebnisse von der Beweisaufnahme zu erwarten sind und wie sie zu würdigen wären. Damit ist auch hier eine Beweisantizipation zugelassen, so dass das Gericht einen solchen Beweisantrag mit der Begründung zurückweisen kann, das Gegenteil der behaupteten Tatsache sei bereits erwiesen.[124]

58 **l) Auslandszeuge:** Der Beweisantrag auf Vernehmung eines Zeugen, dessen Ladung im Ausland zu bewirken wäre, kann abgelehnt werden, wenn dies nach dem pflichtgemäßen Ermessen des Gerichts zur Erforschung der Wahrheit nicht erforderlich ist (§ 244 Abs. 5 S. 2 i.V.m. S. 1).

Zunächst ist also zu klären, ob die Vernehmung des betreffenden Zeugen erforderlich ist. Die Erforderlichkeit orientiert sich an der Aufklärungspflicht des Gerichts. Abzuwägen sind insbesondere folgende Aspekte: das Gewicht der Strafsache, Wert und Bedeutung des Beweismittels vor dem Hintergrund der bisherigen Beweisaufnahme, der organisatorische Aufwand der Vernehmung und die Verzögerung des Verfahrens, jeweils gemessen am Grundsatz der Verhältnismäßigkeit.[125]

---

118 BGH StV 1995, 5 f.; *Ranft* Rn 1570.
119 BGHSt 12, 18 (19); *Meyer-Goßner/Schmitt* § 244 Rn 73.
120 BGH StV 2015, 84.
121 BGHSt 39, 49 (52); BGH StV 2005, 6.
122 BGH NStZ 2010, 586.
123 BGH NStZ 1988, 88.
124 BGHSt 40, 60 (62) m. Anm. *Kintzi* NStZ 1994, 448 und *Perron* JZ 1995, 210 (211); *Beulke/Swoboda* Rn 449.
125 BGH NStZ 2002, 653; *Meyer-Goßner/Schmitt* § 244 Rn 43 ff., 63.

Die Frage, ob dieser Zeuge unerreichbar ist, stellt sich erst danach. Damit ist auch in diesem Zusammenhang eine vorweggenommene Beweiswürdigung erlaubt und sogar erforderlich.[126] Die Grenzen einer zulässigen Beweisantizipation sind jedoch dann überschritten, wenn das Gericht sich aufgrund einer schwierigen Beweislage zur Ladung von Auslandszeugen gedrängt sehen muss.[127]

3. Präsente Beweismittel

a) **Grundsatz:** § 245 erweitert bei allen Beweismitteln, die **präsent** sind, den Umfang der Beweisaufnahme. Insoweit gelten die Ablehnungsgründe des § 244 nicht. Von der Beweiserhebung kann jedoch abgesehen werden, wenn StA, Verteidiger und Angeklagter damit einverstanden sind (§ 245 Abs. 1 S. 2). 59

b) **Zeugen und Sachverständige:** Präsent sind Zeugen und Sachverständige, wenn sie gerichtlich geladen und auch erschienen sind. Die Beweiserhebungspflicht setzt allerdings voraus, dass sich die Beweispersonen nicht vorzeitig entfernt haben und nicht bereits entlassen oder in sofort vollstreckte Ordnungshaft genommen worden sind.[128] Kein präsentes Beweismittel ist der Sachverständige, wenn er zur Erstattung seines Gutachtens noch weitere Ermittlungen oder sonstige Vorbereitungen benötigt und durch entsprechende Maßnahmen die Hauptverhandlung verzögert würde.[129] 60

Nach § 245 Abs. 1 S. 1 muss die Beweisaufnahme, sofern sie zulässig ist, auch **ohne Beweisantrag** auf präsente Zeugen und Sachverständige erstreckt werden. Die Verweigerung der Vernehmung wegen Unerheblichkeit der behaupteten Tatsache oder wegen mangelnder Beweisbedürftigkeit ist ausgeschlossen. Vielmehr soll das ganze, in seinem Umfang und seinen Einzelheiten nicht vorauszusehende Wissen des Zeugen erkundet und verwertet werden.[130] 61

War die **Ladung** von Zeugen oder Sachverständigen nicht durch das Gericht, sondern **durch Prozessbeteiligte** erfolgt, so muss zu ihrer Vernehmung ein Beweisantrag gestellt werden (§ 245 Abs. 2). Für diesen Beweisantrag gelten die Ablehnungsvoraussetzungen des § 245 Abs. 2 S. 2 oder S. 3. 62

Sind Zeugen und Sachverständige **ohne Ladung** von Verfahrensbeteiligten mit in die Sitzung gebracht worden, so gelten sie nicht als präsent im Sinne von § 245. Damit die Beweisaufnahme auf sie erstreckt wird, bedarf es auch hier eines Beweisantrages, der wiederum unter den Bedingungen des § 244 Abs. 3–4 abgelehnt werden kann.[131] 63

c) **Sonstige herbeigeschaffte Beweismittel:** Sonstige herbeigeschaffte Beweismittel, also Urkunden und Augenscheinsobjekte, sind präsent, wenn sie dem Gericht vorliegen. Sind sie vom Gericht oder der StA beigebracht worden, so muss die Beweisaufnahme auf sie erstreckt werden (§ 245 Abs. 1). Haben andere Prozessbeteiligte dafür gesorgt, dass sie präsent sind, bedarf es gem. § 245 Abs. 2 S. 1 eines Beweisantrages, um sie als Beweismittel in die Hauptverhandlung einzuführen. 64

---

126 BGHSt 40, 60 (62); BGH NJW 2001, 695; NStZ 2014, 531; *Meyer-Goßner/Schmitt* § 244 Rn 43g mwN.
127 BGH NStZ 2014, 51 m. Anm. *Heine.*
128 BGH bei *Pfeiffer/Miebach* NStZ 1986, 206 (207); OLG Düsseldorf MDR 1981, 161.
129 BGH StV 1993, 340 (342).
130 LR-*Becker* § 245 Rn 1; *Meyer-Goßner/Schmitt* § 245 Rn 3.
131 Zu Einzelheiten *Meyer-Goßner/Schmitt* § 245 Rn 16.

65 WIEDERHOLUNGS- UND VERTIEFUNGSFRAGEN

> Worin unterscheiden sich Beweisantrag, Beweisermittlungsantrag und Beweisanregung? (Rn 7, 17, 19)
> Wofür ist die Unterscheidung zwischen präsenten und nicht präsenten Beweismitteln relevant? (Rn 34, 38)
> Welche Ausnahmen vom Verbot der Beweisantizipation gibt es? (Rn 56, 57)
> Wann ist ein Beweisantrag wegen Unzulässigkeit der Beweiserhebung abzulehnen? (Rn 39 f.)

§ 23 Beweisverwertung

Ist ein Beweis erhoben worden, so ergibt sich ein Beweisergebnis. Das Beweisergebnis ist als solches kein Beweis. Damit aus dem Beweisergebnis auf das Vorliegen oder Nichtvorliegen der Beweistatsache geschlossen werden kann, bedarf es einer Beweisverwertung durch **Beweiswürdigung**. Erst nach der Beweisverwertung steht fest, ob der Beweis erbracht ist.

Beispiel: Ein Zeugenbeweis wird erhoben, indem ein Zeuge vernommen wird. Seine Aussage ist das Beweisergebnis. Bereits dieses Beweisergebnis als Beweis dem Urteil zu Grunde zu legen, hieße, dem Zeugen blind zu glauben, obwohl er möglicherweise nicht glaubwürdig ist. Daher muss seine Aussage erst gewürdigt, d.h. beurteilt werden, bevor Feststellungen aus ihr abgeleitet werden können.

I. Beweisverwertungsverbote

Die Beweiswürdigung setzt voraus, dass das Beweisergebnis überhaupt verwertet werden darf. Die Verwertbarkeit eines Beweisergebnisses ist nicht selbstverständlich. Denn es kann sein, dass das Beweisergebnis unrechtmäßig gewonnen wurde. Es ist auch denkbar, dass der Beweis zwar ordnungsgemäß erhoben wurde, aber die Verwertung des Ergebnisses als solche zu tief in die Rechte eines Verfahrensbeteiligten eingreifen würde.[1]

Dementsprechend unterscheidet man unselbständige und selbständige Beweisverwertungsverbote:

- **Unselbständige Beweisverwertungsverbote** sind solche, die Folge der Verletzung eines Beweiserhebungsverbots sind.[2]
- **Selbständige Beweisverwertungsverbote** bestehen unabhängig davon, ob gegen ein Beweiserhebungsverbot verstoßen wurde.[3]

Besteht ein Beweisverwertungsverbot, so muss das Gericht das von dem Verbot umfasste Beweisergebnis bei seiner Beweiswürdigung und Urteilsfindung ausblenden.

1. Unselbständige Beweisverwertungsverbote

Wurde gegen ein Beweiserhebungsverbot verstoßen, so kann sich aus einer gesetzlichen Bestimmung oder ungeschriebenen Voraussetzungen ein unselbständiges Beweisverwertungsverbot als Folge ergeben.

a) **Allgemeine Voraussetzungen:** aa) Ein bedeutendes und gesetzlich bestimmtes unselbständiges Beweisverwertungsverbot findet sich in § 136a Abs. 3 S. 2.

bb) **Ungeschriebene** Beweisverwertungsverbote greifen immer dann ein, wenn die Strafverfolgungsbehörden gezielt oder auch nur bewusst gegen Beweiserhebungsverbote verstoßen haben.[4]

---

[1] Teils wird auch angenommen, dass den Beweisverwertungsverboten über den Schutz der Beteiligten hinaus eine Disziplinierungsfunktion gegenüber den Strafverfolgungsorganen zukomme, vgl. dazu *Conen* Eisenberg-FS 459 ff.
[2] *Finger* JA 2006, 529 (530); *Meyer-Mews* JuS 2004, 39; *Volk/Engländer* § 28/4.
[3] *Finger* JA 2006, 529 (530); *Meyer-Mews* JuS 2004, 39; *Paul* NStZ 2013, 489.
[4] BVerfGE 113, 29 (61); BGHSt 24, 125 (131); *Eisenberg* Rn 363; *Schroeder/Verrel* Rn 130.

11 Wann darüber hinaus ungeschriebene Beweisverwertungsverbote gelten, ist zweifelhaft. Weitgehende **Übereinstimmung**[5] besteht nur insoweit, als **nicht jeder Verstoß** gegen ein Beweiserhebungsverbot zwingend ein Beweisverwertungsverbot nach sich ziehen soll. Hinsichtlich der Frage, wann ein Verstoß gegen ein Beweiserhebungsverbot ein Beweisverwertungsverbot zur Folge hat und wann nicht, werden unterschiedliche Ansätze und Differenzierungen vertreten, wobei folgende Konzepte[6] am bekanntesten sind:

12 (1) Die **Rechtskreistheorie**[7] fragt aus Sicht der Revision, ob die Verbotsverletzung den Rechtskreis des Revisionsführers wesentlich berührt. Nur dann sei die Beweisverwertung verboten. Der Rechtskreis bemesse sich dabei nach der Rechtfertigung der verletzten Verfahrensvorschrift und dem durch sie geschützten Interesse.
So hat der BGH im Falle einer Verletzung der Belehrungspflicht gegenüber einem auskunftsverweigerungsberechtigten Zeugen gem. § 55 Abs. 2 der Revision des Angeklagten den Erfolg versagt, weil diese Vorschrift nur den Zeugen vor Selbstbelastung schütze, aber keine wesentliche Funktion für den Angeklagten habe.[8]

13 **Einwand:** Gegen die Rechtskreistheorie wird angeführt, dass insbesondere der Angeklagte nicht nur ein Recht habe, dass die seinen Rechtskreis berührenden Vorschriften beachtet werden, sondern vielmehr überhaupt prozessordnungsgemäß gegen ihn verfahren wird.[9]

14 (2) Die **Schutzzwecktheorie**[10] bestimmt das etwaige Beweisverwertungsverbot nach dem Zweck des verletzten Beweiserhebungsverbots: Besteht der Zweck des Beweiserhebungsverbots gerade darin, ein verbotswidrig erlangtes Beweisergebnis von der Beweisverwertung auszuschließen, so hat es ein solches Beweisverwertungsverbot zur Folge.
Ein Beispiel hierfür wäre das Beschlagnahmeverbot aus § 97 Abs. 1. Dieses soll sicherstellen, dass sich jemand einem nach § 53 zeugnisverweigerungsberechtigten, vertrauensverpflichteten Berufsangehörigen – z.B. einem Rechtsanwalt – anvertrauen kann, ohne befürchten zu müssen, dass die entsprechenden Unterlagen durch Beschlagnahme in die Hände der Strafverfolgungsbehörden gelangen und damit unter Umgehung des § 53 zur Überführung beitragen.[11] Das Beschlagnahmeverbot soll also gerade verhindern, dass solche Unterlagen in einem Strafverfahren verwertet werden. Dementspre-

---

5   BVerfG NStZ 2000, 489; NJW 2011, 2417 (2418 f.); BGHSt 19, 325 (331); 38, 372 (373); 42, 15 (21); BGH JZ 1999, 524 (526); *Eisenberg* Rn 362; KK-*Fischer* Einl. Rn 387; KK-*Senge* Vor § 48 Rn 27; aA AK-*Kühne* Vor § 48 Rn 52a.
6   Vertiefend: *Ambos*, Beweisverwertungsverbote, 2010, 40 ff.; *Amelung*, Informationsbeherrschungsrechte im Strafprozeß, 1990; *Beling*, Die Beweisverbote als Grenzen der Wahrheitserforschung im Strafprozeß, 1903; *Cramer/Bürgle*, Die strafprozessualen Beweisverwertungsverbote, 2. Aufl. 2004; *Koriath*, Über Beweisverbote im Strafprozeß, 1994; *Peres*, Strafprozessuale Beweisverbote und Beweisverwertungsverbote, 1991; *Schilling*, Illegale Beweise, 2004; *Störmer*, Dogmatische Grundlagen der Verwertungsverbote, 1992; vom Standpunkt einer funktionalen Vergeltungstheorie für das Strafrecht auch *Lesch* Volk-FS 311 ff.; kurz zu neueren Vorschlägen *Beulke/Swoboda* Rn 457 ff.
7   BGHSt 11, 213 (215 ff.); *Bauer* NJW 1994, 2530 f.; s.a. BGH NStZ-RR 2016, 377 m. krit. Anm. *Jäger* JA 2017, 74.
8   BGHSt 11, 213 (218).
9   *Eisenberg* Rn 365; *Fezer* JuS 1978, 325 (327 ff.); *Geppert* Jura 1988, 305 (313); *Roxin/Schünemann* § 24/24.
10 *Amelung* NJW 1991, 2533 ff.; *Grünwald* 143 ff.; *Jäger* 131 ff.; KMR-*Paulus* § 244 Rn 516 ff.; *Rudolphi* MDR 1970, 93 (97 ff.).
11 Vgl. BVerfGE 38, 312 (323); BGHSt 38, 144 (146); OLG Frankfurt NJW 2002, 1135 (1136).

chend bewehrt die Schutzzwecktheorie einen Verstoß gegen § 97 Abs. 1 mit einem Beweisverwertungsverbot.[12]

Einwand: Die Schutzzwecktheorie ist in ihrer Anwendung problematisch, wenn sich der Schutzzweck eines Beweiserhebungsverbots nicht eindeutig bestimmen lässt.[13] Zudem dürften über den Schutzzweck hinaus noch weitere Kriterien maßgeblich sein, um ein Beweisverwertungsverbot anzunehmen, so z.B. dann, wenn der Verfahrensverstoß ohne Verwertungsverbot die Legitimation des Strafverfahrens in Frage stellen würde.[14]

(3) Die **Abwägungslehre**[15] der hM entscheidet von Fall zu Fall. Sie nimmt jeweils eine umfassende Abwägung des Für und Wider der Beweisverwertung vor. Die Abwägungsposten sind auf der einen Seite die Individualinteressen des Beschuldigten, auf der anderen Seite die Interessen einer effektiven Strafverfolgung. Auf Seiten der Individualinteressen des Beschuldigten ist vor allem das Gewicht des Verfahrensverstoßes von Bedeutung, auf Seiten der öffentlichen Interessen die Schwere des Tatvorwurfs.[16] Dabei spielen auch Rechtskreis- und Schutzzweckerwägungen eine Rolle.

Einwand: Die Abwägungslehre führt mit ihren unpräzisen Kriterien zu kaum vorhersehbaren Ergebnissen.[17] Rechtssicherheit vermag sie nur über die Herausbildung einer Kasuistik zu bieten. Gegen sie wird auch angeführt, dass die Abwägung bereits durch die Normierung des betreffenden Beweiserhebungsverbots vorgenommen worden sei.[18]

(4) **Widerspruchslösung**: Die Rspr. verlangt – unter z.T. scharfer Kritik in der Literatur[19] – zudem für eine Vielzahl von Fällen fehlerhafter Beweiserhebung den Widerspruch des Verteidigers[20] gegen die Verwertung bis zu dem in § 257 genannten Zeitpunkt[21] für das Vorliegen eines Beweisverwertungsverbotes. Diese sogenannte Widerspruchslösung wurde bislang u.a. auf die unterlassene Belehrung nach § 136 Abs. 1 S. 2,[22] die unterlassene Belehrung nach Art. 36 Abs. 1 lit. b S. 3 WÜK,[23] den Verstoß gegen die Benachrichtigungspflicht nach § 168c Abs. 5 S. 1,[24] die Verletzung der Anordnungsvoraussetzungen nach § 100a[25] sowie die Missachtung des Richtervorbehalts nach § 81a Abs. 2 S. 1[26] angewandt.

b) **Fallgruppen**: Wegen der dogmatischen Unsicherheiten in der Begründung von ungeschriebenen unselbständigen Beweisverwertungsverboten kommt den Fallgruppen eine

---

12 Vgl. *Grünwald* 145 f.; *Jäger* 201 ff.
13 *Eisenberg* Rn 366; *Volk/Engländer* § 28/10.
14 *Lesch* 3/162 f.
15 BGHSt 42, 372 (377); 47, 172 (179); BGH NStZ 2016,112; StV 2018, 72; LR-*Gössel* Einl. L Rn 42; *Rogall* NStZ 1988, 385 (392); KK-*Senge* Vor § 48 Rn 27. Die Abwägungslehre ist mit den verfassungsrechtlichen Anforderungen an ein faires Verfahren vereinbar, BVerfGE 130, 1 (31).
16 Nähere Darstellung der Kriterien mwN bei *Lesch* 3/158.
17 *Eisenberg* Rn 367; *Lesch* 3/160; *Müssig* GA 1999, 119 (135); vgl. *Amelung* NJW 1991, 2533 f.
18 *Beulke/Swoboda* Rn 458.
19 KMR-*Bockemühl* § 110b Rn 21; *Roxin/Schünemann* § 24/34.
20 Bzw. des unverteidigten Angeklagten, soweit er über die Möglichkeit, der Verwertung zu widersprechen, belehrt wurde, BGH NStZ 1992, 294 (295); s. krit. zum Ganzen *Beulke/Swoboda* Rn 460a ff.
21 Grundlegend BGHSt 38, 214; ein Überblick zum Diskussionsstand in der Literatur bei *Meyer-Goßner/ Schmitt* § 136 Rn 25 f. Zur Verfassungsmäßigkeit der Widerspruchslösung im Hinblick auf das Gebot des fairen Verfahrens BVerfGE 130, 1 (31).
22 BGHSt 38, 214 (Schweigerecht); 42, 15 (Verteidigerkonsultation); s.o. § 6 Rn 53.
23 BGH NJW 2007, 3587.
24 BGH NJW 1996, 2239 (2241).
25 BGH StV 2001, 545; 2008, 63.
26 OLG Frankfurt/M. NStZ-RR 2011, 46; StV 2011, 611 (612).

besondere Bedeutung zu. Einige[27] besonders wichtige Fallgruppen seien nachfolgend anhand der betroffenen Beweiserhebungsverbote aufgeführt:

▶ **FALL 1:** Der ehemalige Rechtsanwalt R, der den Angeklagten A früher anwaltlich beraten und vertreten hatte, ist in einem gegen diesen durchgeführten Strafverfahren als Zeuge vernommen worden. A hat den R nicht von seiner Schweigepflicht entbunden.[28] ◀

20 **aa) Verstöße gegen Beweisthemaverbote:** (1) Die nach § 53 zeugnisverweigerungsberechtigten Personen gehören in erster Linie **Berufen** an, die eine besondere Verschwiegenheit voraussetzen. Man soll sich ihnen anvertrauen dürfen, ohne befürchten zu müssen, dadurch zu seiner eigenen Überführung beizutragen.[29] § 53 statuiert aber nur ein Zeugnisverweigerungsrecht, keine Zeugnisverweigerungspflicht.[30] Für einen Teil der in § 53 genannten Berufsgruppen ist die Verschwiegenheitspflicht durch § 203 StGB strafbewehrt. Macht eine solche nach § 203 StGB zur Verschwiegenheit verpflichtete Person von ihrem Zeugnisverweigerungsrecht aus § 53 keinen Gebrauch, sondern sagt aus, so ist problematisch, ob diese unter Verstoß gegen § 203 StGB getätigte Aussage verwertbar ist.

21 Die hM[31] nimmt eine Verwertbarkeit an. Für sie ist allein entscheidend, dass § 53 dem Zeugen die Wahl ermöglicht, sich für oder gegen eine Aussage zu entscheiden. Da der Angeklagte nur einen Anspruch auf ein prozessordnungsgemäßes Verfahren habe, seien materiellrechtliche Fragen unerheblich (zumal die Strafbarkeit des Zeugen hier in dessen Risikosphäre falle). Demnach ist die Zeugenaussage des R in **Fall 1** trotz seiner möglichen Strafbarkeit nach § 203 StGB verwertbar, weil er von seinem Zeugnisverweigerungsrecht in prozessual zulässiger Weise keinen Gebrauch gemacht hat. Die Gegenauffassung[32] tritt wider eine Verwertbarkeit ein. Sie verweist auf die Einheit der Rechtsordnung.

22 (2) Einem Beweisthemaverbot unterliegt ferner die Zeugenaussage eines **Angehörigen des öffentlichen Dienstes** über Umstände, auf die sich die Pflicht zur Amtsverschwiegenheit bezieht, wenn keine Aussagegenehmigung erteilt ist (**§ 54 Abs. 1**).[33] Sagt ein Angehöriger des öffentlichen Dienstes als Zeuge aus, obwohl ihm die erforderliche Aussagegenehmigung nicht erteilt wurde, so ist auch hier umstritten, ob ein Beweisverwertungsverbot eingreift. Die hM[34] lehnt ein Beweisverwertungsverbot ab, hält die Zeugenaussage also für verwertbar. Begründet wird dies damit, dass das Dienstgeheimnis schon durch die genehmigungslose Zeugenaussage gebrochen sei. Die dem Dienstgeheimnis zugrunde liegenden Tatsachen seien damit unwiderruflich in die Welt gesetzt. Ein Beweisverwertungsverbot könne das nicht rückgängig machen. Zudem berühre die Vorschrift nicht den Rechtskreis des Angeklagten.

---

27 Einen ebenso umfassenden wie lesenswerten (in jedem Falle zumindest nachschlagenswerten) Abriss bieten *Beulke/Swoboda* Rn 461 ff.
28 Nach BGHSt 9, 59 ff.
29 Vgl. LR-*Ignor/Bertheau* § 53 Rn 1; KK-*Senge* § 53 Rn 1.
30 RGSt 48, 269 (270); BGHSt 15, 200 (202); *Jäger* 148.
31 RGSt 57, 63 ff.; BGHSt 18, 146 (147 f.); LR-*Ignor/Bertheau* § 53 Rn 12; *Jäger* 147 ff.; *Kudlich/Roy* JA 2003, 565 (569); *Otto* Kleinknecht-FS 319 (338 f.); *Roxin/Schünemann* § 24/45; *Meyer-Goßner/Schmitt* § 53 Rn 6; KK-*Senge* § 53 Rn 9.
32 *Beulke/Swoboda* Rn 462; *Dencker* 130 ff.; *Freund* GA 1993, 49 (56 ff.); *Grünwald* 34; *Haffke* GA 1973, 65 ff.; *Hanack* JZ 1971, 126 (127); *Klesczewski* Rn 454; *Rüping* Rn 490; *Welp* Gallas-FS 391 (406 f.).
33 *Eisenberg* Rn 338; dagegen Beweismittelverbot: *Ranft* Rn 1609.
34 BGH NJW 1952, 151 (152); *Amelung* Schlüchter-GS 417 (433); *Grünwald* JZ 1966, 489 (498); *Jäger* 152; *Kleinknecht* NJW 1966, 1537 (1539); *Roxin/Schünemann* § 24/47; *Volk/Engländer* § 28/18; aA *Welp* Gallas-FS 391 (423).

§ 23 Beweisverwertung

bb) Verstöße gegen Beweismittelverbote: (1) Verstöße gegen das **Beschlagnahmeverbot** aus § 97 Abs. 1 führen im Regelfall zur Unverwertbarkeit des beschlagnahmten Beweismittels.[35]

(2) Bei einer rechtswidrigen **Telekommunikationsüberwachung** nach §§ 100a f. greift ein Beweisverwertungsverbot ein, wenn die Überwachungsanordnung objektiv willkürlich oder in grober Fehleinschätzung über die materiellen Voraussetzungen der Anordnung erging.[36]

(3) Gleiches gilt für die rechtswidrige Anordnung des Einsatzes **Verdeckter Ermittler** nach §§ 110a f.[37]

▶ **FALL 2:** Staatsanwältin S ist mit dem Beschuldigten B verschwägert. Sie wird als Zeuge in dem Strafverfahren gegen B vernommen, ohne über ihr Zeugnisverweigerungsrecht aus § 52 Abs. 1 Nr 3 belehrt worden zu sein. ◀

cc) Verstöße gegen Beweismethodenverbote: Hier sind vor allem Verstöße gegen die Belehrungspflichten aus §§ 52 Abs. 3 S. 1, 55 Abs. 2, 136 Abs. 1 S. 2, 3 relevant.

(1) Wurde die Belehrung eines nach § 52 zeugnisverweigerungsberechtigten Zeugen entgegen § 52 Abs. 3 S. 1 unterlassen, folgt hieraus ein Beweisverwertungsverbot für die in Unkenntnis gemachte Aussage.[38] Denn der Schutzzweck des § 52, die Vermeidung einer familiären Konfliktsituation des Zeugen, lässt sich auch noch nach bereits erfolgter Aussage durch ein Beweisverwertungsverbot erreichen. **Kannte** der Zeuge aber ausnahmsweise **sein Zeugnisverweigerungsrecht**, so konnte der Verfahrensfehler der unterbliebenen Belehrung keinen Einfluss auf das Verfahren nehmen, so dass es in einem solchen Fall keines Beweisverwertungsverbotes bedarf.[39] In **Fall 2** kann für S als Staatsanwältin davon ausgegangen werden, dass sie ihr Zeugnisverweigerungsrecht kannte, eine Belehrung also keinen Einfluss auf ihre Entscheidung zur Aussage gehabt hätte. Ihre Aussage ist daher in diesem Sonderfall verwertbar.

(2) Ob aber die Verwertung einer Zeugenaussage verboten ist, die unter Verstoß gegen die Belehrungspflicht nach § 55 Abs. 2 gewonnen wurde, ist **streitig**:
Die **hM**[40] spricht sich für eine Verwertbarkeit der Zeugenaussage aus, weil das Auskunftsverweigerungsrecht nur den Zeugen vor einem Zwang zur Selbstbelastung schütze, nicht aber den Rechtskreis des Angeklagten berühre.
Dem tritt eine **verbreitete Ansicht**[41] mit der Erwägung **entgegen**, der Angeklagte sei vor Aussagen eines Zeugen, der von seinem Auskunftsverweigerungsrecht nichts weiß und daher meint, sich durch Unwahrheiten statt durch Schweigen vor Strafverfolgung bewahren zu müssen, zu schützen. Insoweit sei der Rechtskreis des Angeklagten durchaus betroffen.

---

35 RGSt 47, 195 (196); BGHSt 18, 227 (229); *Dahs* Meyer-GS 61 (75 ff.); *Roxin/Schünemann* § 24/46; *Meyer-Goßner/Schmitt* § 97 Rn 46 f.
36 BGHSt 41, 30 (34); BGH NJW 1979, 1370 (1371); wistra 2006, 267 (268); HK-*Gercke* § 100a Rn 45; BeckOK-*Graf* § 100a Rn 174 f.
37 BGHSt 42, 103 (105 ff.).
38 BGHSt 23, 221 (223); BGH NStZ-RR 1996, 106; *Mosbacher* JuS 2007, 126 (127); *Rogall* ZStW 91 (1979), 1 (36); *Meyer-Goßner/Schmitt* § 52 Rn 32.
39 BGH NStZ 1990, 549 f.; *Mosbacher* JuS 2007, 126 (127).
40 BGHSt 1, 39; 17, 245 (246 f.); *Beulke/Swoboda* Rn 464; HK-*Gercke* § 55 Rn 16; *Grünwald* JZ 1966, 489 (498 f.); *Mosbacher* JuS 2007, 126 (127); *Rogall* ZStW 91 (1979), 1 (36); KK-*Senge* § 55 Rn 19; kritisch LR-*Ignor/Bertheau* § 55 Rn 37 f.
41 *Bernsmann* StraFo 1998, 74; *Peters* 353; *Roxin/Schünemann* § 24/48; *Rudolphi* MDR 1970, 93 (98).

▶ **FALL 3:** B verursacht einen Verkehrsunfall. Sein Atem riecht nach Alkohol. Gegen seinen Widerspruch ordnen die zur Unfallstelle gerufenen Polizeibeamtinnen eine Blutentnahme an. Sie fahren den B zur Blutentnahme ins Krankenhaus und verlangen dort einen Arzt. Stattdessen erscheint, für die Beamtinnen nicht erkennbar, ein Medizinalassistent, der dem B die Blutprobe entnimmt.[42] ◀

29 dd) Verstöße gegen relative Beweiserhebungsverbote: (1) Bedeutsam ist hier v.a. § 81a Abs. 1 S. 2. Demnach darf eine Blutprobe nur durch einen Arzt entnommen werden. Wird sie entgegen dieser Bestimmung von einem **Nichtarzt** (z.b. einem Medizinalassistenten) entnommen, **verneint die hM**[43] gleichwohl ein **Beweisverwertungsverbot** der Blutprobe. Dies wird mit dem Schutzzweck des § 81a Abs. 1 S. 2 begründet: Der Arztvorbehalt solle nur sicherstellen, dass die Blutentnahme im gesundheitlichen Interesse des Beschuldigten fachgerecht erfolgt, gesundheitliche Risiken also minimiert werden. Zur Beweisverwertung bestehe demnach kein Bezug und mithin keine Notwendigkeit für ein Beweisverwertungsverbot. Das Ergebnis der Blutuntersuchung in **Fall 3** ist daher verwertbar.

30 (2) Von Bedeutung sind auch Ermittlungsmaßnahmen, deren Anordnung dem Gericht vorbehalten ist und nur bei **Gefahr im Verzug** ausnahmsweise von der StA und teils auch ihren Ermittlungspersonen getroffen werden darf; solche Regelungen sind z.B. in §§ 81a Abs. 2 (allerdings mit wichtigen Ausnahmen bei der Blutprobe)[44], 98 Abs. 1 S. 1, 98b Abs. 1 S. 1, 100 Abs. 1, 100b Abs. 1 S. 2, 100d Abs. 1 S. 1, 105 Abs. 1, 110b Abs. 1 S. 2, Abs. 2 S. 2, 111 Abs. 2 HS 2 enthalten. Hier kommt es oft vor, dass die StA oder ihre Ermittlungspersonen eine solche Anordnung treffen, obwohl keine Gefahr im Verzug ist. Ein Beweisverwertungsverbot besteht nach hM[45] jedoch erst dann, wenn der **Richtervorbehalt bewusst missachtet** wird.

31 c) **Hypothetisch rechtmäßige Beweiserlangung:** Ein Beweisergebnis kann illegal erlangt worden sein, obwohl es auf legale Art und Weise verfügbar war („**hypothetical clean path**").[46] Dann fragt es sich, ob diese hypothetisch rechtmäßige Beweiserlangung der Annahme eines Beweisverwertungsverbots entgegensteht (wenn sie nicht ausnahmsweise gesetzlich geregelt ist; s. § 477 Abs. 2; 161 Abs. 2)[47]:

32 ■ Aus der hypothetisch legalen Verfügbarkeit wird vor allem von der **Rspr.**[48] häufig ein Argument für die Verwertbarkeit eines illegal erlangten Beweismittels im Rahmen der Gesamtabwägung über die Frage, ob im Einzelfall ein Beweisverwertungsverbot eingreift, gezogen. So spräche es nach der Rechtsprechung in **Fall 3** zusätzlich zu den Normzweckerwägungen gegen die Annahme eines Beweisverwertungsverbots, dass die Blutentnahme jederzeit auch rechtmäßig hätte erlangt werden können, nämlich durch einen im Krankenhaus arbeitenden Arzt.[49]

---

42 Nach BGHSt 24, 125 ff.
43 BGHSt 24, 125 (128); *Jäger* 196 ff.; *Müssig* GA 1999, 132; SK-*Rogall* § 81a Rn 134 f.; *Meyer-Goßner/Schmitt* § 81a Rn 32; *Schöneborn* GA 1975, 33 ff.; *Schünemann* JA 1972, 635; aA *Eb. Schmidt* MDR 1970, 462 ff.
44 S.o. 8/37 ff.
45 OLG Koblenz NStZ 2002, 660 (661); OLG Hamm NStZ 2007, 355; LG Saarbrücken wistra 2004, 34 ff.; *Geppert* DRiZ 1992, 414; *Krehl* NStZ 2003, 461 (463); *Nelles* StV 1992, 385 (391 f.); *Meyer-Goßner/Schmitt* § 98 Rn 7; aA *Beichel/Kieninger* NStZ 2003, 11; *Fezer* Rieß-FS 93 (102); *Klemke* StraFo 2004, 15.
46 Näher *Schröder*, Beweisverwertungsverbote und die Hypothese rechtmäßiger Beweiserlangung im Strafprozeß, 1992.
47 Kurz dazu *Beulke/Swoboda* Rn 233 b f.
48 BGHSt 24, 125 (130); 31, 304 (306); 44, 243 (248 ff.); BGH NStZ 1989, 375; vgl. auch *Rogall* NStZ 1988 385 ff.; abw. aber BGHSt 25, 168 (171).
49 Vgl. BGHSt 24, 125 (130).

- Die **Gegenansicht**[50] hält eine solche Hypothesenbildung für unzulässig. Nach ihrer Auffassung spielt es keine Rolle, ob ein illegal erlangtes Beweisergebnis auch legal hätte gewonnen werden können. Die Hypothese, dass die Blutentnahme in **Fall 3** auch rechtmäßig hätte erlangt werden können, ist für diese Ansicht also belanglos.

▶ **Fall 4:** O wurde Opfer einer Straftat. Um der seiner Ansicht nach trägen Justiz zuzuarbeiten, nimmt er die Zeugenvernehmungen selbst in die Hand. Die Zeugen bringt er durch Androhungen körperlicher Gewalt „zum Sprechen" und nimmt ihre Aussagen auf Tonband auf. ◀

d) **Beweismittelerlangung über Privatpersonen:** Die StPO ist die Verfahrensordnung für das staatliche Strafverfahren. Sie richtet sich aufgaben- und befugniszuweisend an die staatlichen Strafverfolgungsbehörden. Privatpersonen sind daher keine Adressaten der StPO.[51] Erlangen Privatpersonen auf rechtswidrige Art und Weise Beweismittel, so verhalten sie sich ggf. strafbar, verstoßen aber nicht gegen die StPO, so dass die staatlichen Strafverfolgungsbehörden grds. nicht gehindert sind, die privat erlangten Beweismittel zu übernehmen und in den Strafprozess einzuführen. Beweismittel, die über Privatpersonen erlangt wurden, sind daher **grundsätzlich verwertbar.**[52] Von diesem Grundsatz gibt es zwei **Ausnahmen:**

- Von Privatpersonen erlangte Beweismittel sind nach hM jedenfalls dann unverwertbar, wenn sie unter **grober Missachtung der Menschenrechte** bzw. der -würde beschafft wurden.[53] Blieb es in **Fall 4** lediglich bei Androhungen, blieb der Einsatz körperlicher Gewalt also aus, so wird man eine krasse Menschenrechtswidrigkeit noch nicht annehmen können, so dass dieser Ausnahmefall nicht eingreifen würde.[54] Demnach wäre das Tonband verwertbar.
Ein TdL[55] wendet die Vorschrift des § 136a analog auf Privatpersonen an. Demnach ist dem Staat die Verwertung von Beweismitteln, die von Privatpersonen unter Anwendung der nach § 136a verbotenen Methoden erlangt wurden, verwehrt.

- Darüber hinaus dürfen die Strafverfolgungsbehörden die Regelungen der StPO nicht dadurch missbräuchlich umgehen, dass sie Privatpersonen als Ermittlungsgehilfen engagieren und diese dann in einer Weise vorgehen lassen, die den Strafverfolgungsbehörden selbst im Hinblick auf die StPO verwehrt wäre.[56] Wäre O in **Fall 4** von der Justiz beauftragt worden, die Zeugen „zum Sprechen" zu bringen, weil die Justiz ihre Befugnisse aus der StPO für nicht wirksam genug hält, wäre das Tonband unverwertbar.

---

50 *Dencker* 81; *Haffke* GA 1973, 65 (81 f.); *Jahn/Dallmeyer* NStZ 2005, 297 (303 f.); *Wohlers* Fezer-FS 311 (326 ff.); krit. auch *Beulke/Swoboda* Rn 233d.
51 BGHSt 36, 167 (172); OLG Oldenburg NJW 1953, 1237; *Roxin/Schünemann* § 24/65; KK-*Senge* Vor § 48 Rn 52.
52 BVerfGE 34, 238 (246 ff.); EGMR NJW 1989, 654 ff.; BGHSt 36, 167 (172); 44, 129; OLG Oldenburg NJW 1953, 1237; HK-*Ahlbrecht* § 136a Rn 5; *Beulke/Swoboda* Rn 478; *Brunhöber* GA 2010, 571 (586); *Jahn* JuS 2000, 441 (443); *Kaspar* GA 2013, 206 ff.; *Nüse* JR 1966, 281 (285); *Pfeiffer* § 136a Rn 2; *Roxin/Schünemann* § 24/65; vertiefend *Bockemühl*, Private Ermittlungen im Strafprozeß, 1996.
53 *Kleinknecht* NJW 1966, 1537 (1543); *Otto* Kleinknecht-FS 319 (326 f.); KMR-*Pauckstadt-Maihold* § 136a Rn 5; diff. KK-*Senge* Vor § 48 Rn 52.
54 Vgl. OLG Oldenburg NJW 1953, 1237.
55 AK-*Gundlach* § 136a Rn 13; *Kühne* Rn 904; *Mahlstedt*, Die verdeckte Befragung des Beschuldigten im Auftrag der Polizei 2011, 138 ff.; *Rogall* ZStW 91 (1979), 1 (41 f.).
56 *Beulke/Swoboda* Rn 480a; *Brunhöber* GA 2010, 571 (576); AK-*Gundlach* § 136a Rn 13; *Joerden* JuS 1993, 927 (928); *Volk/Engländer* § 28/36.

37 Problematisch ist, inwieweit es den Strafverfolgungsbehörden untersagt ist, die rechtswidrige Beweiserlangung auf Eigeninitiative von Privatpersonen bewusst auszunutzen. Streit herrscht hier v.a. über den Ankauf sogenannter „Steuer-CDs", die Daten über deutsche Staatsbürger enthalten, die ihr Geld im Ausland unversteuert angelegt haben. Gleichwohl die Informanten durch die Beschaffung und Weitergabe der Daten u.U. Straftatbestände verwirklichen, bejaht die Rechtsprechung die Verwertbarkeit der angekauften Informationen im Rahmen von Steuerstrafverfahren jedenfalls insoweit, als dass sie einen Anfangsverdacht für eine Durchsuchung beim Betroffenen begründen können.[57]

▶ **FALL 5:** Aufgrund der Aussage der mit dem Beschuldigten verlobten Zeugin, die über ihr Zeugnisverweigerungsrecht nicht belehrt wurde, wird das Tatwerkzeug gefunden. ◀

38 **e) Fernwirkung der Beweisverwertungsverbote:** Die Fernwirkung von Beweisverwertungsverboten betrifft nicht deren Voraussetzungen, sondern deren Reichweite. Sie erfordert daher, dass überhaupt schon ein Beweisverwertungsverbot besteht. Es geht bei der Fernwirkung um die Frage, ob ein Beweisverwertungsverbot nur zum Ausschluss des unmittelbar durch das Verbot betroffenen Beweismittels führt oder darüber hinaus zur Unverwertbarkeit auch derjenigen Beweismittel, die mittelbar aufgrund des verbotenen Beweismittels gefunden wurden.

39 ■ Die **Rspr.**[58] beschränkt die Reichweite eines Beweisverwertungsverbots grds. nur auf das unmittelbar betroffene Beweismittel. Sie will verhindern, dass ein Verfahrensverstoß das gesamte Strafverfahren lahm legen kann. Demnach wäre in **Fall 5** zwar die Zeugenaussage wegen der unterbliebenen Belehrung unverwertbar, nicht aber das aufgrund dieser Aussage gefundene Tatwerkzeug als Beweismittel.

40 ■ Die in der Literatur verbreitete **Gegenansicht**[59] erstreckt die Beweisverwertungsverbote im Sinne der US-amerikanischen „**fruit of the poisonous tree doctrine**" auch auf diejenigen Beweismittel, die mittelbar aufgrund eines illegal erlangten Beweismittels erlangt wurden. So wäre in **Fall 5** nicht nur die Zeugenaussage unverwertbar, sondern ebenfalls das durch diese Aussage gefundene Tatwerkzeug.

41 ■ Eine **differenzierende Ansicht**[60] entscheidet von Fall zu Fall durch Abwägung. Die Abwägungskriterien sind dabei die Schwere des Verstoßes gegen die Beweiserhebungsvorschriften einerseits und das staatliche Strafverfolgungsinteresse andererseits.

42 Von besonderer Bedeutung für die Fernwirkung eines Beweisverwertungsverbots ist die hypothetisch rechtmäßige Beweiserlangung (s.o. Rn 31 ff.), die die Fernwirkung – so man eine solche annimmt – begrenzen kann.

---

57 BVerfG NJW 2011, 2417 (2418 f.); VerfGH Rheinland-Pfalz NJW 2014, 1434; LG Düsseldorf NStZ-RR 2011, 84 (85); *Satzger* I. Roxin-FS 421; krit. *Beulke/Swoboda* Rn 481; *Paeffgen* BRJ 2010, 12; *Trüg* StV 2011, 111; zur Beweisqualität der Daten auf einer Steuer-CD vgl. AG Nürnberg wistra 2014, 113 m. Anm. *Ibold* HRRS 2013, 406 ff.
58 BGHSt 27, 355 (358); 32, 68 (71); 34, 362 (364); BGH wistra 2006, 267 (269 f.); ebenso *Lesch* 3/170; *Peters* 337 f.; *Ranft* Spendel-FS 734 ff.
59 *Grünwald* JZ 1966, 489 (500); AK-*Gundlach* § 136a Rn 82 ff.; *Haffke* GA 1973, 65 (80 ff.); *Kohlhaas* JR 1960, 246 (248); *Kühne* Rn 912.1; *Nüse* JR 1966, 281 (284); *Otto* GA 1970, 289 (294); *Reinecke*, Die Fernwirkung von Beweisverwertungsverboten, 1990, 191; *Schroth* JuS 1998, 969 (970); *Spendel* NJW 1966, 1102 (1105).
60 BGHSt 29, 244 (248 ff.); KK-*Diemer* § 136a Rn 42; LR-*Gleß* § 136a Rn 75; R/H-*Radtke* Einl. 82; *Rogall* ZStW 91 (1979), 1 (39 f.).

2. Selbständige Beweisverwertungsverbote

▶ **FALL 6:** In einem Strafverfahren gegen den mordverdächtigen T wird dessen Tagebuch beschlagnahmt, in dem er über seine Taten und Beweggründe Aufzeichnungen gemacht hat.[61] ◀

Die Beweisverwertung kann als solche verboten sein, ohne dass das Beweismittel illegal erlangt wurde. 43

a) **Gesetzliche Verbote:** Einige dieser selbständigen Beweisverwertungsverbote sind gesetzlich fixiert, z.B. in §§ 393 Abs. 2 AO, 51 BZRG, 97 Abs. 1 S. 3 InsO, 67b SGB X, 81a Abs. 3, 81c Abs. 3 S. 5, 98b Abs. 3 S. 2, 100a Abs. 4 S. 2, 100d Abs. 5, 108 Abs. 2, 161 Abs. 2, 252, 477 Abs. 2 S. 2. 44

b) **Ungeschriebene Verbote:** Daneben gibt es auch ungeschriebene selbständige Beweisverwertungsverbote. Regelmäßig können sie unmittelbar aus der Verfassung abgeleitet werden. In erster Linie geht es dabei um Eingriffe in das **allgemeine Persönlichkeitsrecht** aus Art. 2 Abs. 1 i.V.m. Art. 1 Abs. 1 GG.[62] In jüngerer Zeit zieht der BGH aber auch vermehrt das Recht des Angeklagten auf ein faires Verfahren (Art. 2 Abs. 1 i.V.m. Art. 20 Abs. 3 GG, Art. 6 Abs. 1 EMRK) heran.[63] 45

In das allgemeine Persönlichkeitsrecht wird z.B. eingegriffen, wenn Tagebuchaufzeichnungen, Gesprächsmitschnitte oder Videoaufnahmen in das Strafverfahren eingeführt werden. Die Rechtfertigung solcher Eingriffe bemisst sich nach der **Sphärentheorie** des BVerfG:[64] 46

- Die **Sozialsphäre** umfasst das Leben einer Person in der Öffentlichkeit, etwa in öffentlichen Verkehrsmitteln oder auf Märkten. Eingriffe in die Sozialsphäre sind ohne Weiteres erlaubt.[65] 47

- Die **schlichte Privatsphäre** umfasst die privaten Räumlichkeiten einer Person, vor allem ihre Wohnung, sowie Sachverhalte, die typischerweise privat bleiben. Eingriffe in die Privatsphäre bedürfen einer Abwägung zwischen der Schwere des konkreten Eingriffs einerseits und der Schwere des Tatvorwurfs sowie der Notwendigkeit des Eingriffs andererseits.[66] 48

- Die **Intimsphäre** umfasst den regelmäßig auch gegenüber Dritten abgeschirmten Lebensbereich: den unantastbaren Kernbereich privater Lebensgestaltung. Eingriffe in diesen Bereich sind immer unzulässig.[67] 49

Für **Tagebuchaufzeichnungen** – wie in Fall 6 – ist es **umstritten**, ob sie der schlichten Privatsphäre oder der Intimsphäre zuzuordnen sind. Im ersteren Fall wäre Raum für 50

---

61 Nach BGHSt 19, 325.
62 BGHSt 50, 206 (210 ff.); 57, 71.
63 BGHSt 53, 294 m. Anm. *Hauck* NStZ 2010, 17; *Jahn* JuS 2009, 861 und *Klesczewski* StV 2010, 462; im Anschluss daran BGHSt 55, 138; in der Sache ebenso bereits BGH NStZ 2009, 343.
64 BVerfGE 34, 238 (245 ff.); 109, 279.
65 *Volk/Engländer* § 28/38. So setzt sich der Verkehrsteilnehmer nach BGH NJW 2011, 2783 (2785) der Wahrnehmung durch Dritte oder die Polizei aus, weshalb Ergebnisse einer rechtswidrigen Verkehrsüberwachung verwertbar sind.
66 BVerfGE 34, 238 (249 f.).
67 BVerfGE 34, 238 (245); 109, 279 (313 ff.); BGHSt 50, 206 (210); 57, 71; vgl. auch *Roxin* Wolter-FS 1057.

51 eine Abwägung, die nach Lage des Einzelfalls zu einer Verwertbarkeit des Tagebuchinhalts führen kann.[68] Im letzteren Falle wäre das Tagebuch unverwertbar.[69]

51 Nichtöffentliche **Selbstgespräche** sind dem durch Art. 2 Abs. 1 i.V.m. Art. 1 Abs. 1 GG absolut geschützten Kernbereich der Persönlichkeit zuzurechnen. Mit technischen Mitteln heimlich aufgezeichnete Selbstgespräche sind auch dann unverwertbar, wenn sie nicht in einer Wohnung iSv Art. 13 Abs. 1 GG, sondern in einem PKW geführt werden.[70]

II. Beweiswürdigung

▶ **FALL 7:** T wurde wegen Beleidigung des O angezeigt. O sagt als Zeuge gegen T aus. T bestreitet das Vorbringen. ◀

1. Gebundene und freie Beweiswürdigung

52 Wurde durch

- die **Beweiserhebung** (Fall 7: Zeugen**vernehmung** des O)
- ein **Beweisergebnis** erzielt (Fall 7: Zeugen**aussage** des O),
- muss dieses durch **Beweiswürdigung**[71] verwertet werden, um festzustellen, ob die beweisbedürftige Tatsache bewiesen wurde (**Fall 7:** die beleidigenden Worte des T).

Denkbar wäre es, durch sog. Beweisregeln vom Beweisergebnis auf den Beweis zu schließen, z.B. dergestalt, dass die übereinstimmende Aussage zweier Zeugen zwingend beweiskräftig oder im Falle zweier entgegenstehender Aussagen („Aussage gegen Aussage", vgl. Fall 7) niemals Beweis erbracht sei.[72] In solchen Fällen fände eine durch Beweisregeln gebundene Beweiswürdigung statt.

53 Eine solche gebundene Beweiswürdigung würde durch die enge rechtliche Bindung des Gerichts und die einfache Überprüfbarkeit richterlicher Willkür vorbeugen. Sie würde dabei aber der Komplexität materieller Wahrheitsfindung nicht gerecht, denn sie führte zu einer formellen Wahrheit, die wegen des Schuldgrundsatzes nicht Ziel des Strafverfahrens ist. Im heutigen Strafverfahren gilt daher das entgegengesetzte Prinzip: der **Grundsatz der freien Beweiswürdigung**.[73] Die Beweiswürdigung ist insoweit frei, als sie grds. nicht an starre Beweisregeln gebunden ist.[74]

2. Der Grundsatz der freien Beweiswürdigung

54 Der Grundsatz der freien Beweiswürdigung findet sich niedergelegt in § 261, wo es heißt, das Gericht entscheide über das Ergebnis der Beweisaufnahme nach seiner **freien, aus dem Inbegriff der Hauptverhandlung geschöpften Überzeugung**. Die Vorschrift gilt somit für das Gericht nach Abschluss der Beweisaufnahme in der Hauptverhand-

---

63 So BVerfGE 80, 367 (373 ff.); BVerfG StraFo 2008, 421; BGHSt 19, 325 ff.; *Ranft* Rn 1602 f.; diff. *Beulke/Swoboda* Rn 473.
69 So *Eisenberg* Rn 391 f.; *Volk/Engländer* § 28/39.
70 BGHSt 57, 71; zum Ganzen *Eschelbach/Wasserburg* Wolter-FS, 877 ff.
71 Vertiefend zum Begriff der Beweiswürdigung *Herdegen* Eisenberg-FS 527.
72 Vgl. *Roxin/Schünemann* § 45/42; vgl. auch Art. 60–67 CCC, §§ 415 ff. ZPO.
73 Vertiefend *A. Schmidt*, Grundsätze der freien richterlichen Beweiswürdigung im Strafprozeßrecht, 1993; *B. Schmitt*, Die richterliche Beweiswürdigung im Strafprozeß, 1992; *Walter*, Freie Beweiswürdigung, 1979.
74 BVerfG JR 2004, 37 (39) m. Anm. *Böse*; *Eisenberg* Rn 88; *Ranft* Rn 1624.

lung, drückt aber eine Maxime aus, die im gesamten Strafverfahren für alle beteiligten Strafverfolgungsorgane gilt.[75]

Voraussetzung für eine Verurteilung und damit Beweismaß ist demnach die Überzeugung des Gerichts von den Tatsachen, welche die Verurteilung tragen. Überzeugung im Sinne des § 261 ist die subjektive Gewissheit,[76] die objektiv nachvollziehbar gebildet wurde. **Vernünftige Zweifel,** auch wenn sie nur gering sind, schließen eine solche Gewissheit aus.[77] Letzte **abstrakte theoretische Zweifel** lassen sich aufgrund des begrenzten menschlichen Erkenntnisvermögens niemals vermeiden und sind daher unerheblich.[78]

3. Grundlage der Überzeugung

Grundlage der richterlichen Überzeugung ist der **Inbegriff der Hauptverhandlung.** Nur das, was in die Hauptverhandlung eingeführt wurde, darf zur Überzeugung des Gerichts beitragen.[79] Alle anderen Umstände hat das Gericht daher auszublenden. Bezüglich der in die Hauptverhandlung einbezogenen Tatsachen gelten weitere Einschränkungen:

- Beweisverwertungsverbote schließen Tatsachen von der Beweiswürdigung aus.[80]

  Exemplarisch: Wäre O in **Fall 7** mit T im Sinne von § 52 Abs. 1 Nr 3 verwandt und in Unkenntnis seines daraus folgenden Zeugnisverweigerungsrechts unbelehrt vernommen worden, so wäre seine Aussage unverwertbar. Das Gericht darf seiner Beweiswürdigung dann nur die Einlassung des T zugrunde legen, was in **Fall 7** nur zu einem Freispruch führen kann.

- Wahrgenommene Rechte dürfen regelmäßig nicht negativ in die Beweiswürdigung eingehen.[81]

  Exemplarisch: Macht T in **Fall 7** von seinem Schweigerecht Gebrauch, so darf das Gericht daraus nicht etwa schließen, er wolle die von O bezeugte Tat bloß verheimlichen. Das Schweigerecht wäre wenig wert, wenn es negative Schlussfolgerungen zuließe. Zudem kann es auch für einen unschuldigen Angeklagten je nach Lage des Falles ratsam sein, zu schweigen. Aus dem vollständigen und auch dem zeitweisen – bis zur Hauptverhandlung –[82] Schweigen dürfen deswegen keine nachteiligen Schlüsse gezogen werden.[83]

- Ausnahmsweise bestehende Beweisregeln binden die Beweiswürdigung.[84] Beispielhaft sind §§ 51 Abs. 1 BZRG, 190 StGB, 274.

---

75 *Roxin/Schünemann* § 45/43 ff.
76 BGHSt 10, 208 f.; BGH NStZ 1983, 277 f.; *Eisenberg* Rn 89; *Roxin/Schünemann* § 45/43; *Schroeder/Verrel* Rn 269.
77 BGH NStZ 1988, 236 (237); 1998, 475 f.; *Eisenberg* Rn 90; *Roxin/Schünemann* § 45/43; *Schlüchter* Rn 567.
78 BGHSt 10, 208 (211); BGH NStZ-RR 2007, 86 (87); *Beulke/Swoboda* Rn 490; *Eisenberg* Rn 90; *Pfeiffer* § 261 Rn 1.
79 BGHSt 19, 193 (195); BGH NStZ 2013, 357; HK-*Julius/Beckemper* § 261 Rn 3; *Meyer-Goßner/Schmitt* § 261 Rn 5; KK-*Ott* § 261 Rn 6 ff.
80 BGHSt 29, 109 (110 f.); *Arzt* Peters-FS 223 (231); *Eisenberg* Rn 109; *Finger* JA 2006, 529 (530); *Meyer-Goßner/Schmitt* § 261 Rn 13.
81 BGH NStZ 2004, 392 (393); 2014, 415; *Beulke/Swoboda* Rn 495; *Eisenberg* Rn 112.
82 BGH NStZ 2014, 666.
83 BVerfG NStZ 1995, 555; BGHSt 25, 365 (368); 32, 140 (144); 34, 324 (326); anders bei teilweisem Schweigen, weil sich der Angeklagte durch die teilweise Aussage der Beweiswürdigung unterstellt: BGHSt 20, 298 (300); 32, 140 (145); BGH NStZ-RR 2011, 118; aA *Aselmann* JR 2001, 80 (81 f.); *Park* StV 2001, 589 (591).
84 *Beulke/Swoboda* Rn 494; *Eisenberg* Rn 109 ff.; *Kühne* Rn 952; *Roxin/Schünemann* § 45/52 f.

4. Grundlage der Überzeugungsbildung

60 Die Beweiswürdigung ist frei, weil sie grundsätzlich an keine starren Beweisregeln gebunden ist; hingegen darf sie nicht frei von **Vernunft und Nachvollziehbarkeit** sein. Daher bedarf die Überzeugungsbildung des Gerichts der Vernunft und Überprüfbarkeit willen einer objektiven Grundlage:[85]

61 ■ Das Gericht muss die Tatsachen **umfassend und erschöpfend** würdigen.[86]
Umfassend ist die Würdigung, wenn sie sämtliche in die Hauptverhandlung eingeführten Tatsachen berücksichtigt.[87]
Eine erschöpfende Würdigung verlangt, dass jede Tatsache auch in jeder Hinsicht zu betrachten ist.[88]

62 ■ Das Gericht muss **logische** Folgerungen ziehen.[89] Die Schlüsse des Gerichts dürfen also nicht gegen Denkgesetze verstoßen: Sie müssen vielmehr lückenlos und widerspruchsfrei sein.

63 ■ Das Gericht muss **wissenschaftliche Erkenntnisse** beachten.[90] So hat ein Blutgruppengutachten, das eine Vaterschaft ausschließt, wegen der dem Gutachten zugrunde liegenden wissenschaftlichen Erkenntnisse eine unbedingte Beweiskraft.[91]

64 ■ Das Gericht darf nur **zutreffende Erfahrungssätze** anwenden und muss ihre Wahrscheinlichkeitsaussage im richtigen Grad berücksichtigen.[92] Bei einem Privatfahrzeug kann z.B. nicht zwingend davon ausgegangen werden, es werde nur vom Halter gefahren.[93] Vielmehr besteht je nach den Umständen des Einzelfalls nur eine mehr oder minder große Wahrscheinlichkeit für diese Annahme.[94]

65 Diese Anforderungen führen dazu, dass die subjektive Überzeugung des Gerichts auf einer **objektiv gesicherten Grundlage** fußt.[95]

66 Innerhalb dieser Grenzen ist das Gericht in seiner Überzeugung ungebunden. Stehen etwa zwei Aussagen gegeneinander, so darf das Gericht zweifeln und keiner der beiden Aussagen Glauben schenken. Es darf aber auch einer der Aussagen den Vorzug geben, wenn es alle Umstände, die dafür und dagegen sprechen, würdigt.[96] So wäre eine Verurteilung in **Fall 7** zwar unwahrscheinlich, aber nicht ausgeschlossen, wenn das Gericht nach einer erschöpfenden Gesamtwürdigung objektiv nachvollziehbar zu dem Schluss kommt, dass O die Wahrheit sagte.

III. In dubio pro reo

▶ **FALL 8:** In Fall 7 ist das Gericht weder von der Einlassung des T noch von der Zeugenaussage des O überzeugt. ◀

---

85 *Eisenberg* Rn 91; *Roxin/Schünemann* § 45/50; KMR-*Stuckenberg* § 261 Rn 29.
86 BGHSt 10, 208 (212); 20, 298 (299 f.); *Eisenberg* Rn 98, 100; *Meyer-Goßner/Schmitt* § 261 Rn 6.
87 KK-*Ott* § 261 Rn 17 ff.
88 BGHSt 25, 365 (367); BGH StV 2002, 469; KK-*Ott* § 261 Rn 49.
89 BVerfG NStZ-RR 2003, 299 (302); BGHSt 39, 291 (295); BGH NStZ-RR 2005, 149; KK-*Ott* § 261 Rn 45f.
90 BGHSt 6, 70 (72 ff.); 39, 291 (295); *Kindhäuser* Jura 1988, 290 (296); LR-*Sander* § 261 Rn 51 ff.
91 BGHSt 6, 70 (72 ff.).
92 *Eisenberg* Rn 103 ff.; LR-*Sander* § 261 Rn 49.
93 BGHSt 25, 365 (367 ff.).
94 BGHSt 25, 367 (369).
95 *Kindhäuser* Jura 1988, 290 (295 f.); *Schlüchter* Rn 567; KMR-*Stuckenberg* § 261 Rn 29.
96 Dazu BGHSt 44, 153 (158 f.); 256 (257); BGH NStZ 2003, 165 (166 f.); NStZ-RR, 2015, 86; *Maier* NStZ 2005, 246 ff. Zu den höchstrichterlichen Anforderungen an eine Beweiswürdigung in den Fällen „Aussage gegen Aussage" *Miebach* NStZ-RR 2014, 233 f.; *Schmandt* StraFo 2010, 446.

1. Der Grundsatz

Ist die Beweiswürdigung abgeschlossen, so kann es sein, dass das Gericht zu entscheidungserheblichen Tatsachen keine Überzeugung gewinnen konnte, vielmehr Zweifel geblieben sind („*non liquet*").[97] Ein solcher Zweifel lässt mindestens zwei Sachverhaltsvarianten als denkbar erscheinen. Sie können unterschiedliche Rechtsfolgen haben. Für das Gericht stellt sich dann das Problem, wie es sich ob des Zweifels entscheiden soll. Für diese Entscheidung gilt der Grundsatz *in dubio pro reo*: „Im Zweifel für den Angeklagten".[98] Im Zweifelsfall ist daher diejenige Entscheidung zu treffen, die für den Angeklagten die günstigsten Rechtsfolgen nach sich zieht.

67

Der Grundsatz *in dubio pro reo* ist im Gesetz nicht ausdrücklich niedergelegt, wird aber aus verschiedenen Rechtsquellen hergeleitet. Zu denken ist an den Schuldgrundsatz, das Rechtsstaatsprinzip (Art. 20 Abs. 3, 28 Abs. 1 S. 1 GG), Art. 103 Abs. 2 GG, 6 Abs. 2 EMRK, 14 Abs. 2 IPBPR, § 261 StPO sowie an Gewohnheitsrecht.[99]

68

2. Der Anwendungszeitpunkt

Der Grundsatz *in dubio pro reo* wird erst **nach vollständig abgeschlossener Beweiswürdigung** auf die verbleibenden und entscheidungserheblichen Zweifel angewandt.[100] Er ist eine Entscheidungsregel für den Fall eines (nicht mehr behebbaren) Zweifels.[101] Ein solcher Zweifel des Gerichts **muss tatsächlich vorliegen**. Dass das Gericht nach den Grundsätzen über die Beweiswürdigung hätte zweifeln müssen, obwohl es nicht gezweifelt hat, eröffnet noch **nicht** den Anwendungsbereich von *in dubio pro reo*,[102] sondern betrifft die Beweiswürdigung nach § 261.

69

Für **Fall 8** bedeutet das, dass das Gericht den Grundsatz *in dubio pro reo* nicht unmittelbar nach den beiden Aussagen des T und O anwenden darf, sondern zunächst beide Aussagen und etwaige weitere Beweisergebnisse umfassend und erschöpfend würdigen muss. Erst wenn nach Schluss der Hauptverhandlung trotz Beweiswürdigung Zweifel verbleiben, darf *in dubio pro reo* verfahren werden.

70

3. Der Anwendungsgegenstand

Zweifel des Gerichts können tatsächliche Umstände betreffen, aber auch die rechtliche Beurteilung eines Sachverhalts. **Rechtliche Zweifel** können jedoch **niemals** *in dubio pro reo* entschieden werden.[103] Vielmehr sind Rechtsfragen allein durch Auslegung und wertende Subsumtion zu klären.[104] Der Grundsatz *in dubio pro reo* findet daher ausschließlich auf Zweifel Anwendung, die **Tatsachen** betreffen, beispielsweise ob T die vermeintlich beleidigenden Sätze gegenüber O wirklich geäußert hat. Die Rechtsfrage aber, ob die Äußerungen des T juristisch als Beleidigung im Sinne von § 185 StGB zu bewerten sind, kann nur durch Auslegung des § 185 StGB und wertende Subsumtion

71

---

97 „Es ist nicht klar".
98 Vertiefend *Lehmann*, Die Behandlung zweifelhaften Tatverstoßes im Strafprozeß, 1983; *Michael*, Der Grundsatz in dubio pro reo im Strafverfahrensrecht, 1981; *Stree*, In dubio pro reo, 1962.
99 Vgl. *Kühne* Rn 955 f.; *Montenbruck*, In dubio pro reo aus normtheoretischer, straf- und strafverfahrensrechtlicher Sicht, 1985; *Walter* JZ 2006, 340 (344 f.).
100 BGH NStZ-RR 2005, 209; 2008, 350; 2012, 18; *Pfeiffer* § 261 Rn 16.
101 BGH NStZ-RR 2005, 209; LR-*Sander* § 261 Rn 103.
102 BVerfG NJW 2002, 3015; *Pfeiffer* § 261 Rn 16.
103 BGHSt 14, 68 (73); KK-*Ott* § 261 Rn 60; *Pfeiffer* § 261 Rn 18.
104 KK-*Ott* § 261 Rn 60; *Walter* JZ 2006, 340 (346).

entschieden werden, ohne Rücksicht darauf, ob das auf diese Weise gefundene Ergebnis für O günstig ist oder nicht.

72 Bei den Tatsachenzweifeln unterscheidet man nach Tatsachenzweifeln, die die Schuld- und Rechtsfolgenfrage betreffen und solchen, die Grundlage von Prozessvoraussetzungen, Prozesshindernissen oder anderen Verfahrensfragen sind:

73 ■ Auf Tatsachenzweifel, die für die Schuld- und Rechtsfolgenfrage erheblich sind, findet *in dubio pro reo* immer und in vollem Umfang Anwendung.[105] Beispiel für einen Zweifel, der eine schuldrelevante Tatsache betrifft, wäre die nach der Hauptverhandlung offen gebliebene Frage, ob es T war, der die beleidigenden Sätze gegenüber O äußerte.

74 ■ Soweit Tatsachenzweifel für Prozessvoraussetzungen oder Prozesshindernisse bedeutsam sind – etwa die Frage des Tatzeitpunkts im Hinblick auf die Verjährung –, ist die Anwendbarkeit von *in dubio pro reo* unklar.[106]
 – Die Rechtsprechung differenziert nach den einzelnen Prozessvoraussetzungen und -hindernissen. So wendet sie *in dubio pro reo* z.B. auf Tatsachenzweifel betreffend die Verjährung,[107] den Strafklageverbrauch[108] und den Strafantrag[109] an.

75 – Tatsachenzweifel, die sonstige Verfahrensfragen betreffen, werden nach hM[110] nicht *in dubio pro reo* behandelt. Vielmehr müssen Verfahrensverstöße bewiesen sein.[111]

4. Die Anwendungsmethode

76 *In dubio pro reo* ist eine Entscheidungsregel der Rechtsanwendung, **keine Beweisregel**.[112] Das bedeutet, dass das Gericht von den möglichen Entscheidungsalternativen diejenige wählt, die die für den Angeklagten günstigsten Rechtsfolgen anordnet. Für die Anwendung folgt daraus, dass zunächst alle in Betracht kommen den Entscheidungsalternativen ermittelt werden müssen. Dazu werden die aufgrund des Zweifels möglichen Sachverhaltsalternativen gebildet und vollständig durchgeprüft (wobei das Gericht freilich keine Sachverhaltsalternativen beachten muss, für die keine zuverlässigen Anhaltspunkte vorliegen).[113] In einem zweiten Schritt ist hinsichtlich jeder möglichen Sachverhaltsvariante für jeden Tatbestand gesondert die für den Täter günstigste Rechtslage zu bestimmen.

77 Es ist für das Urteil dann dasjenige Ergebnis zu Grunde zu legen, das zu einem Freispruch führt bzw. die für den Angeklagten mildesten Rechtsfolgen nach sich zieht.[114]

78 Kommt die Beurteilung der Sachverhaltsalternativen zu dem Ergebnis, dass nach allen Alternativen Straftatbestände verwirklicht sind, die zueinander in keinem Stufenver-

---

105 *Pfeiffer* § 261 Rn 17.
106 Siehe hierzu § 14 Rn 28; *Mann* ZStW 76 (1964), 264 ff.; vgl. auch den kritischen Überblick zur Rechtsprechung bezüglich einzelner Verfahrenshindernisse bei *Meyer-Goßner* Jung-FS 543 ff.
107 BGHSt 18, 274 (278 f.); BGH StraFo 2006, 408.
108 BGHSt 46, 349 (352); StV 1989, 190; NStZ 2010, 160 (161); krit. *Meyer-Goßner* Jung-FS 543 (546 f.).
109 RGSt 47, 238 f.
110 BGHSt 16, 164 (167); 17, 351 (352 f.); 21, 4 (10); *Eisenberg* Rn 131; KK-*Ott* § 261 Rn 63.
111 BGHSt 16, 164 (167); 17, 351 (352 f.); 21, 4 (10); KK-*Ott* § 261 Rn 63.
112 BGH wistra 2006, 315; *Joecks* § 261 Rn 24.
113 BGH JR 2007, 300.
114 *Walter* JZ 2006, 340 (348); näher zu *in dubio pro reo* und Wahlfeststellung *Kindhäuser* AT § 48/1 ff.; *Wachsmuth/Waterkamp* JA 2005, 509 ff.

§ 23 Beweisverwertung

hältnis stehen, so kann in Anwendung der **Wahlfeststellung** auf wahldeutiger Grundlage verurteilt werden.[115] Der Grundsatz *in dubio pro reo* findet in einer solchen Konstellation ausnahmsweise keine Anwendung.[116]

WIEDERHOLUNGS- UND VERTIEFUNGSFRAGEN

> Welche Beweisverwertungsverbote unterscheidet man? (Rn 3 ff.)
> Wann zieht der Verstoß gegen ein Beweiserhebungsverbot ein Beweisverwertungsverbot nach sich? (Rn 8 ff.)
> Entfällt ein ansonsten bestehendes Beweisverwertungsverbot, wenn das illegal erlangte Beweismittel auch auf legalem Wege hätte erlangt werden können? (Rn 31 ff.)
> Ist jedermann an die Bestimmungen der StPO zur Beweiserhebung gebunden? (Rn 34 ff.)
> Welche Reichweite haben Beweisverwertungsverbote? (Rn 38 ff.)
> Welche Grenzen sind der freien Beweiswürdigung gezogen? (Rn 56 ff., 60 ff.)
> Ab welchem Zeitpunkt darf der Grundsatz *in dubio pro reo* angewandt werden? (Rn 69)

---

115 *Kindhäuser* AT § 48/7 ff.; *Schroeder/Verrel* Rn 273; zu beachten ist jedoch, dass nach Auffassung des 2. Strafsenats die ungleichartige Wahlfeststellung verfassungswidrig ist; er hat daher mit enstsprechendem Beschluss einen weiteren Bestand dieses Rechtsinstituts in Frage gestellt, vgl. BGH NStZ 2014, 392; zust. *Jahn* JuS 2014, 753 ff.
116 *Schroeder/Verrel* Rn 273.

§ 24 Urteil und Urteilsfindung

1 Die Hauptverhandlung schließt mit der auf die Beratung folgenden Verkündung des Urteils (§ 260 Abs. 1). Indem das Urteil die Hauptverhandlung abschließt, beendet es auch die Instanz,[1] also das Verfahren vor dem urteilenden – erkennenden – Gericht.

I. Terminologie

1. Überblick

2 Das Urteil ist eine richterliche Entscheidung. An richterlichen Entscheidungen unterscheidet man:
- Urteile
  - Sachurteile
  - Prozessurteile
- Beschlüsse
  - Prozessbegleitende Beschlüsse
  - Prozessbeendende Beschlüsse
- Verfügungen

2. Urteile

3 Das Urteil ist eine in und aufgrund einer Hauptverhandlung ergehende formgebundene und mit besonderen Wirkungen versehene instanzabschließende Entscheidung des erkennenden Gerichts.[2] Mit dieser soll das Verfahren zumindest in der betreffenden Instanz endgültig beendet und der Prozessgegenstand umfassend erledigt werden.[3] Daher kennt die StPO **keine Teil- oder Zwischenurteile**, durch die einzelne, denselben Prozessgegenstand betreffende Fragen oder einzelne Rechtsfolgen gesondert entschieden werden.[4] Das Urteil führt zum Abschluss des Verfahrens insgesamt, wenn es unanfechtbar ist oder keine Rechtsmittel gegen das Urteil eingelegt werden.[5]

4 Zu unterscheiden sind in erster Linie **Sachurteile** und **Prozessurteile**:[6]

5 **a) Sachurteile:** Das Strafverfahren strebt ein Urteil an, mit dem das Gericht „in der Sache" entscheidet, also materiellrechtlich (synonym: sachlich-rechtlich) über die Schuld des Angeklagten und die etwaigen Rechtsfolgen. Es geht in erster Linie um Verurteilung oder Freispruch. Ein solches Urteil nennt man Sachurteil.[7] Das Sachurteil ist der materiellen Rechtskraft fähig und verbraucht damit die Strafklage (näher unten § 25 Rn 27 ff.).

6 **b) Prozessurteile:** Ein Sachurteil darf nur ergehen, wenn die Prozessvoraussetzungen erfüllt sind bzw. keine Prozesshindernisse bestehen.[8] Es ist denkbar, dass solche Hinder-

---

[1] *Roxin/Schünemann* § 48/1; *Volk/Engländer* § 31/1.
[2] *Beulke/Swoboda* Rn 488; KMR-*Stuckenberg* § 260 Rn 12 ff.; ferner *Ellbogen* JA 2010, 137.
[3] BGHSt 18, 381 (384 f.); 26, 106 (108); MK-*Maier* § 260 Rn 43; KMR-*Stuckenberg* § 260 Rn 12.
[4] BGHSt 49, 209 (211); BGH NStZ 1984, 212; MK-*Maier* § 260 Rn 50 f.; KK-*Ott* § 260 Rn 17; *Volk/Engländer* § 31/1.
[5] *Meyer-Goßner/Schmitt* § 260 Rn 5.
[6] *Meyer-Goßner/Schmitt* § 260 Rn 7; dazu und zu Sonderfällen MK-*Maier* § 260 Rn 46 ff.
[7] KK-*Ott* § 260 Rn 16; *Roxin/Schünemann* § 48/1.
[8] S. nur *Beulke/Swoboda* Rn 273.

nisse erst in der Hauptverhandlung auffallen oder dann erst eintreten. Ist damit das weitere Verfahren und insbesondere eine Sachentscheidung unzulässig geworden, so muss das Verfahren eingestellt werden (§ 260 Abs. 3). Das geschieht in der Hauptverhandlung durch ein sog. Prozessurteil.[9] Da die Sachentscheidung im Falle eines Verfahrenshindernisses unzulässig ist, geht das Prozessurteil nicht auf die materielle Rechtslage ein, sondern spricht nur die Verfahrenseinstellung aus den jeweiligen prozessualen Gründen aus.[10] Es ist dementsprechend auch nicht der materiellen Rechtskraft fähig und verbraucht deshalb auch nicht die Strafklage.[11] Ausnahmsweise ist es aber in Fällen gegebener Entscheidungsreife angebracht, die Einstellung nach § 260 Abs. 3 durch ein freisprechendes Sachurteil zu ersetzen, wenn nach der bisherigen Beweisaufnahme bereits feststeht, dass dem Angeklagten eine Straftat nicht nachgewiesen werden kann und erst anschließend das Prozesshindernis entdeckt wird.[12] Eine Einstellung nach § 260 Abs. 3 liefe hier dem Interesse des Angeklagten zuwider, die unwiderlegte Unschuldsvermutung zu verdeutlichen.[13]

3. Beschlüsse

▶ **FALL 1:** Die große Strafkammer verkündet ein „Urteil", mit dem sie das Verfahren vorläufig einstellt.[14] ◀

Man unterscheidet prozessbegleitende und prozessbeendende Beschlüsse: 7

a) **Prozessbegleitende Beschlüsse:** Im Gegensatz zum Urteil wirken prozessbegleitenden Beschlüsse nicht instanz- oder verfahrensabschließend, sondern betreffen Fragen, die für Fortgang und Verlauf des Strafverfahrens von Bedeutung sind; exemplarisch sind Beschlüsse über Ablehnungsanträge (§§ 26a, 27) oder Ordnungsmittelbeschlüsse (§§ 51, 70, 77). 8

b) **Prozessbeendende Beschlüsse:** Prozessbeendende Beschlüsse ergehen meist außerhalb der Hauptverhandlung, in manchen Fällen aber auch innerhalb der Hauptverhandlung. Beispiele finden sich in §§ 153 ff., 204, 206a f. 9

c) **Abgrenzung zum Urteil:** Urteile und Beschlüsse dürfen nicht verwechselt werden. Denn nicht nur die Gestaltungsregeln der jeweiligen Entscheidungsformen unterscheiden sich, sondern auch die **Gerichtsbesetzung** und die **Rechtsbehelfe** gegen die Entscheidung.[15] Maßgebend dafür, ob eine Entscheidung ein Urteil oder ein Beschluss ist, ist nicht die Bezeichnung der Entscheidung, sondern ihr **sachlicher Inhalt**.[16] So erfolgt beispielsweise eine vorläufige Einstellung des Verfahrens immer durch Beschluss, auch wenn der Beschluss im Einzelfall – wie in **Fall 1** – fehlerhaft als „Urteil" bezeichnet sein mag. Denn die StPO sieht keine vorläufige Einstellung im Wege eines Urteils vor: Das Prozessurteil ist eine verfahrensbeendende Einstellung, keine vorläufige. 10

---

9 *Beulke/Swoboda* Rn 488; MK-*Maier* § 260 Rn 46.
10 KK-*Ott* § 260 Rn 16; Prozessurteile können auch auf die Verwerfung eines Rechtsbehelfs als unzulässig (§§ 322 Abs. 1 S. 2, 329 Abs. 1, 349 Abs. 1 und 5, 412) oder die Verweisung des Verfahrens an das zuständige Gericht (§§ 328 Abs. 2, 355) lauten.
11 KK-*Ott* § 260 Rn 16; *Pfeiffer* § 260 Rn 23; *Ranft* Rn 1834.
12 BGHSt 20, 333 (335); *Roxin/Schünemann* § 49/16; ausf. *Sternberg-Lieben* ZStW 108 (1996), 721 ff.
13 BGHSt 20, 333 (335); *Sternberg-Lieben* ZStW 108 (1996), 721 ff.
14 Nach BGHSt 25, 242 ff.
15 Vgl. BGHSt 8, 383 (385).
16 BGHSt 25, 242 (243); KK-*Ott* § 260 Rn 15; KMR-*Stuckenberg* § 260 Rn 12.

4. Verfügungen

11 Gerichtliche **Verfügungen** haben im Gegensatz zu Urteilen keine prozessbeendende Wirkung. Sie sind – wie z.b. die Entziehung des Wortes gem. § 241 Abs. 2 – lediglich prozessbegleitende Anordnungen eines einzelnen Richters (z.b. des Vorsitzenden), für die das Gesetz keine Entscheidung des Gerichts vorsieht.[17] Eine Abgrenzung zwischen Beschluss und Verfügung ist ohne praktische Bedeutung.[18]

II. Verfahrensablauf

12 Nach den Schlussvorträgen (§ 258 Abs. 1 und 2 HS 1) und dem letzten Wort des Angeklagten (§ 258 Abs. 2 HS 2) verläuft das Strafverfahren typischerweise wie folgt:
- Urteilsfindung
- Beratung
- Abstimmung
- Urteilsverkündung
- Verlesung der Urteilsformel
- Eröffnung der Urteilsgründe
- Abfassung der Urteilsurkunde

III. Die Urteilsfindung

1. Der Gegenstand der Urteilsfindung

13 Gegenstand der Urteilsfindung ist die in der Anklage bezeichnete **prozessuale Tat**, wie sie sich nach dem Ergebnis der Hauptverhandlung darstellt (§ 264 Abs. 1). Das Gericht hat dabei das Recht und die Pflicht, den Prozessstoff unter allen in Betracht kommenden strafrechtlichen Gesichtspunkten vollständig zu würdigen.[19] Andererseits darf das Gericht bei der Fassung der Urteilsformel nicht über die Grenzen der im Eröffnungsbeschluss umschriebenen Tat hinausgehen. Nicht im Eröffnungsbeschluss genannte Taten sind nicht Prozessgegenstand und daher auch nicht Gegenstand der Urteilsfindung. Sie können erst im Wege der (Nachtrags-) Anklage prozessgegenständlich werden (vgl. §§ 151, 266). In rechtlicher Beziehung ist das Gericht aber frei und nicht an die Beurteilung der Tat i.S.d. Eröffnungsbeschlusses gebunden (§ 264 Abs. 2).

2. Beratung

▶ **FALL 2:** Jurastudent S, der ein sechswöchiges Gerichtspraktikum absolviert, und Rechtsreferendarin R nehmen im Rahmen eines Berufungsverfahrens gegen A an der gerichtlichen Beratung teil.[20] ◀

14 Die Urteilsfindung beginnt mit der Beratung der Richter über das Urteil. Die Richter besprechen unter der Leitung des Vorsitzenden (§ 194 GVG) die für die Urteilsfindung bedeutsamen tatsächlichen und rechtlichen Fragen. Dazu zieht sich das Gericht gewöhnlich in ein Beratungszimmer zurück. Denn die Beratung ist **geheim** (§ 43 DRiG).

---

17 Vgl. *Roxin/Schünemann* § 23/3.
18 Vgl. hierzu *Meyer-Goßner/Appl* Rn 829.
19 BGH StV 1994, 63 f.; KK-*Ott* § 260 Rn 17; *Roxin/Schünemann* § 48/7; KMR-*Stuckenberg* § 260 Rn 15.
20 Vgl. *Schlüchter* Rn 581.

Teilnehmer an der Beratung sind grundsätzlich nur die zur Entscheidung berufenen Richter (§ 193 Abs. 1 GVG). Auf Gestattung des Vorsitzenden dürfen auch die bei demselben Gericht zu ihrer juristischen Ausbildung beschäftigten Personen und die dort beschäftigten wissenschaftlichen Hilfskräfte bei der Beratung anwesend sein (§ 193 Abs. 1 GVG). Unter den Voraussetzungen des § 193 Abs. 2–4 GVG ist auch die Anwesenheit der dort bezeichneten ausländischen Juristen während ihres Studienaufenthaltes auf Gestattung des Vorsitzenden zulässig.

Nach diesen Regeln darf R in **Fall 2** an den Beratungen teilnehmen, sofern sie als **Rechtsreferendarin** gerade bei diesem Gericht beschäftigt ist und der Vorsitzende die Anwesenheit gestattet. Für S ist hingegen fraglich, ob er als **Praktikant** „bei demselben Gericht zu seiner **juristischen Ausbildung** beschäftigt" ist:

- Eine **Literaturansicht**[21] versteht diese Formulierung in einem **weiten** Sinne und meint daher, dass auch Jurastudenten als Praktikanten an den Beratungen teilnehmen dürften. Nach ihrer Meinung wäre es für S zulässig, an den Beratungen teilzunehmen, wenn er sein Praktikum an gerade diesem Gericht ableistet und seine Anwesenheit seitens des Vorsitzenden gestattet ist.
- V.a. die **Rechtsprechung**[22] ist anderer Ansicht. Nach ihr dient das Praktikum eher der Berufsorientierung und weniger der juristischen Ausbildung, wie das erst bei Rechtsreferendaren der Fall sei. Zudem würden Studenten, weil sie anders als Referendare nicht disziplinarrechtlich in die Justiz eingebunden sind, das Beratungsgeheimnis und infolgedessen die Unabhängigkeit der Gerichte (Art. 97 GG, § 1 GVG) gefährden.

3. Abstimmung

Im Anschluss an die Beratung wird **abgestimmt**. Der Vorsitzende stellt die Fragen und sammelt die Stimmen (§ 194 GVG).[23] Die Reihenfolge der Stimmabgabe ist in § 197 GVG exakt geregelt. Die Regelung soll eine Stimmabgabe ermöglichen, die unbeeinflusst von Dienst- oder Lebensalter, Autorität oder Fachwissen erfolgt.[24] Die Entscheidung des Gerichts setzt, soweit das Gesetz nichts anderes bestimmt, die **absolute Mehrheit** der Stimmen voraus (§ 196 Abs. 1 GVG). Wichtigste **Sonderregelung** ist die Entscheidung über die **Schuldfrage** und die **Rechtsfolgen** der Tat, die nach § 263 Abs. 1 eine Mehrheit von **zwei Dritteln** der Stimmen erfordert.

IV. Die Urteilsverkündung

Die Urteilsverkündung soll durch den Vorsitzenden nach Beratung und Abstimmung öffentlich erfolgen und „im Namen des Volkes" ergehen (§ 268 Abs. 1). Sie gliedert sich in:

- Verlesung der Urteilsformel
- Eröffnung der Urteilsgründe

---

[21] *Bayreuther* JuS 1996, 686 (687 f.); *Seifert* MDR 1996, 125 (128); *Speiermann* NStZ 1996, 397 f.
[22] BGHSt 41, 119; ebenso BeckOK-*Graf* § 193 GVG Rn 8; *Hellmann* Rn 794;.
[23] Näher zur Abstimmungsmethode *Roxin/Schünemann* § 48/12 ff.
[24] *Roxin/Schünemann* § 48/11.

1. Das Verlesen der Urteilsformel

17 Auf den Ausspruch „im Namen des Volkes" wird die vorher schriftlich fixierte Urteilsformel[25] verlesen. Die Urteilsformel ist die Grundlage der Rechtskraft und der Strafvollstreckung. Sie ist damit der zentrale Bestandteil des Urteils.

18 Der **Aufbau** der Urteilsformel hängt davon ab, ob es sich um ein **Prozess- oder Sachurteil** handelt. Beim Sachurteil hängt die Urteilsformel zudem davon ab, ob es verurteilend, freisprechend oder teilfreisprechend ist:

19 a) **Verurteilung:** Die Urteilsformel eines verurteilenden Sachurteils setzt sich aus dem Schuldspruch und dem Rechtsfolgenausspruch zusammen. Der **Schuldspruch** benennt das Delikt mit seiner rechtlichen Bezeichnung, dessen der Angeklagte für schuldig befunden wurde. Der **Rechtsfolgenausspruch** verhängt die Strafe, etwaige Maßregeln der Besserung und Sicherung und legt dem Angeklagten die Kosten des Verfahrens auf. Exemplarisch für eine verurteilende Urteilsformel: „Der Angeklagte wird wegen schwerer Körperverletzung zu einer Freiheitsstrafe von fünf Jahren verurteilt. Er trägt die Kosten des Verfahrens."

20 b) **Freispruch:** Eine freisprechende Urteilsformel besteht nur aus dem Freispruch als solchem und der Kostenentscheidung. Beispielhaft: „Der Angeklagte wird freigesprochen. Die Kosten des Verfahrens und die notwendigen Auslagen des Angeklagten fallen der Staatskasse zur Last."

Der Freispruch darf **keinerlei Zusätze** enthalten, vor allem nicht, ob der Freispruch mangels Beweisen oder wegen erwiesener Unschuld erfolgt ist.[26] Das ergibt sich erst aus den Gründen (§ 267 Abs. 5). Ist der Freispruch bei erwiesener rechtswidriger Tat wegen Schuldunfähigkeit erfolgt, so kann das freisprechende Urteil Maßregeln der Besserung und Sicherung anordnen.[27]

21 c) **Teilfreispruch:** Möglich ist nach hM auch ein Teilfreispruch, und zwar dann, wenn bei mehreren materiellrechtlich realkonkurrierenden Delikten eine oder mehrere – jedoch nicht alle – Straftaten nicht begangen oder nicht nachgewiesen sind.[28]

Ebenso erfolgt ein Teilfreispruch dann, wenn mehrere materiellrechtlich realkonkurrierende Delikte im Eröffnungsbeschluss genannt wurden, diese aber nach richtiger Rechtsauffassung in Tateinheit stehen. Dadurch soll deutlich werden, dass Anklage und Eröffnungsbeschluss in vollem Umfang ausgeschöpft wurden.[29]

Ein Teilfreispruch ist darüber hinaus möglich, wenn die Annahme von Tateinheit in der mit dem Eröffnungsbeschluss zugelassenen Anklage offensichtlich falsch war, dem Angeklagten also der bei zutreffender Beurteilung zukommende Teilfreispruch vorenthalten würde.[30] Ein Teilfreispruch ist durch die Wendung „im Übrigen wird der Angeklagte freigesprochen" o.Ä. in der Urteilsformel zu erkennen.

22 d) **Einstellung:** Die Urteilsformel des Prozessurteils ordnet die Einstellung des Verfahrens an und enthält eine Kostenentscheidung. Zum Beispiel: „Das Verfahren wird eingestellt. Die Kosten des Verfahrens und die notwendigen Auslagen des Angeklagten fallen der Staatskasse zur Last." Eine **Teileinstellung** erfolgt, wenn die Prozessvoraus-

---

25 Gleichbedeutend: Urteilsspruch, Tenor.
26 R/H-Gorka § 260 Rn 50; *Pfeiffer* § 260 Rn 19; *Roxin/Schünemann* § 49/12.
27 BGH NStZ-RR 1998, 142; *Pfeiffer* § 260 Rn 19; *Roxin/Schünemann* § 49/15.
28 BGHSt 44, 196 (202); BGH NStZ 2003, 546 (548); OLG Saarbrücken NStZ 2005, 117 (118); KK-*Ott* § 260 Rn 21; MK-*Maier* § 260 Rn 88; aA *Roxin/Schünemann* § 49/13.
29 BGHSt 44, 196 (202); BGH NStZ 2003, 546 (548); OLG Saarbrücken NStZ 2005, 117 (118).
30 BGH NStZ 1992, 398; NStZ-RR 1996, 202 (203); *Volk/Engländer* § 31/9.

setzungen nicht bei allen von mehreren prozessualen oder materiellrechtlichen Taten vorliegen, wobei hinsichtlich der anderen Taten, deren Prozessvoraussetzungen vorliegen, in der Sache entschieden wird.[31]

Mit der Beendigung der Verlesung des Tenors erlangt das Urteil Wirksamkeit.[32] Die **Verkündung** des Tenors ist **zwingende Voraussetzung** für das Vorliegen eines Urteils.

2. Die Eröffnung der Urteilsgründe

Auf die Verlesung der Urteilsformel erfolgt die Eröffnung der Urteilsgründe durch Verlesung bereits schriftlich abgefasster Urteilsgründe oder – wie in den meisten Fällen – mündliche Mitteilung ihres wesentlichen Inhalts. Die Information über den wesentlichen Inhalt der Urteilsgründe soll der vorläufigen Unterrichtung der Verfahrensbeteiligten und der Öffentlichkeit dienen.[33]

Verzichtet das Gericht vollständig auf die Verlesung der Urteilsgründe, verstößt dies gegen den Öffentlichkeitsgrundsatz, was gem. § 338 Nr 6 einen absoluten Revisionsgrund bedeutet. Das Gleiche gilt bei völligem Fehlen von Urteilsgründen, § 338 Nr 7. Reine Unvollständigkeiten hingegen stellen zwar einen Verstoß gegen § 268 dar, bedeuten aber noch keinen Revisionsgrund.[34]

Das **Fehlen** sowie die **Unvollständigkeit** der Urteilsgründe ändern aber nichts an der Existenz des Urteils.

Nach der Urteilsverkündung ist der Angeklagte gem. § 35a über die zulässigen Rechtsmittel zu **belehren**. Die gerichtliche Fürsorgepflicht verbietet dabei eine unzulässige Beeinflussung des Angeklagten bei seiner Entscheidung über Rechtsmittel.[35]

Des Weiteren gibt es Beschlüsse, die mit dem Urteil zu verkünden sind, etwa die Strafaussetzung zur Bewährung (§§ 268a f.).

V. Die Urteilsurkunde

▶ **FALL 3:** Richterin R hat eine abweichende Meinung zu der in der Beratung und Abstimmung getroffenen Mehrheitsentscheidung und lehnt es ab, die Urteilsurkunde zu unterschreiben. ◀

1. Funktion

Durch die Urteilsurkunde sollen die vorher nur mündlich bekannt gegebenen und vorläufigen Urteilsgründe aktenkundig werden.[36] Für die Wirksamkeit des Urteils ist jedoch nicht die Urteilsurkunde, sondern die Verkündung maßgebend.[37] Daher beeinträchtigt es die nach der Verkündung der Urteilsformel eingetretene Wirksamkeit des Urteils nicht, wenn die Urteilsurkunde verloren geht oder unvollständig bleibt.[38]

---

31 OLG Karlsruhe VRS 57, 114 (115 f.); KMR-*Stuckenberg* § 260 Rn 79.
32 Vgl. BGHSt 8, 41 (42); 16, 178 (180); *Meyer-Goßner/Schmitt* § 260 Rn 5.
33 BGHSt 8, 41 (42); *Schlüchter* Rn 585; *Schroeder/Verrel* Rn 278; KMR-*Stuckenberg* § 260 Rn 11.
34 Zu letzterem BGHSt 8, 41 (42); *Schlüchter* Rn 585.
35 *Roxin/Schünemann* § 49/3.
36 Daneben spricht auch die besondere Bedeutung des Tenors für seine schriftliche Festlegung in der Urteilsurkunde.
37 *Meyer-Goßner/Schmitt* § 260 Rn 5; KMR-*Stuckenberg* § 260 Rn 10.
38 KMR-*Stuckenberg* § 260 Rn 10 mwN.

28 **Form und Frist** regelt § 275: Das schriftliche Urteil ist **unverzüglich anzufertigen**. Es gilt grundsätzlich eine Frist von **fünf Wochen**, die sich aber u.U. verlängert bzw. überschritten werden darf.[39] Wird die Frist zur Urteilsabsetzung grundlos überschritten, folgt daraus zwar nicht die Unwirksamkeit des Urteils, doch ist bei der verspäteten Abfassung ein absoluter Revisionsgrund nach § 338 Nr 7 gegeben.[40]

2. Aufbau und Inhalt

29 Aufbau und Inhalt der Urteilsurkunde werden von den §§ 260, 267 und 275 bestimmt:[41]

- Rubrum
- Tenor
- Paragrafenliste
- Urteilsgründe
- Unterschrift

30 a) **Rubrum:** Der Urteilskopf – Rubrum[42] genannt – enthält die Personalien des Angeklagten, die Angabe der Straftat, die Namen der an der Sitzung mitwirkenden Personen und die Bezeichnung des Sitzungstages.

31 b) **Tenor:** Der Tenor ist der wichtigste Teil des Urteils, da er die **Vollstreckungsgrundlage** bildet und den **Umfang der Anfechtbarkeit und der Rechtskraft** der Entscheidung festlegt.[43] Er wird in der Urteilsurkunde schriftlich so fixiert wie er auch verlesen wurde.[44] Die Unzulässigkeit der Änderung der Urteilsformel nach der Urteilsverkündung macht die doppelte schriftliche Niederlegung des Tenors sowohl vor der Verkündung als auch in der Urteilsurkunde verständlich. Die schriftliche Niederlegung der Urteilsformel bei der Beratung wird dem Erfordernis der besonderen Sorgfalt des Gerichts gerecht, die zugunsten der Rechtssicherheit, welche einer späteren Änderung des Tenors entgegensteht, notwendig ist.[45]

32 c) **Paragrafenliste:** Als Grundlage für die **Eintragung im Bundeszentralregister** dient im Falle der Verurteilung die detaillierte Angabe der angewendeten Vorschriften in einer Liste nach Paragraf, Absatz, Nummer, Buchstabe und Gesetzesbezeichnung (§ 260 Abs. 5 S. 1). Bei mehreren Angeklagten erfolgt die Auflistung der angewendeten Vorschriften für jeden gesondert (Nr 141 Abs. 1 S. 4 RiStBV). Bei einem Freispruch wird keine Paragrafenliste erstellt, allenfalls erfolgt bei Schuldunfähigkeit die Angabe von § 20 StGB. Bei einer Einstellung beschränkt sich der Inhalt der Liste auf die Vorschrift, aus der sich das Verfahrenshindernis ergibt.

33 d) **Urteilsgründe:** Während für die Wirksamkeit des Urteils die mündliche Verkündung maßgebend ist, kommt es nach der Rechtsprechung für die Gründe, auf denen das Ur-

---

39 Die Möglichkeit einer Überschreitung der Frist gem. § 275 Abs. 1 S. 4 bei unvorhersehbaren Hindernissen bedeutet keine formelle Verlängerung der Frist i.d.S., dass der Fristablauf gehemmt oder gar unterbrochen würde; vgl. OLG Düsseldorf NStZ-RR 2008, 117.
40 Zur Absetzung des Urteils *Rieß* NStZ 1982, 441; *Roxin/Schünemann* § 50/2.
41 Zu den Bestandteilen des Urteils vgl. auch *Meyer-Goßner* Jura 1990, 253 ff.; **Musterurteile** finden sich u.a. bei: *Kühne* Rn 1004; *Meyer-Goßner/Appl* Rn 810; *Roxin/Schünemann* § 50/14.
42 Von lateinisch „ruber" = rot, weil der Eingang früher in roter Tinte geschrieben wurde. Statt Urteilskopf ist auch die Bezeichnung als Urteilseingang üblich.
43 *Roxin/Schünemann* § 49/6; KMR-*Stuckenberg* § 260 Rn 10.
44 *Beulke/Swoboda* Rn 500.
45 Vgl. BGH NStZ 1984, 279; *Meyer-Goßner* Jura 1990, 253 (254).

teil beruht, allein auf das schriftliche Urteil an.[46] Daher können die mündlichen durch die schriftlichen Gründe ergänzt und geändert werden.[47] Der notwendige Inhalt der Urteilsgründe ergibt sich aus § 267.[48] Anders als im Zivilprozess beschränkt sich die strafprozessuale Urteilsbegründung auf die Frage, ob die in der Anklage eröffnete Tat erwiesen und strafbar ist. Da die Verhandlungsmaxime im Strafprozess nicht gilt, entfällt im Strafurteil eine Darstellung des die Anträge und das Vorbringen der Prozessbeteiligten wiedergebenden Tatbestands.[49] Sofern dem Urteil eine Verständigung nach § 257c vorausgegangen ist, müssen sich die Urteilsgründe hierzu äußern (§ 267 Abs. 3 S. 5).[50] Neben den allgemeinen Vorgaben des Gesetzes haben sich darüber hinaus durch feste Übung weitere Anforderungen an Aufbau und Inhalt der Urteilsgründe herausgebildet.[51] So bedarf es im Falle der Verurteilung über die gesetzlichen Vorgaben hinaus einer Darlegung aller beweiserheblichen Tatsachen, welche die Beweiswürdigung bei einer eventuellen späteren Überprüfung in der Revision für das Revisionsgericht nachvollziehbar und auf Rechtsfehler hin überprüfbar gestaltet.[52] Verzichten aber alle Beteiligten auf Rechtsmittel oder wird innerhalb der Rechtsmitteleinlegungsfrist kein Rechtsmittel eingelegt, darf das Gericht gem. § 267 Abs. 4 auch ein sog. „abgekürztes Urteil" erlassen, welches nur eine vereinfachte Fassung der Urteilsgründe enthält.[53]

e) **Unterschrift** (§ 275 Abs. 2): Die Urteilsurkunde ist von den Berufsrichtern, die bei der Entscheidung mitgewirkt haben, zu unterschreiben. Ist ein Richter verhindert, seine Unterschrift beizufügen, ist dies unter Angabe des Verhinderungsgrundes von dem Vorsitzenden und bei dessen Verhinderung von dem ältesten beisitzenden Richter zu vermerken.[54] Nicht als Verhinderungsgrund angesehen wird – wie in **Fall 3** – die abweichende Auffassung eines beteiligten Richters, da die Unterschrift nicht für dessen persönliche Auffassung steht, sondern bezeugt, dass die schriftlichen Urteilsgründe mit dem in der Beratung gefundenen Mehrheitsergebnis übereinstimmen.[55]

34

VI. Berichtigung des Urteils

▶ **Fall 4:** Das LG hat den Angeklagten wegen unerlaubten Erwerbs von Betäubungsmitteln in sieben Fällen, Beihilfe zum unerlaubten Handeltreiben mit Betäubungsmitteln und unerlaubten Handeltreibens mit Betäubungsmitteln in *einem* Fall verurteilt. Die Revision des Angeklagten wurde als unbegründet verworfen. Der Senat hat den Urteilstenor jedoch dahin gehend berichtigt, dass der Angeklagte wegen unerlaubten Erwerbs von Betäubungsmitteln in sieben Fällen, wegen Beihilfe zum unerlaubten Handeltreiben mit Betäubungsmitteln und unerlaubten Handeltreibens mit Betäubungsmitteln in *zwei* Fällen verurteilt ist. Ferner wurde das in dem ursprünglichen Urteilstenor enthaltene Wort „gewerbsmäßig" durch den Senat gestrichen.[56] ◀

---

46 BGHSt 7, 363 (370); 8, 41 (42); *Schlüchter* Rn 585; *Schroeder/Verrel* Rn 278.
47 KMR-*Stuckenberg* § 260 Rn 93.
48 Vgl. auch *Michalke-Detmering*, Die Mindestanforderungen an die rechtliche Begründung des erstinstanzlichen Strafurteils, 1987.
49 Vgl. *Meyer-Goßner* Jura 1990, 253 (256).
50 BGH NJW 2013, 1316 (1317).
51 Näher *Meyer-Goßner* Jura 1990, 253 (256 ff.); *Roxin/Schünemann* § 50/7 ff.
52 *Roxin/Schünemann* § 50/7 f.; SK-*Velten* § 267 Rn 9.
53 *Schroeder/Verrel* Rn 281.
54 Verhinderungsgründe können tatsächliche wie Krankheit oder Ortsabwesenheit sein, aber auch rechtliche wie das Ausgeschiedensein aus der Gerichtsbarkeit.; vgl. *Schlüchter* Rn 586.3 mit Fn 651e.
55 BGHSt 26, 92 (93); *Schlüchter* Rn 586.3.
56 Vgl. BGH 4. Strafsenat, Beschluss vom 23. Nov. 2004 (Az. 4 StR 362/04); red. Leitsatz in NStZ-RR 2005, 79.

1. Berichtigung der Urteilsformel

35 Wegen der Maßgeblichkeit der mündlichen Verkündung des Urteilstenors für die Rechtswirksamkeit des Urteils steht ein in der Urkunde unterlaufener Fehler der Geltung der Entscheidung als Urteil grds. nicht entgegen.[57] Eine andere Frage ist es, ob und ggf. bis wann ein Urteil in zulässiger Weise berichtigt werden kann.[58]

36 Bis zur Beendigung der Urteilsverkündung, d.h. bis die Urteilsgründe bekannt gegeben worden sind, kann das Urteil (auch die schriftliche Urteilsformel) in *formaler* sowie in *sachlicher* Hinsicht noch uneingeschränkt berichtigt oder ergänzt werden.[59]

37 Nach der Urteilsverkündung ist eine Berichtigung nur noch unter engen Voraussetzungen erlaubt. Unzulässig sind **sachliche Änderungen der Urteilsformel**, und das auch dann, wenn das Gericht selbst seinen gefassten Urteilsspruch nachträglich als fehlerhaft erkennt.[60] Einer solchen Änderung stehen Wesen und Bedeutung der materiellen Rechtskraft entgegen, so dass sachliche Fehler allenfalls durch Einlegung von Rechtsmitteln ausgeräumt werden können.[61]
Die Berichtigung rein formaler Mängel[62] hingegen ist zulässig bei offensichtlichen und unbezweifelbaren **Schreib- und Rechenfehlern** oder sonstigen eindeutigen Fassungsversehen, wenn dabei eine sachliche Änderung mit Sicherheit ausgeschlossen ist.[63] Der Fehler muss sich zweifelsfrei aus den Tatsachen ergeben, und es muss für alle Verfahrensbeteiligten klar erkennbar sein, was das Gericht tatsächlich gewollt und entschieden hat. Von maßgebender Bedeutung sind dabei die mündlichen Urteilsgründe sowie der Inhalt der Sitzungsniederschrift. Insoweit ist jeweils im Einzelfall über die Zulässigkeit einer Berichtigung formaler Fehler zu entscheiden.

38 In dem **Fall 4** zugrunde liegenden Sachverhalt wurden mehr Taten in den Urteilsgründen festgestellt, bewertet und sanktioniert als es dem verkündeten Urteilstenor entsprach, sodass von einem offensichtlichen formalen Zählfehler auszugehen war.[64] Darüber hinaus lag ein offensichtlicher Widerspruch zwischen der Sitzungsniederschrift, in der zehn Anklagepunkte enthalten waren, und dem verkündeten Urteilstenor, welcher sich nur auf neun Taten des Angeklagten bezog, vor. Maßgebend ist in einem solchen Fall grds. die Sitzungsniederschrift.[65] Daher war die Berichtigung der Urteilsformel in Bezug auf die Anzahl der Anklagepunkte rechtmäßig. Ferner durfte auch die Streichung des Wortes „gewerbsmäßig" erfolgen, weil Regelbeispiele nach hM nicht in die Urteilsformel aufzunehmen sind.[66]

---

57 OLG Hamm VRS 60, 206; LR-*Stuckenberg* § 260 Rn 25.
58 Vgl. BGHSt 7, 75; 25, 333; BGH NStZ-RR 2005, 79; allgemein zur Berichtigung BGHR StPO § 267 Berichtigung 2, 2 f. mwN.
59 BGHSt 15, 263 (265); 25, 333 (335 f.); *Roxin/Schünemann* § 49/1; *Schlüchter* Rn 585; KMR-*Stuckenberg* § 260 Rn 91.
60 BGHSt 16, 115 (116).
61 *Meyer-Goßner/Appl* Rn 31 f.
62 Guter Überblick über die Voraussetzungen zulässiger Berichtigung mit Beispielen bei MK-*Maier* § 260 Rn 206 ff.
63 BGHSt 5, 5 (9 f.); BGH NStZ 2000, 386; KMR-*Stuckenberg* § 260 Rn 92. Eine Berichtigung, die diesen Maßgaben nicht genügt, ist unwirksam und das Urteil ist so zu behandeln, als ob sie nicht erfolgt wäre, BGH HRRS 2010 Nr 906.
64 Vgl. zu offensichtlichen Zählfehlern auch BGH HRRS 2013 Nr 766.
65 *Meyer-Goßner/Appl* Rn 38.
66 BGH NStZ-RR 2002, 259 (bei *Becker*, Nr 8); *Beulke/Swoboda* Rn 500; *Joecks* § 260 Rn 20.

2. Berichtigung der Urteilsgründe

Nach der vollständigen Verkündung können die mündlichen Gründe naturgemäß nicht mehr direkt berichtigt werden. Stimmen jedoch die mündlichen Gründe nicht mit den schriftlichen überein, sind letztere maßgebend. Die schriftlichen Gründe können nur innerhalb der Frist des § 275 Abs. 1 S. 2 ohne engere Voraussetzungen geändert werden, nach diesem Zeitpunkt gelten die gleichen Grundsätze wie bei der Berichtigung der Urteilsformel.[67]

Die Berichtigung der Urteilsformel oder der Urteilsgründe erfolgt durch **Beschluss**, an dem alle Richter mitwirken, die an der Urteilsfindung beteiligt waren und die Urteilsurkunde unterschrieben haben.[68]

VII. Nichtigkeit des Urteils

▶ **FALL 5:** Das Landgericht verurteilt den A wegen Körperverletzung zu 20 Stockhieben. ◀

Im Grundsatz sind Urteile selbst im Falle recht schwerer Fehler wirksam, wenn auch anfechtbar. Liegt aber ein derart schwerer, offen zu Tage tretender Mangel vor, dass es bei Berücksichtigung der Belange der Rechtssicherheit und des Rechtsfriedens vom Standpunkt der Gerechtigkeit aus **schlechthin unerträglich** wäre, das so zustande gekommene Urteil als einen mit staatlicher Autorität ausgestatteten, in einem rechtsförmlichen Verfahren gefundenen verbindlichen Richterspruch anzuerkennen und gelten zu lassen, nimmt die Rechtsprechung[69] eine Nichtigkeit des Urteils an. Beispielhaft wäre ein „Urteil", das die Prügelstrafe verhängt, so wie in **Fall 5**.

WIEDERHOLUNGS- UND VERTIEFUNGSFRAGEN

> Wie unterscheiden sich Prozessurteil, Sachurteil, Beschluss und Verfügung voneinander? (Rn 2 ff.)
> Wer darf an der Urteilsberatung teilnehmen? (Rn 14)
> Welcher Stimmenverhältnisse bedarf es in der einer Urteilsverkündung vorausgehenden Abstimmung? (Rn 15)
> Wann erlangt das Urteil Wirksamkeit? (Rn 23)
> Wie ist ein Urteil aufgebaut? (Rn 29 ff.)
> Unter welchen Voraussetzungen darf ein Urteil berichtigt werden? (Rn 35 ff.)

---

67 BGHSt 7, 75 (76 f.); BGH NJW 1991, 1900 (1901); KMR-*Stuckenberg* § 260 Rn 93.
68 *Meyer-Goßner/Appl* Rn 40.
69 BGHSt 33, 126 (127).

§ 25 Prozessualer Tatbegriff und Rechtskraft

I. Die Tat im prozessualen Sinne

1. Der Prozessgegenstand

1 Das Erkenntnisverfahren soll zu einer Entscheidung führen, regelmäßig einem Urteil (§ 260 Abs. 1). Die Gerichtsentscheidung bedarf, wie jede andere Entscheidung auch, eines Gegenstands, über den entschieden wird. Diesen Gegenstand nennt man im Prozessrecht den **Prozessgegenstand**.[1]

2 Im Strafprozess wird entschieden, ob sich ein Beschuldigter wegen einer ihm durch Anklage vorgeworfenen Verhaltensweise strafbar gemacht hat. Der Prozessgegenstand des Strafprozesses enthält daher abstrakt

- ein subjektives Element: die angeklagte Person
- ein objektives Element: die angeklagte Tat.

Das **subjektive Element** erlangt Bedeutung, indem durch das Urteil nur über die Strafbarkeit der durch die Anklage beschuldigten Personen entschieden werden darf und nicht über die etwaige Strafbarkeit Dritter (§ 155 Abs. 1).

Das **objektive Element** legt fest, dass ein Urteil nur über die Strafbarkeit der in der Anklage bezeichneten Verhaltensweise gefällt werden darf und nicht auch über weiteres Verhalten, das in dem Strafprozess nicht durch eine Anklage vorgeworfen wurde (§ 155 Abs. 1).

3 Diese Begrenzungen in subjektiver und objektiver Hinsicht gewährleistet das **Akkusationsprinzip** des § 151. Werden diese Grenzen überschritten, so fehlt es an der Prozessvoraussetzung einer Anklage.

4 Der folgende Abschnitt behandelt das objektive Element des Prozessgegenstands: **Die Tat im prozessualen Sinne**. Sie ist nicht mit dem Begriff der Straftat im materiellrechtlichen Sinne identisch,[2] sondern bezeichnet ein – jedenfalls in erster Linie – faktisches Geschehen, nämlich den strafrechtlich zu beurteilenden Sachverhalt.[3]

2. Funktionen des prozessualen Tatbegriffs

5 Der prozessuale Tatbegriff erfüllt durch seine Definition des Prozessgegenstands im Strafprozessrecht mehrere wichtige Funktionen:

6 a) **Festlegung des Umfangs der gerichtlichen Untersuchung:** Die Untersuchung in Gestalt der gerichtlichen Aufklärung[4] erstreckt sich nur auf die in der Anklage bezeichnete Tat (§§ 155 Abs. 1, 264 Abs. 1). Damit ist die Tat im prozessualen Sinne gemeint.[5] Der prozessuale Tatbegriff legt also den Umfang der gerichtlichen Untersuchung auf das angeklagte Geschehen fest. Auf diese Weise begrenzt er zugleich die Aufklärungspflicht des Gerichts: Taten, die nicht angeklagt sind, bedürfen keiner Aufklärung. Der Strafprozess wird dadurch thematisch an die Anklage gebunden, wie es das Akkusati-

---

1 Synonym: Verfahrensgegenstand.
2 BVerfGE 56, 22 (29 f.); BVerfG NJW 2004, 279; KK-*Kuckein* § 264 Rn 3; vgl. zum Begriff im gesamteuropäischen Kontext *Radtke* Seebode-FS 297 ff.
3 Zur Abgrenzung der prozessualen und materiellrechtlichen Tat anhand von Fällen siehe *Huber* JuS 2012, 208.
4 Vgl. §§ 155 Abs. 2, 202 S. 1, 244 Abs. 2.
5 BGHSt 29, 288 (292); KK-*Diemer* § 155 Rn 2.

onsprinzip des § 151 verlangt. Zugleich wird dadurch der Umfang der Rechtshängigkeit festgelegt, die als Prozesshindernis für weitere Strafverfahren über denselben Prozessgegenstand wirkt.

b) Festlegung des Umfangs der Kognition: Gegenstand der Urteilsfindung ist die in der Anklage bezeichnete Tat, wie sie sich nach dem Ergebnis der Verhandlung darstellt (§ 264 Abs. 1). Der prozessuale Tatbegriff legt damit nicht nur den Umfang der Sachverhaltsaufklärung fest, sondern auch den Umfang der Aburteilung („Kognition").[6] Dem Umfang der Kognition kommt besondere Bedeutung zu, weil das Gericht zur umfassenden Aburteilung nicht nur berechtigt, sondern auch verpflichtet ist.[7] Das bedeutet, dass das Gericht die angeklagte Tat strafrechtlich in jeder Hinsicht erschöpfend bewertet und darüber mit einem einzigen Urteil vollständig entscheidet, ohne dabei an die Beurteilung der Tat, die dem Eröffnungsbeschluss zugrunde liegt, gebunden zu sein (§ 264 Abs. 2).[8] Das bedeutet aber auch, dass alle anderen Umstände, die nicht zur prozessualen Tat gehören, nicht der Kognition unterliegen.[9]

c) Festlegung der Grenze einer Strafklageumgestaltung: Da das Gericht die angeklagte Tat in tatsächlicher Hinsicht vollständig aufklären und in rechtlicher Hinsicht umfassend beurteilen muss, kann sich das tatsächliche und rechtliche Gepräge der Tat im Verlauf der Hauptverhandlung verändern (vgl. § 264 Abs. 2). Folgende Konstellationen sind denkbar:

- Bei unveränderter Sachlage kommt das Gericht zu einer von dem Eröffnungsbeschluss abweichenden rechtlichen Meinung.
- Die Sachlage ändert sich im Zuge der Hauptverhandlung, ohne dass dies einen Einfluss auf die rechtliche Beurteilung hat.
- Die Sachlage ändert sich im Zuge der Hauptverhandlung in einer Weise, die zu einer abweichenden rechtlichen Beurteilung führt.

Das Gericht ist gem. § 264 in keiner dieser Konstellationen gehindert, die veränderten tatsächlichen und rechtlichen Umstände bei der Urteilsfindung zu berücksichtigen. Diese Berücksichtigung von gegenüber der Anklage neuen Umständen und Bewertungen nennt man die **Umgestaltung der Strafklage**. Geschähe diese Berücksichtigung erst überraschend im Urteil, so wäre das rechtliche Gehör des Angeklagten und damit dessen Verteidigungsmöglichkeit eingeschränkt. Daher unterliegt das Gericht einer **Hinweispflicht** aus § 265, bevor es neue Umstände und Bewertungen berücksichtigt.

Die Strafklageumgestaltung findet ihre Grenze in der angeklagten prozessualen Tat.[10] Neue Umstände, die eine andere prozessuale Tat des Angeklagten betreffen, können mangels einer Anklage als Prozessvoraussetzung nicht Gegenstand der Untersuchung und Entscheidung sein (§§ 151, 155, 264). Ist aus diesen Gründen keine Strafklageumgestaltung möglich, so besteht für die StA die Option einer **Nachtragsanklage** unter den Voraussetzungen des § 266, die gem. dem Akkusationsprinzip des § 151 tauglich ist, weitere Taten zum Prozessgegenstand hinzuzufügen. Liegen die Voraussetzungen des § 266 nicht vor, muss die StA die neue prozessuale Tat in einem gesonderten Strafverfahren auf reguläre Weise verfolgen.

---

6 LR-*Kühne* Einl. K Rn 51; *Mosbacher* JuS 2007, 126; R/H-*Radtke* § 264 Rn 63 ff.
7 *Mosbacher* JuS 2007, 126; LR-*Stuckenberg* § 264 Rn 1.
8 BGHSt 22, 105 (106); 25, 72 (75); KK-*Kuckein* § 264 Rn 10.
9 *Volk/Engländer* § 13/5.
10 KK-*Kuckein* § 264 Rn 15; *Volk/Engländer* § 13/9.

11 **d) Festlegung des Umfangs der Rechtskraft:** Die materiell rechtskräftige Verurteilung wegen einer Tat führt zum Strafklageverbrauch hinsichtlich dieser abgeurteilten Tat. Eine erneute Anklage derselben Person zum selben Gegenstand würde einen Verstoß gegen den Grundsatz *ne bis in idem* (Art. 103 Abs. 3 GG) und damit ein Prozesshindernis darstellen. Der prozessuale Tatbegriff legt insoweit also den Umfang der materiellen Rechtskraft fest.[11]

3. Inhalt des prozessualen Tatbegriffs

12 **a) Grundlagen:** Zur Definition des prozessualen Tatbegriffs bietet die StPO nur wenig Anhaltspunkte. Indem § 264 Abs. 2 unterschiedliche rechtliche Beurteilungen derselben Tat zulässt, wird deutlich, dass sie in erster Linie ein faktisches Geschehen betrifft und keine Straftat im materiellrechtlichen Sinne. Das zeigt sich auch an § 154a Abs. 1 S. 1, wo es heißt: „ … einzelne von mehreren Gesetzesverletzungen, die durch dieselbe Tat begangen worden sind …". Ferner lässt sich etwa § 200 Abs. 1 S. 1 entnehmen, dass Tatzeit und -ort den Inhalt des prozessualen Tatbegriffs mitbestimmen. Der prozessuale Tatbegriff ist demgemäß unabhängig vom materiellrechtlichen Tatbegriff.[12] Allerdings können die materiellrechtlichen Konkurrenzverhältnisse Indizien für das Vorliegen einer oder mehrerer prozessualer Taten sein.[13]

13 **Tateinheit** (Idealkonkurrenz) nach § 52 StGB setzt voraus, dass **dieselbe Handlung** mehrere Strafgesetze oder dasselbe Strafgesetz mehrmals verletzt. Eine einzelne Handlung kann schon denknotwendig nur Teil eines einzigen Geschehens sein. Aber auch die von § 52 StGB umfassten Handlungseinheiten sind im Regelfall nicht nur rechtlich verbunden, sondern auch tatsächlich so miteinander verknüpft, dass sie Teil desselben Lebenssachverhaltes sind. Daher ist bei materiellrechtlicher Tateinheit nach § 52 StGB grds. auch von nur einer einzigen prozessualen Tat auszugehen.[14]

14 Sofern bei materiellrechtlicher Betrachtung **Tatmehrheit** (Realkonkurrenz) im Sinne von § 53 StGB gegeben ist, ist auch regelmäßig von mehreren prozessualen Taten auszugehen.[15] Die Indizwirkung der materiellrechtlichen Konkurrenzverhältnisse ist hier jedoch wesentlich schwächer als im Falle der Idealkonkurrenz. Daher bedarf es grds. einer Beantwortung der Frage, ob die real konkurrierenden Taten eine oder mehrere Taten im prozessualen Sinne bilden. Zur Beantwortung dieser Frage wird der Begriff der prozessualen Tat in Rechtsprechung und Literatur näher definiert:

15 **b) Faktischer Tatbegriff der Rechtsprechung:** Nach der Rechtsprechung liegt eine prozessuale Tat vor, wenn das Geschehen bei natürlicher Betrachtungsweise einen einheitlichen geschichtlichen Lebensvorgang bildet, innerhalb dessen der Angeklagte einen Straftatbestand verwirklicht haben soll.[16] Zu der prozessualen Tat gehört danach das gesamte strafrechtlich relevante Verhalten des vermutlichen Täters, soweit es mit dem durch die Strafverfolgungsorgane bezeichneten geschichtlichen Vorgang nach allgemeiner Lebensauffassung eine Einheit bildet, die bei getrennter Aburteilung unnatürlich

---

11 *Mosbacher* JuS 2007, 126.
12 BVerfGE 56, 22 (29 f.); BVerfG NJW 2004, 279; *Volk/Engländer* § 13/1.
13 *Steinberg/Stam* Jura 2010, 907 (909); KMR-*Stuckenberg* § 264 Rn 57 ff.
14 BVerfGE 45, 434 (435); BGHSt 41, 385 (389); *Beulke/Swoboda* Rn 515; BeckOK-*Eschelbach* § 264 Rn 8; *Mosbacher* JuS 2007, 126 (127); SSW-*Rosenau* § 264 Rn 9; SK-*Velten* § 264 Rn 14, 29.
15 BGHSt 43, 96 (99); 44, 91 (94); *Beulke/Swoboda* Rn 515; BeckOK-*Eschelbach* § 264 Rn 8; *Mosbacher* JuS 2007, 126 (127).
16 BVerfG NJW 2004, 279; BGHSt 23, 141 (145); 35, 60 (62); 45, 211 (212 f.); BGH NStZ-RR 2006, 316 f.

aufgespalten würde.[17] Insofern nimmt die Rechtsprechung eine umfassende Betrachtung hinsichtlich der „natürlichen Zusammengehörigkeit" der Sachverhaltselemente vor und blendet dabei solche aus, die inhaltlich zu weit aus dem Kontext des Kerngeschehens fallen.[18] Unmaßgeblich ist hierfür, ob ein vorgeworfenes Vorkommnis in der Anklageschrift ausdrücklich benannt wurde oder die StA dieses kannte, solange nur das Gericht zur Aburteilung aller Elemente der Tat rechtlich in der Lage war.[19]

c) **Gemischt faktisch-normative Tatbegriffe:** Die Kriterien der natürlichen Einheit und der lebensnahen Betrachtung werden nicht nur in der Literatur,[20] sondern teils auch von der Rechtsprechung[21] selbst wegen ihrer fehlenden Bestimmtheit und der wenig eindeutigen und klar umrissenen Beurteilungsaspekte als nur in geringem Maße hilfreich angesehen. Zur Bestimmung der Tatidentität seien daher neben Tatort, Tatzeit und Tatobjekt auch normative Kriterien heranzuziehen. Maßgebend seien z.B. außerdem die Angriffsrichtung, die Vergleichbarkeit des Unrechtsgehalts[22] oder die Zusammengehörigkeit der erfüllten Tatbestände, gemessen an ihrer strafrechtlichen Bedeutung, welche bei Vorliegen einer prozessualen Tat ein einheitliches Tatbild ergeben.[23]

16

d) **Fallgruppen:** Die Problematik des Verhältnisses von prozessualem und materiellrechtlichem Tatbegriff lässt sich durch die Bildung von Fallgruppen verdeutlichen:[24]

17

▶ **FALL 1:** Autofahrer A hat an einer Straßenkreuzung grob verkehrswidrig und rücksichtslos die Vorfahrt nicht beachtet, wodurch es zu einem Zusammenstoß mit Autofahrerin B kam. Diese zog sich bei dem Unfall eine Fraktur des rechten Handgelenks zu. ◀

aa) **Prozessuale Tat und Tateinheit:** Im Falle der Tateinheit nach § 52 Abs. 1 StGB ist regelmäßig auch von einer einzigen prozessualen Tat auszugehen, weil die von § 52 Abs. 1 StGB vorausgesetzte Handlung bzw. Handlungseinheit im Regelfall Teil desselben geschichtlichen Lebensvorganges ist.[25]

18

Deutlich wird dies in **Fall 1**, in dem materiellrechtlich zwischen der Gefährdung des Straßenverkehrs (§ 315c Abs. 1 Nr 2a StGB) und der fahrlässigen Körperverletzung (§ 229 StGB) Tateinheit besteht. Indem A grob verkehrswidrig und rücksichtslos die Vorfahrt nicht beachtet hat (und deswegen mit der B zusammenstieß), hat er mit dieser einen Handlung beide Delikte vollendet. Es handelt sich also um ein einziges faktisches Geschehen, wenngleich es unter mehreren rechtlichen Gesichtspunkten beurteilt werden kann.

19

▶ **FALL 2:** M war Mitglied der sog. Rote Armee Fraktion (RAF) und hat als solches in Verfolgung der Ziele dieser terroristischen Vereinigung mehrere Morde begangen. Wegen der Beteiligung als Mitglied der Vereinigung ist M bereits rechtskräftig verurteilt worden, bevor sich herausstellte, dass M auch für die Morde zur Verantwortung zu ziehen sein könnte.[26] ◀

bb) **Organisationsdelikte:** Das Prinzip, dass materiellrechtliche Tateinheit auch zu prozessualer Tatidentität führt, kann nicht ohne Weiteres auf das Verhältnis der Organisa-

20

---

17 BGHSt 10, 396 (397); 25, 388 (389); 27, 168 (172); 41, 385 (388); OLG Jena NStZ 1999, 516 (517).
18 Vgl. knapp und anschaulich BGH NStZ 2009, 286.
19 BGHSt 6, 92 (95); *Beulke/Swoboda* Rn 513; näher KMR-*Stuckenberg* § 264 Rn 18 mwN.
20 *Kindhäuser* JZ 1997, 101 ff.; *Lesch* 2/14; *Roxin* JZ 1988, 260 (261); *Schlüchter/Duttge* NStZ 1996, 457 (462).
21 Vgl. BGHSt 32, 215 (219); 35, 60 (63 f.); zur Rechtsprechung vgl. auch KMR-*Stuckenberg* § 264 Rn 22 ff.
22 Vgl. BGHSt 13, 21 (26); *Lesch* 2/14; *Roxin*, 25. Aufl., § 20/5; vgl. jetzt aber *Roxin/Schünemann* § 20/5.
23 BGHSt 13, 21 (26); 32, 215 (219).
24 Vgl. auch *Beulke/Swoboda* Rn 514 ff.; *Volk/Engländer* § 13/14 ff.
25 *Beulke/Swoboda* Rn 514; *Volk/Engländer* § 13/14.
26 Vereinfachter Fall nach BGHSt 29, 288 ff.

tionsdelikte im Sinne der §§ 129 f. StGB zu den einzelnen Delikten im Rahmen der Organisationstätigkeit übertragen werden.[27] Problematisch sind hierbei die Fälle, in denen – wie in **Fall 2** – erst nach der rechtskräftigen Verurteilung wegen eines Organisationsdelikts der Verdacht entsteht, dass der Täter im Zusammenhang mit der Organisation ein Kapitalverbrechen begangen hat. Eine diesbezügliche weitere Verurteilung wäre nur möglich, wenn nicht bereits Strafklageverbrauch durch das erste Urteil eingetreten ist (Art. 103 Abs. 3 GG). Dies wiederum entscheidet sich danach, ob hier vom Vorliegen einer oder mehrerer prozessualer Taten auszugehen ist.

21 ▪ Die **Rechtsprechung** befürwortet in solchen Fällen dann eine **Ausnahme** von dem Grundsatz, dass bei materiellrechtlicher stets auch prozessuale Tatidentität gegeben sei, wenn das Kapitalverbrechen mit höherer Strafe als das Organisationsdelikt zu ahnden wäre.[28] Das BVerfG misst der materiellrechtlichen Tateinheit sogar lediglich eine Indizwirkung bei.[29]

22 ▪ Eine im **Schrifttum** vertretene Ansicht verneint demgegenüber unter Berufung auf das **Rechtsstaatsprinzip** (Art. 20 Abs. 3, 28 Abs. 1 S. 1 GG) eine Selbständigkeit des Kapitalverbrechens neben dem Organisationsdelikt.[30] Die Rechtssicherheit erfordere die Gewissheit, dass das Gericht nach §§ 155 Abs. 2, 264 Abs. 2 eine umfassende Aburteilung des Geschehens vorgenommen habe und der Täter mit weiteren Folgen seines fraglichen Verhaltens nicht zu rechnen brauche. Ferner setze die bei materiellrechtlicher Tateinheit auszusprechende einheitliche Rechtsfolge auch das Vorliegen nur einer prozessualen Tat voraus. Einheitlichkeit und nachträgliche Veränderung schlössen sich wechselseitig aus.[31]
Um die Spannung zwischen Logik und Gerechtigkeit, die in den fraglichen Fällen eine weitere Verurteilung verlange, zu beheben, wird vorgeschlagen, dem Organisationsdelikt die Wirkung, die einzelnen mitgliedschaftlich begangenen Taten zu einer materiellrechtlichen einheitlichen Tat zu verklammern, zu nehmen. Die einzelnen während des Dauerdelikts begangenen Taten stünden dann im Verhältnis von Tatmehrheit (§ 53 StGB) zueinander, und das aufgespaltete Dauerdelikt stünde mit jeder Einzeltat in Idealkonkurrenz, so dass die Annahme verschiedener prozessualer Taten trotz jeweiliger Mitgliedschaft in der Organisation möglich wäre.[32]

▶ **Fall 3:** B wird vor Gericht wegen einer Trunkenheitsfahrt (§ 316 StGB) angeklagt. In der Hauptverhandlung stellt sich heraus, dass B eine Woche zuvor auch einen Wohnungseinbruchdiebstahl (§ 244 Abs. 1 Nr 3 StGB) begangen hat. ◀

▶ **Fall 4:** Autofahrerin A hat an einer Straßenkreuzung grob verkehrswidrig und rücksichtslos die Vorfahrt nicht beachtet, wodurch es zu einem Zusammenstoß mit Autofahrer B kam. A, deren Fahrzeug noch verkehrstüchtig war, entfernte sich nach dem Zusammenstoß vom Ort des Unfallgeschehens, ohne vorher die notwendigen Feststellungen bzgl. ihrer Unfallbeteiligung zu ermöglichen. ◀

---

27 BVerfG NJW 2004, 279 (280).
28 BGHSt 29, 288 (293 ff.).
29 BVerfGE 56, 22 (32 f.); BVerfG NJW 2004, 279.
30 Näher *Schlüchter* JZ 1991, 1057 (1059).
31 Vgl. *Bohnert* GA 1994, 97 (99); *Gillmeister* NStZ 1989, 1 (3); *Puppe* JR 1986, 205 f.; *Schlüchter* JZ 1991, 1057 (1059).
32 *Detmer*, Der Begriff der Tat im strafprozessualen Sinn, 1989, 258 ff.; NK-*Puppe* § 52 Rn 63; *dies.* JR 1986, 205 (206 ff.); *Schlüchter* JZ 1991, 1057 (1059).

▶ **FALL 5:** Nach einer verbalen Auseinandersetzung wegen eines Überholmanövers auf der Autobahn kam es am Straßenrand zwischen den Beteiligten zu einem Handgemenge. Dabei wurde X getötet und Y verletzt. Der beteiligte A wurde wegen des Mordes an X angeklagt. In der Hauptverhandlung stellte sich heraus, dass A auch für die Körperverletzung des Y verantwortlich sein könnte.[33] ◀

cc) **Prozessuale Tat und Realkonkurrenz:** Das Vorliegen von materiellrechtlicher Realkonkurrenz (§ 53 StGB) ist zwar Indiz für mehrere prozessuale Taten; jedoch sind der materiellrechtliche und der prozessuale Tatbegriff voneinander unabhängig, so dass trotz materieller Realkonkurrenz unter bestimmten Bedingungen prozessuale Tatidentität gegeben sein kann.[34] Das entscheidet sich im Einzelfall durch Subsumtion unter den prozessualen Tatbegriff.

■ **Zu Fall 3:** Materiellrechtlich ist hier Realkonkurrenz zwischen den beiden Taten anzunehmen. Da bis auf die Tatsache, dass es sich um denselben Täter handelt, keinerlei Zusammenhang zwischen der Begehung der Delikte besteht, ist der materiellen Indizwirkung entsprechend auch von mehreren prozessualen Taten auszugehen.

■ **Zu Fall 4:** Aus materiellrechtlicher Sicht ist hier Realkonkurrenz zwischen den Tatbeständen der Gefährdung des Straßenverkehrs und dem darauf folgenden unerlaubten Entfernen vom Unfallort gegeben:[35] Die gefährdende Fahrweise ist eine Handlung, das unerlaubte Entfernen vom Unfallort eine andere. Der Unfall führt bei materiellrechtlicher Betrachtung zu einer Zäsur zwischen dem Tathergang bis zum Zusammenstoß und dem anschließenden unerlaubten Entfernen vom Unfallort.
Aus prozessrechtlicher Sicht liegt nach der Rechtsprechung hingegen nur eine prozessuale Tat vor:[36] Von dem Antritt der Fahrt an über den Unfall hinaus bis hin zum unerlaubten Entfernen vom Unfallort handele es sich um einen einheitlichen geschichtlichen Lebensvorgang, der durch eine getrennte Aburteilung unnatürlich auseinander gerissen würde. Ohne zusammenhängende Betrachtung des gesamten Geschehens vor und nach dem Unfall lassen sich Unrecht und Schuld des Täterverhaltens nicht sachgerecht erfassen.[37] Als Konsequenz könnte das unerlaubte Entfernen vom Unfallort, auch wenn es erst während der Hauptverhandlung zu Tage treten würde, zusammen mit der Gefährdung des Straßenverkehrs abgeurteilt werden. Das Gericht muss dann lediglich seiner Hinweispflicht aus § 265 genügen.

■ **Zu Fall 5:** Auch hier stellt sich die Frage, ob Mord (§ 211 StGB) an X und Körperverletzung (§ 223 StGB) an Y als eine oder mehrere prozessuale Taten anzusehen sind. Aus materiellrechtlicher Sicht liegt aufgrund der Verletzung von mehreren höchstpersönlichen Rechtsgütern Realkonkurrenz zwischen den Taten gegen X und Y vor. Dennoch handelt es sich nur um eine einzige prozessuale Tat, da die Verletzungen aus einem zusammenhängenden „Handgemenge" resultierten.[38] Eine getrennte Aburteilung mit der Folge einer möglicherweise nicht umfassenden richterlichen Würdigung der Hintergründe der Rechtsgutsverletzungen würde den inneren Zusammenhang von Situation und Motivationslage ignorieren, was z.B. im Hin-

---
33 Vgl. BGH NStZ 1996, 243 ff.
34 BGHSt 43, 96 (99); m. Beispielen *Beulke/Swoboda* Rn 516.
35 Vgl. BGHSt 21, 203; *Fischer* § 315c StGB Rn 24; *Kindhäuser* JZ 1997, 101.
36 BGHSt 23, 141 (146 f.).
37 Vgl. auch *Lesch* 2/16.
38 *Beulke/Swoboda* Rn 516.

blick auf eine möglicherweise erfolgte Notwehr (§ 32 StGB) problematisch wäre. Vielmehr ist in solchen Fällen, in denen sich die Einzelakte ineinander verzahnen, weil die eine Handgreiflichkeit die andere bedingt und sich eine die Tätlichkeiten vereinheitlichende Eigendynamik des Vorgangs entwickelt, nur eine umfassende verfahrensrechtliche Behandlung als Basis für strafrechtliche Folgen sachgerecht.[39] Da somit beide Taten ein einheitliches Gesamtgeschehen bilden, kann das Gericht auch das erst später erkannte strafbare Verhalten des A gegenüber Y mit in das Urteil einbeziehen.

II. Die Rechtskraft

27 Zu den Zielen, die der Strafprozess verfolgt, gehört der **Rechtsfrieden**. Der dem Strafprozess zugrunde liegende Konflikt soll nicht nur gerecht gelöst, sondern auch endgültig beigelegt werden. Daher muss sichergestellt sein, dass das verfahrensabschließende Urteil „das letzte Wort spricht", also Rechtskraft erlangt. Zu differenzieren ist zwischen formeller und materieller Rechtskraft.

1. Formelle Rechtskraft

28 Die **Unanfechtbarkeit** einer Entscheidung führt zur formellen Rechtskraft.[40] Eine Entscheidung ist unanfechtbar und damit formell rechtskräftig, wenn

- gesetzlich kein Rechtsmittel gegen die Entscheidung vorgesehen ist;[41]
- gesetzlich ein Rechtsmittel vorgesehen ist, aber davon nicht fristgemäß Gebrauch gemacht wurde;[42]
- gesetzlich ein Rechtsmittel vorgesehen ist, aber darauf von allen Berechtigten wirksam verzichtet wurde;[43]
- ein gesetzlich vorgesehenes Rechtsmittel eingelegt, aber dann zurückgenommen wurde;[44]
- eine abschließende Revisionsentscheidung das Urteil bestätigt hat.[45]

29 Bei der formellen Rechtskraft unterscheidet man zwischen relativer und absoluter formeller Rechtskraft:

Die **relative formelle Rechtskraft** besteht, solange die Entscheidung nur für einzelne Beteiligte unanfechtbar ist, wenn etwa ein Rechtsmittelverzicht nicht allseitig erklärt wurde. Sobald die Entscheidung für alle Beteiligten unanfechtbar geworden ist, spricht man von **absoluter formeller Rechtskraft**.[46]

30 Die absolute formelle Rechtskraft des Urteils hat zur Folge:

- **Vollstreckbarkeit** des Urteils (§ 449)
- **Unabänderlichkeit** des Urteils[47]

---

39 Zu weiteren Ausnahmen vgl. *Beulke* BGH-FS IV 784 ff.
40 *Meyer-Goßner/Schmitt* Einl. Rn 164; KK-*Fischer* Einl. Rn 481.
41 KK-*Fischer* Einl. Rn 481; *Meyer-Goßner/Schmitt* § 449 Rn 7.
42 KK-*Fischer* Einl. Rn 481; *Meyer-Goßner/Schmitt* § 449 Rn 7.
43 EGH NJW 2005, 1440 (1445); OLG Karlsruhe NStZ 1997, 301; *Volk/Engländer* § 32/2.
44 EGHSt 10, 245 (247); *Lesch* 2/26; *Meyer-Goßner/Schmitt* § 449 Rn 7.
45 *Beulke/Swoboda* Rn 502.
46 *Volk/Engländer* § 32/4.
47 *Beulke/Swoboda* Rn 501; *Meyer-Goßner/Schmitt* Einl. Rn 164.

- Beendigung der Rechtshängigkeit[48]
- Materielle Rechtskraft[49]
- Eintragung in das **Bundeszentralregister** (§ 4 BZRG)

2. Materielle Rechtskraft

Ist ein Urteil absolut formell rechtskräftig, so ist es auch materiell rechtskräftig. 31

Die materielle Rechtskraft zieht den **Strafklageverbrauch** hinsichtlich der abgeurteilten prozessualen Tat nach sich.[50] Der Strafklageverbrauch kommt (nur) der wegen dieser Tat angeklagten Person zugute. Die materielle Rechtskraft ist damit die Basis für die Einhaltung des in Art. 103 Abs. 3 GG statuierten *ne bis in idem*-Grundsatzes. 32

Rechtskräftig wird **nur der Tenor** des Urteils, nicht auch dessen Begründung, insbesondere nicht die Tatsachenfeststellungen.[51] Das hat zur Folge, dass sich spätere Entscheidungen in anderen Verfahren (z.B. gegen Mittäter oder Teilnehmer) in Widerspruch zu den Feststellungen und Gründen der vorherigen Entscheidung setzen können, wenn die Gerichte beispielsweise dieselben Beweise erheben, aber anders würdigen. Die Tatsachenfeststellungen früherer Verfahren dürfen zwar als Urkundenbeweis in einen Prozess eingeführt und verwertet, nicht jedoch ungeprüft übernommen werden.[52] Die Tatsachenfeststellungen sind auch insoweit von Bedeutung, als erst aus ihnen deutlich wird, welche prozessualen Taten abgeurteilt wurden. 33

Hinsichtlich des Strafklageverbrauchs bemisst sich der Umfang der Rechtskraft nach dem **Prozessgegenstand,** der in objektiver Hinsicht die prozessuale Tat umfasst.[53] Darin zeigt sich die Funktion und Bedeutung des prozessualen Tatbegriffs, eine wiederholte Bestrafung des Angeklagten für dieselbe Tat oder aber auch eine Abkehr von einem erfolgten Freispruch zu verhindern.[54] 34

Die Rechtskraft kann unter besonderen und ausschließlich gesetzlich bezeichneten Umständen **durchbrochen** werden durch: 35

- Wiedereinsetzung in den vorigen Stand (§§ 44 ff.)
- Aufhebung des Urteils durch das Revisionsgericht im Falle des § 357 zugunsten eines Mitangeklagten
- Aufhebung des Urteils durch das BVerfG (§ 95 Abs. 2 BVerfGG)
- Wiederaufnahme des Verfahrens (§§ 359 ff.)

3. Rechtskraft von Beschlüssen

Beschlüsse sind **formell** rechtskräftig, sofern sie unanfechtbar sind. Dies ist der Fall bei Beschlüssen, die überhaupt nicht anfechtbar sind[55] oder gegen welche die sofortige Beschwerde (§ 311) statthaft ist; sie werden mit Ablauf der Beschwerdefrist formell rechtskräftig.[56] Alle anderen Beschlüsse sind dagegen jederzeit mit der einfachen Be- 36

---

48 LR-*Kühne* Einl. K Rn 73.
49 *Beulke/Swoboda* Rn 502.
50 KK-*Fischer* Einl. Rn 483.
51 BGHSt 43, 106 (107); BGH NJW 1982, 1239 (1240); KK-*Fischer* Einl. Rn 482.
52 BGH NStZ 2008, 685; 2010, 529.
53 Vgl. *Lesch* 2/25; *Schroeder/Verrel* Rn 57.
54 Zur Rechtskraft bei Freispruch vgl. BGHSt 38, 37.
55 Vgl. §§ 81c Abs. 3 S. 4, 349 Abs. 2.
56 *Volk/Engländer* § 32/5.

schwerde nach §§ 304 ff. anfechtbar und auch nicht der Änderung durch das Gericht selbst entzogen.[57] Sie werden daher nicht formell rechtskräftig.[58]

37 Formell rechtskräftige Beschlüsse sind auch materiell rechtskräftig. Beschlüsse, die ein Strafverfahren in gesetzlich geregelten Fällen[59] sachentscheidend beenden, werden **beschränkt materiell** rechtskräftig. Dies bedeutet, dass das Verfahren nur dann erneut aufgenommen werden darf, wenn sich eine neue Sachlage ergeben hat. Wie die gesetzlich ungeregelten Fälle zu behandeln sind,[60] ist umstritten; verbreitet wird ebenfalls eine beschränkte Rechtskraft angenommen.[61]

4. Rechtskraft und prozessualer Tatbegriff

38 Vor dem Hintergrund des Strafklageverbrauchs sind die Fallkonstellationen zu betrachten, in denen die Rechtsprechung eine zu weite Ausdehnung der materiellen Rechtskraft durch weitere Ausnahmen von der regelmäßigen Parallelität zwischen materiellrechtlicher und prozessualer Tateinheit zu verhindern sucht:

▶ **FALL 6:** W, der keinen Waffenschein hat, wurde bei Schießübungen mit einer Schusswaffe im Wald beobachtet und daraufhin wegen unerlaubten Besitzes und Führens einer Waffe gem. § 52 Abs. 3 Nr 2 WaffG zu einer Geldstrafe verurteilt. Nach Eintritt der Rechtskraft stellt sich heraus, dass W eine Woche vor seiner Verurteilung mit der sich unerlaubt in seinem Besitz befindlichen Waffe den O erschossen hatte. ◀

39 a) **Völlige Verkennung der Unrechtsdimension:** Die ältere Rechtsprechung[62] bejahte ausnahmslos eine Parallelität von materiellrechtlicher und prozessualer Tateinheit, weswegen in Fall 6 mit der Verurteilung wegen unerlaubten Waffenbesitzes Strafklageverbrauch auch hinsichtlich der mit dieser Waffe vorgenommenen Tötung anzunehmen wäre. Der Gedanke des Rechtsfriedens spielte insofern eine übergeordnete Rolle.

40 Nach der neueren Rechtsprechung soll hingegen eine erneute Verurteilung zulässig sein, wenn das Ersturteil auf einer völligen Verkennung der Unrechtsdimension beruht.[63] Es liefe dem Gerechtigkeitsgedanken zuwider, den Täter nur wegen unerlaubten Waffenbesitzes zu verurteilen, aber das viel gewichtigere Kapitaldelikt außer Acht zu lassen. Mit der Änderung der Angriffsrichtung erhalte die Tat ein ganz anderes rechtliches Gepräge, welches ein Zweiturteil erfordere. Ansonsten könnte der Täter seine Verurteilung wegen unerlaubten Waffenbesitzes provozieren, um damit eine viel härtere Strafe wegen eines mit dieser Waffe begangenen Verbrechens zu umgehen.[64] Daher soll nach der Rechtsprechung in Konstellationen wie in **Fall 6** auch die **Angriffsrichtung des Täterverhaltens** in die Beurteilung der prozessualen Tat einbezogen werden: Weist die erst später festgestellte Angriffsrichtung einen völlig anderen rechtlichen Charakter auf als das dem Ersturteil zu Grunde gelegte Verhalten, soll von einer neuen prozessualen Tat auszugehen sein. In **Fall 6** weicht die Begehung eines Mordes im Unrecht vom Besitz der Schusswaffe und den mit ihr durchgeführten Schießübungen im Wald ohne Gefährdung hochrangiger Rechtsgüter ganz entscheidend ab. Diese Wer-

---

57 KK-*Fischer* Einl. Rn 481; *Volk/Engländer* § 32/5.
58 KK-*Fischer* Einl. Rn 481; *Volk/Engländer* § 32/5.
59 Vgl. §§ 174 Abs. 2, 211.
60 Z.B. §§ 153 Abs. 2, 153b Abs. 2, 154 Abs. 2.
61 Vgl. dazu KK-*Diemer* § 153 Rn 41, § 153b Rn 11, § 154 Rn 36 f.
62 RGSt 70, 26 (30 f.); BGHSt 8, 92 (94 f.); 26, 284 (285).
63 OLG Hamm JR 1986, 203 (204); dem folgend *Beulke/Swoboda* Rn 519; aA NK-*Puppe* § 52 Rn 44, 63.
64 Vgl. *Beulke/Swoboda* Rn 519.

tung wird an den erheblich voneinander abweichenden Strafrahmen beider Delikte objektiv ersichtlich. Wegen der verschiedenen Angriffsrichtungen wäre daher hinsichtlich der Ermordung des O von einer anderen prozessualen Tat auszugehen. Die Rechtskraft des Ersturteils hätte keine Sperrwirkung für eine neue Anklage des W wegen Mordes.[65]

Zu bedenken ist ferner, dass zwischen unerlaubtem Waffenbesitz und einem Entschluss zum Gebrauch der Waffe nicht unbedingt ein enger Zusammenhang, der zu einem einheitlichen Geschehen führt, besteht. Hier kann das Kriterium der Angriffsrichtung sachgerechte Ergebnisse begründen. Passt also der Gebrauch der Waffe nicht zum rechtlichen Charakter des im Ersturteil abgeurteilten Sachverhalts, so ist wegen des vollkommen anderen rechtlichen Gepräges des mit der Waffe begangenen Delikts von prozessualer Tatmehrheit auszugehen.

41

Nach der Rechtsprechung soll der Angeklagte im Rahmen von Organisations- und Dauerdelikten auch bei Annahme von mehreren prozessualen Taten so gestellt werden, als wäre nur *eine* Urteilsfindung erfolgt.[66] Dies erfordert aber, dass das Urteil des ersten Verfahrens mit dem späteren Urteil vereinbar ist.[67] So müsste z.B. eine im ersten Urteil verhängte, aber im zweiten Urteil nicht aufrecht erhaltene Geldstrafe wegen unerlaubten Waffenbesitzes wegfallen. Umstritten ist die Herleitung dieses Ergebnisses,[68] da keine ausdrückliche gesetzliche Regelung existiert. Teils wird eine Analogie zu §§ 55 StGB, 460 StPO befürwortet.[69] Teils wird nach Lösungen gesucht, die das Ersturteil unberührt lassen;[70] insoweit bietet sich eine analoge Anwendung der §§ 51 f. StGB an.[71]

42

▶ **FALL 7:** A ist wegen Hehlerei von Schmuck angeklagt und verurteilt worden; die Tatobjekte waren bei einem Raub entwendet worden. Nach dem Eintritt der materiellen Rechtskraft stellt sich heraus, dass auch A als Mittäter an dem Raub beteiligt war.[72] ◀

▶ **FALL 8:** Laut Anklage hat A Schmuck gestohlen. In der Hauptverhandlung stellt sich heraus, dass in Wahrheit D den Diebstahl begangen hat und der in der Wohnung des A aufgefundene gestohlene Schmuck von diesem dort nur für D versteckt wurde.[73] ◀

▶ **FALL 9:** A ist wegen Strafvereitelung angeklagt worden, weil er der wegen Mordes Mitangeklagten B beim Beiseiteschaffen des von diesem getöteten Opfers geholfen haben soll. Das Schwurgericht kommt aufgrund der Beweisaufnahme jedoch zu dem Ergebnis, dass A den Mord selbst begangen hat.[74] ◀

▶ **FALL 10:** A soll dem B laut Anklage Schmuck, der früher bereits dem Eigentümer E entwendet worden war, gestohlen haben. Die Beweisaufnahme ergibt, dass A den Schmuck zum fraglichen Zeitpunkt von B käuflich erworben hat.[75] ◀

---

65 Für materiell-rechtliche Realkonkurrenz in solchen Fällen BGHSt 36, 151 (153); BGH StV 1999, 643 (644).
66 BGHSt 15, 259 (262); 29, 288 (297 f.).
67 RGSt 56, 161 (168); BGHSt 15, 259 (263).
68 Näher hierzu KMR-*Stuckenberg* § 264 Rn 83 ff.
69 *Neuhaus* StV 1990, 342 f.
70 Vgl. BGHSt 29, 288 (298); OLG Hamm StV 1986, 241 (243); *Erb* NStZ 1998, 253 (254).
71 *Erb* GA 1994, 265 (279).
72 Nach BGHSt 35, 60.
73 Nach BGHSt 35, 80.
74 Nach BGHSt 32, 215.
75 Nach BGHSt 35, 172.

43 b) **Alternativität von Handlungsabläufen:** Die Frage, ob eine oder zwei Taten im prozessualen Sinne gegeben sind, stellt sich vor allem bei den Anschlussdelikten im Verhältnis zur Vortat.[76] Hier bezieht sich die Vortat (z.b. ein Diebstahl) auf dasselbe Tatobjekt wie die Nachtat (z.B. eine Hehlerei). Sofern der Täter im Wege einer Wahlfeststellung[77] „entweder wegen der Vortat oder wegen des Anschlussdelikts" verurteilt wird, ist unstreitig Strafklageverbrauch hinsichtlich beider Taten eingetreten.[78] Problematisch sind dagegen die Konstellationen, in denen der Täter zunächst wegen nur einer Tat angeklagt und verurteilt wurde und sich später – etwa im Verfahren gegen weitere Beteiligte – herausstellt, dass der Täter aller Wahrscheinlichkeit nach nicht diese, sondern die andere Tat begangen hat. So verhält es sich in den **Fällen 7–9**.

Das Problem stellt sich im Übrigen entsprechend, wenn der Täter zunächst wegen einer Tat angeklagt wurde und die Beweisaufnahme in der Hauptverhandlung ergibt, dass er die andere Tat begangen haben muss. Hier wäre eine Nachtragsanklage (§ 266) erforderlich, wenn beide Taten kein einheitliches Geschehen im Sinne des prozessualen Tatbegriffs bildeten; anderenfalls genügte ein Hinweis auf die Veränderung des rechtlichen Gesichtspunkts im Sinne von § 265.

44 aa) **Ältere Rechtsprechung:** Die frühere Rechtsprechung bejahte prozessuale Tateinheit, wenn sich das Anschlussdelikt auf die bestimmte Vortat und insbesondere auf dasselbe Tatobjekt bezog.[79] Die innere Tatseite und die deliktsspezifische Art des Angriffs auf das Rechtsgut spielten keine Rolle, sofern nur zwischen beiden Taten ein faktischer Zusammenhang bestand. In den **Fällen 7–9** bezieht sich das alternative Verhalten des A jeweils auf dasselbe Tatobjekt (den Schmuck). Demnach wäre hier stets von prozessualer Tateinheit auszugehen, so dass jeweils einer erneuten Anklage bzw. Verurteilung des A wegen des erst später aufgedeckten Verhaltens Strafklageverbrauch durch das Ersturteil entgegenstünde.

45 bb) **Neuere Rechtsprechung:** Nach der neueren Rechtsprechung sind zur Bestimmung der prozessualen Tat im Rahmen von „Alternativfällen" zusätzlich zu den faktischen auch normative Kriterien, namentlich die **Zielrichtung** des delinquenten Handelns, heranzuziehen.[80] Damit soll vermieden werden, dass auch historisch weit auseinander liegende Ereignisse, deren rechtliche Bewertung sich ggf. wechselseitig ausschließt, sachwidrig verklammert werden. Denn die Aufgabe des prozessualen Tatbegriffs sei es, einen bestimmten historisch abgrenzbaren Lebensvorgang zu erfassen.[81] Ein alleiniges Abstellen auf die Identität des Tatobjekts könnte aber zu einer Verbindung einzelner Geschehnisse führen, die tatsächlich weder zeitlich noch örtlich zusammenhängen. Prozessuale Tateinheit ist danach auch zu verneinen, wenn das abgeurteilte frühere Verhalten ein völlig anderes rechtliches Gepräge aufweist als das nunmehr angeklagte Geschehen.

46 In **Fall 7** haben Raub und Hehlerei zwar dasselbe Tatobjekt (den Schmuck), betreffen aber unterschiedliche Lebensvorgänge und unterscheiden sich auch erheblich in der deliktischen Struktur. Der Raub ist ein zweiaktiges Delikt, durch das neben dem Eigen-

---

76 Vgl. auch *Beulke/Fahl* Jura 1998, 262 (263); *Beulke/Swoboda* Rn 520 ff.; *Paeffgen* Heinze-GS 615 ff.; R/H-*Radtke* § 264 Rn 55.
77 Zu den Voraussetzungen der Wahlfeststellung *Kindhäuser* AT § 48/10 ff. mwN.
78 BGHSt 35, 60 (63).
79 RGSt 8, 135 (137 ff.); BGH bei *Dallinger* MDR 1954, 15 (17); vgl. auch BGHR StPO § 264 Tatidentität 1.
80 BGHSt 35, 60 ff.; 80 ff.; 172 ff.
81 BGHSt 35, 60 (64).

tum auch die Entscheidungsfreiheit des Opfers durch Nötigung verletzt wird.[82] Ferner kann der Täter der Vortat nicht zugleich auch Täter der Hehlerei sein; die Annahme der einen Tat schließt also die Annahme der anderen aus. Zu bedenken ist jedoch, dass die Strafe wegen Hehlerei, sofern sie bereits vollstreckt wurde, unabhängig von einem möglichen späteren Wiederaufnahmeverfahren bei der Verurteilung wegen des Raubes strafmildernd zu berücksichtigen ist.[83]

Auch in **Fall 8** hat der BGH keine prozessuale Tatidentität angenommen, weil sich Diebstahl und Begünstigung nach Ort und Tatumständen unterscheiden, differierende Angriffsrichtungen aufweisen und somit – bei natürlicher Betrachtung – verschiedene Lebensvorgänge mit völlig anderem rechtlichen Gepräge betreffen.[84] Hierbei wurde – nach dem damaligen Stand des Gesetzes – ergänzend berücksichtigt, dass der Diebstahl ein eigennütziges, die Begünstigung ein fremdnütziges Delikt war.[85] Im konkreten Verfahren ist A bei dieser Rechtsauffassung wegen des Diebstahls freizusprechen; hinsichtlich der Begünstigung bedarf es einer gesonderten Anklage, ggf. im Wege einer Nachtragsanklage nach § 266.

47

In **Fall 9** hat der BGH ebenfalls den Mord und die Strafvereitelung durch das Wegschaffen der Leiche als unterschiedliche Taten im prozessualen Sinne angesehen.[86] Zum einen folge die Strafvereitelung der Tötung zeitlich nach, was freilich für sich allein zur Trennung des Geschehens noch nicht ausreiche. Jedoch könne – „nach Auffassung des Lebens" – das Beseitigen der Leiche allenfalls dann eine „natürliche Einheit" – bzw. einen „untrennbaren Zusammenhang" – mit dem Mord bilden, wenn beide Taten vom selben Täter vorgenommen würden. Auch sei dem A in der Anklage die Strafvereitelung als ein von der vorangegangenen Tötung zeitlich abgegrenztes, sich nicht überschneidendes Geschehen vorgeworfen worden.

48

Dagegen bejaht der BGH prozessuale Tatidentität in Konstellationen, die derjenigen von **Fall 10** entsprechen.[87] Hier beziehen sich beide Tatvorwürfe auf ein zeitlich und räumlich eng zusammenhängendes Geschehen. Die rechtlich relevante Differenz in der Bewertung bezieht sich allein auf die Frage, ob sich A den Schmuck gegen den Willen (dann Diebstahl) oder mit dem Willen (dann Hehlerei) des B verschafft hat. Auch haben die beiden Delikte kein „völlig anderes rechtliches Gepräge": Beide Delikte richten sich gegen das Sachvermögen, auch wenn mit der Pönalisierung der Hehlerei zusätzlich noch der Etablierung eines Schwarzmarktes begegnet werden soll. Wollte man in **Fall 10** zwei unterschiedliche prozessuale Taten annehmen, so wäre die faktische, gegenüber dem materiellen Recht selbständige, Bestimmung des prozessualen Tatbegriffs preisgegeben.[88]

49

---

82 BGHSt 35, 60 (64); *Lesch* 2/30.
83 BGHSt 35, 60 (66); *Beulke/Swoboda* Rn 525; *Meyer-Goßner* Salger-FS 345 (349).
84 BGHSt 35, 80 (82).
85 BGHSt 35, 80 (82); vgl. auch OLG Frankfurt GA 1988, 374 (376); abl. *Roxin* JZ 1988, 260 (261). Nach heutiger Gesetzesfassung kann der Diebstahl allerdings auch fremdnützig begangen werden.
86 BGHSt 32, 215 (216 ff.); im Ergebnis zust. *Roxin* JR 1984, 346 ff.
87 BGHSt 35, 172 (174); vgl. dagegen OLG Celle NJW 1988, 1225; OLG Düsseldorf NStZ-RR 1999, 304.
88 Zu beachten ist, dass der BGH in BGHSt 35, 172 (174) – ebenso in NStZ 1999, 523 (524) – in der Formulierung an die frühere Rechtsprechung anknüpft: Diebstahl und Hehlerei bildeten eine prozessuale Tat, „wenn der in der Anklage nach Objekt, Ort und Zeit der Handlung konkretisierte Diebstahl Grundlage der Verurteilung wegen Hehlerei bleibt". Danach können auch zeit- und räumlich weit auseinander liegende Taten eine prozessuale Tateinheit bilden.

III. Schaubild: Der Zusammenhang von prozessualer Tat und Rechtskraft

50

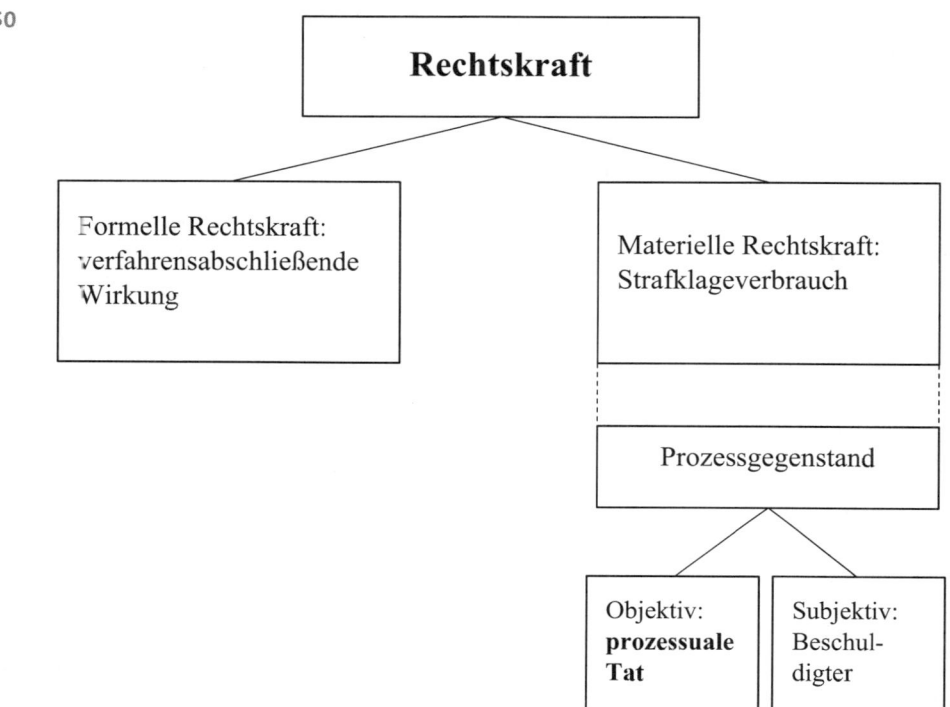

51 **WIEDERHOLUNGS- UND VERTIEFUNGSFRAGEN**

> Welches sind die Funktionen des prozessualen Tatbegriffs im Sinne von § 264? (Rn 5 ff.)
> Wie sind § 265 und § 266 voneinander abzugrenzen? Welcher Gedanke steht hinter der in § 265 Abs. 1 festgelegten Hinweispflicht? (Rn 9 f.)
> Wie definiert die Rechtsprechung den Begriff der prozessualen Tat? (Rn 15)
> Wie verhält sich der materiellrechtliche zum prozessualen Tatbegriff? (Rn 17 ff.)
> Unter welchen Voraussetzungen geht die Rechtsprechung bei der Verwirklichung weiterer Tatbestände im Rahmen eines Organisationsdelikts von einer neuen prozessualen Tat aus? (Rn 20 ff.)
> Wie unterscheiden sich die Wirkungen formeller und materieller Rechtskraft? (Rn 28 ff., 30 ff.)

§ 26 Besondere Verfahrensarten

I. Strafbefehlsverfahren

1. Allgemeines

a) **Schriftliches Verfahren:** Das amtsgerichtliche Strafbefehlsverfahren (§§ 407 – 412) dient bei einfach gelagerten Fällen mit geringer Schuldschwere dem Zweck der Prozessökonomie und der Einsparung von Kosten. Denn das Strafbefehlsverfahren ist ein schriftliches Verfahren, bei dem der Richter **nach Aktenlage entscheidet**. Ausnahmsweise wird hier der Eröffnungsbeschluss durch den Erlass des Strafbefehls ersetzt. Der Amtsrichter kann also auf den Strafbefehlsantrag hin am Schluss des Zwischenverfahrens und ohne Strengbeweiserhebung sofort entscheiden. Doch darf der Strafbefehl vom Strafrichter nur so erlassen werden, wie ihn die StA beantragt hat.[1] Bei Bedenken gegen oder Abweichungen vom Strafbefehlsantrag muss der Strafrichter das Verfahren in den normalen Strafprozess überleiten (vgl. § 408 Abs. 3 S. 2).

b) **Nebenklage:** Die Nebenklage ist erst möglich, wenn Termin zur Hauptverhandlung anberaumt ist oder der Antrag auf Erlass eines Strafbefehls abgelehnt wurde (§ 396 Abs. 1 S. 3). Vorzeitige Anschlusserklärungen des Nebenklägers werden erst zu diesen Zeitpunkten wirksam (§ 396 Abs. 1 S. 2). Wird der Strafbefehl mangels Einspruchs rechtskräftig, so ist ein Anschluss als Nebenkläger nicht möglich und auch ein vorher erklärter Anschluss bleibt wirkungslos.

c) **Ordnungswidrigkeit:** Bei **tateinheitlich** verwirklichter Straftat und Ordnungswidrigkeit wird gem. § 21 Abs. 1 OWiG nur das Strafgesetz angewendet. Die Ordnungswidrigkeit kann deshalb allenfalls im Strafbefehl bei der Strafzumessung eine Rolle spielen. Bei **Tatmehrheit** zwischen Ordnungswidrigkeit und Straftat kann unter der Voraussetzung des Zusammenhangs i.S.v. § 42 Abs. 1 OWiG der Strafbefehl auch auf die Ordnungswidrigkeit erstreckt werden, § 64 OWiG.

2. Voraussetzungen

▶ **FALL 1:** A wird wegen Trunkenheit im Straßenverkehr gem. § 316 StGB durch Strafbefehl zu einer Geldstrafe von 70 Tagessätzen zu je 50 Euro verurteilt. Gleichzeitig wird ihr im Strafbefehl die Fahrerlaubnis (§ 69 StGB) entzogen und eine Sperre von einem Jahr für deren Neuerteilung (§ 69a Abs. 1 S. 1 StGB) verhängt. ◀

a) **Antrag der StA auf Erlass des Strafbefehls:** Der Strafbefehlsantrag der StA ist eine besondere Form der Erhebung der öffentlichen Klage (§ 407 Abs. 1 S. 4), der an die Stelle eines Antrags auf Eröffnung des Hauptverfahrens tritt. Hält die StA nach dem Ergebnis ihrer Ermittlungen eine Hauptverhandlung nicht für erforderlich, so ist sie gem. § 407 Abs. 1 S. 2 verpflichtet, einen Antrag auf Erlass des Strafbefehls zu stellen. Irrelevant ist dabei, ob ein Einspruch des Beschuldigten zu erwarten ist.[2] In Fällen des § 408a kann der Strafbefehlsantrag auch noch nach Eröffnung des Hauptverfahrens gestellt werden.[3]

---

1 BeckOK-*Temming* § 408 Rn 11.
2 HK-*Brauer* § 407 Rn 10; KK-*Maur* § 407 Rn 3; *Pfeiffer* § 407 Rn 2; vgl. Nr 175 Abs. 3 S. 2 RiStBV.
3 Dazu *Vivell*, Das Strafbefehlsverfahren nach Eröffnung des Hauptverfahrens (§ 408a StPO), 2006.

5 Der Antrag muss grds. **schriftlich** von der StA gestellt werden (§ 407). Bei mehreren Beschuldigten genügt ein Antrag.[4] An den Antrag als eine besondere Form der Erhebung der öffentlichen Klage sind inhaltlich zunächst die gleichen Anforderungen zu stellen wie an eine Anklage (vgl. §§ 199, 200). Aus § 408 Abs. 3 ergibt sich, dass schon der schriftliche Strafbefehlsantrag dem Strafbefehl des Richters entsprechen muss, weshalb er erstens die Tat und ihre gesetzlichen Merkmale sowie zweitens gem. § 409 bereits über diesen Anklagesatz hinaus die konkret zu verhängenden Rechtsfolgen enthalten muss (§ 409 Abs. 1 Nr 6). Nicht erforderlich ist indes ein wesentliches Ergebnis der Ermittlungen.[5]

6 § 408a Abs. 1 S. 2 macht vom Schriftformerfordernis des § 407 Abs. 1 S. 4 eine **Ausnahme**. Demnach kann der Staatsanwalt den Strafbefehlsantrag in der **Hauptverhandlung** auch **mündlich** stellen. Der wesentliche Inhalt des Antrags ist dabei jedoch in das Sitzungsprotokoll aufzunehmen.

7 b) **Sachliche und örtliche Zuständigkeit des AG:** Der Erlass eines Strafbefehls setzt nach § 407 Abs. 1 voraus, dass die Strafsache in die Zuständigkeit des AG fällt. In **Fall 1** war der Strafrichter gem. §§ 24, 25 Nr 2 GVG für den Erlass des Strafbefehls zuständig.

8 c) **Hinreichender Tatverdacht:** Wie sich aus § 408 Abs. 2 ergibt, darf das Strafbefehlsverfahren nur beantragt werden, wenn hinreichender Tatverdacht als genügender Anlass für die Erhebung der öffentlichen Klage besteht (vgl. § 170 Abs. 1).[6]

9 d) **Vergehenscharakter der vorgeworfenen Tat:** Gem. § 407 Abs. 1 S. 1 darf das Strafbefehlsverfahren nur bei Vergehen (§ 12 StGB) durchgeführt werden. Auch Ordnungswidrigkeiten können Gegenstand eines Strafbefehlsverfahrens sein (vgl. § 64 OWiG).

10 e) **Allgemeine Prozessvoraussetzungen:** Wie beim regulären Hauptverfahren müssen auch beim Strafbefehlsverfahren die allgemeinen Prozessvoraussetzungen vorliegen.

11 f) **Sanktionen:** § 407 Abs. 2 zählt die zulässigen Rechtsfolgen abschließend auf. In **Fall 1** durfte der Strafbefehl so ergehen: In ihm werden die nach § 407 Abs. 2 zulässigen Sanktionen verhängt, nämlich eine Geldstrafe und die Entziehung der Fahrerlaubnis mit einer Sperre von weniger als zwei Jahren.

3. Entscheidungsmöglichkeiten des Gerichts

12 Ebenso wie bei der Erhebung der öffentlichen Klage ist das Gericht nicht an die Beurteilung der StA gebunden, sondern zu einer eigenen Bewertung und Beurteilung berechtigt und verpflichtet. Dies hat folgende Konsequenzen:

13 a) **Erlass des Strafbefehls:** Bestehen insgesamt keine Bedenken gegen den Strafbefehlsantrag, so muss das AG den Strafbefehl erlassen (§ 408 Abs. 3 S. 1). Antrag und Strafbefehl müssen inhaltlich übereinstimmen, nur in der Formulierung ist der Richter frei. Der notwendige Inhalt des Strafbefehls wird von § 409 Abs. 1 festgelegt.

14 Auch wenn es an einer inhaltlichen Übereinstimmung von Strafbefehlsantrag und Strafbefehl fehlt, ist der Strafbefehl wirksam und es kann nach Rechtskraft aus ihm vollstreckt werden.[7] Notwendig für einen wirksamen Erlass des Strafbefehls ist, dass er

---

4 HK-*Brauer* § 407 Rn 9; *Meyer-Goßner/Schmitt* § 407 Rn 7; *Pfeiffer* § 407 Rn 3.
5 HK-*Brauer* § 407 Rn 7.
6 R*H-Alexander* § 407 Rn 10; *Meyer-Goßner/Schmitt* § 407 Rn 8.
7 Vgl. KMR-*Metzger* § 409 Rn 30; *Meyer-Goßner/Schmitt* § 408 Rn 11.

vom Richter unterschrieben wurde, wobei ein Kürzel genügt, wenn daraus die Identität und die Willensäußerung des Richters zweifelsfrei festgestellt werden kann. Zudem muss der Strafbefehl als Beschluss zugestellt werden (§§ 409 Abs. 1 S. 1 Nr 7, 410 Abs. 1 S. 1). Hierfür sind die allgemeinen Regeln maßgeblich;[8] es gilt § 36 Abs. 1 und nicht Abs. 2. Ein nicht ordnungsgemäß zugestellter Strafbefehl ist wirkungslos. Gleiches gilt, wenn die zugestellte Ausfertigung von der Urschrift wesentlich abweicht. Eine Wiederholung der Zustellung ist dann notwendig, und erst durch diese wird die Einspruchsfrist gem. § 410 Abs. 1 S. 1 in Gang gesetzt.[9]

b) **Verdachtsgrad:** Welcher Verdachtsgrad notwendig für den Erlass eines Strafbefehls ist, ist in der Literatur **umstritten:** 15

- Häufig wird die **vollständige Überzeugungsbildung** des Richters gefordert, denn immerhin stehe der Strafbefehl dem Urteil gleich.[10]
- Die Gegenansicht meint, dass sich aus § 408 Abs. 2 ergebe, dass das Strafbefehlsverfahren bereits beantragt werden dürfe, wenn **hinreichender Tatverdacht** als genügender Anlass für die Erhebung der öffentlichen Klage bestehe (vgl. § 170 Abs. 1).[11] Sonst werde verkannt, dass die von ihr geforderte Überzeugungsbildung erst mit einer Beweisaufnahme möglich sei; diese werde im Strafbefehlsverfahren aber ja gerade nicht durchgeführt.[12]

c) **Bedenken:** Hat das Gericht hinsichtlich des Strafbefehlsantrags Bedenken, so kommen verschiedene Entscheidungsmöglichkeiten in Betracht: 16

aa) Ist aus Sicht des Gerichts der notwendige **Verdachtsgrad** (s.o.) **nicht** gegeben, lehnt der Amtsrichter den Erlass des Strafbefehls durch Beschluss ab. Der Beschluss steht der Nichteröffnung des Hauptverfahrens gleich (§ 408 Abs. 2 S. 2) und bedarf deshalb einer Begründung (§ 204 Abs. 1). Diese Entscheidung kann gem. § 408 Abs. 2 S. 2 i.V.m. § 210 Abs. 2 von der StA mit der sofortigen Beschwerde angegriffen werden. 17

bb) Hat das Gericht sonstige Bedenken, ohne Hauptverhandlung zu entscheiden, so muss es gem. § 408 Abs. 3 S. 2 einen Termin zur Hauptverhandlung bestimmen (etwa, wenn das Gericht noch weitere Aufklärung für geboten hält, die rechtliche Würdigung der StA nicht teilt oder vom Antrag der StA abweichen will, weil es z.B. die beantragte Rechtsfolge als zu hoch oder zu niedrig einstuft)[13]. Die Bestimmung eines Termins zur Hauptverhandlung steht der Eröffnung des Hauptverfahrens gleich. In der nach § 408 Abs. 3 S. 2 anberaumten Hauptverhandlung kann mangels eines tatsächlichen Eröffnungsbeschlusses kein Strafbefehl gem. § 408a erlassen werden. 18

cc) Mit Zustimmung der StA kann das Verfahren gem. §§ 153 Abs. 2, 153a Abs. 2 eingestellt werden. 19

4. Der Einspruch

▶ **FALL 2:** A wurde durch Strafbefehl wegen Sachbeschädigung gem. § 303 StGB zu einer Geldstrafe von 20 Tagessätzen zu je 30 Euro verurteilt. Hiergegen legt A Einspruch ein. In

---

8 Vgl. u.a. §§ 35 Abs. 2 S. 1 (förmliche Zustellung im schriftlichen Verfahren), 145a Abs. 1.
9 HK-*Brauer* § 409 Rn 23; *Meyer-Goßner/Schmitt* § 409 Rn 22; SK-*Weßlau* § 409 Rn 28.
10 KK-*Maur* § 408 Rn 15 mwN; KMR-*Metzger* Vor § 407 Rn 24; *Rieß/Hilger* NStZ 1987, 204.
11 R/H-*Alexander* § 407 Rn 10; *Deckers/Kuschnik* StraFo 2008, 420; *Meyer-Goßner/Schmitt* § 407 Rn 8; BeckOK-*Temming* § 408 Rn 11.
12 BeckOK-*Temming* § 408 Rn 11.
13 Hierzu Nr 178 RiStBV.

der Hauptverhandlung kommt das Gericht zu der Überzeugung, dass die Schuld des A und das verwirklichte Unrecht höher zu bewerten sind, und verurteilt A zu einer Geldstrafe von 30 Tagessätzen zu je 30 Euro. ◄

20 a) **Begriff:** Rechtsschutz gegen den Strafbefehl bietet der Einspruch (§ 410 Abs. 1). Der Einspruch ist kein Rechtsmittel, sondern ein **förmlicher Rechtsbehelf**, denn er hat nur einen Suspensiv-, aber keinen Devolutiveffekt.[14] Aus diesem Grunde kann die Entscheidung des Gerichts in **Fall 2** nach Einspruch auch zum Nachteil des Angeklagten abweichen. Das Verbot der *reformatio in peius* gilt nicht (§ 411 Abs. 4).[15]

21 b) **Einlegung:** Zulässig ist der gegen einen Strafbefehl statthafte Einspruch, wenn er in der nach § 410 Abs. 1 S. 1 gesetzlich vorgeschriebenen Form – schriftlich oder zu Protokoll der Geschäftsstelle – und Frist – zwei Wochen nach Zustellung – eingelegt wird.

22 c) **Entscheidungsmöglichkeiten des Gerichts:** Nach Einlegung des Einspruchs kommen für das Gericht, je nach Sachlage, mehrere Entscheidungsmöglichkeiten in Betracht.

23 aa) Das Gericht erlässt ein **Einstellungsurteil**, wenn es an einer Verfahrensvoraussetzung fehlt. Dabei handelt es sich um ein Urteil gem. § 260 Abs. 3.

24 bb) Ist der Einspruch verspätet, so ist er **unzulässig** und wird gem. § 411 Abs. 1 durch **Beschluss** verworfen. Auch ein wirksamer Verzicht oder eine Rücknahme führen zur Unzulässigkeit (eines möglicherweise erneut) eingelegten Einspruchs. Dies prüft das Gericht von Amts wegen. Rechtsschutz gegen diesen Beschluss gewährt die sofortige Beschwerde und die Möglichkeit des Antrags auf Wiedereinsetzung in den vorigen Stand bei schuldloser Fristversäumung.

25 Bemerkt das Gericht die Unzulässigkeit des Einspruchs erst in der Hauptverhandlung, muss die Hauptverhandlung mit einem Urteil, das den Einspruch als unzulässig verwirft, gem. § 260 Abs. 1 schließen.[16]

26 cc) Wurde der Einspruch **ordnungsgemäß eingelegt**, so wird gem. § 411 Abs. 1 S. 2 Termin zur Hauptverhandlung bestimmt. Für die Beweisaufnahme gelten die Grundsätze des **beschleunigten Verfahrens** (§ 411 Abs. 2 S. 2 i.V.m. § 420). Insbesondere gilt:

- Die Anwendbarkeit des **Unmittelbarkeitsgrundsatzes** wird durch eine erleichterte Urkundenverlesung im Strafbefehlsverfahren **eingeschränkt**, wenn es nach Einspruch zu einer Hauptverhandlung kommt (s. § 420 Abs. 1-2).
- Ferner braucht der **Angeklagte** in der Hauptverhandlung **nicht selbst zu erscheinen**, sondern kann sich gem. § 411 Abs. 2 S. 1 durch einen bevollmächtigten Verteidiger vertreten lassen.
    - Allerdings kann das Gericht das persönliche Erscheinen des Angeklagten anordnen, wenn dies für die Wahrheitsfindung erforderlich ist (§ 236).
    - Zu beachten ist, dass gem. § 408b, der einen Fall **der notwendigen Verteidigung** regelt, eine Freiheitsstrafe, deren Vollstreckung zur Bewährung auszusetzen ist, nur verhängt werden darf, wenn der Angeschuldigte einen Verteidiger hat.

27 Treten weder der Angeklagte noch sein Vertreter auf, so wird der Einspruch gem. §§ 412, 329 Abs. 1 S. 1 **verworfen**.

---

14 Hierzu § 28 Rn 7.
15 AllgM, s. nur BeckOK-*Temming* § 411 Rn 11; *Meyer-Goßner/Schmitt* § 411 Rn 11; KK-*Maur* § 411 Rn 33; diff. *Beulke/Swoboda* Rn 528; *Roxin/Schünemann* § 68/12.
16 S. BeckOK-*Temming* § 411 Rn 2 mwN.

Im Fall des § 412 ist auch die **Aussetzung** des Verfahrens und die **Erzwingung des persönlichen Erscheinens** zulässig, wenn es an den Voraussetzungen der Verwerfung fehlt, das Gericht aber nicht ohne den Angeklagten verhandeln kann.[17] Diese Konstellation liegt vor, wenn der Richter, etwa um sich einen persönlichen Eindruck zu verschaffen, das persönliche Erscheinen des Angeklagten angeordnet hat, aber nur dessen Verteidiger erschienen ist.[18]

dd) Durch § 411 Abs. 1 S. 3 wird dem Gericht für den Fall, dass der Angeklagte seinen **Einspruch** auf die Höhe der Tagessätze einer festgesetzten Geldstrafe **beschränkt**, die Möglichkeit eingeräumt, mit Zustimmung des Angeklagten, des Verteidigers und der StA ohne Hauptverhandlung durch **Beschluss** zu entscheiden. Hier **gilt** zugunsten des Angeklagten das **Verschlechterungsverbot**.
Der Beschluss ist mit der **sofortigen Beschwerde** anfechtbar.

Mit der Vorschrift des § 411 Abs. 1 S. 3 soll ein praktisches Problem angemessen behandelt werden: Im Strafbefehlsverfahren ist das Einkommen des Angeklagten i.d.R. nicht genau bekannt und muss deshalb gem. § 40 Abs. 3 StGB geschätzt werden. Auch können sich die Einkommensverhältnisse des Angeklagten nach seiner polizeilichen Vernehmung verschlechtern. Wird nur aus diesen Gründen der Einspruch eingelegt, so entfällt wegen § 411 Abs. 1 S. 3 die ansonsten aufwändige Durchführung der Hauptverhandlung.

ee) Bis zur Urteilsverkündung kann der Einspruch gem. § 411 Abs. 3 **zurückgenommen** werden, wobei ab Vernehmung des Angeklagten zur Sache die Zustimmung der StA notwendig ist. In gleichem Umfang kann der Einspruch auch nachträglich beschränkt werden.
Ebenso kann von der StA die Anklage gem. § 411 Abs. 3 S. 2, der auf § 303 verweist, ab Vernehmung des Angeklagten zur Sache nur noch mit dessen Zustimmung zurückgenommen werden.
Wird der Strafbefehlsantrag erst nach Eröffnung des Hauptverfahrens gestellt (§ 408a), kann die Klage nicht zurückgenommen werden (§ 411 Abs. 3 S. 3).

5. Anhängigkeit und Rechtshängigkeit

Da ein Strafbefehlsantrag der Erhebung der öffentlichen Klage gem. § 407 Abs. 1 S. 4 gleichsteht,[19] wird die Sache mit dem Eingang des Strafbefehlsantrags **bei Gericht anhängig**. Konsequenz der Anhängigkeit ist z.B. die **Verjährungsunterbrechung** gem. § 78c Abs. 1 Nr 6 StGB, § 33 Abs. 1 S. 1 Nr 13 OWiG.

Der Erlass des Strafbefehls steht der Eröffnung des Hauptverfahrens gleich (vgl. § 433 Abs. 1 S. 2). Dementsprechend tritt (erst) mit Erlass des Strafbefehls **Rechtshängigkeit** ein.[20]

6. Rechtskraft

▶ **FALL 3:** A wird durch Strafbefehl wegen Trunkenheit im Straßenverkehr gem. § 316 StGB zu einer Geldstrafe von 70 Tagessätzen zu je 50 Euro verurteilt; ferner wird ihm die Fahrer-

---

17 Vgl. §§ 329 Abs. 4, 230 Abs. 2.
18 KMR-*Metzger* § 412 Rn 16.
19 Vgl. auch § 408 Abs. 2.
20 *Meyer-Goßner/Schmitt* Vor § 407 Rn 3; BeckOK-*Temming* Rn 26 mwN; aA (erst mit Beginn der Hauptverhandlung) OLG Karlsruhe NStZ 1991, 602.

laubnis entzogen und eine Sperre von einem Jahr für deren Neuerteilung festgesetzt (wie Fall 1). Später ermittelt die StA, dass A während seiner Trunkenheitsfahrt auch einen Unfall mit erheblichem Sachschaden verursacht und sich anschließend unerlaubt vom Unfallort entfernt hat. ◄

33 Der Strafbefehl wird mit seiner Unanfechtbarkeit **rechtskräftig**. Dies ist möglich, wenn

- innerhalb der **Einspruchsfrist** kein Einspruch eingelegt,
- der eingelegte Einspruch **zurückgenommen**,
- der **Verzicht** auf den Einspruch erklärt oder
- der Einspruch **verworfen** wird.

34 Bei Eintritt der Rechtskraft steht der Strafbefehl einem rechtskräftigen Urteil gleich (§ 410 Abs. 3). Die Rechtskraft führt grds. zum **Strafklageverbrauch**.
Möglich ist bei einem Strafbefehl auch eine **Teilrechtskraft**, z.B. wegen Teileinspruchs, Teilrücknahme oder Teilverzichts. Auch ist eine Teilrechtskraft möglich hinsichtlich einzelner Beschuldigter oder einzelner Taten. Insoweit gibt es im Vergleich zum Urteil keine Besonderheiten.

35 Die Rechtskraft kann beim Strafbefehl durch die gleichen Gründe durchbrochen werden wie beim Urteil auch, also durch **Wiedereinsetzung in den vorigen Stand** bei schuldloser Fristversäumung (§ 44) oder durch **Wiederaufnahme**.
Gegenüber dem Urteil besteht jedoch beim Strafbefehl eine besondere Einschränkung darin, dass die Wiederaufnahme **zuungunsten** des Angeklagten vorgenommen werden kann, um die Verurteilung wegen eines Verbrechens zu erreichen (§ 373a). In **Fall 3** allerdings kann die StA keine weiteren Schritte mehr unternehmen. Sie hat zwar neue Tatsachen ermittelt, doch begründen diese keinen hinreichenden Tatverdacht bezüglich eines Verbrechens (§ 373a StPO, § 12 Abs. 1 StGB), sondern nur für Vergehen (§§ 142, 315c StGB). Damit bleibt der Strafbefehl rechtskräftig. Auch Wiederaufnahmegründe nach § 362 sind nicht gegeben.[21]

II. Sicherungsverfahren

1. Allgemeines

36 Mit dem Sicherungsverfahren (§§ 413 – 416) wird der Zweck verfolgt, die Allgemeinheit vor gefährlichen **Tätern**, die **schuld- oder verhandlungsunfähig** sind, zu schützen.[22] Es stellt die verfahrensrechtliche Ergänzung zu § 71 StGB (Anordnung der Unterbringung) dar.[23]
Da das Sicherungsverfahren **kein echtes Strafverfahren** ist, gelten gem. § 414 Abs. 1 die Regeln des Strafverfahrens nur sinngemäß und nur, soweit in den Abs. 2 und 3 sowie in den §§ 415, 416 nichts anderes bestimmt ist.
Das Sicherungsurteil bewirkt jedoch einen **Strafklageverbrauch**[24] und kann mit den allgemeinen Rechtsmitteln der Berufung und Revision (§§ 312, 333) angefochten werden.

---

21 Überblicke zum Strafbefehlsverfahren bei *Ranft* JuS 2000, 633 ff. und *Wankel* JA 1998, 687 ff.
22 BGHSt 22, 1 (3); KMR-*Metzger* Vor § 413 Rn 9.
23 BGHSt 31, 132 (134).
24 BGHSt 11, 319 (322); 16, 198 (199); ausf. KK-*Maur* § 414 Rn 22 f.; *Meyer-Goßner/Schmitt* § 416 Rn 9.

Ein **Klageerzwingungsverfahren** scheitert hier daran, dass die StA im Sicherungsverfahren nicht dem Legalitätsprinzip (§ 152 Abs. 2) unterliegt.[25] Die Antragstellung der StA für die Durchführung des Sicherungsverfahrens steht vielmehr im pflichtgemäßen Ermessen der StA.[26]

Die **Nebenklage** ist im Sicherungsverfahren nach § 395 Abs. 1 zulässig.[27]

2. Voraussetzungen

Die Einleitung eines Sicherungsverfahrens hat folgende Voraussetzungen:

- Es liegt eine **rechtswidrige Tat** vor.
- Die StA betreibt wegen Schuldunfähigkeit oder Verhandlungsunfähigkeit des Täters **kein Strafverfahren**. Über den unmittelbaren Wortlaut hinaus sind die §§ 413 ff. auch anwendbar, wenn das Gericht die Eröffnung wegen Schuld- oder Verhandlungsunfähigkeit des Täters ablehnt.[28]
- Für den fraglichen Fall ist die **selbständige Anordnung** von Maßregeln der Besserung und Sicherung gem. § 71 StGB i.V.m. §§ 63, 64, 69, 70 StGB zulässig. Da der Katalog in § 71 StGB abschließend ist, darf die Sicherungsverwahrung gem. § 66 StGB im Sicherungsverfahren nicht angeordnet werden.
- Die **Anordnung** der Maßregel ist **zu erwarten**, wenn sie – nach Maßgabe der zur Bestimmung eines hinreichenden Tatverdachts geltenden Grundsätze – wahrscheinlich ist. Es dürfen auch keine anderen Hinderungsgründe für das Strafverfahren vorliegen, wie z.B. der fehlende Strafantrag bei Antragsdelikten,[29] anderweitige Rechtshängigkeit wegen schon vorher erhobener Anklage für dieselbe Tat oder die Verjährung gem. § 78 Abs. 1 StGB.
- Die StA **beantragt** die Durchführung des Sicherungsverfahrens. Der Antrag steht im pflichtgemäßen Ermessen der StA (Opportunitätsprinzip), denn das Legalitätsprinzip (§ 152 Abs. 2) gilt für das Sicherungsverfahren nicht.[30] Maßstab für das Ermessen ist der Schutz der Allgemeinheit vor weiteren Straftaten des Beschuldigten und der Grundsatz der Verhältnismäßigkeit.[31]

3. Verfahrensablauf

a) **Antrag:** Das Sicherungsverfahren wird mit der Antragsschrift eingeleitet, die gem. § 414 Abs. 2 S. 1 der Anklageschrift gleichsteht. Der Antrag kann von der StA auch im Verlauf des Zwischenverfahrens gestellt werden. Die Antragsschrift ist an das **zuständige Gericht** zu richten. Die Zuständigkeit des Gerichts bestimmt sich mangels besonderer Regelung für das Sicherungsverfahren gem. § 414 Abs. 1 nach den allgemeinen Vorschriften.[32]

Die **inhaltlichen Anforderungen** an den Antrag sind § 414 Abs. 2 S. 2 zu entnehmen. Demnach entspricht der Antrag weitgehend der Anklageschrift (vgl. § 200). Es ist gem.

---

25 KMR-*Metzger* § 414 Rn 15.
26 Opportunitätsprinzip, vgl. § 413: „kann".
27 Zur Rechtslage vor Inkrafttreten des OpferRRG am 1. 9.2004: BGHSt 47, 202 (203 ff.); KK (6. Aufl.) *Fischer* § 414 Rn 4.
28 KK-*Maur* § 413 Rn 6.
29 BGHSt 31, 132; *Meyer-Goßner/Schmitt* § 413 Rn 8.
30 RGSt 71, 218 (219); 72, 143 (144); *Pfeiffer* § 413 Rn 5.
31 Näher HK-*Kurth/Pollähne* § 413 Rn 9.
32 KK-*Maur* § 414 Rn 8, 14 ff.; vgl. §§ 24 Abs. 2, 74 Abs. 2, 74a, 74c, 120 GVG, § 209a StPO.

§ 414 Abs. 2 S. 3 die **Maßregel** der Besserung und Sicherung zu **benennen**, deren Anordnung die StA beantragt (Antragssatz). Im wesentlichen Ergebnis der Ermittlungen müssen insbesondere die ärztlichen Untersuchungsergebnisse zur Schuld- bzw. Verhandlungsunfähigkeit des Täters enthalten sein.

41 b) **Zwischenverfahren:** Das Zwischenverfahren entspricht mangels spezieller Regelung demjenigen des Strafverfahrens.

42 c) **Hauptverfahren:** Das Hauptverfahren wird eröffnet, wenn eine hinreichende Wahrscheinlichkeit für die Verhängung der Maßnahme besteht. Andernfalls ist die Eröffnung abzulehnen (vgl. §§ 203, 204).
Zu beachten ist, dass bei einer schon erhobenen Klage, die auch nicht zurückgenommen wurde, deren Rechtshängigkeit der Zulässigkeit des Sicherungsverfahrens entgegensteht. Die **Überleitung** des Strafverfahrens in das Sicherungsverfahren ist **unzulässig**; der Angeklagte ist ggf. freizusprechen und eine Unterbringung anzuordnen.[33]

43 Der Ablauf der **Hauptverhandlung** richtet sich nach den allgemeinen Regeln mit der in § 415 geregelten Abweichung, dass u.U. auch **ohne den Beschuldigten** verhandelt werden darf.
Zur Hauptverhandlung ist regelmäßig ein **Sachverständiger** zuzuziehen (vgl. §§ 414 Abs. 3, 246a).
Nach § 171a GVG kann die **Öffentlichkeit beschränkt** werden.
Während der Verhandlung muss wegen § 140 Abs. 1 Nr 7 ständig ein **Verteidiger** des Beschuldigten anwesend sein.

44 Die Hauptverhandlung endet mit **Urteil**. Für dessen Tenorierung ist die Besonderheit des § 414 Abs. 2 S. 4 zu beachten:

- Im Urteilstenor wird entweder die Maßregel angeordnet, ohne dass die Anlasstat auch nur erwähnt wird, denn es handelt sich nicht um einen Schuldspruch[34] oder
- der Antrag der StA wird abgelehnt.
- Ein Freispruch erfolgt im Sicherungsverfahren nie.[35]

Die Urteilsgründe sind nach den allgemeinen Regeln zu verfassen (§ 267 entsprechend). Die Kostenentscheidung richtet sich bei Anordnung nach § 465; bei Ablehnung folgt sie aus § 467. Gem. § 67b StGB kann eine Maßregel zur Bewährung ausgesetzt werden; in diesem Fall ist ein Bewährungsbeschluss gem. § 268a notwendig. Die Vorschriften der §§ 153 Abs. 2,[36] 153a Abs. 2 sind – da sie Schuld voraussetzen – im Sicherungsverfahren nicht anwendbar, wohl aber die Regelungen der §§ 154 Abs. 2, 154a Abs. 2.

45 d) **Vollstreckung:** Vollstreckt wird das Urteil nach den allgemeinen Regeln (§ 463).

46 e) **Überleitung:** Das Gericht darf das Sicherungsverfahren gem. § 416 Abs. 1 in das normale Strafverfahren überleiten, wenn die Schuld- bzw. Verhandlungsfähigkeit feststeht (nicht umgekehrt, s.o.). Nach dem Wortlaut der Vorschrift kann die Überleitung über die gesamte Dauer der Hauptverhandlung erfolgen, also bis zum Ende der Urteilsverkündung.[37]

---

33 BGH NStZ 1994, 297; KK-*Maur* § 413 Rn 7; BeckOK-*Temming* § 413 Rn 9.
34 BGH MDR 1985, 449; BeckOK-*Temming* § 414 Rn 5.
35 Vgl. BGH NJW 1970, 1242.
36 Vgl. LG Krefeld NJW 1976, 815.
37 KMR-*Metzger* § 416 Rn 3.

§ 26 Besondere Verfahrensarten

Ist im Falle der Überleitung das Gericht, das mit dem Sicherungsverfahren befasst ist, für das normale Strafverfahren aber sachlich unzuständig, so **verweist** es die Sache zugleich durch Beschluss an das zuständige Gericht. § 269 gilt nicht, so dass auch an ein Gericht niederer Ordnung verwiesen werden kann.[38]
Inhalt und Wirkung des Verweisungsbeschlusses richten sich nach § 270 Abs. 2 und 3. Der Beschluss ist damit nicht anfechtbar (§ 416 Abs. 1 S. 2 i.V.m. §§ 270 Abs. 3 S. 2 und 210 Abs. 1) und hat die Wirkung eines Eröffnungsbeschlusses im normalen Hauptverfahren (§ 416 Abs. 1 S. 2 i.V.m. § 270 Abs. 3 S. 1).

III. Beschleunigtes Verfahren

1. Allgemeines

Ziel der 1994 eingeführten Neuregelung zum beschleunigten Verfahren (§§ 417 – 420) ist es, eine rasche Aburteilung minder schwerer Straftaten zu ermöglichen[39] und so die Gerichte und die StA zu entlasten.[40]
Mangels Antragsbefugnis des **Privatklägers** ist das beschleunigte Verfahren im Privatklageverfahren ausgeschlossen.
Eine Beteiligung als **Nebenkläger** ist auch im beschleunigten Verfahren möglich.[41]
Das **Strafbefehlsverfahren** (§§ 407 ff.) hat Vorrang vor dem beschleunigten Verfahren.[42]

Da es im beschleunigten Verfahren an einem Eröffnungsbeschluss fehlt, ist der **Zeitpunkt der Rechtshängigkeit** nicht einfach festzustellen. Nach allgM ist es sachgerecht, die Rechtshängigkeit mit **Beginn der Vernehmung des Angeklagten** zur Sache eintreten zu lassen.[43]

2. Verfahrensablauf

▶ **FALL 4:** Dieb D wird auf frischer Tat bei einem Diebstahl ertappt, bei dem ihn mehrere Zeugen beobachteten. ◀

Das beschleunigte Verfahren verdankt seinen Namen dem Umstand, dass es den Gang des Strafverfahrens in mehrfacher Hinsicht verkürzt:

a) **Ermittlungsverfahren:** Für das Ermittlungsverfahren gelten **keine Besonderheiten**, denn hier kristallisiert sich erst heraus, ob die Sache überhaupt geeignet ist, im beschleunigten Verfahren verhandelt zu werden.

b) **Antrag und Anklage durch die StA:** Notwendig für die Einleitung des beschleunigten Verfahrens, das frühestens nach Abschluss der Ermittlungen (§ 169a) einsetzen kann, ist der Antrag der StA. Für ihn ist **keine** bestimmte **Form** vorgeschrieben; er kann mündlich oder schriftlich erfolgen. Bei mündlicher Antragstellung muss der we-

---

38 BGHSt 21, 334 (357); *Meyer-Goßner/Schmitt* § 416 Rn 6.
39 BT-Drs. 12/6853, 34 f.
40 Zu Bedenken gegen das beschleunigte Verfahren KK-*Graf* Vor § 417 Rn 2 f. mwN.
41 LR-*Gössel* Vor § 417 Rn 26.
42 KK-*Graf* § 417 Rn 3.
43 KK-*Graf* § 418 Rn 4; KMR-*Metzger* § 418 Rn 4; *Meyer-Goßner/Schmitt* § 418 Rn 4; R/H-*Otte* § 418 Rn 4; *Ranft* Jura 2003, 382 (386 f.); aA *Fülber/Putzke* DRiZ 1999, 199: schon mit Antragstellung nach § 417; LR-*Gössel* § 418 Rn 2: erst bei Urteilsverkündung.

sentliche Antragsinhalt im Sitzungsprotokoll beurkundet werden.⁴⁴ Eine **Rücknahme des** Antrags ist möglich.⁴⁵

53 Der Antrag setzt nach dem Wortlaut von § 417 Abs. 1 materiell entweder eine einfache Sachlage oder eine **klare Beweislage** voraus. Darüber hinaus muss das Verfahren zur sofortigen mündlichen Verhandlung **geeignet** sein. Dies ist anzunehmen, wenn – wie in **Fall 4** – „eine rasche Aufklärung des Tatgeschehens in der Hauptverhandlung und ein kurzfristiger Verfahrensabschluss realistisch erscheinen".⁴⁶ Die Beweismittel müssen verfügbar sein, und ein Hauptverhandlungstermin muss alsbald anberaumt werden können (vgl. § 418 Abs. 1). Ferner ist erforderlich, dass das Verfahren voraussichtlich in einem Termin abgeschlossen werden kann.⁴⁷ Da ein Verfahren in der Regel nur bei einfachem Sachverhalt *und* einfacher Beweislage beschleunigt durchgeführt werden kann, liegt in der Formulierung von § 417 („*oder*") wohl ein Redaktionsfehler des Gesetzgebers.⁴⁸
Die Voraussetzung für ein beschleunigtes Verfahren hat nicht erst das Gericht nach § 419 Abs. 1, sondern schon die StA bei der Antragstellung zu prüfen.⁴⁹ Zudem ist für den Antrag die Rechtsfolgengrenze des § 419 Abs. 1 S. 2 (keine Freiheitsstrafe von über einem Jahr; keine Maßregeln) zu beachten.

54 Neben dem Antrag bedarf es einer Anklage durch die StA (§ 200 Abs. 1 S. 1). Diese kann entweder wie üblich schriftlich oder – als Besonderheit des beschleunigten Verfahrens – erst mündlich in der Hauptverhandlung erhoben werden (§ 418 Abs. 3 S. 1, 2).

55 c) **Zuständiges Gericht:** Sachlich zuständig sind entweder der Strafrichter (§ 25 GVG) oder das Schöffengericht (§§ 24, 28 GVG).

56 d) **Kein Zwischenverfahren:** Das Zwischenverfahren entfällt im beschleunigten Verfahren, da es keiner Entscheidung über die Eröffnung des Hauptverfahrens bedarf (§ 418 Abs. 1). Das Gericht hat nur über den Antrag zu entscheiden, wobei zwei Möglichkeiten bestehen: Es leitet das beschleunigte Verfahren ein oder lehnt den Antrag ab (z.B. wegen sachlicher Unzuständigkeit des Gerichts). Ferner prüft das Gericht von Amts wegen, ob ein hinreichender Tatverdacht besteht, die allgemeinen Prozessvoraussetzungen vorliegen, das Verfahren „geeignet" ist (§ 419 Abs. 1 S. 1) und die Rechtsfolgenkompetenz nach § 419 Abs. 1 S. 2 ausreicht.

57 e) **Vorbereitung der Hauptverhandlung:** Die Hauptverhandlung wird gem. § 418 Abs. 1 S. 1 sofort oder in kurzer Frist durchgeführt. In § 418 Abs. 1 S. 2 wird der Begriff der „**kurzen Frist**" konkretisiert. Danach dürfen zwischen dem Eingang des Antrags bei Gericht und dem Beginn der Hauptverhandlung nicht mehr als sechs Wochen liegen. Hierbei handelt es sich nur um eine **Soll-Vorschrift**, da eine starre Frist die Akzeptanz des beschleunigten Verfahrens in der Praxis beeinträchtigen würde.
§ 418 Abs. 2 regelt die erleichterten Anforderungen an die **Ladung** des Beschuldigten.

---

44 *Meyer-Goßner/Schmitt* § 417 Rn 11.
45 Umstr. ist allerdings, ob dies bis zur Verkündung des Urteils gilt (so etwa BayObLG NJW 1998, 2152; SK-*Paeffgen* § 417 Rn 11; KK-*Graf* § 417 Rn 6) oder nur bis zur Vernehmung des Beschuldigten zur Sache (so z.B. *Pfeiffer* § 417 Rn 2).
46 BT-Drs. 12/6853, 35.
47 KK-*Graf* § 417 Rn 10.
48 OLG Stuttgart StV 1998, 585 (586); *Ranft* Jura 2003, 382 (383).
49 *Joecks* § 417 Rn 1; *Meyer-Goßner/Schmitt* § 417 Rn 17.

f) Durchführung der Hauptverhandlung: Als Besonderheit des beschleunigten Verfahrens sieht § 418 Abs. 3 S. 2 vor, dass die **Anklage**, sofern sie nicht schriftlich erhoben wurde (S. 1), bei Beginn der Hauptverhandlung zu verlesen und ihr wesentlicher Inhalt ins Sitzungsprotokoll aufzunehmen ist (vgl. § 273 Abs. 1). Ansonsten stellt § 418 keine besonderen Anforderungen an die Durchführung der Hauptverhandlung. Deshalb gelten die allgemeinen Regeln der §§ 243 ff., doch sind die Erleichterungen für die Beweisaufnahme gem. § 420 zu beachten.

In § 418 Abs. 4 wird der zusätzliche Fall der **notwendigen Verteidigung** geregelt,[50] dass eine Freiheitsstrafe[51] von mehr als sechs Monaten zu erwarten ist.

g) Entscheidung des Gerichts: Grds. entscheidet das Gericht nach Durchführung der Hauptverhandlung durch **Urteil**.
Eine Entscheidung durch **Beschluss** kommt bei Ungeeignetheit der Sache im beschleunigten Verfahren gem. § 419 Abs. 2 in Betracht, z.B. wegen Überschreitung der Strafgrenzen des § 419 Abs. 1 S. 2, 3.
Aufgrund des Verweises auf § 408a in § 418 Abs. 3 S. 3 ist es möglich, auch nach der Eröffnung des Hauptverfahrens im beschleunigten Verfahren durch **Strafbefehl** zu entscheiden.

3. Berufungs- und Revisionsinstanz

a) Berufung: Ob im Berufungsverfahren die Besonderheiten des beschleunigten Verfahrens – insbesondere § 420 – eingreifen können, ist umstritten. Nach der hM ist das beschleunigte Verfahren mit dem Urteil des Amtsgerichts beendet;[52] nach einer Mindermeinung sollen auch in der Berufungsinstanz die Grundsätze des beschleunigten Verfahrens anwendbar sein.[53] Für die hM spricht der Wortlaut des § 417, der nur die Verfahren vor dem Strafrichter und dem Schöffengericht nennt. Ferner ist zu bedenken, dass der Beschleunigungszweck der §§ 417 ff. in der Berufungsinstanz nicht mehr erreicht werden kann.[54]

b) Revision: Als rein tatrichterliches Verfahren kann das beschleunigte Verfahren im Revisionsrechtszug jedenfalls nicht durchgeführt werden.[55]

IV. Privatklageverfahren

1. Allgemeines

Die Privatklage (§§ 374 ff.) stellt eine **Ausnahme vom Offizialprinzip** dar. Durch sie wird dem Privatklageberechtigten die Möglichkeit gegeben, unabhängig von der StA selbst eine Tat zu verfolgen. Doch bürdet das Gesetz dem Privatkläger nicht unerhebliche Lasten auf. Zunächst muss er die gesamte Arbeit übernehmen, die sonst von der StA geleistet wird. Darüber hinaus muss er z.B. Sicherheit leisten für die dem Beschuldigten voraussichtlich erwachsenden Kosten (§ 379 StPO i.V.m. §§ 108 ff. ZPO), er muss Prozesskostenvorschuss leisten (§ 379a StPO i.V.m. § 16 GKG) und bei Unterliegen neben den Kosten noch die Auslagen des Beschuldigten (insbesondere die Rechts-

---

50 Krit. KK-*Graf* § 418 Rn 10, 14.
51 Einzel- oder Gesamtfreiheitsstrafe, vgl. OLG Bremen StraFo 1998, 124; BeckOK-*Temming* § 418 Rn 3.
52 OLG Stuttgart StV 1998, 585 (587); KK-*Graf* Vor § 417 Rn 4, § 420 Rn 2; HK-*Zöller* § 417 Rn 8.
53 *Meyer-Goßner/Schmitt* § 419 Rn 12, § 420 Rn 12 f.; *Ranft* Jura 2003, 382 (392).
54 Zu systematischen Argumenten KMR-*Metzger* § 419 Rn 36.
55 LR-*Gössel* Vor § 417 Rn 34.

anwaltskosten) tragen. Deshalb ist einem Privatklageberechtigten grundsätzlich zu raten, die StA zu bewegen, öffentliche Klage zu erheben. Dies ist gem. § 376 auch bei Privatklagedelikten möglich.

64 Weil der Privatkläger selbst, anders als die StA, nicht zur Objektivität verpflichtet ist und weil er jederzeit die Privatklage zurücknehmen kann (§ 391 Abs. 1), ist das Privatklageverfahren in der **Nähe des Parteiverfahrens** anzusiedeln.[56]

2. Voraussetzungen

▶ **FALL 5:** A ist in die Wohnung des O eingebrochen und hat wertvollen Schmuck entwendet. O will Privatklage wegen Hausfriedensbruchs gem. § 123 StGB einlegen. ◀

65 Die (nicht fristgebundene) Einleitung des Privatklageverfahrens ist nur unter bestimmten Voraussetzungen zulässig:

66 a) **Privatklagedelikte:** Zunächst muss es sich um ein Privatklagedelikt handeln. Diese sind in § 374 Abs. 1 abschließend aufgezählt. Insgesamt handelt es sich hierbei im Regelfall nur um leichtere Vergehen, die die Allgemeinheit weniger berühren. Privatklagedelikte sind zumeist zugleich Antragsdelikte.[57]

67 Die Privatklage ist **ausgeschlossen**, wenn das Privatklagedelikt mit einem Offizialdelikt im Rahmen einer Tat im prozessualen Sinne (§ 264) zusammentrifft, wobei es gleichgültig ist, ob die Delikte in Ideal- oder Realkonkurrenz zueinander stehen. Das Privatklagedelikt ist dann zusammen mit dem Offizialdelikt – ohne Prüfung des öffentlichen Interesses (§ 376) – von der StA selbst zu verfolgen.[58] In diesem Fall stellt das Gericht das Privatklageverfahren vor Eröffnung nach § 204 ein. In Fall 5 ist die Privatklage unzulässig, da das Privatklagedelikt des Hausfriedensbruchs (§ 123 StGB, § 374 Abs. 1 Nr 1 StPO) von § 244 Abs. 1 Nr 3 StGB konsumiert wird.[59] Bei dem Wohnungseinbruchsdiebstahl handelt es sich um ein Offizialdelikt, das die StA selbst verfolgen muss.

68 b) **Verletzter:** Grds. wird die Privatklage gem. § 374 Abs. 1 durch den Verletzten erhoben. Verletzter ist hier derjenige, der durch die behauptete Tat, ihre tatsächliche Begehung unterstellt, unmittelbar beeinträchtigt ist. Neben dem Verletzten sind auch die in § 374 Abs. 2 und 3 genannten Personen berechtigt, Privatklage zu erheben. Bei **mehreren** Verletzten ist jeder einzelne zur Erhebung der Privatklage berechtigt (§ 375 Abs. 1), doch können nach Erhebung der Privatklage durch einen Verletzten wegen des Grundsatzes der Prozessökonomie die anderen dem Verfahren nur in der Lage beitreten, in der es sich befindet (§ 375 Abs. 2). Eine günstige Entscheidung entfaltet ihre Wirkung gegenüber allen Verletzten, auch gegenüber solchen, die nicht die Privatklage erhoben haben (§ 375 Abs. 3).

---

56 *Roxin/Schünemann* § 63/2; auch *Kropp* JA 2002, 328 (332).
57 *Schork* Jura 2003, 304; vgl. *Schroeder/Verrel* Rn 342.
58 Das Privatklageverfahren wird dann eingestellt (§ 389) und der Privatkläger trägt gem. § 471 Abs. 2 die Kosten und notwendigen Auslagen.
59 Vgl. *Kindhäuser* LPK § 123 Rn 32.

3. Verfahrensablauf

a) **Einleitung:** Das Verfahren kann auf zwei Wegen eingeleitet werden:

- Es wird zunächst **Anzeige und Strafantrag** erstattet, die **StA stellt das Verfahren** aber gem. § 170 Abs. 2 S. 1 wegen Verneinung des öffentlichen Interesses (als Verfahrenshindernis für das Offizialverfahren) **ein und verweist** den Verletzten auf den Privatklageweg, den dieser dann beschreitet.
- Der Verletzte (oder die in § 374 Abs. 2, 3 genannten Personen) erhebt unmittelbar ohne eine vorherige Anrufung der StA Privatklage vor dem zuständigen Gericht (§ 374 Abs. 1).

69

b) **Sühneversuch und Anklage:** Bei den meisten Privatklagedelikten ist dem eigentlichen Verfahren gem. § 380 Abs. 1 S. 1 ein Sühneversuch bei einer Vergleichsbehörde vorgeschaltet, der durch eine Bescheinigung bei Klageerhebung **nachzuweisen** ist (§ 380 Abs. 1 S. 3). In diesen Fällen ist eine Privatklage ohne vorherigen Sühneversuch unzulässig. Wird die Privatklage wegen fehlenden Sühneversuchs abgewiesen, so kann dieser nach hM noch nachgeholt werden; bei seiner Erfolglosigkeit kann erneut Privatklage erhoben werden.[60]

70

Wurde die Sühne erfolglos versucht, so ist wie im normalen Strafverfahren Anklage in der nach § 381 vorgeschriebenen Form zu erheben (nur eben nur nicht von der StA, sondern seitens des Privatklägers).
Anders als im normalen Verfahren kann diese Anklage aber jederzeit – in Fällen des § 391 Abs. 1 S. 2 mit Zustimmung des Angeklagten – **zurückgenommen** werden (§ 391 Abs. 1 S. 1).

71

c) **Zwischenverfahren:** Das darauf folgende Zwischenverfahren, bei welchem dem Beschuldigten Gelegenheit zur Äußerung zu geben ist (§ 382), endet mit dem Eröffnungsbeschluss oder mit der Zurückweisung der Klage (§ 383).

72

d) **Hauptverhandlung:** Wird das Verfahren eröffnet, so hat der Privatkläger weitgehend die Stellung der StA inne (§ 385 Abs. 1). Doch **kann** die **StA** die Verfolgung in jeder Lage des Verfahrens (bis zum Eintritt der Rechtskraft des Urteils) durch ausdrückliche Erklärung **übernehmen** (§ 377 Abs. 2 S. 1). Zudem hat der Privatkläger kein eigenes Recht auf Akteneinsicht, sondern kann dies nur mittels eines Rechtsanwalts ausüben (§ 385 Abs. 3).

73

Die Hauptverhandlung findet grds. nach den Vorschriften für die Hauptverhandlung im Offizialverfahren statt (§ 384). Zu beachten ist allerdings, dass nicht die Klage, sondern der Eröffnungsbeschluss verlesen wird (§ 384 Abs. 2).
Nachteilig für den Privatkläger ist ferner die Vorschrift des § 384 Abs. 3, wonach das Gericht im Rahmen der **Beweisaufnahme nicht** an die in § 244 Abs. 3–5 enumerativ aufgezählten Ablehnungsgründe für Beweisanträge **gebunden** ist.
Des Weiteren können sich sowohl der Angeklagte als auch der Privatkläger durch einen Rechtsanwalt **vertreten** lassen und brauchen jeweils grds. nicht selbst zu erscheinen (§§ 378, 387). Doch kann das Gericht das persönliche Erscheinen anordnen und den Angeklagten notfalls auch vorführen lassen.[61]

74

---

60 OLG Hamm NJW 1984, 249; *Kropp* JA 2002, 328 (332); *Roxin/Schünemann* § 63/17; ferner *Meyer-Goßner/Schmitt* § 380 Rn 12 mwN auch zur Gegenmeinung.
61 *Roxin/Schünemann* § 63/20.

§ 26 3. Abschnitt: Gerichtliches Verfahren

75 Bei Privatklagedelikten handelt es sich in der Praxis nicht selten um wechselseitige Straftaten (z.B. Beleidigung oder Körperverletzungen). Aus diesem Grunde eröffnet § 388 die Möglichkeit der **Widerklage**.[62] Für die Zulassung der Widerklage ist nach hM. ein Eröffnungsbeschluss notwendig.[63]

76 e) Beendigung: Das Privatklageverfahren kann zunächst dadurch enden, dass die StA die Verfolgung übernimmt (§ 377 Abs. 2). In diesem Fall rückt der Privatkläger in die Stellung des Nebenklägers ein. Ferner endet das Verfahren, wenn der Privatkläger die Privatklage zurücknimmt, wozu er in jeder Lage des Verfahrens berechtigt ist. Bei Nichterscheinen des Privatklägers in der Hauptverhandlung wird die Rücknahme der Privatklage gem. § 391 Abs. 2 fingiert und das Verfahren durch Beschluss eingestellt.[64] Wegen § 392 kann die Privatklage dann nicht noch einmal erhoben werden.

77 Dem Gericht stehen grds. die gleichen Entscheidungsmöglichkeiten wie im Offizialverfahren zu. Auch kann das Gericht das Verfahren wegen Geringfügigkeit (§ 383 Abs. 2) oder wegen Todes des Privatklägers (§ 393) **einstellen**.[65] Erweist sich die Sache erst in der Hauptverhandlung als nicht privatklagefähig, stellt das Gericht das Verfahren ein (§ 389). Obwohl es an einer gesetzlichen Regelung fehlt, ist in der Praxis der gerichtliche **Vergleich** eine nicht seltene Form, das Privatklageverfahren abzuschließen.[66]

78 f) Rechtsmittel: Der Privatkläger ist wie die StA rechtsmittelbefugt, aber nur zulasten des Beschuldigten (§ 390 Abs. 1 S. 1). Gem. § 390 Abs. 1 S. 3 i.V.m. § 301 entfaltet das Rechtsmittel des Privatklägers gleichwohl die Wirkung, dass die Entscheidung auch zugunsten des Beschuldigten aufgehoben oder abgeändert werden kann.

V. Nebenklageverfahren

1. Allgemeines

79 Die Nebenklage (§§ 395 – 402) bietet dem Verletzten die Möglichkeit, sich der von der StA erhobenen öffentlichen Klage anzuschließen; sie ist **akzessorisch** zur öffentlichen Klage. Dies bedeutet, dass der Nebenkläger nicht selbständig ein Verfahren in Gang setzen, sondern sich nur einem schon eingeleiteten Offizialverfahren anschließen kann. Er steht nur als Privatperson neben der StA und ist mit eigenen prozessualen Rechten ausgestattet. Bei Ausübung seiner Rechte ist er von der StA unabhängig.

80 Die Nebenklage dient dem persönlichen Genugtuungs- und Restitutionsinteresse des Verletzten und soll diesen schützen.[67] Daneben hat die Nebenklage eine Kontroll- und Aufklärungsfunktion.
Zu beachten ist, dass der Verletzte gem. § 406d ff auch dann besondere Befugnisse hat, wenn er nicht oder noch nicht den Anschluss als Nebenkläger erklärt hat.

---

62 Der Widerkläger ist anders als der Privatkläger weder zu einer Sicherheitsleistung noch zu der Leistung eines Gebührenvorschusses verpflichtet.
63 *Meyer-Goßner/Schmitt* § 388 Rn 14 mwN auch zur Gegenmeinung; vgl. auch BayObLG NJW 1958, 1149.
64 Konsequenz ist erneut, dass der Privatkläger gem. § 471 Abs. 2–4 die Kosten und notwendigen Auslagen zu tragen hat.
65 Die Kostenentscheidung erfolgt nach pflichtgemäßem Ermessen (§ 471 Abs. 3 Nr 2); *Meyer-Goßner/Schmitt* § 471 Rn 13.
66 *Meyer-Goßner/Schmitt* Vor § 374 Rn 8 ff.; *Roxin/Schünemann* § 63/23.
67 *Beulke/Swoboda* Rn 593; LR-*Hilger* Vor § 395 Rn 8; *Hinz* DRiZ 2001, 321 (325 f.).

2. Voraussetzungen

a) **Verfahrensart:** Die Nebenklage wird regelmäßig im normalen Strafverfahren erhoben, kann aber auch gem. § 395 Abs. 1 im Sicherungsverfahren angestrengt werden.

b) **Berechtigung:** Anschlussberechtigt ist derjenige, der **Verletzter**[68] einer der in § 395 Abs. 1 genannten Straftaten ist. Für die Nebenklagebefugnis genügt es, dass eine – ggf. auch nur geringe[69] – Wahrscheinlichkeit für die Verurteilung wegen einer Katalogtat besteht. In **Todesfällen** besteht die Nebenklagebefugnis für Eltern, Kinder, Geschwister sowie den Ehegatten oder Lebenspartner des Getöteten nach § 395 Abs. 2 Nr 1. **Stirbt der Nebenkläger,** so verliert seine Anschlusserklärung gem. § 402 ihre Wirkung. **Umstritten** ist, ob das Verfahren dann durch Angehörige fortgeführt werden kann: Teils wird dies in analoger Anwendung von § 393 Abs. 2 bejaht,[70] teils mangels einer planwidrigen Lücke abgelehnt.[71]

Einen **Auffangtatbestand** bietet § 395 Abs. 3 für andere gegen höchstpersönliche Rechtsgüter gerichtete Delikte.[72]

In aller Regel ist bei Taten nach §§ 242, 263 und 266 StGB die für eine Nebenklagebefugnis erforderliche prozessuale Schutzbedürftigkeit des möglicherweise durch die Tat Verletzten nicht gegeben; das **wirtschaftliche Interesse** an der effektiven Durchsetzung zivilrechtlicher Ansprüche genügt nicht.[73]

c) **Anschluss:** Der Anschluss ist in **schriftlicher Form** zu erklären, § 396 Abs. 1 S. 1. Er ist **zeitlich** in jeder Lage des Verfahrens zulässig, § 395 Abs. 4, auch ohne vorherigen Strafantrag.[74] Wegen der Akzessorietät der Nebenklage ist der Anschluss aber erst mit Klageerhebung möglich. Damit ist der Nebenklageberechtigte vom Ermittlungsverfahren ausgeschlossen.[75] Diese Benachteiligung gleichen §§ 406g, 406h aus.

Über die Zulässigkeit des Anschlusses **entscheidet** das Gericht in Form des Beschlusses (vgl. § 396 Abs. 2 S. 1). Im Sonderfall des § 395 Abs. 3 ergehen in der Sache zwei Beschlüsse, da das Gericht zusätzlich prüft, ob der Anschluss aus den in § 395 Abs. 3 genannten Gründen geboten ist (§ 396 Abs. 2 S. 2).[76]

d) **Kosten:** Die Kostenentscheidung richtet sich ohne Besonderheiten nach §§ 472, 473.

3. Rechte und Pflichten des Nebenklägers

▶ **FALL 6:** A wird in der ersten Instanz zu einer Geldstrafe von 100 Tagessätzen wegen Körperverletzung verurteilt. O, die schon in der ersten Instanz Nebenklägerin war, meint jetzt, der A müsse freigesprochen werden und will Berufung einlegen. ◀

Der Nebenkläger hat ein **umfassendes Teilnahmerecht** am Verfahren, insbesondere ein Anwesenheitsrecht in der Hauptverhandlung (§ 397 Abs. 1 S. 1) und ein Frage- und Beweisantragsrecht (§ 397 Abs. 1 S. 3).

---

[68] Zu den Sonderfällen der angreifenden und verteidigenden Nebenklage *Altenhain* JZ 2001, 791 ff.
[69] LG Koblenz NJW 2004, 305.
[70] OLG Zweibrücken NJW 1966, 2076 (2077); *Ellscheid* NJW 1970, 1467; offen gelassen von BGH NStZ 1997, 200.
[71] OLG Düsseldorf MDR 1986, 76; *Meyer-Goßner/Schmitt* § 402 Rn 4; BeckOK-*Weiner* § 395 Rn 23.
[72] BT-Drs. 16/12098, 30 f.; vgl. auch *Barton* JA 2009, 753 (755).
[73] BGH NJW 2012, 2601 m. Anm. *Jahn/Bung* StV 2012, 754.
[74] BGH NStZ 1992, 452; BGH NStZ-RR 2002, 261; BGH StraFo 2003, 198 (199); *Roxin/Schünemann* § 64/7.
[75] *Schroeder/Verrel* Rn 339.
[76] Dies kann nach obergerichtlicher Auffassung auch konkludent erfolgen, vgl. OLG Hamm NStZ-RR 2012, 22 m. krit. Anm. *Wenske* JR 2014, 170 ff.

Wichtig ist auch die Möglichkeit der kostenlosen **Beiordnung eines Rechtsanwalts bei Verbrechen** nach § 397a Abs. 1.
In der Hauptverhandlung kann der Nebenkläger Zeuge sein (vgl. § 397 Abs. 1 S. 1). Er kommt auch als Sachverständiger in Betracht, wird dann aber regelmäßig gem. § 74 abgelehnt.[77]

87 Ferner ist der Nebenkläger befugt, **Rechtsmittel** einzulegen (§ 401 Abs. 1). Hierbei unterliegt er allerdings den in § 400 Abs. 1 Alt. 1 und 2 genannten **Beschränkungen**. Wegen der Genugtuungsfunktion der Nebenklage und mangels Beschwer kann der Nebenkläger nach hM **kein Rechtsmittel zugunsten** des Angeklagten einlegen.[78] Deshalb hat O in **Fall 5** keine Möglichkeit, gegen die Entscheidung in die Berufung zu gehen. Im Übrigen ist auch die Revision unzulässig, wenn der Nebenkläger mit ihr ausschließlich die Nichtaburteilung eines völlig fern liegenden Nebenklagedeliktes rügt.[79]

VI. Adhäsionsverfahren

1. Allgemeines

88 Das Adhäsionsverfahren (§§ 403 – 406c) bietet die Möglichkeit, **vermögensrechtliche bürgerlich-rechtliche Ansprüche**, die aus der Straftat erwachsen, im Strafverfahren durchzusetzen, soweit sie noch nicht anhängig sind. Wegen des Amtsermittlungsgrundsatzes im Strafrecht, der sich von der Parteimaxime im bürgerlichen Recht unterscheidet, ist das Adhäsionsverfahren für den Verletzten bzw. seinen Erben oft vorteilhaft.[80] Zudem sollen so einander widersprechende Prozessführungen von Zivil- und Strafgericht vermieden werden[81] (Gedanke des Sachzusammenhangs).[82]

2. Voraussetzungen

89 Die Voraussetzungen des Adhäsionsverfahrens ergeben sich aus §§ 403 f:

90 a) **Antrag:** Gem. § 404 muss ein Antrag auf Durchführung des Adhäsionsverfahrens gestellt werden. Die Antragstellung hat dieselben Wirkungen wie Erhebung der Klage im Zivilrechtsstreit, § 404 Abs. 2; mit ihr werden damit die geltend gemachten Ansprüche rechtshängig (vgl. §§ 253, 261 ZPO).

91 b) **Befugnis:** Antragsberechtigt sind der aus der Straftat Verletzte sowie seine Erben, § 403. Verletzter ist jeder, der durch die Tat unmittelbar einen vermögensrechtlichen Anspruch erworben hat, nicht nur das Opfer der Straftat.[83] Weitere Voraussetzungen werden nicht an die Antragsbefugnis geknüpft. Insbesondere ist anders als bei Privat- und Nebenklage gesetzlich kein abschließender Katalog von Delikten genannt.

---

77 Vgl. *Meyer-Goßner/Schmitt* Vor § 395 Rn 11.
78 BGHSt 37, 136 (137); OLG Rostock NStZ 2013, 126; *Beulke/Swoboda* Rn 596; aA *Altenhain* JZ 2001, 791 (799).
79 OLG Köln NStZ-RR 2004, 341.
80 Vgl. *Loos* GA 2006, 195 (196).
81 *Schork* Jura 2003, 304 (308); zu den Problemen einer solchen Verbindung von Zivil- und Strafprozess im Adhäsionsverfahren: *Loos* GA 2006, 195 (199 ff.).
82 *Roxin/Schünemann* § 65/1.
83 KK-*Zabeck* § 403 Rn 5.

3. Verfahren

a) Regeln: Für das Verfahren gelten nicht die Vorschriften der ZPO, sondern die der StPO. Die Beweisaufnahme richtet sich nach §§ 226 – 275, weshalb der gesamte Sachverhalt von Amts wegen aufzuklären ist (vgl. § 244 Abs. 2). Über Ausschluss und Ablehnung eines Richters wegen der Besorgnis der Befangenheit gelten die strafprozessualen Regelungen der §§ 22 ff.[84]

b) Entscheidungsmöglichkeiten des Gerichts: Die (ablehnende oder stattgebende) Entscheidung über den Adhäsionsantrag im **Urteil** (§ 406) steht einem im bürgerlichen Rechtsstreit ergangenem Urteil gleich, 406 Abs. 3 S. 1. Sie ist dem zivilgerichtlichen Urteil entsprechend zu tenorieren und zu begründen.[85] Die verschiedenen Tenorierungsmöglichkeiten in der Hauptsache ergeben sich aus § 406 Abs. 1 und 2. Die Entscheidung zur vorläufigen Vollstreckbarkeit folgt aus § 406 Abs. 3 S. 2 StPO i.V.m. §§ 708–712, 714–716 ZPO.

Das Gericht kann auf Antrag auch einen zwischen den Parteien geschlossenen **Vergleich** in das Protokoll aufnehmen (§ 405).

c) Rechtskraft: Dass die Entscheidung über den Adhäsionsantrag gem. § 406 Abs. 3 S. 1 einem im bürgerlichen Rechtsstreit ergangenen Urteil gleichsteht, hat zur Konsequenz, dass für den Eintritt der Rechtskraft die Regeln der StPO entscheidend sind, während sich die Wirkungen der Rechtskraft nach der ZPO bestimmen.[86]

VII. Verfahren bei Einziehung und Vermögensbeschlagnahme

1. Verfahren bei Einziehung (§§ 430 – 442)

Nach §§ 73 ff StGB können Gegenstände, die im Zusammenhang mit Straftaten erlangt worden sind, eingezogen werden. In §§ 430–439 ist das Verfahren bei Einziehung geregelt.

a) Im subjektiven Strafverfahren: aa) Der „Normalfall", dass in einem gegen einen bestimmten Beschuldigten gerichteten Strafverfahren (sog. subjektives Verfahren) eine der genannten Nebenfolgen angeordnet wird, bedurfte keiner besonderen Regelung.

bb) Dritte, die von der drohenden Maßnahme betroffen sind, etwa, weil der Einziehungsgegenstand möglicherweise in ihrem Eigentum steht, sind an dem Einziehungsverfahren zu **beteiligen** (§ 424). Durch eine gerichtliche Beteiligungsanordnung werden sie zu „Einziehungsbeteiligten". Hinsichtlich der die Nebenfolgen betreffenden Fragen stehen ihnen gem. § 427 Abs. 1 im Hauptverfahren grds. – Einschränkungen ergeben sich insbesondere aus §§ 430, 431 – die gleichen Befugnisse zu wie dem Angeklagten.

§ 433 räumt Nebenfolgebetroffenen, die im rechtskräftig abgeschlossenen Verfahren ohne ihr Verschulden ihre Beteiligungsrechte nicht geltend machen konnten, die Möglichkeit ein, dies in einem sog. **Nachverfahren** nachzuholen.

b) Im objektiven Verfahren: Für die Anordnung von Einziehung und Verfall ist die Durchführung eines subjektiven Strafverfahrens allerdings keine Voraussetzung. Nach § 76a StGB kann die Einziehung auch selbständig angeordnet werden. Das auf die selbständige Anordnung der „Nebenfolge" gerichtete Verfahren ist in §§ 435, 436 ge-

---

[84] BVerfG NJW-Spezial 2007, 329.
[85] *Kropp* JA 2002, 328 (333).
[86] *Beulke/Swoboda* Rn 601.

regelt. Anwendung findet es z.B. bei Falschgelddelikten, wenn zwar das Falschgeld entdeckt wurde, jedoch kein Täter ermittelt werden konnte. Dann findet ein selbständiges Einziehungsverfahren statt. Da sich ein solches Verfahren nicht gegen eine bestimmte Person richtet, wird es auch als objektives Verfahren bezeichnet.

2. Verfahren bei Vermögensbeschlagnahme (§ 443)

101 Nach § 443 kann bei den in Abs. 1 S. 1 genannten Katalogdelikten das **gesamte Vermögen** des Beschuldigten nach Erlass eines Haftbefehls oder nach Erhebung der öffentlichen Klage beschlagnahmt werden. Die Vermögensbeschlagnahme ist **keine Beschlagnahme im Sinne der §§ 94 ff., 111b ff.** Sie dient nicht dazu, Ansprüche des Staates wegen Geldstrafe, Kosten oder Einziehung sichern. Vielmehr **bezweckt** sie, den Beschuldigten daran zu hindern, sein Vermögen während des Verfahrens zu weiteren Straftaten zu verwenden oder es Dritten zu einem solchen Zweck zu überlassen.[87]

VIII. Sonstiges

1. Rechte des Verletzten

102 Der durch die Straftat Verletzte[88] ist **selbständiger Prozessbeteiligter** – unabhängig von einer möglichen Beteiligung am Strafprozess als Nebenkläger oder als Antragsteller in einem Adhäsionsverfahren.[89] Im Einzelnen gilt:[90]

- Der Verletzte hat das Recht auf Akteneinsicht durch einen Rechtsanwalt (§ 406e).[91]
- Auf Antrag steht ihm ein weitreichendes Mitteilungsrecht zu (§ 406d Abs. 1, 2).
- Er hat das Recht auf Beistand eines Rechtsanwalts (§ 406f).
- Er kann, wenn er als Zeuge vernommen wird, beantragen, dass es einer Person seines Vertrauens gestattet wird, bei seiner Vernehmung anwesend zu sein (§ 406f Abs. 2).
- Er kann sich des Beistandes eines psychosozialen Prozessbegleiters bedienen (§ 406g).
- Der nebenklageberechtigte Verletzte hat das Recht auf Zuziehung eines Rechtsbeistandes mit erweiterten Befugnissen (§ 406h).
- Der Verletzte ist nach § 406i auf seine dort genannten Befugnisse hinzuweisen.

---

87 BGHSt 19, 1 (2).
88 Der Begriff des Verletzten ist der gleiche wie im Klageerzwingungsverfahren gem. § 172, OLG Koblenz StV 1988, 332; *Meyer-Goßner/Schmitt* Vor § 406d Rn 2 mwN.
89 Überblick zum Opferschutz bei *Kropp* JA 2002, 328 ff.; *Schork* Jura 2003, 304 ff.; allgemein zur Rolle des Opfers im Verfahren *Heger* JA 2007, 244 ff.
90 Zu den Rechten des Verletzten im Strafverfahren vgl. *Rieß* Jung-FS 751 sowie *Dölling* Jung-FS 77 ff.; schöner Überblick auch bei *Beulke/Swoboda* Rn 602 ff.
91 Vgl. *Kiethe* wistra 2006, 50 ff.; *Lüderssen* NStZ 1987, 249 ff.; *Otto* GA 1989, 289 ff.; *Steffens* StraFo 2006, 60 ff.; zum Rechtsschutz, insbesondere des Beschuldigten gegen eine solche Akteneinsicht: *Wallau* Dahs-FS 509 ff.; zur Pflicht des Rechtsanwalts, den Akteninhalt vor Weitergabe an seinen Mandanten mit Blick auf Art. 2 Abs. 1, 1 Abs. 1 GG zum Schutz des Beschuldigten zu „filtern" BVerfG NJW 2007, 1052.

2. Zeugenschutz

Durch das Zeugenschutzgesetz[92] von 1998 wurde § 68b Abs. 2 in die StPO eingefügt, der die Beiordnung eines Rechtsanwalts zur Geltendmachung von Abwehr- und Schutzrechten des Zeugen bei seiner Vernehmung vorsieht (Zeugenbeistand).

103

3. Entschädigung

In mehreren Vorschriften wird die Entschädigung der Opfer von Gewalttaten geregelt:

104

- Nach § 1 Opferentschädigungsgesetz[93] von 1985 erhalten Opfer bestimmter Straftaten bei gesundheitlichen und wirtschaftlichen Folgen der Tat Leistungen nach dem Bundesversorgungsgesetz.
- Das Opferanspruchssicherungsgesetz sieht vor, dass der Verletzte ein gesetzliches Pfandrecht an Erlösen hat, die der Tatbeteiligte durch die Vermarktung der Tat in den Medien erlangt hat.[94]
- Entschädigungsansprüche für (insbesondere) Verdienstausfall und Fahrtkosten von Zeugen und Sachverständigen enthält das Justizvergütungs- und -entschädigungsgesetz (JVEG).[95]

WIEDERHOLUNGS- UND VERTIEFUNGSFRAGEN

105

> Worin unterscheidet sich das Strafbefehlsverfahren wesentlich vom normalen Strafverfahren? (Rn 1 f.)
> Welcher Rechtsbehelf gewährt gegen den Strafbefehl Rechtsschutz? Ist es immer ratsam, diesen Rechtsbehelf zu erheben? (Rn 20)
> Warum ist das Sicherungsverfahren kein echtes Strafverfahren? (Rn 36)
> Inwiefern ist das beschleunigte Verfahren im Vergleich zum normalen Verfahren „beschleunigt"? (Rn 50 ff.)
> Zu welchem grundlegenden Verfahrensprinzip stellt die Privatklage eine Ausnahme dar? (Rn 63 f.)
> Welche Zwecke verfolgt die Nebenklage? (Rn 80)
> Wer ist bei der Nebenklage anschlussberechtigt? (Rn 82)
> Warum ist das Adhäsionsverfahren für den Antragsteller vorteilhaft? (Rn 88)
> Was ist unter der Vermögensbeschlagnahme im Sinne von § 443 zu verstehen? (Rn 101)

---

92 Zur Entstehung knapp *Eisenberg* Fezer-FS 193 (195 f.); zur Änderung durch das 2. OpferRRG s. BT-Drs. 16/12098, 17 f.
93 BGBl. 1985 I, S. 1.
94 Dazu *Lüderssen* StV 1999, 65; *Nowotsch* NJW 1998, 1831 (1832).
95 Gesetz v. 5.4.2004 (BGBl. I, 718, 776).

§ 27 Vollstreckungsverfahren

I. Allgemeines

1 Nach dem gerichtlichen Strafausspruch folgt die Strafverwirklichung. Diese lässt sich weiter unterteilen in die Bereiche der Strafvollstreckung und des Strafvollzugs:[1]

- Die **Strafvollstreckung** ist das Verfahren, das sich an die rechtskräftige Sachentscheidung anschließt und das die Durchsetzung eines Straferkenntnisses zum Gegenstand hat. Hier geht es vor allem um das **Ob** der Sanktionsverwirklichung. Unter die Strafvollstreckung fallen auch alle Maßnahmen, die notwendig sind, um den Strafvollzug einzuleiten und zu überwachen. Sie ist gesetzlich geregelt in §§ 449 – 463d StPO i.V.m. der Strafvollstreckungsordnung (StVollstrO).[2]
- Mit dem Begriff des **Strafvollzugs** wird die Art und Weise der praktischen Durchführung des Freiheitsentzugs unter den organisatorischen Bedingungen der jeweiligen Institution erfasst.[3] Hierbei handelt es sich um eine eigene Rechtsmaterie, die vor allem in den Strafvollzugsgesetzen geregelt ist[4] und das **Wie** der Sanktionsverwirklichung betrifft.

2 **Zeitlich** überdauert die Vollstreckung den Strafvollzug, denn die Überwachung des Vollzugs umfasst auch die Überwachung seiner Beendigung.

II. Zuständigkeit für die Strafvollstreckung

3 Hinsichtlich der Zuständigkeiten für die Vollstreckung ist zu differenzieren:

- **Grundsätzlich** ist die **StA** „Herrin der Strafvollstreckung" und sachlich zuständiges **Vollstreckungsorgan** (§ 451 Abs. 1). Sie leitet das Verfahren von der Rechtskraft des Urteils an bis zum Strafantritt.
  - Bei Geschäften, die der StA als Vollstreckungsbehörde obliegen, ist gem. § 31 Abs. 2 S. 1 RPflG der **Rechtspfleger** funktionell zuständig.
- Bei **Ordnungswidrigkeiten** ist
  - die Verwaltungsbehörde hinsichtlich der von ihr erlassenen **Bußgeldbescheide** auch Vollstreckungsbehörde (§ 92 OWiG).
  - Zuständig für **gerichtliche** Bußgeldbescheide ist hingegen grds. die **StA** (§§ 91, 92 OWiG i.V.m. § 451).

III. Voraussetzungen der Strafvollstreckung

4 Die Strafvollstreckung hat drei Voraussetzungen:

(1) Die Entscheidung, deren Rechtsfolgen vollstreckt werden sollen, muss (formell)[5] **rechtskräftig** (§ 449) und mit der Bescheinigung der Vollstreckbarkeit durch den Urkundsbeamten der Geschäftsstelle (§ 451 Abs. 1) versehen sein.

(2) Die zu vollstreckende Strafe darf **nicht durch Anrechnung** – etwa der Zeit in Untersuchungshaft – als **verbüßt** anzusehen sein (§§ 450, 450a).

---

1 *Roxin/Schünemann* § 58/1.
2 Die StVollstrO ist nur eine interne Verwaltungsvorschrift.
3 *Kaiser/Schöch* § 1/1; *Laubenthal* Rn 9.
4 Vgl. *Arloth/Krä*, Strafvollzugsgesetze, 4. Aufl. 2017; *Laubenthal* Rn 14 f., 26 ff.
5 *Roxin/Schünemann* § 58/7.

(3) Es dürfen **keine Vollstreckungshindernisse** vorliegen. Solche sind z.B.:
- eine Straf**aussetzung** nach den §§ 56, 57, 57a StGB,
- ein in § 455 Abs. 1–3 und § 456[6] geregelter Fall (Vollzugsuntauglichkeit oder Aufschub),
- der Eintritt der Straf**vollstreckungsverjährung** nach § 79 StGB.[7]

Durch den **Antrag auf Wiedereinsetzung** in den vorigen Stand wird die Vollstreckung einer gerichtlichen Entscheidung grds. **nicht gehemmt**, doch kann das Gericht hier einen Aufschub anordnen (§ 47 Abs. 1, 2).

IV. Vollstreckung von Geld- und Freiheitsstrafe

Die Vollstreckung[8] der **Geldstrafe** wird in den §§ 459 – 459f geregelt. Gem. § 459 gilt grds. die Justizbeitreibungsgesetz (JBeitrG), dessen Bestimmungen durch die strafprozessualen Vorschriften[9] ergänzt und modifiziert werden.

Um eine Freiheitsstrafe zu vollstrecken, wird der Verurteilte zum Strafantritt geladen (§ 27 StVollstrO). Leistet er dieser **Ladung** keine Folge oder besteht Fluchtgefahr, so kann die StA ohne richterliche Mitwirkung einen **Vorführungs- oder Haftbefehl** erlassen (§ 457 Abs. 2).[10]

Zur Organisation der Strafvollstreckung werden **Vollstreckungspläne** aufgestellt,[11] denen der Rechtspfleger entnehmen kann, welche Justizvollzugsanstalt für die Aufnahme des Verurteilten sachlich und örtlich zuständig ist.[12]

V. Aufgaben der Gerichte im Rahmen der Strafvollstreckung

Auch wenn die Gerichte mit der Strafvollstreckung grds. nicht befasst sind, gibt es doch Fälle, in denen nach der gesetzlichen Regelung eine gerichtliche Entscheidung notwendig ist.

1. Entscheidungen nach § 458

Zunächst hat das Gericht bei der Vollstreckung einer Freiheitsstrafe im Rahmen von § 458 zu entscheiden,
- wenn **Zweifel**
  - über die **Auslegung** eines Strafurteils oder
  - über die **Berechnung** der erkannten Strafe entstehen
- oder wenn **Einwendungen**[13] gegen die Zulässigkeit der Strafvollstreckung erhoben werden.[14]

---

6 Ausf. zu § 456 *Heimann* StV 2001, 54 ff.
7 Näher *Wagner* Rn 180 ff.
8 Zu Vorschlägen für einen verbesserten Opferschutz im Vollstreckungsverfahren *Peglau* ZRP 2004, 39 ff.
9 Vgl. neben den §§ 459a – 459h auch § 111d.
10 Gem. § 463 gilt dies entsprechend für die Vollstreckung von Maßregeln der Sicherung und Besserung.
11 Im Geltungsbereich des Bundesstrafvollzugsgesetzes folgt dies aus § 152 Abs. 1 StVollzG, § 22 StVollstrO.
12 Zum Vollstreckungsplan: *Kaiser/Schöch* § 10/3 ff.; *Laubenthal* Rn 305 ff.; zur Abgrenzung vom Vollzugsplan: *Laubenthal/Nestler/Neubacher/Verrel-Nestler*, C Rn 29; *Laubenthal* Rn 322 ff.
13 Einwendungsberechtigt sind der Verurteilte, sein Verteidiger und Bevollmächtigter sowie auch der gesetzliche Vertreter, *Meyer-Goßner/Schmitt* § 458 Rn 5, nicht aber die StA, BeckOK-StrVollzR-*Slawik* § 458 Rn 5.
14 Eingewendet werden kann auch, dass derjenige, gegen den das Urteil vollstreckt werden soll, nicht der Verurteilte ist, vgl. BVerfG JuS 2011, 82 m. Anm. *Jahn*.

10 Das Gericht wird in diesen Fällen nicht von Amts wegen tätig, sondern die gerichtliche Entscheidung ist durch die Vollstreckungsbehörde „herbeizuführen".
Beachte: § 458 Abs. 1 ist gem. § 463 Abs. 1 bei der Vollstreckung von Maßregeln der Sicherung und Besserung entsprechend anwendbar; bei der Vollstreckung von Geldstrafen ist § 459o lex specialis.[15]

2. Entscheidungen der Strafvollstreckungskammer

11 Das Gericht ist insbesondere bei der Entscheidung über den Widerruf der Strafaussetzung zur Bewährung (§ 453) sowie bei der Entscheidung über die Aussetzung des Strafrests zur Bewährung (§§ 454 ff.) sachlich zuständig.
Funktionell zuständig sind in diesen Fällen die Strafvollstreckungskammern bei den Landgerichten (§ 462a Abs. 1 S. 1 StPO, §§ 78a, 78b GVG).
Örtlich ist die Strafvollstreckungskammer zuständig, in deren Bezirk die Strafanstalt liegt, in die der Verurteilte zu dem Zeitpunkt, in dem das Gericht mit der Sache befasst wird, aufgenommen ist (§ 462a Abs. 1 S. 1). Durch die Bildung von Strafvollstreckungskammern sollen die erforderlichen Entscheidungen bei einer für Vollstreckungsaufgaben besonders erfahrenen und in Vollzugsnähe befindlichen Gerichtsinstanz gebündelt werden. Eine abschließende Aufzählung zur Zuständigkeit der Strafvollstreckungskammer findet sich in § 462a Abs. 1.

12 Für sonstige Entscheidungen – z.B. über die nachträgliche Gesamtstrafenbildung nach § 460 – ist gem. § 462a Abs. 2 S. 1, Abs. 3 S. 1 das Gericht des ersten Rechtszuges zuständig.

3. Zurückstellung der Strafvollstreckung

13 Über die Zurückstellung der Strafvollstreckung nach dem BtMG entscheidet die StA als Vollstreckungsbehörde mit Zustimmung des Gerichts (§ 35 BtMG).

VI. Rechtsbehelfe

▶ **FALL 1:** V wird zu einer Geldstrafe verurteilt. Nach Rechtskraft des Urteils lehnt die Vollstreckungsbehörde es ab, Zahlungserleichterungen zugunsten des V zu gewähren. Gegen diese ablehnende Entscheidung erhebt V Einwendungen. Die StA weist diese zurück. Welchen Rechtsbehelf kann V gegen die Entscheidung einlegen? ◀

▶ **FALL 2:** U wurde zu einer Freiheitsstrafe verurteilt. Nachdem das Urteil rechtskräftig geworden ist, erlässt die Vollstreckungsbehörde einen Haftbefehl wegen Fluchtgefahr gegen U, statt sie zu laden. U erhebt dagegen Einwendungen und begründet, warum keine Fluchtgefahr besteht. Die Einwendungen lehnt die StA ab. Wie kann U hiergegen vorgehen? ◀

14 In der Strafvollstreckung sind insbesondere folgende Rechtsbehelfe, die denen des Strafvollzugs ähneln,[16] bedeutsam:

1. Gegen Entscheidungen des Rechtspflegers

15 Gegen die grds. vom Rechtspfleger zu treffenden Entscheidungen in der Strafvollstreckung können immer Einwendungen gem. § 31 Abs. 6 RPflG erhoben werden. Über

---

15 BeckOK-*Coen* § 459o Einl.
16 Zu den Rechtsbehelfen im Strafvollzug *Kaiser/Schöch* § 9/1 ff.

sie entscheidet in den Fällen des § 31 Abs. 6 S. 2 RPflG der StA, an dessen Stelle der Rechtspfleger tätig wurde.

2. Gegen Entscheidungen der StA

Gegen die Entscheidung der StA stehen nach § 31 Abs. 6 RPflG zwei alternative Rechtsbehelfe offen:
- Handelt es sich inhaltlich um einen Fall, der bei der Vollstreckung der Freiheitsstrafe in § 458 oder bei Vollstreckung der Geldstrafe in § 459o genannt ist, so sind die dort benannten Rechtsbehelfe einschlägig. Das Gericht entscheidet hier ohne mündliche Verhandlung durch Beschluss (§ 462 Abs. 1). In **Fall 1** kann V die Entscheidung der StA nach § 459a überprüfen lassen. Als Rechtsbehelf steht ihm die gerichtliche Entscheidung nach § 459o offen.
- Handelt es sich um einen anderen – nicht in §§ 458, 459o geregelten – Fall, so ist **Vollstreckungsbeschwerde** nach § 21 StVollstrO einzulegen, über die der Generalstaatsanwalt entscheidet. In **Fall 2** will der U eine Entscheidung nach § 457 überprüfen lassen. Dies ist mit der Vollstreckungsbeschwerde nach § 21 StVollstrO zum Generalstaatsanwalt möglich, da § 458 insoweit keine Regelung trifft.

3. Gegen gerichtliche Entscheidungen

Gerichtliche Entscheidungen nach §§ 458, 459o sind mit der sofortigen Beschwerde (§ 462 Abs. 3) anfechtbar.

4. Gegen Entscheidungen des Generalstaatsanwalts

Gegen Entscheidungen des Generalstaatsanwalts über die Vollstreckungsbeschwerde nach § 21 StVollstrO ist der Rechtsweg nach §§ 23 ff. EGGVG eröffnet.

5. Dienstaufsichtsbeschwerde

Gegen Entscheidungen des Rechtspflegers und der StA kann zusätzlich bzw. neben den anderen genannten Rechtsbehelfen auch die Dienstaufsichtsbeschwerde an den Behördenleiter erhoben werden.[17]

VII. Register

1. Bundeszentralregister („Strafregister")

a) Im Falle rechtskräftiger Entscheidungen, die auf Strafe lauten oder eine Anordnung einer Maßregel der Besserung und Sicherung oder eine Verwarnung mit Strafvorbehalt enthalten, erfolgt deren Eintragung in das Bundeszentralregister (BZR). Das BZR wird vom Bundesamt für Justiz geführt (§ 1 BZRG). Welche Daten in das BZR eingetragen werden, ergibt sich aus den §§ 3 ff. BZRG. Die **Dauer** der Eintragung und die Pflicht zur **Tilgung** der Daten folgt aus den §§ 33 ff., 45 ff. BZRG.

Alle Gerichte und Behörden sind verpflichtet, dem BZR die einzutragenden Entscheidungen, Feststellungen und Tatsachen mitzuteilen (§ 20 BZRG). Auf Antrag wird jeder **Person** über 14 Jahren ein sog. Führungszeugnis aus dem BZR erteilt (§ 30 BZRG) mit einem gem. §§ 32 ff. BZRG beschränkten Inhalt. **Behörden** haben unter bestimmten

---

[17] *Wagner* Rn 139.

Voraussetzungen ein Auskunftsrecht über Personen bezüglich der für sie wichtigen Informationen (§ 31 BZRG), die jedoch auf den Umfang des (ggf. erweiterten) Führungszeugnisses beschränkt sind. Dagegen haben **Gerichte** und **Behörden** der StA für die Zwecke der Rechtspflege ein **unbeschränktes Auskunftsrecht** aus dem BZR (§ 41 BZRG).

24 b) Eintragungen über Entscheidungen und Anordnungen nach dem **Jugendstrafrecht** enthält das **Erziehungsregister** (§§ 59 – 64 BZRG).

2. Länderübergreifende staatsanwaltschaftliche Verfahrensregister

25 Die Einrichtung eines länderübergreifenden staatsanwaltschaftlichen Verfahrensregisters wird in den §§ 492–495 angeordnet.

3. Fahreignungsregister

26 Das Fahreignungsregister (§§ 28–30c StVG) ergänzt das BZR. Es wird beim Kraftfahrt-Bundesamt mit Sitz in Flensburg geführt. Welche Daten eingetragen werden, bestimmt § 28 StVG. Auch hier sind die Eintragungen nach gesetzlich bestimmten Fristen zu tilgen (§ 29 StVG). Ein beschränktes Auskunftsrecht bezüglich dieses Registers ergibt sich aus § 30 StVG.

27 **WIEDERHOLUNGS- UND VERTIEFUNGSFRAGEN**

> Wie unterscheiden sich Strafvollstreckungs- und Strafvollzugsrecht? (Rn 1)
> Welche Voraussetzungen hat die Strafvollstreckung? (Rn 4 f.)
> Welche Rechtsbehelfe gibt es in der Strafvollstreckung? (Rn 14 ff.)
> Welche Register spielen im Zusammenhang mit der Strafvollstreckung eine Rolle? (Rn 22 ff.)

4. Abschnitt: Rechtsbehelfe

§ 28 Grundlagen

I. Allgemeines

Rechtsbehelfe sind prozessuale Befugnisse, die es Prozessbeteiligten oder Dritten ermöglichen, eine ihre Rechte oder rechtlich geschützten Interessen betreffende Entscheidung einer nochmaligen Überprüfung in sachlicher Hinsicht durch dieselbe oder eine höhere Instanz zuzuführen.[1] Die Rechtsbehelfe können weiter unterteilt werden in formlose (nichtförmliche) und förmliche Rechtsbehelfe.

1. Formlose Rechtsbehelfe

Formlose Rechtsbehelfe sind

- die **Sach- und Dienstaufsichtsbeschwerde**
- und die **Gegenvorstellung**.

Diese Rechtsbehelfe sind formlos, weil sie an **keine Frist- und Formvorschriften** gebunden sind. Hierbei

- bezweckt die **Sachaufsichtsbeschwerde**, dass der dienstaufsichtsführende Vorgesetzte auf die Behandlung der Sache durch den hiermit befassten Beamten im Bereich der Justizverwaltung oder der Staatsanwaltschaft Einfluss nimmt;
- wird bei der **Dienstaufsichtsbeschwerde** das dienstliche Verhalten durch den dienstaufsichtsführenden Vorgesetzten dienstrechtlich überprüft;
- hat die **Gegenvorstellung** die Richtigstellung einer Entscheidung zum Ziel und ist eine Aufforderung, eine ergangene Entscheidung zu überprüfen und sie danach aufzuheben oder abzuändern. Anders als bei Sach- und Dienstaufsichtsbeschwerde richtet sich die Gegenvorstellung also nicht an die übergeordnete Stelle, sondern an die Stelle, welche die Entscheidung selbst erlassen hat.[2]

2. Förmliche Rechtsbehelfe

Förmliche Rechtsbehelfe sind an **Frist- und Formvorschriften** gebunden und lassen sich weiter untergliedern in ordentliche und außerordentliche Rechtsbehelfe:

a) **Ordentliche Rechtsbehelfe:** Ordentliche Rechtsbehelfe sind zu unterteilen in die Rechtsmittel und die sonstigen ordentlichen Rechtsbehelfe.

aa) **Rechtsmittel:** Im Strafprozess gibt es **drei Arten** von Rechtsmitteln gegen noch nicht rechtskräftige gerichtliche Entscheidungen:

- Die **Beschwerde** in Form

---

1 Vgl. nur KMR-*Plöd* Vor § 296 Rn 1.
2 MK-*Allgayer* § 296 Rn 6.

- der **einfachen** (§ 304),
- der **sofortigen** (§ 311) und
- der **weiteren** (§ 310) Beschwerde:

Mit der Beschwerde (§§ 304 bis 311a) werden **Beschlüsse und Verfügungen** in rechtlicher und tatsächlicher Hinsicht überprüft.

- Die **Berufung** (§§ 312 – 332): Mit ihr werden erstinstanzliche Urteile in tatsächlicher und rechtlicher Hinsicht überprüft.
- Die **Revision** (§§ 333 bis 358): Mit ihr werden erst- und zweitinstanzliche Urteile in rechtlicher Hinsicht gerügt (§§ 337, 338).

7 Jedes Rechtsmittel zeichnet sich durch den **Devolutiveffekt** aus. Dies bedeutet, dass bei Einlegung eines Rechtsmittels eine noch nicht rechtskräftige gerichtliche Entscheidung vor einem Gericht höherer Ordnung erneut überprüft wird.

8 **Berufung und Revision** sind ferner durch den **Suspensiveffekt** gekennzeichnet, was bedeutet, dass sie den Eintritt der Rechtskraft und damit die Vollstreckbarkeit einer gerichtlichen Entscheidung verhindern (§§ 316 Abs. 1, 343 Abs. 1).

Die **Beschwerde** hingegen hat diese suspendierende Wirkung grds. nicht (§ 307 Abs. 1); doch bestimmt die StPO hierzu ausdrücklich einige **Ausnahmen** (§§ 81 Abs. 4 S. 2, 231a Abs. 3 S. 3; 454 Abs. 3 S. 2, 462 Abs. 3 S. 2). Auch kann die **Aussetzung der Vollziehung** der angefochtenen Entscheidung gem. § 307 Abs. 2 angeordnet werden.

9 bb) **Sonstige ordentliche (und förmliche) Rechtsbehelfe:** Dies sind insbesondere der **Einspruch** gegen den Strafbefehl (§ 410) und **Zwischenrechtsbehelfe** wie z.B. § 238 Abs. 2.

10 b) **Außerordentliche (förmliche) Rechtsbehelfe** sind

- der Antrag auf **Wiedereinsetzung in den vorigen Stand** (§§ 44–47, 235, 329 Abs. 7, 412),
- der Antrag auf **Wiederaufnahme des Verfahrens** (§§ 359–373a),
- die **Verfassungsbeschwerde** Art. 93 Abs. 1 Nr 4a GG, §§ 13 Nr 8a, 90 ff. BVerfGG
- und auch die Individualbeschwerde gem. Art. 34 ff. EMRK.

11 Außerordentliche Rechtsbehelfe sind dadurch gekennzeichnet, dass sie die **Rechtskraft durchbrechen.**

II. Zulässigkeit eines Rechtsmittels

1. Zuständigkeit

12 Welches Gericht als Rechtsmittelgericht zuständig ist, richtet sich nach den §§ 73, 74 Abs. 3, 120 Abs. 3, 121 Abs. 1, 135 Abs. 2 GVG.[3]

---

[3] Im Gutachten kann die Zuständigkeit – wie hier – als Unterpunkt der Zulässigkeit, aber auch als eigenständiger Punkt vor der Zulässigkeit geprüft werden.

2. Statthaftigkeit

▶ **FALL 1:** Die Mitangeklagten A und B werden wegen mittäterschaftlich begangenen Betruges (§§ 263, 25 Abs. 2 StGB) vor dem Strafrichter am AG jeweils zu einem Jahr und sechs Monaten Freiheitsstrafe ohne Bewährung verurteilt. A legt Berufung, B Revision ein. ◀

a) **Voraussetzung:** Die Statthaftigkeit eines Rechtsmittels ist gegeben, wenn es **gesetzlich vorgesehen** ist. Räumt das Gesetz nicht die Möglichkeit der Einlegung eines Rechtsmittels ein, gewähren weder Art. 19 Abs. 4 GG noch das Rechtsstaatsprinzip einen bestimmten Instanzenweg.[4] Für die

- Beschwerde sind §§ 304, 310, 311,
- für die Berufung § 312 und
- für die Revision §§ 333, 335

die Vorschriften, die die Statthaftigkeit bestimmen. Für **Fall 1** regelt § 335 Abs. 3 S. 1, dass die eingelegten Rechtsmittel insgesamt als Berufung anzusehen sind (s. § 31 Rn 2).

Die Statthaftigkeit richtet sich nicht nach der formalen Bezeichnung der Entscheidung, sondern nach deren **materiellem Inhalt**. Ist also z.B. eine Entscheidung als Beschluss bezeichnet, die ihrem Wesen nach aber ein Urteil ist, so ist für die Statthaftigkeit des Rechtsmittels die Urteilsqualität der Entscheidung maßgeblich.[5]

b) **Bezeichnung:** Für die Statthaftigkeit eines Rechtsmittels ist ein **Irrtum** bei dessen Bezeichnung **unschädlich** (§ 300). Sind mehrere Rechtsmittel zulässig, ist das gewollte durch **Auslegung** zu ermitteln. In Zweifelsfällen gilt – mit Rücksicht auf die Rechtskenntnisse des Äußernden – das **Meistbegünstigungsprinzip**.[6] Beharrt der Rechtsmittelführer allerdings auf der Durchführung eines unzulässigen Rechtsmittels, so muss dieses verworfen werden.[7]

c) **Zeitpunkt:** Jedes Rechtsmittel kann erst nach dem Erlass der gerichtlichen Entscheidung eingelegt werden. Urteile und Beschlüsse sind in der Hauptverhandlung mit Verkündung erlassen (§§ 35 Abs. 1 S. 1, 268 Abs. 2 S. 1). Beschlüsse, die außerhalb der Hauptverhandlung ergehen, sind erlassen, wenn die Entscheidung den Innenbereich des Gerichts verlässt.[8]

3. Befugnis

Zur Einlegung von Rechtsmitteln sind zwar grds. alle Verfahrensbeteiligten befugt, doch muss sich die konkrete Rechtsmittelbefugnis explizit aus dem Gesetz ergeben.[9] Rechtsmittelberechtigte sind demnach v.a.:

- Der **Beschuldigte** (§ 296 Abs. 1);
- Die **StA** (§ 296 Abs. 1). Die StA kann als Rechtspflegeorgan in logischer Fortführung zu § 160 Abs. 2, wonach sie sowohl die belastenden als auch die entlastenden Umstände zu ermitteln hat, gem. §§ 296 Abs. 2, 358 Abs. 2 S. 1 Revision auch zugunsten des Beschuldigte einlegen (zu beachten ist dann auch § 339).

---

[4] BVerfGE 4, 74; 11, 232 (233); 35, 263 (271); 40, 272 (274); 41, 23 (26).
[5] Meyer-Goßner/Schmitt § 296 Rn 13; KK-Paul § 296 Rn 2; Roxin/Schünemann § 53/6, jew. mwN.
[6] MK-Allgayer § 300 Rn 9, 11 mwN.
[7] OLG Düsseldorf MDR 1962, 327; OLG Köln NStZ-RR 2011, 283; MK-Allgayer § 300 Rn 9, 11 mwN.
[8] KMR-Plöd Vor § 296 Rn 11.
[9] KK-Paul § 296 Rn 1.

Auch wenn die StA vorher das öffentliche Interesse an der Strafverfolgung verneint hat, steht es ihr offen, in Privatklagesachen nach Urteilserlass Revision einzulegen (vgl. § 377 Abs. 2).

- Der **Verteidiger** des Beschuldigten für diesen (§ 297), es sei denn, seine Vollmacht schließt von vornherein die Befugnis zur Einlegung von Rechtsmitteln aus, denn für die Einlegung des Rechtsmittels bedarf es keiner weiteren besonderen Vollmacht.[10]
Das Recht des Verteidigers zur Rechtsmitteleinlegung ist sein **eigenes Recht**, das er auch im eigenen Namen ausübt.[11] Doch darf er dieses Recht entsprechend seiner Verfahrensstellung **nur zugunsten** des Beschuldigten **und nicht gegen** dessen **ausdrücklichen Willen** ausüben.[12]
Entzieht der Beschuldigte nach der Rechtsmitteleinlegung dem Verteidiger das Mandat, so berührt das die Zulässigkeit der Rechtsmitteleinlegung grds. nicht.[13]
Ungeschriebene Voraussetzung für die Wirksamkeit der Rechtsmitteleinlegung ist, dass der Beschuldigte selbst noch rechtsmittelberechtigt ist.[14] Dies ist z.B. nicht der Fall, wenn er auf Rechtsmitteleinlegung schon wirksam verzichtet hat.
- Der **gesetzliche Vertreter** des Beschuldigten (§ 298 Abs. 1). Wer gesetzlicher Vertreter ist, richtet sich nach dem bürgerlichen Recht.[15] Der gesetzliche Vertreter seinerseits kann sich durch einen Rechtsanwalt vertreten lassen.[16]
Er kann Rechtsmittel **nur zugunsten** des Beschuldigten einlegen.[17]
Zudem muss der Beschuldigte selbst rechtsmittelberechtigt – und damit auch beschwert – sein. Die Rechtmittelbefugnis des gesetzlichen Vertreters ist – anders als beim Verteidiger – nicht durch den entgegenstehenden Willen des Beschuldigten begrenzt.[18]
- Der **Privatkläger** (§ 390 Abs. 1);
- der **Nebenkläger** (§ 401 Abs. 1) mit wichtigen **Einschränkungen:** Er ist nur bezüglich des Nebenklagedelikts rechtsmittelberechtigt (§ 400 Abs. 1 Alt. 2). Auch kann er nicht andere Rechtsfolgen der Tat erstreben (§ 400 Abs. 1 Alt. 1);
- der **Einziehungsbeteiligte** (§ 427 Abs. 1).

18 Zu beachten ist, dass die Befugnis zur Einlegung der **Beschwerde** noch **weiter** gefasst ist: Beschwerdebefugt ist jede von der Entscheidung betroffene Person in den Grenzen des § 304 Abs. 2.

4. Beschwer

▶ **FALL 2:** Der Angeklagte A war wegen Raubes angeklagt. Er wird freigesprochen, doch wird in den Gründen ausgeführt, der Freispruch sei wegen Schuldlosigkeit aufgrund einer schweren seelischen Störung des A gem. § 20 StGB erfolgt. Auch Maßregeln der Besserung

---

10 Vgl. BGHSt 12, 367 (370).
11 BGH NJW 2016, 2675; *Meyer-Goßner/Schmitt* § 297 Rn 3 mwN.
12 Bestehen Zweifel über den Willen des Angeklagten, so ist dies im Freibeweisverfahren zu klären (*Pfeiffer* § 297 Rn 2). Hat der Verteidiger das Rechtsmittel gegen den Willen des Angeklagten eingelegt, so trifft ihn die **Kostentragungspflicht** (OLG Frankfurt NJW 1991, 3164; R/H-*Radtke* § 298 Rn 13 mwN).
13 *Pfeiffer* § 297 Rn 2; HK-*Rautenberg/Reichenbach* § 297 Rn 5.
14 BeckOK-*Cirener* § 297 Rn 5.
15 OLG Hamm NStZ 2008,119; SK-*Frisch* § 298 Rn 3.
16 KK-*Paul* § 298 Rn 4.
17 BGHSt 19, 196 (198); MK-*Allgayer* § 298 Rn 10 mwN.
18 KK-*Paul* § 298 Rn 1; *Meyer-Goßner/Schmitt* § 298 Rn 2.

§ 28 Grundlagen

und Sicherung wurden nicht angeordnet, da wegen der Einmaligkeit der Situation nicht davon auszugehen sei, dass A erneut eine Straftat begehe. A fühlt sich durch die Urteilsgründe belastet, da er behauptet, er habe mit der Tat nichts zu tun. ◄

▶ **FALL 3:** Der Angeklagten B wird Rechtsbeugung und Freiheitsberaubung zur Last gelegt. Das Landgericht als Tatgericht erster Instanz hat das Verfahren wegen Verfolgungsverjährung eingestellt. B erhebt Revision mit dem Ziel, einen Freispruch zu erreichen. ◄

Eine Beschwer ist gegeben, wenn der Rechtsmittelführer durch die gerichtliche Entscheidung, in seinen eigenen Rechten oder schutzwürdigen Interessen unmittelbar (objektiv)[19] beeinträchtigt ist.[20]

a) **Der Beschuldigte:** Der Beschuldigte ist bei jeder für ihn nachteiligen Entscheidung beschwert. Dies ist nicht der Fall bei Freispruch, wohl aber bei Absehen von Strafe gem. § 60 StGB.[21] Für die Beschwer ist **allein der Urteilstenor** maßgeblich.[22] Deshalb kann in **Fall 2** gegen das freisprechende Urteil trotz der den A belastenden Gründe kein Rechtsmittel eingelegt werden.[23]

Bei einer **Verfahrenseinstellung** ist die Beschwer im Einzelfall zu prüfen. So ist z.B. die Beschwer abzulehnen, wenn sich aus den Gründen praktisch ein Strafklageverbrauch ergibt.[24] In **Fall 3** ist die Revision nicht zulässig, weil B nicht beschwert ist. Grds. gilt zwar, dass ein Freispruch Vorrang hat.[25] Doch trifft dies nur zu, wenn die Sache „freispruchreif" ist. Kann das Verfahren wegen eines nicht behebbaren Verfahrenshindernisses eingestellt werden, ohne dass weitere Ermittlungen notwendig sind, so ist das Gericht nicht verpflichtet, eine Beweisaufnahme durchzuführen, um einen etwaigen Freispruch zu ermöglichen.[26]

Erben oder Angehörige des Beschuldigten können nach dessen Tod kein Rechtsmittel einlegen, etwa um den Verstorbenen zu rehabilitieren. Wegen der höchstpersönlichen Natur des Streitgegenstandes fehlt es ihnen an der Rechtsmittelbefugnis. Das Verfahren endet vielmehr beim Tod des Angeklagten.

b) **Die StA:** Die StA ist immer beschwert, wenn sie der Auffassung ist, das Gericht habe gegen das geltende Recht verstoßen.[27] Sie ist auch dann rechtsmittelbefugt, wenn die Entscheidung dem Antrag ihres Sitzungsvertreters entspricht.[28] Eine **Ausnahme** gilt

---

19 OLG Koblenz NStZ 1990, 296; LR-*Jesse* Vor § 296 Rn 51.
20 Vgl. BGHSt 1, 135; MK-*Allgayer* § 296 Rn 43; KK-*Paul* Vor § 296 Rn 5; *Titz* JA 2002, 65 (67).
21 *Titz* JA 2002, 65 (67).
22 BGH NJW 2016, 728 m. Bespr. *Jahn* JuS 2016, 180.
23 Dies entspricht der hM; vgl. nur BGHSt 1, 135; 16, 374; 34, 11 (12); *Beulke/Swoboda* Rn 537; *Lesch* 5/14; *Meyer-Goßner/Schmitt* Vor § 296 Rn 11; *Schroeder/Verrel* Rn 288; diff. für die hier relevante Konstellation des Freispruchs wegen Schuldunfähigkeit *Bloy* JuS 1986, 585 (586 f.); SK-*Frisch* Vor § 296 ff. Rn 159 ff.: Der Beschuldigte sei wegen der Gründe beschwert, da in der Feststellung der tatbestandsmäßigen und rechtswidrigen Tat eine „faktische Verurteilung" liege. Vgl. auch OLG Schleswig NJW 1957, 1487 f.; OLG Stuttgart NJW 1959, 1840 f. m. Anm. *Bech*; OLG Frankfurt NStZ-RR 2010, 345; LR-*Jesse* Vor § 296 Rn 72 ff.
24 Zu der umstrittenen Frage, ob bei Vefahrenseinstellungen auf die jeweilige Rechtsgrundlage oder auf die tatsächliche Wirkung der Entscheidung abzustellen ist, s. nur MK-*Allgayer* § 296 Rn 47.
25 *Vollmer/Heidrich* Rn 507.
26 BGH NStZ-RR 1996, 299; *Meyer-Goßner/Schmitt* Vor § 296 Rn 14.
27 OLG Düsseldorf NStZ 1990, 292 (293); *Meyer-Goßner/Schmitt* Vor § 296 Rn 16; KK-*Paul* Vor § 296 Rn 6; HK-*Rautenberg/Reichenbach* § 296 Rn 13; *Titz* JA 2002, 65 (67).
28 RGSt 48, 26; BeckOK-*Cirener* § 296 Rn 15.

bei Rechtsmitteln, welche die StA zugunsten des Angeklagten einlegt (§ 296 Abs. 2). Hier ist notwendige Voraussetzung, dass der Angeklagte selbst beschwert ist.[29]

24 c) **Nebenkläger und Privatkläger:** Der Nebenkläger muss sich auf Rechtsverletzungen berufen, die sich aus der Behandlung des Nebenklagedelikts ergeben; sonst fehlt es an der Beschwer. Eine analoge Anwendung des § 296 Abs. 2 ist bei Rechtsmitteleinlegung des Nebenklägers ausgeschlossen;[30] eine Rechtsmitteleinlegung zugunsten des Beschuldigten ist daher unzulässig. Sie würde Sinn und Zweck der Nebenklage, der darin besteht, dem Genugtuungsinteresse des Nebenklägers gerecht zu werden, widersprechen.

25 § 296 Abs. 2 gilt ferner auch nicht analog für den Privatkläger; auch dieser kann nur zuungunsten des Beschuldigten Rechtsmittel einlegen. Dies folgt zum einen aus seiner Verfahrensstellung – er verfolgt nur eigene Ziele –, zum anderen daraus, dass er kein Rechtspflegeorgan ist und keine mit der StA vergleichbare Amtsstellung hat. Der Privatkläger hat nicht die Amts-, sondern nur die Parteistellung der StA inne, was nicht genügt, um eine Analogie zu begründen.[31]

5. Ordnungsgemäße Einlegung

26 a) **Adressat und Form:** Rechtsmittel werden bei dem die **Entscheidung erlassenden Gericht** (*iudex a quo*) **schriftlich oder zu Protokoll der Geschäftsstelle** eingelegt (§§ 306 Abs. 1, 314 Abs. 1, 341 Abs. 1). Für einen inhaftierten Beschuldigten[32] gilt § 299 Abs. 1 als mögliche Sonderform. Die für den Privatkläger geltende Regelung des § 390 Abs. 2 ist auf den Nebenkläger analog anzuwenden.[33]

27 b) **Bedingung:** Die Einlegung eines Rechtsmittels ist als Prozesshandlung **bedingungsfeindlich**.[34] So ist etwa eine unter der Bedingung, dass auch ein anderer Prozessbeteiligter ein Rechtsmittel eingelegt hat, erfolgende Rechtsmitteleinlegung nicht wirksam.[35]
Nicht abschließend geklärt ist jedoch die Zulässigkeit einer sog. (vorsorglichen) **Sperrberufung** oder **Sperrrevision** der Staatsanwaltschaft, die diese in erster Linie zur Verhinderung einer unbilligen Begünstigung des Angeklagten aufgrund des Verschlechterungsverbotes namentlich für den Fall einlegt, dass der Angeklagte nach vorangegangener Verständigung selbst Rechtsmittel einlegt und in nächster Instanz sein Geständnis widerruft.[36] Unschädlich für die wirksame Einlegung sind aber bloße Rechtsbedingungen, wie z.B. die Bedingung, dass ein gleichzeitig eingelegtes anderes Rechtsmittel unwirksam ist.

28 c) **Frist:** Hier kommt es auf die Art des Rechtsmittels an. So unterliegt
- die **einfache Beschwerde** keiner Fristbegrenzung.
- Die **sofortige Beschwerde** ist binnen einer Woche ab Bekanntmachung (§ 311 Abs. 2),

---

[29] RGSt 42, 399; BeckOK-*Cirener* § 296 Rn 19; *Meyer-Goßner/Schmitt* Vor § 296 Rn 16, § 296 Rn 14; Nr 147 III RiStBV.
[30] BGH NJW 1990, 2479.
[31] KK-*Paul* § 296 Rn 6.
[32] Und über § 298 Abs. 2 für seinen gesetzlichen Vertreter, der sich seinerseits nicht auf freiem Fuß befindet.
[33] *Titz* JA 2002, 65 (66).
[34] Im Gutachten kann dieser Punkt auch unter der Statthaftigkeit des Rechtsmittels geprüft werden.
[35] BGH NStZ 2014, 55.
[36] So die Praxis der StA Nürnberg-Fürth StraFo 2014, 426 m. krit. Anm. *Schlothauer*; zum Problem a. BeckOK-*Bartel* Rn 20 ff.

§ 28 Grundlagen

- **Berufung und Revision** sind grds. binnen einer Woche nach Verkündung des Urteils (§§ 314, 341)[37] einzulegen.

Die Berechnung der Frist richtet sich nach § 43.

6. Begründung

Die Begründung des Rechtsmittels ist **nur** bei der **Revision** gem. § 344 eine Zulässigkeitsvoraussetzung.[38] Form und Frist (ein Monat nach Ablauf der Einlegungsfrist) der Revisionsbegründung richten sich nach §§ 344, 345.[39]

7. Verzicht, Rücknahme und Beschränkung

a) **Grundsatz:** Die Rechtsmittelberechtigten können auf Rechtsmittel – ganz oder teilweise – verzichten oder ein Rechtsmittel, falls sie es bereits eingelegt haben, wieder – ganz oder teilweise – zurücknehmen. Der Rücknahme steht nicht entgegen, dass zwischenzeitlich ein Verfahrenshindernis eingetreten ist. Denn durch ein solches allein wird das Verfahren noch nicht beendet.[40]
Ein Rechtsmittel**verzicht** ist aber **ausgeschlossen**, wenn dem Urteil eine **Verständigung** vorausgegangen ist (§ 302 Abs. 1 S. 2); dies gilt auch, wenn sich die Beteiligten informell unter Verstoß gegen die gesetzlichen Vorschriften verständigt haben.[41]

b) **Prozesshandlung:** Rücknahme und Verzicht sind als Prozesshandlungen **bedingungsfeindlich**, können aber beschränkt werden. Eine **Teilrücknahme** ist als nachträgliche Beschränkung in gleichem Umfang zulässig wie die von vornherein erklärte Beschränkung des Rechtsmittels.[42]
Weiter sind Rücknahme und Verzicht grds. **unwiderruflich**, es sei denn, der Widerruf geht vor oder spätestens gleichzeitig mit der Erklärung der Rücknahme oder des Verzichts ein.[43]

c) **Form:** Nach allgM müssen Rücknahme und Verzicht in derselben Form erklärt werden wie die Rechtsmitteleinlegung (vgl. §§ 314 Abs. 1, 341 Abs. 1), also schriftlich oder zu Protokoll der Geschäftsstelle; sie werden wirksam, wenn sie dem mit der Sache befassten Gericht zugehen.[44]
Der Verzicht kann darüber hinaus schon in der Hauptverhandlung erklärt werden. Ist dies der Fall, so muss er erklärt, protokolliert, vorgelesen und genehmigt werden (§ 273 Abs. 3 StPO; Nr 143 Abs. 1 S. 2 RiStBV).

d) **Zustimmung des Gegners:** Sofern für die Entscheidung über das Rechtsmittel eine mündliche Verhandlung stattzufinden hat, ist nach Beginn der Hauptverhandlung für jede Rücknahme gem. § 303 auch die Zustimmung des Gegners erforderlich. Dieses

---

37 Zu beachten ist jeweils auch Abs. 2.
38 Die Rechtsmittelbegründung ist weder bei der Beschwerde – § 306 schreibt keine Begründung vor – noch bei der Berufung – „kann" (§ 317) – zwingend.
39 Vgl. zur Revisionsbegründung zu Protokoll der Geschäftsstelle *Krehl* Hamm-FS 385.
40 HM, vgl. nur *Meyer-Goßner/Schmitt* § 302 Rn 6.
41 BVerfG NJW 2013, 1058 (1064); BGH NStZ 2014, 113 m. Anm. *Knauer*; OLG Köln NStZ 2015, 53 m. krit. Anm. *Schneider*; BeckOK-*Cirener* § 302 Rn 23 mwN.
42 *Vollmer/Heidrich* Rn 510.
43 *Meyer-Goßner/Schmitt* § 302 Rn 21; s. aber auch *Beulke/Swoboda* Rn 544 (und dort Fn. 19).
44 S. MK-*Allgayer* § 302 Rn 21 ff.

Erfordernis dient nach verbreiteter Ansicht nicht dem Schutz des Gegners, sondern der materiellen Gerechtigkeit.[45]

Die Zustimmung ist **formfrei, unanfechtbar und unwiderruflich**. Sie ist dem zuständigen Gericht gegenüber zu erklären.[46] Sie kann ausdrücklich erfolgen. Fehlt in den Akten ein Hinweis auf eine ausdrückliche Erklärung, so kommt im Einzelfall eine stillschweigende Zustimmung oder eine Zustimmung durch schlüssiges Handeln in Betracht.[47]

34 **Gegner** des Beschuldigten, seines gesetzlichen Vertreters, seines Erziehungsberechtigten oder seines Verteidigers als Rechtsmittelführer sind **StA und der Privatkläger**.
Gem. § 303 S. 2 ist die Zustimmung des **Nebenklägers nicht** erforderlich, weshalb er nicht Gegner i.S.d. Vorschrift ist.
Auf der anderen Seite ist nur der Angeklagte Gegner, wenn die StA, der Privat- oder Nebenkläger Rechtsmittelführer sind.[48]

35 **e) Konsequenzen von Verzicht und Rücknahme:** Die wirksame Rücknahme eines Rechtsmittels wie auch der Rechtsmittelverzicht führen zur Unzulässigkeit des Rechtsmittels und zur Rechtskraft der Entscheidung, es sei denn, andere Beteiligte haben Rechtsmittel eingelegt oder können dies noch tun.
Weitere Rechtsfolge ist, dass eine Entscheidung über das zurückgenommene Rechtsmittel überflüssig ist. Es ergeht nur eine selbständige Kostenentscheidung.[49]
Auch kann ein Rechtsmittel nicht nach seiner Rücknahme erneut zulässig eingelegt werden; die Rücknahme wird von der Rechtsprechung zugleich als Verzicht auf die Wiederholung des Rechtsmittels verstanden.[50] Weitere Voraussetzungen bestimmt § 302 Abs. 1 S. 3, Abs. 2.

8. Rechtsmissbrauch und Verwirkung

36 Ein Rechtsmittel, das – unabhängig von der möglicherweise eingehaltenen vorgeschriebenen Form – rechtsmissbräuchlich eingelegt wird, ist unzulässig. Rechtsmissbrauch ist jedoch nur anzunehmen, wenn das eingelegte Rechtsmittel ausschließlich grobe Verunglimpfungen und Schmähkritik enthält. Dazu muss eindeutig auszuschließen sein, dass gleichzeitig ein sachliches Anliegen mitverfolgt wird.[51]

37 Ob auch eine Unzulässigkeit des Rechtsmittels wegen Verwirkung in Betracht kommt, ist umstritten. Zu denken ist an den Ausnahmefall, dass der Berechtigte über längere Zeit untätig bleibt, obwohl er die Rechtslage kannte oder zumutbarerweise hätte kennen müssen.[52]

---

45 BGHSt 23, 277 (279); BeckOK-*Cirener* § 303 Einl.; s. zum Zweck der Vorschrift sonst SK-*Frisch* § 303 Rn 1; L/R-*Jesse* § 303 Rn 1.
46 OLG Hamm NJW 1969, 151; KK-*Paul* § 303 Rn 4.
47 OLG Düsseldorf MDR 1976, 1040; BayObLG NJW 1985, 754. Der Angeklagte beschränkt z.B. die Berufung auf die Rechtsfolgen, nachdem auch die StA eine solche Beschränkung erklärt hat (*Meyer-Goßner/Schmitt* § 303 Rn 5).
48 R/H-*Radtke* § 303 Rn 5 mwN; aA L/R-*Jesse* § 303 Rn 7 (auch gesetzliche Vertreter).
49 *Meyer-Goßner/Schmitt* § 302 Rn 11.
50 BGH NStZ 1995, 356 m. Anm. *Ehrlicher*.
51 HK-*Rautenberg* § 296 Rn 7 mwN.
52 So BVerfGE 32, 305; OLG Koblenz MDR 1985, 344; wistra 1987, 357; *Meyer-Goßner/Schmitt* Vor § 296 Rn 6; dagegen *Dütz* NJW 1972, 1025; *Schlüchter* Meyer-GS 445 (461 ff.).

III. Begründetheit eines Rechtsmittels

Jedes Rechtsmittelgericht hat die **Prozessvoraussetzungen** von Amts wegen zu prüfen. Werden hier Verfahrenshindernisse festgestellt, ist das Verfahren einzustellen (§§ 206a Abs. 1, 260 Abs. 3). Die **weitere Begründetheit** richtet sich nach dem Prüfungsmaßstab für das jeweilige Rechtsmittel (§§ 318, 344, 352). 38

IV. Umfang der Anfechtung bei Berufung und Revision

Der Rechtsmittelführer kann das Urteil ganz oder teilweise anfechten. Ist die nur teilweise Anfechtung wirksam, so erwächst der nicht angefochtene Urteilsteil in Teilrechtskraft. 39

WIEDERHOLUNGS- UND VERTIEFUNGSFRAGEN 40

> Welche Arten von Rechtsbehelfen lassen sich unterscheiden? (Rn 1 ff.)
> Welche Rechtsmittel gibt es und welchem Zweck dienen sie jeweils? (Rn 6)
> Was versteht man unter den Begriffen Devolutiv- und Suspensiveffekt? (Rn 7 f.)
> Welche Voraussetzungen hat ein zulässiges Rechtsmittel? (Rn 12 ff.)
> Wer ist rechtsmittelbefugt? (Rn 17)
> Aus welchem Urteilsteil folgt die Beschwer? (Rn 19 ff.)

§ 29 Rechtsschutz im Ermittlungsverfahren

1 Im Ermittlungsverfahren steht den Strafverfolgungsbehörden ein breites Repertoire an Zwangsmaßnahmen zur Verfügung, um dem Tatverdacht effektiv nachzugehen und das etwaige gerichtliche Verfahren vorbereiten zu können (s.o. § 8). Machen die Strafverfolgungsbehörden von ihren Ermittlungsbefugnissen Gebrauch, so greifen sie damit in Grundrechte ein, mitunter sehr tief. Die von Zwangsmaßnahmen betroffenen Personen haben daher schon im Ermittlungsverfahren ein entsprechend großes Bedürfnis nach Rechtsschutz.

I. Die rechtliche Ausgangslage

1. Der Rechtsschutz gegen Ermittlungsmaßnahmen

2 Die Ermittlungsbefugnisse der Strafverfolgungsbehörden sind zwar sehr zahlreich und in der StPO auch ausführlich beschrieben, es gibt hingegen nur wenige Vorschriften, die den Rechtsschutz gegen Zwangsmaßnahmen regeln.[1]

3 Durch Art. 19 Abs. 4 GG wird **lückenloser und effektiver** Rechtsschutz garantiert. Nach Art. 19 Abs. 4 S. 1 GG steht jedem der Rechtsweg offen, der durch die öffentliche Gewalt in seinen Rechten verletzt wird. Da die Frage, ob die Rechte wirklich verletzt sind, erst noch im Rechtsweg zu klären ist, reicht bereits die *Möglichkeit* einer Rechtsverletzung aus, um die Rechtsschutzgarantie des Art. 19 Abs. 4 GG auszulösen.[2] Bei Zwangsmaßnahmen durch staatliche Strafverfolgungsbehörden sind subjektive Rechtsverletzungen *niemals* schon von vornherein auszuschließen. Aus Art. 19 Abs. 4 GG folgt daher, dass gegen jede Zwangsmaßnahme im Ermittlungsverfahren gerichtlicher Rechtsschutz zur Verfügung stehen muss. Sofern keine anderslautende spezielle Regelung gilt, kommen dabei im Ermittlungsverfahren grds. zunächst zwei Rechtsbehelfe zur Anwendung:[3]

- **Beschwerde** (gegen richterliche Anordnungen)
- **Antrag auf richterliche Entscheidung** (gegen nichtrichterliche Maßnahmen).

2. Der Rechtsschutz gegen Prozesshandlungen

▶ **FALL 1:** Gegen A, Chefärztin der Intensivstation eines Krankenhauses, leitete die StA ein Ermittlungsverfahren wegen Verdachts der fahrlässigen Tötung (§ 222 StGB) ein. Nach Kenntnis hiervon verlangte A die Einstellung des Verfahrens aus näher dargelegten tatsächlichen und rechtlichen Gründen.[4] ◀

4 Die StPO gewährt dem Beschuldigten gegen sog. **Prozesshandlungen** – wie Einleitung, Fortführung und Beendigung des Ermittlungsverfahrens – keinerlei Rechtsbehelfe.[5] Ein Rechtsschutz nach § 23 EGGVG scheidet aus, da diese Handlungen keine Justizverwaltungsakte darstellen.[6] Nach Art. 19 Abs. 4 GG wird Rechtsschutz nur innerhalb

---

1 Vgl. den Überblick bei *Löffelmann* StV 2009, 379.
2 *Jarass*/Pieroth, Grundgesetz Kommentar, 11. Aufl. 2011, Art. 19 GG Rn 41; v. Münch/Kunig/*Krebs* Art. 19 GG Rn 67; Dreier/*Schulze-Fielitz* Art. 19 IV GG Rn 75; vgl. ferner § 42 Abs. 2 VwGO.
3 Schöner Überblick auch bei *Engländer* Jura 2010, 414 ff.
4 Nach OLG Karlsruhe NStZ 1982, 434 ff.
5 OLG Jena NStZ 2005, 343; *Keller* GA 1983, 497 (503); Meyer-Goßner/*Schmitt* § 23 EGGVG Rn 9; einschr. Roxin/Schünemann § 29/12.
6 BGH NJW 2015, 3383 (3384); KK-*Mayer* § 23 EGGVG Rn 31; diff. BeckOK-*Köhnlein* § 23 EGGVG Rn 36.

einer angemessenen Zeit gewährleistet, nicht aber zwingend sofort.[7] Durch das auf eine Anklage folgende gerichtliche Strafverfahren und die Möglichkeit, später gegen ein Urteil Rechtsmittel einzulegen, ist der Rechtsschutzgarantie Genüge getan, so dass das Fehlen von Rechtsbehelfen gegen Prozesshandlungen nicht gegen die Rechtsschutzgarantie des Art. 19 Abs. 4 GG verstößt.[8] Eine **Ausnahme** ist lediglich in Fällen objektiver Willkür der StA zum Nachteil des Beschuldigten denkbar.[9] Für **Fall 1** folgt daraus, dass sich A zwar verteidigen und auf eine Einstellung des Verfahrens hinwirken kann, ihr jedoch kein gesonderter Rechtsbehelf gegen die Einleitung des Ermittlungsverfahrens zusteht.

II. Verdeckte und offene Ermittlungsmaßnahmen

▶ **FALL 2:** A wird von seinem Freund F darauf hingewiesen, dass seit kurzem ein Lieferwagen mit abgedunkelten Scheiben und vielen Antennen vor seiner (des A) Haustür stehe. Er habe den Eindruck, A werde observiert. In diesem Moment hören A und F draußen quietschende Reifen. Auf Nachfrage des von A beauftragten Rechtsanwalts bestätigt die StA, eine Observation des A angeordnet zu haben. ◀

1. Rechtsgrundlagen

Bei Fragen des Rechtsschutzes gegen Zwangs-, bzw. Ermittlungsmaßnahmen ist weiter zu unterscheiden zwischen: **offenen Maßnahmen** und **verdeckten Maßnahmen**. Diese Unterscheidung ist aus folgenden Gründen notwendig:

Wenn eine Ermittlungsmaßnahme angeordnet wird, folgt ihre Durchführung – des Ermittlungserfolgs wegen – für den Betroffenen oft überraschend.[10] Mit vollzogener Durchführung haben sich die Zwangsmaßnahme und damit auch ihre Anordnung i.d.R. aber auch erledigt. Nahezu immer ist dies bei den sog. verdeckten Ermittlungsmaßnahmen (Observation, Einsatz verdeckter Ermittler, TKÜ o.Ä.) der Fall, die ja gerade darauf angelegt sind, dass der Betroffene während ihrer Durchführung keine Kenntnis von ihnen hat.

Für den besonders relevanten Bereich der **verdeckten Ermittlungsmaßnahmen** behalf man sich mangels ausdrücklicher Regelung früher bei nichtrichterlichen Maßnahmen mit einer (doppelten) Analogie zu § 98 Abs. 2 und verwies für richterlich angeordnete Maßnahmen auf die Beschwerde.[11] Seit 2008 sieht das Gesetz aber mit **§ 101 Abs. 7** eine umfassende Regelung bezüglich des – insb. nachträglichen – **Rechtsschutzes** gegen verdeckte Ermittlungsmaßnahmen vor. Nach seiner Benachrichtigung über die Maßnahme kann der Betroffene binnen einer **Zwei-Wochen-Frist** deren gerichtliche Überprüfung beantragen,[12] ohne dass es eines besonderen Feststellungsinteresses bedarf. Gegen die Entscheidung des Anordnungsgerichts (§ 101 Abs. 7 S. 1) als auch gegen die Entscheidung des nach der Anklageerhebung mit der Sache befassten Gerichts (§ 101 Abs. 7 S. 4) ist die **sofortige Beschwerde** statthaft. In **Fall 2** kann A somit binnen zwei

---

7 BVerfG NStZ 2004, 447; *Beulke/Swoboda* Rn 321.
8 BVerfG NStZ 1985, 228; 2004, 447; krit. *Roxin/Schünemann* § 29/12; aA *Eisenberg/Conen* NJW 1998, 2241 (2247 ff.).
9 BVerfG NStZ 1984, 228 f.; 2004, 447; OLG Jena NStZ 2005, 343 f.; *Schroeder/Verrel* Rn 167.
10 Vgl. auch § 33 Abs. 4 S. 1.
11 Zur alten, völlig unbefriedigenden Rechtslage und den notwendigen Hilfskonstruktionen s. die Vorauf. § 29 Rn 7 ff.; lesenswert zur damals neuen Regelung des § 101 Nr 7 *Singelnstein* NStZ 2009, 481.
12 Zur Zuständigkeit nach Anklageerhebung s. BGH NStZ 2010, 225.

Wochen gerichtliche Überprüfung der Observationsanordnung gem. § 101 Abs. 7 beantragen.

8   Jedoch ist die Lage nicht so klar, wie es den Anschein hat; v.a. zwei Fragen sind klärungsbedürftig: Das Verhältnis von § 101 Abs. 7 zu den bisher anerkannten Rechtsbehelfen (unten 2.) und die zeitliche Perspektive des Rechtsschutzes durch diese Vorschrift (unten 3.).

2. Das Verhältnis der bisher anerkannten Rechtsbehelfe zu § 101 Abs. 7

9   Zunächst ist umstritten, in welchem Verhältnis die neuen Regelungen des § 101 Abs. 7 zu den übrigen, o.g. Rechtsbehelfen (§ 304, § 98 Abs. 2 S. 2 analog) stehen. Im Wesentlichen sind hierzu zwei Positionen auszumachen:[13]

10 ■ Nach heute hM ist § 101 Abs. 7 lex specialis zu den sonstigen nachträglichen Rechtsbehelfen und verdrängt diese in seinem Anwendungsbereich.[14] Der BGH führt hierzu die Motive des Gesetzgebers an, dem es mit der Neuregelung des Rechtsschutzes gegen verdeckte Maßnahmen darum gegangen sei, ein harmonisches Gesamtsystem des nachträglichen Rechtsschutzes zu schaffen. Zudem sehe die Neuregelung eine Zweiwochenfrist vor, die bei gleichzeitiger Anwendung der bisher anerkannten Rechtsbehelfe leerliefe.

11 ■ Ein großer TdL geht, ebenfalls die Gesetzesbegründung für sich anführend, von einer gleichzeitigen Anwendbarkeit von § 101 Abs. 7 und den bisher anerkannten Rechtsschutzmöglichkeiten aus.[15] Bei richterlichen Anordnungen bliebe also die Beschwerde, bei nichtrichterlichen Anordnungen die Konstruktion über § 98 Abs. 2 S. 2 analog weiter anwendbar.

12 Der hM dürfte insoweit zuzustimmen sein, als für eine weitere analoge Anwendung des § 98 Abs. 2 S. 2 die Grundlage der Analogieanwendung, nämlich die planwidrige Regelungslücke, weggefallen ist.[16] Hinsichtlich der richterlichen Anordnungen spricht ebenfalls einiges dafür, die bisherige Beschwerdemöglichkeit durch § 101 Abs. 7 für verdrängt anzusehen. Sein erheblich engerer Anwendungsbereich und die dort ausdrücklich geregelten Fristen und Zuständigkeiten lassen § 101 Abs. 7 als speziellere Vorschrift erscheinen, die den allgemeineren Rechtsbehelf der Beschwerde verdrängt. Dass dies ganz entgegen der ursprünglichen Intention des Gesetzgebers dem Betroffenen letztlich die „bequemere" Möglichkeit der Einlegung der Beschwerde nimmt, muss bei dem gegebenen Wortlaut und der Systematik zumindest in der Praxis hingenommen werden.

3. Zeitliche Perspektive des Rechtsschutzes durch § 101 Abs. 7

13 Die Frage, ob § 101 Abs. 7 ausschließlich nachträglichen Rechtsschutz gewährt, ist allein nach dem Wortlaut der Vorschrift nur schwer zu beantworten. Der Wortlaut ist

---

13 Zu weiteren Ansichten und bedenkenswertem eigenen Vorschlag s. *Singelnstein* NStZ 2009, 481 (483); vgl. auch *Böse* Amelung-FS 565 (582); *Meyer/Rettenmaier* NJW 2009, 1238.
14 BGHSt 53, 1 (näher zur Rechtsprechung *Burghardt* HRRS 2009, 567 ff.); *Eisenberg* Rn 2552; *Engländer* Jura 2010, 414 (417); *Glaser* JR 2010, 423 (425); MK-*Günther* § 101 Rn 92; R/H-*Röwer/Ladiges* § 101 Rn 17; *Meyer-Goßner/Schmitt* § 101 Rn 26a.
15 S. BT-Drs. 16/5846, 62; KMR-*Bär* § 101 Rn 34a f.; KK-*Bruns* § 101 Rn 34; *Burghardt* JuS 2010, 605 (608); *Löffelmann* StV 2009, 379 (383); *Meyer* JR 2009, 318; *Wesemann* StraFo 2009, 505 (506 f.); *Zöller* StraFo 2008, 15 (23).
16 So zutreffend auch schon *Singelnstein* NStZ 2009, 481 (483); ferner *Engländer* Jura 2010, 414 (417 f.).

insoweit nämlich wenig hilfreich, denn zwar spricht Abs. 7 ausdrücklich davon, dass Rechtsschutz „auch" in den Fällen der Erledigung gewährt werde, doch verweist Abs. 4 auf die Vorschrift als „Möglichkeit nachträglichen Rechtsschutzes".[17] Entsprechend zweigeteilt das Meinungsbild:

- Nach einer Ansicht soll, soweit Maßnahmen nach § 101 in Rede stehen, unabhängig davon, ob sie **noch andauern oder bereits erledigt** sind, stets der Antrag auf richterliche Entscheidung gem. § 101 Abs. 7 statthaft sein.[18] 14
- Die **Gegenansicht**[19] stellt auf den primären Gesetzeszweck der Gewährung **nachträglichen** Rechtsschutzes ab und hält § 101 Abs. 7 bei noch nicht erledigten Maßnahmen für nicht anwendbar; vielmehr seien hier entweder § 23 EGGVG[20] oder die bisher anerkannten Rechtsbehelfe[21] (§§ 98 Abs. 2 analog, 304) einschlägig. 15

Einen Überblick zum Rechtsschutz im Ermittlungsverfahren bietet die Grafik unter Rn 19. 16

4. Rechtsschutz gegen die Art und Weise der Durchführung einer Zwangsmaßnahme

▶ **FALL 3:** In dem Ermittlungsverfahren gegen B wegen Mordes durchsuchten Beamte der Kriminalpolizei die Wohnung des Beschuldigten in dessen Anwesenheit, um Beweismittel zu finden. Nach der Durchsuchung beanstandete B u.a., dass es ihm verwehrt worden sei, einen Verteidiger hinzuzuziehen.[22] ◀

Wird der Rechtsschutz nicht gegen die Anordnung einer Zwangsmaßnahme als solche begehrt, sondern gegen die Art und Weise ihres Vollzugs durch StA und Polizei – wie in **Fall 3** –, so muss auf die **Analogie zu § 98 Abs. 2 S. 2** zurückgegriffen werden; danach wäre ein Antrag auf richterliche Entscheidung statthaft.[23] 17

Zu beachten bleiben die weiteren gesetzlich bezeichneten **Sonderregelungen** zum Rechtsschutz in den §§ 81 Abs. 4, 111e Abs. 2 S. 3, 111l Abs. 6, 110 Abs. 3 S. 3, 161a Abs. 3 und der Ausschluss der Beschwerde in den Fällen der §§ 161a Abs. 3 S. 4, 163a Abs. 3 S. 5 und 305 sowie bei gleichzeitigem Antrag auf Haftprüfung gem. § 117 Abs. 2 S. 1. 18

---

17 So zum ambivalenten Wortlaut auch bereits *Beulke/Swoboda* Rn 327a.
18 *Böse* Amelung-FS, 565 (567, Fn 54); HK-*Gercke* § 101 Rn 16; *Meyer-Goßner/Schmitt* § 101 Rn 25; *Zöller* StraFo 2008, 23.
19 *Beulke/Swoboda* Rn 327a; *Engländer* Rn 176; *Glaser*, Der Rechtsschutz nach § 98 Abs. 2 Satz 2 StPO, 52 f., 335; *ders.* JR 2010, 423 (424); auch HKGS-*Hartmann* § 101 StPO Rn 12; *Singelnstein* NStZ 2009, 481 (482).
20 So *Glaser*, Der Rechtsschutz nach § 98 Abs. 2 Satz 2 StPO, 52 f., 335.
21 *Engländer* Rn 176; *Singelnstein* NStZ 2009, 481 (482).
22 Vgl. BGHSt 44, 265 ff.
23 BVerfG NJW 2002, 1410; BGHSt 45, 183 (186); *Beulke/Swoboda* Rn 326; *Eisele* StV 1999, 298; *Engländer* Rn 169; *Fezer* NStZ 1999, 151.

§ 29 4. Abschnitt: Rechtsbehelfe

19

Übersicht: Rechtsschutz im Ermittlungsverfahren:

- Rechtsschutz im Ermittlungsverfahren
  - kein Rechtsschutz gegen Prozesshandlungen
  - verdeckte erledigte Maßnahmen nach § 101 I (str. für verdeckte nicht erledigte Maßnahmen) → § 101 VII S. 2
  - Rechtsschutz gegen Ermittlungsmaßnahmen
    - alle anderen Maßnahmen, soweit keine Sonderregelung greift
      - Anordnung durch das Gericht
        - nicht erledigt → §§ 304 ff.
        - erledigt → §§ 304 ff. bei Feststellungsinteresse
      - Anordnung durch StA/Polizei
        - nicht erledigt → § 98 II S. 2 bzw. § 98 II S. 2 analog
        - erledigt → § 98 II S. 2 (analog) bei Feststellungsinteresse

Wiederholungs- und Vertiefungsfragen

> Welche Vorschrift garantiert lückenlosen und effektiven Rechtsschutz gegen alle Zwangsmaßnahmen im Ermittlungsverfahren? (Rn 3)
> Wie ist der Rechtsschutz gegen Prozesshandlungen im Ermittlungsverfahren ausgestaltet? (Rn 4)
> Welcher Rechtsbehelf richtet sich in der Regel gegen richterliche Anordnungen? (Rn 3)
> Welche/r Rechtsbehelf/e richtet/n sich gegen nichtrichterliche Anordnungen von verdeckten Ermittlungsmaßnahmen? (Rn 7)
> Welche/r Rechtsbehelf/e steht den Betroffenen zur Verfügung, wenn sie sich gegen die Art und Weise der Durchführung einer nichtrichterlichen Zwangsmaßnahme wenden wollen (Rn 17)

§ 30 Berufung

1   Die Berufung ist ein suspensives und devolutives Rechtsmittel gegen amtsgerichtliche Strafurteile. Sie eröffnet eine **zweite Tatsacheninstanz**.

I. Zulässigkeit der Berufung

2   Die zweite Tatsacheninstanz wird von der Berufung nur eröffnet, wenn ihre spezifischen Zulässigkeitsvoraussetzungen vorliegen:
- Statthaftigkeit
- Berufungsberechtigung
- Form und Frist der Berufungseinlegung
- Ggf. Annahmeberufung
- kein Rechtsmittelverzicht
- keine Rechtsmittelrücknahme

1. Statthaftigkeit

3   Die Berufung ist **gegen Urteile des AG** statthaft, also des **Strafrichters** und des **Schöffengerichts** (§ 312). Dass ausgerechnet bei den schwereren Delikten, die in die erstinstanzliche Zuständigkeit der LG und OLG fallen (vgl. §§ 74 ff., 120 GVG), keine Berufung vorgesehen ist und damit eine Instanz weniger als beim AG zur Verfügung steht, erscheint auf den ersten Blick widersprüchlich. Dies findet seine Rechtfertigung aber darin, dass die oberen Gerichte (LG und OLG) in erster Instanz regelmäßig stärker besetzt sind als das AG (s.o. § 12 Rn 23), wodurch eine genauere Aufklärung des Sachverhalts und eine sorgfältigere Urteilsfindung ermöglicht wird. Daher soll das Rechtsmittel der Revision ausreichen.[1]

2. Berufungsberechtigung

▶ **FALL 1:** Die Angeklagte A wurde vom AG freigesprochen. In den Urteilsgründen wird erläutert, dass der Freispruch nicht aus erwiesener Unschuld, sondern vielmehr aus Mangel an Beweisen erfolgte. A fühlt sich dadurch in ihrem Ansehen beeinträchtigt, wollte sie doch ausdrücklich festgestellt haben, dass sie unschuldig sei. Daher legt sie gegen das Urteil Berufung ein. ◀

4   Der zur Berufung berechtigte Personenkreis umfasst alle Verfahrensbeteiligten, die durch das angefochtene Urteil beschwert sind.[2] In **Fall 1** ist die A als Angeklagte eine Verfahrensbeteiligte und damit diesem Personenkreis zugehörig, wenn sie durch das Urteil beschwert ist (vgl. § 296 Abs. 1). Eine Beschwer liegt vor, wenn der Betroffene in seinen Rechten oder in seinen schutzwürdigen Interessen (objektiv) betroffen ist, wobei irrelevant ist, ob die Beeinträchtigung zu Recht oder zu Unrecht erfolgt ist.[3] Sie muss sich nach hM[4] aus dem **Tenor** des Urteils ergeben. Demnach ist der Angeklagte von

---

[1] *Roxin/Schünemann* § 54/4.
[2] Vgl. §§ 296 ff., 390 Abs. 1 S. 1, 401 Abs. 1 S. 1; ferner BGH NStZ 1995, 248; KK-*Paul* § 312 Rn 5.
[3] BGHSt 16, 374 (376); *Meyer-Goßner/Schmitt* Vor § 296 Rn 9; *Ranft* Rn 1995.
[4] BGHSt 7, 153; 13, 75 (77); 16, 374; 34, 11 (12); 39, 121 (124).

jeder verurteilenden Entscheidung beschwert.[5] Umgekehrt folgt daraus aber auch, dass er von einer **freisprechenden** Entscheidung ohne Rücksicht auf die Gründe des Freispruchs **nicht** beschwert sein kann, und zwar selbst dann nicht, wenn ihn die Gründe des Freispruchs in seinem Ansehen beeinträchtigen könnten.[6] Konsequenz für **Fall 1**: Die Gründe, die zum Freispruch der A führten, können sie entgegen ihrer Meinung nicht beschweren; ihre Berufung ist daher unzulässig.

Bei Berufungen der **StA** ist die Besonderheit zu beachten, dass sie das Rechtsmittel sowohl zugunsten als auch zuungunsten des Angeklagten einlegen darf (§ 296 Abs. 2), sie also immer „beschwert" ist, wenn sie eine Entscheidung für objektiv falsch hält.[7] Lediglich wenn sie die Berufung ausschließlich zugunsten des Angeklagten einlegt, ist es erforderlich, dass eine Beschwer des Angeklagten selbst vorliegt.[8]

3. Form und Frist der Berufungseinlegung

▶ **FALL 2:** Der Angeklagte A wurde vom Strafrichter zu einer empfindlichen Geldstrafe verurteilt. Auf dem Heimweg wird ihm klar, dass er diese Strafe nicht akzeptieren will. Noch im Auto ruft er auf der Geschäftsstelle des AG an und erklärt, Berufung gegen das Urteil einzulegen. ◀

a) **Form:** Die Berufung muss beim **Gericht des ersten Rechtszugs** – dem AG, das das angefochtene Urteil erlassen hat – **schriftlich oder zu Protokoll** der Geschäftsstelle eingelegt werden (§ 314 Abs. 1). Dabei ist die falsche Bezeichnung des Rechtsmittels unschädlich (§ 300), wenn die erkennbar begehrte Berufung etwa irrig Revision genannt wird. Auch wenn nach dem Gesetz „Mündlichkeit" auf den ersten Blick ausreichen sollte, ist bei einer Erklärung **zu Protokoll** der Geschäftsstelle ist zu beachten, dass der Erklärende bei dem Urkundsbeamten der Geschäftsstelle **körperlich anwesend** sein muss.[9] Eine fernmündliche Erklärung ist daher unzulässig.[10] Der Anruf des A in **Fall 2** ist demzufolge als fernmündliche Erklärung formwidrig, seine Berufung mithin unzulässig.

Inhaftierte Beschuldigte müssen – unbeschadet ihres Rechts zur schriftlichen Rechtsmitteleinlegung – die Berufung gem. § 299 Abs. 1 zu Protokoll der Geschäftsstelle desjenigen AG erklären, in dessen Bezirk die Anstalt liegt, wo sie auf behördliche Anordnung verwahrt werden.

b) **Frist:** Die Frist der Berufungseinlegung beträgt **eine Woche ab Verkündung** des Urteils (§ 314 Abs. 1). War der **Angeklagte** bei der Urteilsverkündung **abwesend** und auch nicht durch einen schriftlich bevollmächtigten Verteidiger (in den Fällen der §§ 234, 387 Abs. 1, 411 Abs. 2, 434 Abs. 1 S. 1) vertreten, so beginnt die Frist nicht schon mit der Urteilsverkündung, sondern erst mit der **Zustellung** des Urteils (§ 314 Abs. 2). Darunter ist die Zustellung der vollständigen Urteilsurkunde zu verstehen.[11] Die Frist beginnt also nicht, wenn lediglich der schriftliche Urteilstenor zugestellt wird.[12] Die genaue **Fristberechnung** erfolgt nach § 43.

---

5 LR-*Jesse* Vor § 296 Rn 57.
6 BGHSt 7, 153; 16, 374; *Meyer-Goßner/Schmitt* Vor § 296 Rn 13; s.o. § 28 Rn 19 f.
7 KK-*Paul* Vor § 296 Rn 6; *Ranft* Rn 1916, 1995.
8 OLG Koblenz NJW 1982, 1770; BeckOK-*Cirener* § 296 Rn 19.
9 RGSt 38, 282 (289 f.); BeckOK-*Eschelbach* § 314 Rn 14; KK-*Paul* § 314 Rn 7.
10 BGHSt 30, 64 (67 ff.); *Meyer-Goßner/Schmitt* § 314 Rn 5.
11 BGHSt 15, 263 (265); *Kühne* Rn 1040; *Lintz* JR 1977, 127; *Meyer-Goßner/Schmitt* § 314 Rn 8.
12 *Meyer-Goßner/Schmitt* § 314 Rn 8.

4. Annahmeberufung

7   In **Bagatellfällen** (näher § 313 Abs. 1) bedarf die Berufung zu ihrer Zulässigkeit der Annahme (sog. Annahmeberufung). Eine Annahme erfolgt gem. § 313 Abs. 2 immer dann, wenn die Berufung **nicht schon offensichtlich unbegründet** ist.[13] Über die Annahme entscheidet das Berufungsgericht mit unanfechtbarem Beschluss, der keine Begründung bedarf (§ 322a).

5. Kein Rechtsmittelverzicht

8   Die Berufung ist unzulässig, wenn ein Rechtsmittelverzicht wirksam erklärt wurde (vgl. § 302 Abs. 1 S. 1).[14]

6. Keine Rechtsmittelrücknahme

9   Ebenfalls unzulässig ist die erneute Berufung, wenn vorher schon eine Berufung eingelegt, dann aber wieder wirksam zurückgenommen wurde.[15]

7. Folgen einer unzulässigen Berufung

10 Wird die Berufung verspätet eingelegt, so wird sie bereits durch Beschluss des AG, bei dem sie eingelegt wurde, verworfen (§ 319 Abs. 1). Weitere Zulässigkeitsvoraussetzungen als die Frist prüft das AG nicht. Hält das Berufungsgericht die Berufung für unzulässig, so verwirft es die Berufung außerhalb der Hauptverhandlung durch Beschluss (§ 322 Abs. 1 S. 1). Stellt sich die Unzulässigkeit aber erst innerhalb der Hauptverhandlung heraus, so wird das Rechtsmittel durch ein Prozessurteil verworfen (§ 322 Abs. 1 S. 2 HS 1).

II. Begründetheit der Berufung

11 Die Berufung ist begründet,
    - wenn das Gericht des ersten Rechtszugs unzuständig war oder
    - wenn das Berufungsgericht zu einem anderen Ergebnis kommt als die Vorinstanz.

1. Unzuständigkeit des erstinstanzlichen Gerichts

▶ **FALL 3:** In dem Strafverfahren gegen A wegen Diebstahls hat die Amtsrichterin R als Strafrichter entschieden. Nach dem Geschäftsverteilungsplan des AG wäre der Amtsrichter S als Strafrichter in diesem Verfahren zuständig gewesen. ◀

12 Hat das Gericht des ersten Rechtszuges mit Unrecht seine Zuständigkeit angenommen, so hat das Berufungsgericht unter Aufhebung des Urteils die Sache an das zuständige Gericht zu verweisen (§ 328 Abs. 2). Das Berufungsgericht prüft dabei von Amts wegen, ob das AG zuständig war.

13 **a) Örtliche Unzuständigkeit:** Die örtliche Unzuständigkeit des AG führt zur Aufhebung des Urteils und Verweisung an das zuständige Gericht, wenn der Angeklagte die

---

13 Näher *Feuerhelm* StV 1997, 99 (102 ff.); *Fezer* NStZ 1995, 265.
14 BGH NJW 1984, 1974 (1975); NStZ 1984, 181; *Meyer-Goßner/Schmitt* § 302 Rn 26.
15 BGH bei *Pfeiffer/Miebach* NStZ 1985, 207; BGH NStZ-RR 2000, 305; *Meyer-Goßner/Schmitt* § 302 Rn 12.

örtliche Unzuständigkeit bereits im ersten Rechtszug rechtzeitig (§ 16 S. 3) vergeblich gerügt und diesen Einwand nicht zurückgenommen hat.[16]

b) Sachliche Unzuständigkeit: Im Falle der sachlichen Unzuständigkeit erfolgt nur dann eine Aufhebung des Urteils und Zurückverweisung der Sache an das zuständige Gericht, wenn das AG seine Kompetenzen **überschritten** hat (also z.B. der Strafrichter in einer Sache entschieden hat, für die das Schöffengericht sachlich zuständig gewesen wäre) nicht jedoch auch dann, wenn es sie unterschritten hat, sofern diese Unterschreitung nicht aus Willkür erfolgte.[17]

c) Funktionelle Unzuständigkeit: Die funktionelle Unzuständigkeit des erstinstanzlichen Gerichts im Sinne der geschäftsplanmäßigen Unzuständigkeit des Spruchkörpers ist für die Berufung unbeachtlich.[18] So wäre in **Fall 3** ohne Belang, dass Amtsrichterin R geschäftsplanwidrig entschieden hat.

2. Anderes Ergebnis als die Vorinstanz

Soweit die Berufung für begründet befunden wird, hat das Berufungsgericht unter Aufhebung des Urteils in der Sache selbst zu erkennen (§ 328 Abs. 1). Das ist der Fall, soweit das Berufungsgericht das angefochtene Urteil aus tatsächlichen oder rechtlichen Gründen für falsch hält und deswegen zu einer anderen Entscheidung im Schuldspruch oder Rechtsfolgenausspruch gelangt.[19]

3. Folgen einer unbegründeten Berufung

Ist die Berufung zwar zulässig, aber unbegründet, so wird sie von dem Berufungsgericht durch Urteil als unbegründet verworfen.[20]

III. Berufungsverfahren

Das Berufungsverfahren ist als Rechtsmittelverfahren Teil des Erkenntnisverfahrens. Es hat den folgenden Ablauf:

- **Einlegung** der Berufung
  - ggf. Berufungsbegründung
- **Vorprüfung** I, durch das AG
- **Vorprüfung** II, durch das Berufungsgericht
  - ggf. Berufungsannahme
- **Vorbereitung** der Berufungshauptverhandlung
- **Berufungshauptverhandlung**

An das Berufungsverfahren kann sich ein Revisionsverfahren anschließen.

---

16 OLG Köln NStZ-RR 2000, 273; LR-*Gössel* § 328 Rn 22; KK-*Paul* § 328 Rn 11.
17 BGHSt 42, 205 (207, 208); OLG Koblenz StV 1996, 588 (589); *Hegmann* NStZ 2000, 574 (577); *Meyer-Goßner/Schmitt* § 328 Rn 7.
18 *Gössel* GA 1968, 356 (365); KK-*Paul* § 328 Rn 11.
19 KK-*Paul* § 328 Rn 4.
20 *Beulke/Swoboda* Rn 557; *Roxin/Schünemann* § 54/19.

1. Einlegung der Berufung

19 Die Berufung muss form- und fristgerecht bei dem Amtsgericht eingelegt werden, das das angefochtene Urteil erlassen hat (§ 314 Abs. 1; sog. *„iudex a quo"*). Sie muss den Rechtsmittelführer und das angefochtene Urteil bezeichnen, braucht aber nicht näher begründet zu sein. Das Rechtsmittel muss daher noch nicht einmal darauf festgelegt sein, ob es als Berufung oder als Revision zu behandeln ist. Die Bezeichnung ist erst innerhalb der Revisionsbegründungsfrist nachzuholen.[21] Dem Angeklagten wird damit die Möglichkeit gegeben, das Urteil allgemein anzufechten.[22] Grund für diese Möglichkeit ist neben prozessökonomischen Gesichtspunkten, dass dem Angeklagten das Urteil aus erster Instanz mitsamt der Entscheidungsgründe meist nicht innerhalb der einwöchigen Rechtsmittelfrist zugestellt wird, so dass er zuvor nicht zu entscheiden vermag, ob nur eine Überprüfung in rechtlicher oder darüber hinaus auch in tatsächlicher Hinsicht erfolgen soll.[23]

20 Die Berufung ist auf bestimmte Beschwerdepunkte **beschränkbar** (§ 318 S. 1). Voraussetzung für eine zulässige Berufungsbeschränkung ist zunächst, dass sich die Beschränkung auf Beschwerdepunkte bezieht, die nach dem inneren Zusammenhang des Urteils losgelöst von seinem nicht angegriffenen Teil rechtlich und tatsächlich selbständig beurteilt werden können, ohne eine Prüfung der Entscheidung im Übrigen erforderlich zu machen (sog. **Trennbarkeitsformel**).[24] Darüber hinaus muss ausgeschlossen sein, dass die neue Entscheidung zu den nicht angefochtenen Teilen des Urteils in Widerspruch steht (sog. **Widerspruchsfreiheit**).[25] Das Vorliegen dieser Voraussetzungen prüft das Rechtsmittelgericht von Amts wegen.[26] Ist die Berufungsbeschränkung nicht wirksam erfolgt, wird das gesamte Urteil überprüft.[27] Wenn sie aber wirksam erfolgt ist, so ist die Prüfung des Gerichts auf den jeweils angefochtenen Teil des Urteils beschränkt (§ 327).

2. Berufungsbegründung

21 Die Berufung kann schon direkt mit der Einlegung begründet werden. Möglich ist es aber auch, innerhalb einer gesonderten Begründungsfrist eine Berufungsbegründung nachzureichen oder sie gar nicht zu begründen (die StA ist jedoch nach Nr 156 Abs. 1 RiStBV gehalten, die Berufung zu begründen).[28] Wenn sie aber begründet werden soll, so muss dies innerhalb einer weiteren Woche nach Ablauf der Frist zur Einlegung des Rechtsmittels bzw. nach dessen Zustellung bei dem Ausgangsgericht erfolgen (§ 317). Allerdings ist die Nichtbeachtung der Frist folgenlos (den wenn schon gar keine Begründung erfolgen muss, kann ihre Verspätung nicht bedeutsam sein).[29]

---

[21] BGHSt 2, 63 (66); 5, 338 (340 ff.); OLG Köln NStZ-RR 2011, 283; *Beulke/Swoboda* Rn 551.
[22] *Roxin/Schünemann* § 54/9.
[23] BGHSt 2, 63 (65); *Kühne* Rn 1042.
[24] BGHSt 27, 70 (72); 29, 359 (364); 47, 32 (35); MK-*Quentin* § 318 Rn 16 mwN.
[25] BGHSt 10, 71 (72); 24, 185 (188); 29, 359 (365); 47, 32 (38).
[26] BGHSt 27, 70 (72).
[27] BGHSt 6, 229 (230); 21, 256 (258); OLG Koblenz VRS 69, 298 (299).
[28] MK-*Quentin* § 317 Rn 1.
[29] KK-*Paul* § 317 Rn 4; vgl. aber auch BVerfG NJW 2002, 2940.

3. Vorprüfung (I) durch das AG

Das **AG** unterzieht die Berufung einer Vorprüfung, die auf die **Fristwahrung** beschränkt ist. Ist die Frist nicht gewahrt, so verwirft das AG die Berufung per **Beschluss** (§ 319 Abs. 1). Dagegen kann der Rechtsmittelführer binnen einer Woche nach Zustellung des Beschlusses die Entscheidung des Berufungsgerichts beantragen (§ 319 Abs. 2 S. 1).
Ist die Berufung aber **fristgerecht**, so legt das AG die Akten der StA vor (§ 320 S. 1), die die Akten wiederum an den Vorsitzenden des Berufungsgerichts weiterreicht (§ 321; „*iudex ad quem*"). Berufungsgerichte sind die **kleinen Strafkammern** der Landgerichte (§§ 74 Abs. 3, 76 Abs. 1 S. 1 GVG).

22

4. Vorprüfung (II) durch das Berufungsgericht

Das Berufungsgericht prüft sodann die Einhaltung der **Zulassungsvoraussetzungen** der Berufung. Hält es diese nicht für gegeben, so verwirft es die Berufung durch Beschluss als unzulässig (§ 322 Abs. 1 S. 1). Dieser Beschluss kann nach § 322 Abs. 2 mit sofortiger Beschwerde angefochten werden.
Bei Vorliegen eines **Verfahrenshindernisses** außerhalb der Hauptverhandlung kann das Berufungsgericht das Verfahren gem. § 206a Abs. 1 durch Beschluss einstellen.[30]

23

5. Vorbereitung der Berufungshauptverhandlung

Nach § 323 Abs. 1 S. 1 gelten für die Vorbereitung der Hauptverhandlung die Vorschriften der §§ 214 und 216–225 (s.o. § 17 Rn 2 ff.).
Bei der **Ladung** des Angeklagten ist gem. § 323 Abs. 1 S. 2 auf die Folgen des Ausbleibens (§ 329) ausdrücklich hinzuweisen.

24

6. Berufungshauptverhandlung

Die Berufungshauptverhandlung verläuft grundsätzlich **wie** die Hauptverhandlung der **ersten Instanz** nach § 243 und wird nur in einzelnen Punkten **modifiziert** (§§ 324, 325):
So tritt gem. § 324 Abs. 1 S. 1 an die Stelle der Verlesung des Anklagesatzes der **Vortrag** eines Berichterstatters über die **Ergebnisse des bisherigen Verfahrens**. Der Berichterstatter verliest auch das **Urteil** des ersten Rechtszugs, soweit es für die Berufung von Bedeutung ist (§ 324 Abs. 1 S. 2 HS 1).
Auf die Vernehmung des Angeklagten (§ 324 Abs. 2) folgt die Beweisaufnahme, wobei aber der **Unmittelbarkeitsgrundsatz** gem. § 325 aus Gründen der Verfahrenserleichterung **eingeschränkt** wird. Deshalb kann auf die erneute Vernehmung von Zeugen und Sachverständigen verzichtet werden und es können stattdessen Schriftstücke und auch Protokolle ihrer Aussagen zur Verlesung kommen.
Gegenüber dem erstinstanzlichen Verfahren sind **neue Beweismittel** zugelassen (§ 323 Abs. 3).

25

---

30 BGHSt 24, 208 (212).

7. Ausbleiben des Angeklagten in der Hauptverhandlung

26 Aus § 329 kann sich ein anderer Verfahrensablauf dadurch ergeben, dass der Angeklagte in der Hauptverhandlung nicht zugegen und nicht genügend entschuldigt ist. Im Wesentlichen gilt hiernach:[31]

- Hat die **StA** Berufung eingelegt, so kann gem. § 329 Abs. 2 S. 1 Alt 2 ohne den Angeklagten verhandelt werden.
  - Ist die Anwesenheit des Angeklagten trotzdem angezeigt, ist er ggf. zu verhaften bzw. vorzuführen (§ 329 Abs. 3).
- Hat der **Angeklagte** Berufung eingelegt, so verwirft das Gericht die Berufung ohne Verhandlung zur Sache, wenn er nicht durchgängig durch einen Verteidiger vertreten wird (§ 329 Abs. 1).
  - Ist er aber **verteidigt** und seine **Anwesenheit** selbst **nicht notwendig**, kann dann auch ohne ihn verhandelt werden (§ 329 Abs. 2 S. 1 Alt. 1).
  - Ist er **verteidigt**, seine **Anwesenheit** aber **notwendig**, wird er geladen und sein persönliches Erscheinen angeordnet; erscheint er daraufhin unentschuldigt nicht, ist die Berufung zu verwerfen (§ 329 Abs. 4).

8. Berufungsentscheidung

27 Ist die Berufung zulässig und begründet, so hebt das Berufungsgericht das Ersturteil auf und verweist die Sache im Falle des § 328 Abs. 2 an das zuständige Gericht oder entscheidet in der Sache selbst (§ 328 Abs. 1).
Wenn das Berufungsgericht in der Sache selbst entscheidet, ist zu beachten, dass seine sachliche Zuständigkeit dabei nicht weiter reicht als die des AG; es ist also an die **Strafgewalt des AG** gebunden.[32] Reicht sie nicht aus, so muss eine Verweisung an die dann zuständige große Strafkammer des LG erfolgen, wenn das Verbot der *reformatio in peius* dem nicht entgegensteht.[33]
Die Aufhebung des Ersturteils betrifft nur den Angeklagten, der selbst Berufung eingelegt hat. Für andere **Mitangeklagte** ist die Berufungsentscheidung ohne Bedeutung.[34]

28 Im Rahmen der Überprüfung des erstinstanzlichen Urteils ist das **Verbot der reformatio in peius**, das Verschlechterungsverbot des § 331, zu beachten. Dieses erfasst zwar nicht das Verbot einer Änderung des Schuldspruchs zum Nachteil des Angeklagten, aber die **Art und Höhe der Rechtsfolgen** der Tat. Exemplarisch: Die Änderung des Schuldspruches von tateinheitlich verwirklichtem Betrug und Nötigung zu Raub wäre bei Beibehaltung von Art und Maß der Strafe zulässig, während etwa die Ersetzung einer Geld- durch eine Freiheitsstrafe unzulässig wäre.

---

[31] Die vormals wesentlich strengere Vorschrift des § 329 (s. dazu die Voraufl. an gleicher Stelle) nahm nach Auffassung des EGMR nicht genügend Rücksicht auf die Verteidigungsrechte des Beschuldigten (EGMR StraFo 2012, 493 ff. m. Anm. *Esser* StV 2013, 331); die nun seit dem 01.01.2018 ebenso wesentlich erweiterte wie wenig übersichtliche Regelung stellt den Versuch dar, die europäischen Vorgaben umzusetzen.
[32] BGHSt 34, 159 (160); KK-*Paul* § 328 Rn 4.
[33] *Lesch* 5/23; *Volk/Engländer* § 35/19.
[34] *Beulke/Swoboda* Rn 557.

§ 30 Berufung § 30

IV. Rechtsmittel

Die Revision ist gem. § 333 statthaftes Rechtsmittel gegen das Berufungsurteil. 29

Gegen ein Urteil nach § 329 Abs. 1 bis 6 kann der Angeklagte innerhalb einer Woche nach Zustellung des Urteils die **Wiedereinsetzung** in den vorigen Stand beantragen; hierüber ist er bei der Urteilszustellung zu **belehren** (§ 329 Abs. 7). Wird dieser Antrag abgelehnt, so ist gegen den ablehnenden Beschluss die sofortige Beschwerde statthaft (§ 46 Abs. 3).

WIEDERHOLUNGS- UND VERTIEFUNGSFRAGEN 30

> Welche Wirkungen hat eine zulässige Berufung? (Rn 1)
> Welche prozessualen Folgen hat eine unzulässige Berufung? (Rn 10)
> Was versteht man unter einer Annahmeberufung? (Rn 7)
> Wann ist eine Berufung begründet? (Rn 11 ff.)
> Was geschieht, wenn eine Berufung begründet ist? (Rn 16)
> Wie ist zu verfahren, wenn der Angeklagte, der die Berufung eingelegt hat, nicht zur Hauptverhandlung erscheint? (Rn 26)
> Worauf bezieht sich das Verbot der reformatio in peius? (Rn 28)
> Welches Rechtsmittel ist gegen ein Berufungsurteil statthaft? (Rn 29)

§ 31 Revision

I. Allgemeines

1 Das Rechtsmittel der Revision wirkt devolutiv und suspensiv, führt aber im Unterschied zur Berufung zu keiner weiteren Tatsacheninstanz, sondern ausschließlich zu einer Überprüfung des angefochtenen Urteils auf **Rechtsfehler** (§ 337 Abs. 1).

II. Zulässigkeit

1. Statthaftigkeit und Zuständigkeit

▶ **FALL 1:** Der bislang nicht strafrechtlich in Erscheinung getretene A wird vor dem AG wegen Diebstahls von Zigaretten in einem Selbstbedienungsladen zu einer Geldstrafe von zwölf Tagessätzen verurteilt. A legt wegen der Verletzung materiellen Rechts Revision ein. ◀

2 a) **Statthaftigkeit:** Die Revision ist gegen alle erstinstanzlichen Urteile des AG („**Sprungrevision**"), des LG und des OLG sowie gegen alle Berufungsurteile des LG (§§ 333, 335) zulässig. Revisionsfähig sind also alle Urteile, die nicht selbst Revisionsurteile sind.[1] Zu beachten ist die Vorschrift des § 335 Abs. 3, der zufolge eine von einem Prozessbeteiligten eingelegte Revision als Berufung behandelt wird, wenn ein anderer Beteiligter zugleich wirksam Berufung eingelegt hat (sog. **aufgedrängte Berufung**).

3 Die Einlegung der **Sprungrevision** (§ 335 Abs. 1) ist sinnvoll, wenn es dem Rechtsmittelführer allein um die Klärung von Rechtsfragen geht. Mit ihrer Einlegung verzichtet der Rechtsmittelführer auf eine weitere Tatsacheninstanz und übt damit sein unechtes Wahlrecht zwischen Berufung und Revision aus.[2] Unecht ist dieses Wahlrecht, weil der Rechtsmittelführer nach Einlegung der Berufung noch Revision erheben kann. Nur im Fall der Einlegung der Sprungrevision verzichtet er auf eine Instanz.

4 In **Fall 1** legt A Sprungrevision ein. Da es sich hier um einen Bagatellfall nach § 313 Abs. 1 S. 1 handelt, wäre bei Einlegung der Berufung die Annahme der Berufung durch das Berufungsgericht zusätzliche Zulässigkeitsvoraussetzung (sog. Annahmeberufung). **Umstritten** ist, ob hier unmittelbar Sprungrevision eingelegt werden kann[3] oder ob erst Berufung beim AG eingelegt werden muss.[4] Hält man die vorherige Berufungseinlegung für notwendig, ist ein Übergang zur Revision erst möglich, wenn das Berufungsgericht die Annahme erklärt hat (§ 322a). Dann sind beim AG auch die Revisionsanträge und ihre Begründung fristgemäß einzureichen (§ 345 Abs. 1).

Dafür spricht immerhin der Wortlaut des § 335: Die Sprungrevision ist nur gegen Urteile statthaft, bezüglich derer die „Berufung zulässig" ist. Zulässig ist die Berufung bei

---

1 Dabei kommt es nicht auf die formale Bezeichnung der Entscheidung als Urteil an, sondern darauf, ob sie der Sache nach ein Urteil ist, vgl. nur BGHSt 25, 242 (243); KK-*Gericke* § 333 Rn 3; HK-*Temming* § 333 Rn 1.
2 Vgl. HK-*Temming* § 335 Rn 1.
3 So BGHSt 40, 395 (397) OLG Zweibrücken StV 1994, 119; OLG Düsseldorf StV 1995, 70; OLG Karlsruhe NStZ 1995, 562; OLG Hamm NJW 2003, 3286 (3287); *Dahs* Rn 9; BeckOK-*Eschelbach* § 313 Rn 17; SK-*Frisch* § 335 Rn 24; KK-*Gericke* § 335 Rn 16; *Hamm* Rn 33 f.; *Hartwig* NStZ 1997, 111 (112); R/H-*Nagel* § 335 Rn 7; *Sigismund/Wickern* wistra 1993, 89; *Tolksdorf* Salger-FS 402.
4 So *Meyer-Goßner/Schmitt* § 335 Rn 21; *ders.* NJW 2003, 1369 ff.; *Ostendorf* ZRP 1994, 335 (338); KK-*Paul* § 313 Rn 4; *Pfeiffer* § 335 Rn 5; *Scheffler* GA 1995, 449 (455).

der Annahmeberufung wiederum erst mit Erklärung der Annahme. Die Gegenansicht lässt hingegen die „Statthaftigkeit" der Berufung ausreichen.[5]

b) Zuständigkeit: Zuständig für Revisionen ist

- das **OLG** gegen
    - **erstinstanzliche** Urteile des **AG** und
    - **Berufungsurteile** des **LG**.
- Der **BGH** für die Revisionen gegen **erstinstanzliche** Urteile von **LG und OLG**.

2. Wirksame Einlegung

Voraussetzungen einer wirksamen Revisionseinlegung sind zunächst **Befugnis** und **Beschwer**.[6] Einzulegen ist die Revision bei dem Gericht, dessen Urteil angefochten wird (*iudex a quo*), und zwar **binnen einer Woche** nach Verkündung des Urteils schriftlich oder zu Protokoll der Geschäftsstelle.[7] Durch rechtzeitige Einlegung der Revision wird die **Rechtskraft** des Urteils, soweit es angefochten ist, **gehemmt** (§ 343 Abs. 1).

Eingelegt werden kann auch dieses Rechtsmittel **zunächst unbestimmt**;[8] eine Falschbezeichnung ist gem. § 300 unschädlich. Erst innerhalb der Revisionsbegründungsfrist muss sich der Rechtsmittelführer dann entscheiden und das Rechtsmittel **genau bezeichnen**.[9] Trifft der Rechtsmittelführer keine Wahl oder gibt er eine entsprechende Erklärung nicht rechtzeitig ab, so ist das Rechtsmittel als Berufung zu behandeln.[10] Denn die Berufung ist „rechtsschutzintensiver"; sie bietet nicht nur die Überprüfung in rechtlicher, sondern auch in tatsächlicher Hinsicht.

Trifft der Rechtsmittelführer von vornherein eine Wahl, so ist er an diese erst mit Ablauf der Revisionsbegründungsfrist gebunden. Vorher kann er noch einen **Rechtsmittelwechsel** vollziehen;[11] zulässig ist jedenfalls ein Übergang von der Berufung zur Revision.[12] Nach heute ganz hM ist aber auch im umgekehrten Fall ein Wechsel bis zum Ablauf der Revisionsbegründungsfrist möglich.[13]

Wird schließlich die Revision gewählt, wird das Rechtsmittel so behandelt, als sei **von Anfang an Revision** eingelegt worden. Fehlt es dann an der Begründung, wird die Form des § 345 Abs. 2 nicht gewahrt oder wird die Begründung verspätet eingereicht, so führt dies zur Unzulässigkeit.[14] Ein nochmaliger Wechsel ist nicht möglich. Die Revisionswahl unterliegt der **Form** des § 341 Abs. 1; eine bloß mündliche Ankündigung genügt deshalb nicht.[15]

---

5 Ausdr. etwa BeckOK-*Eschelbach* § 313 Rn 17.
6 Zu diesen Voraussetzungen vgl. § 28 Rn 17 ff.
7 § 341 Abs. 1, vgl. aber auch § 341 Abs. 2; s. dazu § 28 Rn 26 ff.
8 Vgl. nur OLG München NStZ-RR 2007, 56.
9 BGHSt 33, 183 (188); OLG München NStZ-RR 2007, 56; *Titz* JA 2002, 65 (66 f.).
10 BayObLG wistra 2001, 279; OLG Frankfurt NStZ-RR 2003, 53; OLG Hamm NJW 2003, 1469; OLG München NStZ-RR 2007, 56; wistra 2009, 327.
11 BGH NStZ 2004, 220; BayObLG NStZ-RR 2003, 173; OLG München NStZ-RR 2007, 56; KK-*Gericke* § 335 Rn 34 mwN.
12 OLG München NJW 2007, 96 (97).
13 BGHSt 13, 388; OLG München StraFo 2010, 251; KK-*Gericke* § 335 Rn 34; HK-*Temming* § 335 Rn 5, je mwN.
14 *Meyer-Goßner/Schmitt* § 335 Rn 6.
15 BayObLG wistra 2001, 279.

3. Antrag und Begründung

▶ **FALL 2:** Der Verurteilte A erhebt mittels seines Verteidigers Revision mit der Begründung: „Ich rüge sowohl die Verletzung materiellen als auch die Verletzung prozessualen Rechts." ◀

9 a) **Inhalt:** Nach § 344 Abs. 1 gehört es zu den **Zulässigkeitsvoraussetzungen** der Revision, dass der Rechtsmittelführer eine Erklärung abgibt, inwieweit er das Urteil anfechten und dessen Aufhebung beantragen möchte (sog. **Revisionsantrag**), und dass er diesen Antrag **begründet**. Aus der Begründung muss hervorgehen, ob die Verletzung von Verfahrensvorschriften und/oder von Normen des materiellen Rechts gerügt wird (§ 344 Abs. 2 S. 1).[16] Hinsichtlich der jeweiligen Begründung stellt das Gesetz unterschiedliche Anforderungen:

- Sofern sich die Rüge auf die Verletzung einer Rechtsnorm über das Verfahren bezieht (sog. **Verfahrensrüge**), müssen die Tatsachen, die den Verfahrensfehler begründen, angegeben werden (§ 344 Abs. 2 S. 2). Es muss also angeführt werden, durch welche Handlungen (aktives Tun oder Unterlassen) genau das Gericht gegen das Gesetz verstoßen hat.[17]
- Bei der Rüge der Verletzung des materiellen Strafrechts (sog. **Sachrüge**)[18] genügt es dagegen, wenn die Überprüfung des Urteils in sachlich-rechtlicher Hinsicht begehrt wird. Insoweit reicht etwa die Rüge aus, der Angeklagte sei zu Unrecht bestraft worden.[19]

10 In **Fall 2** genügt die Verfahrensrüge mangels der erforderlichen Tatsachenangaben nicht den Anforderungen des § 344 Abs. 2 S. 2 und wurde damit nicht zulässig erhoben. Jedoch ist die Revision hinsichtlich der Sachrüge zulässig.

11 b) **Form und Frist:** Der Revisionsantrag und seine Begründung sind **binnen eines Monats** nach Ablauf der Frist zur Rechtsmitteleinlegung bei dem Gericht, dessen Urteil angefochten wird (*iudex a quo*) einzureichen (§ 345 Abs. 1 S. 1). War das Urteil zur Zeit der Revisionseinlegung noch nicht zugestellt, beginnt die Begründungsfrist erst mit der Zustellung (§ 345 Abs. 1 S. 2). Ferner ist die Begründung in einer von dem Verteidiger oder einem (sonstigen) Rechtsanwalt unterschriebenen Schrift oder zu Protokoll der Geschäftsstelle abzugeben (§ 345 Abs. 2).

4. Keine Rücknahme, kein Verzicht

12 Die Revision ist unzulässig, wenn sie zurückgenommen oder auf sie verzichtet wurde.

III. Begründetheit

1. Gesetzesverletzungen

13 Die Revision ist begründet, wenn das Gesetz verletzt ist, wenn also eine Rechtsnorm nicht oder nicht richtig angewendet worden ist (§ 337). Der Begriff des Gesetzes ist

---

16 Verfahrenshindernisse sind von Amts wegen zu beachten.
17 BGHSt 2, 168; BGH NStZ-RR 1997, 304; näher zu den Anforderungen *Cirener* NStZ-RR 2014, 33, 71, 100; *Widmaier* StraFo 2006, 437 ff.
18 Zur Abgrenzung der Sach- von der Verfahrensrüge s. *Barton* JuS 2007, 978.
19 OLG Hamm NJW 1964, 1736; die Erkärung, eine Revision werde „vollumfänglich" eingelegt, reicht hingegen nicht, BGH HRRS 2013 Nr 725.

hier weit zu verstehen. Er umfasst formelles Bundes- und Landesrecht, internationale Verträge, soweit sie in nationales Recht umgesetzt wurden, Regeln des Völkerrechts (Art. 25 GG), innerstaatliches Gewohnheitsrecht, Handelsbräuche und selbst ausländische Rechtsnormen; Verwaltungsvorschriften oder die RiStBV sind dagegen keine Gesetze in diesem Sinne.[20]

Für die Revision bedeutsam ist die Unterscheidung von drei Arten von Gesetzesverletzungen: 14

- Missachtung von Verfahrenshindernissen,
- Verfahrensfehler und
- Verstöße gegen materielles Recht.

2. Verfahrenshindernisse

Verfahrenshindernisse sind von Amts wegen zu beachten.[21] Kein Unterschied besteht dabei zwischen dem Fehlen einer Prozessvoraussetzung (z.B. des Eröffnungsbeschlusses) und dem Vorliegen eines Verfahrenshindernisses (z.B. eingetretener Verjährung). 15

3. Verfahrensrügen (Grundlagen)

▶ **FALL 3:** Der Revisionsführer trägt vor, im Protokoll der Hauptverhandlung sei vermerkt, dass der fünfzehnjährige Belastungszeuge Z vereidigt worden sei. Eine Vereidigung verstoße aber gegen das Vereidigungsverbot des § 60 Nr 1. ◀

a) **Beruhen:** Die Verfahrensrüge hat die prozessordnungswidrige Art und Weise des Zustandekommens des angefochtenen Urteils zum Gegenstand. Zum Verfahrensrecht gehören alle Vorschriften, die festlegen, auf welchem Weg der Richter zu seinem Urteil gelangen soll.[22] Verletzt ist das Verfahrensrecht, wenn eine gesetzlich vorgeschriebene Handlung unterblieben oder fehlerhaft vorgenommen worden ist oder wenn die Handlung unzulässig war. 16

Die Revision ist begründet, wenn das Urteil auf einem Verfahrensfehler beruht. Hinsichtlich der Frage, ob dies anzunehmen ist, ist zwischen **relativen** (§ 337) und **absoluten** (§ 338) **Revisionsgründen** zu unterscheiden. Bei ersteren ist positiv festzustellen, dass das Urteil auf dem Verfahrensfehler beruht, während beim Vorliegen eines absoluten Revisionsgrundes das Beruhen unwiderleglich vermutet wird. 17

Im **Grundsatz** gilt jedoch, dass alle Verfahrensfehler im Strafverfahren durch fehlerfreie Wiederholung eines Verfahrensabschnitts geheilt werden können. In diesem Fall ist das Beruhen des Urteils auf dem ursprünglichen Fehler ausgeschlossen.[23] 18

aa) **Relative Revisionsgründe:** Ein Urteil beruht im Sinne von § 337 Abs. 1 auf einer Gesetzesverletzung, wenn zwischen Verstoß und Urteil ein **Kausalzusammenhang** be- 19

---

20 Näher *Dahs* Rn 87 ff.; KK-*Gericke* § 337 Rn 8 ff.; HK-*Temming* § 337 Rn 4.
21 Zur Bindung des Revisionsgerichts an sog. doppelrelevante Tatsachen – d.h. Feststellungen des Tatrichters, die sich sowohl auf das Prozesshindernis als auch auf den Tathergang beziehen, wie z.B. Zeitpunkt der Tat als Beginn der Verjährungsfrist – vgl. BGH NStZ 2000, 388; StraFo 2004, 279; *Alberts*, Die Feststellung doppelt relevanter Tatsachen in der strafprozessualen Revisionsinstanz, 1990.
22 BGHSt 19, 273 (275); *Lips* JA 2006, 719; ausführlich zur Abgrenzung von Verfahrens- und Sachrügen, *El-Ghazi* HRRS 2015, 350.
23 Vgl. BGH NStZ 2002, 106; BeckOK-*Wiedner* § 337 Rn 185.

steht.[24] Allerdings braucht dieser Zusammenhang nicht bewiesen zu werden. Es genügt vielmehr das Bestehen der **Möglichkeit**, dass das Urteil ohne den Fehler bzw. bei richtiger Anwendung des Gesetzes anders ausgefallen wäre.[25] Insoweit setzt die Verneinung des Beruhens voraus, dass ein Kausalzusammenhang zwischen Verstoß und Urteil sicher ausgeschlossen werden kann.[26]

20 Im Übrigen ist § 339 zu beachten, dem zufolge von der StA die Verletzung einer nur zugunsten des Angeklagten gegebenen Verfahrensnorm nicht mit dem Zweck gerügt werden darf, die Aufhebung eines Urteils zum Nachteil des Angeklagten herbeizuführen. In einem solchen Fall ist also die Beruhensfrage erst gar nicht zu prüfen. Die Vorschrift regelt damit einen **Fall des Rechtsmissbrauchs**: Denn da die Verletzung solcher für ihn nur vorteilhafter Vorschriften (etwa § 136 Abs. 1 S. 2) dem Angeklagten keine unrechtmäßigen Vorteile gebracht haben kann, verwehrt § 339 der StA, diese Rechtsverletzung im Rahmen einer zu Lasten des Angeklagten eingelegten Revision dazu zu nutzen, ein für ihn ungünstigeres Urteil zu erreichen.[27]

21 bb) **Absolute Revisionsgründe**: Bei einem sog. absoluten Revisionsgrund im Sinne von § 338 wird der **Kausalzusammenhang** zwischen einer bestimmten (besonders gravierenden) Gesetzesverletzung und dem Urteil **unwiderleglich vermutet**. Die in § 338 Nr 1 bis 7[28] aufgelisteten Verstöße gegen das Verfahrensrecht führen daher immer zur Begründetheit der Revision.

22 b) **Rechtskreistheorie**: Berührt ein Verfahrensfehler den Rechtskreis des Revisionsführers nicht, so ist die Revision selbst dann nicht begründet, wenn das Urteil auf dem Verfahrensfehler beruht. Exemplarisch: Der Nebenkläger kann die Revision nicht damit begründen, dass dem Angeklagten das letzte Wort nicht erteilt wurde, da § 258 nur den Rechtskreis des Angeklagten schützt. Ferner: Der Angeklagte kann sich nach hM[29] nicht auf eine Verletzung des § 55 Abs. 2 – die fehlende Belehrung über das Auskunftsverweigerungsrecht – berufen. Denn diese Vorschrift schütze nur den Auskunftsverweigerungsberechtigten vor Selbstbelastungen, nicht aber den Angeklagten selbst. Schließlich ist auch bei der Verletzung einer bloßen Ordnungsvorschrift der Rechtskreis des Revisionsführers nicht berührt.[30]

23 c) **Rügepräklusion**: Die Revision ist weiterhin nur begründet, wenn kein Tatbestand eingreift, der zum Verlust einer vorher bestehenden Rüge (sog. Rügepräklusion) führt. Zum Rügeverlust führen:

24 ■ **Zeitablauf**: Einige Vorschriften sehen vor, dass ein bestimmter Fehler bereits im Verfahren bis zu einem bestimmten Zeitpunkt gerügt werden muss. Verstreicht dieser Zeitpunkt, so kann der Verfahrensfehler zu einem späteren Zeitpunkt und damit auch in der Revision nicht mehr geltend gemacht werden. Zu den wichtigen Präklusionsnormen gehören §§ 6a S. 3, 16 S. 3, 25, 217 Abs. 2, 218 S. 2, 222b Abs. 1 S. 1, 246 Abs. 2. Zu beachten ist, dass Ermessensentscheidungen[31] des Vorsitzenden

---

24 Mit Beispielen *Hamm* Rn 517 ff.
25 BGHSt 1, 346 (350); 22, 278 (280); *KK-Gericke* § 337 Rn 33; *Lips* JA 2006, 719 (725); BeckOK-*Wiedner* § 337 Rn 180 mwN.
26 BGH NJW 1970, 767.
27 BeckOK-*Wiedner* § 337 Rn 1 ff.
28 Zur Sonderstellung des § 338 Nr 8 vgl. unten Rn 50 f.
29 Vgl. § 23 Rn 12.
30 *Dahs* Rn 34.
31 Die Rüge der Verletzung zwingenden Rechts setzt kein Vorgehen nach § 238 Abs. 2 voraus, BGH NStZ 2012, 585.

nach § 238 Abs. 2 zu beanstanden sind; wer von diesem Zwischenrechtsbehelf keinen Gebrauch macht, obwohl er ihm bekannt ist, verwirkt insoweit das Recht auf Revision.[32]

- **Verzicht:** Sofern ein Prozessbeteiligter zulässig auf die Einhaltung einer vorgeschriebenen Verfahrensweise verzichtet hat, kann er deren Nichtbeachtung nicht mehr als Verfahrensfehler rügen; einschlägige Verfahrensvorschriften sind z.B. §§ 35a, 215, 216, 218, 222, 224, 316 Abs. 2. Einen Fall des unzulässigen Verzichts sieht § 136a Abs. 3 vor. Unzulässig ist ferner der Verzicht auf die Beachtung von Verfahrensvorschriften, deren Nichteinhaltung einen absoluten Revisionsgrund nach § 338 Nr 1– 7 darstellt.[33]

- **Verwirkung:** In der Rechtsprechung ist die Möglichkeit der Verwirkung von Verfahrensrügen grds. anerkannt.[34] Allerdings kommt eine Verwirkung bei Verfahrensvorschriften, deren Einhaltung unverzichtbar ist, von vornherein nicht in Betracht.[35] Ferner führt bloßes Schweigen zu einem Verfahrensverstoß nicht zur Verwirkung der Rügemöglichkeit, da nicht die Prozessbeteiligten, sondern die Gerichte für ein einwandfreies Verfahren einzustehen haben. Die Verwirkung von Verfahrensrügen erfordert vielmehr, dass der Revisionsführer den Verstoß selbst durch **arglistiges Verhalten** herbeigeführt hat, um ihn später in der Revision zu rügen.[36]

d) **Beweis der Verfahrensrüge:** Wichtigstes Beweismittel zum Beleg von Verfahrensfehlern ist das **Protokoll** der Hauptverhandlung (§ 274). Fehlt dem Protokoll – z.B. wegen Lücken oder Widersprüchen – die Beweiskraft, so ist ausnahmsweise der Freibeweis möglich.[37] Zudem soll nach der Rechtsprechung die sog. „**unwahre Verfahrensrüge**" (die Verteidigung rügt wider besseres Wissen einen zwar protokollierten, jedoch tatsächlich nicht aufgetretenen Verfahrensfehler) rechtsmissbräuchlich sein.[38] Bei Zweifeln des Gerichts am Vorliegen eines Verfahrensverstoßes ist das *in dubio pro reo*-Prinzip grds. unanwendbar; dieser Satz betrifft das materielle Recht. In der Regel ist also von einem ordnungsgemäßen Verfahren auszugehen.[39] Etwas anderes gilt jedoch dann, wenn die Unaufklärbarkeit des Sachverhalts seine Ursache in einem Verstoß gegen die gesetzlich angeordnete Dokumentationspflicht findet.[40]

Die Rüge in **Fall 3** vermag die Revision nicht zu begründen. Denn hier wird keine bestimmte Tatsache, die einen Verfahrensfehler enthält und durch das Protokoll bewiesen werden soll, behauptet. Vielmehr wird vorgebracht, dass dem Protokoll die Vereidigung des Zeugen zu entnehmen sei. Ob dies tatsächlich der Fall war, bleibt bei dieser bloßen Protokollrüge offen. Damit fehlt der erforderliche Zusammenhang zwischen dem angeblichen Verfahrensfehler und dem Urteil. Denn das Urteil kann nur auf den

---

32 BGHSt 4, 364 (366); 51, 144 m. Anm. *Widmaier* NStZ 2007, 234; BGHSt 55, 65; LR-*Becker* § 238 Rn 46; *Meyer-Goßner/Schmitt* § 238 Rn 22; aA LR-*Gollwitzer*, 25. Aufl., § 238 Rn 47; *Ignor/Bertheau* NStZ 2013, 188.
33 OLG Frankfurt JR 1987, 81; *Meyer-Goßner/Schmitt* § 337 Rn 44; HK-*Temming* § 337 Rn 15.
34 BGH StV 1994, 411; vgl. auch *Krause* Rn 107.
35 Vgl. nur HK-*Temming* § 337 Rn 15 mwN.
36 LR-*Franke* § 337 Rn 206 ff.; *Lang*, Der Verlust von Verfahrensrügen beim Angeklagten durch Rückgriff auf den Verwirkungsgedanken, 1994; stark einschr. *Meyer-Goßner/Schmitt* § 337 Rn 47; *Pfeiffer* § 337 Rn 20; HK-*Temming* § 337 Rn 15.
37 HK-*Temming* § 337 Rn 14; zur Beweiskraft des Sitzungsprotokolls bei Verfahrensabsprachen BGHSt 56, 3; vgl. auch *Momsen* Roxin-FS 1403.
38 Vgl. nur BGHSt 51, 88 m. Anm. *Benthin* NJ 2007, 36; *Fahl* JR 2007, 34; *Gaede* StraFo 2007, 29; *Meyer-Mews* StraFo 2007, 195; *Satzger/Hanft* NStZ 2007, 33.
39 BGHSt 18, 274 ff.
40 BVerfG NJW 2012, 1136 m. Anm. *Kröpil* JR 2013, 203.

Vorgängen in der Hauptverhandlung, nicht aber auf der Niederschrift über deren Ablauf beruhen.[41] Eine Rüge ist also unbegründet, wenn sie die Möglichkeit offen lässt, dass nur versehentlich ein Ereignis nicht beurkundet bzw. ein Vorgang beurkundet worden ist, der tatsächlich nicht geschehen ist. In **Fall 3** hätte behauptet werden müssen, dass Z tatsächlich vereidigt worden sei und dass das Protokoll diesen Vorgang beweise.

4. Verfahrensrügen (relative Revisionsgründe)

29 Zu den wichtigsten relativen Revisionsgründen gehören insbesondere folgende Verfahrensfehler:[42]

30 a) Verfahrensfehler vor der Hauptverhandlung:
- Das Gericht kann Beweisverwertungsverbote missachten, die sich aus Fehlern bei der Telefonüberwachung (§§ 100a f.), beim Lauschangriff (§§ 100c ff.), beim Einsatz eines verdeckten Ermittlers (§ 110a) oder einer V-Person, oder bei Durchsuchung und Beschlagnahme (§§ 94 ff., 102 ff.) ergeben.
- Die Revision kann ferner bei einer unterbliebenen Ladung des Verteidigers zur Hauptverhandlung (§ 218) begründet sein. Gleiches gilt (bei Freispruch) im Falle des Unterlassens einer Ladung des Nebenklägers.[43]

31 b) Verfahrensfehler in der Hauptverhandlung:
- Nach heutiger Rspr. führt die fehlende **Belehrung des Beschuldigten** über sein Schweigerecht (§ 243 Abs. 5 S. 1) grds. zu einem Verwertungsverbot, dessen Nichtbeachtung die Revision zu begründen vermag.[44] Gleiches gilt bei Nichtbeachtung des Verwertungsverbots aufgrund des Einsatzes unerlaubter Vernehmungsmethoden (§ 136a).
- Verstöße gegen die **Belehrungspflicht zeugnisverweigerungsberechtigter Personen** nach § 52 Abs. 3 können die Revision begründen. Gleiches gilt für unrichtige Belehrungen und unrichtige Hinweise darauf, dass eine Entbindung nach § 53 Abs. 2 erfolgt ist. Keine explizite Belehrungspflicht besteht dagegen hinsichtlich eines Zeugnisverweigerungsrechts nach § 53 Abs. 1. Nach der hM ist der Angeklagte ferner bei einem Verstoß gegen § 55 Abs. 2 nicht beschwert.[45]
- Wird ein Zeuge trotz des Verbots nach § 60 **vereidigt** oder erfolgte die Ermessensentscheidung nach § 59 fehlerhaft,[46] so kann dies, wenn das Urteil auf dem Verfahrensfehler beruht, die Revision begründen.[47] Entsprechendes gilt bei einem Verstoß gegen die Belehrungspflicht gem. § 61 HS 2.[48] Bei Dolmetschern kann in der Nichteinhaltung der in § 189 GVG geregelten Eidesleistung ein revisibler Verfahrensverstoß liegen.[49]

---

41 BGHSt 7, 162 (163); BGH NStZ-RR 2007, 52 (53).
42 Weitere Beispiele bei *Miebach/Sander* NStZ-RR 2000, 1; *dies.* NStZ-RR 2001, 6; *Hombacher* JA 2015, 140 (141 ff.).
43 OLG Düsseldorf NStZ-RR 2001, 142.
44 Vgl. *Dahs* Rn 279.
45 Zur Rechtskreistheorie oben Rn 22.
46 BGH NStZ 2009, 343; da es sich hier um eine Ermessensentscheidung handelt, ist die Möglichkeit der Rügepräklusion zu beachten, falls kein angreifbarer Beschluss nach § 238 Abs. 2 herbeigeführt wurde.
47 Vgl. OLG Köln StV 2001, 224; OLG Frankfurt NStZ-RR 2003, 141.
48 *Dahs* Rn 285.
49 BGH bei *Kusch* NStZ 1998, 28; OLG Köln NStZ-RR 2002, 247; zu einer Ausnahme BGH NStZ 2014, 228 f. m. Anm. *Ferber*.

- Bei einem Verstoß gegen § 244 Abs. 2 kann die sog. **Aufklärungsrüge** die Revision begründen.[50] Sie muss vier Erfordernisse erfüllen:[51]
  - Es muss eine konkrete Tatsachenbehauptung, die nicht aufgeklärt wurde, dargelegt werden.
  - Es muss das einschlägige erlaubte Beweismittel (Aufklärungsmittel), das zur Verfügung stand, aber nicht bemüht wurde, aufgezeigt werden.
  - Dem Gericht hätte sich aufgrund der Hauptverhandlung oder nach Aktenlage die Beweisaufnahme aufdrängen müssen.
  - Die Aufklärung war entscheidungserheblich, da sie zumindest zu einem milderen Urteil hätte führen können (Aufklärungsziel).[52]
- Es kann die Rüge der Verletzung der § 244 Abs. 3–6 erhoben werden, wenn Fehler bei der Behandlung und Bescheidung eines **Beweisantrags** aufgetreten sind, z.B. durch das Unterlassen der rechtzeitigen Bescheidung und Begründung, durch die Verletzung der Fürsorgepflicht oder durch eine fehlerhafte Anwendung der Ablehnungsgründe.[53]
- Im Rahmen einer Verständigung nach § 257c sind als revisible Verfahrensfehler insbesondere die Verletzung der Belehrungspflicht nach § 257c Abs. 5 sowie der Mitteilungs- und Dokumentationspflicht nach den § 243 Abs. 4, 273 Abs. 1 lit. a zu beachten.[54] Ein an Verständigungsgesprächen nicht beteiligter (Mit-)Angeklagter kann einen solchen Verstoß jedoch nicht rügen, da die Vorschriften keine Drittwirkung entfalten.[55]
- Über den Wortlaut hinaus, der nur ein Verlesungsverbot formuliert, enthält § 252 ein beschränktes **Beweisverwertungsverbot**, das die Revision begründen kann.[56]
- Erfolgreich gerügt werden kann ein Verstoß gegen § 261, wenn sich ein Urteil ausdrücklich auf ein Beweismittel bezieht, das nicht Gegenstand der Hauptverhandlung war (sog. **Nicht-Inbegriffs-Rüge**).[57]
- Missachtet der Richter seine **Hinweispflicht** gem. § 265, so kann dies bei Beruhen einen Revisionsgrund darstellen.[58] Geht es hierbei allerdings um eine andere Tat im prozessualen Sinne, so liegt wegen einer fehlenden Anklage ein von Amts wegen zu beachtendes Verfahrenshindernis vor.
- Wird bei einer Unterbrechung die Frist des § 229 Abs. 1 oder 2 überschritten, so stellt dies einen Verfahrensverstoß dar, auf dem das Urteil in der Regel auch beruht.[59]
- Ein revisibler Verfahrensfehler ist es schließlich, wenn dem Angeklagten das letzte Wort nicht gewährt wird (§ 258 Abs. 2 HS 2, Abs. 3).

---

50 *Hamm* Rn 547 ff.
51 *Hamm* Rn 586 ff., insbesondere Rn 587.
52 Zu fehlerhaft erhobenen Aufklärungsrügen BGH StraFo 2003, 132; *Sander* NStZ-RR 2004, 1 (3 ff.).
53 Alsberg-*Güntger* Rn 1611 ff.; *Hamm* Rn 614 ff.
54 Vgl. § 19 Rn 12, § 17 Rn 21; die Rüge eines Verstoßes der Mitteilungs- und Dokumentaionspflichten setzt keinen zuvor erhobenen Rechtsbehelf nach § 238 Abs. 2 voraus, BGH NJW 2014, 2514 m. Anm. *Grube* NStZ 2014, 603.
55 BVerfG NStZ 2014, 528; vgl. auch *Landau* NStZ 2014, 425 (431).
56 Zu Verstößen gegen §§ 250–256 im Zusammenhang mit dem Unmittelbarkeitsgrundsatz *Hamm* Rn 945 f.; *Vollmer/Heidrich* Rn 348.
57 Zur Abgrenzung von der Sachrüge *Vollmer/Heidrich* Rn 616.
58 Vgl. *Dahs* Rn 374.
59 BGHSt 23, 224 (225); *Dahs* Rn 274.

5. Verfahrensrügen (absolute Revisionsgründe)

▶ **FALL 4:** Vor dem LG wird A von den Berufsrichtern R, S und T und zwei Schöffen zu sechs Jahren Freiheitsstrafe ohne Bewährung verurteilt wegen Totschlags an E; E war die Ehefrau des R. A legt gegen dieses Urteil form- und fristgerecht Revision ein. ◀

▶ **FALL 5:** Das AG verhandelt gegen N, die aus Nigeria stammt und ihr Alter nicht genau kennt, wegen Ladendiebstahls. Das Gericht gibt ein zahnmedizinisches Gutachten in Auftrag, aus dem sich ergibt, dass N aller Wahrscheinlichkeit nach 17 Jahre alt ist. Dennoch verweist das AG nicht an das zuständige Jugendgericht, sondern verurteilt N. ◀

▶ **FALL 6:** A ist wegen Mordes vor Gericht angeklagt. Sein Pflichtverteidiger erscheint erst nach Verlesung der Anklageschrift. ◀

▶ **FALL 7:** A steht in einer Strafsache, die großes öffentliches Interesse erregt hat, vor Gericht. Da der Gerichtssaal verhältnismäßig klein ist, wird die Verhandlung ausnahmsweise im Fernsehen übertragen. ◀

▶ **FALL 8:** Der Angeklagte A ist Ausländer und der deutschen Sprache nicht mächtig. Dennoch wird er angeklagt und die Hauptverhandlung gegen ihn eröffnet, ohne dass die Anklageschrift vor der Hauptverhandlung in eine dem A verständliche Sprache übersetzt worden wäre.[60] ◀

32 **a) Fehlerhafte Besetzung des Gerichts (§ 338 Nr 1):** Dieser absolute Revisionsgrund soll das Recht auf den gesetzlichen Richter (Art. 101 Abs. 1 S. 2 GG, § 16 GVG) sichern.[61] Bei seiner Prüfung ist zunächst zu fragen, ob die evtl. Rüge in der Hauptverhandlung zu Recht zurückgewiesen wurde (Rügepräklusion; vgl. § 222b Abs. 1 S. 1), denn der Einwand einer vorschriftswidrigen Besetzung kann nur bis zum Beginn der ersten Vernehmung des Angeklagten zur Sache erhoben werden, falls die in § 222a Abs. 2 vorgeschriebene Mitteilung der Besetzung erfolgt ist.[62] Ausnahmen von dieser Rügepräklusion sind in § 338 Nr 1a-d normiert. Daneben sind auch Mängel, die sich erst offenbaren, wenn keine Beanstandung mehr möglich ist, nicht präkludiert.[63]

33 Ist die Besetzungsmitteilung nicht vorgeschrieben oder bezieht sich die Besetzungsrüge auf persönliche Mängel des Richters, tritt keine Präklusion ein.[64] In diesem Fall ist das Vorliegen einer fehlerhaften Besetzung zu prüfen. Zu denken ist insoweit vor allem an das Vorliegen eines unrechtmäßigen Geschäftsverteilungsplans (§ 21e GVG), an Fehler bei der Schöffenbesetzung[65] und an eine fehlende Schöffenvereidigung.[66]

34 Hinsichtlich **persönlicher Mängel** ist ein Besetzungsdefizit wegen des Grundsatzes der Mündlichkeit der Verhandlung gegeben, wenn der Richter taub oder stumm ist.[67] Gleiches gilt für die Tatsacheninstanz auch bei einem blinden Richter.[68]

---

60 OLG Hamm StV 2003, 490; weitere Beispiele bei BGH StV 2004, 191; NStZ-RR 2004, 50.
61 Zum Gutachtenaufbau *Titz* JA 2002, 65 (69).
62 Vgl. auch BGH NJW 2003, 2545; StraFo 2007, 59 ff.
63 Vgl. nur *Hamm* Rn 327.
64 *Meyer-Goßner/Schmitt* § 338 Rn 16a.
65 Insbesondere Verstöße gegen §§ 32, 45, 48, 54, 77 GVG.
66 BGH NJW 2003, 2545.
67 LR-*Franke* § 338 Rn 39 ff.; vgl. KK-*Gericke* § 338 Rn 50.
68 BGHSt 34, 236 m. Anm. *Fezer* NStZ 1987, 335; BGH bei *Miebach/Kusch* NStZ 1991, 120 (122); *Meyer-Goßner/Schmitt* § 338 Rn 11; für den Fall, dass der blinde Richter den Vorsitz führt, BGHSt 35, 164; Der BGH bejahte

Der in der Strafprozessordnung verankerte Grundsatz der Unmittelbarkeit erfordert zudem, dass sämtliche Richter – auch Schöffen – der Gerichtssprache deutsch mächtig sind. Ein Verstoß gegen § 338 Nr 1 ist auch dann anzunehmen, wenn dem sprachunkundigen Schöffen ein Dolmetscher zur Verfügung stand.[69] Dass ein Richter schläft oder unaufmerksam ist, führt nur zu einem Besetzungsmangel, wenn sich der Zustand über einen erheblichen Zeitraum erstreckt.[70]

b) **Mitwirkung eines ausgeschlossenen Richters** (§ 338 Nr 2):[71] Die gesetzlichen Ausschlussgründe ergeben sich aus §§ 22, 23, 31, 148a Abs. 2. In **Fall 4** ist R gem. § 22 Nr 2 ausgeschlossen, weshalb die Revision wegen eines Verstoßes gegen §§ 22 Nr 2, 338 Nr 2 begründet ist. Im Verhältnis zu § 338 Nr 1 ist § 338 Nr 2 das speziellere Gesetz.

35

c) **Mitwirkung abgelehnter Richter** (§ 338 Nr 3): Revisionsberechtigt ist hier nur, wer den Richter abgelehnt hat.[72] Die Ablehnungsgründe für Richter[73] ergeben sich aus § 24. Die Begründetheit der Revision setzt voraus, dass der wegen Besorgnis der Befangenheit abgelehnte Richter an dem Urteil (und nicht nur einer vorausgehenden Entscheidung) mitgewirkt hat. Eigentlich wäre gegen den Beschluss, mit dem nach § 28 Abs. 2 das Ablehnungsgesuch als unzulässig oder unbegründet zurückgewiesen wurde, die sofortige Beschwerde das einschlägige Rechtsmittel. Aus Gründen der Prozesswirtschaftlichkeit schließt jedoch § 28 Abs. 2 S. 2 bei einem erkennenden, d.h. in der Hauptverhandlung mitwirkenden Richter, eine selbständige Anfechtbarkeit des Ablehnungsbeschlusses aus und verlagert die Entscheidung in das Revisionsverfahren. Insoweit ist diese Entscheidung nach Beschwerdegrundsätzen zu treffen.[74] Dies bedeutet wiederum, dass die angefochtene Entscheidung auch in tatsächlicher Hinsicht zu überprüfen ist und das Revisionsgericht sein eigenes Ermessen an die Stelle des tatrichterlichen Ermessens setzen darf,[75] nach hM allerdings nur auf der Basis der Tatsachen und Beweismittel zum Zeitpunkt des Ablehnungsbeschlusses.[76]

36

d) **Unzuständigkeit des Gerichts** (§ 338 Nr 4): Während die sachliche Unzuständigkeit gem. § 6 als Verfahrenshindernis von Amts wegen zu prüfen ist,[77] sind die örtliche und funktionelle Unzuständigkeit geltend zu machen.[78] Allerdings ist insoweit eine mögliche Rügepräklusion nach §§ 6a S. 3, 16 S. 3 zu beachten.

37

Zwischen Erwachsenengerichten und Jugendgerichten besteht kein „sachlicher" Unterschied.[79] Insoweit ist es kein Verfahrenshindernis, wenn sich – wie in **Fall 5** – erst im Nachhinein das wahre Alter des Angeklagten herausstellt. Vielmehr liegt im Verstoß gegen die funktionelle Zuständigkeit des Jugendgerichts (§§ 33 ff., 39 ff. JGG) ein ab-

38

(früher) hier jedoch einen Besetzungsmangel nur, wenn in der Verhandlung ein Augenscheinsbeweis erhoben wurde, BGHSt 4, 191 (193 f.); 11, 74 (78); 18, 51 (53 ff.).
69 BGH StV 2011, 526; siehe auch § 33 Nr 5 GVG.
70 *Meyer-Goßner/Schmitt* § 338 Rn 14; *Titz* JA 2002, 65 (69 Fn 27).
71 Mit Beispielen aus der Praxis BeckOK-*Wiedner* § 338 Rn 56 ff.
72 *Joecks* § 338 Rn 15; *Meyer-Goßner/Schmitt* § 338 Rn 24.
73 Zur Revision bzgl. eines befangenen Staatsanwalts vgl. § 5 Rn 18 ff. (22.).
74 BGHSt 18, 200 (203); 27, 96 (98); BGH StV 1988, 417; ausf. BeckOK-*Wiedner* § 338 Rn 53, 63 fff.
75 BGHSt 1, 34 (36); 18, 200 (203); 25, 122 (126).
76 BGHSt 21, 85 (88); BGH NJW 2009, 690; KK-*Gericke* § 338 Rn 59; *Meyer-Goßner/Schmitt* § 338 Rn 27, je mwN; aA (mit bedenkenswerten Argumenten) L/R-*Franke* § 338 Rn 64; BeckOK-*Wiedner* § 338 Rn 64.
77 BGHSt 10, 74 (76).
78 Vgl. auch BGH NStZ 2013, 300.
79 BGHSt 18, 79 (82).

soluter Revisionsgrund gem. § 338 Nr 4.[80] N muss also den Verfahrensfehler bei Einlegung der Revision rügen.

39 e) **Vorschriftswidrige Abwesenheit (§ 338 Nr 5): aa)** Dieser Revisionsgrund greift ein, wenn eine Person abwesend ist, deren Anwesenheit gesetzlich zwingend vorgeschrieben ist. Insbesondere gilt:[81]

40 ■ Vernimmt das Gericht den **Staatsanwalt** als Zeugen und lässt sich der Staatsanwalt während seiner Vernehmung nicht vertreten, so ist das Gebot ununterbrochener Gegenwart gem. § 226 verletzt und es liegt der absolute Revisionsgrund des § 338 Nr 5 vor. Denn der Staatsanwalt kann nicht zugleich Zeuge und Vertreter der StA sein (Grundsatz der Rollentrennung).[82]

41 ■ Vom Grundsatz der Anwesenheitspflicht des **Angeklagten** gem. § 230 macht das Gesetz Ausnahmen in §§ 231 Abs. 2,[83] 231b, 231c, 232, 233, 239, 247, 411 Abs. 2 S. 1. In diesen Fällen ist seine Abwesenheit unschädlich. Der zeitweise Ausschluss des Angeklagten ist nach der ständigen Rechtsprechung des BGH stets durch förmlichen Gerichtsbeschluss, der zu begründen und in Anwesenheit des Angeklagten[84] zu verkünden ist, anzuordnen. Aus der Begründung muss sich zweifelsfrei ergeben, dass das Gericht von zulässigen Erwägungen ausgegangen ist.[85] Die Abwesenheit eines **Mitangeklagten** begründet mangels Beschwer des Revisionsführers die Revision nicht.[86]

42 ■ Das Fehlen des **Verteidigers** ist hier nur relevant bei der notwendigen Verteidigung (§§ 140, 231a Abs. 4). In **Fall 6** ist der Verteidiger gem. § 140 Abs. 1 Nr 1 Alt. 2 und Nr 2 zur Anwesenheit verpflichtet. Auch die Verhandlungsunfähigkeit des Verteidigers gilt, sofern sie beweisbar ist, als Abwesenheit.[87] Wird der notwendige Verteidiger als Zeuge vernommen, so ist er – wie der Staatsanwalt – nach dem Grundsatz der Rollentrennung als abwesend im Sinne von § 338 Nr 5 anzusehen.

43 ■ Ist der Angeklagte der **deutschen Sprache nicht mächtig**, so ist selbst die nur zeitweise Abwesenheit des **Dolmetschers** ein absoluter Revisionsgrund.[88] Wegen des Grundsatzes der Rollentrennung gilt auch der Dolmetscher als abwesend, wenn er als Zeuge vernommen wird.

Bei nur **beschränkten Sprachkenntnissen** des Angeklagten kann die Abwesenheit des Dolmetschers allenfalls einen relativen Revisionsgrund darstellen, an den der BGH zudem hohe Anforderungen stellt.[89]

44 **bb)** Notwendig ist, dass ein zur Anwesenheit verpflichteter Prozessbeteiligter für einen **wesentlichen Teil der Hauptverhandlung** abwesend war.[90] Zu den wesentlichen Teilen zählen:[91]

---

80 *Hamm* Rn 395; *Meyer-Goßner/Schmitt* § 338 Rn 34.
81 Übersichtlich zu weiteren Konstellationen nur BeckOK-*Wiedner* § 338 Rn 102 ff.
82 Zum Staatsanwalt als Zeugen § 21 Rn 10 ff.; ferner OLG Düsseldorf JMBlNW 1991, 23.
83 BGHSt 56, 298 (306 ff.); BGH NStZ 2010, 585; *Eisenberg* NStZ 2012, 63; *Mosbacher* JuS 2012, 134 (136 f.).
84 BGH NStZ-RR 2015, 51.
85 BGH NStZ 1999, 419 (420); 2002, 44 (45); StV 2003, 373.
86 *Dahs* Rn 181.
87 *Dahs* Rn 180, 188.
88 BeckOK-*Wiedner* § 338 Rn 133; *Vollmer/Heidrich* Rn 626; vgl. auch BVerfG NJW 1983, 2762; BGH NStZ 2002, 275 (276).
89 BGH MDR 1991, 1025; NStZ 2002, 275 (276); *Sander* NStZ-RR 2003, 33 (39); *Vollmer/Heidrich* Rn 626.
90 *Beulke/Swoboda* Rn 566; krit. *Hamm* Rn 404.
91 Vgl. auch *Dahs* Rn 187; KK-*Gericke* § 338 Rn 74; *Meyer-Goßner/Schmitt* § 338 Rn 37 f.

- Die Verlesung des Anklagesatzes.[92] Umstritten ist, ob der notwendige Verteidiger bei einem wesentlichen Teil der Hauptverhandlung abwesend war, wenn er erst bei Verlesung der Anklageschrift erscheint. Großzügig wird teils ein Verstoß abgelehnt, da die persönlichen Daten und auch die Anklage dem Verteidiger bekannt seien. Überzeugender ist es, einen Verstoß anzunehmen. Denn bestimmte Rügen müssen vor Verlesung der Anklageschrift erhoben werden (z.B. die Rüge der fehlerhaften Besetzung gem. § 222b oder der Einwand des § 6a). In **Fall 6** wäre deshalb der absolute Revisionsgrund des § 338 Nr 5 gegeben. Ferner
- die Beweisaufnahme;[93]
- die Vernehmung des Mitangeklagten;
- die Zeugenvereidigung;
- die Verhandlung über die Entlassung eines in Abwesenheit des Angeklagten vernommenen Zeugen;[94]
- die Verhandlung über die Abtrennung des Verfahrens;[95]
- die Schlussvorträge;
- die Verlesung der Urteilsformel.

Beispielhaft für einen **unwesentlichen Teil** der Hauptverhandlung ist die Verlesung des Urteils der ersten Instanz im Berufungsverfahren.[96]

cc) Die Abwesenheit von **Richtern und Schöffen** richtet sich – als lex specialis – nach § 338 Nr 1. Gleiches gilt für Richter, die wegen eines Besetzungsfehlers als „abwesend" anzusehen sind. Insoweit ist ggf. eine Besetzungsrüge erforderlich.[97]

f) **Einschränkung der Öffentlichkeit (§ 338 Nr 6):** Der absolute Revisionsgrund greift ein, wenn die Öffentlichkeit durch einen Verstoß gegen § 169 S. 1 GVG eingeschränkt wurde. Deshalb liegt nach der Rechtsprechung nur ein relativer Revisionsgrund nach § 337 vor, wenn – wie in **Fall 7** – die Öffentlichkeit unzulässig erweitert wurde (§ 169 S. 2 GVG).[98]

Ungeschriebenes Tatbestandsmerkmal von § 338 Nr 6 ist ein **Verschulden des Gerichts**.[99]
Ist der Ausschluss der Öffentlichkeit durch ein Verschulden nachgeordneter Beschäftigter des Justizdienstes bedingt (der Wachtmeister hat z.B. vergessen, die Tür zum Zuhörersaal aufzuschließen), kommt es darauf an, ob und inwieweit das Gericht eigene **Weisungs- oder Aufsichtspflichten** verletzt hat.[100]
Im Übrigen kann der Ausschluss der Öffentlichkeit durch besondere Regelungen **gerechtfertigt** sein (z.B. § 174 GVG).

---

92 BGHSt 9, 243 (244).
93 Vgl. BGH NStZ 2001, 262 (263).
94 BGHSt 55, 87 (92): Die währenddessen fortdauernde Abwesenheit des nach § 247 S. 1 oder 2 StPO entfernten Angeklagten begründet regelmäßig § 338 Nr 5.
95 BGH StraFo 2010, 339.
96 BGH NStZ 1987, 135 (136).
97 *Dahs* Rn 175; *Hamm* Rn 318 ff.
98 RGSt 70, 109 (112); BGHSt 10, 202 (206 f.); BGH NStZ 1994, 230; *Dahs* Rn 209: Geltendmachung im Wege der Aufklärungsrüge; aA *Beulke/Swoboda* Rn 576; *Ranft* Jura 1995, 573 (579); *Roxin* JZ 1968, 803 (805 f.): absoluter Revisionsgrund nach § 338 Nr 6.
99 BGHSt 21, 72 (74); *Dahs* Rn 199; *Hilger* NStZ 1983, 337 (341 f.); *Meyer-Goßner/Schmitt* § 338 Rn 49 f.; *Titz* JA 2002, 65 (70); BeckOK-*Wiedner* § 338 Rn 147 mwN.
100 BeckOK-*Wiedner* § 338 Rn 147.

49 **g) Fehlen der Urteilsgründe und Fristüberschreitung (§ 338 Nr 7):** Seinem Wortlaut nach bezieht sich dieser Revisionsgrund auf ein vollständiges Fehlen der schriftlichen Urteilsgründe. Sind die Urteilsgründe nur **unvollständig**, ist § 338 Nr 7 nur einschlägig, wenn die fehlenden Teile einen abtrennbaren Tatvorwurf betreffen, sonst greift die Sachrüge ein.[101]
Auch greift Nr 7 ein, wenn die Gründe abhanden kommen und auch nicht rekonstruiert werden können.[102]
Einen absoluten Revisionsgrund stellt ferner die Nichteinhaltung der **Frist** nach § 275 Abs. 1 S. 2 dar,[103] sofern dies nicht nach § 275 Abs. 1 S. 4 entschuldigt ist. Eine Rechtfertigung der Fristüberschreitung wegen **Arbeitsüberlastung** des Gerichts kommt nicht in Betracht.[104]
Nr 7 ist zudem bei unterlassenem **Verhinderungsvermerk** einschlägig.[105]

50 **h) Beschränkung der Verteidigung (§ 338 Nr 8):** Die hM[106] interpretiert § 338 Nr 8 nicht als absoluten Revisionsgrund, sondern sieht in ihm einen **Auffangtatbestand**, der eine Brücke zu den relativen Revisionsgründen bildet. Schon nach dem Wortlaut muss ein „für die Entscheidung wesentlicher Punkt"[107] betroffen sein. Dies ist aber nur der Fall, wenn das Urteil auf der Verfahrensverletzung beruht oder beruhen kann. Die bloß generelle bzw. abstrakte Möglichkeit genügt hierfür nicht.[108] Vielmehr muss ein **konkret-kausaler Zusammenhang** zwischen dem Verfahrensverstoß und dem Urteil bestehen.[109]

51 Eine unzulässige Beschränkung der Verteidigung ist gegeben bei einem Verstoß gegen besondere Rechtsnormen oder allgemeine Verfahrensgrundsätze, die das Recht auf Verteidigung schützen.[110] Einschlägig sind z.B. eine Missachtung des Fairness-Grundsatzes oder der gerichtlichen Fürsorgepflicht.[111]
Hinsichtlich der „Beschränkung der Verteidigung" muss bereits in der Hauptverhandlung ein gerichtlicher Beschluss herbeigeführt worden sein (§ 238 Abs. 2), da sonst die Rüge **präkludiert** ist.[112] In **Fall 8** muss also A (bzw. sein Verteidiger), um die Möglichkeit einer erfolgreichen Revisionsrüge wegen Verstoßes gegen den Fairness-Grundsatz i.V.m. § 338 Nr 8 zu erhalten, die Nichtübersetzung der Anklageschrift nach § 238 Abs. 2 in der Hauptverhandlung beanstanden.

6. Sachrügen

▶ **FALL 9:** A wird vom LG wegen Diebstahls gem. § 242 StGB zu sechs Jahren Freiheitsstrafe verurteilt. Gegen dieses Urteil legt er wegen der Verletzung materiellen Rechts form- und fristgerecht Revision ein. ◀

---

101 *Hamm* Rn 476; *Meyer-Goßner/Schmitt* § 338 Rn 53; *BeckOK-Wiedner* § 338 Rn 168.
102 RGSt 54, 101 f.; *Dahs* Rn 212; *Lintz* JR 1997, 127 (128); *Meyer-Goßner/Schmitt* § 338 Rn 53.
103 Näher *Hamm* Rn 473 ff.
104 BGH wistra 2003, 311.
105 BGH NStZ-RR 2003, 85.
106 Vgl. nur *Dahs* Rn 216; *L/R-Franke* § 338 Rn 128; *KK-Gericke* § 338 Rn 100; vgl. a. BGH NJW 1970, 1197.
107 BGH NStZ 1996, 454.
108 So aber *Hamm* Rn 495; *Schlüchter* Rn 743.
109 Vgl. nur BGH NStZ 2000, 212 (213); NStZ-RR 2004, 50; *KK-Gericke* § 338 Rn 101 mwN.
110 Zur Kollision des Beschleunigungsgebotes mit der freien Verteidigerwahl BGH NStZ-RR 2007, 149; *Beukelmann* NJW-Spezial 2007, 279.
111 Umf. Kasuistik bei *KK-Gericke* § 338 Rn 101 und *BeckOK-Wiedner* § 338 Rn 182 ff.
112 *BeckOK-Wiedner* § 338 Rn 180.

a) **Inhalt:** Bei Erhebung der allgemeinen Sachrüge wird die Verletzung materiellen Rechts behauptet. Es werden also Fehler gerügt, die sich erst und ausschließlich **im Urteil selbst** zeigen.[113] Der Akteninhalt ist keine taugliche Erkenntnisquelle. Ebenso sind Widersprüche von Hauptverhandlungsprotokoll oder anliegenden Schriftstücken zu den Urteilsgründen unbeachtlich. Eng begrenzte Ausnahmen bestehen im Hinblick auf allgemeinkundige Tatsachen und Erfahrungssätze. Hier darf das Gericht wissenschaftliche Publikationen heranziehen oder Sachverständigengutachten einholen.[114]

Beispielhaft für Sachrügen sind insbesondere:

- **Fehler in der Begründung,** namentlich Lücken in der Darstellung, die Verletzung des Grundsatzes *in dubio pro reo*, Verstöße gegen Denkgesetze sowie Verstöße gegen Erfahrungssätze; das Gericht wendet z.B. einen bestehenden Erfahrungssatz nicht oder falsch an;[115]
- **Fehler, Lücken oder Widersprüche**[116] **in der Beweiswürdigung.** Gerügt werden kann immer nur der Weg der Beweiswürdigung, nicht aber ihr Ergebnis. Denn das Revisionsgericht kann die Beweiswürdigung des Ausgangsgerichts nicht durch eine eigene ersetzen;[117]
- **Subsumtions- und Rechtsanwendungsfehler;**[118]
- **Missachtung offenkundiger Tatsachen;**
- **Fehler beim Strafmaß.** Diese liegen vor, wenn der falsche Strafrahmen angewendet wird oder minder oder besonders schwere Fälle verkannt werden. In **Fall 9** wurde der gesetzliche Strafrahmen des § 242 StGB von Geldstrafe oder Freiheitsstrafe bis zu fünf Jahren überschritten, weshalb die Rüge sachlichen Rechts und somit die Revision des A insgesamt Aussicht auf Erfolg hat;
- **Fehler bei der Strafzumessung.**[119] Die Grundsätze dazu finden sich in § 46 StGB. Das Augenmerk ist hier auf Abwägungsfehler oder auf Verstöße gegen das Doppelverwertungsverbot des § 46 Abs. 3 StGB zu richten. Ein Fehler in der Abwägung liegt z.B. vor, wenn zulasten des Angeklagten Vorstrafen berücksichtigt werden, die lange zurückliegen und gem. §§ 45 ff. BZRG bereits tilgungsreif, aber noch nicht getilgt sind;
- **Missachtung des Verbotes der reformatio in peius** (§ 358 Abs. 2).

b) **Erfolg der Sachrüge:** Die Erhebung der Sachrüge hat Erfolg, wenn das Urteil selbst rechtlich fehlerhaft ist (§ 337). Das Beruhen bedarf hier keiner weiteren Prüfung: Weist das Urteil einen inhaltlichen Rechtsfehler auf, so beruht es auch auf diesem Fehler.

IV. Gerichtliche Entscheidungsmöglichkeiten

Das Gericht entscheidet über die Revision entweder durch **Beschluss** außerhalb der Hauptverhandlung (§ 349 Abs. 1-4) oder durch **Urteil** nach der Hauptverhandlung (§§ 353 ff.). Möglich ist auch eine Einstellung gem. §§ 153 ff., wozu das Gericht in je-

---

113 Vgl. nur *Beulke/Swoboda* Rn 567; KK-*Gericke* § 337 Rn 27.
114 *Vollmer/Heidrich* Rn 640.
115 Ausf. HK-*Temming* § 337 Rn 16.
116 Dazu BGH JR 2007, 127 f. m. Anm. *Deckers*; HRRS 2011 Nr 167; BayObLG DAR 2002, 38 f.
117 BGH NJW 1957, 1039.
118 Mit Beispielen HK-*Temming* § 337 Rn 18.
119 Näher BGH NStZ-RR 2003, 52; *Hamm* Rn 1324 ff.

der Lage des Revisionsverfahrens befugt ist.[120] Bei Verfahrenshindernissen stellt das Gericht gem. §§ 206a Abs. 1, 260 Abs. 3, 354 Abs. 1 ein. Im Einzelnen gilt:

1. Beschluss

56 a) **Verwerfung als unzulässig:** Unter den Voraussetzungen der §§ 346 oder 349 Abs. 1 kann das Revisionsgericht die Revision durch Beschluss als unzulässig verwerfen. Praktisch bedeutsam ist dies für den Fall, dass weder die Sach- noch die Verfahrensrüge ordnungsgemäß erhoben wurden.

57 b) **Einstellung:** Schon vor oder in der Hauptverhandlung kann das Revisionsgericht eine Einstellung gem. § 206a Abs. 1 beschließen. Ferner besteht für das Gericht die Möglichkeit, das Verfahren z.B. nach §§ 153 Abs. 2, 154 Abs. 2, 154a Abs. 2 ganz oder teilweise einzustellen.

58 c) **Verweisung:** Ist das Revisionsgericht sachlich unzuständig, kann es auch nach § 348 Abs. 1 seine Unzuständigkeit feststellen und die Sache an das zuständige Revisionsgericht verweisen.

59 d) **Entscheidung über die Begründetheit:** Unter den Voraussetzungen des § 349 Abs. 2 kann das Revisionsgericht – auf begründeten Antrag der StA hin – außerhalb der Hauptverhandlung die Revision durch Beschluss als offensichtlich unbegründet zurückweisen.[121]

60 e) **Urteilsaufhebung durch Beschluss:** Gem. § 349 Abs. 4 kann das Gericht das Urteil durch Beschluss aufheben, wenn es zugunsten des Angeklagten die Revision einstimmig für begründet hält.

61 f) **Entscheidung nach Rücknahme der Revision:** Wird die Revision zurückgenommen, muss das Revisionsgericht nur über die Kosten entscheiden (§ 473 Abs. 1). Darüber hinaus kann es auch noch im Tenor feststellen, dass die Revision wirksam zurückgenommen wurde.[122]

2. Urteil

62 Entscheidet das Revisionsgericht nicht durch Beschluss, so führt es eine Hauptverhandlung durch (§§ 350, 351). Die verschiedenen Entscheidungsmöglichkeiten des Gerichts durch Urteil bestimmen sich nach §§ 353 ff.:

63
- Bei Zulässigkeit, aber **fehlender Prozessvoraussetzung** ist das Verfahren durch Urteil einzustellen (§ 260 Abs. 3).[123]
- Die (zulässige) Revision wird als **unbegründet** zurückgewiesen, wenn das Revisionsgericht das angefochtene Urteil für rechtsfehlerfrei hält.
- Das angefochtene Urteil wird **aufgehoben**, wenn die Revision begründet ist (§ 353 Abs. 1). Außerdem werden die dem Urteil zugrunde liegenden tatsächlichen Feststellungen aufgehoben, soweit sie von der Gesetzesverletzung betroffen sind (§ 353 Abs. 2). In der Regel erfolgt auch die Zurückverweisung der Sache zur erneuten Entscheidung an die Vorinstanz (§ 354 Abs. 2), und zwar an einen anderen Spruch-

---

120 Mit Ausnahme von § 153a.
121 Zur Verfassungsmäßigkeit solcher ohne mündliche Verhandlung und regelmäßig auch ohne Begründung ergehender Beschlüsse, BVerfG NJW 2014, 2563; krit. *Barton* Kühne-FS 139 ff.
122 BGH wistra 2000, 391.
123 *Beulke/Swoboda* Rn 572.

körper desselben Gerichts oder an ein anderes Gericht gleicher Ordnung. Das Untergericht ist hinsichtlich der Aufhebungsgründe an die rechtliche Beurteilung des Revisionsgerichts gebunden (§ 358 Abs. 1).
- In den gesetzlich genannten Ausnahmefällen (§ 354 Abs. 1 – Abs. 1b) kann das Revisionsgericht selbst die **Sachentscheidung** treffen.[124]
Möglich ist auch eine Aufhebung des Urteils bei gleichzeitiger Schuldspruchberichtigung (§ 354 Abs. 1 analog),[125] ohne dass die tatsächlichen Feststellungen mit aufgehoben werden.

V. Nebenklägerrevision

Der Nebenkläger kann nach § 400 Abs. 1 nur bezüglich Nebenklagedelikten Revision erheben. Dies gilt auch, wenn ein Nebenklagedelikt mit einem anderen Delikt, das nicht zur Nebenklage berechtigt, in Tateinheit steht.[126] In der Regel genügt daher für den Nebenkläger die Erhebung der allgemeinen Sachrüge nicht. Der Nebenkläger muss vielmehr darlegen, welche nebenklagefähige Rechtsverletzung gerügt wird.[127]
Ferner kann der Nebenkläger lediglich zuungunsten des Angeklagten Revision einlegen; § 296 Abs. 2 gilt für ihn nicht.[128]
Zudem ist § 339 auf den Nebenkläger entsprechend anwendbar. Der Nebenkläger kann also die Revision nicht auf Rechtsnormen stützen, die nur dem Schutz des Angeklagten dienen.

64

VI. Revisionserstreckung auf Mitverurteilte

Wird das Urteil durch das Revisionsgericht **zugunsten** des Angeklagten aufgehoben, so erstreckt sich dies gemäß § 357 auch auf Mitangeklagte, die trotz Verurteilung selbst keine Revision eingelegt haben, wenn

65

- der Mitangeklagte durch dasselbe Urteil verurteilt wurde,
- es sich um dieselbe Tat im prozessualen Sinne handelt und
- die Revision wegen sachlich-rechtlicher Fehler erfolgreich war[129] oder eine von Amts wegen zu beachtende Verfahrensvoraussetzung fehlt, die auch für den Mitangeklagten von Bedeutung sein kann.[130]

Der Mitangeklagte wird unter den genannten Voraussetzungen so behandelt, als hätte er selbst Revision eingelegt, um Ungleichheiten bei der Aburteilung mehrerer Mitangeklagter zu vermeiden. Insoweit tritt eine nachträgliche **Rechtskraftdurchbrechung** ein.[131]

66

---

124 Zu den Erweiterungen der Sachentscheidungsmöglichkeiten durch die Regelungen des § 354 Abs. 1a, Abs. 1b: *Frisch* StV 2006, 431 ff.; *Ignor* Dahs-FS 281 ff.; *Senge* Dahs-FS 475 ff.; *ders.* StraFo 2006, 309 ff.; krit. *Leipold* StraFo 2006, 305 ff.
125 *Meyer-Goßner/Schmitt* § 354 Rn 12 ff.; SK-*Wohlers* § 354 Rn 21 f.; krit. *Beulke* Schöch-FS 963.
126 BGHSt 43, 15 ff.
127 Vgl. BGH bei *Miebach* NStZ 1989, 221; *Meyer-Goßner/Schmitt* § 400 Rn 6 mwN.
128 BGHSt 37, 136 f.
129 Dies wird auch angenommen, wenn gegen den nicht revidierenden Mitangeklagten lediglich ein nach § 267 Abs. 4 abgekürztes Urteil ergangen ist, BGH StraFo 2014, 24 f; *Meyer-Goßner/Schmitt* § 357 Rn 8.
130 BGHSt 10, 137 (141).
131 *Beulke/Swoboda* Rn 575; *Meyer-Goßner/Schmitt* § 357 Rn 1.

VII. Bindungswirkung und Verschlechterungsverbot

67 Bei Zurückverweisung ist das nunmehr zur Entscheidung berufene Gericht an die rechtliche Bewertung des Revisionsgerichts gebunden (§ 358 Abs. 1). Die Bindungswirkung entfällt lediglich dann, wenn die erneute Hauptverhandlung zu einer wesentlichen Veränderung der Entscheidungsgrundlage geführt hat.[132]

68 Unter den Voraussetzungen des § 358 Abs. 2 gilt ferner das **Verschlechterungsverbot**. Dies ist allerdings **auf die Rechtsfolgen beschränkt**. Materiell ist es zulässig, den Schuldspruch z.B. von einfacher (§ 223 StGB) auf gefährliche Körperverletzung (§ 224 StGB) zu ändern.

69 **WIEDERHOLUNGS- UND VERTIEFUNGSFRAGEN**

> - Wann ist die Revision statthaft? (Rn 2 ff.)
> - Worauf bezieht sich die Begründetheit der Revision? (Rn 13 f.)
> - Zwischen welchen Arten von Revisionsgründen ist bei Verfahrensfehlern zu differenzieren und worin liegt der Unterschied? (Rn 17 ff.)
> - Auf welche Fehler bezieht sich die Sachrüge und wo müssen sie sich zeigen? (Rn 52)
> - Welche Entscheidungsmöglichkeiten hat das Revisionsgericht? (Rn 55 ff.)
> - Welche Besonderheiten gelten für die Nebenklägerrevision? (Rn 64)
> - In welchem Umfang gilt bei der Revision das Verschlechterungsverbot? (Rn 68)

---

132 KG NStZ-RR 2010, 346.

§ 32 Beschwerde

I. Allgemeines

Mit der Beschwerde wird die **Aufhebung oder Vornahme einer Entscheidung** begehrt. Sie hat die Überprüfung der angegriffenen Entscheidung in rechtlicher und tatsächlicher Hinsicht zum Gegenstand. Teilanfechtung, (Teil-)Rücknahme und Verzicht sind entsprechend den allgemeinen Regeln möglich.[1] Nach ganz hM gilt im Beschwerdeverfahren mangels gesetzlicher Regelung das Verbot der *reformatio in peius* nicht.[2]

Die Beschwerde entfaltet als Rechtsmittel zwar einen **Devolutiveffekt**, aber – anders als Berufung und Revision – **grds. keinen Suspensiveffekt** (§ 307 Abs. 1). Dazu gilt allerdings folgendes:

- In bestimmten **Ausnahmefällen** ordnet schon das **Gesetz** die aufschiebende Wirkung einer Beschwerde an.[3]
- Ferner hat die Beschwerde **in entsprechender Anwendung des § 449** auch dann ausnahmsweise aufschiebende Wirkung, wenn die Vollstreckung eines Strafurteils oder eines über Rechtsfolgen abschließend entscheidenden Beschlusses vom Ergebnis der Beschwerde abhängt.[4]
- Schließlich kann der Suspensiveffekt gem. § 307 Abs. 2 **vom Richter angeordnet** werden (im Vergleich zu den speziellen gesetzlichen Regelungen, die den Suspensiveffekt ausdrücklich vorsehen, ist die Vorschrift subsidiär).

Zu unterscheiden sind

- die **einfache** (fristlose) Beschwerde (§ 304),
- die **sofortige** (befristete) Beschwerde (§ 311) und
- die **weitere** Beschwerde (§ 310).

II. Zulässigkeit der (einfachen) Beschwerde

Die einfache Beschwerde hat folgende Zulässigkeitsvoraussetzungen:[5]

- Zuständigkeit
- Statthaftigkeit, kein Ausschluss
- Beschwerdebefugnis
- Schriftform oder Protokollierung

1. Zuständigkeit

Zuständiges Beschwerdegericht ist das LG (große Strafkammer) gem. §§ 73 Abs. 1, 74a Abs. 3, 74b, 76 Abs. 1 GVG,[6] das OLG gem. §§ 120 Abs. 3, Abs. 4, 121 Abs. 1 Nr 2 GVG und der BGH gem. § 135 Abs. 2 GVG.

---

1 Vgl. §§ 318, 344 Abs. 1.
2 *Bloy* JuS 1986, 585 (589); *Schlüchter* Rn 663; *Beulke/Swoboda* n 577; aA *Wittschier*, Das Verbot der reformatio in peius im strafrechtlichen Beschlussverfahren, 1985, 185 ff.; s.a. BVErfG wistra 2006, 57.
3 Z.B. in §§ 81 IV S. 2, 231a Abs. 3 S. 3 HS 2, 454 Abs. 3 S. 2, 462 Abs. 3 S. 2 StPO; § 181 Abs. 2 HS 2 GVG.
4 OLG Karlsruhe NJW 1964, 1085 (1086); LR-*Matt* § 307 Rn 3; KK-*Zabeck* § 307 Rn 1.
5 Allgemein zur Zulässigkeitsprüfung von Rechtsmitteln § 28 Rn 12 ff.
6 OLG Köln StV 1993, 464 f.

2. Statthaftigkeit

▶ **FALL 1:** A ist wegen Mordes angeklagt. Das zuständige LG fordert die A zu einer Erklärung über die Anklageschrift auf, ohne eine Pflichtverteidigung anzuordnen. A möchte gern, dass sie Rechtsanwalt R verteidigt. ◀

▶ **FALL 2:** B ist vor dem Strafrichter beim AG (§§ 24, 25 GVG) wegen Diebstahls angeklagt. Er beantragt, den mit ihm nicht verwandten oder verschwägerten Z als Zeugen zu vernehmen, um zu beweisen, dass er zur Tatzeit mit Z zusammen gewesen sei. Das Gericht lehnt die Vernehmung durch Beschluss ab, weil Z ein ungeeignetes Beweismittel sei; auf telefonische Nachfrage des Gerichts habe Z geäußert, nicht aussagen zu wollen. ◀

6 a) **Grundsatz:** Die Beschwerde ist grds. statthaft

- gegen **Beschlüsse** des Gerichts im erstinstanzlichen Verfahren und im Berufungsverfahren sowie
- gegen **Verfügungen** des Vorsitzenden, des Richters im Vorverfahren und des beauftragten oder ersuchten Richters (§ 304 Abs. 1).

In bestimmten Fällen ist die Beschwerde auch gegen **Urteilsteile** gem. § 464 Abs. 3 S. 1 HS 1 StPO, § 8 Abs. 3 S. 1 StrEG und § 28 Abs. 2 i.V.m. § 338 Nr 3 möglich.
Nicht statthaft ist die Beschwerde jedoch gegen Verfügungen des StA oder gegen Justizverwaltungsakte; diese sind keine gerichtlichen Entscheidungen.[7]

7 Die Beschwerde kann sich auch gegen ein **Unterlassen** richten, sofern im Unterlassen eine Stellungnahme des Gerichts in der Sache selbst oder eine stillschweigende Ablehnung zum Ausdruck kommt.[8] Dies setzt wiederum voraus, dass das Unterlassen nicht nur eine Verzögerung der zu treffenden Entscheidung darstellt.[9] In **Fall 1** ist eine Beschwerde gegen die unterlassene Verfügung des Gerichts statthaft, da dem Angeklagten gem. §§ 140 Abs. 1 Nr 1 und 2, 141 ein Verteidiger zu bestellen ist, sobald er zu einer Erklärung über die Anklageschrift aufgefordert wird. Ein reiner „Untätigkeitsbehelf" ist der StPO dagegen nach überwiegender Ansicht fremd.[10] Auch eine analoge Anwendung von § 304 bzw. § 310 als „außerordentlicher Rechtsbehelf wegen greifbarer Gesetzeswidrigkeit" ist im Strafverfahren nicht anerkannt.[11]

8 b) **Unstatthaftigkeit:** Die Beschwerde ist nicht statthaft, wenn gem. § 304 Abs. 1 letzter HS das Gesetz ausdrücklich eine gerichtliche Entscheidung der Anfechtung entzieht. Dies ist u.a. in §§ 28 Abs. 1, 81c Abs. 3 S. 4, 100 Abs. 3 S. 3; 247a Abs. 1 S. 2, Abs. 3; 305 S. 1, 310 Abs. 2, 348 Abs. 2 StPO oder §§ 41 S. 4, 52 Abs. 4, 53 Abs. 2 S. 2 GVG **immer** der Fall.
Bisweilen gilt der Ausschluss nur **teilweise** oder für bestimmte Verfahrensbeteiligte, so u.a. in §§ 210 Abs. 1 und 2, 270 Abs. 3 S. 2, 372 S. 2.
Schließlich ist neben dem Haftprüfungsantrag die Beschwerde ausgeschlossen (§ 117 Abs. 2 S. 1).

---

7 Vgl. LR-*Matt* Vor § 304 Rn 41 ff.; R/H-*Merz* § 304 Rn 1.
8 *KK-Zabeck* § 304 Rn 3.
9 OLG Frankfurt NJW 2002, 453; NJW 2002, 454; NStZ-RR 2002, 188 (189).
10 LG Stuttgart NStZ-RR 2003, 284; LR-*Matt* § 304 Rn 7 ff.; R/H-*Merz* § 304 Rn 1; *Meyer-Goßner/Schmitt* § 304 Rn 3; *Pfeiffer* § 304 Rn 2; KMR-*Plöd* § 304 Rn 2; KK-*Zabeck* § 304 Rn 3; aA OLG Braunschweig StraFo 1996, 59 m. zust. Anm. *Stern*: lang andauernde (hier zweijährige) Nichtterminierung.
11 BGHSt 45, 37 (38); BGH NJW 1999, 2290; *Meyer-Goßner/Schmitt* § 304 Rn 4a; anders im Zivilprozess BGHZ 109, 41 (43).

Unzulässig sind gem. § 304 Abs. 4 S. 1 Beschwerden gegen Beschlüsse und Verfügungen des **BGH**, mit Ausnahme der in § 304 Abs. 5 genannten Entscheidungen seines Ermittlungsrichters.
Dies gilt im Grundsatz auch für Beschlüsse und Verfügungen des **OLG** (§ 304 Abs. 4 S. 2 HS 1). Jedoch zählt § 304 Abs. 4 S. 2 Nr 1–5, Abs. 5 abschließend eine Reihe von Beschwerdemöglichkeiten für den Fall auf, dass das OLG im ersten Rechtszug entscheidet.

c) **Ausschluss nach § 305: aa)** Ferner unterliegen Entscheidungen der erkennenden Gerichte, die der **Urteilsfällung vorausgehen**, nicht der Beschwerde (§ 305 S. 1). Dadurch sollen Entscheidungen, die in einem inneren sachlichen Zusammenhang mit der Urteilsfällung stehen und sie vorbereiten, erst im Rahmen einer Berufung oder Revision überprüft werden können und Verfahrensverzögerungen im Zwischen- und Hauptverfahren vermieden und die einheitliche Bewertung eines Entscheidungsprozesses sichergestellt werden.[12]

In **Fall 2** ergeht die Zeugenablehnung des Z zwar gem. § 244 Abs. 6 durch gerichtlichen Beschluss, und gegen Beschlüsse ist grds. die Beschwerde das statthafte Rechtsmittel. Doch geht hier die Ablehnung des Beweisantrags durch das erkennende Gericht der Urteilsfindung unmittelbar voraus, womit die Beschwerde nach § 305 S. 1 ausgeschlossen ist.

bb) Vom Ausschluss **ausgenommen** sind gem. § 305 S. 2 Entscheidungen über Verhaftungen, einstweilige Unterbringung, Beschlagnahmen, vorläufige Entziehung der Fahrerlaubnis, vorläufiges Berufsverbot oder Festsetzungen von Ordnungs- oder Zwangsmitteln sowie alle Entscheidungen, durch die Dritte betroffen werden.

Vom Grundsatz der Unzulässigkeit der Beschwerde ist ferner eine Ausnahme zu machen, wenn die fragliche Entscheidung eine **besondere selbständige Beschwer**, insb. durch Grundrechtseingriffe, für den Prozessbeteiligten bewirkt.[13]
Dies gilt insbesondere beim Unterlassen oder bei der Ablehnung einer **Pflichtverteidigerbestellung**, und zwar auch dann, wenn nur der Vorsitzende entschieden hat oder der Ablehnungsbeschluss in der Hauptverhandlung ergangen ist.[14] Gleiches gilt, wenn ein Pflichtverteidiger ohne Anhörung des Beschuldigten (§ 142 Abs. 1 S. 1) beigeordnet wird.[15]

3. Beschwerdebefugnis

Die Befugnis zur Beschwerde setzt notwendig die Geltendmachung einer **Beschwer** des Beschwerdeführers durch die angegriffene Maßnahme voraus (§ 304 Abs. 1, 2).[16] Jedoch ist der **Kreis der zur Beschwerde Befugten** größer als bei Berufung und Revision; befugt sind neben dem Beschuldigten, der StA und dem Nebenkläger auch Zeugen, Sachverständige sowie sonstige Personen, die durch die richterliche Entscheidung in der Wahrnehmung ihrer geschützten Rechte und Interessen beschränkt werden (§ 304

---

12 *Meyer-Goßner/Schmitt* § 305 Rn 1; MK-*Neuheuser* § 305 Rn 1.
13 OLG Karlsruhe StV 1991, 509 f.; LG Oldenburg StV 2010, 479; SK-*Frisch* § 305 Rn 19; MK-*Neuheuser* § 305 Rn 23 mwN.
14 OLG Köln NStZ 1991, 248 (249); OLG Düsseldorf StV 2001, 609; SK-*Frisch* § 305 Rn 23; MK-*Neuheuser* § 305 Rn 23; KMR-*Plöd* § 305 Rn 5, je mwN; aA OLG Koblenz NStZ-RR 1996, 206 f.
15 OLG Düsseldorf StV 1995, 118; OLG Stuttgart StV 2014, 11; MK-*Neuheuser* § 305 Rn 26.
16 *Meyer-Goßner/Schmitt* § 304 Rn 6.

Abs. 2).[17] In **Fall 1** kann Rechtsanwalt R selbst keine zulässige Beschwerde einlegen, da er keinen Anspruch auf eine Beiordnung als Pflichtverteidiger hat.[18] Dagegen ist A durch die unterlassene Pflichtverteidigerbestellung beschwert.

4. Form und Frist

14 Die Beschwerde ist bei dem Gericht, das die angefochtene Entscheidung erlassen hat (*iudex a quo*), **schriftlich** oder zu Protokoll der Geschäftsstelle einzulegen (§ 306 Abs. 1). Eine **Begründung** ist **nicht** erforderlich. Die einfache Beschwerde unterliegt – anders als die sofortige Beschwerde (§ 311 Abs. 2) – **keiner Frist**.

III. Verfahren und Entscheidungen

1. Abhilfeverfahren

15 Der Entscheidung über die (einfache) Beschwerde durch das Beschwerdegericht ist gem. § 306 Abs. 2 das Abhilfeverfahren vorgeschaltet. Das bedeutet: Zunächst hat der *iudex a quo* – das Gericht oder der Vorsitzende, dessen Entscheidung angefochten wird – die Beschwerde zu prüfen. Sind neue Tatsachen zu berücksichtigen, ist rechtliches Gehör zu gewähren und nachzuholen. Hält der *iudex a quo* die Beschwerde für begründet, so hilft er ihr ab (§ 306 Abs. 2 HS 1). Die **Abhilfeentscheidung** ergeht in derselben Form wie die durch sie berichtigte Entscheidung; sie bilden gleichsam miteinander eine Einheit.[19]

Für die **Nichtabhilfeentscheidung** genügt ein Aktenvermerk, es sei denn der angefochtene Beschluss wurde nicht begründet und neue erhebliche Tatsachenbehauptungen oder Beweise waren zu berücksichtigen; dann sollte mit einer entsprechenden Begründung dem Beschwerdegericht die Überprüfung erleichtert werden.[20]

2. Vorlage

16 Bei völliger oder teilweiser Nichtabhilfe ist die Beschwerde spätestens vor Ablauf von drei Tagen dem zuständigen **Beschwerdegericht** (*iudex ad quem*) vorzulegen (§ 306 Abs. 2 HS 2). Die Dreitagefrist ist zwar nur eine Sollvorschrift, verpflichtet aber zur beschleunigten Vorlage von Beschwerden beim Rechtsmittelgericht.[21] Auch eine unzulässige Beschwerde darf der erste Richter nicht selbst verwerfen, sondern hat sie dem Beschwerdegericht vorzulegen.[22]

Ist die Beschwerde schon **unstatthaft**, muss sie vom „Beschwerdegericht" als **Gegenvorstellung** behandelt werden.[23]

3. Entscheidung des Beschwerdegerichts

17 Bei **fehlender Abhilfeentscheidung** kann das Beschwerdegericht die Akte zur Nachholung zurückleiten oder selbst entscheiden.[24]

---

17 BGHSt 27, 175.
18 Vgl. OLG Düsseldorf VRS 99, 124 (125); *Meyer-Goßner/Schmitt* § 141 Rn 10.
19 S. nur MK-*Neuheuser* § 306 Rn 16.
20 BGHSt 34, 392 (393); BeckOK-*Cirener* § 306 Rn 13; *Meyer-Goßner/Schmitt* § 306 Rn 9; KK-*Zabeck* § 306 Rn 17.
21 KG NStZ-RR 2015, 18.
22 RGSt 43, 179 (180).
23 *Beulke/Swoboda* Rn 581; *Meyer-Goßner/Schmitt* § 306 Rn 12.
24 KK-*Zabeck* § 306 Rn 19.

Sind die Zulässigkeitsvoraussetzungen nicht erfüllt oder ist die Beschwerde unbegründet, so **verwirft** das Beschwerdegericht die Beschwerde in Beschlussform als **unzulässig** bzw. **unbegründet**.
Andernfalls hebt das Beschwerdegericht die erste Entscheidung auf und **entscheidet** grds. in der Sache **selbst** (§ 309 Abs. 2); das Beschwerdegericht kann sein Ermessen an die Stelle des Ausgangsgerichts setzen.
Der Beschluss ergeht grds. im schriftlichen Verfahren nach Aktenlage[25] und ist gem. § 34 zu begründen.
Nur in **Ausnahmefällen** erfolgt eine **Zurückverweisung**; die angefochtene Entscheidung ist z.B. nicht von dem gesetzlich vorgesehenen Spruchkörper getroffen worden, ohne dass dieser Mangel im Beschwerdeverfahren behoben werden kann.[26]

18

IV. Sofortige Beschwerde (§ 311)

Die sofortige Beschwerde greift in Fällen, in denen ein besonderes Bedürfnis nach Rechtssicherheit besteht, und unterscheidet sich deshalb von der einfachen Beschwerde

19

- zum einen durch ihre **Fristgebundenheit**; sie ist innerhalb **einer Woche** in der nach § 306 Abs. 1 vorgeschriebenen Form beim *iudex a quo* einzulegen (§ 311 Abs. 2).
- Zum anderen ist nach § 311 Abs. 3 S. 1 eine **Abhilfeentscheidung** grds. **unzulässig**.[27]
  - Abhilfe ist jedoch **ausnahmsweise** möglich bei der Verletzung rechtlichen Gehörs und bei Beruhen der Entscheidung auf dieser Verletzung (§ 311 Abs. 3 S. 2). Wie bei § 33a (Wiedereinsetzung bei Verletzung rechtlichen Gehörs) muss die Entscheidung auf der Gehörsverletzung beruhen.[28]
  - Macht das Erstgericht in diesem Fall von der Abhilfebefugnis Gebrauch, so ist dieser neue Beschluss wiederum mit der sofortigen Beschwerde anfechtbar.

Die sofortige Beschwerde ist **statthaft**, wenn sie vom Gesetz ausdrücklich angeordnet wird (z.B. §§ 28 Abs. 2 S. 1, 46 Abs. 3, 81 Abs. 4 S. 1, 231a Abs. 3 S. 3, 322 Abs. 2 StPO; § 181 GVG).
Die sofortige Beschwerde entfaltet nur dann **aufschiebende Wirkung**, wenn dies gesetzlich besonders bestimmt ist (z.B. in §§ 81 Abs. 4 S. 2, 231a Abs. 3 S. 3 StPO; 181 Abs. 2 GVG). Das Gericht kann jedoch den Vollzug selbst aussetzen (§ 307 Abs. 2).

20

V. Weitere Beschwerde (§ 310)

Die weitere Beschwerde ist ein Rechtsmittel **gegen die Entscheidung des Beschwerdegerichts**. Sie betrifft also einen Beschwerdegegenstand, über den bereits zwei Rechtszüge, also das Ausgangs- und das Beschwerdegericht, entschieden haben.[29] § 310 Abs. 2 schließt die Möglichkeit einer weiteren Beschwerde grds. aus, so dass in der Regel nur eine Beschwerdeinstanz existiert.[30] Eng begrenzte Ausnahmen bestehen nach § 310 Abs. 1 Nr 1–3 bei Entscheidungen über Verhaftungen, einstweilige Unterbringungen und bestimmte Anordnungen des dinglichen Arrests.

21

---

25 BGHSt 13, 102 (108); gesetzliche Ausnahmen: §§ 118 Abs. 2, 124 Abs. 2 S. 3.
26 BGHSt 38, 312 (313).
27 Dies gilt auch für richterliche Ergänzungen, die sachlich einer Abänderung gleichkommen; s. HK-*Rautenberg/Reichenbach* § 311 Rn 6.
28 BGHSt 26, 127 (130); MK-*Neuheuser* § 11 Rn 7.
29 KMR-*Plöd* § 310 Rn 1.
30 HK-*Rautenberg/Reichenbach* § 310 Rn 1.

22 Wiederholungs- und Vertiefungsfragen

> Worauf bezieht sich die Beschwerde? (Rn 1)
> Welche Zulässigkeitsvoraussetzungen hat die einfache Beschwerde? (Rn 4 ff.)
> Worin unterscheidet sich die sofortige von der einfachen Beschwerde? (Rn 19)
> Was ist unter einer weiteren Beschwerde zu verstehen? In welchen Fällen ist sie möglich? (Rn 21)

§ 33 Wiederaufnahme

I. Allgemeines

▶ **FALL 1:** A wurde wegen der Zucht gefährlicher Hunde gem. § 143 Abs. 1 StGB a.F. rechtskräftig verurteilt. Das BVerfG erklärte diese Strafvorschrift später für verfassungswidrig.[1] ◀

Durch das Wiederaufnahmeverfahren wird in engen Grenzen die Rechtskraft durchbrochen, um **rechtskräftige Fehlentscheidungen**, deren Bestand aus Gründen der Wahrheit, der Gerechtigkeit und der Rechtsbewährung unerträglich ist, **beseitigen** zu können.[2] Wegen der hier kollidierenden Grundsätze der Gerechtigkeit und der Rechtssicherheit, die sich beide gleichermaßen aus dem Rechtsstaatsprinzip ableiten lassen, darf eine Wiederaufnahme nur in ganz engen Grenzen möglich sein.[3] Der Gesetzgeber hat daher die Wiederaufnahmegründe in einer **abschließenden Aufzählung von Fallgruppen** festgelegt. Diese werden noch ergänzt durch die **Wiederaufnahmegründe** des § 79 Abs. 1 BVerfGG. Hiernach ist die Wiederaufnahme zulässig gegen rechtskräftige Strafurteile, die auf einer mit dem GG für unvereinbar oder nach § 78 BVerfGG für nichtig erklärten Norm oder auf der Auslegung einer Norm beruhen, die das BVerfG für unvereinbar mit dem GG erklärt hat.

Für das Verfahren gelten die §§ 359 ff.[4] In **Fall 1** kann A daher eine Wiederaufnahme des Verfahrens gem. § 79 Abs. 1 BVerfGG betreiben.

Zulässiger Anfechtungsgegenstand ist ein durch **rechtskräftiges Sachurteil** abgeschlossenes Verfahren. Daher ist die Wiederaufnahme nach überwiegender Ansicht zwar bei Strafbefehlen (§ 373a), nicht aber bei Prozessurteilen statthaft.[5] Für Beschlüsse gelten die Sonderregelungen der §§ 174 Abs. 2, 211; auf andere **Beschlüsse** lassen sich die §§ 359 ff. grds. nicht anwenden.[6] Jedoch wird eine analoge Anwendung dort vorgeschlagen, wo ein verfahrensabschließender Beschluss an die Stelle eines Urteils tritt.[7] Die Wiederaufnahme ist kein außerordentliches Rechtsmittel, sondern ein Rechtsbehelf eigener Art, auf den jedoch die allgemeinen Rechtsmittelvorschriften der §§ 296–303 gem. § 365 entsprechend anwendbar sind.[8]

Zu unterscheiden ist die Wiederaufnahme des Verfahrens **zugunsten** (§ 359) und **zuungunsten** (§ 362) **des Verurteilten**.

Durch den Antrag auf Wiederaufnahme tritt gem. § 360 Abs. 1 **keine Hemmung der Strafvollstreckung** ein. Dadurch wird verhindert, dass der rechtskräftig Verurteilte die Strafvollstreckung durch bloße Antragstellung verzögern kann.[9]
Nach Abs. 2 ist dem Gericht jedoch die Möglichkeit eingeräumt, die Vollstreckung **aufzuschieben** oder zu **unterbrechen**. Maßgeblich hierfür ist der Grad der Wahrscheinlichkeit des Antragserfolgs.[10] Das Gericht entscheidet über die Anordnung auf Antrag

---

[1] BGBl. I 2004, 543; BVerfGE 110, 141.
[2] KK-*Schmidt* Vor § 359 Rn 1, 4; zum Verhältnis von Wahrheit und §§ 359 ff. *Eisenberg* JR 2007, 360.
[3] Krit. zur restriktiven Anwendungspraxis *Bock/Eschelbach u.a.* GA 2013, 328 ff; im Fall „Gustl F. Mollath" ermöglichte das OLG Nürnberg eine Wiederaufnahme aufgrund § 359 Nr 1, indem es eine „eher weitgehende Interpretation" im Hinblick auf die Rechtsschutzgarantie des Art. 19 Abs. 4 GG als geboten erachtete und sich somit gegen eine restriktive Auslegung entschied, vgl. OLG Nürnberg NJW 2013, 2692 (2694).
[4] KK-*Fischer* Einl. Rn 489 f.; *Meyer-Goßner/Schmitt* Vor § 359 Rn 7.
[5] KMR-*Eschelbach* Vor § 359 Rn 16; *Meyer-Goßner/Schmitt* Vor § 359 Rn 4; KK-*Schmidt* Vor § 359 Rn 10.
[6] *Meyer-Goßner/Schmitt* Vor § 359 Rn 5; näher LR-*Gössel* Vor § 359 Rn 49 ff.
[7] BeckOK-*Singelnstein* § 359 Rn 5 mwN.
[8] KMR-*Eschelbach* Vor § 359 Rn 23; *Meyer-Goßner/Schmitt* Vor § 359 Rn 2.
[9] KK-*Schmidt* § 360 Rn 1.
[10] OLG Hamm GA 1970, 309; *Meyer-Goßner/Schmitt*; BeckOK-*Singelnstein* § 360 Rn 2.

oder von Amts wegen durch Beschluss. Dagegen ist die sofortige Beschwerde gem. § 372 S. 1 zulässig.

II. Verfahren

1. Überblick

4   Die Wiederaufnahme setzt einen **Antrag** voraus. Die StA kann den Antrag auch zugunsten des Verurteilten stellen (§ 296 Abs. 2 i.V.m. § 365). Das Verfahren gliedert sich in das **Vorschaltverfahren**, in dem die Zulässigkeit und die Begründetheit des Wiederaufnahmeantrags geprüft werden, und das eigentliche **Wiederaufnahmeverfahren**. Dort wird in einer erneuten Hauptverhandlung über die Strafbarkeit des Angeklagten entschieden. Zuständig für die Entscheidungen im gesamten Wiederaufnahmeverfahren ist in der Regel ein **anderes Gericht** mit gleicher sachlicher Zuständigkeit (§ 367 Abs. 1 S. 1 StPO i.V.m. § 140a GVG). Der Antrag ist grds. bei dem Wiederaufnahmegericht zu stellen. Allerdings können der Verurteilte und die für ihn Antragsberechtigten – nicht aber StA und Privatkläger – den Antrag auch bei dem Gericht einreichen, dessen Urteil angefochten wird (§ 367 Abs. 1 S. 2). Damit soll verhindert werden, dass der in Unkenntnis des § 140a GVG eingereichte Antrag allein wegen Unzuständigkeit verworfen wird.

2. Zulässigkeitsprüfung

5   Die Prüfung der Zulässigkeit der Wiederaufnahme umfasst die notwendigen formalen Voraussetzungen, die Beschwer und die Geeignetheit der Beweismittel. Hierbei wird die sachliche Richtigkeit des Wiederaufnahmevorbringens unterstellt.[11]

- Geprüft wird zunächst, ob der Antrag den gesetzlichen Anforderungen entspricht. Es müssen der Wiederaufnahmegrund sowie die Beweismittel dafür angegeben werden. Der Verurteilte kann den Antrag nur mittels einer vom Verteidiger oder einem Rechtsanwalt unterzeichneten Schrift oder zu Protokoll der Geschäftsstelle stellen.
- Der Antragsteller muss, soweit es sich dabei nicht um die StA handelt, durch die Urteilsgründe beschwert sein. Daher kann der Freigesprochene die Wiederaufnahme nicht mit dem Ziel des Freispruchs wegen erwiesener Unschuld beantragen.
- Der Vortrag des Antragstellers muss schlüssig sein, d.h. aus seinem Vortrag muss sich ein Wiederaufnahmegrund ergeben. Darüber hinaus werden die angegebenen neuen Tatsachen oder Beweise auf ihre Geeignetheit überprüft, die angefochtene Entscheidung möglicherweise zu erschüttern. Die hM lässt bereits in diesem Verfahrensstadium eine Vorwegnahme der Beweiswürdigung in gewissen Grenzen zu.[12] Ist das Wiederaufnahmevorbringen nicht geeignet, die den Schuldspruch tragenden Feststellungen des Urteils zu erschüttern, verwirft das Gericht den Wiederaufnahmeantrag durch Beschluss, gegen den die sofortige Beschwerde gem. § 372 S. 1 zulässig ist.

---

[11] BGHSt 17, 303 (304).
[12] BGHSt 17, 303 (304); BGH NStZ 2000, 218; KG JR 1975, 166; *Meyer-Goßner/Schmitt* § 368 Rn 9; KK-*Schmidt* § 368 Rn 10 ff.; HK-*Temming* § 368 Rn 6; aA SK-*Frister* § 359 Rn 61; *Strate* Meyer-GS, 469 (472).

Unzulässig ist eine Wiederaufnahme des Verfahrens zu dem Zweck, eine andere **Strafbemessung** aufgrund desselben Strafgesetzes[13] oder eine Milderung der Strafe wegen verminderter Schuldfähigkeit (§ 21 StGB) herbeizuführen (§ 363).

3. Begründetheitsprüfung

Hat das Gericht den Wiederaufnahmeantrag für zulässig befunden, entscheidet es nach § 370 über die Begründetheit des Vorbringens (sog. **Probationsverfahren**). Soweit erforderlich, erhebt zur Vorbereitung dieser Entscheidung zunächst ein beauftragter Richter **Beweis über den Wiederaufnahmegrund** (§ 369). Die Beweisaufnahme in der erneuten Hauptverhandlung wird dadurch jedoch nicht vorweggenommen. Gem. § 369 Abs. 3 sind die StA, der Angeklagte und sein Verteidiger zur Anwesenheit während der Beweisaufnahme berechtigt. Nach Schluss der Beweisaufnahme muss der Staatsanwaltschaft, dem Angeklagten und allen anderen Anwesenheitsberechtigten **Gelegenheit zur Stellungnahme** gegeben werden (§ 369 Abs. 4). Dies dient der Gewährung rechtlichen Gehörs und ist zwingende Voraussetzung für die Entscheidung über die Begründetheit nach § 370, selbst wenn die Beteiligten bereits zuvor Erklärungen abgegeben haben.[14]

Genügend bestätigt ist nach hM das Vorbringen, wenn es hinreichend wahrscheinlich erscheint, dass in der neuen Hauptverhandlung eine für den Verurteilten günstige Entscheidung ergeht, weil die Behauptungen dort nachgewiesen werden können oder jedenfalls der Grundsatz *in dubio pro reo* anzuwenden ist;[15] die Anwendung dieses Grundsatzes ist jedoch weder bei der Begründetheitsprüfung selbst, noch bei der Zulässigkeitsprüfung möglich.[16] Haben die im Antrag aufgestellten Behauptungen keine genügende Bestätigung gefunden, so ist er als unbegründet zu verwerfen.

4. Anordnung der Wiederaufnahme

Ist der Wiederaufnahmeantrag zulässig und begründet, ordnet das Gericht die Wiederaufnahme des Verfahrens und eine **erneute Hauptverhandlung** an. In den Fällen des § 371 ist ausnahmsweise ein **Freispruch** ohne erneute Verhandlung möglich, wenn der Verurteilte verstorben ist oder wenn die nach § 369 erhobenen Beweise bereits für einen Freispruch ausreichen. Bei öffentlichen Klagen ist die **Zustimmung der StA** hierzu erforderlich.

Der Wiederaufnahmebeschluss **beseitigt die Rechtskraft** der angefochtenen Entscheidung[17] und versetzt das Verfahren damit zurück in die Phase der **Rechtshängigkeit**, d.h. in die Lage nach Erlass des Eröffnungsbeschlusses oder, bei Berufungsurteilen, in das Stadium vor der Berufungsverhandlung. Des Weiteren endet mit der Rechtskraft des Beschlusses die **Vollstreckbarkeit** des angefochtenen Urteils.[18] Die Verjährungsfrist,

---

13 S. dazu BGHSt 48, 153 (156) m. Anm. *Loos* NStZ 2003, 680.
14 OLG Düsseldorf NJW 1982, 839; *Meyer-Goßner/Schmitt* § 369 Rn 13; BeckOK-*Singelnstein* § 369 Rn 12.
15 BVerfG NStZ 1990, 499 (500); BGHSt 42, 314 (323); OLG Stuttgart StV 1990, 539; OLG Frankfurt StV 1996, 138 (139); LR-*Gössel* § 370 Rn 23; R/H-*Hohmann* § 370 Rn 4; *Meyer-Goßner/Schmitt* § 370 Rn 4; KK-*Schmidt* § 370 Rn 5; aA (konkrete Möglichkeit) BeckOK-*Singelnstein* § 370 Rn 3, § 368 Rn 11 mwN.
16 OLG Köln NJW 1968, 2119; *Eisenberg* JR 2007, 360 (370); KK-*Schmidt* § 370 Rn 4; *Meyer-Goßner/Schmitt*; BeckOK-*Singelnstein* § 370 Rn 4; aA *Schünemann* ZStW 84 (1972), 870 ff.
17 BGHSt 14, 64 (66); 19, 280 (282); KK-*Schmidt* § 370 Rn 13; BeckOK-*Singelnstein* § 370 Rn 9 mwN.
18 OLG Bremen NJW 1956, 316; BeckOK-*Singelnstein* § 370 Rn 9.

die bis dahin geruht hatte, beginnt wieder zu laufen, beginnt aber nicht wieder neu.[19] Die mit dem Urteil entzogenen Rechte, so z.B. die entzogene Fahrerlaubnis[20] oder das Eigentum an eingezogenen Sachen, leben wieder auf.

5. Erneute Hauptverhandlung

11 Die Hauptverhandlung findet grds. vor dem nach § 140a GVG zuständigen Gericht in demselben Rechtszug statt, in dem das frühere Urteil ergangen war. Bei Gerichten mit besonderer Zuständigkeit ist vor einem Gericht dieser Art zu entscheiden, bei Berufungsurteilen vor einem Berufungsgericht, bei Revisionsurteilen vor einem anderen Senat desselben Revisionsgerichts. Richter, die an dem früheren Urteil mitgewirkt haben, sind ausgeschlossen (§ 23 Abs. 2), nicht aber Richter, die an der Beweisaufnahme nach § 369 oder an dem Beschluss nach § 370 Abs. 2 beteiligt waren.[21] Ob über die Bestellung eines Pflichtverteidigers nach §§ 364a, b grds. neu zu entscheiden ist, ist umstritten.[22]

12 Es erfolgt eine **in jeder Hinsicht neue und selbständige Verhandlung** ohne Bindung an das frühere Urteil, so dass keine Überprüfung dieses Urteils stattfindet.[23] Der Grundsatz des § 264 gilt:[24] Demnach hat auch die Beweisaufnahme in vollem Umfang neu zu erfolgen, wobei neues Vorbringen unbeschränkt zulässig ist und Zeugen neu zu vereidigen sind. Nebenkläger sind wieder zuzulassen; einer erneuten Anschlusserklärung bedarf es nicht.[25]

6. Neue Entscheidung

13 Das Gericht ist bei der **neuen Entscheidung** nur durch § 373 Abs. 2 (Verbot der *reformatio in peius*) beschränkt. Es darf nicht nur auf Freispruch, Änderung des Rechtsfolgenausspruchs oder Aufrechterhaltung des früheren Urteils erkennen, sondern kann auch das Verfahren nach §§ 206a Abs. 1, 260 Abs. 3 oder §§ 153 ff. einstellen.[26] Ebenso ist es möglich, das Verfahren durch Rücknahme des Rechtsmittels[27] oder des Einspruchs im Strafbefehlsverfahren[28] zu beenden.

14 Das Urteil ist **aufzuheben** und anderweitig in der Sache zu erkennen, wenn von dem ersten Urteil abgewichen wird. Auf **Aufrechterhaltung** der Entscheidung wird erkannt, wenn das Gericht in allen Punkten so entscheidet wie das ursprüngliche Gericht. Der Urteilsinhalt richtet sich nach § 267. Auf die Feststellungen des aufrechterhaltenen Urteils darf nicht Bezug genommen werden.[29]

---

19 *Meyer-Goßner/Schmitt* § 370 Rn 14; KK-*Schmidt* § 370 Rn 19; aA OLG Düsseldorf NStZ-RR 2001, 142; LR-*Gössel* § 370 Rn 39.
20 BayObLG NJW 1992, 1120; OLG Frankfurt a.M. NStZ-RR 2000, 23; BeckOK-*Singelnstein* § 370 Rn 9; aA SK-*Frister* § 370 Rn 24; *Groß* NStZ 1994, 173 (174).
21 RGSt 4, 426 (427 f.); R/H-*Hohmann* § 373 Rn 2; *Meyer-Goßner/Schmitt* § 373 Rn 1; KK-*Schmidt* § 373 Rn 2.
22 Dafür etwa OLG Oldenburg NStZ-RR 2009, 208; *Eschelbach/Geipel/Hettinger/Meller/Wille* GA 2018, 238 (248 f.) SK-*Frister* § 364a Rn 3 ff.; KK-*Laufhütte/Willnow* § 141 Rn 11; dagegen zB. OLG Braunschweig NStZ-RR 2014, 314; LR-*Gössel* § 364a Rn 3; R/H-*Hohmann* § 364a Rn 2; *Meyer-Goßner/Schmitt* § 364a Rn 2; BeckOK-*Singelnstein* § 364a Rn 1 mwN (zu beiden Ansichten).
23 HM, vgl. nur BGHSt 14, 64 (66).
24 BGHSt 19, 280 (282).
25 *Meyer-Goßner/Schmitt* § 373 Rn 2.
26 KMR-*Eschelbach* § 373 Rn 22; LR-*Gössel* § 373 Rn 17; *Meyer-Goßner/Schmitt* § 373 Rn 4a.
27 KMR-*Eschelbach* § 373 Rn 23; LR-*Gössel* § 373 Rn 18; aA *Meyer-Goßner/Schmitt* § 373 Rn 4.
28 R/H-*Hohmann* § 373 Rn 9; HK-*Temming* § 373 Rn 4; *aA Meyer-Goßner/Schmitt* § 373 Rn 4.
29 LR-*Gössel* § 373 Rn 29 mwN.

Über die **Rechtsfolgenfrage** ist neu zu entscheiden. Eine bereits vollstreckte Strafe ist nach § 51 Abs. 2 StGB **anzurechnen**; eine Geldstrafe wird ggf. nach § 51 Abs. 4 S. 1 StGB umgerechnet. In entsprechender Anwendung des § 51 Abs. 2 StGB kann eine vollstreckte Strafe auf die wegen anderer Taten verhängten Strafen angerechnet werden, sofern diese mit der früheren Verurteilung gesamtstrafenfähig sind.[30] Für die Entschädigung für Strafverfolgungsmaßnahmen und Strafen gelten §§ 1, 7 StrEG. Bei **Sicherungsmaßregeln** nach §§ 69, 70 StGB wird die Zeit der bisherigen Verbotswirkung auf die des neuen Verbots angerechnet.[31] **Einziehungsgegenstände** sind zurückzugeben, falls keine Einziehung mehr angeordnet worden ist.

III. Wiederaufnahme bei Strafbefehlen (§ 373a)

▶ **Fall 2:** Das Gericht hat Strafbefehl gegen den Beschuldigten wegen Erpressung gem. § 253 StGB erlassen. Der Strafbefehl wird mangels Einspruchs gem. § 410 rechtskräftig. Nun erfährt die StA von neuen Tatsachen, die möglicherweise eine Strafbarkeit des Verurteilten wegen räuberischer Erpressung gem. § 255 StGB begründen. ◀

Nach § 410 Abs. 3 steht der Strafbefehl einem rechtskräftigen Urteil gleich. Für die Wiederaufnahme gelten somit gem. § 373a Abs. 2 die Regeln der §§ 359 ff. Allerdings ist gem. § 373a Abs. 1 über die §§ 359, 362 hinaus eine **Wiederaufnahme zuungunsten des Verurteilten** zulässig, wenn neue Tatsachen oder Beweismittel beigebracht sind, die alleine oder in Verbindung mit früheren Tatsachen oder Beweismitteln geeignet sind, die Verurteilung wegen eines **Verbrechens** (§ 12 StGB) zu begründen.[32] In **Fall 2** wird die StA daher die Wiederaufnahme gem. § 373a betreiben, da es sich bei dem möglicherweise verwirklichten § 255 StGB um ein Verbrechen handelt. § 373a Abs. 1 trägt dem **summarischen Charakter** des Strafbefehlsverfahrens Rechnung. Die Regelung entspricht damit den Grundsätzen der Wiederaufnahme eines rechtskräftig abgeschlossenen Bußgeldverfahrens (§ 85 Abs. 3 S. 2 OWiG) und eines nach § 153a Abs. 1 S. 5 oder Abs. 2 nach Erfüllung der jeweils ausgesprochenen Auflagen oder Weisungen eingestellten Verfahrens.[33]

IV. Einzelne Wiederaufnahmegründe

1. Wiederaufnahme zugunsten des Verurteilten

Die Aufzählung der **Wiederaufnahmegründe zugunsten des Verurteilten** in § 359 ist **erschöpfend**.[34] Es können mehrere Gründe des § 359 für einen Wiederaufnahmeantrag vorliegen. Als zulässige **Wiederaufnahmeziele** kommen in Betracht: Freispruch des Verurteilten, Verfahrenseinstellung, eine mildere Verurteilung aufgrund eines anderen Strafgesetzes oder eine wesentlich andere Entscheidung über Sicherungsmaßregeln.[35] Der Antrag kann auf eine oder mehrere selbständige Taten nach § 53 StGB **beschränkt** werden,[36] auch bei Tatidentität im Sinne des § 264.[37]

---

30 OLG Frankfurt GA 1980, 262; SK-*Frister* § 373 Rn 11; LR-*Gössel* § 373 Rn 30; AK-*Loos* § 373 Rn 21; aA *Meyer-Goßner/Schmitt* § 373 Rn 9.
31 OLG Hamm VRS 21, 43 (45).
32 *Meyer-Goßner/Schmitt* § 373a Rn 2; *Pfeiffer* § 373a Rn 1; HK-*Temming* § 373a Rn 1.
33 LR-*Gössel* § 373a Rn 9; KK-*Schmidt* § 373a Rn 3 f.; krit. SK-*Frister* § 373a Rn 5.
34 LG Hannover NJW 1970, 288 (289); LR-*Gössel* Vor § 359 Rn 129; HK-*Temming* § 359 Rn 1.
35 Vgl. auch §§ 439 Abs. 6, 440 Abs. 3; ferner *Meyer-Goßner/Schmitt* § 359 Rn 2; HK-*Temming* § 359 Rn 2.
36 BGHSt 14, 85 (88); LR-*Gössel* § 359 Rn 12; *Meyer-Goßner/Schmitt* § 359 Rn 3.
37 *Meyer-Goßner/Schmitt* § 370 Rn 8.

2. Der Wiederaufnahmegrund des § 359 Nr 5

18
- Für diesen praktisch besonders bedeutsamen Wiederaufnahmegrund müssen zunächst neue **Tatsachen oder Beweismittel** beigebracht sein. Nicht einschlägig sind sog. **Rechtstatsachen**,[38] so dass der Wiederaufnahmeantrag nicht auf die Änderung des angewendeten Gesetzes,[39] auf die nachträgliche Aufhebung eines Verwaltungsaktes oder auf einen Wandel der Rechtsprechung[40] gestützt werden kann.
- Das **Urteil** muss unmittelbar oder mittelbar **auf den Tatsachen beruhen**,[41] etwa auf Tatsachen, die den Strafantrag, Rechtfertigungs- und Schuldausschließungsgründe oder Beweisfragen betreffen, wie z.b. die Glaubwürdigkeit eines Zeugen.[42]
- Als **Beweismittel** kommen nur die förmlichen Beweismittel der StPO in Betracht, nicht aber der Verurteilte selbst.[43] Beim Personalbeweis ist nur die Person Beweismittel und nicht deren Erklärungen.[44]
- **Tatsachen** sind **neu**, wenn das erkennende Gericht bei Abschluss der Urteilsberatung[45] der Entscheidung keine prozessordnungsgemäße Kenntnis von ihnen hatte und sie daher nicht berücksichtigen konnte.[46] Neu sind Tatsachen auch, wenn sie dem Urteil unter Verstoß gegen § 261 ohne Erörterung in der Hauptverhandlung zugrunde gelegt worden sind.[47]
- Hinsichtlich der Neuheit von **Beweismitteln** kommt es ebenfalls auf die Berücksichtigung durch das Gericht an, also darauf, ob das Gericht den Beweis in der Hauptverhandlung erhoben oder wenigstens verwertet hat.[48]
  - Auch wenn der **Verurteilte** selbst kein Beweismittel ist, kann seine Einlassung neu sein, so dass der Widerruf seines früheren Geständnisses ein neues Beweismittel darstellt.[49]
  - **Zeugen** sind neue Beweismittel, wenn dem Erstgericht keine Aussage des Zeugen vorlag, oder – im Falle der früheren Vernehmung – nunmehr eine andere Aussage zu erwarten ist.[50]
  - Ein **Sachverständiger** ist neu, wenn er vom Erstgericht nicht gehört worden war, da dieses z.B. aufgrund eigener Sachkunde entschieden hatte.[51] Ein **weiterer Sachverständiger** ist nach hM kein neues Beweismittel, sofern der Antrag nur darauf gestützt wird, der weitere Sachverständige werde zu anderen Schlussfolgerungen gelangen als der früher vernommene. Vielmehr muss er einem anderen Fachgebiet angehören und über Forschungsmittel verfügen, die denjenigen des ersten Sachverständigen überlegen sind.[52]

---

38 BGH NJW 1993, 1481 (1482); HK-*Temming* § 359 Rn 15; aA *Klug* Spendel-FS 679 (684 f.).
39 BGHSt 39, 75 (79); OLG Bamberg NJW 1982, 1714.
40 BVerfGE 12, 338 (340); KG NJW 1977, 1162 (1163); OLG Düsseldorf JR 1992, 124 (125).
41 LR-*Gössel* § 359 Rn 61 ff.; HK-*Temming* § 359 Rn 14.
42 OLG Düsseldorf NStZ-RR 1999, 245.
43 KG JR 1976, 76 m. abl. Anm. *Peters*; Meyer Peters-FS 387 (391); KK-*Schmidt* § 359 Rn 23.
44 Meyer-Goßner/Schmitt § 359 Rn 26; HK-*Temming* § 359 Rn 16; abw. LR-*Gössel* § 359 Rn 83 ff.
45 KMR-*Eschelbach* § 359 Rn 153; HK-*Temming* § 359 Rn 18; aA LR-*Gössel* § 359 Rn 88; R/H-*Hohmann* § 359 Rn 33: Abschluss der mündlichen Verhandlung.
46 OLG Frankfurt NJW 1978, 841; OLG Düsseldorf NJW 1987, 2030.
47 SK-*Frister* § 359 Rn 45; Meyer-Goßner/Schmitt § 359 Rn 30; aA LR-*Gössel* § 359 Rn 94.
48 LR-*Gössel* § 359 Rn 105; KK-*Schmidt* § 359 Rn 24.
49 BGH NStZ-RR 1997, 173 (174); OLG Celle GA 1967, 284 (285).
50 SK-*Frister* § 359 Rn 41; KK-*Schmidt* § 359 Rn 29.
51 KMR-*Eschelbach* § 359 Rn 173; LR-*Gössel* § 359 Rn 115; *Pfeiffer* § 359 Rn 10.
52 BGHSt 39, 75 (83 f.); KG NJW 1991, 2505 (2507); KK-*Schmidt* § 359 Rn 26 f.

- Beim **Augenscheinsbeweis** ist auf die tatsächliche Nutzung, nicht auf die bloße Möglichkeit dazu abzustellen, so dass die bisher nicht stattgefundene Augenscheinseinnahme neues Beweismittel ist.[53] Hat das Gericht ein Beweismittel bei einer stattgefundenen Inaugenscheinnahme fehlerhaft wahrgenommen, so kann dies ebenfalls dessen Neuheit begründen.[54]

- Die vorgebrachten Tatsachen und Beweismittel müssen auch **geeignet** sein, die Antragsziele zu erreichen. Neue Tatsachen oder Beweismittel sind etwa zum Freispruch geeignet, wenn sie einen anderen als den im Urteil festgestellten Geschehensablauf begründen, der zum Ausschluss der Täterschaft des Verurteilten führt oder jedenfalls Rechtfertigungs- oder Schuldausschließungsgründe enthalten.[55]

3. Die Wiederaufnahme zuungunsten des Verurteilten

Mit der Wiederaufnahme zuungunsten des Angeklagten wird in zulässiger Weise (hM)[56] der Grundsatz *ne bis in idem* durchbrochen. Das Legalitätsprinzip (§ 152 Abs. 2) ist nach verbreiteter Auffassung insoweit eingeschränkt, als es nur zur Anklageerhebung, nicht aber auch zum Betreiben eines Wiederaufnahmeverfahrens zuungunsten des Angeklagten verpflichtet.[57]

19

Nach den in § 362 Nr 1–3 genannten Gründen ist die Wiederaufnahme sowohl zuungunsten eines Freigesprochenen als auch zuungunsten eines Verurteilten zulässig. Die Wiederaufnahme setzt in allen Fällen die Möglichkeit voraus, dass sich ein Fehler zugunsten des Angeklagten auf das Urteil ausgewirkt hat.

20

4. Der Wiederaufnahmegrund des § 362 Nr 4

▶ **FALL 3:** In einem von ihm inszenierten Verkehrsunfall überfährt A seine Ehefrau vorsätzlich, um an ihr Erbe zu kommen. Da das Gericht nicht an der fahrlässigen Verursachung zweifelt, wird der A wegen fahrlässiger Tötung zu einer Geldstrafe verurteilt. Nach Ablauf der Rechtsmittelfristen rühmt sich A vor Freunden, wie geschickt er doch vorgegangen sei und die Ermittlungsbehörden getäuscht habe. ◀

- Der Wiederaufnahmegrund der Nr 4 setzt einen völligen **Freispruch** voraus, allein oder neben einer Maßregel nach §§ 63, 69, 70 StGB. Bei Teilfreispruch ist die Wiederaufnahme in diesem Umfang zulässig. Dem Freispruch gleichgestellt ist die Verhängung von Maßregeln gegen einen Schuldunfähigen im Sicherungsverfahren nach §§ 413 ff.[58] Da der Angeklagte in Fall 3 zu einer – wenn auch milden – Strafe verurteilt worden ist, kommt eine Wiederaufnahme gem. § 362 Nr 4 nicht in Betracht.

21

- Zudem ist ein **Geständnis** des Freigesprochenen – nicht nur eines Mittäters – nach dem Freispruch durch das letzte tatrichterliche Urteil erforderlich. Ein Geständnis

---

53 KMR-*Eschelbach* § 359 Rn 178; SK-*Frister* § 359 Rn 42; LR-*Gössel* § 359 Rn 120, 123; aA *Meyer-Goßner/Schmitt* § 359 Rn 36; KK-*Schmidt* § 359 Rn 28: keine Neuheit bei Kenntnis des Gerichts von der Möglichkeit der Beweiserhebung.
54 OLG Düsseldorf NStZ-RR 2014, 22.
55 *Meyer-Goßner/Schmitt* § 359 Rn 37 f.; KK-*Schmidt* § 359 Rn 30; HK-*Temming* § 359 Rn 26.
56 Dagegen *Neumann* Jung-FS 655 ff. (vgl. dort Fn 4 mwN); bzgl. Reformüberlegungen vgl. *Letzgus* Geppert-FS 785 ff.
57 SK-*Frister* § 365 Rn 4; *Kleinknecht* Bruns-FS 477; *Meyer-Goßner/Schmitt* § 362 Rn 1; aA LR-*Gössel* § 362 Rn 1; KK-*Schmidt* § 362 Rn 4.
58 *Pfeiffer* § 362 Rn 3; KK-*Schmidt* § 362 Rn 9; aA KMR-*Eschelbach* § 362 Rn 93.

setzt voraus, dass der Angeklagte den äußeren Tatbestand der angeklagten Handlung oder einer damit nach § 264 zusammenhängenden Tat insgesamt einräumt.

- Das Geständnis kann vor jedem **Straf- oder Zivilgericht** oder **außergerichtlich** abgelegt worden sein. Es kann daher selbst gegenüber Privatpersonen, die nach § 203 StGB zur Verschwiegenheit verpflichtet sind, abgegeben worden sein.[59] Es muss **glaubhaft** sein, worüber das Wiederaufnahmegericht nach pflichtgemäßem Ermessen entscheidet. Die Glaubhaftigkeit wird nicht ohne Weiteres durch einen Widerruf beseitigt.[60]

22 WIEDERHOLUNGS- UND VERTIEFUNGSFRAGEN

> Wird durch den Antrag auf Wiederaufnahme die Vollstreckung des Urteils gehemmt? (Rn 3)
> Welche Voraussetzungen hat die Zulässigkeit eines Wiederaufnahmeantrags? (Rn 5)
> Was bewirkt der Wiederaufnahmebeschluss nach § 370 Abs. 2? (Rn 10)
> Findet in der erneuten Hauptverhandlung eine Überprüfung des früheren Urteils statt? (Rn 12)
> Ist die Aufzählung der Wiederaufnahmegründe des § 359 abschließend? (Rn 17)
> Wann liegt ein Geständnis des Angeklagten vor? (Rn 21)

---

59 LR-*Gössel* § 362 Rn 18; *Meyer-Goßner/Schmitt* § 362 Rn 6; KK-*Schmidt* § 362 Rn 13; aA AK-*Loos* § 362 Rn 21.
60 OLG Hamm GA 1957, 123; SK-*Frister* § 362 Rn 18.

5. Abschnitt: Geschichte, Reform

§ 34 Historischer Abriss

Das deutsche Strafverfahrensrecht hat seine Wurzeln im germanischen Recht. Im 15. Jahrhundert erfuhr es durch die Rezeption des römischen bzw. mittelalterlich-italienischen Rechts erhebliche Änderungen. Während der Epoche der Aufklärung wurde es dann durch englische und französische Rechtsgedanken erneut stark beeinflusst.

I. Das germanische Rechtsdenken

In der Frühzeit des germanischen Rechtsdenkens waren die Sanktionen für begangene Missetaten vornehmlich die **Rache** durch den Geschädigten selbst oder das Schreiten zur **Fehde** durch seine Sippe. Die Sanktion des begangenen Unrechts berührte die Beziehung des Täters zur Völkerschaft, zum „Staat", daher nicht.[1] Neben der Rache konnte Unrecht auch durch **Sühneleistungen** – Vermögenswerte wie Waffen, Pferde und Vieh – vom Täter an das Opfer bzw. bei Tötung eines Menschen durch die Zahlung von Wergeldern – Schadensersatz für den Getöteten – durch den Täter an die Sippe des Opfers ausgeglichen werden.[2] Diese Art der Sanktion setzte sich durch den Einfluss der Kirche und der Obrigkeit, die eine unkontrollierte Gewaltanwendung verhindern wollten, zunehmend durch. Daher entstanden nach Deliktsgruppen minutiös abgestufte Kataloge, in denen einzelne Sühnegelder für das jeweilige Delikt bestimmt wurden.[3] Abgesehen von der gelegentlich auftauchenden Zahlung eines *fredus* (= Friedensgeld) an die Obrigkeit als erste Ansätze staatlicher Strafverfolgung, war das Verbrechensbekämpfungsrecht dieser Zeit damit weitgehend Privatsache von Opfer und Täter und ähnelte eher dem heutigen Deliktsrecht als dem Strafrecht.

Dementsprechend fiel in dieser ältesten Zeit auch das **Strafverfahren** mit dem Zivilverfahren zusammen.[4] Zu solchen Verfahren kam es allerdings nicht häufig. Der germanische Rechtsgang konnte mangels Strafverfolgung von Staats wegen nämlich neben der Fehde auch durch einen Sühnevertrag zwischen dem Missetäter einerseits und dem Verletzten bzw. dessen Sippe andererseits erledigt werden, in dem dann die Art und die Höhe der Sühneleistung festgesetzt wurde.[5] Sofern es zu einem Prozess mit Verhandlung kam, ging die Initiative allein vom Verletzten bzw. dessen Sippe aus; die Obrigkeit hielt sich weitgehend zurück.[6] Die Sache wurde in der Volksversammlung, im sog. *Thing*, entschieden. Dabei machten Rechtskundige Vorschläge, über die der Rest der Versammelten dann entschied. Es wurde öffentlich getagt und die mündliche Verhandlung fand im Freien statt, typischerweise auf Hügeln oder unter Bäumen (Gerichtseichen).[7]

Das **Beweisrecht** der Germanen umfasste nur primitive, aus heutiger Sicht untaugliche Beweismittel. Hierzu gehörte der sog. Reinigungseid, bei dem der Beschuldigte seine

---
1 *Schmidt* §§ 4, 5.
2 *His* 53 ff.; *Rüping/Jerouschek* Rn 8.
3 *Schmidt* § 7.
4 *Roxin*, 25. Aufl., § 67/1.
5 *Schmidt* § 27.
6 *Roxin*, 25. Aufl., § 67/3; *Schmidt* § 29.
7 *Roxin*, 25. Aufl., § 67/2.

Unschuld schwor und seine Eidhelfer, meist Sippenangehörige, beschworen, dass sie von der Reinheit dieses Eides überzeugt waren. Es handelte sich also nicht etwa um Entlastungs-, sondern um Leumundszeugen, die lediglich die Glaubwürdigkeit des Eides bekräftigten.[8] Daneben waren vor allem auch Gottesurteile (*ordale*) wie der Zweikampf oder die Wasserprobe – der gefesselte Verdächtige wurde ins Wasser geworfen; ging er unter, galt er als unschuldig, ging er nicht unter, galt er als unschuldig – vorgesehen. Beim sog. Bahrrecht küsste der Beschuldigte den Toten bzw. hielt sich in dessen Nähe auf; bluteten daraufhin die Wunden des Toten, so war der Beschuldigte überführt.[9]

II. Die Entwicklung zum Inquisitionsprozess

5   In der zweiten Hälfte des Mittelalters (900 – 1450) entwickelte sich das Recht in den Städten zunehmend fort, während es auf dem Land weithin beim althergebrachten Recht blieb.[10] Die ab dem 10. Jahrhundert einsetzende Friedensbewegung hatte zum Ziel, Gewalttaten einzudämmen und das Fehdewesen einzuschränken.[11] Durch die im 11. bis 13. Jahrhundert erlassenen **Landfrieden** wurde vor allem das Bußenstrafrecht durch das **peinliche Strafrecht**, also die Strafe an Leib und Leben, verdrängt. Hierzu zählten verschiedene Arten der Hinrichtung, der Verstümmelung oder sonstiger körperlicher Züchtigung, der Pranger oder andere entehrende Strafen, die Verbannung wie auch Freiheitsstrafen in verschiedenen Spielarten.[12] Dem Straftäter wurde weitgehend die Möglichkeit genommen, sich freizukaufen. Mit dem Aufkommen der peinlichen Strafen wurde die Strafverfolgung daher aus den Händen des Geschädigten und seiner Sippe genommen und verstaatlicht; Straf- und Zivilrecht trennten sich allmählich voneinander.[13]

6   Dies führte in der Folge zu einschneidenden Veränderungen des Rechtsganges, da staatliches Vorgehen eine Gewähr für die Einleitung eines Strafverfahrens voraussetzt.[14] Prozessual ging das Anklageverfahren in das Offizialverfahren mit **Inquisition** über. Obwohl der Inquisitionsprozess mit Hexenverfolgung, Folter und Feuertod negative Assoziationen weckt, war er doch tendenziell auf die Ermittlung der **materiellen Wahrheit** ausgerichtet und lieferte die Grundlagen der heutigen Strafverfolgung.[15] Im **Beweisrecht** wurde die Feststellung des objektiven Tatherganges maßgeblich; an die Stelle formaler Beweismittel durch Bezug auf Unschuld oder Schuld trat die mit rationalen Erkenntnismitteln geführte Sachverhaltsaufklärung.[16] Nachdem sich das vierte Laterankonzil im Jahr 1215 gegen Gottesurteil und Zweikampf ausgesprochen hatte, wurden diese Beweismittel zunehmend bedeutungslos.[17] Auch entwickelten sich die germanischen Eidhelfer zu Wahrnehmungszeugen im heutigen Sinne.[18] Nicht zuletzt wegen des religiösen Hintergrundes – der Beichte von Missetaten als Versöhnung mit Gott – wurde jedoch das Geständnis zum wichtigsten Beweismittel (*regina probati-*

---

8   *Rüping/Jerouscheck* Rn 22; *Schmidt* § 29.
9   *Roxin*, 25. Aufl., § 67/4; *Rüping/Jerouschek* Rn 23.
10 *Roxin*, 25. Aufl., § 67/7.
11 *His* 61; *Rüping/Jerouschek* Rn 48, 49.
12 Vgl. die Übersichten bei *His* 82 ff.; *Schmidt* §§ 44 ff.
13 *Schmidt* § 41; *Sellert* 98 ff.
14 *Sellert* 108.
15 *Schmidt* § 64; vgl. auch *Koch* Rüping-FS 393 f.
16 *Schmidt* § 70; *Sellert* 110.
17 *Sellert* 110.
18 *Rüping/Jerouschek* Rn 76.

onum), in dem man eine Garantie für die Ermittlung der Wahrheit sah. Das Geständnis war oft das einzige Mittel, die Tat des Angeklagten zu beweisen.[19] Da aber angesichts der drohenden Todesstrafe kaum ein Angeklagter bereit war, ein Geständnis abzulegen, wurde es häufig mit der „peinlichen Frage", also der Folter, erzwungen. Insoweit trat daher die Folter als „trauriger Schatten des Inquisitionsprozesses"[20] ihren Siegeszug in den deutschen Territorien an.

Im Inquisitionsprozess fanden die wesentlichen Verfahrensabschnitte nicht öffentlich statt.[21] So wurde vor allem die Ermittlung von beauftragten Schöffen in verschlossenen Amtsstuben und Folterkammern vorgenommen. Das Volk wurde – in Abkehr vom germanischen Recht – von der Richterbank verdrängt. Der Inquisitor war Ankläger, Verteidiger und Richter in einer Person, der Verletzte war Zeuge und der Verdächtige das Untersuchungsobjekt des Verfahrens, der sog. Inquisit.[22] Seine Kodifikation fand der mittelalterliche Inquisitionsprozess in einigen Gesetzen wie etwa der Ellwanger Halsgerichtsordnung von 1466, der Nürnberger Halsgerichtsordnung von 1485 und der Tiroler Malefizordnung von 1499.[23]

III. Rezeption und CCC

Trotz solcher – überwiegend noch in mittelalterlichem Rechtsdenken befangenen[24] – Kodifikationen kam es bei dem seit 1495 bestehenden Reichskammergericht vermehrt zu Klagen über Justizmorde und -willkür.[25] So war insbesondere die Anwendung der Folter mit ihren einschneidenden, teilweise tödlichen Folgen, an keinen Verdachtsgrad gebunden, sondern letztlich in das Ermessen des Untersuchenden gestellt.[26] Auf Bericht des Reichskammergerichtes hin beschloss daher 1498 der **Freiburger Reichstag** eine Reformation des Straf- und Strafprozessrechtes, die zu einer einheitlichen Regelung im Reich führen sollte.

Dagegen zeichnete sich das **oberitalienische Stadtrecht** dieser Zeit, das aus einer Verschmelzung von römischem und kanonischem Recht entstanden war, durch eine klare Begrifflichkeit und Systematisierung aus und wurde wegen seiner Überlegenheit gegenüber der deutschen Strafrechtspflege bis Anfang des 16. Jahrhunderts in den deutschen Gebieten rezipiert. Zum einen betrieben deutsche *doctores iuris* an oberitalienischen Hochschulen, etwa in Bologna, ihre Studien und brachten ihr Wissen mit nach Deutschland.[27] Zum anderen führte auch populärwissenschaftliche Literatur, wie etwa der 1509 erschienene Laienspiegel von *Ulrich Tengler*, zur Übernahme des italienischen Rechts.[28] Dies schlug sich in Neukodifikationen nieder, z.B. in der Wormser Reformation von 1498 und der *Constitutio Criminalis Bambergensis* (CCB) von 1507.[29] In der CCB findet sich u.a. das Erfordernis einer Verteidigung und die Bindung der

---

19 Zur Bedeutung des Geständnisses vgl. *Rüping/Jerouschek* Rn 78; *Sellert* 111.
20 *Schmidt* § 78.
21 *Roxin*, 25. Aufl., § 67/7; *Schmidt* § 79.
22 *Roxin*, 25. Aufl., § 67/7.
23 Hierzu *Schmidt* § 82.
24 *Sellert* 192.
25 *Rüping/Jerouschek* Rn 95.
26 *Roxin*, 25. Aufl., § 68/1.
27 *Rüping/Jerouschek* Rn 86.
28 *Roxin*, 25. Aufl., § 68/3.
29 *Rüping/Jerouschek* Rn 97; *Schmidt* § 87.

10 Folter an indizielle Voraussetzungen und Verhältnismäßigkeit, wodurch der polizeilichen Willkür ein Riegel vorgeschoben wurde.³⁰

Eine einheitliche Regelung für das Heilige Römische Reich wurde jedoch erst durch die – auf die Initiative des Reichstages von 1498 zurückgehende – **peinliche Gerichtsordnung Kaiser Karls V.**, die *Constitutio Criminalis Carolina* (CCC), geschaffen.³¹ Die auf dem Regensburger Reichstag von 1532 beschlossene CCC überwand den Widerstand einiger mächtiger Territorialfürsten durch die Einfügung einer salvatorischen Klausel, die neben der CCC die Anwendung des Landesrechtes zuließ.³² Wesentlichen Einfluss auf die Entstehung der CCC hatte *Johann von Schwarzenberg* (1465 – 1528), der zwar kein gelehrter Jurist, dafür aber eine bedeutende Richterpersönlichkeit der damaligen Zeit war. *Schwarzenberg* hatte bereits die CCB verfasst, die als Vorbild für den Inhalt der CCC diente (*mater Carolinae*).³³ In materieller Hinsicht umschreibt die CCC einige Tatbestände nur mit der Bezeichnung des Verbrechens und ließ Analogien zu. Es finden sich aber auch erste abstrahierende Definitionen einzelner Delikte.³⁴ Prozessual setzte die CCC den Inquisitionsprozess endgültig durch. Das Anklageverfahren blieb zwar möglich, doch wurde der Kläger inhaftiert, wenn er nicht Bürgschaft leistete, da er dem Angeklagten allen Schaden ersetzen musste, falls sich die Klage als erfolglos erwies; ihm wurde damit seine Rolle als privater Kläger „gründlichst verleidet".³⁵

11 Der Prozess nach der CCC blieb schriftlich und geheim. Öffentlich war nur der sog. endliche Rechtstag, bei dem lediglich das schon feststehende Urteil bekannt gegeben und der Angeklagte ohne ein Rechtsmittel dem Henker zur Vollstreckung übergeben wurde.³⁶ Als Beweismittel³⁷ kam neben dem Betreffen des Angeklagten auf frischer Tat das Zeugnis zweier glaubhafter Zeugen in Betracht. Vor allem war aber das Geständnis wichtigstes Beweismittel. Dieses konnte auch nach der CCC mit der Folter erpresst werden, die nach Art, Dauer und Intensität nicht geregelt war.³⁸ Nur war die Folter an gewisse Voraussetzungen gebunden. So durfte sie nur angewendet werden, wenn weder ein Geständnis noch ein ausreichender Zeugenbeweis vorlag. Zudem machte die CCC die Folter vom Vorliegen bestimmter Indizien abhängig, weshalb sich eine umfassende Indizienlehre entwickelte.

IV. Der gemeine deutsche Strafprozess

12 Trotz ihrer salvatorischen Klausel, welche ihre Einführung ins Belieben der Territorialfürsten stellte, fand die CCC schließlich in fast allen deutschen Territorien Anerkennung.³⁹ In einigen deutschen Territorialstaaten, z.B. in Mecklenburg und Schaumburg-Lippe, galt sie bis zur Neugründung des Reiches im Jahr 1871. Insoweit war die CCC Grundlage des in Wissenschaft und Praxis fortentwickelten (all)gemeinen deutschen Straf- und Strafprozessrechtes. Vor allem *Benedict Carpzov* (1595 – 1666), der als Begründer der deutschen Strafrechtswissenschaft gilt, beeinflusste die weitere Entwick-

---

30 *Schmidt* § 88.
31 Näher zur CCC: *Schroeder* (Hrsg.), Die Carolina, 1986.
32 *Roxin*, 25. Aufl., § 69/4; *Sellert* 193, 194.
33 *Schmidt* § 87; *Sellert* 197 f.
34 *Rüping/Jerouschek* Rn 101.
35 *Schmidt* § 108.
36 *Köbler*, 162.
37 Zum Beweisrecht der CCC vgl. *Ignor* 62 ff.
38 *Rüping/Jerouschek* Rn 106.
39 *Rüping/Jerouschek* Rn 111.

lung maßgeblich.⁴⁰ Er war ab 1623 Mitglied des Leipziger Schöppenstuhls und später auch Professor an der Juristischen Fakultät der Universität Leipzig. In seinem bedeutsamen Werk „Practica nova Imperialis Saxonica rerum Criminalium" von 1635 wertete er die bisher vorliegenden Akten und Aufzeichnungen am Leipziger Schöppenstuhl aus und gab so den Rechtsanwendern ein praktisches Nachschlagewerk an die Hand.

Obwohl bedeutende Persönlichkeiten wie *Carpzov* eher zu einem vorsichtigen Umgang mit der Folter rieten,⁴¹ sah die Praxis des Strafprozesses unter Geltung des gemeinen Rechts diesbezüglich finster aus.⁴² Da zwei glaubhafte Zeugen für den Schuldbeweis oft nicht zur Verfügung standen, kam es zu einer ausgedehnten Anwendung der Folter. Namentlich die **Hexenprozesse**, bei denen den Beschuldigten vorgeworfen wurde, mithilfe übersinnlicher Kräfte Krankheiten, Unglücksfälle oder sonstige Unannehmlichkeiten bei ihren Mitbürgern verursacht zu haben, waren charakteristisch für die Strafrechtspflege des 16. und 17. Jahrhunderts.⁴³ Bei solchen Vorwürfen gab es naturgemäß kein greifbares *corpus delicti*, so dass das unter der Folter abgepresste Geständnis praktisch die einzige Möglichkeit war, das Verbrechen nachzuweisen.⁴⁴ Da es sich bei der Hexerei zudem um ein besonders schweres Ausnahmeverbrechen handelte, war weder die Strafzumessung noch die Sachverhaltsermittlung (durch Folter) an die üblichen gesetzlichen Grenzen gebunden.⁴⁵ Der Hexenverfolgung sind in Europa im Zeitraum von der Mitte des 16. bis zur Mitte des 17. Jahrhunderts schätzungsweise zwischen 100.000⁴⁶ und einer Million⁴⁷ Menschen zum Opfer gefallen.

13

V. Der reformierte deutsche Strafprozess

1. Die Abschaffung der Folter

In seiner Schrift „Cautio Criminalis" von 1631 wendet sich der Jesuit *Friedrich von Spee* (1591–1635) gegen die Anerkennung der Hexerei als Straftatbestand. Unter Anwendung der Folter sei fast jeder Angeklagte, welcher der Hexerei beschuldigt werde, verloren: Gesteht er, erspart ihm dies die Folter, führt aber zu einem Todesurteil; gesteht er nicht, wird er so lange gefoltert, bis er letztlich doch ein Geständnis ablegt oder bei der Folter stirbt.⁴⁸ Ähnlich wandte sich der Frühaufklärer *Christian Thomasius* (1655–1728) gegen den gemeinrechtlichen Inquisitionsprozess und den Missbrauch der Folter als Hauptursache der vernunftwidrigen Hexenprozesse.⁴⁹ Vor allem aber *Cesare Beccaria*⁵⁰ (1738–1794) übte durch seine Abhandlung „De delitti e delle pene" (1764)⁵¹ einen europaweiten Einfluss auf die Umgestaltung des Strafverfahrens aus. *Beccaria* stellte neben ihrer Inhumanität auch den aus damaliger Sicht noch gewichtigeren Aspekt der Untauglichkeit der Folter zur Ermittlung der Wahrheit heraus.⁵²

14

---

40 *Ignor* 88; zur Person Carpzovs vgl. *Schmidt* § 137 ff.
41 *Schmidt* § 142.
42 Ausf. zum gemeinen Beweisrecht *Schmoeckel*, 187 ff.
43 *Schmidt* § 202.
44 *Rüping/Jerouschek* Rn 145.
45 *Ignor* 102, 103.
46 *Rüping/Jerouschek* Rn 147.
47 *Eisenhardt* Rn 473.
48 Vgl. hierzu die 16. Frage der Cautio criminalis, dt. Ausgabe 7. Aufl. 2003, Hrsg. von *Ritter*.
49 *Schmidt* § 204.
50 Zu *Beccaria* und seinem Werk vgl. *Ignor* 175 ff.; *Schmidt* § 209.
51 *Beccaria*, Über Verbrechen und Strafe, 1764, dt. Ausgabe 1905, Nachdruck 1990.
52 Über Verbrechen und Strafe, § 12.

§ 34 5. Abschnitt: Geschichte, Reform

15 Mit der Abkehr von der Folter[53] mussten neue Methoden gefunden werden, um sich ein Bild von Schuld bzw. Unschuld des Angeklagten zu machen. Man ging dazu über, eine **Verurteilung aufgrund von Indizien** zu legitimieren, indem man die Wahrheit im juristischen Sinne nicht mehr als absolute Wahrheit, sondern als möglichst hohe Wahrscheinlichkeit verstand.[54] So entwickelten neben *Beccaria* auch andere Autoren der Aufklärung umfassende Indiziensysteme, anhand derer Schuld bzw. Unschuld des Angeklagten ermittelt werden sollte,[55] namentlich *Hanns Ernst von Globig* (1755–1826), *Johann Georg Huster* (1775–1803)[56] und *Paul Johann Anselm von Feuerbach* (1775–1833).[57] Bei der Umsetzung der Idee einer neuen Praxis der Rechtsanwendung nahm Preußen eine Vorreiterrolle ein. Nur vier Tage nach seinem Regierungsantritt schaffte *Friedrich der Große* 1740 grds.[58] die Folter ab.[59] 1754 ordnete er unter Befreiung von der alten Beweisregeln eine Urteilsfindung aufgrund einer pflichtgemäßen Beweiswürdigung an.[60] Fast 100 Jahre später wurde 1844 unter dem Einfluss *von Savignys*, der seit 1842 preußischer Minister für Gesetzgebung war, erstmals das **Prinzip der freien richterlichen Beweiswürdigung** gesetzlich normiert.[61]

2. Die Umgestaltung von Verfahrensgang und Gerichtsverfassung

16 Die Kritik am Inquisitionsprozess bezog sich auch auf die Rolle des Inquisitors als Ankläger, Verteidiger und Richter in einer Person.[62] Die sich aus dieser Machtposition ergebende „Willkühr" der Richter war nach der zeitgenössischen Einschätzung des Landshuter Professors *Joseph Stürzer* „das größte Ungeheuer im Staate".[63] Die Forderung, dass niemand zugleich (An-)Kläger und Richter sein dürfe, wurde insbesondere von *Gallus Aloys Kleinschrod* (1762–1824) aufgegriffen,[64] der die Einführung des Anklageprinzips und eine Trennung der Ämter des Richters, Verteidigers und Anklägers befürwortete. Nur so sei die volle Unparteilichkeit des Richters gewährleistet und die korrekte Anwendung des Rechts garantiert. Durch die Einführung des Anklageprinzips bei gleichzeitiger Beibehaltung des inquisitorischen Prinzips der materiellen Wahrheitsermittlung sollte ein Ausgleich zwischen dem Interesse an einem möglichst weitgehenden Schutz des Bürgers einerseits und dem Interesse an einer effektiven Strafverfolgung andererseits erreicht werden.[65] Damit war das – heute in § 151 normierte – **Akkusationsprinzip** formuliert und die theoretische Grundlage für die Einrichtung der **Staatsanwaltschaft** geschaffen.

---

53 Näher *Schmoeckel*, 575 ff.
54 *Ignor* 185.
55 *Ignor* 186 ff.
56 *Von Globig* und *Huster* waren sächsische Strafjuristen, die durch ihre 1779 verfasste Preisschrift für die „Ökonomische Gesellschaft Bern" berühmt wurden. Thema der Arbeit war u.a. eine mögliche Neugestaltung des Strafverfahrens unter Berücksichtigung des Schutzes und der Freiheit der Bürger sowie eine mögliche Neugestaltung des Beweisrechtes; abgedruckt in: Vormbaum, Texte zur Strafrechtstheorie der Neuzeit, Bd. I, 1993, Text 13; vgl. hierzu auch *Ignor* 177 ff.; *Schmidt* § 213.
57 Zu *Paul Johann Anselm von Feuerbach*, dem Begründer der modernen deutschen Strafrechtslehre, vgl. *Schmidt* §§ 223 ff.
58 1754 wurden auch die noch geltenden Ausnahmen für Majestätsbeleidigung und Hochverrat abgeschafft.
59 Ausf. zu den vielfältigen Gründen für diesen Schritt *Schmoeckel*, 19 ff., 567 ff. und passim.
60 Zur Entwicklung in Preußen *Schmidt* § 253.
61 Näher *Ignor* 268 f.
62 *Ignor* 158; *Schmidt* § 287: „Hauptübel des Inquisitionsprozesses".
63 *Ignor* 154 f.
64 Zu *Kleinschrod* näher *Schneider*, Gallus Aloys Kleinschrod – Sein Leben und Wirken, 1976.
65 *Ignor* 181 ff.

§ 34 Historischer Abriss

Der Inquisitionsprozess des gemeinen Rechts fand weitgehend unter Ausschluss der Öffentlichkeit statt, mit der Folge, dass niemand außer dem Inquisitor einen Überblick über den tatsächlichen Ablauf des Verfahrens und absichtliche oder fahrlässige Rechtsverletzungen hatte. *Beccaria* verlangte daher in „De delitti e delle pene" die **Öffentlichkeit des Strafverfahrens**, um das Verfahren für die Bevölkerung durchschaubar zu machen.[66] Um dies zu ermöglichen musste er zugleich die **Mündlichkeit des Strafverfahrens** fordern. Impulse in diese Richtung kamen auch aus Frankreich, wo insbesondere *Charles de Montesquieu* (1689–1755) in seinem Werk „Esprit des lois" (1748)[67] für die Gewaltenteilung, eine unabhängige Justiz und die Öffentlichkeit des Strafverfahrens kämpfte. Er befürwortete auch die Einführung von Geschworenengerichten, wie sie später im Zuge der französischen Revolution geschaffen wurden. Das Pariser Revolutionstribunal, ein Sondergerichtshof für politische Delikte, brachte jedoch wegen der von ihm verhängten zahlreichen Todesurteile nicht nur in Frankreich die Geschworenengerichte in Misskredit. In der Folgezeit wurde der reformierte Strafprozess[68] in Deutschland als ein öffentliches, mündliches Verfahren verstanden, bei dem die StA die Anklage vertritt und Berufs- und Laienrichter nach ihrer freien, aus der Verhandlung geschöpften Überzeugung urteilen.[69] Ab 1848 finden sich in den meisten deutschen Partikularstaaten entsprechende Strafprozessordnungen.[70] Unangetastet blieb jedoch das inquisitorische Prinzip, nach dem der Richter den Sachverhalt von Amts wegen ermittelt.

VI. Einführung der RStPO und des GVG

Die politische Forderung nach einer einheitlichen Gerichtsbarkeit in Deutschland hatte in dem Reichsverfassungsentwurf der Frankfurter Nationalversammlung von 1849 eine entscheidende Rolle gespielt.[71] Ermöglicht wurde eine einheitliche Regelung des Strafverfahrens nebst Gerichtsverfassung erst 1867 mit der Gründung des Norddeutschen Bundes und sodann 1871 für alle deutschen Territorialstaaten mit Reichsgründung. In den Jahren 1873 bis 1876 wurden – nach zahlreichen Vorarbeiten zu einer RStPO[72] – in Beratungen des Reichsjustizamtes, des Bundesrates sowie in Reichstagsverhandlungen und Sitzungen der Reichsjustizkommission die Reichsjustizgesetze[73] ausgearbeitet. Am 27. Januar 1877 wurde das GVG, am 1. Februar 1877 die RStPO ausgefertigt; in Kraft traten beide am 1. Oktober 1879.[74]

Inhaltlich überwindet die RStPO endgültig den gemeinrechtlichen Inquisitionsprozess zugunsten des reformierten deutschen Strafverfahrens,[75] indem sie dessen Grundstrukturen – Anklageprinzip, Offizialmaxime, Öffentlichkeit, Mündlichkeit und Unmittelbarkeit des Verfahrens – kodifizierte. Hinsichtlich der Laienbeteiligung, die der konser-

---

66 Näher *Ignor* 183.
67 Vom Geist der Gesetze, 1748, übersetzt, eingeleitet und herausgegeben von *Forsthoff*, 2 Bände, 2. Aufl. 1992.
68 Zu dessen unterschiedlicher Durchsetzung mit vielfältigen Übergangsformen in den deutschen Territorialstaaten vgl. *Rüping/Jerouschek* Rn 247 ff.
69 *Rüping/Jerouschek* Rn 243.
70 *Roxin*, 25. Aufl., § 70/8.
71 *Eisenhardt* Rn 644, 656; zu Partikularismus und Einheitsgedanken in den deutschen Territorien *Sellert* JuS 1977, 781 f.
72 LR-*Kühne* Einl. Abschn. F Rn 5, 6.
73 Ausf. zu den Reichsjustizgesetzen *Landau* in: Bundesministerium der Justiz (Hrsg.), Vom Reichsjustizamt zum Bundesministerium der Justiz, 1977, 161 ff.; *Sellert* JuS 1977, 781 ff.
74 Vgl. LR-*Kühne* Einl. Abschn. F Rn 8 ff.; *Roxin*, 25. Aufl., § 71/2.
75 LR-*Kühne* Einl. Abschn. F Rn 1.

vative Bundesrat zurückdrängen, der liberale Reichstag jedoch stärken wollte, kam es im GVG zu einem Kompromiss: Für die leichten Delikte wurden Schöffengerichte, für die mittelschweren Taten ausschließlich mit Berufsrichtern besetzte Strafkammern und für die schwersten Verbrechen Geschworenengerichte, bei denen die Aufgabe der Rechtsfindung zwischen drei Berufsrichtern und zwölf Geschworenen aufgeteilt war, eingeführt.[76]

VII. Die Entwicklung bis 1933

20 Bis zum Ende des Kaiserreiches 1918 hatten sich im Strafverfahrensrecht und der Gerichtsverfassung, bis auf kriegsbedingte und weitgehend auf die Dauer des Krieges beschränkte Maßnahmen, keine wesentlichen Änderungen ergeben. Einzelne Vorstöße des Parlaments und früh einsetzende Bemühungen um eine umfassende Reform mündeten lediglich 1909 in einen als rechtsstaatlich und beschuldigtenfreundlich zu qualifizierenden, aber nicht realisierten Entwurf einer Strafprozessordnung und einer Novelle zum GVG.[77]

21 In der Zeit der Weimarer Republik scheiterten mehrere Versuche einer umfassenden Reform des Strafprozessrechts.[78] Es wurde jedoch im Jahr 1923 das bis heute geltende JGG eingeführt, das u.a. spezifische Regelungen für das Strafverfahren gegen Jugendliche und besondere Abteilungen an den Amtsgerichten für Jugendsachen vorsieht.[79] Außerdem kam es zu einigen gewichtigen Einzeländerungen. So wurden durch die nach dem damals verantwortlichen Reichsjustizminister benannte *Emminger'sche* Reform von 1924[80] das echte Geschworenengericht (unter formaler Beibehaltung seiner Bezeichnung) zugunsten eines großen Schöffengerichts abgeschafft.

VIII. Die Zeit des Nationalsozialismus

22 Nach 1933 sind die meisten Gesetzesänderungen durch einen kontinuierlichen Abbau rechtsstaatlicher Einrichtungen gekennzeichnet. *Adolf Hitler* forderte bereits anlässlich der Machtübernahme „eine Elastizität der Urteilsfindung zum Zweck der Erhaltung der Gesellschaft". Gemeint war damit eine Aufweichung von schützenden Förmlichkeiten und Individualrechten im Prozess zugunsten eines i.S.d. Nationalsozialisten gewünschten Ergebnisses.[81] V.a. wollte man politisch oder sonst missliebige Personen nach freiem Ermessen in „Schutzhaft" nehmen, d.h. sie im KZ oder sonstigen Internierungseinrichtungen verschwinden lassen. Hierzu wurden die polizeilichen Befugnisse, wie etwa die der Gestapo, gestärkt. Durch die Verordnung des Reichspräsidenten zum Schutze von Volk und Staat vom 28. Februar 1933 wurde ein polizeiliches Verhaftungsrecht, das jeder richterlichen Kontrolle entzogen war, eingeführt, das zu einer „Entfesselung der Polizeigewalt" führte.[82]

23 Charakteristisch für die nationalsozialistische Diktatur war ferner das Bestehen zahlreicher Sondergerichte von Wehrmacht, SS und Polizei.[83] Hervorzuheben ist der Volks-

---

76 *Roxin*, 25. Aufl., § 71/1.
77 Vgl. LR-*Kühne* Einl. Abschn. F Rn 18 ff.; *Schmidt* § 339.
78 Hierzu LR-*Kühne* Einl. Abschn. F Rn 30 ff.; *Schmidt* § 340.
79 Zur Geschichte des JGG *Eisenberg* JGG, Einl. Rn 1 ff.
80 Näher *Vormbaum*, Die Lex Emminger vom 4. Januar 1924, 1988.
81 LR-*Kühne* Einl. Abschn. F Rn 46; *Rüping/Jerouschek* Rn 285.
82 *Schmidt* § 353.
83 Zu den Sondergerichten *Eisenhardt* Rn 886; zum Volksgerichtshof *Marxen*, Das Volk und sein Gerichtshof, 1994.

gerichtshof, der 1934 nach dem für die Nationalsozialisten enttäuschenden Ausgang des Reichstagsbrandprozesses vor dem Reichsgericht errichtet wurde und erst- wie auch letztinstanzlich für schwere politische Kriminalität sowie für Hoch- und Landesverrat zuständig war. Er war zwar als ordentliches Gericht im Sinne des GVG statuiert, begriff sich aber zunehmend als Kampfinstrument zur Vernichtung des politischen Gegners.[84] So verhängte er unter Vorsitz von *Roland Freissler* von 1942 bis 1944 in fast 50 % der Fälle die Todesstrafe. Zudem stärkten die Nationalsozialisten ihre Machtposition durch intensive Lenkung der Justiz,[85] indem beamtenrechtliche Möglichkeiten geschaffen wurden, missliebige Entscheidungen durch Versetzung des Richters in den Ruhestand oder Ähnliches abzustrafen.[86] Zur Absicherung politisch erwünschter Ergebnisse wurde dem „Führer" 1939 obendrein noch das Recht eines „außerordentlichen Einspruchs" gewährt, mit dem er jedes rechtskräftige Urteil kassieren und eine Neuverhandlung erzwingen konnte, und zwar vor einem besonderen Senat des Reichsgerichtes oder des Volksgerichtshofes.

IX. Die Entwicklung des Strafprozessrechtes seit 1945

Mit der Zerschlagung des Dritten Reiches im Jahr 1945 ging die Regierungsgewalt, darunter die Justizhoheit und die Gesetzgebung, auf die Besatzungsmächte über. Eine länderübergreifende Staatsgewalt gab es nicht. Durch die Anknüpfung an das Reichsrecht vor 1933 blieben jedoch einige Gemeinsamkeiten bezüglich Gerichtsverfassung und des Verfahrensrechtes erhalten.[87] Durch das Inkrafttreten des Grundgesetzes am 23. Mai 1949 wurde in den westlichen Besatzungszonen mit der Bundesrepublik Deutschland wieder eine einheitliche Staatsgewalt geschaffen. Die dadurch eröffnete Möglichkeit der **Rechtsvereinheitlichung** wurde mit dem Vereinheitlichungsgesetz vom 12. September 1950 wahrgenommen. Durch dieses Gesetz erhielten ZPO, StPO und GVG vom Gesetzgeber eine neue Fassung. Inhaltlich wurde durch die Beseitigung der nationalsozialistischen Änderungen weitgehend der Rechtszustand vor 1933 wieder hergestellt. Neu war lediglich die Regelung der verbotenen Vernehmungsmethoden in § 136a, mit der auf die Erfahrungen während des Nationalsozialismus reagiert wurde.[88]

24

Erst mit der sog. **kleinen Strafprozessreform** von 1964 ergaben sich erste wichtige Änderungen im Strafverfahrensrecht. Der Schwerpunkt lag hierbei, verfassungsrechtlichen Vorgaben folgend, vor allem in der Verbesserung der Stellung des Beschuldigten. So wurde insbesondere die Untersuchungshaft neu geregelt und das rechtliche Gehör verbessert.[89]

25

Mit der am 1. Januar 1975 in Kraft getretenen Gesetzestrias des Einführungsgesetzes zum Strafgesetzbuch (EGStGB), des Ersten Gesetzes zur Reform des Strafverfahrensrechts (1. StVRG) und des Gesetzes zur Ergänzung des Ersten Gesetzes zur Reform des Strafverfahrensrechts (1. StVRGErgG) wurden danach die **umfangreichsten Änderungen** seit der Schaffung von StPO und GVG verwirklicht. Das EGStGB enthielt eine Reihe eigenständiger strafverfahrensrechtlicher Neuregelungen; z.B. wurde die Mög-

26

---

84 *Eisenhardt* Rn 887 ff.; *Rüping/Jerouschek* Rn 289.
85 LR-*Kühne* Einl. Abschn. F Rn 50, 54.
86 *Schmidt* § 357; zur Einflussnahme auf die Justiz *Eisenhardt* Rn 876 ff.
87 LR-*Kühne* Einl. Abschn. F Rn 74 ff.
88 *Roxin*, 25. Aufl., § 72/1.
89 *Dahs* NJW 1965, 81 ff.; *Kleinknecht* JZ 1965, 113 ff., 153 ff.; LR-*Kühne* Einl. Abschn. F Rn 97 ff.

lichkeit der Verfahrenseinstellung nach der Erfüllung von Auflagen und Weisungen (§ 153a) eingeführt.⁹⁰ Das 1. StVRG hatte vornehmlich zum Ziel, eine Vereinfachung und Beschleunigung des Strafverfahrens herbeizuführen. So wurde etwa die Zuständigkeit der Gerichte zugunsten einer erweiterten Zuständigkeit der StA beschnitten. Ferner wurden die Schwurgerichte abgeschafft und Strafkammern mit besonderer Zuständigkeit konstituiert.⁹¹ Das 1. StVRGErgG wiederum war weitgehend von der Reaktion auf die Bedrohung durch terroristische Aktivitäten, namentlich durch die sog. „Rote Armee Fraktion" (RAF), geprägt. Es sah u.a. eine Ausschließung des Verteidigers (§§ 138a ff.), die Begrenzung der Zahl der Verteidiger auf drei (§ 137 Abs. 1 S. 2) und das Verbot der Mehrfachverteidigung (§ 146) vor.⁹²

27 Die größeren Reformen in der Folgezeit hatten neben der effektiveren Ausgestaltung der Bekämpfung des Terrorismus und der organisierten Kriminalität den Opferschutz und die Verfahrensvereinfachung und -beschleunigung zum Ziel.⁹³ Das Opferschutzgesetz von 1986 brachte eine verfahrensrechtliche Besserstellung des Tatopfers im Strafverfahren durch eine Neuregelung der Nebenklage und Änderungen des Adhäsionsverfahrens mit sich.⁹⁴ Mit dem Gesetz gegen die organisierte Kriminalität (OrgKG) von 1992 wurde unter anderem der Zeugenschutz (§§ 168e, 200, 222 StPO, § 172 GVG) geändert und die Ermittlungsmethoden der Rasterfahndung (§§ 98a ff.), des Einsatzes technischer Mittel (§§ 100c a.F., 100d a.F.), des Einsatzes verdeckter Ermittler (§§ 110a ff.) und der polizeilichen Beobachtung (§ 163e) geregelt.⁹⁵ 1998 wurde nach der Änderung von Art. 13 GG der sog. „große Lauschangriff" eingeführt.

28 Die Wiederherstellung der innerdeutschen Rechtseinheit nach der Wiedervereinigung am 3. Oktober 1990 wurde im Strafverfahrensrecht durch die Erstreckung der StPO und des GVG auf das vereinigte Deutschland bewirkt. Übergangsregelungen zur StPO ermöglichten die Aufhebung von Justizunrecht in der DDR.⁹⁶

---

90 LR-*Kühne* Einl. Abschn. F Rn 111.
91 LR-*Kühne* Einl. Abschn. F Rn 112 ff.
92 LR-*Kühne* Einl. Abschn. F Rn 115 ff.; *Roxin*, 25. Aufl., § 72/9.
93 LR-*Kühne* Einl. Abschn. F Rn 120 ff., 127 ff., 143; *Meyer-Goßner* NJW 1993, 498 ff.; *Rudolphi* JuS 1978, 864 ff.
94 LR-*Kühne* Einl. Abschn. F Rn 125 ff.; *Weigend* NJW 1987, 1170 ff.
95 *Hilger* NStZ 1992, 457 ff.; LR-*Kühne* Einl. Abschn. F Rn 139 ff.
96 LR-*Kühne* Einl. Abschn. F Rn 177 ff.

§ 35 Europäische Perspektive

I. Ebenen der „Europäisierung"[1]

Das Strafverfahrensrecht ist zunehmend europäischen Einflüssen unterworfen. Um diese „Europäisierung" des Strafverfahrens verstehen zu können, sind verschiedene europäische Rechtsräume zu unterscheiden: der Europarat, die Europäische Union (EU) und das Schengener Durchführungsübereinkommen (SDÜ).

Der **Europarat** ist eine Organisation auf politischem Gebiet, die am 5. Mai 1949 gegründet wurde und der zwischenstaatlichen Zusammenarbeit dient.[2] Im Rahmen des Europarates wurde als wichtigstes Vertragswerk die **Konvention zum Schutz der Menschenrechte und Grundfreiheiten** vom 4. November 1950 (EMRK) geschaffen. Die EMRK enthält wichtige strafprozessuale Garantien, die gleichsam einen verfahrensrechtlichen Mindeststandard in Europa festschreiben.[3]

In Deutschland ist der völkerrechtliche Vertrag der EMRK mittels Transformationsgesetz umgesetzt worden und gilt als einfaches Bundesgesetz (Art. 59 Abs. 2 GG). Dennoch führt die sog. **konventionskonforme Auslegung**[4] des Bundesrechts, v.a. auch in Fällen, in denen Kollisionen zwischen GG und EMRK zu lösen sind, zu einem **faktischen Vorrang** der EMRK.[5] Für das Strafverfahrensrecht ist **Art. 6 EMRK** von besonderer Bedeutung, da in dessen Abs. 1 und 3 wichtige (Justiz-)Grundrechte,[6] in Abs. 2 die Unschuldsvermutung und in Abs. 3 weitere Grundrechte festgeschrieben sind. Durchgesetzt werden können die in der EMRK verbürgten Rechte vor dem Europäischen Gerichtshof für Menschenrechte (EGMR) in Straßburg. Zwar kann der EGMR nicht selbst Urteile der Gerichte der Mitgliedsstaaten aufheben, doch haben die jeweils beteiligten Mitgliedsstaaten die Urteile des Gerichtshofes zu befolgen (Art. 46 EMRK); die deutsche StPO erkennt die Feststellung der Konventionswidrigkeit zudem als Wiederaufnahmegrund (§ 359 Nr 6) an.[7] Der EGMR selbst kann aber dem Verletzten eine „gerechte Entschädigung" zusprechen.[8]

Im August 2018 ist mit dem 16. Zusatzprotokoll zur EMRK die Möglichkeit geschaffen worden, dass sich die höchsten Gerichte der Einzelstaaten bei Zweifeln über die Anwendung oder Auslegung der EMRK in einem Dialogverfahren an den EGMR wenden können. Zum Zeitpunkt der Drucklegung dieses Buches hat Deutschland dieses Zusatzprotokoll aber weder unterzeichnet, noch ratifiziert.

Die **EU** ist eine Institution, die mit dem **Vertrag von Lissabon**[9] (gem. Art. 1 Abs. 3 S. 3 EUV)[10] als Rechtsnachfolgerin an die Stelle der Europäischen Gemeinschaft (EG) getreten ist und damit nunmehr über eigene Rechtspersönlichkeit[11] verfügt.[12] Der am

---

1 Umfassender Überblick bei *Satzger* §§ 8 ff.
2 Vgl. Art. 1 der Satzung des Europarates, abgedruckt in Sartorius II, Nr 110.
3 Sieber-*Kreicker* § 51 Rn 1 ff.; ausf. *Esser*, Auf dem Weg zu einem europäischen Strafverfahrensrecht, 2002, 51 ff.
4 BVerfGE 74, 358; BGHSt 46, 93.
5 *Beulke/Swoboda* Rn 9; lesenswert *Zehetgruber* ZJS 2016, 23 ff.
6 Guter Überblick bei BeckOK/*Valerius* Art. 6 EMRK Rn 2 ff.; 35 ff.; ausf. MK-*Gaede* Art. 6 EMRK Rn 97 ff.; 140 ff.
7 Für einen vertiefenden weiteren Zugang s. *Beulke/Swoboda* Rn 9c f.
8 S. dazu *Meyer-Ladewig/Brunozzi* Art. 41 Rn 1 ff. und passim.
9 Zur Rechtsprechung des BVerfG zum Vertrag besonders aus strafrechtlicher Sicht *Meyer* NStZ 2009, 657.
10 Vertrag über die Europäische Union i.d.F. des Vertrags von Lissabon.
11 Art. 47 EUV erkennt die eigene Rechtspersönlichkeit der EU ausdrücklich an.
12 Zu den strukturellen Änderungen und ihren Folgen *Zimmermann* Jura 2009, 844.

1.12.2009 in Kraft getretene Vertrag von Lissabon trat an die Stelle des zunächst angestrebten Verfassungsvertrages, der letztlich aber nicht ratifiziert wurde. Mit dem Vertrag von Lissabon wurde die, nach gebräuchlicher Metaphorik bekannte, **Drei-Säulen-Struktur** der EU **aufgelöst**. Danach glich die EU einem Tempel, dessen Dach auf verschiedenen Säulen ruhte: Die *erste Säule* bildeten die beiden supranationalen Europäischen Gemeinschaften (EG und EAG oder Euratom), die *zweite Säule* die Gemeinsame Außen- und Sicherheitspolitik (GASP) und die *dritte Säule* die Polizeiliche und Justizielle Zusammenarbeit in Strafsachen (PJZS). Bei den beiden letzteren Bereichen handelt es sich um eine intergouvernementale Zusammenarbeit, so dass sich das in diesem Rahmen geschaffene Recht in seinen völkerrechtlichen, also zwischenstaatlichen Regelungen erschöpft, wobei freilich für den Bereich der Strafverfolgung die PJZS besondere Beachtung zu finden hat.

5   In dem nun an die Stelle des EGV getretenen **AEUV** (Vertrag über die Arbeitsweise der Europäischen Union) ist diese ehemalige dritte Säule der PJZS in Art. 82 ff. zu finden. Gemäß Art. 6 Abs. 1 EUV erkennt die Union die Rechte, Freiheiten und Grundsätze an, die in der **Charta der Grundrechte der Europäischen Union** vom 7.12.2000[13] in der am 12.12.2007 in Straßburg angepassten Fassung niedergelegt sind.[14] Die Charta ist somit Teil des Primärrechts und steht auf gleicher Stufe mit den Verträgen. Sie kann den Geltungsbereich des Unionsrechts allerdings nicht über die in den Verträgen festgelegten Zuständigkeiten hinaus ausdehnen (vgl. Art. 6 Abs. 1 EUV, Art. 51 Abs. 2 GRC).[15] Für die Mitgliedsstaaten besteht eine Verpflichtung zur Einhaltung der in der Charta garantierten Grundrechte nur dann, wenn sie im Anwendungsbereich des Unionsrechts handeln.[16]

6   Das **Schengener Durchführungsübereinkommen (SDÜ)** ist ein völkerrechtlicher Vertrag. Mit dem Schengener Übereinkommen (Schengen I) vereinbarten 1985 die Benelux-Staaten, Frankreich und Deutschland den schrittweisen Abbau der Kontrollen an den gemeinsamen Grenzen. Im Jahr 1990 einigte man sich auf das SDÜ (Schengen II), das Regelungen enthält, um den im Zuge des Grenzabbaus befürchteten Sicherheitsverlusten entgegenwirken zu können. Im Rahmen der Amsterdamer Verträge wurde beschlossen, das Schengener Abkommen in die EU zu übertragen. Aus diesem Grund ist dem Übertragungsvertrag ein Protokoll beigefügt, nach dem der sog. „Schengen Besitzstand", also die bereits im Rahmen des Schengener Abkommens erreichten Maßnahmen, in die EU mit einbezogen werden.[17]

7   Die verschiedenen europäischen Rechtsräume sind vielfach miteinander verwoben und beeinflussen sich wechselseitig. So gilt in allen Mitgliedstaaten der EU zugleich die **EMRK** und alle Mitgliedstaaten der EU sind – jedoch mit zum Teil erheblichen Einschränkungen[18] – dem SDÜ beigetreten. Die EU selbst ist nicht Mitglied des Europarates, so dass die EMRK für diese nicht unmittelbar gilt. Doch hat der Vertrag von Lissabon mit Art. 6 Abs. 2 EUV nunmehr ausdrücklich die Möglichkeit des Beitritts zur

---

13 ABl. C 364 v. 18.12.2000, S. 1.
14 ABl. C 303 v. 14.12.2007, S. 1; BGBl. 2008 II, S. 1165.
15 Sieber-*Esser*, § 53 Rn 12.
16 Sieber-*Esser*, § 53 Rn 13.
17 ABl. Nr C 340, S. 93. Vgl. nunmehr das Protokoll Nr 19 zum Vertrag über die Arbeitsweise der Europäischen Union, ABl. Nr 115, S. 290 ff.
18 So nimmt Irland nur beschränkt an der justiziellen und polizeilichen Zusammenarbeit teil, bei den neueren Mitgliedstaaten laufen noch Umsetzungsfristen. Großbritannien war mit Wirkung zum 1.12.2014 auch aus dem Bereich der PJZS (vorerst) ausgestiegen, beabsichtigte aber dennoch eine fortdauernde Beteiligung, vgl. hierzu *Brodowski* ZIS 2013, 458 f.

EMRK für die EU geschaffen.[19] Ferner ist mit Inkrafttreten des 14. Zusatzprotokolls zur EMRK am 1. Juni 2010 der Beitritt auch aus Sicht der EMRK nicht mehr nur für die Mitglieder des Europarats, sondern auch für die EU selbst zulässig. Den nach mehreren Jahren fertiggestellten Entwurf eines Beitrittsabkommens hat der EuGH[20] jedoch für unionsrechtswidrig erachtet und so den Beitritt der EU mit der damit verbundenen Möglichkeit einer externen Kontrolle durch den EGMR vorerst auf unbestimmte Zeit hinausgeschoben.[21]

II. Einflüsse des Europarechts

Das Rechtssystem der EU kennt zwar kein eigenes Strafverfahrensrecht, aber verschiedene Entscheidungen des Gerichtshofs der Europäischen Gemeinschaften (EuGH) haben gleichwohl deutlich gemacht, dass sich der Einfluss des EU-Rechts auch auf das nationale Strafverfahrensrecht erstreckt.[22]

8

So verneinte der EuGH beispielsweise die Frage, ob sich ein Angeklagter im nationalen Strafprozess unmittelbar auf die Richtlinie 83/189/EWG betreffend die technischen Vorschriften für Alkoholmessgeräte, die zur Verfolgung von Trunkenheitsfahrten eingesetzt werden, berufen kann.[23] In dem Urteil *Bickel und Franz* dehnte der EuGH das Diskriminierungsverbot des Art. 18 AEUV (zuvor: Art. 12 EGV) ausdrücklich auf strafprozessuale Regelungen aus, indem er ausführte, dass „für das Strafrecht und das Strafverfahrensrecht,... zwar grundsätzlich die Mitgliedstaaten zuständig [sind], doch... das Gemeinschaftsrecht... dieser Zuständigkeit Schranken [setzt]: Derartige Rechtsvorschriften dürfen weder zu einer Diskriminierung von Personen führen, denen das Gemeinschaftsrecht einen Anspruch auf Gleichbehandlung verleiht, noch die vom Gemeinschaftsrecht garantierten Grundfreiheiten beschränken".[24]

9

Der EuGH begreift zudem auch die Charta der Grundrechte der Europäischen Union verstärkt als weitere Einflussquelle auf das nationale Strafverfahrensrecht. So postuliert er mit dem Urteil *Fransson*[25], in dem es vordergründig um die Anwendung des *ne bis in idem*-Grundsatzes geht, ein weites Verständnis der Reichweite des Anwendungsbereiches der Charta und legt Art. 51 Abs. 1 GRC[26] mit Hinweis auf die bisherige Entwicklung seiner Rspr[27] entsprechend extensiv aus. Dies veranlasste das BVerfG dazu, in seiner Entscheidung zur sog. *Antiterror-Datei* klarzustellen, dass es eine überdehnte Auslegung des Art. 51 Abs. 1 GRC durch den EuGH als **ultra-vires Akt** erkennen

10

---

19 Lesenswert zum Verständnis der Relevanz eines Beitritts der EU *Callewaert* StV 2014, 504.
20 EuGH v. 18.12.2014, Gutachten Az. C-2/13, BeckRS 2015, 80256.
21 Krit. zum Standpunkt des EuGH *Wendel* NJW 2015, 921.
22 *Kühne* Rn 56; vgl. auch *Jockisch*, Gemeinschaftsrecht und Strafverfahren, Diss. Passau, 2000; *Schröder*, Europäische Richtlinien und deutsches Strafrecht, 2002.
23 EuGH v. 16. 6. 1998 – Rs. C-226/97 – *Lemmens*, Slg. 1998, I-3711; weitere Beispiele bei *Kühne* Rn 56.
24 EuGH v. 24. 11. 1998 – Rs. C-274/96 – *Bickel und Franz*, Slg. 1988, I-7637 (Rn 17).
25 EuGH NJW 2013, 1415 m. krit. Anm. *Dannecker* JZ 2013, 616, der die Ausweitung der Grundrechtsgeltung auf das nationale Strafprozessrecht im Grundsatz problematisiert (618); *Eckstein* ZIS 2013, 220; *Rabe* NJW 2014, 1407; vgl. auch *Safferling* NStZ 2014, 545 (547 f.) sowie *Rönnau/Wegner* GA 2014, 561 (569 f.), welche zudem die *Melloni*-Entscheidung (vgl. Rn 20) zur Darstellung der Entwicklungslinie des EuGH einbeziehen.
26 Danach gilt die Charta „für die Mitgliedstaaten ausschließlich bei der *Durchführung* des Rechts der Union". Dies sieht der EuGH in seinem Fransson-Urteil bereits als erfüllt an, wenn formell nationales Recht mit auch nur geringer „Präsenz" vom Unionsrecht determiniert ist und die einschlägigen nationalen Rechtsvorschriften sogar unabhängig von Verpflichtungen des EU-Rechts erlassen wurden, vgl. *Eckstein* ZIS 2013, 220 (222); *Safferling* NStZ 2014, 545 (548).
27 EuGH NJW 2013, 1415 f.; ein Überblick bei *Wegner* HRRS 2013, 126 (127 f.); ausführlich *Nusser*, Die Bindung der Mitgliedstaaten an die Unionsgrundrechte, 2011, 9 ff.

könnte.²⁸ Das BVerfG betont dabei, dass „die [Fransson] Entscheidung nicht in einer Weise verstanden und angewendet werden [dürfe], nach der für eine Bindung der Mitgliedstaaten an die in der Grundrechte-Charta niedergelegten Grundrechte der Europäischen Union jeder sachliche Bezug einer Regelung zum bloß abstrakten Anwendungsbereich des Unionsrechts oder rein tatsächliche Auswirkungen auf dieses ausreiche."²⁹

11 Auswirkungen auf das nationale Strafverfahren ergeben sich auch dadurch, dass die Vorlagemöglichkeit von Gerichten an den EuGH nicht durch nationale Verfahrensvorschriften verhindert werden darf.³⁰

12 Durch das gemeinschaftsrechtliche **Kartellverfahrensrecht** ergeben sich insoweit Einflüsse auf nationale Strafverfahren, als nationale **Wettbewerbsbehörden** auf ihrem Staatsgebiet Beweise für eine Wettbewerbsbehörde eines anderen EU-Mitgliedstaates erheben dürfen. Die so erlangten Beweismittel dürfen untereinander ausgetauscht und unter bestimmten Voraussetzungen (auch) in Strafverfahren verwendet werden.³¹ Grundsätzlich fehlt der EU aber nach dem Prinzip der enumerativen Einzelkompetenzzuweisung (Art. 4 Abs. 1, 5 EUV, 352 AEUV, früher Art. 5 EGV) eine ausdrückliche, bereichsunabhängige Kompetenz auf dem Gebiet des Straf- und Strafverfahrensrechts.³² Die momentan wichtigsten EU-einheitlichen Regelungen auf dem Gebiet des Straf- und Strafverfahrensrechts finden sich daher vor allem im Rahmen der PJZS.

III. Einflüsse der PJZS

1. Prinzip der gegenseitigen Anerkennung

13 Im Rahmen des EU-Sondergipfels von Tampere im Jahr 1999, der sich ausschließlich der Herstellung des „Raumes der Freiheit, der Sicherheit und des Rechts"³³ innerhalb der EU widmete, wurde das Prinzip der gegenseitigen Anerkennung zum „Eckstein" der justiziellen Zusammenarbeit in Zivil- und Strafsachen erhoben.³⁴ Dieses Prinzip bedeutet im strafrechtlichen Zusammenhang, dass eine in einem Mitgliedstaat rechtmäßig ergangene justizielle Entscheidung in jedem anderen Mitgliedstaat anerkannt werden muss.³⁵ Es setzt **keine Angleichung der nationalen Vorschriften** voraus, erfordert aber ein gegenseitiges Vertrauen der Mitgliedstaaten in ihre jeweiligen Strafjustizsysteme und die **Akzeptanz der Anwendung** des in den anderen Mitgliedstaaten geltenden Strafrechts durch jeden Mitgliedstaat, und zwar auch dann, wenn die Anwendung des eigenen nationalen Rechts zu einem anderen Ergebnis führen würde.³⁶

14 Durch die Verwirklichung des Prinzips der gegenseitigen Anerkennung soll insbesondere das bisher in der Rechtshilfe bei Zwangsmaßnahmen verbreitete Erfordernis der bei-

---

28 BVerfG NJW 2013, 1499 (1501).
29 BVerfG NJW 2013, 1499 (1501).
30 *Kühne* Rn 58 mwN.
31 Vgl. hierzu Art. 22 Abs. 1, 12 Abs. 3 VO 1/2003 (ABl. EG 2003 Nr L 1, 1); krit. zu der Vorschrift: *Reichelt* CMLR 2005, 745 (781).
32 *Kühne* Rn 54; umstr. ist allerdings, inwiefern Art. 325 AEUV eine Kompetenz zum Erlass von strafrechtlichen Sanktionen im Bereich der Bekämpfung von Betrügereien zum Nachteil der finanziellen Interessen der Gemeinschaft vorsieht; vgl. hierzu Streinz-*Satzger* Art. 325 AEUV Rn 19 f.
33 Überblick zur Rechtsentwicklung des „Raumes der Freiheit, der Sicherheit und des Rechts" bei *Brodowski* Jura 2013, 492 ff.
34 *Otto* StudZR 2005, 557 (558 ff.); *Satzger* § 10/24.
35 *Böse* in: Momsen/Bloy/Rackow (Hrsg.), Fragmentarisches Strafrecht, 2003, 233 ff.
36 EuGH NJW 2003, 1173 (*Gözütok* und *Brügge*).

derseitigen Strafbarkeit entfallen.[37] Ferner sollen die im Bereich der Rechtshilfe bestehenden, zeitaufwändigen Hindernisse abgebaut und eine effektive grenzüberschreitende Strafverfolgung ermöglicht werden.[38] Das Prinzip der gegenseitigen Anerkennung nimmt daher im AEUV eine Schlüsselstellung ein (Art. 82 AEUV).

2. Europäischer Haftbefehl

▶ **FALL 1:** Der deutsche Staatsangehörige D wird in Großbritannien wegen dortiger Beteiligung an einer kriminellen Vereinigung und Terrorismus gesucht. Inzwischen ist er nach Deutschland geflohen. Großbritannien beantragt die Auslieferung des Beschuldigten aus Deutschland. Dürfen die deutschen Behörden diesem Ersuchen entsprechen? ◀

a) **Grundlagen:** 2002 erließ der Rat einen Rahmenbeschluss über den sog. Europäischen Haftbefehl und die Übergabeverfahren zwischen den Mitgliedstaaten (RbEuHb),[39] der die erste konkrete Verwirklichung des Prinzips der gegenseitigen Anerkennung darstellt.[40] Dabei handelt es sich allerdings nicht um einen Haftbefehl im Sinne der §§ 112 ff., sondern um ein neues Instrument auf europäischer Ebene für die **Fahndung und Auslieferung** von Straftätern.[41] Durch Etablierung des Europäischen Haftbefehls sollten existierende Auslieferungsbestimmungen innerhalb der EU abgeschafft und die Verfahren zur Auslieferung von Personen, die der Begehung einer Straftat verdächtig sind, beschleunigt werden.[42] Zuvor galt bei Auslieferungsverfahren das Prinzip der beiderseitigen Strafbarkeit, wonach das Verhalten, welches Grundlage für das Auslieferungsersuchen ist, sowohl nach dem Recht des ersuchenden wie auch dem des ersuchten Staates strafbar sein musste.[43]

15

Durch den Europäischen Haftbefehl soll zumindest für den Bereich des Auslieferungsverkehrs zwischen den Mitgliedstaaten der EU weitgehend auf das Prinzip der beiderseitigen Strafbarkeit verzichtet werden.[44] So sieht Art. 2 Abs. 2 des Rahmenbeschlusses einen Katalog von 32 Deliktsgruppen vor, bei denen auf die Prüfung der beiderseitigen Strafbarkeit zu verzichten ist. Dieser Katalog enthält neben herkömmlichen Straftaten wie z.B. Terrorismus, Betrug und Korruption auch bislang unbekannte bzw. nicht notwendig vertypte „Delikte", die teilweise sehr unbestimmt als „Cyberkriminalität", „Rassismus" oder „Fremdenfeindlichkeit" bezeichnet werden.[45] Voraussetzung für das Entfallen der Prüfung der beiderseitigen Strafbarkeit ist, dass die Straftat im ersuchenden Staat mit einer Höchststrafe von mindestens drei Jahren Freiheitsstrafe bedroht ist; dies trifft aber bereits für eine große Zahl von Vergehen zu und wird daher praktisch kaum eine Beschränkung mit sich bringen.[46]

16

---

37 Groeben/Schwarze/Hatje-*Meyer* Art. 83 AEUV Rn 5.
38 *Satzger* § 10/24.
39 Rahmenbeschluss 2002/584/JI; ABl. EG 2002 Nr L 190, 1.
40 Erwägungsgrund 6 zum Rahmenbeschluss.
41 Böse-*Burchard* § 14 Rn 8; vgl. auch *Seitz* NStZ 2004, 546.
42 Erwägungsgrund 1 zum Rahmenbeschluss.
43 *Satzger* § 10/28.
44 *Böse* in: Momsen/Bloy/Rackow (Hrsg.), Fragmentarisches Strafrecht, 2003, 233 (242); krit. *Otto* StudZR 2005, 557 (561 ff.).
45 Krit. *Nestler* ZStW 116 (2004), 332 (337); *Schünemann* ZRP 2003, 185 (188); *Wehnert* StraFo 2003, 356 (358); mit Übungsfall *Ambos/Bock* JuS 2012, 437.
46 Vgl. *Schünemann* ZRP 2003, 185 (188 mit Fn 24).

17 **b) Deutschland:** Die erste Umsetzung des Rahmenbeschlusses wurde allerdings durch das BVerfG[47] für **nichtig** erklärt, weil eine Verletzung von Art. 16 Abs. 2 GG sowie der Rechtsweggarantie des Art. 19 Abs. 4 GG festgestellt wurde:

18 Art. 16 Abs. 2 GG enthält für deutsche Staatsangehörige das Freiheitsrecht, nicht an einen anderen Staat ausgeliefert zu werden. Hierdurch wird die besondere Verbindung der Bürger zu der von ihnen getragenen freiheitlichen Rechtsordnung gewährleistet. Jeder Staatsbürger soll vor den Unsicherheiten einer Aburteilung unter fremden Verhältnissen bewahrt werden.[48] Das Grundrecht unterliegt dem qualifizierten Gesetzesvorbehalt des Art. 16 Abs. 2 S. 2 GG, wonach die Auslieferung Deutscher dann zulässig ist, „soweit rechtsstaatliche Grundsätze" gewahrt sind. Den Gesetzgeber trifft daher die Pflicht zur Prüfung, ob diese rechtsstaatlichen Voraussetzungen von den ersuchenden Stellen erfüllt werden.[49] Daneben ist auch im Rahmen des Art. 16 Abs. 2 GG der Verhältnismäßigkeitsgrundsatz zu beachten: Das Vertrauen des Verfolgten in die eigene Rechtsordnung ist von Art. 16 Abs. 2 GG in Verbindung mit dem Rechtsstaatsprinzip insbesondere dann geschützt, wenn die dem Auslieferungsersuchen zugrunde liegende Handlung ganz oder teilweise auf deutschem Staatsgebiet begangen wurde.[50] Straftatvorwürfe mit einem insofern maßgeblichen Inlandsbezug sind bei tatverdächtigen deutschen Staatsangehörigen prinzipiell im Inland durch deutsche Ermittlungsbehörden aufzuklären: Aus diesen Überlegungen folgert das BVerfG, dass Eingriffe in Art. 16 Abs. 2 GG durch eine Auslieferung **im Regelfall verhältnismäßig** sind, wenn die vorgeworfene Tat einen maßgeblichen Auslandsbezug aufweist, d.h. Handlungs- und Erfolgsort im Ausland liegen: Wer in einer anderen Rechtsordnung handele, müsse damit rechnen, auch hier zur Verantwortung gezogen zu werden (vgl. **Fall 1**).[51] Hierzu zählen auch Taten, die von vornherein eine typische grenzüberschreitende Dimension haben und eine entsprechende Schwere aufweisen, wie beim internationalen Terrorismus und beim organisierten Drogen- oder Menschenhandel.[52]

19 Im **Regelfall unverhältnismäßig** ist hingegen die Auslieferung bei Delikten mit maßgeblichem Inlandsbezug, d.h. bei solchen Delikten, bei denen Handlungs- und Erfolgsort im Inland liegen. Zwischen Taten mit maßgeblichem Inlands- bzw. Auslandsbezug stehen die sog. Distanzdelikte, bei denen in Deutschland gehandelt wird, der Erfolg aber im Ausland eintritt.[53] Bei diesen ist eine Prüfung und Abwägung im Einzelfall erforderlich, wobei insbesondere das Gewicht des Tatvorwurfs und die praktischen Erfordernisse und Möglichkeiten einer effektiven Strafverfolgung mit den grundrechtlich geschützten Interessen des Verfolgten unter Berücksichtigung der mit der Schaffung eines europäischen Rechtsraums verbundenen Ziele zu gewichten und zu einander ins Verhältnis zu setzen sind.[54] Diesen Vorgaben hat der Bundesgesetzgeber mit seiner ursprünglichen Umsetzung des Rahmenbeschlusses zum europäischen Haftbefehl nicht entsprochen.[55] Um den besonderen Anforderungen des Gesetzesvorbehaltes des Art. 16

---

47 BVerfGE 113, 273 ff. m. Anm. *Böhm* NJW 2005, 2588; *Lagodny* StV 2005, 515; *Vogel* JZ 2005, 801; m. Bspr. *Jekewitz* GA 2005, 625 ff.; hierzu auch *Braun* GA 2005, 681 ff.
48 BVerfGE 113, 273 (293).
49 BVerfGE 113, 273 (299).
50 BVerfGE 113, 273 (302).
51 BVerfGE 113, 273 (303).
52 BVerfGE 113, 273 (303).
53 Z.B. bei Umweltstraftaten oder Internetkriminalität, vgl. BGHSt 46, 212 m. Anm. *Hörnle* NStZ 2001, 309.
54 BVerfGE 113, 273 (303); krit. hierzu bereits *Deiters* ZRP 2003, 359 (360 f.); *Gleß* ZStW 116 (2004), 353 (361); *Nestler* ZStW 116 (2004), 332 (339).
55 BVerfGE 113, 273 (304 ff.).

Abs. 2 S. 2 GG zu genügen, hätte er die ihm durch den Rahmenbeschluss eingeräumten Spielräume bezüglich der Ablehnung der Auslieferung von Deutschen – insbesondere bei Inlandstaten (Art. 4 Nr 7a Rahmenbeschluss) – nutzen müssen.[56] Da in diesen Fällen eine Auslieferung regelmäßig unverhältnismäßig ist, hätte der Gesetzgeber sie entweder unmittelbar als Tatbestände eines Auslieferungshindernisses ausgestalten oder den ausführenden Stellen durch Vorgabe eines Prüfungsprogramms die konkrete Abwägung der widerstreitenden Positionen ermöglichen müssen.[57]

Bei Auslieferungssachen außerhalb des Anwendungsbereichs des Europäischen Haftbefehls erfolgt eine zweistufige Prüfung, die sich aus einer gerichtlichen Zulässigkeitsprüfung (§§ 12 f. IRG) und einer auf außenpolitischen Ermessenserwägungen beruhenden Auslieferungsbewilligung (§ 74 IRG) zusammensetzt. Das Zulässigkeitsverfahren dient dabei dem präventiven Rechtsschutz des Verfolgten; das Bewilligungsverfahren soll die Berücksichtigung außen- und allgemeinpolitischer Aspekte des jeweiligen Falles ermöglichen. Nach ganz hM ist dabei eine gerichtliche Anfechtung auf die Zulässigkeitsentscheidung beschränkt und Rechtsschutz gegen die Bewilligungsentscheidung nicht vorgesehen.[58] Dieses zweistufige Modell sollte auch in der ursprünglichen Umsetzung des Rahmenbeschlusses durch den deutschen Gesetzgeber für den Bereich des europäischen Haftbefehls gelten. Anders als in sonstigen Auslieferungssachen hatte der Gesetzgeber aber für die Bewilligungsentscheidung einen ganzen Katalog fakultativer Bewilligungshindernisse bei Auslieferungsersuchen von Mitgliedstaaten der Europäischen Union kodifiziert. So sollte die Bewilligung einer Auslieferung etwa dann verweigert werden können, wenn zeitgleich in Deutschland ein Ermittlungsverfahren geführt wurde, die Einleitung eines Ermittlungsverfahrens in Deutschland abgelehnt worden war oder dem Auszuliefernden eine Verurteilung zu einer lebenslangen Freiheitsstrafe drohte, bei der nicht spätestens nach zwanzig Jahren eine Überprüfung der Vollstreckung erfolgt wäre. Zugleich sollte aber auch an der bisherigen Praxis festgehalten werden, die Bewilligung einer gerichtlichen Überprüfung zu entziehen. Hierin sah das Bundesverfassungsgericht einen Verstoß gegen Art. 19 Abs. 4 GG, da die bei der Bewilligung zu treffende Abwägungsentscheidung dem Schutz der Grundrechte des Verfolgten dient und daher einer richterlichen Überprüfung nicht entzogen werden darf.[59] Die Prüfung, ob die dem Ersuchen zugrunde liegende Tat nach dem Recht des ersuchenden Mitgliedstaates mit lebenslanger Freiheitsstrafe oder einer sonstigen lebenslangen freiheitsentziehenden Sanktion bedroht ist, ist keine Frage außenpolitischer Beurteilungsfreiheit, sondern eine, die in gravierender Weise den Grundrechtsschutz des Verfolgten bis hin zur Garantie der Menschenwürde betrifft.[60]

Der Gesetzgeber ist diesen Vorgaben des BVerfG durch **das Europäische Haftbefehlsgesetz** vom 20.7.2006 nachgekommen.[61] **Fall 1** ist daher nach den Vorschriften, die durch die Neufassung des Europäischen Haftbefehlsgesetzes in das IRG eingefügt wurden, zu lösen: Dabei ist im Kern entscheidend, dass für die mutmaßlichen Taten des D ein **maßgeblicher Auslandsbezug** besteht: In Verdacht stehen Verhaltensweisen des D

---

56 BVerfGE 113, 273 (306).
57 BVerfGE 113, 273 (306, 308).
58 BVerfGE 113, 273 (309).
59 BVerfGE 113, 273 (309 ff.).
60 BVerfGE 113, 273 (314).
61 Es ist am 2.8.2006 in Kraft getreten, BGBl. I, 1721. Dazu BT-Drs. 16/1024, 16/2015; *Böhm* NJW 2006, 2592 ff.; *Heger* ZIS 2007, 221; *Mitsch* JA 2006, 448; *Rosenthal* ZRP 2006, 105 (107 ff.); zur Umsetzung des Rahmenbeschlusses in anderen Mitgliedstaaten *Satzger* § 10/33 ff.

aus der Zeit seines Aufenthalts in Großbritannien, die sich auf die dortige Beteiligung an einer kriminellen Vereinigung beziehen. Eine Auslieferung des D an Großbritannien ist daher prinzipiell möglich.

22 c) **Auslegungsvorgaben des EuGH:** Im Grundsatz haben die deutschen Behörden und Gerichte bei ausgehenden und eingehenden Europäischen Haftbefehlen allein das im IRG eingefügte Umsetzungsrecht anzuwenden.[62] Nach der Rspr des EuGH ist die Auslegung innerstaatlicher Rechtsvorschriften jedoch soweit wie möglich an Wortlaut und Zweck einschlägiger Rahmenbeschlüsse auszurichten.[63] Auf diese Weise entwickelt sich der RbEuHb in tatsächlicher Hinsicht zu einem rechtsvereinheitlichenden Regelungsinstrument.[64]

3. Erlangung von Beweismitteln

23 Das System der Beweisrechtshilfe stützt sich (heute)[65] auf die 2014 in Kraft getretene „**Richtlinie über die Europäische Ermittlungsanordnung in Strafsachen**"[66] (RL). Durch sie sollte ein einheitliches und umfassendes Instrument in Bezug auf Verfahren zur Erlangung von Beweismitteln geschaffen werden.[67] Im Gegensatz zur früheren Regelung[68] betrifft sie nicht bereits erhobene Beweise, sondern sieht vielmehr eine **Beweiserhebung** auf Grundlage der gegenseitigen Anerkennung vor (Art. 1 Abs. 2 RL).

24 Die Europäische Ermittlungsanordnung (EEA)[69] ermächtigt die Behörden eines Mitgliedstaates (Anordnungsstaat) zur Durchführung von Ermittlungsmaßnahmen in einem anderen Mitgliedstaat (Vollstreckungsstaat) zum Zweck der Beweiserhebung. Sie deckt nach Art. 3 RL alle Ermittlungsmaßnahmen ab; ausgenommen sind nur gemeinsame Ermittlungsgruppen einschließlich der Beweiserhebung innerhalb dieser Gruppen. Zur Anordnung befugt sind grundsätzlich (Ermittlungs-)Richter, Gerichte oder Staatsanwälte. Aber auch jede andere als Ermittlungsbehörde für ein Strafverfahren zuständige nationale Behörde kann eine EEA verfügen, nachdem diese durch einen (Ermittlungs-)Richter, einem Gericht oder Staatsanwalt[70] überprüft und bestätigt wurde, Art. 2 lit. c, ii RL. Der Forderung nach einer Waffengleichheit im Rahmen einer europäischen Strafverfolgung[71] wird dadurch entsprochen, dass dem Beschuldigten und seinem Verteidiger nach Maßgabe des nationalen Strafverfahrensrechts ein Antragsrecht hinsichtlich der EEA gewährt wird, Art. 1 Abs. 3 RL. Zudem sieht Art. 14 RL Rechtsbehelfe gegen die Anordnung bzw. Anerkennung und Vollstreckung vor, um dem Betroffenen die Möglichkeit einer Verteidigung zu eröffnen.

25 Voraussetzung für den Erlass einer EEA ist, dass sie notwendig und verhältnismäßig ist sowie nach dem Recht des Anordnungsstaates in einem vergleichbaren innerstaatlichen Fall hätte angeordnet werden können, Art. 6 RL. Dies garantiert dem Beschuldigten

---

62 *Böse-Burchard* § 14 Rn 14.
63 EuGH NJW 2005, 2839 – *Pupino*; mit Bezug zum RbEuHb EuGH NJW 2013, 141 – *Lopes Da Silva Jorge*.
64 *Böse-Burchard* § 14 Rn 14; so auch im Ergebnis *Safferling* NStZ 2014, 545 (550).
65 Zum alten Stand s. die Voraufl.
66 Richtlinie 2014/41/EU, ABl. 2014 Nr L 130, 1; dazu *Brodowski* ZIS 2015, 79 (94 ff.); *Sieber-Gleß* § 38 Rn 84a ff.; *Zimmermann* ZStW 127 (2015), 143.
67 Vgl. Erwägungsgründe 5 ff. der RL.
68 Rahmenbeschluss über die Europäische Beweisanordnung.
69 S. dazu *Schuster* StV 2015, 393; *Zimmermann* ZStW 127 (2015), 143.
70 Die Möglichkeit der Überprüfung bzw. Bestätigung durch einen Staatsanwalt gehört zu den Kritikpunkten der Richtlinie, da damit in Deutschland eine Umgehung des Richtervorbehalts droht, dazu *Ahlbrecht* StV 2013, 114 (116); *Böse* ZIS 2014, 152 (158); *Zimmermann* ZStW 127 (2015), 143 (167 f.).
71 Dazu *Gleß* StV 2013, 317.

bei einer EEA denselben Schutzstandard wie bei einer innerstaatlichen Ermittlungsanordnung.[72] Eine EEA ist nach Art. 9 Abs. 1 RL von der Vollstreckungsbehörde grds. wie eine innerstaatliche Ermittlungsmaßnahme anzuerkennen und zu vollstrecken. In Art. 11 RL finden sich jedoch eine Reihe von Versagungsgründen, welche die Vollstreckungsbehörde geltend machen kann.[73] Auch kann die Vollstreckungsbehörde die ersuchte Ermittlungsmaßnahme unter bestimmten Voraussetzungen aufschieben (Art. 15 RL) oder durch eine andere ersetzen (Art. 10 RL). Ein Ersetzen der ersuchten Ermittlungsmaßnahme sowie zum Teil auch die Geltendmachung der Versagungsgründe ist der Vollstreckungsbehörde im Falle von bestimmten, als wenig grundrechtsintensiv eingestuften Maßnahmen allerdings nicht möglich, Art. 10 Abs. 2 RL.[74] Hierzu zählen z.B. die Erlangung von bereits bei der Vollstreckungsbehörde vorhandenen Beweismitteln, Vernehmungen im Hoheitsgebiet des Vollstreckungsstaates oder die Identifizierung des Inhabers eines Telefonanschlusses oder seiner IP-Adresse. Für alle sonstigen Maßnahmen, die nicht in Art. 10 Abs. 2 RL genannt sind, gestattet die Richtlinie dem Vollstreckungsstaat im Grundsatz die Prüfung der beiderseitigen Strafbarkeit. Wie aber bereits aus anderen Anerkennungsinstrumenten (z.B. dem Europäischen Haftbefehl)[75] bekannt, wird dies anhand einer „Positivliste" von 32 Deliktsgruppen erheblich eingeschränkt.[76]

IV. Strafverfolgungsinstitutionen auf europäischer Ebene

1. Europol

Grundlage für die Errichtung eines **Europäischen Polizeiamtes** (Europol) als einer Institution der Europäischen Union waren die Art. 29 S. 2, Art. 30 EUV a.F. Gegründet wurde es durch das am 1995 geschlossene Europol-Übereinkommen, dass am 1998 in Kraft getreten ist. Europol besitzt gem. Art. 26 EuropolÜ **Rechtspersönlichkeit** und ist daher als eigenständige internationale Organisation anzusehen.[77] Das EuropolÜ wurde zwischenzeitlich abgelöst vom Beschluss des Rates zur Errichtung des Europäischen Polizeiamts (Europol)[78], durch welchen Europol am 2010 zu einer „echten" Einrichtung der Europäischen Union geworden ist. Aktuelle Rechtsgrundlage ist die Verordnung des Europäischen Parlaments und des Rates über die Agentur der Europäischen Union für die Zusammenarbeit auf dem Gebiet der Strafverfolgung (Europol)" von 2016 (EuropolVO).[79]

26

Die Ziele von Europol (festgeschrieben in Art. 3 der EuropolVO) bestehen vor allem darin, die **Leistungsfähigkeit** der zuständigen Behörden der Mitgliedstaaten und ihre **Zusammenarbeit** im Hinblick auf schwerwiegende Formen der **internationalen Kriminalität** zu verbessern. Der Zuständigkeitsbereich von Europol umfasst daher bestimmte Felder der organisierten Kriminalität, des Terrorismus sowie anderen Formen der Schwerkriminalität, sofern mindestens zwei Mitgliedstaaten betroffen sind (hierzu zählt auch die Computerkriminalität, für die seit 2013 eine spezielle Abteilung von Eu-

27

---

72 *Zimmermann* ZStW 127 (2015), 143 (147).
73 Ausführlich dazu *Zimmermann* ZStW 127 (2015), 143 (152 ff.); vgl. auch Sieber-*Gleß* § 38 Rn 84d f.
74 Näher *Brodowski* ZIS 2015, 79 (95).
75 Vgl. hierzu Rn 14.
76 *Zimmermann* ZStW 127 (2015), 143 (160); die Liste entspricht derjenigen in Art. 2 Abs. 2 des Rahmenbeschlusses über den Europäischen Haftbefehl.
77 *V. Bubnoff* ZEuS 2002, 185 (191); *Kretschmer* Jura 2007, 169 (170).
78 Beschluss 2009/371/JI, ABl. 2009 Nr L 121/27.
79 VO 2016/794 v. 11.5.2016; Abl 2016 L 135/53.

ropol – das Europäische Zentrum zur Bekämpfung von Cyberkriminalität, gegründet worden ist).

28 Die Aufgaben von Europol konzentrieren sich im Wesentlichen[80] gem. Art. 4 der EuropolVO darauf, den nationalen Strafverfolgungsbehörden **Informationen und Erkenntnisse** zur Verfügung zu stellen sowie mit **Auswertung von Daten** Ermittlungen und Aktionen nationaler Polizeibehörden zu unterstützen und zu koordinieren. Hierzu besteht in jedem Mitgliedstaat eine Verbindungsstelle und es werden Verbindungsbeamte zu Europol entsandt (Art. 7 f.).
Zudem fungiert Europol auch als Zentralstelle zur **Bekämpfung der Euro-Fälschung** (Art. 4 Abs. 4).

2. Eurojust

29 Eurojust war förmlich in Art. 31 EUV (jetzt: Art. 85 AEUV) verankert und wurde durch Beschluss des Rates im Jahre 2002[81] (EJB)[82] zur Verstärkung der Bekämpfung der schweren Kriminalität als **justizieller Gegenpart zu Europol** errichtet.[83] Da dieser Beschluss keine unmittelbare Rechtswirkung in den Mitgliedstaaten entfaltet, wurde in Deutschland 2004 das **Eurojust-Gesetz** verabschiedet, welches dem EJB in der deutschen Rechtsordnung uneingeschränkte Anwendung verleiht.[84] Ein Vorschlag der Europäischen Kommission für eine Verordnung „betreffend die Agentur der Europäischen Union für justizielle Zusammenarbeit in Strafsachen (Eurojust)"[85] (VO-E), gestützt auf Art. 85 AEUV, zur Modernisierung des Rechtsrahmens, wurde mittlerweile vom Rat angenommen.[86]

30 Eurojust besitzt Rechtspersönlichkeit und fungiert als zentrale, permanente Auskunfts-, Dokumentations- und Clearingstelle.[87] Es ist dabei keine präventiv tätige Polizeibehörde, sondern eine Unterstützungseinheit für die repressive Strafverfolgung, die vor allem die Koordinierung von Strafverfolgungsmaßnahmen erleichtern soll.[88] Eurojust wird mit Staatsanwälten, Richtern und teilweise auch Polizeibeamten der Mitgliedstaaten besetzt (nationale Mitglieder), deren Befugnisse sich aus dem jeweiligen nationalen Recht ergeben (Art. 2 und 9 EJB). Gem. Art. 3 EJB soll Eurojust nicht nur die in den EU-Mitgliedstaaten geführten strafrechtlichen Ermittlungsverfahren koordinieren, sondern auch staatenübergreifende Strafverfolgungsmaßnahmen fördern, um Doppelarbeit und Zuständigkeitskonflikte zu vermeiden.[89]
Eurojust soll Basis für die Errichtung einer **Europäischen StA** sein, die ihre Arbeit allerdings frühestens 2020 aufnehmen wird.[90]

---

80 Vielfältige zusätzliche Aufgaben, wie etwa Wissens- und Erfahrungsaustausch sowie Beratungen, finden sich in den Abs. 3 und 4 des Beschlusses.
81 Beschluss 2002/187/JI, ABl. 2002 Nr L 63/1.
82 Geändert durch Beschluss 2009/426/JI, ABl. 2009 Nr L 138/14.
83 S. *Trentmann* ZStW 129 (2017), 108, 116 ff.
84 § 13 EJG (BGBl. I 2004, 902); ausf. *Esser/Herbold* NJW 2004, 2421 (2422 ff.).
85 KOM (2013) 535 endg.
86 S. dazu *Brodowski* ZIS 2016, 106 (111 f.).
87 *Kretschmer* Jura 2007, 169 (173 f.); *Satzger* § 10/11 ff.
88 *Esser/Herbold* NJW 2004, 2421; *Kretschmer* Jura 2007, 169 (173 f.); *Kühne* Rn 100.3; Calliess/Ruffert-*Suhr* Art. 85 AEUV Rn 9; Groeben/Schwarze/Hatje-*Wasmeier/Maschl-Clausen* Art. 85 AEUV Rn 1, 9.
89 *Satzger* § 10/13.
90 Vgl. hierzu zunächst *Beulke/Swoboda* Rn 10o; lesenswert zum Ganzen *Magnus* HRRS 2018, 143; ferner *Satzger/v.Malitz* Jura 2018, 153.

3. OLAF

Beim Europäischen Amt für **Betrugsbekämpfung** OLAF („Office européen de la Lutte Anti-Fraude") handelt es sich um eine Dienststelle der Kommission ohne eigene Rechtspersönlichkeit. Es wurde gestützt auf Art. 325 AEUV (zuvor: Art. 280 Abs. 2 EGV) durch Kommissionsbeschluss vom 28. 4. 1999 errichtet[91] und hat – in voller Unabhängigkeit – die Aufgabe, die Bekämpfung von Betrug, Korruption und allen rechtswidrigen Handlungen zum Nachteil der finanziellen Interessen der Gemeinschaften zu verstärken sowie schwerwiegendes Fehlverhalten der EU-Bediensteten bei der Ausübung ihrer beruflichen Tätigkeit aufzudecken.[92]

OLAF hat verschiedene Befugnisse zur Durchführung von Untersuchungen. Hierbei ist zwischen **internen und externen Untersuchungen** zu unterscheiden: Während die internen Untersuchungen alle Gemeinschaftseinrichtungen betreffen, ermöglichen die externen Untersuchungen den Zugang zu gewerblichen Räumen und relevanten Dokumenten von (privaten) Wirtschaftsteilnehmern, wenn die begründete Annahme besteht, dass schwerwiegende oder grenzüberschreitende Unregelmäßigkeiten begangen worden sind.[93]

V. Einflüsse des SDÜ auf das Strafverfahren

1. Allgemeines

Die für die Strafverfolgung relevanten Regelungen finden sich unter Titel III in den Art. 39 bis 91 SDÜ unter der Überschrift Polizei und Sicherheit. Sie reichen von der polizeilichen Zusammenarbeit zwischen den Schengen-Ländern beim Informationsaustausch (Art. 39 SDÜ), der grenzüberschreitenden Observation (Art. 40 SDÜ) und grenzüberschreitenden Nacheile (Art. 41 SDÜ) über Regelungen auf dem Gebiet der Rechtshilfe (Art. 48 ff. SDÜ) bis zum Aufbau eines gemeinsamen Informationssystems (Art. 92 ff. SDÜ).

2. Ne bis in idem

▶ **FALL 2:** Ein deutscher Staatsangehöriger hat in den Niederlanden Handel mit illegalen Betäubungsmitteln getrieben. In den Niederlanden wurde deshalb ein Strafverfahren gegen ihn eingeleitet, später aber durch die dortige StA gegen die Erfüllung von Auflagen wieder eingestellt. Die StA in Deutschland will gegen ihn gleichwohl ein weiteres Verfahren wegen des Handels in den Niederlanden einleiten. Ist dies möglich? ◀

Nach Art. 54 SDÜ darf keine Person, die in einem Schengen-Staat rechtskräftig abgeurteilt wurde, in einem anderen Schengen-Staat wegen derselben Tat verfolgt werden, sofern bei einer Verurteilung die Sanktion bereits vollstreckt worden ist, gerade vollstreckt wird oder nach dem Recht des Urteilsstaats nicht mehr vollstreckt werden kann. Das auch in Art. 50 GRC[94] normierte Doppelbestrafungsverbot ist gemäß Art. 52 Abs. 1 GRC auf den von Art. 54 SDÜ abgesteckten Gewährleistungsumfang

---

91 ABl. EG 1999, Nr L 136, 20.
92 Art. 2 Kommissionsbeschluss 1999/352/EG (ABl. EG 1999 Nr L 136, 20).
93 Hierzu Streinz-*Satzger* Art. 325 AEUV Rn 7; Groeben/Schwarze/Hatje-*Spitzer/Stiegel* Art. 325 AEUV Rn 110.
94 Siehe hierzu Meyer-*Eser* Art. 50 GRC.

beschränkt.[95] Dem folgend hat auch der EuGH die in Art. 54 SDÜ enthaltene **Vollstreckungsklausel** als verhältnismäßige Einschränkung des *ne bis in idem*-Grundsatzes erachtet und dessen Vereinbarkeit mit Art. 50 GRC festgestellt. [96] Damit bleibt auch die Vollstreckungsklausel trotz einer fehlenden Entsprechung in Art. 50 GRC weiterhin anwendbar.[97] Auslegungsschwierigkeiten im Rahmen des Art. 54 SDÜ[98] ergeben sich sowohl hinsichtlich der rechtskräftigen Aburteilung als auch hinsichtlich der Voraussetzungen „derselben Tat".

35   a) **Rechtskräftige Aburteilung:** Nach ganz hM stellen Urteile eine rechtskräftige Aburteilung dar, unabhängig davon, ob der Beschuldigte verurteilt oder freigesprochen wird.[99] Dies gilt auch für Freisprüche, die aus formalen Gründen ergehen, etwa weil Verjährung eingetreten ist.[100] Darüber hinaus wird auch ein ohne Eröffnung des Hauptverfahrens ergangener gerichtlicher Einstellungsbeschluss als rechtskräftige Aburteilung angesehen, sofern eine erneute Verfolgung des Betroffenen aufgrund der national begrenzt anerkannten Rechtskraft des Einstellungsbeschlusses nur für den Fall zulässig ist, dass neue Belastungstatsachen auftauchen.[101] Zur Problematik, ob und unter welchen Umständen die staatsanwaltschaftliche Einstellung eines Verfahrens eine rechtskräftige Aburteilung darstellt, hat der EuGH in der Rechtssache *Gözütok und Brügge* Stellung genommen und diese Frage unter folgenden Voraussetzungen bejaht:

- Erstens muss eine verfahrensbeendende Entscheidung einer zur Mitwirkung an der Strafrechtspflege berufenen Behörde ergangen sein. Nicht erforderlich ist daher eine gerichtliche Entscheidung, sondern es reichen grundsätzlich auch Verfahrenserledigungen aus, die allein durch die StA betrieben worden sind.
- Zweitens muss dieser Entscheidung Ahndungswirkung zukommen. Dies ist etwa gegeben, wenn die Einstellung des Strafverfahrens gegen Erfüllung bestimmter Auflagen erfolgt.
- Drittens muss die Strafklage nach nationalem Recht endgültig verbraucht sein.
- Viertens müssen die Sanktionen vollstreckt sein, was dann der Fall ist, wenn der Beschuldigte die ihm erteilten Auflagen erfüllt hat.[102]

Mit dieser Entscheidung ist die Auffassung des früher in Deutschland für die Auslegung von Art. 54 SDÜ zuständigen BGH als überholt anzusehen, wonach ein Strafklageverbrauch ausschließlich gerichtlichen rechtskräftigen Urteilen zukommen sollte.[103]

---

95 BVerfG NJW 2012, 1202; BGHSt 56, 11 m. Anm. *Hecker* JuS 2012, 261; *Rosbaud* StV 2013, 291; krit. *Böse* GA 2011, 504; vgl. auch *Burchard/Brodowski* StraFo 2010, 179.
96 EuGH NJW 2014, 3007 – *Spasic*; zust. *Hecker* JuS 2014, 261; krit. *Gaede* NJW 2014, 2990; *Meyer* HRRS 2014, 269.
97 EuGH NJW 2014, 3007 – *Spasic*; aA *Böse* GA 2011, 504; *Sieber-Eser* § 36 Rn 78; *Merkel/Scheinfeld* ZIS 2012, 206 (207 ff.); *Schomburg/Suominen-Picht* NJW 2012, 1190.
98 *Degenhard* StraFo 2005, 65 (69 f.); *Radtke/Busch* NStZ 2003, 281 (282); vgl. auch die deutsche Regelung des § 1 EuGHG; für eine ausführliche Darstellung des Art. 54 SDÜ siehe *Hecker* § 13 Rn 21 ff.
99 EuGH v. 28. 9. 2006 – Rs. C-150/05 – *van Straaten*, Slg. 2006, I-9327 (Rn 56 ff.); v. 28. 9. 2006 – Rs. C-467/04 – *Gasparini* u.a., Slg. 2006, I-9199 (Rn 24 ff.); BGHSt 46, 307 (309 ff.) m. Anm. *Radtke* NStZ 2001, 662 ff.; vgl. auch *Kühne* Rn 661 ff. mwN zur teils abw. Auffassung in anderen Mitgliedstaaten.
100 *Kühne* Rn 661; aA *Radtke/Busch* EuGRZ 2000, 421 (428).
101 EuGH NJW 2014, 3010 m. zust. Anm. *Gaede*, 2990 (2991 f.); eine Wiederaufnahme des Verfahrens ist nach Auffassung des EuGH allein dem Mitgliedstaat vorbehalten, in dem auch der Einstellungsbeschluss ergangen ist.
102 EuGH v. 11. 2. 2003 – verb. Rs. C-187/01 u. C-385/01 – *Gözütok und Brügge*, Slg. I-2003, 1345 (Rn 28 ff.) m. krit. Anm. *Radtke/Busch* NStZ 2003, 281 ff.; *Streinz* JuS 2003, 1211 f.; zust. *Mansdörfer* StV 2003, 313 ff.; *Stein* NJW 2003, 1162 f.; *Thym* NStZ 2003, 334 f.; *Vogel/Norouzi* JuS 2003, 1059 (1061 f.).
103 So noch BGH StV 1999, 244 ff.; s.a. EuGH NJW 2016, 2939 – *Kosswoski*.

Auf **Fall 2** bezogen bedeutet dies, dass der Strafklageverbrauch durch die Einstellung des Verfahrens gegen Auflagen in den Niederlanden eingetreten ist, soweit der Beschuldigte die Auflagen bereits erfüllt hat.

b) Dieselbe Tat: Die Voraussetzungen „derselben Tat" sind umstritten. In den Mitgliedstaaten der EU ist die diesbezügliche Praxis uneinheitlich: Während sich in einigen Ländern der Begriff „derselben Tat" auf Tatsachen, d.h. den Lebenssachverhalt, bezieht, wird in anderen auf Gesetzesverstöße abgestellt.[104] Auch der Wortlaut des Art. 54 SDÜ ist insoweit nicht eindeutig: So findet sich in der deutschen Fassung der Ausdruck „dieselbe Tat", in der französischen die Wendung „les mêmes faits" und in der englischen der Begriff „same acts".[105] Die Lösungsvorschläge zu dieser Rechtsfrage reichen von einem Abstellen auf den jeweiligen ausländischen prozessualen Tatbegriff[106] bis hin zur Anknüpfung an den jeweils bezweckten Rechtsgüterschutz[107] oder konträr hierzu auf den historischen Lebenssachverhalt.[108]

36

Der EuGH[109] stellt auf die Identität der materiellen Tat ab, worunter er einen „**Komplex unlösbar miteinander verbundener Tatsachen**" versteht. Auf die juristische Einordnung der Tat oder den bezweckten Rechtsgüterschutz kommt es dabei nicht an. Das hat der EuGH u.a. damit begründet, dass das Recht auf Freizügigkeit nur dann wirksam gewährleistet sei, wenn dessen Gebrauch nicht die Gefahr mehrfacher Strafverfolgung mit sich bringt, nur weil die bereits abgeurteilte Handlung in einer anderen Rechtsordnung eines Mitgliedstaates einen rechtlich anders zu beurteilenden Verstoß darstellt. Zudem würden die Vertragsstaaten ihrerseits ihre Rechtssysteme gegenseitig akzeptieren, und zwar auch im Falle von Divergenzen bei der Beurteilung derselben Tat.

37

c) Das Vollstreckungselement: Zuletzt gilt es, das Vollstreckungselement des Art. 54 SDÜ zu beachten. Ne bis in idem gilt nur, wenn im Fall einer Verurteilung die Sanktion bereits vollstreckt worden ist, gerade vollstreckt wird oder nach dem Recht des Urteilsstaats nicht mehr vollstreckt werden kann.

38

3. Schengener Informationssystem

Das in den Art. 92 ff. SDÜ geregelte Schengener Informationssystem (SIS) ist ein **computergestütztes Überwachungssystem**, das Datensätze über polizeilich zur Fahndung ausgeschriebene Personen und Sachen länderübergreifend erfasst und diese für eine Vielzahl polizeilicher und behördlicher Stellen zugänglich macht.[110] Im SIS können neben Angaben über gesuchte Sachen zur Sicherstellung oder Beweissicherung (Art. 100 SDÜ) auch bis zu zehn biografische und polizeiliche Angaben über solche Personen gespeichert werden, die per Haftbefehl gesucht werden, als „Drittausländer" von einem Schengenstaat mit einem Einreiseverbot belegt sind, vermisst oder zum Selbstschutz in

39

---

104 *Wyngaert/Stessens* ICLQ 1999, 779 (788 ff.); vgl. auch *Dannecker* Kohlmann-FS 597 (603 ff.).
105 *Degenhard* StraFo 2005, 65 (67).
106 *Kühne* Rn 661 mwN; vgl. auch (zu Art 50 GRC) BGH StV 2017, 245.
107 Schlussantrag von Generalanwalt *Colomer* v. 19. 9. 2002 – verb. Rs. C-187/01 und C-385/01 – *Gözütok und Brügge*, Slg. I-2003, 1345 (Rn 56).
108 *Degenhard* StraFo 2005, 65 (68); *Plöckinger/Leidenmühler* wistra 2003, 81 (87).
109 EuGH v. 9. 3. 2006 – Rs. C-436/04 – *van Esbroeck*, Slg. 2006, I-2333 (Rn 36 f.); m. grds. zust. Anm. *Kühne* JZ 2006, 1019 ff.; v. 28. 9. 2006 – Rs. C-150/05 – *van Straaten*, Slg. 2006, I-9287 (Rn 41 ff.); v. 28. 9. 2006 – Rs. C-467/04 – *Gasparini* u.a., Slg. 2006, I-9199 (Rn 54 ff.); v. 18. 7. 2007 – Rs. C-288/05 – *Kretzinger*, Slg. 2007, I-6441; v. 18. 7. 2007 - Rs. C-367/05 - *Kraaijenbrink*, Slg. 2007, I-6619.
110 *Leutheusser-Schnarrenberger* ZRP 2004, 97; vgl. auch *Kühne* Rn 77; *Satzger* § 10/49 ff.

Gewahrsam zu nehmen sind, als Zeugen oder zu anderen Zwecken gesucht werden oder zur Gefahrenabwehr und Strafverfolgung verdeckt registriert sind (Art. 95 bis 99 SDÜ).

40   Zur Gewährleistung eines reibungslosen Funktionierens des SIS sind in jedem Land Kontaktstellen (sog. Supplementary Information Request at the National Entry – SIRENE) eingerichtet worden. Die Effektivität des Systems wird zudem dadurch gewährleistet, dass die Mitglieder des SIS verpflichtet sind, dem Fahndungsersuchen eines anderen Mitgliedstaates zu entsprechen.[111]

---

111   *Kühne* Rn 77.

Stichwortverzeichnis

Die Angaben verweisen auf die Paragrafen des Buches (**fette Zahlen**) sowie die Randnummern innerhalb der einzelnen Paragrafen (magere Zahlen).
Beispiel: § 9 Rn. 10 = **9** 10

Ablehnung
- des Sachverständigen **21** 87 ff.
- des Staatsanwaltes **5** 18 ff.
- von Beweisanträgen **6** 15, **22** 31 ff.
- von Gerichtspersonen **13** 11 ff., 25

Absprachen s. *Verständigung*
- Auswirkungen auf das Berufungsverfahren **19** 16

Abwägungslehre **23** 1, 16 f. s. *auch Beweisverwertungsverbote, unselbständige*

Abwesenheit in der Hauptverhandlung **31** 39 ff.

Adhäsionsverfahren **26** 88 ff.

agent provocateur s. *Lockspitzeleinsatz*

Akkusationsprinzip s. *Anklagegrundsatz*

Akteneinsichtsrecht
- der Schöffen **12** 77 f.
- des Privatklägers **26** 73
- des Sachverständigen **21** 86
- des Verteidigers **7** 13 ff.

Amnestie **14** 11

Amtliche Wahrnehmung **3** 4, **4** 7

Amtsanwaltschaft **5** 9

Änderungsbeschluss **16** 9

Anfangsverdacht **4** 10 f.

Angeklagter **6** 1

Angeschuldigter **6** 1

Anklage
- Erhebung **4** 16 f., **10** 2 ff., **26** 4 ff.
- Nachtrags- **4** 17, **17** 48, **25** 10
- Umgestaltung **25** 8 ff.

Anklagegrundsatz **4** 16 f., **25** 3

Anklagemonopol **4** 12, 19, **5** 2

Anklageschrift **10** 3, **14** 18, **16** 1

Anklagezwang s. *Legalitätsprinzip*

Annahmeberufung **30** 7

Antragsdelikt **4** 14
- Untersuchungshaft bei **9** 38

Anwesenheitspflicht in der Hauptverhandlung **17** 25 ff., **31** 39 ff.

Anwesenheitsrecht im Ermittlungsverfahren
- des Beschuldigten **6** 19
- des Verteidigers **7** 11

Anzeige s. *Strafanzeige*

Aufklärungspflicht des Gerichts **20** 23 ff., **22** 2 ff., **25** 6, **31** 31

Aufklärungsrüge **22** 5, **31** 31

Auflagen **10** 18 ff.

Augenscheinsbeweis **21** 1, 101 ff., **22** 14
- spezielle Ablehnungsgründe **22** 57

Augenscheinseinnahme, kommissarische **17** 11

Augenscheinsgehilfe **21** 106

Auskunftsverweigerungsrecht **21** 37, 50, 55 ff., **23** 28

Aussagegenehmigung **21** 34, **23** 22

Aussagepflicht des Zeugen **21** 24, 29 ff.

Ausschließung
- des Verteidigers **7** 24 ff.
- von Gerichtspersonen **13** 1 ff., **31** 35

Ausschlussfrist, absolute **15** 19

Ausschreibung
- eines Kfz-Kennzeichens **8** 22
- zur Aufenthaltsermittlung **8** 174 ff.
- zur Festnahme **8** 172 f.
- zur polizeilichen Beobachtung **8** 20 ff.

Außerdienstliche Kenntniserlangung **4** 9

Äußerungsrecht des Verteidigers **7** 12

Aussetzung
- der Hauptverhandlung **17** 51
- des Vollzuges **9** 79 ff.

Bedingung, innerprozessuale 15 6
Befangenheit des Richters 13 12, 14 ff., 31 36
Beinahetreffer 8 53
Belehrung
- des Beschuldigten s. *Belehrung des Beschuldigten*
- des Sachverständigen 17 19
- des Zeugen 17 19, 21 92, 23 26 ff., 31 31
- durch Sachverständigen 21 92
- qualifizierte 6 48
Belehrung des Beschuldigten 4 27, 6 30 f., 8 43, 126, 24 26
- Verstoß gegen Pflicht zur 6 47 ff., 31 31
Bericht des Zeugen 21 70
Berichterstatter 30 25
Berichtigung
- des Urteils 24 35 ff.
- Protokoll- 17 50
- Zuständigkeits- 12 26, 28
Berufsverbot, vorläufiges 7 28, 32 11
Berufung 3 12 f., 28 6, 30 1 ff.
- nach beschleunigtem Verfahren 26 61 s. *auch Rechtsmittel*
Beschlagnahme
- dem Verfall unterliegender Gegenstände 8 146
- der Einziehung unterliegender Gegenstände 8 146
- des Führerscheins 8 147
- des Vermögens des Beschuldigten 26 101
- von Beweismitteln 8 131 ff.
- von Postsendungen 8 142 ff.
Beschlagnahmeverbote 8 137 ff., 23 23
Beschleunigtes Verfahren 10 5, 26 48 ff.
Beschleunigungsgrundsatz 18 1, 6 ff.
Beschluss 24 2, 7 ff.
Beschuldigter 6 1 ff.
- als Zeuge 21 16 ff.
- Belehrung s. *Belehrung des Beschuldigten*
- Rechtsstellung 6 8 ff.

- Verhandlungsfähigkeit 14 10, 15 3
- Vernehmung s. *Vernehmung des Beschuldigten*
- verstorbener 14 9
- zeitliche Grenzen des Beschuldigtenstatus 6 3 ff. s. insb. *Beschuldigtentheorien*
Beschwer 28 19 ff., 30 4, 31 6, 32 12 f.
Beschwerde 28 6, 29 3, 6, 32 1 ff. s. *auch Rechtsmittel*
- Abhilfeverfahren 32 15, 17, 19
- einfache 32 3 ff.
- Einstellungs- 11 9 f.
- gegen ein Unterlassen 32 7
- gegen gerichtliche Entscheidungen 29 3, 6
- Haft 9 56 ff.
- sofortige 32 3, 19 f.
- Vorlage nach Nichtabhilfe 32 16
- Vorschalt- 11 9 f.
- weitere 32 3, 21
Besetzung des Gerichts s. *Gerichtsbesetzung*
Besetzungsrüge 17 14, 31 32 ff., 46
Bestandsdatenauskunft 8 97
Beweis 20 5
- Augenscheins- s. *Augenscheinsbeweis*
- Frei- s. *Freibeweisverfahren*
- Personal- s. *Personalbeweis*
- Sach- s. *Sachbeweis*
- Streng- s. *Strengbeweisverfahren*
- über Wiederaufnahmegrund 33 7 f.
- Urkunden- s. *Urkundenbeweis*
- Verwertung von -en 20 5, 23 1 ff.
Beweisanregung 22 6, 19
Beweisantizipation, Verbot der – 22 3 f., 35, 44, 56 f.
Beweisantrag
- Konnexität 22 15
Beweisanträge 22 1 ff.
- Ablehnung von -n 22 31 ff.
- bedingte 22 21 ff.
- des Angeklagten 17 7 f., 13, 20 26, 22 28
- des Beschuldigten 4 28, 6 15, 49
- des Nebenklägers 20 26, 22 28, 26 86

Stichwortverzeichnis

- des Staatsanwalts 22 28
- des Verteidigers 7 18, 22 28
- Eventual- 22 22, 26 f.
- Hilfs- 22 22, 24 f., 27
- Schein- 22 13

Beweisaufnahme 17 11 ff., 20 1 ff.
- kommissarische 17 11, 21 109

Beweiserbieten 22 6, 20

Beweisergebnis 20 5, 23 1 ff.

Beweiserhebung 20 5, 21 1 ff.
- Anspruch des Beschuldigten auf 4 28
- Grundsätze der 21 107 ff.
- überflüssige 22 38, 41
- unzulässige 22 38 ff.

Beweiserhebungsverbote 21 136 ff., 22 39, 23 5 f., 10, 18 ff.
- Verstoß gegen relative 23 29 f.

Beweisermittlungsantrag 22 6, 17 f.

Beweismethoden 20 5
- verbotene 6 33 ff., 21 139, 23 26 ff.

Beweismittel 20 5, 21 1 ff., 22 14 f.
- Austausch von -n 22 36 f.
- Einlassung des Beschuldigten 21 2
- Erlangung über Privatpersonen 23 34 ff.
- hypothetisch rechtmäßige Erlangung 23 31 ff.
- neue – als Wiederaufnahmegrund 33 18
- nicht präsente 22 34, 38 ff.
- numerus clausus der 21 1
- persönliche 21 1
- präsente 22 34, 59 ff.
- sachliche 21 1
- Sicherstellung und Beschlagnahme von -n 8 131 ff.
- unerreichbares 22 38, 47 f.
- völlig ungeeignetes 22 38, 46

Beweismittelverbote 21 138, 23 23 ff.

Beweisregeln 23 52, 59 s. auch Beweiswürdigung, Grundsatz der freien

Beweissicherung 4 31, 35, 35 39

Beweissurrogate 21 110

Beweistatsache 20 6 ff., 22 8 ff., 23 1

Beweisthema 20 5

Beweisthemaverbote 21 137, 23 20 ff.

Beweisverwertung 20 5, 23 1 ff.

Beweisverwertungsverbote 6 47 ff., 8 112, 22 39, 23 3 ff.
- Einsatz verdeckter Ermittler 8 126 f.
- Ergebnisse der Telekommunikationsüberwachung 8 87
- Fernwirkung 23 38 ff.
- großer Lauschangriff 8 116 f.
- selbständige 23 6, 43 ff.
- unselbständige 23 4 f., 8 ff.
- verbotene Vernehmungsmethoden 6 33 ff., 50
- Verstoß gegen Belehrungspflicht 6 47 f., 48 f., 23 26 ff.

Beweiswürdigung 20 5, 23 1 ff., 52 ff.
- fehlerhafte 31 53
- Grundsatz der freien 23 54 ff.
- vorweggenommene s. Beweisantizipation, Verbot der –

Blutprobenentnahme 8 37 ff., 64 f., 23 29
- Reihentests 8 41

Bundesamt für Verfassungsschutz (BfV) 5 25

Bundesanwaltschaft 5 9 f.

Bundeskriminalamt (BKA) 5 25

Bundespolizei 5 26

Bundeszentralregister 24 32, 27 22 f.

Charta der Grundrechte der Europäischen Union 35 4, 34

Datenabgleich 8 10

Deal s. Absprachen

Devolutionsrecht 5 12

Devolutiveffekt 28 7, 32 2

Dienstaufsichtsbeschwerde 11 8, 10, 27 21, 28 2 f.

Dispositionsmaxime 4 21

DNA-Analyse 8 50 ff.

DNA-Identitätsfeststellung 8 54 ff.

Dokumentationspflicht 19 12

Dolmetscher 6 13, 17 34, 31 43

Doppelbestrafung, Verbot der – 14 13, 18, 25 32
- und SDÜ 35 34 ff.

– und Wiederaufnahme des Verfahrens 33 19
Doppelfunktionale Maßnahmen der Polizei 5 32
Doppelhaft 9 39
Drohung 6 43 s. auch Beweismethoden, verbotene
Durchsuchung 8 152 ff.
– bei anderen Personen 8 159 ff.
– bei dem Verdächtigen 8 156 ff.
– Durchsicht von Papieren 8 163
– Ergreifungs- 8 152
– Ermittlungs- 8 152
– Raum- 8 166 f.
Eid des Zeugen 21 24, 32, 64, 72 ff.
s. auch Vereidigung; Vereidigungsverbot
Eidesverweigerungsrecht 21 32
Eingriff, körperlicher s. körperlicher Eingriff
Eingriffsmaßnahmen 8 1 ff.
Einspruch gegen Strafbefehl 26 20 ff., 28 9
Einstellung s. Verfahrenseinstellung
Einstellungsbescheid 4 6, 11 8
Einstellungsbeschwerde 11 9 f.
Einziehungsverfahren 10 6, 26 96 ff.
E-Mail 8 87
EMRK 2 5, 35 2, 7
Entschädigung
– des Angeklagten bei Urteilsaufhebung nach Wiederaufnahme 33 15
– Opfer- 26 104
– Zeugen- 21 75
Entziehung der Fahrerlaubnis 8 148 ff.
Erfahrungssätze 20 13
Erkenntnisverfahren 3 1 ff.
– geltende Verfahrensprinzipien 18 1, 3 ff.
Erkennungsdienstliche Maßnahmen 8 11 ff.
Ermächtigung, behördliche 14 15
Ermächtigungsdelikte 4 15

Ermittler, verdeckter s. *verdeckter Ermittler*
Ermittlungsgehilfen, geheime 21 118 ff.
Ermittlungsgrundsatz 4 21 ff., 20 19 ff.
Ermittlungspersonen der StA 5 28
Ermittlungsrichter 4 31 ff.
– als Zeuge 21 60 ff.
– Rechtsschutz gegen Entscheidungen des -s 29 3, 5 ff.
Ermittlungsverfahren 3 1, 4 f., 4 1 ff.
– Abschluss 10 1 ff.
– Einleitung 4 1 ff.
– Einstellung s. *Verfahrenseinstellung*
– Rechtsschutz 29 1 ff.
Ermittlungszwang s. *Legalitätsprinzip*
Ermüdung 6 35 s. auch Beweismethoden, verbotene
Eröffnungsbeschluss 3 6, 16 2, 4 ff. s. auch *Nichteröffnungsbeschluss*
– Zustellung 17 10
Eurojust 35 29 ff.
Europäische Ermittlungsanordnung 35 23
Europäischer Haftbefehl 35 15 ff.
Europol 35 26 ff.
Exterritorialität, Prinzip der – 14 6
Fahndung 8 171 ff.
Fahrerlaubnis 8 147 ff.
– -entziehung s. *Entziehung der Fahrerlaubnis*
Faires Verfahren 14 10, 15 10, 18 1, 11
fair trial s. *faires Verfahren*
Fernsehaufnahmen in der Hauptverhandlung 17 41
Festnahme
– Ausschreibung zur 8 172 f.
– vorläufige 8 25 ff.
– vorübergehende – zur Vorbereitung einer Untersuchung 8 45
Fingerabdrücke 8 14 ff.
Flucht 9 11 ff.
Fluchtgefahr 9 10, 15 ff., 81
Fragerecht
– der Prozessbeteiligten 17 43 ff.

Stichwortverzeichnis

– des Beschuldigten 6 17
Freibeweisverfahren 14 4, 21 4 f.
Freiheitsentziehung 27 1
– durch Untersuchungshaft 9 1 ff.
– zur Identitätsfeststellung 8 11, 13
Freiheitsstrafe, Vollstreckung der –
 27 7, 9 f.
Freispruch 24 20 f.
Frist
– bei Berufungseinlegung 30 6
– bei Prozesshandlung 15 17 ff.
– bei Revisionseinlegung 31 11
– richterliche 15 21
fruit of the poisonous tree 23 38 ff.
Führerschein 8 147
Führungszeugnis 27 23
Funkzellenabfrage 8 93
Fürsorgepflicht des Gerichts 15 10,
 17 47, 18 1

Gegenüberstellung 8 39, 22 19
Gegenvorstellung 28 2 f., 32 16
Geldstrafe, Vollstreckung der – 27 6,
 10
Generalbundesanwalt 5 9 f.
Generalfragen 21 67
Generalstaatsanwaltschaft 5 9 f.
Genetischer Fingerabdruck 8 50
Gerichtsbesetzung
– fehlerhafte 31 32 ff.
– in erster Instanz 12 5 ff.
– in Rechtsmittelsachen 12 42 ff.
– Mitteilung der 17 14
– Rüge der 17 14, 31 32 ff., 46
Gerichtsstand 12 50 ff.
Geschäftsverteilungsplan 12 62
Geschichtliche Entwicklung 34 1 ff.
Geschworene 12 74, 34 17, 19, 21
Gesetzlicher Richter 6 11, 12 1 ff.,
 13 2, 18 17
Geständnis 33 18, 21
– im Rahmen einer Verständigung
 19 15
– im Rahmen von Absprachen 19 10

Gewohnheitsrecht 20 14 f.
Grundrechtecharta s. *Charta der
 Grundrechte der Europäischen Union*
Haft
– Beuge- 9 3
– Doppel- s. *Doppelhaft*
– Hauptverhandlungs- 8 35, 9 5
– Sicherungs- 9 5, 31
– Über- s. *Überhaft*
– Ungehorsams- 9 5
– Untersuchungs- s. *Untersuchungshaft*
– Vollstreckungs- 9 5
Haftausschließungsgrund, Unverhältnis-
 mäßigkeit als – 9 36, 63 f.
Haftbefehl
– Aufhebung 9 62 ff.
– Erlass 9 40 ff.
– europäischer 35 15 ff.
– Überprüfung 9 53 ff.
– Vollstreckung 9 46 ff.
Haftbeschwerde 9 56 ff.
Haftgründe 9 10 ff.
Haftprüfung 9 54 f., 59 ff.
Haftsurrogat 9 79
Haftverschonung 9 79 ff.
Hauptverfahren 3 1, 8 ff., 17 1 ff.,
 24 12 ff.
– Durchführung 3 8
– Eröffnung 3 6 f., 16 1 ff.
– Nichteröffnung 3 6 f., 16 24 ff.
– Rechtsbehelfe im 17 52
– Verfahrenshindernisse 14 30
Hauptverhandlung 3 8 f., 13, 17 1,
 16 ff.
– Anwesenheitsrechte und -pflichten
 17 25 ff., 31 39 ff.
– bei Wiederaufnahme des Verfahrens
 33 9 f., 11 ff.
– Berufungs- 30 24 ff.
– Beweisaufnahme s. *Beweisaufnahme*
– Gang der 17 17 ff.
– Hinweis- und Fürsorgepflichten
 17 47 ff., 18 22 f.
– Ladungen 17 4 ff.
– Leitung 3 9, 17 42

- Öffentlichkeit 3 8 f., 17 35 ff., 18 1, 26, 31 47 ff.
- Urteil s. Urteil
- Verfahrensfehler 31 30 f.
- Verfahrenshindernis 14 30
- Verfahrensprinzipien 18 1, 24 ff.
- Vorbereitung 3 8, 17 1 ff.
- wesentliche Teile 31 44 f.

Hauptverhandlungsprotokoll 3 9, 17 27, 50, 31 27

Hausdurchsuchung, nächtliche s. nächtliche Hausdurchsuchung

Hinweispflicht des Gerichts 17 48 f., 25 9, 31 31

Historische Entwicklung s. geschichtliche Entwicklung

Hypnose 6 41 s. auch Beweismethoden, verbotene

hypothetical clean path s. hypothetisch rechtmäßige Beweiserlangung

Hypothetisch rechtmäßige Beweiserlangung 23 31 ff.

Identitätsfeststellung 8 11 ff.

Immunität 14 11, 16 13

IMSI-Catcher 8 96

Indizien s. Indiztatsachen

Indiztatsache 20 7, 9 ff.

in dubio pro reo 23 67 ff.
- Geltung für Prozessvoraussetzungen 14 26
- Geltung für Vorliegen eines Verfahrensverstoßes 31 27
- Geltung im Wiederaufnahmeverfahren 33 8

Informanten 21 118 f.

Informationsrecht des Beschuldigten 6 16

Informatorische Befragung 6 26 f.

Inkulpation 6 4 ff.

Inquisitionsprinzip 4 24

Inquisitionsprozess 4 16, 24, 34 5 ff.

Instruktionsprinzip 4 22 s. Ermittlungsgrundsatz

Interesse, öffentliches s. öffentliches Interesse

Intimsphäre 23 49 ff.

iudex ad quem 30 22, 32 16

iudex a quo 28 26, 30 19, 31 6, 11, 32 14 f., 19

Kammergericht 12 5

Kenntniserlangung, außerdienstliche s. außerdienstliche Kenntniserlangung

Klage, öffentliche s. öffentliche Klage

Klageerhebung 10 2 ff.

Klageerzwingungsverfahren 11 1 ff.

Kognition 25 7

Konfrontationsrecht 6 17

Konsularische Vertretung 6 14

Kontaktsperregesetz 9 88

Kontrollstelleneinrichtung 8 17 ff.

Konzentrationsmaxime 17 51, 18 1, 24 f. s. auch Beschleunigungsgrundsatz

Körperlicher Eingriff 8 37 ff.
- an Dritten 8 41, 47, 64
- Blutprobenentnahme 8 40 f., 64 f., 23 29

Körperliche Untersuchung s. körperlicher Eingriff

Kreuzverhör 17 46

Ladungen zur Hauptverhandlung 17 4 ff.
- unterbliebene 31 30

Laienrichter s. Schöffe

Lauschangriff
- großer 8 106 ff.
- kleiner 8 101 ff.

Legalitätsprinzip 4 1, 18 ff.

Legende 8 118

Letztes Wort des Angeklagten 6 18, 17 23, 31 31

Lichtbildaufnahmen 8 14 ff., 64

Lockspitzeleinsatz 14 20 ff.

Lügendetektor 6 45

Massenscreening s. Reihengentest

Massentest *s. Reihentest*
Mehrfachverteidigung 7 21
Meistbegünstigungsprinzip 28 15
Menschenrechtsbeschwerde 3 14, 28 10
Misshandlung 6 34 *s. auch Beweismethode, verbotene*
Mitbeschuldigter als Zeuge 21 17 ff.
Mitwirkungsplan 12 63
Mobilfunkendgeräten, Ermittlungsmaßnahmen bei 8 96
Molekulargenetische Untersuchung 8 50 ff.
Mündlichkeitsgrundsatz 15 14, 18 1, 27 f., 21 107, 134

Nächtliche Hausdurchsuchung 8 165
Nachtragsanklage 4 17, 17 48, 25 10
Nachverfahren 3 2, 26 99
Nebenkläger
– als Zeuge 17 32, 26 86
– Anwesenheitsrecht in der Hauptverhandlung 17 30, 26 86
– Beweisantragsrecht 22 28
– Rechte und Pflichten 17 15, 30, 22 28, 26 86 f., 28 17 f.
– Rechtsmittelbefugnis 26 87, 28 17 f., 24
– Revision des -s 26 87, 31 64
Nebenklageverfahren 26 79 ff.
ne bis in idem 14 13, 18, 25 32
– und SDÜ 35 34 ff.
– und Wiederaufnahme des Verfahrens 33 19
Negativmitteilung 17 21
nemo-tenetur-Grundsatz 6 9, 20 ff.
Nichteröffnungsbeschluss 16 24 ff.
Nicht-Inbegriffs-Rüge 31 31
Nichtöffentlich ermittelnde Polizeibeamte (NOEP) 8 118, 21 118, 122, 124
Notstaatsanwalt 4 37
Notwendige Verteidigung *s. Pflichtverteidiger*

Observation 8 76 ff., 99 f.
Öffentliche Klage
– besondere Formen 10 5 f., 26 4 ff.
– Erhebung 4 16 f., 10 2 ff., 14 18, 26 4 ff.
– Umgestaltung 25 8 ff.
Öffentliches Interesse 4 13, 9 37, 10 14, 18 f., 14 15
Öffentlichkeit der Hauptverhandlung *s. Öffentlichkeitsgrundsatz*
Öffentlichkeitsfahndung 8 171, 176
Öffentlichkeitsgrundsatz 3 8 f., 17 35 ff., 18 1, 26, 21 107, 134
– Verstoß gegen 31 47 ff.
Offizialmaxime 4 12 ff.
Offizialprinzip *s. Offizialmaxime*
OLAF 35 31 f.
Online-Durchsuchung 8 98, 164
Opferentschädigung 26 104
Opferschutz 26 102
Opportunitätsprinzip 10 11, 26 38
Ordnungsgeld 12 76, 21 27

Personalbeweis 21 1, 111, 33 18
  s. auch Sachverständiger; Zeuge
Pflichtverteidiger 6 12, 7 3, 27 ff., 9 52, 17 29 *s. auch Verteidiger*
– als Zeuge 21 14 f.
Plädoyer *s. Schlussvorträge*
Polizeibeamte, nicht öffentlich ermittelnde 8 118, 21 118, 122, 124
Polizeilicher Aufgabendualismus 5 30
Polygraph *s. Lügendetektor*
Präjudizienbindung der StA 5 16 f.
Privatklagedelikt 4 13, 14 15, 26 66
– Klageerzwingungsverfahren bei 11 7
– Untersuchungshaft bei 9 37
Privatklageverfahren 26 63 ff.
– beschleunigtes Verfahren im 26 48
– Rechtsmittel 26 78, 28 17 f., 24 f.
Probationsverfahren 33 7
Protokoll der Hauptverhandlung 3 9, 17 27, 50, 31 27

Protokoll einer früheren Vernehmung s. *Vernehmungsprotokoll*

Protokollrüge 31 28

Prozessgegenstand 4 17, 25 1 ff.

Prozessgrundsätze s. *Verfahrensprinzipien*

Prozesshandlungen 15 1 ff.
- doppelfunktionelle 15 2

Prozesshindernisse 14 2, 27 ff. s. auch *Prozessvoraussetzungen*
- endgültige 14 27 ff.
- Prozessurteil 24 2, 6, 22
- vorübergehende 14 27 ff., 16 28 ff.

Prozessmaximen s. *Verfahrensprinzipien*

Prozessurteil 14 2, 24 2, 4, 6, 10, 22

Prozessverschleppung 22 38, 49 f.

Prozessvoraussetzungen 14 1 ff.
- negative 14 2
- positive 14 2

Quälerei 6 38 s. auch *Beweismethoden, verbotene*

Rasterfahndung 8 7 ff.

Raumgespräche 8 87

Rechtliches Gehör 4 26, 6 10, 16 3, 17 3, 28
- Grundsatz des -s 18 1, 18 ff., 21 107, 135

Rechtsbehelfe 28 1 ff.
- außerordentliche 3 14, 28 4, 10 f.
- förmliche 28 4 ff.
- formlose 28 2 f.
- gegen Eröffnungsbeschluss 16 10
- gegen Haftbefehl 9 53 ff.
- gegen Strafbefehl 26 20 ff.
- gegen Strafvollstreckung 27 14 ff.
- ordentliche 28 4 ff.
- Rechtsmittel s. *Rechtsmittel*
- Wiederaufnahmeverfahren s. *Wiederaufnahme des Verfahrens*
- Zwischen- 28 9

Rechtsfolgenausspruch 24 19

Rechtshängigkeit 14 14, 16 4, 26 31 f., 49

Rechtskraft 3 2, 11, 15, 25 11, 27 ff., 27 4, 28 11
- bei Adhäsionsantrag 26 95
- bei Strafbefehlsverfahren 26 33 ff.
- Durchbrechung der 25 35, 28 11, 33 1, 10
- entgegenstehende 14 13
- formelle 25 28 ff.
- materielle 25 11, 31 ff.
- und Tat im prozessualen Sinne 25 11, 38 ff.
- von Beschlüssen 25 36 f.

Rechtskreistheorie 23 12 f., 31 22 s. auch *Beweisverwertungsverbote, unselbständige*

Rechtsmissbrauch 28 36

Rechtsmittel 28 6 ff., 12 ff.
- bei Ablehnungsgesuch 13 23 f.
- Berufung s. *Berufung*
- Beschwer 28 19 ff., 30 4, 31 6, 32 12 f.
- Beschwerde s. *Beschwerde*
- des Nebenklägers 26 87
- des Privatklägers 26 78
- gegen Aufhebungsbeschluss 9 67
- im Jugendstrafverfahren 28 17 f.
- rechtsmissbräuchliche Einlegung 28 36
- Revision s. *Revision*
- Rücknahme 28 30 ff., 30 9, 31 12, 32 1
- Verzicht s. *Rechtsmittelverzicht*
- Wechsel 31 7 f.

Rechtsmittelbelehrung 3 9, 24 26

Rechtsmittelverfahren 3 1, 12 f.

Rechtsmittelverzicht 28 30 ff., 30 8, 31 12, 32 1
- Unwirksamkeit 15 10 ff., 19 11

Rechtsquellen 2 1 ff.

reformatio in peius 26 28, 30 28, 31 53, 68, 32 1, 33 13

Reihengentest 8 53

Reihentest 8 41

Remonstrationspflicht 5 15

Stichwortverzeichnis

Revision 3 12 f., **28** 6, 12 ff., **31** 1 ff.
s. *auch Rechtsmittel*
- absolute -sgründe **31** 21, **32** ff.
- des Nebenklägers **26** 87, **31** 64
- Erstreckung auf Mitverurteilte **31** 65 f.
- nach beschleunigtem Verfahren **26** 62
- relative -sgründe **31** 19 f., 29 ff.
- Rügepräklusion **17** 14, 22, **31** 23 ff.
- Sachrüge **31** 9, 14, 52 ff.
- -santrag **31** 9 ff.
- Sprung- 3 13, **31** 2 ff.
- Verfahrenshindernisse **31** 14 f.
- Verfahrensrüge **31** 9, 14, 16 ff.

Richter
- Ablehnung von -n **13** 11 ff., **31** 36
- als Notstaatsanwalt **4** 37
- als Zeuge **21** 9, 33, 60 ff.
- Ausschließung von -n **13** 3 ff., 13, **31** 35
- Befangenheit **13** 12, 14 ff., **31** 36
- ehrenamtlicher s. *Schöffe*
- gesetzlicher **12** 1 ff., **13** 2, **18** 17
- Unabhängigkeit **18** 1, 12 ff.

Richterliche Überzeugung **23** 54 ff.
Richterliche Unabhängigkeit **18** 1, 12 ff.
Richtervorbehalt **4** 33 f., **9** 41, **23** 30
Rubrum **24** 30
Rügepräklusion **17** 14, 22, **31** 23 ff.
Rügeverlust **17** 14, 22, **31** 23 ff.

Sachaufsichtsbeschwerde **28** 2 f.
Sachbeweis **21** 1 s. *auch Augenscheinsbeweis; Urkundenbeweis*
Sachrüge **31** 9, 14, 52 ff.
Sachurteil **14** 2 f., **24** 2, 4 ff., **18** f.
Sachverständiger **17** 33, **21** 1, 77 ff.
- als Zeuge **21** 85, 90
- Rechte und Pflichten **21** 86
- Vernehmung s. *Vernehmung von Sachverständigen*

Schengener Durchführungsübereinkommen (SDÜ) **35** 1, 6 f., 33 ff.

Schengener Informationssystem (SIS) **35** 39 f.
Schleppnetzfahndung **8** 4 ff.
Schlussvorträge **5** 6, **20** 3, **21** 135, **22** 26, **30** 25
Schöffe **12** 73 ff.
- Ausschließung und Ablehnung von -n **13** 25
Schöffengericht **12** 5 f., 14 f.
- erweitertes **12** 6
Schuldspruch **24** 19
Schutzzwecktheorie **23** 14 f. s. *auch Beweisverwertungsverbote, unselbständige*
Schweigerecht des Beschuldigten **4** 27, **6** 9, **31** 31
Schwere der Tat **7** 30, **9** 26 f., 83
Schwurgericht **12** 5, 7, 17, 20, 74
Selbstablehnung eines Richters **13** 17
Selbstanzeige **4** 2
- eines Richters **13** 17
Selbstgespräch **23** 51
Selbstleseverfahren **21** 100
Sicherstellung
- dem Verfall unterliegender Gegenstände **8** 146
- der Einziehung unterliegender Gegenstände **8** 146
- von Beweismitteln **8** 131 ff.
- von Postsendungen **8** 142
Sicherungsverfahren **10** 6, 8, **14** 10, **26** 36 ff.
SIRENE **35** 40
SIS s. *Schengener Informationssystem*
Sitzungsvertreter der Staatsanwaltschaft **17** 26
- als Zeuge **21** 10 ff., **31** 40
Sperrberufung/-revision **28** 27
Spontanäußerung **6** 25
Sprungrevision **3** 13, **31** 2 ff.
Staatsanwalt
- Ablehnung eines -s **5** 18 ff.
- als Zeuge **21** 10 ff., **31** 40

443

Staatsanwaltschaft 4 25, 5 1 ff.
- als Vollstreckungsorgan 27 3
- Eilkompetenz 4 33 f.
- Rechtsmittelbefugnis 5 7, 28 17 f., 23
- Sitzungsvertreter 17 26

Staatsschutzkammer 12 5, 7, 18, 20
Steuer-CD 23 37
Strafantrag 4 1, 4 ff., 14 15
Strafanzeige 4 1, 2, 6
- Beurkundung 4 3
- Form 4 3

Strafbefehl 10 4, 26 1 ff.
- Einspruch gegen 26 20 ff., 28 9
- Rechtskraft 26 33 ff., 27 4
- Wiederaufnahme des Verfahrens 33 2, 16 f.

Strafkammer
- besondere 12 5, 7, 17 ff.
- große 12 5, 7, 16 ff., 47
- kleine 12 42

Strafklageverbrauch 10 9, 16 27, 25 11, 32, 34, 26 34
- bei Nichteröffnung des Hauptverfahrens 16 27
- bei Verfahrenseinstellung 10 14, 17, 21

Strafregister s. Bundeszentralregister
Strafrichter 12 5, 6, 14 f.
Strafsache 12 31
- Trennung und Verbindung von zusammenhängenden -n 12 30 ff.

Strafsenat 12 5, 8, 49
Strafvereitelung 7 8, 24, 8 116, 139, 156, 12 32, 21 30 f.
Strafverlangen, behördliches 14 15
Strafverteidiger s. Verteidiger
Strafvollstreckung s. Vollstreckungsverfahren
Strafvollstreckungskammer 27 11
Strafvollzug 27 1 f.
Strengbeweisverfahren 14 4, 21 3, 5
Stufentheorie 21 125 ff.
Substitutionsrecht 5 12
Sühneversuch 26 70 f.

Suspensiveffekt 28 8, 32 2

Tagebuchaufzeichnungen 23 46, 50
Tatbegriff
- faktischer 25 15
- gemischt faktisch-normativer 25 16
- materiellrechtlicher 25 12
- prozessualer 25 1 ff.

Tatidentität 7 21
Tatsache 20 6, 21 82
- allgemeinkundige 20 16 f., 22 41
- als wahr unterstellte 22 38, 51 ff.
- Anknüpfungs- 21 82 f.
- bedeutungslose 22 38, 42 f.
- Befund- 21 82, 84
- Beweis- s. Beweistatsache
- beweisbedürftige 20 5, 15
- gerichtskundige 20 16, 18, 22 41
- Haupt- 20 7 f.
- Hilfs- 20 7, 12
- Indiz- 20 7, 9 ff.
- neue - als Wiederaufnahmegrund 33 18
- offenkundige 20 15 ff., 22 41, 31 53
- Rechts- 33 18
- schon erwiesene 22 38, 45
- Zusatz- 21 82, 85
- Zweifel über 23 67 ff.

Tatschwere s. Schwere der Tat
Tatverdacht
- dringender 9 7 f.
- hinreichender 10 2, 16 5 f.

Täuschung 6 40, 15 8 s. auch Beweismethoden, verbotene
Teilfreispruch 24 21 s. auch Freispruch
Telekommunikationsüberwachung 8 80 ff., 23 24
Telekommunikationsverbindungsdaten, Auskunft über - 8 93 ff.
Tenor des Urteils 24 31
Termin
- bei Prozesshandlung 15 17
- -sbestimmung für die Hauptverhandlung 17 3

Transparenzpflicht 17 21, 19 12
Trennbarkeitsformel 30 20

Stichwortverzeichnis

Überhaft 9 39
Überwachung des Fernmeldeverkehrs s. *Telekommunikationsüberwachung*
Überzeugung, richterliche 23 54 ff.
Unabhängigkeit, richterliche s. *richterliche Unabhängigkeit*
Unbrauchbarmachungsverfahren 10 6
Unmittelbarkeitsgrundsatz 21 99, 107 ff.
Unschuldsvermutung 18 1, 3 ff.
– und Untersuchungshaft 9 2, 31, 87
Unterbrechung der Hauptverhandlung 17 51, 31 31
Unterbringung in einem psychiatrischen Krankenhaus 4 33
– vorübergehende – zur Vorbereitung einer Untersuchung 8 45
– zur Beobachtung 8 68 ff.
Unterschrift 15 15, 16 20 f., 24 29, 34
Untersuchung, körperliche s. *körperlicher Eingriff*
Untersuchungsgrundsatz 4 22 s. *Ermittlungsgrundsatz*
Untersuchungshaft 9 1 ff.
– Vollzug 9 85 ff.
– Vollzugsaussetzung 9 79 ff.
Urkundenbeweis 21 1, 96 ff., 102, 22 14
Urkundsbeamter der Geschäftsstelle 17 27
– Ausschließung und Ablehnung 13 25
Urteil 24 1 ff., 10, 11 ff.
– abgekürztes 24 33
– Beratung 17 24, 24 1, 12, 14 f.
– Berichtigung des -s 24 35 ff.
– Beruhen auf Verfahrensfehler 31 16 ff.
– Einstellungs- 26 23
– Nichtigkeit 24 41
– Prozess- s. *Prozessurteil*
– Sach- s. *Sachurteil*
– -sfindung 24 12 ff.
– -sgründe s. *Urteilsgründe*
– -surkunde 24 12, 27 ff.
– Unterschrift 24 34

– Verkündung 3 9, 17 24, 40, 24 1, 12, 16 ff.
Urteilsformel 24 12, 16 ff.
– Berichtigung 24 35 ff., 40
Urteilsgründe 24 12, 16, 24 ff., 33
– Berichtigung 24 39 f.
– fehlende 24 25, 31 49
– fehlerhafte 31 53
– Fristüberschreitung 24 28, 31 49
Verdachtsstrafe 9 26
Verdeckter Ermittler (VE) 8 118 ff., 21 118, 121, 124
– Einsatz 8 120 ff., 23 25
– Verwertbarkeit gewonnener Beweise 8 126 f.
Verdunkelungsgefahr 9 23 ff.
Vereidigung
– des Sachverständigen 21 93
– des Zeugen 21 24, 32, 64, 72 ff.
Vereidigungsverbot 21 32, 31 31
Verfahren
– beschleunigtes s. *beschleunigtes Verfahren*
– faires s. *faires Verfahren*
– objektives 26 100
– subjektives 26 97
– vorbereitendes s. *Ermittlungsverfahren*
Verfahrensdauer
– angemessene 18 8
– überlange 14 21, 18 9
Verfahrenseinstellung s. *auch Verfahrenseinstellung aus Opportunitätsgründen*
– aufgrund Verfahrenshindernisses 16 12 f., 24 6, 22
– bei Erfüllung von Auflagen und Weisungen 10 18 ff.
– mangels hinreichenden Tatverdachts 5 4, 10 8 ff.
– teilweise 24 22
– vorläufige 16 28 ff.

Verfahrenseinstellung aus Opportunitätsgründen 5 4, 10 11 ff., 16 32
s. auch Verfolgungsbeschränkung
- im Klageerzwingungsverfahren 11 15
- Klageerzwingungsverfahren bei 11 7
Verfahrensfehler, Rüge von -n 31 9 f., 14, 16 ff.
Verfahrensgang 3 1 ff.
Verfahrensgegenstand 4 17, 25 1 ff.
Verfahrenshindernis 14 2, 27 ff. s. auch Prozessvoraussetzungen
- als Revisionsgrund 31 14 f.
- endgültiges 14 27 ff.
- Verfahrenseinstellung aufgrund -ses 16 12 f., 28 ff., 24 6
- vorübergehendes 14 27 ff., 16 28 ff.
Verfahrensidentität 7 20, 21
Verfahrensprinzipien 18 1 ff.
Verfahrensrüge 31 9, 16 ff.
Verfahrenssicherung 8 147, 9 1 f., 31
Verfahrenstrennung 12 30 ff.
Verfahrensverbindung 12 30 ff.
Verfallsverfahren 10 6, 26 96 ff.
Verfassungsbeschwerde 3 14, 28 10
Verfolgungsbeschränkung 10 22 ff.
Verfügung, gerichtliche 24 2, 11 f.
Verhältnismäßigkeitsprinzip 18 1, 10
- und Prozesshindernis 14 23 ff.
Verhandlungsfähigkeit 14 10, 15 3
Verhandlungsgrundsatz 20 19 f.
Verhandlungsunfähigkeit 14 10, 16 30, 26 36 ff.
- sich in - versetzen 9 20
Verhör des Zeugen 21 71
Verjährung
- als Verfahrenshindernis 14 12
- als Vollstreckungshindernis 27 4
Verkehrsdaten 8 93 ff.
Verkehrszentralregister 27 26
Verlesung
- von Urkunden s. Urkundenbeweis
- von Vernehmungsprotokollen 21 51, 111 ff.

Verletzter einer Straftat 11 5 f., 26 68, 102
- Rechte 17 15, 26 79 f., 82, 91, 102
Vermögensbeschlagnahme 26 101
Vernehmung des Angeklagten 17 20 ff.
Vernehmung des Beschuldigten 4 26 ff., 6 23 ff., 21 92
Vernehmungsbegriff 6 24 ff.
Vernehmungsmethoden, verbotene
s. Beweismethoden, verbotene
Vernehmungsperson als Zeuge 21 60 ff.
Vernehmungsprotokoll
- Verlesung 21 111 ff.
- Verlesungsverbot 21 51 ff., 31 31
Vernehmung von Sachverständigen
- im Ermittlungsverfahren 4 29
- in der Hauptverhandlung 21 93 ff.
- kommissarische 17 11
Vernehmung von Zeugen 4 29, 17 32, 21 64 ff.
- Belehrung 17 19, 21 64 f.
- kommissarische 17 11
- Protokoll früherer Vernehmung s. Vernehmungsprotokoll
- Vereidigung 21 24, 32, 64, 72 ff.
- Videotechnik bei 21 112, 130 ff., 22 48
- zur Person 21 64, 66 f.
- zur Sache 21 64, 68 f.
Versäumnisurteil 30 26
Verschlechterungsverbot s. reformatio in peius
Verständigung 17 21, 19 1 ff., 24 33
- Rechtsmittelverzicht 28 30
- Verfahrensverstöße im Rahmen einer 31 31
Verteidiger 7 1 ff.
- als Zeuge 21 13 ff.
- Ausschluss 7 24 ff.
- freier Kontakt mit 7 16 f.
- Konsultationsrecht des Beschuldigten 4 27
- notwendige Verteidigung s. Pflichtverteidiger
- Pflicht- s. Pflichtverteidiger
- Pflichten 7 3, 7, 17 29

- Recht auf einen 6 12, 7 1 f.
- Rechte 7 7, 11 ff., 17 29, 22 28, 28 17 f.
- Rechtsmittelbefugnis 28 17 f.
- Sicherungs- 7 36
- Stellung im Verfahren 7 4 ff.
- Wahl- s. *Wahlverteidiger*

Verteidigung 7 2, 20, 31 50 f.
- notwendige s. *Pflichtverteidiger*

Verteidigungsbegriff
- formeller 7 2
- materieller 7 2

Vertrauensleute s. *V-Leute*
Vertrauensleute (V-Leute) 21 118, 124
Verwirkung
- von Rechtsmitteln 28 37
- von Verfahrensrügen 31 26

Verzicht
- auf Beachtung von Verfahrensvorschriften 31 25
- auf Rechtsmittel s. *Rechtsmittelverzicht*

Videoaufzeichnungen von Vernehmungen 21 112, 130 f.
Videoübertragung einer Vernehmung 21 130, 133, 22 48
V-Leute 21 120, 22 48
Vollstreckungsbeschwerde 27 18, 20
Vollstreckungshaftbefehl 9 45
Vollstreckungshindernisse 27 4
Vollstreckungsverfahren 3 1, 15 f., 27 1 ff.
Vorführung 9 49
Vorführungsbefehl 4 27, 17 28
Vorhalt 21 113
Vorrang des Unionsrechtes 35 22
Vorschaltbeschwerde 11 9 f.
Vorschaltverfahren 33 4
Vorteilsversprechung 6 44
Vorverfahren s. *Ermittlungsverfahren*

Wahlverteidiger 7 3, 19 ff., 17 29
Wahrheitspflicht des Zeugen 21 24, 29, 31

Wahrnehmung, amtliche s. *amtliche Wahrnehmung*
Weisungsrecht
- ggü. Beamten der StA 5 13 f.
- ggü. Polizeibeamten 5 28, 32

Widerklage 26 75
Widerspruchslösung 23 18
Wiederaufnahme des Verfahrens 3 14, 26 35, 28 10, 33 1 ff.
Wiedereinsetzung in den vorigen Stand 15 22 f., 26 35, 28 10
Wiederholungsgefahr 9 28 ff.
Wirtschaftsstrafkammer 12 5, 7, 19 f.
Wohnraumüberwachung, akustische 8 106 ff.

Zeuge 21 1, 6 ff.
- Angehörige des öffentlichen Dienstes 21 34, 23 22
- Auskunftsverweigerungsrecht 21 37, 50, 55 ff., 23 28
- Auslands- 22 58
- Aussagepflicht 21 24, 29 ff.
- Durchsuchungs- 8 166
- Eidespflicht 21 24, 32
- Rechte und Pflichten des -n 17 32, 21 24 ff.
- sachverständiger 21 81
- unerreichbarer 22 38, 47 f.
- vom Hörensagen 21 114 ff.
- Wahrheitspflicht 21 24, 29, 31

Zeugenbeweis 21 1, 6 ff., 22 14 s. auch *Zeuge*
Zeugenschutz 21 75 f., 26 103
Zeugenvernehmung s. *Vernehmung von Zeugen*
Zeugnisfähigkeit 21 7 ff.
Zeugnisverweigerungsrecht 21 37 ff., 23 20 f.
- fehlende Belehrung über 23 26 ff., 31 31
- nachträgliche Ausübung 21 51 ff.
- Verlesungsverbot von Vernehmungsprotokollen 21 51 ff., 31 31

Zufallserkenntnisse bei Telekommunikationsüberwachung 8 87

Zufallsfunde bei Durchsuchung 8 168
Zusammenhang von Strafsachen 12 32
Zuständigkeit der Staatsanwaltschaft 12 50
Zuständigkeit des Gerichts 12 1 ff., 14 5 ff.
– Aufgaben im Rahmen der Strafvollstreckung 27 8 ff.
– funktional 12 62 ff.
– in Rechtsmittelsachen 12 42 ff., 28 12
– örtlich 12 50 ff.
– Verstoß gegen 12 24 ff., 30 12 ff., 31 37 f.
Zuständigkeitsperpetuierung 12 28
Zwang, verbotener 6 42
Zwangsmaßnahmen 8 1 ff.
Zwischenverfahren 3 1, 6 f., 16 1 ff., 26 72